W0253080

routes de la soie

LA HORDE ENRACINÉE
Turkmènes d'Iran

LA
HORDE ENRACINÉE

Turkmènes d'Iran

Alain de Bures

L'Asiathèque
1992

ANNIE MARCONI CARON

Ouvrage publié avec le concours du
Centre national des Lettres

Paru dans la même collection :

Georges Le Fèvre
LA CROISIÈRE JAUNE

René Grousset
SUR LES TRACES DU BOUDDHA

© L'Asiathèque, librairie-édition, 6 rue Christine, 75006 Paris, 1992

ISBN : 2 901795-50-1
ISSN : 1158-5595

INTRODUCTION

En septembre 1970 j'arrivais en Iran, plein d'idées reçues et de clichés sur la manière d'être persan. Je m'étais renseigné : une histoire flamboyante, des villes de faïence, du pétrole, des tapis et du caviar, un empereur doré sur un trône de pierreries, un Islam sentant un peu le fagot et le désert.

Ce n'était déjà pas si mal à propos d'un pays dont on ne parlait qu'à l'occasion d'un couronnement ou d'un tremblement de terre. Pour en savoir plus il m'aurait fallu fouiller plus profond et puiser à d'autres sources qu'à celles des médias. Aujourd'hui cette région du monde est beaucoup plus souvent à la une des journaux qu'alors. Sur son avant-scène s'est opéré un des changement à vue les plus spectaculaires de la décennie et les acteurs s'y bousculent encore. Cela mérite qu'on s'y attarde.

Pourtant, comme hier, ce sont toujours les villes qui focalisent l'attention et Téhéran au premier chef. L'Iran des foules grises qui déferlent, l'Iran de la guerre du Golfe, l'Iran des grands religieux, des prisons, des exécutions sommaires — comme autrefois l'Iran du Roi des Rois, des tapis, de la SAVAC, du pétrole et de la cinquième armée du monde — cet Iran protéiforme continue d'occulter son fondement véritable, en laissant oublier ces espaces ruraux dont il est issu depuis si peu de temps et si longtemps à la fois.

Les Pahlavi peuvent tomber et les ayatollahs fulminer : les villages de pisé blond s'enveloppent toujours dans leurs rideaux de peupliers grêles et la vie continue dans les campements enfumés au creux des collines herbues. Sur la steppe torride ou glaciale, selon la saison, s'étire la modulation sanglotante du pâtre et, sur les eaux mortes, glisse la barque plate des marais caspiens. Crépitement du grain sur les aires à battre. Troupeaux blancs d'Azerbaïdjan ; troupeaux noirs de l'Alborz... Et si l'appel du muezzin s'élève par dessus le pâturage ou l'emblavure ce n'est pas parce qu'il faut stipendier un « grand Satan » quelconque mais parce que c'est le soir et que c'est en vérité qu'il n'y a de Dieu que Dieu.

A l'époque où j'arrivais l'association d'aide aux lépreux d'Iran était en train de mettre en place un programme de réhabilitation des anciens malades. Elle avait requis pour cela les services d'une O.N.G. Française, la Compagnie Internationale de Développement et de Recherche (C.I.D.R.) dont je faisais partie en tant que zootechnicien.

Sur près de quarante mille hectares situés dans une région de steppe et de montagne, au Nord-Est du pays, non loin de la frontière soviétique, fut lancé le projet Behkadeh dans lequel les anciens lépreux, mêlés à des éléments de population n'ayant jamais contracté cette maladie, devaient retrouver un courant de vie normal hors du ghetto des léproseries.

Là se côtoyaient toutes les races et les ethnies d'Iran : Azeri, Baloutch, Kurde, Guilaqui, Fars, Barbari... Mais si deux blocs linguistiques s'y pouvaient distinguer — turc et persan — il restait à ces gens bien peu de choses de leurs origines. Rejetés par leurs villages et leurs communautés, ils étaient tous passés par le moule effroyable de la léproserie où beaucoup avaient végété dans l'oisiveté la plus dégradante jusqu'à n'être plus qu'assistés et mendiants.

C'est avec ce matériel humain dont plus personne ne voulait que furent fondés des villages et défrichés des champs et que fut créé Behkadeh.

En 1970 les vergers produisaient déjà et les luzernières ondoyaient là où, de mémoire humaine, il n'y avait eu que cailloux et broussailles rêches. On venait de célébrer, en août, le premier mariage entre un ancien malade et une « bien portante ». Pendant plus de six années je devais voir prospérer cette entreprise.

Aujourd'hui, malgré la révolution et les résonances qu'eurent là aussi les événements récents, Behkadeh continue d'exister. Et si beaucoup de choses y ont changé, si certaines réalisations n'y ont pas eu de suites, si des expériences qui nous tenaient à cœur n'ont pas été poursuivies, il n'en demeure pas moins évident que la seule et primordiale réussite fut celle qui a effacé la marque d'infamie apposée par la lèpre sur ceux qu'elle avait touchés. C'est en hommes et non en lépreux que les gens de Behkadeh ont parlé, agi et ont assumé leurs paroles et leurs gestes pendant ces dernières années.

Cependant, Behkadeh, cette expérience humaine si pleine et si enrichissante fût-elle, n'est pas mon propos ici — bien que c'en soit la toile de fond. Je ne me sens ni de taille, ni autorisé, à développer ce qui fut avant tout une aventure collective, menée par des Français, des Hollandais, des Indiens, par des Iraniens bien sûr, mais aussi par ces familles de bien portants et d'anciens lépreux qui s'y trouvèrent impliqués totalement et y vécurent en dignité.

*
* *

Un matin, deux ou trois jours après mon arrivée, alors que je prenais doucement les mesures de ce qui m'attendait, on me présenta un homme. Proche de la cinquantaine, un peu enveloppé, il avait la face large et glabre, des yeux très clairs et bridés qu'affectait un léger strabisme. (Je devais me rendre compte plus tard qu'il n'y voyait pratiquement pas de l'œil droit.) Il portait sur son crâne rasé une énorme toque évasée en astrakan noir. Il n'était pas lépreux.

Je le revois. Il se tenait devant moi, planté pesamment sur ses jambes courtes, impassible et muet, indéchiffrable. Une carabine lui tirait l'épaule en arrière et sa main, très brune, aux ongle très blancs, tripotait les lanières d'un fouet à manche court luisant d'usage.

Ce jour-là, je ne lui ai rien dit. Qu'aurions-nous pu échanger ? Je le rencontrais pour la première fois et ne parlais pas encore le persan. Je lui ai souri en lui serrant la main pendant que mon truchement expliquait que l'homme se nommait Agholi, qu'il était responsable de la garde montée et que son village d'origine se situait à quelques kilomètres de là. On m'expliqua aussi qu'il serait pour moi le meilleur guide dans mes futures tournées sur le territoire du projet ou à l'extérieur de ses limites. De toute façon, je l'aurais constamment à ma disposition, puisque le gardiennage dépendait de la section élevage.

Agholi ! S'il fut mon guide !

De lui je devais apprendre à monter à cheval, à maîtriser un étalon pour le travail, la guerre ou la parade. Avec lui je devais apprendre les forêts, les collines et les montagnes de son pays d'Atrak ; à le percevoir par ses yeux et à l'aimer à sa manière ; à en connaître les tribus, les villages, les plantes, les animaux sauvages ; à goûter aux chevauchées, aux journées de chasse, aux nuits de bivouacs et au vent de la steppe turkmène.

Aussi j'abandonne Behkadeh à qui voudra bien s'en saisir. S'atteler à l'étude de ses aspects sociaux, médicaux, techniques, économiques et politiques, donnerait à coup sûr un livre bien plus gros et bien plus savant que celui-ci.

J'ai préféré laisser filer ma plume et mon esprit vers Agholi, ses fils, ses filles et sa tribu, devenus miens ; vers ces Turkmènes d'Iran dont on n'a dit que peu de choses et dont on dit encore moins à présent.

Je n'ai rien changé à la toponymie des lieux ni aux noms des gens que j'évoque. Ceux dont je parle et qui parlent ici sont vivants ou ont vécu. Il en va de même pour les événements rapportés dont seule la chronologie a été un peu bousculée mais qui sont tous authentiques dans leur insignifiance journalière et domestique, dans la gaieté, dans le drame, dans l'intimité et la tendresse, dans la violence.

Pour l'heure, rien ne parvient plus de cette région.

Il y a peu, ces pages étaient d'actualité ; elles sont à présent témoignage d'une époque.

Les Turkmènes d'Iran, comme ceux d'Afghanistan, comme ceux d'U.R.S.S., avec les autres peuples pétris de leurs déserts, de leurs montagnes, de leurs horizons sont à nouveau sous le boisseau. Dieu sait quand et comment ils s'en sortiront.

Que seront-ils alors devenus ?

A. de Bures

à Khalimé, fille de Raïdjab,
née à Behkadeh une nuit de décembre en 1977,
à ses frères et sœurs à venir.

Une fois, à minuit, pendant que je dormais, vinrent quatre cavaliers.
« Debout ! me dirent-ils, nous venons t'annoncer la chance de ta vie !
Les hommes sont là, viens les voir ! »
MAKHTOUM GHOLI FARAGHI
(1730 - 1800 ?)

La famille d'Agholi à cette époque-là :

Agholi, le père (entre 55 et 60 ans) et Edjé, la mère (entre 50 et 55 ans).

Les enfants, par ordre d'âge:
Ghorban Gol (29 ans), mariée à Niaz Mohammad.
Raïdjab (27 ans), marié à Golsenem, puis à Ghorban Gol (la petite).
Ghorban Mohammad (21 ans), marié à Ogholdoné.
Youssef, décédé en bas âge.
Oraz Mohammad (18 ans), marié à Oraz Beka.
Nourdjon (16 ans), étudiant.
Ali (13 ans).
Nour Beka (11 ans).
Nourdjemal (10 ans).
Wali (9ans).
Ené (4 ans), dite Bibi Djemal, « Princesse chérie ».

Les petits enfants :
Ogholsafar et Noubi (6 et 4 ans), filles de Ghorban Gol et de Niaz Mohammad.
Djommé (1 an), fils de Ghorban Mohammad et d'Ogholdoné.
Djamchid (naissant), fils d'Oraz et d'Oraz Beka.

PRINTEMPS

CHAPITRE I

Golsenem

Ce matin, tout allait bien. Golsenem a mis la lessive à tremper et a cassé le bois pour faire chauffer l'eau. Et puis ça l'a prise, comme d'habitude, d'un seul coup. C'est Oraz Beka qui l'a trouvée, allongée par terre derrière la maison.

Maintenant elle est toute raide et blanche, l'œil fixe, muette, les dents serrées. On lui a passé au cou le fil de coton qui retient la formule coranique cousue dans un petit sachet triangulaire. On lui a enlevé ses voiles et son hennin. Ses quatre nattes libérées s'étalent sur le coussin, noires et luisantes, plus noires encore d'encadrer ce visage livide.

Edjé s'est tout de suite installée auprès d'elle, silencieuse et grave. Son flegme et la solidité de son expérience ont rassuré la poignée de filles et de brus désemparées. « Mère », dans de tels cas la vieille femme l'est plus que jamais. Sur le front de la malade, ses grandes mains précautionneuses déposent des compresses qu'elle rafraîchit constamment. Et elle attend. Elle sait qu'il faut attendre, que cela cessera, que le sommeil viendra détendre ce corps raidi, libèrera cet esprit muré dans la catalepsie. Mais elle attend aussi la secousse, la vague qui déferlera en faisant jaillir de ces lèvres exsangues un long cri d'angoisse animale. Alors elle aura besoin de toute sa force pour prendre sa bru aux épaules et la maintenir allongée.

Elle sait aussi que Golşenem est seule au monde en cet instant, ne sentant pas plus les compresses posées sur son visage qu'elle n'entend les petits sanglots courts qui se bousculent dans la gorge de Nourjemal. L'enfant, fascinée, bouleversée, assiste au combat immobile de sa belle-soeur. Un combat pour qui ? Un cri vers qui ?...

*
* *

Dans la pièce voisine Raïdjab a laissé refroidir son thé. C'est la femme de son frère Oraz qui l'a servi, sans mot dire, le voile tiré sur sa figure. Puis elle a rejoint la mère auprès de la malade. Raïdjab est resté seul.

Soudain le cri est monté. Rauque d'une douleur indicible, il a rempli la maison. Nourjemal a voulu fuir, mais la vue de son frère, sombrement assis devant son thé froid et son sucrier plein de mouches, l'a fait reculer et se réfugier aux pieds de sa mère.

Raïdjab est seul à nouveau. Son doigt, inconsciemment, gratte la croûte poisseuse que fait un raisin sec écrasé sur le feutre. Son regard s'attarde sans le voir sur le massacre de cerf, où pend un attirail de fusils, de cartouchières, de jumelles et de couteaux de chasse.

Le thé est tout à fait froid à présent, imbuvable : «Pfah !», avec un goût fade de tisane. Le bol tinte sec sur le plateau et s'y renverse.

Une rage sourde le mord au cœur. Bientôt, Agholi, son père, reviendra de sa tournée. Le soir va rassembler toute la famille dans cette pièce. Il y aura de nouveau un conciliabule pesant entre ses parents, des soupirs, des hochements de tête devant les cadets muets. Et il sera là, lui, à essayer de se justifier, de se disculper... Et de quoi ? Est-ce sa faute si Golsenem est toujours malade ? Si un rien la plonge dans l'hystérie ? Si elle n'a toujours pas d'enfant après cinq ans de mariage ?

Edjé est entrée. Toute sa masse s'écroule près de l'endroit où, l'hiver, on installe le poêle. C'est son coin en toutes saisons. Elle s'y tasse, en grosse boule lasse, avec un gémissement d'inquiétude et de fatigue. Elle abrite Djommé contre sa poitrine ô combien maternelle. Djommé, c'est le fils de Ghorban Mohammad. Son père et son grand-père rentreront tout à l'heure. Doucement, elle caresse la tête rasée du petit où les cheveux qui repoussent font un velours noir et dru.

Raïdjab ne dit rien. Il noue et serre autour de son poing la lanière d'un fouet. Depuis ce matin il rumine cette envie d'être là et de n'y pas être. De fuir et de rester. Il n'est pas allé voir sa femme depuis qu'elle est tombée. Il n'a pris aucune nouvelle la concernant, mais il n'a pas pu partir.

En ce moment il déteste Golsenem. Il la déteste pour ses éternelles indispositions, ses maux de reins, ses maux de tête et cette malédiction qui la terrasse de temps en temps. Il la déteste pour cette entrave, cette chaîne qu'elle met à son orgueil, à son droit d'être père, à son confort, à sa liberté.

Pourquoi cette injustice ? Pourquoi cela lui arrive-t-il à lui ? Pourquoi est-il touché là précisément ? Ghorban Mohammad a eu un fils en moins d'un an. Cependant sa femme ne vaut pas Golsenem — et de loin — pour ce qui est de tenir une maison, préparer un repas... Les plus jeunes vont rentrer de l'école, les hommes ne tarderont guère à présent... Il ne faut pas qu'il soit là !...

Je vais à Kourbaba[1] !

Il s'est dressé d'un bond et a lancé cette décision à sa mère. C'est tout juste si elle a hoché la tête pour lui répondre.

*
* *

Du cairn de galets où il sommeillait, un vautour s'est levé à notre approche. Il n'est plus qu'une petite croix noire au plus profond du ciel. Aujourd'hui les montagnes ont leurs couleurs d'après la pluie. Elles font, au très loin, leur ronde bleue familière autour de l'enchevêtrement des collines nues.

Les lorgnettes fouillent l'immensité du paysage. Elles accrochent au passage la pente gypseuse d'un mamelon où le soleil met une étincelle. Elles suivent, au flanc d'un ravin, les sentes parallèles gravées dans le sol par les troupeaux. Elles s'arrêtent un instant sur la silhouette baroque d'un dromadaire à la pâture, débusquent un couple de gazelles ou un renard gris couleur d'épine, puis elles se fixent tout au bout, à la cime d'un mont.

Un peu sur ma gauche, en contrebas, un troupeau s'étale. La grosse chaleur passée, les bêtes, noires et brunes, recommencent à paître. Le son de leurs clarines monte jusqu'à nous et la tyrolienne du berger s'envole à la poursuite du vautour.

Nos chevaux, le nez dans leurs musettes, mâchent solennellement leurs picotins.

Il fait beau. Les nomades sont loin de nos pâturages. Appuyé contre le cairn qui marque la limite des terrains à protéger, je resterais bien là, à ne rien faire d'autre que me remplir de cet espace déployé, de cette solitude rousse dans le vent et le soleil. A mon côté, Raïdjab semble dormir, allongé sur le dos. Il a mis les mains sous sa nuque et avancé

1. Poste de garde. Etymologiquement : le vieux père aveugle.

son bonnet hirsute sur ses yeux. Le fusil repose en travers sur son ventre.

— Ho ! Raïdjab !

— Mhhh !

— Tu dors ?

— Non !

Il s'est redressé, a repoussé le bonnet et me décoche son sourire de carnassier.

— Tu es fatigué ?

— Fatigué ? Moi ?

Il n'en a pas l'air : le bonnet prend un angle canaille et une mèche noire, en croc, vient aussitôt barrer son front.

— Qu'as-tu fait la nuit dernière ? Ton père était inquiet ce matin. Il m'a dit que tu n'étais pas rentré depuis deux jours. Je te pensais à Kourbaba, avec Ghorban, mais ton frère m'a détrompé à son retour.

Ses yeux verts tournent au gris.

— C'est bien Agholi ça ! Toujours à courir après moi ! Qu'est-ce que ça peut lui faire que je sois rentré ou pas ?

— Il aurait pu t'arriver quelque chose. Je ne sais pas moi... une chute de cheval, un accrochage avec les nomades...

— Pffftt !

— ... Tu étais à Inché Bâlâ[1] nest-ce pas ?

— Oui...

J'aurais dû m'en douter. Voici bientôt trois mois qu'à intervalles plus ou moins réguliers il s'échappe vers Inché Bâlâ, chez les Kurdes. Là, pour de furtives étreintes il va retrouver Zahra, la trop célèbre. L'animal !

— Toujours Zahra ?

— Toujours !

Son œil s'est rallumé et son sourire a reparu, gouailleur

— Tu devrais faire attention quand même, son mari finira par s'en rendre compte.

— Raïdjab Ali ? ... Il est bien trop bête ! Il suffit d'attendre qu'il s'absente une minute ou deux et hop ! Zahra est experte, elle sait s'y prendre ! C'est vite fait, crois-moi !

Je ne dois pas avoir l'air bien convaincu car il continue un rien cynique :

---

1. Inché le haut.

— Tu sais, Raïdjab Ali et moi étions ensemble à Routchân pendant notre service militaire. Alors quand je vais à Inché c'est chez lui que je descends. C'est normal quoi ! Je lui dis que je suis venu acheter des fers pour mon cheval, une bouilloire ou de la corde à tapis, n'importe quoi. Et j'arrive assez tard pour qu'il me retienne pour la nuit. Hier soir c'était son tour d'eau. Il est resté dans son champ jusqu'à l'aube. Bien sûr il a fait venir son père pour me tenir compagnie, mais ce vieil âne a dormi comme un mort ! Sans mentir ce fut une belle nuit !

... Et puis je ne suis pas le seul à « voir » Zahra. C'est une mauvaise femme qui n'était même pas vierge quand Raïdjab Ali l'a prise !

— Tiens donc ! qu'en sais-tu ?

— Tout le monde le dit ... et c'est sûrement vrai. Elle vient de Zard. Dans ce village elles sont toutes comme ça. Les Kurdes n'ont pas de tenue et Raïdjab Ali n'est pas un « vrai homme ». Aucun Fars n'est un « vrai homme » !

Bien que l'infortuné Raïdjab Ali soit indéniablement kurde — comme sa volage épouse — le voilà catalogué *Fars* [1]. Et dans ce mot vient se glisser, à peine voilé, le dédain que Raïdjab et les siens ont pour tout ce qui est chiite.

Les musettes vides pendent au museau des chevaux. Raïdjab se lève, les en débarrasse. Il se rassied à côté de moi, le menton posé sur les genoux que ses deux bras enserrent.

La lente métamorphose du jour en soir s'accomplit insensiblement sous nos yeux. Le ciel là-bas vers l'est prend des teintes de bief profond, les collines se hérissent et se creusent d'ombres vineuses. Je reprends, suivant mon idée :

— Et Golsenem ?

— Quoi Golsenem ?

— Eh bien oui : sait-elle ce que tu vas faire à Inché Bâlâ ?

— Elle le sait !... Mais que veux-tu... elle est toujours malade. Quand ce n'est pas le dos qui lui fait mal c'est son ventre ou son cœur. Ou alors elle tombe comme l'autre jour...

Il plaide. Evidemment à l'écouter, tout est de sa faute, à elle. Je me risque :

— Raïdjab... écoute-moi, je voudrais te poser une question. Excuse-moi c'est une question difficile, mais nous sommes seuls et puis je suis ton ami... je peux ?... c'est à propos de Golsenem.

1. Persan.

— Dis !...

Il est attentif, sur le recul quant à ce qui va suivre. J'ai détourné mon regard. La question me brûle les lèvres, je la sais tellement indiscrète. J'ose pourtant:

— Depuis quand ne l'as-tu pas touchée ?

— Depuis deux mois !

Il m'a jeté sa réponse avec rage, comme un défi. Puis est retombé, barricadé, le front bas, le regard perdu vers les montagnes.

— Pourquoi... dis... Raïdjab ? Cette Kurde est donc mieux qu'elle ?

— Ah non !

Le voilà redressé : Ah, mais non ! Comparer cette putain à Golsenem ! Ce n'est pas sa femme qui irait, comme l'autre, avec le premier venu. Golsenem est fidèle. Par le Coran il le jure ! Sur elle peuvent s'appuyer sa mère et la maison de son père. Sans honte !

— Alors ? Pourquoi ?... Tu ne l'aimes plus ?

— Je l'aime bien sûr... Pourtant je ne l'ai pas choisie. Il y avait à Ammand des filles qui me plaisaient davantage. Mais Ghouvi, son père, était l'ami du mien... Il ne nous l'a pas vendue trop cher : ça les arrangeait tous les deux. Je crois que Ghouvi devait de l'argent à Agholi... Et puis j'étais jeune, trop jeune pour donner mon avis. Ensuite on s'est aperçu que Golsenem était malade en dedans — ça tu le sais — qu'elle ne pourrait jamais avoir d'enfants.

Pendant quelques minutes il fait rouler d'une de ses paumes à l'autre un petit galet rond qu'il vient de ramasser entre ses pieds et s'absorbe dans le jeu du caillou. Puis il reprend, comme pour lui-même :

— Je l'aime oui ! Puis, me regardant tout à coup bien en face, ... mais je voudrais bien en prendre une autre, tu comprends ?

Si je comprends !

En vérité il ne fallait pas être grand clerc pour deviner son désir d'assurer sa descendance par de secondes noces. Agholi et moi, comme d'autres, nous attendions bien à ce qu'un jour il finisse par s'ouvrir à quelqu'un de son entourage. Cependant j'étais à cent lieues de penser que le moment venu il ferait de moi son confident. Et c'est cela qui me laisse décontenancé, mais avec soudain au cœur comme une étreinte chaleureuse.

Certes, je l'ai un peu poussé dans cette direction, mais il s'est laissé porter par mes questions. En y répondant, Raïdjab ne m'a-t-il pas, en quelque sorte, autorisé à le mener jusque là ?

Mais non ! J'ai tort de vouloir chercher ici je ne sais quel processus. Il n'y en a pas. C'est mieux que cela et c'est beaucoup plus simple :

On travaille, on vit, on chevauche, dort, mange côte à côte. Il n'est pas de jour où l'on ne soit ensemble. Et les années alignent leurs saisons sans que l'on se rende compte réellement de l'amitié qui peu à peu cristallise. A notre insu, le visage, le sourire, la voix, le caractère du compagnon, sa façon d'être, nous deviennent indispensables. L'apparente banalité du quotidien a occulté le minutieux apprentissage que l'on a fait l'un de l'autre. Et un jour, presque fortuitement, parce qu'elle était depuis longtemps présente, immanente et active, l'amitié devient évidente, se nomme et s'impose. Alors cette révélation ne se fait pas sans quelques remous de l'âme et me voilà ému, simplement.

Raïdjab a pris ses jumelles et balaie l'immensité. Je sais qu'il ne dira plus rien. Il faut laisser passer sur nous le vent du soir que les armoises embaument, laisser couler entre ses doigts la terre sèche et graveleuse... Saisir cette occasion de se taire.

CHAPITRE II

Où un certain colonel Iskandar dit des choses intéressantes et où l'on apprend ce qui s'en suit

La nuit, la haie de peupliers n'est plus qu'un friselis sous le déploiement de la voie lactée.

Les enfants ont étalé leurs cahiers et leurs livres autour de la lampe à pétrole. La lumière chaude se répand sur le rouge du tapis de feutre. Elle fait éclore dans l'ombre quiète les trois visages de ces enfants et la blancheur des pages. Redressés sur leurs coudes ou le buste relevé par un coussin, ils tracent à gros traits les virgules compliquées de l'alphabet arabe. Le léger grincement de leurs calames de roseau vient souligner le calme de la soirée. « Plop ! » fait parfois la mèche de la lampe ; « Ting ! » le verre brûlant heurté par le vol pelucheux d'un sphinx. La porte est grande ouverte sur la nuit murmurante où l'on entend rêver les chevaux au piquet.

Edjé, dans son coin, a étendu devant elle ses jambes lourdes. Sur le bout de ses pieds elle a posé un petit oreiller. Ené est arrivée de la pièce voisine, traînant un matelas de coton piqué et une couette à sa taille. Puis, le plus gravement du monde (à quatre ans on sait déjà faire les choses sérieuses) elle a tout disposé sur les jambes de sa mère. La couche prête, elle s'y est allongée, tirant sur elle la couverture.

Edjé l'a bercée doucement, faisant osciller la pointe de ses pieds de droite à gauche en chantonnant « Mhh-mhh... Mhh-mhh... » Et la petite fille s'est endormie.

Agholi n'a gardé sur lui que son pyjama « de dessous » et sa chemise à pans flottants. Sa corpulence est ainsi plus à l'aise. Il a mis son *telpek*[1] noir sur la gueule du fusil et pendu l'arme à l'andouiller de cerf.

---

1. Haute toque d'astrakan.

Sans sa haute coiffure il paraît encore plus rond. Plus rond aussi son crâne rasé de frais où il a replacé, bien en arrière, la petite calotte brodée. Il a copieusement dîné et bu le dernier thé de la journée. Maintenant, appuyé du coude sur un gros coussin qu'il écrase, pieds nus, détendu, il contemple en silence les trois écoliers.

Lui, il ne sait ni lire, ni écrire. Le persan lui est une langue presque étrangère. Quand ils vivaient tous à Ammand, seul Raïdjab, en tant qu'aîné des fils, a reçu auprès d'un mollah quelques bribes d'éducation. Puis ils sont venus à Behkadeh. Aussi, en regardant avec assez de fierté ses deux derniers fils et son avant-dernière fille tirer la langue en s'appliquant sur leurs exercices, ne peut-il se laisser aller totalement à la satisfaction de les voir si studieux. Au fond de lui il y a l'inquiétude du clivage qui forcément se fera entre les cadets et leurs aînés quasiment analphabètes. Contre tout usage établi, ce seront les plus jeunes qui, plus tard, seront avantagés, il le sait.

Ses pensées coulent :

… Hier, le maître s'est plaint d'Ali, avec raison très certainement. Le garçon est bien trop âgé. Dans la cour de l'école, au milieu des autres enfants, on n'a pas besoin de le chercher longtemps : il les dépasse tous au moins d'une tête. On dirait un dindon égaré chez les poulets.

... Ce n'est pas sa faute s'il lui faut rattraper les années passées en polissonnades à Ammand. Quoi d'étonnant si les études ne l'intéressent pas. Lui, Agholi, à treize ans, avait déjà une vie d'homme, des idées d'homme. On aurait bien mieux fait de laisser Ali au village à travailler, garder les bêtes ou à aider son oncle aux champs ... Enfin... !

... Au contraire le maître est très content de Nourdjemal. Il voudrait qu'elle aille à Bodjnourd dans deux ans... A quoi bon ! Qu'elle finisse ses deux années ici et puis ça suffira comme ça. Elle restera à la maison. Est-ce que Nour Beka sait lire elle ?... Et puis, dans trois ans, quatre au maximum, elle sera mariée. Pourquoi dépenser de l'argent en lui donnant une éducation qui ne lui servira à rien quand elle aura des enfants et une maison à tenir !

… Pour Wali c'est différent. Il est malin. Mais rien ne presse, il lui reste encore trois ans avant d'avoir six classes. Ce serait tout de même bien que Nourdjon soit encore à Bodjnourd quand il faudra l'y envoyer. A eux deux ils se débrouilleraient mieux... mais, Inch Allah !… d'ici là bien des choses risquent de changer !

... Dans le fond ce n'est pas mal que les garçons aient de l'éducation. Ils peuvent devenir gendarmes, sergents, ou entrer dans l'administration. Pour les filles, c'est moins important, quoique les Fars, eux, poussent les leurs parfois jusqu'au diplôme[1]. Ils ont peut-être raison ?... Peut-être, mais c'est leur coutume ! Ici à Ammand ou à Inché Païn[2] (et sans doute dans tout le Turkmen Sahra[3]) il n'y a pas une fille qui ait été plus loin que la sixième classe. A Gonbad ou à Gorgan peut-être : c'est la ville et l'on n'y vit plus comme autrefois. Il doit bien y avoir là-bas quelques filles turkmènes qui ont étudié longtemps... C'est possible...

... Mais de toute façon, pour Nourdjemal, ce sera comme ça, et pas autrement ! Il faudra qu'Oraz Beka lui apprenne bien vite à nouer le tapis. Ça lui fera du bien et lui remettra les idées en place, car pour le moment elle ne pense qu'à jouer et à courir !

Sous l'œil songeur de leur père les enfants continuent à s'appliquer sur leurs exercices de calligraphie et Nourdjemal, un instant redressée pour prendre un peu de recul, fronce les sourcils en contemplant sa page. Cela semble lui plaire.

— Tu as fait une erreur !

Oraz, soudain apparu derrière elle, douche tout d'un coup son autosatisfaction. Une ombre d'inquiétude passe sur son visage.

— Où ça ? Mais presque aussitôt, furieuse de s'être laissée prendre, son petit poing rageur vient cogner la cuisse dure de son frère, fiche-moi la paix... Tu ne sais même pas lire !

Ça le fait rire. Oraz adore taquiner sa sœur dont il connaît le caractère vif et acide. Ghorban et lui viennent de rentrer du travail. Après les avoir dessellés, ils ont rajusté les feutres sur le dos de leurs chevaux. Leurs chaussures ont grossi le tas de souliers divers qui encombrent le pas de la porte.

En s'affalant contre un coussin, Oraz attire vers lui le poste de radio. Le vieil appareil crachotte et siffle un bon moment avant de capter l'onde floue qu'émet Radio Gorgan. Cette antenne, quelques heures dans la journée et dans la soirée, diffuse des émissions en turc.

1. Baccalauréat.
2. Inché le bas.
3. Le pays des Turkmènes, étymologiquement : le Sahara des Turkmènes.

Ce sont les chansons et la musique traditionnelle qui font le gros du programme. Avant chaque morceau une voix féminine, au timbre inexpressif, nous apprend que c'est X qui l'adresse à Y. Ces dédicaces ne sont pas sans intérêt, bien au contraire. On les écoute pour y piquer parfois le nom d'un ami, d'un cousin, d'un voisin. On les commente :

— Tiens ! C'est pour la fille d'Untel !

Ou bien :

— C'est un Yomout celui-là !

Ou encore :

— C'est le gros Kamil, de Yamloq, qui envoie la chanson à son frère. Tu sais bien, celui qui travaille à Dané !

La tribu a beau être grande, le cousinage y est serré et on peut espérer reconnaître au passage un nom sur cinq, pour le moins.

Mais ce soir il est trop tard pour les mélomanes. C'est la fin des informations qu'Oraz attrape :

— ... Bien entendu le Comité espère que ces nouvelles installations rendront plus adapté aux courses l'actuel terrain d'atterrissage de Gonbad-e Kavous. Nous espérons aussi une plus grande participation cette année, ainsi qu'une meilleure qualité des chevaux.

… Comme vous le savez sans doute, la Société Royale Equine, dont son Altesse le Prince Reza Pahlavi est président, prend à cœur le développement et l'amélioration des races chevalines d'Iran. Or le cheval turkmène dans ses trois branches : Tekké, Yomout et Tchénaran, est le plus beau fleuron de notre cavalerie. Il est souhaitable qu'on le connaisse mieux et c'est pourquoi, depuis ces dernières années et pendant les cinq autres à venir, des efforts ont été et seront faits pour que les champs de courses de Gonbad-e Kavous et de Pahlavi Decht soient dignes de ce qui se fait en Europe, et deviennent des places réputées mondialement.

… Quatre semaines de courses sont prévues par saison. Il y aura bien entendu les épreuves courues pour des occasions exceptionnelles, telles celles organisées à Pahlavi Decht le jour anniversaire de la naissance de Sa Majesté le Chah an Chah Ariah Mehr[1], Mohammad Reza Pahlavi. Sans oublier la coupe qu'auront à se disputer à Téhéran les meilleurs galopeurs de l'année. Je tiens à signaler que, dès cette année à Gonbad, certains prix pourront aller jusqu'à 500 000 rials.

---

1. Roi des rois Soleil des Ariens, vieux titre impérial pré-islamique repris par Mohammad Reza Chah.

— Je remercie pour nos auditeurs le colonel Iskandar Lechcari qui a bien voulu, ce soir, leur donner ces quelques informations concernant les activités de la Société royale équine, organisatrice des courses dans notre région. Merci mon colonel !

... Et maintenant, chers amis , que vous soyez propriétaires de chevaux ou spectateurs passionnés, je vous donne rendez-vous dans trois semaines sur le champs de course rénové de Gonbad, pour les épreuves du printemps.

... Ici l'Iran. Radio Gorgan ! Ainsi prennent fin nos émissions régionales. Bonsoir !

Raïdjab et Agholi qui, de leur côté, commentaient les menus événements de la journée, ont suspendu leur discussion pour, soudain, tendre l'oreille. Tiens donc ! Le réflexe qui leur aurait fait tourner le bouton du poste, comme à chaque fois qu'il donne de la voix en persan, n'a pas joué ! La radio c'est très bien, (même pour les informations), à condition qu'on y parle turc. Mais si elle se met à faire des roulades emphatiques avec l'accent de Téhéran il est préférable d'écouter Achkhabad[1] ! Là-bas au moins, ils ont de la jolie musique, meilleure que celle de Gorgan où tous les *barchis* [2] sont opiomanes... Mais quelquefois, là aussi, il y a des interruptions. Ils se mettent alors à parler pendant des heures de leur coton ou bien ne disent plus rien en turc, ni en persan, mais seulement en russe ! Peut-être en font-ils leur profit, là-bas, bien qu'ils soient tous turkmènes. Ils ont dû certainement apprendre le russe ! Mais nous, comme on n'y comprend rien, il ne nous reste plus qu'à éteindre le poste...

Si Oraz n'avait pas coupé net les longues tirades du colonel Lechcari c'est que le ton important et condescendant qui assaisonnait les rondes phrases moulées dans un persan châtié n'avait pas fait perdre de vue le fond de l'affaire : on parlait chevaux ! Et non d'une de ces quelconques inaugurations de barrage, ni d'une visite rendue à l'Iran par un Emir du Golfe Persique. Ce militaire, si l'on en juge par son nom, n'était pas de souche turkmène. De plus il s'exprimait avec trop d'élégance et de grâce dans la langue officielle. Mais, responsable des courses de Gonbad et de Pahlavi Decht, il parlait chevaux. Aussi sa voix avait-elle été religieusement écoutée.

---

1. Capitale de la R.S.S. de Turkménie.
2. Musiciens, bardes.

— Vous avez entendu : des prix de 500 000 rials. Jamais on n'en a donné de pareils ! L'an dernier le plus gros a été de 100 000 : c'est le docteur Djahani qui l'a remporté... (Depuis il a vendu son cheval à un général de Téhéran)... 500 000 rials c'est quelque chose !...

— Le prix d'une jeep, rêve Oraz.

— D'une jeep neuve, précise Raïdjab.

*
* *

La veilleuse donne tout juste ce qu'il faut de lumière pour que Raïdjab puisse distinguer le contour des choses.

La chaleur de ce début de printemps commence à rendre insupportables les couvertures qu'il y a quinze jours à peine on serrait contre soi.

A côté de lui Golsenem dort calmement. Couchée en chien de fusil elle lui tourne le dos. Elle ne s'est pas déshabillée pour se coucher et a gardé son hennin et ses voiles. Sa longue robe fait autour de son corps ramassé un froissement bouillonnant d'étoffe rougeoyante. Un rêve l'agite un peu. Elle geint, marmonne quelques mots, puis reprend son rythme normal de respiration.

Raïdjab, lui, ne dort pas. Un espace de quelques centimètres sépare sa couche de celle de sa femme. Il n'a gardé sur lui que son pantalon de dessous et un tricot de coton léger qui lui laisse les bras nus. Etendu bien à plat sur le dos, ayant repoussé hors du matelas la couette qui lui tenait trop chaud, il réfléchit, n'arrivant pas à oublier cette voix un peu prétentieuse qui faisait sciemment miroiter des sommes mirobolantes. Vers neuf heures il a quitté la veillée. Les trois écoliers avaient fermé leurs livres, rangé leurs cahiers et s'étaient endormis, un peu au hasard, là où le sommeil les avait surpris. Les parents se préparaient eux aussi à passer la nuit.

Avant de rejoindre Golsenem dans la maison neuve, de l'autre côté de l'enclos, il est resté quelques instants près de l'auge du cheval noir. A son passage l'étalon a henni doucement, comme pour l'appeler. Raïdjab s'est avancé, lui parlant à voix basse avec des mots qui semblent faits tout exprès pour les chevaux ; des mots qui roucoulent et dont les gorges turkmènes sont pleines. Il a cherché de la joue le souffle amical et l'animal a frotté son front contre sa poitrine, jouant du bout des lèvres à happer un pli de la chemise. « *Dour ! Dour*[1] ! »murmurait Raïdjab, et sa main montait depuis ces naseaux de velours tout le long du chanfrein jusqu'au front ; jusqu'à la petite tache blanche en forme de cœur. Il a vérifié pour la forme le nœud de la longe, puis il est rentré chez lui.

Golsenem dormait déjà, ou faisait semblant. Elle avait préparé le couchage de son mari, rempli d'eau propre la carafe et baissé la mèche du lumignon.

A présent la nuit est étendue dans toute sa majesté. Elle est là qui respire derrière la porte. Des chiens lointains répondent à d'autres chiens plus lointains encore. Les grillons et les crapauds se sont tus. La petite chouette ronde qui niche dans un trou sous le toit piaule par intermittence. Golsenem ronflote paisiblement.

Raïdjab ne dort toujours pas. Il a encore sur la main le parfum chaud qu'y a laissé le front du cheval. Il ne sent que lui, comme si toute la pièce en était imprégnée. Et puis cette odeur s'accorde si bien avec le fil de ses pensées... Elles courent sur l'hippodrome de Gonbad, tout claquant d'oriflammes.

… « Cinq cent mille rials ! » disait le colonel... Pourquoi pas ?... Le cheval noir est un vrai cheval... On le connaît dans le pays... C'est le plus beau de tous, de Gollidagh à Dachtek !... Jusqu'à présent il a toujours gagné, comme à Ammand, dernièrement, pour le mariage du fils de Mehdi Khan. Il les a tous ridiculisés... Gonbad c'est plus sérieux qu'Ammand bien sûr ! Mais le cheval de Nafas Hadji y a bien gagné l'an dernier, deux fois ! Le Noir vaut mieux que celui-là ! Et puis même si ce ne sont pas 500 000 rials, 300 000 ou 200 000 ne seraient pas mal non plus... Il faut s'inscrire, a dit le colonel. Bon, ça ne doit pas être difficile. Hadji Comac me conseillera. Si ça marche il faudra revoir le matériel. Un feutre neuf... Et puis changer ce mors... Trouver un entraîneur... ce serait bien aussi de...

« Pieek ! », fait la chouette à la corne du toit. Mais Raïdjab ne l'entend plus.

*
* *

Raïdjab est parti très tôt, à cinq heures. Sans mettre pied à terre, il a heurté mon carreau du bout du fouet. Encore tout poisseux de sommeil,

---

1. Du calme !

je me suis accoudé à la fenêtre. L'air vif m'a réveillé tout à fait. Les haies du vieux jardin bruissaient d'oiseaux.

Le cheval était équipé, harnaché, chargé de tout ce qui nous avait paru nécessaire pour l'aventure.

Malgré cela, comme si cette charge inhabituelle n'existait pas sur son dos et sa croupe, il dansait sur place, le corps parcouru de frissons impatients et il fallait toute la maîtrise de son cavalier pour l'empêcher de prendre aussitôt la route.

— Eh bien ! Il a l'air en forme !

— Tu peux le dire : *mast*[1] ! Les Yomouts vont apprendre à le connaître. Tu vas voir !

Raïdjab avait coiffé son *telpek* des grandes occasions, en astrakan noir, aux boucles plates et brillantes. Partant pour la ville, il avait bien l'intention d'y être à l'unisson de sa monture, digne d'elle, et, beau garçon sûr de lui-même, il y réussissait assez bien. Du cheval ou de son cavalier il eût été difficile de déclarer lequel était le plus *mast*.

Artoq, un vague cousin venu d'Ammand, ayant décidé d'aligner son cheval à Gonbad, est également là ce matin : on trouve le chemin moins long lorsqu'on le fait en compagnie.

Leurs chevaux sont demi-frères, nés d'une jument de Yamloq de si bonne lignée que son propriétaire n'hésitait pas à lui confier son renom dans les courses du canton. Chose rarissime car l'usage veut que les seuls étalons soient confrontés.

Celui d'Artoq à la haute stature, la longue arrière-main, l'encolure droite et la petite tête des Akhal Tekké. Mais il est plus bas au garrot que le champion de Raïdjab. Sa robe grise lavée d'escarbilles rousses n'a pas l'éclat qui fait rutiler celle, bai-brun, du « Noir »... Mais qui peut rivaliser avec le Noir ?

Lorsque, pour quelques heures, on l'a mis à poil, sa beauté éclate alors comme un chant de joie, un hymne de sauvage sensualité, flamme à l'obsidienne mariée.

Ainsi que tous les pur-sang turkmènes il a cette ligne de cou dégagée, rallongée, que donne l'absence de crinière[2]. Tout chez lui est élancé,

---

1. Se dit d'un homme ivre ou d'un animal en rut. Ici Raïdjab veut dire en pleine forme.

2. Ceci est dû au feutre qui recouvre en permanence le cheval et empêche le poil de pousser.

épuré, droit, sculpté par de grands muscles fuselés tendus sur la légèreté de l'ossature. A travers lui se perpétuent l'aérienne élégance et cette grâce ludique qu'ont, sur des prairies d'émeraudes et sous des cieux de lapis, les chevaux des rois, des princes et des héros, figés pour des siècles entres les marges filigrannées des miniatures.

Noire — parce qu'on la dit noire sans s'encombrer de nuances — sa robe l'habille d'orgueil. Sous le pelage ras où le soleil s'accroche, frémit une peau si fine, si délicate, que le moindre frottement, un pli sur le tapis de selle, une sangle mal ajustée, lui sont autant d'offenses. Seule une tache en forme de cœur, blanche comme un pétale posé, marque son front bombé. Et lorsqu'il galope ou allonge son trot splendide, ses quatre balsanes, court chaussées, volent comme deux couples d'oiseaux neigeux se poursuivant à fleur de sol.

Les rênes soudain rendues, l'ont enfin laissé aller. Le Noir a piqué droit vers la route de Soghé. J'en suis sûr : il sait qu'il part pour Gonbad, c'en est bien la direction.

Raïdjab s'est retourné sur sa selle pour m'adresser un dernier au revoir. Sa main, quand il a repris son assiette, est passée sur son visage.

— *Bismillah*[1] !

Ils emportent avec eux l'espoir et l'honneur des Goclans du Haut Atrak. Que Dieu les accompagne et leur rende la route agréable !

*
* *

Le fils aîné n'avait guère eu de mal à rallier la maisonnée à son projet.

Agholi était gagné d'avance. Pour lui, pas de doute, le Noir a la classe d'un champion. Les autres chevaux, ceux que montent ses fils, celui qu'il enfourche lui-même pour son travail ne sont que des *yabous*, de bons *yabous* [2] certes, mais seul le Noir est un *at* [3] véritable. Jamais Agholi ne le désigne autrement que par ce titre quasi nobiliaire.

Que le « Kara At » soit inscrit et coure sous son nom ne lui déplaît donc pas. Bien au contraire, l'idée de se voir nommé aux côtés de personnages tels que Tatar Gholi Hadji ou Artoq Ghelitj, bien connus

1. « Au nom de Dieu! » Formule qui prélude à chaque action notoire de la journée.
2. Cheval de travail et de guerre (sommier).
3. Pur-sang.

comme propriétaires de chevaux réputés, voilà, bien qu'il n'en montre rien, de quoi satisfaire sa modeste vanité.

Comac Hadji, prévenu, a fait savoir qu'il attendait Raïdjab. Il le pilotera à travers toutes ces démarches nouvelles que l'administration des courses a rendues obligatoires, pour pallier la joyeuse pagaille qui règnait jusqu'à présent sur ces grands rassemblements de cavaliers.

Il a fallu que je mette Raïdjab en congé d'un mois afin qu'il soit libre de son temps. Les nomades ont poussé les vagues de leurs troupeaux vers l'Est, vers leurs pâturages d'été. L'archipel de leurs camps noirs a disparu de la plaine. Caravane après caravane, ils se sont repliés et ne reviendront qu'en septembre. C'est donc sans trop de crainte que j'ai distrait Raïdjab de la troupe des gardes qui veillent à nos limites.

Tout près de Gonbad, dans la mer d'emblavures et de cotonniers qui va jusqu'à la Caspienne, des cousins habitent Congor, là où meurent définitivement les dernières collines. Leur maison servira de base et de boîte à lettres.

Nous avons acheté un feutre neuf. On a lavé le cheval avec du yaourt qu'on a rincé à l'eau claire. Oraz Beka et Nour Beka ont retressé les franges bleues et rouges du *djoul*[1] de parade qui s'étaient un peu défaites. Golsenem a plié deux chemises et un pantalon de dessous dans un grand mouchoir à carreaux. Edjé et Oghol Donné ont cuit les petits pains ronds et dorés au jaune d'oeuf, un peu sucrés, ces coltchés qui se gardent tendres très longtemps.

Niaz Mohammad, le beau-frère, celui qui a épousé Ghorban Gol, l'aînée des filles, a laissé son tracteur au garage. Il est allé à Bodjnourd d'où il est revenu dans la journée, grâce à la jeep d'Hadji Ghorban Chaadi. Au bazar il s'est procuré trois jeux de fers complets, une paire de tenailles, deux poignées de clous et un petit marteau. Il est resté deux heures accroupi devant l'enclume, à boire du thé, pour diriger le forgeron afin que les fers soient à la bonne mesure, que les clous ne soient pas rendus cassants par un trop de chauffe. Puis, il a acheté une longe de cinq mètres avec un bon coupon de toile de bâche pour que le Noir ne soit pas mouillé si un jour la pluie du Mazandéran venait à tomber.

1. Sorte de tapis de selle, très ample, qui couvre largement les flancs et vient se croiser par deux bandes sur le poitrail, comme un surfaix.

Ghorban Mohammad a prêté ses fontes neuves et tamisé l'orge nécessaire aux premiers picotins du voyage. Il prendra soin du cheval clair que Raïdjab monte ordinairement. Oraz et lui le sortiront de temps en temps.

Moi j'ai ouvert ma bourse.

Quant à Agholi, il a suivi ces préparatifs d'un œil faussement détaché : les courses et les expéditions lointaines ont toujours fait s'agiter la jeunesse et il est bon que l'âge mûr fasse preuve de sagesse. Mais cependant que de souvenirs, quelles réminiscences ! Lui, il avait connu les temps aventureux ; l'époque où la valeur d'un homme tenait, beaucoup plus qu'à présent, à celle de son cheval. Raïdjab se rendait-il compte de la façon dont son père l'observait quand il passait d'interminables moments en tête à tête avec le Noir, homme et cheval s'imprégnant l'un de l'autre ? Savait-il qu'Agholi allait s'appuyer sur le petit mur de clôture pour les regarder partir, tous les deux, vers le terrain plat où, depuis quelques jours, avait commencé l'entraînement ?

L'intérêt du chef de famille ne s'était traduit en public que par les menus conseils qu'il donnait çà et là, à l'occasion.

Bien sûr ils connaissaient tous ces préceptes : gare aux eaux qui dorment, vertes et qui puent... Gare aux galops à froid, à l'orge poussiéreuse...

Ils savaient tous peu ou prou enchaîner les uns aux autres les gestes millénaires et les précautions immémoriales qu'évoquait le père :

— Attention aux feutres trop tôt levés du dos d'un animal qui sue... Attendre, pour remettre le cheval au piquet après la course, qu'il ait pissé...

Mais il y avait là l'occasion de se replonger jusqu'au cœur dans le terreau de leurs traditions et les soirées n'étaient plus assez longues pour parler de cela et en reparler encore.

Puis à la veille du départ Raïdjab a réparti dans les poches des fontes le baluchon à carreaux, les petits pains ronds et doux, le vieux bonnet de tous les jours, les tenailles, les fers, les clous et le petit marteau, un paquet de thé, du sucre, la bouilloire à long col, deux petits bols et son poignard. Il a attaché la longe neuve à la bricole graissée la veille, serré sous sa chemise le pécule que je lui avais fourni et a attendu, sans trop dormir, que la nuit s'efface, partageant les agitations d'un mauvais sommeil avec Artoq que la fin de l'après-midi avait vu arriver.

Les heures coulèrent lentement, trop lentement. Les deux étalons, entravés à dix mètres l'un de l'autre, trouaient le silence par les défis qu'ils se lançaient d'instant en instant. Comme s'ils avaient compris que, d'ici peu, ils seraient concurrents. Lorsque, dans le matin bleuissant, retentit le premier appel à la prière, Raïdjab et Artoq étaient déjà en selle et toute la famille sur le pas de la porte.

Quelques instants plus tard, je les regardai disparaître derrière la haie de peupliers, puis réapparaître à son bout. Ils n'étaient plus que deux points noirs au loin de la route quand la rondeur des collines caressées par l'aube me les cacha définitivement.

CHAPITRE III

Où Raïdjab réapparaît, pas très propre, mais heureux

Lorsque Raïdjab débarqua ce matin de la camionnette rouge, seuls les femmes et Wali étaient à la maison. C'était le neveu d'Hadji Comac qui nous ramenait notre homme.

« Brûlé ! Il est brûlé ! » s'exclama Edjé en joignant les mains, considérant d'un air mi-joyeux, mi-catastrophé, la figure de son fils. Noircies de hâle, ses joues amaigries n'avaient visiblement pas connu le rasoir depuis longtemps. Il rapportait du linge à laver, noué dans un vague chiffon. Golsenem en fit le tri du bout des doigts, tandis qu'autour d'elle le gynécée poussait des cris de dégoût amusé à l'apparition de chacune de ces petites horreurs qui auraient fait honte à un nomade. Voici quinze jours que le fils aîné était parti pour Gonbad et son retour impromptu suffisait à mettre la famille en joie.

Le neveu du *hadji*[1] se tenait à l'écart, adossé nonchalamment au capot de la camionnette. Il dissimulait son regard bridé de Yomout sous le bord rabattu d'un chapeau en paille claire. Les mains enfoncées dans les poches de son complet-veston caca d'oie, il observait ces effusions sans laisser voir sur son visage d'asiate quel sentiment était le sien en ce moment. Il accompagnait Raïdjab parce que son oncle le lui avait demandé, c'était tout.

On dépêcha Wali pour me prévenir.

Quand j'arrivai devant la maison, Raïdjab calait un dernier ballot de fourrage sur la camionnette.

J'eus droit aux embrassades. A nous voir on aurait pu croire Raïdjab de retour d'un long et très aventureux voyage (de la Mecque pour le moins). Il m'expliqua la raison de ce retour inopiné :

---

1. *Hadji* est toute personne qui a fait le pèlerinage de La Mecque (*Hadj*).

— A Gonbad, impossible de trouver de l'herbe ! C'est cultivé partout, du blé, du tournesol, du coton. A part le bord des pistes ou le creux des canaux d'irrigation, il n'y a pas d'endroit pour faire pâturer les animaux. Ceux qui ont du fourrage l'ont fait venir de plus haut et, s'ils le vendent, c'est très, très cher. Surtout ces temps-ci, avec tous ces chevaux qui sont venus pour les courses.

Ah! Mon frère ! Ta place est vide là-bas ! Si tu voyais ça... tous ces chevaux !

J'imaginais assez bien. A l'en croire toute la cavalerie d'Iran galopait à Gonbad. Son enthousiasme faisait plaisir à voir. Et que de choses avait-il à raconter! Raïdjab nous était revenu — amaigri et hirsute sans doute — mais en bien meilleure forme que deux semaines auparavant et si le cheval se trouvait dans de semblables dispositions...

Le Noir ? Il allait bien. Très bien ! Il était « *mast* », on ne pouvait mieux dire. La veille, sur le champ de courses où Raïdjab le menait un jour sur deux, il avait laissé les autres loin derrière. Dès son arrivée à Gonbad-e Kavous, piloté par Hadji Comac, Raïdjab l'avait fait inscrire au livre des pur-sang turcomans. Mesuré, palpé, ausculté, photographié, on lui avait aussi regardé les dents et les parties génitales.

— Comme à moi quand je suis allé faire mon service militaire ! commenta Raïdjab, visiblement impressionné par le sérieux de cette procédure.

A cette occasion, certains juges n'avaient pas caché leur admiration devant un Tekké de cette classe, et un général — ou un colonel peu importe — avait essayé de l'acheter. Espérant fléchir le refus de Raïdjab, il avait cherché un allié chez Aïd Morad.

— Aïd Morad ?

— Mon *séïs* pardi ! Il entraîne aussi les chevaux d'Hadji Comac !

Laissant courir son enthousiasme, Raïdjab me décrivit ce « Maître » à qui l'on obéit sans discuter. Devant sa maison au bord du fleuve Gorgan, on pouvait voir, paraît-il, jusqu'à cinquante coursiers à l'entrave. Là campait en permanence une petite cour, attentive aux ordres et aux conseils que le *séïs* prodiguait du haut de sa véranda encombrée de selles, fontes, feutres et autres pièces de harnachement. Je devais, plus tard, rendre visite à ce personnage et convenir que cette description n'exagérait nullement la révérence et le respect avec lesquels on recevait le moindre de ses mots, la moindre de ses remarques touchant à l'entraînement, au harnachement, au régime et à la médication des chevaux.

Cet Aïd Morad avait des liens de parenté avec le *hadji* qui avait aidé Raïdjab. Leurs mères étaient sœurs, je crois. Ce dont je suis certain, c'est que l'un des fils du *hadji* était le gendre du *séïs*. Bref, sans entrer plus profond dans les méandres de ces filiations et alliances, Raïdjab me fit comprendre qu'introduit par Hadji Comac auprès d'Aïd Morad nous pouvions espérer de notre entraîneur un regard et des attentions plus particulières à l'égard de notre étalon.

Or donc, ce dernier possédait maintenant sa carte d'identité :

— Comme un homme, avec sa photographie en couleurs !

Il faisait très officiel ce petit dépliant bombardé de tampons, frappé de l'emblème de la Société équine (une silhouette archaïque de cavalier, sans doute inspirée par « l'Art des Steppes »). La photo n'était pas très bonne, et il ne fallait pas trop chercher à reconnaître notre cheval dans cette forme aubergine sur fond pistache. Mais tout figurait sur le document même le nom de l'animal, alors qu'à ma connaissance il n'en avait aucun à son départ pour Gonbad.

— Kara Mach! c'est écrit là... et à côté c'est le nom de mon père: Agholi Cheikh !

— Agholi Cheikh ? Cheikh ? Depuis quand ton père porte-t-il ce titre ? Il s'est fait mollah ?

Cette idée fit rire Raïdjab.

— Mais non ! Je t'ai déjà dit que nous sommes du clan des Cheikhs ! J'ai préféré faire marquer ce nom plutôt que Frouzech. Frouzech, c'est celui que nous a donné le fonctionnaire qui établissait les cartes d'identité. Il y a longtemps, quand le Chah a donné l'ordre que tout le monde en ait une, moi j'étais tout petit. Mon père avait aidé l'employé du gouvernement à faire son travail en le conduisant dans tous les villages autour d'Ammand : à Gollidagh, à Inché Païn, à Inché Bala, à Gharnawo, à Ghazenghaïe... Partout !

Quand cet homme a voulu faire la carte de mon père, Agholi n'a pas su quoi dire. C'est normal, les noms de famille n'existaient pas. On disait : Raïdjab fils d'Agholi et Agholi fils de Ghouvi. Alors le fonctionnaire qui se nommait Firouz lui a donné son prénom comme nom : Firouzé. Plus tard, quand on a refait la carte, celui qui s'en est occupé a dû mal lire, ou alors c'était peut-être mal écrit. Si bien que Firouzé est devenu Frouzech sur la carte neuve. Voilà !

… Agholi Cheikh c'est mieux, on le connaît surtout sous ce nom. Et puis, quand Kara Mach gagnera, on criera dans les hauts parleurs qu'il est à Agholi Cheikh. Ainsi tout le monde saura que c'est un cheval Goclan.

Voilà qui était clair. Mais ce nom subitement attribué au Noir, que voulait-il dire ? Qui le lui avait donné ?

Depuis que nous avions regroupé nos finances Raïdjab et moi pour acheter l'étalon, Agholi l'avait appelé ainsi dans le secret de son coeur. Kara Mach : La Graine noire ! Le nom était beau.

Le père de Mehdi Khan et d'Hadji Gorban Chaadi possédait, autrefois, un grand tekké noir comme celui-là : le premier Kara Mach. Agholi avait, à cette époque, dix ou douze ans et c'est à lui qu'on le confiait pour le faire courir aux noces et aux fêtes. C'est en souvenir qu'il disait Kara Mach pour le Noir...

Mais peut-être était-ce bien plus qu'un souvenir ?

Pourquoi ce cheval si farouche, voire dangereux, envers tout autre que Raïdjab et moi qui le montions d'habitude, venait-il si docilement, si rapidement, si spontanément vers sa main tendue ? Quelque chose passait entre eux dont cependant le père n'abusait pas. Mais en son for intérieur il n'était pas loin de croire qu'en ce nouveau Kara Mach celui de sa jeunesse était revenu et avait choisi sa maison pour l'honorer de sa présence. La vie n'est faite qu'apparemment de hasards et un cheval n'est pas un animal comme les autres[1].

Pendant que Raïdjab, à Behkadeh, se procurait de quoi l'entretenir convenablement, le Noir était resté à Congor sous la garde de Baba et de son frère.

Ils s'étaient donné bien du mal et beaucoup de travail pour recevoir leur cousin et sa monture, mais c'est avec joie qu'ils aidaient Raïdjab à s'occuper du cheval. On pouvait compter sur eux. La présence de Kara Mach les flattait, ils l'avaient accueilli comme un prince de son espèce,

---

1. A propos de l'origine de Kara Mach : la réincarnation est presque admise. Ainsi le garçon né après la mort de son père portera-t-il le nom, voire les titres de celui-ci. Le Kara Mach que montait Agholi autrefois était lui-même la réincarnation d'un Kara Mach légendaire aux caractères morphologiques et au tempérament identiques, dont l'origine se perd avec celle de la tribu des Goclans. En effet les Goclans seraient la descendance d'un démon vert (*gok*) et boiteux (*lang*) de surcroît, dont Kara Mach était la monture. Ce père fondateur, en quittant la région, aurait alors consolé ses enfants en leur laissant l'animal fabuleux.

en lui frottant les naseaux d'une poignée de farine et en remerciant Dieu. Ils allèrent jusqu'à donner un grossier fourrage de roseaux à leurs deux vaches, pour réserver la luzerne à ce bel aristocrate qui pétaradait sans modestie dans leur cour habituellement plus paisible.

La camionnette était chargée depuis longtemps et le neveu du *hadji* s'impatientait : il était grand temps de repartir s'ils voulaient être à Congor avant le soir.

Raïdjab se plantant en face de moi, me prit alors par les épaules, essayant de se faire le plus persuasif possible :

— Frère ! Il faut que tu sois à Congor demain ! Après-demain ce sera vendredi et les courses débuteront à deux heures de l'après-midi. J'ai inscrit Kara Mach dans la quatrième : il n'y a qu'un tour à faire et c'est un vrai diable ! Il faut absolument que tu viennes demain. Tu dormiras à Congor et au matin je mènerai Kara Mach à Gonbad. Toi tu y conduiras Baba et son frère, le *qari*[1], avec ta voiture. Il faut qu'eux aussi voient courir le Noir. Tu verras tous ces chevaux, il y en a partout, venus de tous les villages, de toutes les régions où il y a des Turkmènes, de Djergalan, de Téhéran même... tu verras !

Je ne demandais qu'à me laisser convaincre. J'avais du reste, bien l'intention de me rendre à Gonbad ce vendredi avec Agholi. Mais, responsable des gardes, le père ne pouvait rester absent plus de vingt quatre heures quand son fils aîné, qui le secondait dans cette tâche, était lui-même en congé.

Raïdjab, cependant, avait prévu cette objection. Hadji Ghorban Chaadi, rencontré en ville cette semaine avait confié, lui aussi, son cheval vert[2] à un *séïs* des environs et espérait le faire courir. Bien entendu il se rendrait à Gonbad vendredi, au passage il prendrait Agholi et nous nous retrouverions tous sur le champ de courses. Ça ne posait aucun problème ! Le *hadji* était tout à fait d'accord ! C'était entendu Et je n'avais plus rien à dire !

— Il faudra être sur le pré avant dix heures. Tous les chevaux seront là, entravés, avec près d'eux leurs *séïs*, ceux qui doivent les monter et leurs propriétaires (sauf les Téhéranis : on ne les voit que si leurs chevaux gagnent !). Tu verras comme on prépare ceux qui vont courir : on les fait galoper doucement, ou ambler... Enfin tout !... Il faut que tu

1. Personne capable de réciter par coeur le Coran, de la première à la dernière syllabe.
2. Gris pommelé.

y sois parce que la course n'est rien, elle n'a pas la même saveur si, avant, tu n'as pas goûté au riz avec les *séïs*... Tu viendras dis ?

— Bien sûr que je viendrai ! J'arriverai à Congor vers quatre heures demain.

CHAPITRE IV

Un peu d'histoire et de géographie

Au pied de l'Alborz, la région caspienne présente une image bien différente de celle que l'on se fait ordinairement de l'Iran.

Celui qui a eu, en d'autres provinces, l'occasion de pousser quelque peu son chemin, se souvient d'un panorama non sans beauté, mais empreint d'une grandeur morne : espaces désséchés, stériles, hérissés de montagnes âpres, où le sel qui affleure enneige les bas-fonds des plaines poussiéreuses. Il gardera le souvenir de la rectitude des routes rompant la monotonie d'un monde piqueté de touffes d'herbe coriace et de buissons torturés. Il évoquera aussi le répit qu'accorde aux yeux l'apparition des oasis jardins, épousant au plus près les sinuosités d'un cours d'eau inattendu, ou accrochées aux lèvres miraculeuses des *qanats*[1] dont pas une goutte n'est perdue.

L'Iran, la Perse, c'est bien cela. Mais c'est aussi cette mer agonisante qui n'en finit plus de s'évaporer depuis des millénaires, exhalant son souffle poisseux chargé de pluies tièdes et de fièvres palustres.

L'Alborz énorme, l'Alborz inexorable ne permet à aucune nuée de franchir sa barrière. Et tandis que le littoral caspien mijote dans son atmosphère de serre, les provinces intérieures soumises à toutes les rigueurs d'un climat continental voient se succéder, sous un ciel qui n'en peut plus d'être bleu, des étés torrides et des hivers sibériens.

La mer grise, doucement, recule. Son imperceptible reflux a fait naître cette plaine qui va s'élargissant au bas des falaises mortes. Longtemps il n'y eut là qu'un immense marais. Il ne s'arrêtait qu'aux fronts des bois où aulnes et saules menaient leur combat d'avant-garde. Chênes et érables ; ormes immenses ; profonde et bourrue, épaisse comme un pelage d'ours, la forêt dévalait des monts perdus dans leurs

---

1. Système souterrain de captage et de conduite des eaux.

rêves de névés et de glaciers. Pendant des siècles elle fut l'une des plus mystérieuses de l'ancien monde. Longtemps Guilan, Mazanderan et Gorgan ne furent rien d'autre que l'Hyrcanie d'Hérodote.

Mais peu à peu des populations s'installèrent avec leurs dieux en rivalités et érigèrent leurs tours de terre, de bois et de briques sur les ruines des citadelles prises et reprises. Elles empilèrent leurs civilisations les unes sur les autres, les incrustant dans le sol des *tépés*[1], levant au dessus de la plaine ces archives collinaires aux pages de cendres et de tessons, où la pioche décrypte l'histoire des peuples qui passèrent ici en vagues : Parthes et Mèdes, Grecs et Arabes, Turcs et Mongols...

Ainsi, ce pays d'eaux et de terres mêlées de roselières et de jungle, devint au cours des âges la région la plus riche et la plus peuplée de l'Iran moderne.

L'Alborz qui naît là-bas, vers l'Occident, dans le grand chaos que domine l'Ararat biblique, se sépare vite de son frère le Zagros. Il le laisse plonger seul vers la fournaise du Golfe Persique. Lui, il dirige sa chaîne vers l'Orient. Il l'arrondit en bras pour que, dans son creux, vienne se blottir la Caspienne. On dirait qu'il cherche à la protéger de cette steppe qui l'assaille de toutes parts, de cette poussée rousse des déserts qui la veulent boire toute entière. Mais le geste protecteur n'est pas suivi par la main. Elle rejette sa paume en arrière, tend ses doigts, les noue avec ceux qu'à travers le Khorassan lui envoient les monts afghans, pour que ne s'interrompe pas la titanesque farandole des chaînes eurasiennes.

La mer, alors découverte, voit déferler l'Asie Centrale à ses rives, avec ses hommes aux yeux bridés, leurs chevaux et leurs troupeaux. Plus rien n'empêche la steppe de se heurter aux marécages.

L'Est du Mazanderan n'est plus, lorsque l'on a dépassé Gorgan, cette terre quasi tropicale, royaume fécond du tabac, du coton, des agrumes, du thé et du riz. L'Alborz s'est déjà détourné. C'est là que s'épuisent les richesses de la luxuriance. C'est là que commence la steppe. Le sol y est encore bon, la pluie fréquente, mais si le bord des champs ne s'ourle plus d'un feston de taillis et de roseaux, c'est que les taillis d'autrefois n'étaient pas aussi vivaces qu'à quelques lieues vers l'Ouest, que les roseaux disparus poussaient trop loin des vasières propices.

---

1. Colline isolée souvent artificielle, caractéristique de paysage caspien.

Il y a mille ans, les Turkmènes s'installèrent ici, faisant s'y succèder leurs tribus indociles et rivales. Apparus il y a quatre siècles, les Yomouts y nomadisaient depuis les rives de la mer incertaine jusqu'aux ondulations des piedmonts où les premières collines annoncent le territoire des Goclans, frères ennemis campés dans ces parages depuis la même époque.

Et pendant des générations et des générations rien ne changea vraiment sur ces étendues pastorales mal pacifiées. Et puis, en quelques lustres, les Tzars suivis des Soviétiques firent de la frontière un mur inviolable, tandis que Reza Chah établissait son pouvoir en sabrant les tribus pillardes qui terrorisaient les populations persanes des terres occidentales. Depuis lors, *alamanes*[1] et cavaliers rouges[2] ne sont plus que des souvenirs de vieillards.

Alors, les villes bazars, villes foirails, anciens marchés d'esclaves, cernées de tentes en feutre et de troupeaux, changèrent de destinées à mesure qu'autour d'elles s'élargissaient les emblavures, que le coton gagnait de proche en proche. Elles édifièrent des silos, des usines d'égrenage, des huileries, des hangars et étalèrent leurs périphéries industrieuses et laides.

Sortant progressivement du sol gras et noir qu'avait laissé la palud disparue, la charrue gagna irrésistiblement sur la steppe. Et le pâturage ancestral fut hersé bien au delà de la vieille fortification utopique qu'un empereur oublié[3] avait fait dresser face aux barbares d'Asie. Ce long mur bouclier n'est plus qu'un talus presque effacé dont on extrait encore les énormes briques de fondations pour construire les maisons du voisinage. Pourtant, aussi ruiné et aboli soit-il, il marque la ligne où sournoisement s'affrontent deux mondes qu'il prétendit un jour séparer : la steppe et le champ.

Tout au Nord, le long de la frontière, traversant les étendues stériles, coule l'Atrak. Mais avare et rencogné il n'humecte ses berges qu'avec mauvais vouloir. Le fleuve turc[4] renâcle devant la servitude agricole. Sa

1. Razzias.
2. Nom donné aux pillards turkmènes à cause de leur grand kaftan de soie rouge, la *ghermez don'*.
3. Bien que cette muraille soit ordinairement attribuée à Alexandre (on ne prête qu'aux riches), il semble qu'elle soit l'œuvre d'un monarque sassanide.
4. Le fleuve turc : le nom Atrak est un pluriel arabe du nom « turc ».

balafre de verdures timides ne tranche qu'en de rares endroits sur ces vastes espaces où les pluies printanières, vite oubliées, ne profitent guère qu'à de fugaces cultures. Devant l'ondoiement des orges et des blés sur pied, la steppe recule un temps pour revenir, avec la précocité féroce des étés, régner comme autrefois sur les chaumes décolorés et rendre à la grande plaine sans arbres sa dignité des origines. Elle accueille à nouveau les troupeaux qui avaient été refoulés sur les reliefs et retrouve son antique visage, jusqu'aux labours suivants.

Assise au beau milieu, Gonbad-e Kavous est bien à l'image de sa plaine. La ville avance au Sud-Ouest ses îlots d'entreprises et ses quartiers persans, mordant sur les champs au sol noir où paressent les eaux épaisses des canaux. Au Nord-Est elle éparpille ses maisons de pisé dans le ressac de la steppe. Ville plate, écrasée par la pesanteur du ciel, elle serait insoupçonnable à moins d'une lieue, n'était la tour !

Dressé sur elle, la dominant de ses soixante-huit mètres, le mausolée de Kavous Khan[1] semble indifférent à la cité qui l'encercle. Mystérieux et vide, il monte sa garde acérée, planté comme un *though*[2] sur la grande écharpe effilochée des siècles, signalant à celui qui sait voir et qui vient d'Occident que c'est ici que le Touran[3] commence.

---

1. Kavous Khan, surnommé « le chasseur de cailles ». Prince qui règna sur le Gorgan au IXe siècle. Protecteur des arts et des lettres, il a laissé une œuvre intéressante, le *Kavous Namé*. Il fut détrôné par Mahmoud de Ghazni. Son tombeau est un chef-d'œuvre de l'art islamique, considéré comme le prototype du « turbé » seljouquide.
2. Hampe ornée de queues de yacks ou de chevaux qui servait de fanion aux anciens Turcs et Mongols.
3. Pays du Nord opposé à l'Iran dans les épopées anciennes (*Chah namé*). Il symbolise la barbarie dans le sens que la Grèce antique donnait à ce mot.

CHAPITRE V

Où l'on fait connaissance des cousins de Congor et par la même occasion de la plaine de Gorgan

La piste, en cahotant, m'a conduit jusqu'au col. Il avait plu toute la nuit précédente sur ces hauteurs. Dans les flaques, se baignaient et buvaient des centaines de serins qui giclaient par poignées devant la voiture. La montagne, les vallons, la plaine en bas — où Behkadeh n'était plus perceptible — s'essayaient au luxe vert du printemps. Le pâturage, les buissons et les grands genévriers pluricentenaires eux-mêmes se prenaient à son mirage émeraude. La trame du mince brocart que la saison disposait sur les épaules de la nature laissait percevoir leur maigreur et leur rudesse. Mais l'eau ruisselait dans chaque ravin. Des lys aux pétales de jade poussaient leurs hampes au pied des roches suintantes. Les ronces et les épines maquillaient leurs dards sous le fard rose d'une floraison vaporeuse. Tulipes, iris, myosotis, muscaris se disputaient la prairie. Qui aurait songé alors que l'été serait là dans quelque semaines et brûlerait sans remords tant de fraîcheur ? La tortue avait le bec vert. La vieille armoise rajeunie abritait des levrauts. La perdrix arrondissait son aile et couvait au plus creux des bosquets de prunelliers. La laie promenait sa ribambelle en pyjama et, sur un escarpement qui dominait la piste, la mouflonne n'a pas bougé quand je suis passé. Ses deux agneaux sous elle têtaient de part et d'autre.

J'ai traversé le petit bois d'érables nains qui frange le col. Les ramiers y faisaient escale. Sur l'autre versant de la montagne c'était le même velours acide ocellé de coquelicots. Tout en bas, sur la steppe plate, un vol de gazelles aux flancs lourds traversa mon chemin, juste avant que je rejoigne la route : la « grande ».

Sa bande d'asphalte lisse, passant par Téhéran, relie la frontière turque à celle de l'Afghanistan. Pour moi, elle est descendue vers les terres caspiennes dans une douce déclivité, à travers la forêt dont les fûts et les troncs semblaient s'enraciner dans un brouillard blanc d'aubépines. L'air sentait le miel et la mousse. Le hallier résonnait du tambourinement des pics noirs. Prenant bien soin de ne pas, en accélérant l'allure, abréger le plaisir de cette traversée, je me laissais pénétrer par ce dépaysement délicieux après des mois passés là où tout arbre est un défi ou une victoire[1].

La route descendait, descendait encore. La forêt n'était plus qu'un décor lointain à l'arrière-plan de champs de blé déjà haut et de coton vigoureux. Une main d'œuvre baloutche[2] s'y activait avec une fausse nonchalance.

Venus de Zabol, du Sistan, des confins afghano-pakistanais, ces hommes que le désert a poussé à l'exode trouvent ici un palliatif à leur misère. Durs au travail, ils amassent peu à peu et sou à sou, se nourrissant de pain et de concombres. Puis, un beau jour, ils remontent dans l'autobus qui les a déposés là deux ou trois ans auparavant, pour revenir chez eux, via Meched.

— Quand tu vois de la boue, beaucoup, beaucoup de boue ; de l'eau terreuse dans les canaux et des roseaux sur les talus, tu es sûr de rencontrer là des Zabolis ! plaisantait un jour Raïdjab. Ils ne peuvent pas vivre sans ça : leur père était un buffle et leur mère une grenouille ! Ils ont la tortue d'eau pour tante !

Parce que pauvres et étrangers, ils sont méprisés par les Turkmènes les plus médiocres. Parce qu'ouvriers, ils le sont aussi par les gros propriétaires qui les exploitent. Alors, ils vivent entre eux, se marient entre eux, clairs de vêtures et noirs de peau, les pieds dans la boue des canaux et les reins ployés par dessus le coton des autres.

*
* *

Dès qu'elle fut débarrassée de sa pelure sauvage, que les hommes qui y vivaient se furent assagis et qu'elle apparut si riche, si grasse, si féconde, cette terre devint l'objet de toutes les convoitises. Aujourd'hui, le meilleur de la plaine appartient à des Arméniens ou à des Téhéranis enrichis par le commerce et les professions libérales ; à des militaires de haut rang, des parlementaires, d'anciens ministres, des fonctionnaires

1. La forêt du Golestan, autrefois chasse impériale, est à présent une réserve nationale.
2. Population originaire du Sud du Khorassan et du Baloutchistan (région que se partagent l'Iran, l'Afghanistan et le Pakistan).

importants en retraite ; à d'ex-féodaux réinvestissant dans des exploitations agricoles modernisées à l'extrême, les indemnités versées par le gouvernement à la nationalisation de leur patrimoine ; à des princes du sang sur la touche... mais pratiquement plus à sa population d'origine.

Et cela s'explique :

« Ma terre est là où se dresse ma tente ! » Ce dicton turkmène résume toute la philosophie, toute la culture de ce peuple d'éleveurs et de grands nomades. Etaient hommes respectés ceux dont le clan déployait ses troupeaux sans entrave, poussait ses cavales et ses étalons devant lui, et dont les chameaux, en longues files, faisaient de ses déplacements d'interminables caravanes chargées de feutres et de tapis. Errants et libres, ceux qui avaient la laine et le lait possédaient la noblesse, car ils étaient resté fidèles au *yassak*[1] des Grands Khans fondateurs.

La terre, l'emblavure, on ne s'y soumettait pas sans déchoir.

Parce que la tribu se trouvait poussée hors du pâturage par une autre plus forte ou ruinée par une épidémie du bétail, une sécheresse, une guerre, on devenait agriculteur, quelquefois pêcheur à l'embouchure des fleuves. Et même si au fil des générations l'échine et les bras finissaient par s'accoutumer, le cœur restait secrètement pastoral et gardait la nostalgie de la « Noble Vie », la seule digne d'un Turkmène.

Pourtant — et de mémoires anciennes — les Goclans avaient installé une agriculture assez bien conduite dans les vallées du Kopet-Dagh et sur le massif érodé qui domine le Sud-Est du Gorgan. Ils n'en défendaient pas moins jalousement leurs pâturages du Haut-Atrak, y entretenant la qualité première de leur liberté ombrageuse.

Aussi jamais ne vit-on *Khan* ou *Bay*[2] soucieux de la tradition rechercher la possession de villages, de villes, de provinces entières: objets de gloire et sujets d'orgueil, mais chaînes insidieuses et à la longue mortelles.

Le jour vint cependant où l'U.R.S.S. s'embusqua derrière ses frontières murées, où la vieille Perse redevint « l'Iran bien gardé [3]» L'âme nomade résista de toute son énergie, mais lorsqu'elle capitula le retard était pris… avec la terre.

---

1. Loi attribuée à Gengis Khan faisant obligation aux Mongols de ne pas se sédentariser. Des principes similaires ont été relevés sur les stèles de chefs turcs primitifs en Mongolie (IVe siècle).
2. *Khan*, *Bay* (ou *Beg*) : titre des chefs turco-mongols.
3. Qualificatif de l'Empire perse achéménide.

On se méfiait, en haut lieu, de ces tribus remuantes et rétives. Il fallait briser, dès le début, tout esprit de révolte et leur faire payer le mal qu'on avait eu à les juguler. En occupant leurs pâturages, en les privant de leurs meilleurs champs, on les mettait à genoux tout en donnant à l'Etat un de ses principaux greniers.

Le processus de sédentarisation, en marche chez les Goclans, n'eut pas plus droit au respect du nouveau pouvoir que la vie errante des Yomouts. On spolia les uns comme les autres et cet ordre établi à la pointe du sabre fut peu à peu consolidé d'une manière moins brutale mais tout aussi efficace et toujours d'actualité :

Il faut mettre en valeur, produire, rentabiliser ! Et vite ! La préférence est alors donnée à ceux pour qui la terre, les fruits qu'on en tire, les racines qu'on y plonge, représentent l'idéale richesse et la sécurité. Issus de vieilles civilisations sédentaires, ils appliquent d'emblée les techniques nouvelles de l'agriculture moderne qu'ils ont assimilées rapidement, n'ayant pas eu à surmonter le handicap de la tradition pastorale.

Une fortune personnelle et un niveau honorable d'étude teinté de culture européenne (ces ingrédients vont en général de pair) sont les marche-pieds nécessaires à qui veut s'installer rentablement au Gorgan. Ce sont aussi des arguments auxquels la *Bank-e-keshawarzi*[1] sera facilement sensible. Un ami bien placé ou un parent influent aplanissent également bien des difficultés administratives.

Ainsi, pendant que le laboureur turkmène vivote et, avec des méthodes archaïques, s'échine à exploiter les lopins exigus ou montagnards qu'on lui a laissés, ou pendant qu'il s'essouffle dans l'endettement d'une illusoire modernisation, l'autre agriculture déploie sa vitalité prédatrice. Elle court sur la lancée que lui a donné le volontarisme politique des vingt dernières années, modifiant totalement l'aspect, l'écologie et l'économie d'une région où les Turkmènes ont quasiment perdu l'initiative.

On pourrait facilement, en faisant quelques kilomètres au sortir de Gonbad, prouver le contraire de ce que je viens d'avancer. Riches et bien installées, on peut y voir les fermes opulentes dont les heureux propriétaires yomouts, parfois goclans, ne regrettent pas le choix de vie que leurs pères ont fait pour eux. Ce sont les fils de quelques chefs ou

1. Banque de développement agricole.

grands notables qui ont compris juste à temps que le vent de l'histoire avait tourné, et qui profitèrent de l'ascendant qu'ils avaient sur leur clan pour s'approprier les restes de la curée. Ils sont responsables, en grande partie, de cette avancée inquiétante des terres à blé[1] vers l'Est et de la scarification désertifiante des steppes de piedmont. Ces exceptions ne peuvent pas faire illusion très longtemps. Pour peu qu'on sache observer, on s'aperçoit vite que le plus gros de la population indigène du Gorgan exploite des superficies à la limite du minimum vital. A l'entour des propriétés de trois ou quatre cent hectares, se cloisonne alors une mosaïque serrée de petits champs dont les propriétaires sont obligés de prendre en métayage quelques parcelles des grands domaines pour arrondir leurs revenus. Mais aucun de ces petits laboureurs n'a oublié que ces terres furent à eux autrefois[2].

Tel est le cas de Baba et de son frère Abdol Rahman, chez qui je me rendais. Quatre hectares pour leurs deux familles : c'est bien mince ! Ils cultivent donc en sus quatre autres hectares qu'un de leurs voisin leur loue chaque année, moyennant les deux-tiers de la récolte, car c'est lui qui fournit la semence, le tracteur avec sa remorque et qui fait exécuter les labours.

Baba, un peu mollah, est l'*émam*[3] de la mosquée qui dresse son court minaret carré tout près de la maison des deux frères. Ils y apprennent, tous deux, à lire aux garnements du voisinage et, à l'occasion, abordent pour les plus âgés quelques textes prudemment mystiques et l'inépuisable sagesse de la *sunna*[4].

Mais Abdol Rahman est *qari,* c'est mieux qu'être simple *mo'allem*[5] et on lui demande assez souvent de rehausser la solennité de certaines cérémonies. Ce que leur rapportent ces quelques activités — celles d'Abdol Rahman surtout — finit d'étayer les finances de leur petite communauté. Ainsi, bon an mal an, les deux frères vont leur train, pas

1. La végétation de la steppe détruite n'est remplacée que temporairement par les cultures. Après la récolte le sol dénudé est livré aux agressions de l'érosion pendant des mois et se stérilise définitivement en moins de dix ans.

2. Persuadés aux premiers jours de la révolution que les terres allaient leur être rendues, beaucoup de Turkmènes ont été cruellement déçus. Ceci peut expliquer en partie les émeutes de Gonbad.

3. L'*Emam* ou *Imam* : celui qui dirige la prière, chez les sunnites.

4. Tradition musulmane construite sur le recueil des faits, dits et habitudes du Prophète et de son entourage.

5. Maître d'école.

riches assurément, mais pas pauvres non plus. Honorés pour leur piété et leur savoir, estimés pour leur honnêteté et leur serviabilité, ils comptent comme notables dans leur village. Pour finir, ils sont comblés par le Très Haut d'une descendance nombreuse, encore respectueuse et docile, joyeusement remuante, et qui, (le *Cheïtan*[1] n'entende pas !) n'a jamais été sérieusement malade.

*
* *

Au large de la grande route, dans la plaine bien avant Gonbad, une plantation de peupliers et un fouillis de vergers enclos cachent les maisons de Congor. La rivière de Kelaleh qui passe tout près y ronge patiemment un *tépé* et jusqu'à l'horizon brouillé de vapeurs ce ne sont que champs de coton succédant à d'autres champs de coton sous un ciel pesant et gris.

Une petite route quitte l'asphalte et pique en direction du village. Aussi modeste qu'un chemin vicinal, elle dessert pourtant une bonne vingtaine de hameaux et de grosses fermes. Elle va ensuite, d'ornière en ornière, de mare de boue en canal vagabond, de gué hasardeux en labours anarchiques, rejoindre Gonbad-e Kavous où elle entre par les faubourgs de l'Est. Je m'y suis risqué prudemment.

Une jeep, bleu turquoise arrivait en face. Elle tanguait et roulait d'une fondrière à l'autre, au gré d'une trajectoire assez imprévisible. Préférant lui laisser le passage, je me rangeai contre le talus.

Quatre hommes tassés les uns contre les autres occupaient l'avant du véhicule. Lequel d'entre eux était le conducteur ? C'était difficile à dire, tant, dans cet étroit habitacle, leurs corps s'imbriquaient et se mélangeaient. A l'arrière, une cargaison de femmes, de bébés, de baluchons divers et de poulets, semblablement agglomérés, se laissait ballotter, encaissant avec stoïcisme les sursauts et les bonds de la voiture.

Le pied qui freina, celui qui se leva de l'accélérateur, la main qui mit le moteur au point mort, appartenaient-ils à la même personne ? Peu importe : la voiture stoppa à ma hauteur.

— Oooh ! Vous allez à Congor ? me cria un visage affable apparu à la portière.

— Oui. Pourquoi me demandez-vous cela ?

1. Satan.

— La route est coupée. Il y a trop de boue. Ne vous y fiez pas ! Un peu plus bas passez à travers champs. A vingt mètres à droite, il y a des traces de voitures qui sortent du chemin. Suivez-les !

— Compris. Merci !

— Eh! Vous allez bien chez Baba et Abdol Rahman Qari ?

— Oui !

— Bon ! Tant mieux : ils commençaient à croire que vous ne viendriez plus. Ils vous attendaient ce matin.

— Depuis ce matin ?

Encore un marigot routier, puis un canal de plus, un autre petit pont en dos d'âne dont les poutres basses geignent au passage... et j'arrivai à Congor.

L'entrée du village est une ruelle boueuse entre deux hauts murs pardessus lesquels apparaissent grenadiers et figuiers. Un âne, statufié au beau milieu du passage, réfléchissait sombrement. Des fillettes baloutches, échevelées et noiraudes, longeaient les murs, maintenant en équilibre sur leur tête des seaux d'aluminium et d'autres récipients clapotants. Sur la gauche une boutique ouvrait sa bouche noire dans l'éblouissement d'un mur ensoleillé. Le boutiquier assis sur une chaise en tube d'acier, jambes écartées, mains aux genoux, coudes hauts, contemplait son maigre étal de fruits secs, de riz en vrac, de pains de sucre grisâtres, de paquets de thé et de cordes de coton. Je l'accostai :

— *Salam aleïkum* !

— *Aleïk* !

— Pouvez-vous m'indiquer la maison où habitent...

— ... Baba et Abdol Rahman Qari ?

— Oui c'est ça !

— Vous voyez la mosquée là-bas ? Eh bien leur maison est juste derrière. Prenez le chemin là... Et attention au trou !

Conseil judicieux. Au ras de la piste, et ne lui laissant qu'un couloir étroit le long du mur d'un jardin, le trou qu'on avait creusé pour extraire la terre nécessaire au pisé de la mosquée aurait avalé un tracteur et sa remorque. Une eau croupissante et fétide le remplissait à moitié. Y flottaient un poulet mort et quelques autres immondices que suçottaient des larves frétillantes. Je finissais de franchir ce délicat passage quand un garçon d'une douzaine d'années, soudain dressé sur un muret bas, se mit à pratiquer à grands moulinets de bras une gymnastique-sémaphore qui ne pouvait être plus claire : j'étais arrivé.

*
* *

La maison est surélevée d'un bon mètre sur toute la longueur d'une cour rectangulaire. Face à elle, une sorte d'étable en lattis de roseaux, maçonnée de boue, coiffée d'un toit bas à deux pentes en chaume de riz, jouxte une resserre du même style. Un muret de terre, à demi écroulé, sépare cette cour de celle du voisin. Dans un coin, assez près de l'habitation, se trouve le puits. Il est fermé par un couvercle de bois sur lequel on pose le seau et les trois mètres de corde qui suffisent à puiser l'eau toute proche. Trois auges de pisé ont l'air d'avoir été disposées un peu au hasard, si basses que les animaux y entrent à sabots-joints quand on les affourage. Un veau noir, maigrichon et hirsute, attaché par la patte à un piquet, attend auprès d'une de ces mangeoires que sa mère revienne des bords de la rivière où sont menés paître les animaux du village lorsque les récoltes sont sur pied. Un pavage de brique fait une sorte de chaussée, reliant la maison à ses dépendances pour que l'on puisse accéder de l'une aux autres sans trop se crotter quand les pluies détrempent le sol de la cour.

En cette région la pluie rend obligatoires les toits à double pente. Baba et son frère ne sont pas assez riches pour s'en payer un en zinc pareil à celui que vient de s'offrir leur voisin. Brillant au soleil comme un samovar briqué, équipé de gouttières aux angles et orné, au-dessus de la véranda, d'une corniche en dentelle de tôle découpée, il en impose violemment. Il faut dire que le voisin en question vient de céder en mariage l'aînée de ses filles et que la rentrée d'argent consécutive lui a permis ce luxe. Plus modestes, les cousins se contentent du pisé. C'est un matériau fiable, à condition de le tasser fréquemment et de ne rien laisser pousser dessus.

Trois pièces dans la maison de mes hôtes. Elle donnent toutes sur une véranda à quatre colonnes de bois. Ce ne sont pas comme chez nous, là-haut, des troncs de genévriers ou de peupliers à peine écorcés, mais de belles poutres bien équarries, débitées dans un tronc de chêne. Sur leurs chapiteaux aux découpes anguleuses on ne retrouve pas la double spirale en cornes de béliers qui orne ceux des maisons plus montagnardes.

Les cris du guetteur et le bruit de mon moteur ont alerté la maisonnée. La véranda se peuple d'un, deux, trois et enfin quatre gamins, garçons et filles, un peu morveux, pieds nus, très intéressés. Une fillette de quatorze ans apparaît à son tour. Elle a des yeux noirs immenses, si sombres qu'on les croirait fardés et tient entre ses dents le coin du grand voile blanc dans lequel elle se drape. Insolite, ce châle immaculé la rend plus virginale encore. Des deux bras, elle entoure le fût d'un des piliers, appuyant sa joue au bois patiné. Et elle reste là, immobilisée dans la plus gracieuse des poses, à me regarder descendre de voiture. Elle s'éclipse rapidement lorsque Baba, survenant à son tour, se met en demeure de chasser à grands gestes cette marmaille curieuse, béate et inconvenante. Il a happé ses chaussures sur le pas de la porte et, dans sa précipitation, a bien de la peine à les enfiler. L'une d'elle résiste. Il sautille et se démène, cassé en deux sur un pied. Il va s'énerver... mais non... il se reprend. L'espace d'une seconde il s'est redressé comme pour réfléchir au problème, puis, posément, calmement, se chausse. Il essuie avec soin ses mains aux basques de sa longue gabardine noire un peu verdie et se tournant vers moi, bras tendus, descend à ma rencontre les trois marches du perron, barbe étalée, souriant de toutes ses dents étincelantes.

Si je n'avais eu, sur la route, ces preuves que j'étais attendu impatiemment ; si j'avais eu quelques scrupules d'arriver ainsi chez des gens que je ne connaissais pas, le sourire de cet homme m'eût aussitôt délivré de toute gêne. J'étais le bienvenu : tout son être l'exprimait.

Baba porte à merveille ses quarante ans. A l'âge où bien des hommes s'empâtent, lui est resté mince, maigre devrais-je dire. Il est vrai que le plus gros du travail agricole lui incombe. Son frère est trop souvent à psalmodier du haut en bas du pays turkmène pour l' aider efficacement. Quittant rarement Congor, Baba est le maître de la maison. D'ailleurs, c'est lui l'aîné, et les responsabilités importantes lui reviennent. Le turban clair des religieux soigneusement noué, qu'il coiffe en toutes circonstances, met en valeur son front haut et lisse. Son nez droit aiguise une physionomie où tous les traits sont bien marqués : pommettes hautes, lèvres étroites sur une grande bouche, vite rieuse, belle barbe portée en collier mi-court, sans moustache.

Mais ce sont ses yeux, surtout, qui captivent. Sous leurs sourcils assez fournis, ils luisent d'intelligence. Même lorsque, pour écouter, Baba les ferme presque totalement, on voit leurs petites flammes brillotter derrière la fente des paupières.

— Nous vous attendions ce matin ! Nous vous avions préparé le repas de midi ! me reproche-t-il en m'introduisant.

— Mais j'avais dit à Raïdjab que je viendrais vers quatre heures, ne vous l'a-t-il pas transmis ?

— Oui, il nous l'a dit, mais lui aussi vous attendait ce matin.

On est toujours pressé de voir arriver un ami. Quelquefois, préparer un repas le fait venir ou tout au moins hâte son arrivée. Quelquefois !

— Vraiment ?... Mais, vous savez, je n'aurais pas pu venir ce matin, même si je l'avais voulu. Il faut m'excuser !

— Ce n'est pas grave ! Ça n'a pas d'importance, mais c'est dommage parce que ni mon frère ni Raïdjab ne sont là pour vous accueillir. Mon frère est à Kelaleh pour quelques achats. Raïdjab est parti vers la rivière entraîner le cheval. Le *séïs* a bien recommandé de lui faire reposer les pattes dans l'eau claire. Nous avons de la chance, c'est la seule rivière qui soit pure dans la région, elle coule sur du gravier... Mais prenez vos aises, vous êtes ici chez vous... Je vais aller chercher le thé... Si vous voulez un autre coussin, prenez celui-ci... et ôtez votre pantalon.

En prévision de la nuit que j'allais passer à Congor, j'avais enfilé sous mon jeans un de ces pantalons de coton léger qui servent à se mettre à l'aise. Dans tout l'Iran l'homme est ainsi confortablement vêtu quand il est chez lui. Si le citadin d'un certain niveau enfile cette tenue d'intérieur lorsque sa journée est terminée, le rural la porte sous son vêtement de travail. Il lui suffit alors d'ôter une pelure pour se retrouver décemment à l'aise. N'étant pas surpris par cette invite très naturelle, j'ôtai donc mon pantalon.

*
* *

Bruit de moto qu'on arrête dans la cour : le *qari* était de retour.

Il entra dans la pièce en même temps que Baba qui apportait le thé et qui ressortit aussitôt pour aller chercher un bol supplémentaire.

Abdol Rahman Qari donne, à première vue, l'impression d'une plus grande prospérité que son frère. Il a le léger embonpoint qu'il faut à un clerc pour être bien dans son personnage. Sa redingote sombre, à fines rayures, est neuve, mieux coupée que celle de Baba, dans du meilleur tissu. Elle flotte moins. De discrets rembourrages viennent même en redresser la carrure. Son turban, dont il laisse volontiers retomber un pan sur son épaule droite dans une coquetterie qui n'appartient qu'à lui[1], est toujours propre et irréprochablement enroulé quelle que soit l'heure de la journée. Ordinairement, la toile des turbans portés par les religieux Turkmènes est blanche, imprimée d'un très léger quadrillé noir. Abdol Rahman Qari se singularise par le rouge de ce quadrillage.

Bref, on sent un homme soucieux de sa présentation et habitué à rencontrer d'autres gens que ceux de son voisinage. Est-ce pour cela que son amabilité n'est pas aussi apparente de prime abord ? On dirait qu'il surveille ses élans et que sa spontanéité a été gommée par sa fréquentation assidue des assemblées religieuses où l'air guindé est de mise. Chez le *qari* dominent une élégance cléricale discrète et une affabilité onctueuse renforcées par le timbre assourdi de la voix, par le souffle prudent d'une respiration que l'asthme oblige à ménager. Ses traits réguliers, la rectitude d'un profil qu'il partage avec son frère pourraient le faire dire beau. Mais il lui manque la simplicité lumineuse qui éclaire le visage de son aîné. Si bien qu'il faut l'avoir un peu côtoyé pour retrouver, sous ce vernis, leurs communes qualités d'hospitalité et de gentillesse.

J'avais fait connaissance de mes deux hôtes. J'appris bien vite que Baba avait un fils de treize ans (celui qui m'avait guetté), deux petites filles de dix et huit ans et enfin un gros garçon joufflu de quatre. Le *qari* était le père de la fillette qui se tenait sur la véranda à mon arrivée, d'un garçon de sept ans et d'une petite fille de cinq. Marmaille dynamique dont quelques exemplaires s'écrasaient le nez sur les carreaux de la fenêtre pour m'apercevoir dans l'ombre de la pièce des invités.

J'étais en train de m'enquérir des récoltes, des troupeaux, après avoir transmis les salutations de la famille, lorsque Nouri, le fils aîné de Baba — décidément préposé au guet — passant la tête par l'entrebâillement de la porte, interrompit notre échange de banalités :

— Raïdjab ! Raïdjab ! cria-t-il, Raïdjab arrive !

Dans un trot superbe Kara Mach tournait à l'angle de la mosquée.

L'animal était en sueur. Baba et Raïdjab s'activèrent à le couvrir. Ils l'enfouirent sous les feutres accumulés, le sanglèrent, l'emmitouflèrent jusqu'aux oreilles, en lui laissant le mors, brides nouées très court sur son dos, à la sangle du feutre, pour qu'il ne puisse pas ramasser au sol

1. Le turban, quand il est porté par un Turkmène est totalement enroulé sans laisser pendre de queue.

quelques brins de paille ou d'autres débris. Lorsque le cheval fut pansé de cette façon, et seulement alors, nous pûmes, Raïdjab et moi, nous souhaiter mutuellement la bienvenue.

CHAPITRE VI

Où l'on s'aperçoit que Raïdjab n'a rien perdu de ses préoccupations du début

Le cheval avait maigri. Ses muscles saillaient à fleur de peau, toute trace de graisse superflue avait disparu. Sa silhouette s'était tellement affinée, son ventre surtout, singulièrement levretté,que j'eus peur d'un entraînement trop dur. Mais l'animal qui, au bout de la longe, défiait l'entourage en remplissant l'espace de ses hennissements guerriers, n'avait pas du tout l'air éprouvé, bien au contraire.

Le soir tombait calmement, avec une dernière dispute de moineaux sous les poutres de la véranda, tandis que Baba et Abdol Rahman se dirigeaient gravement vers la mosquée. Pendant ce temps-là Raïdjab préparait la musette. Suivant scrupuleusement les prescriptions du *séïs*, il y versa trois fois la quantité de grains que contenaient ses deux mains en coupe, puis, la confiant à Nouri, il lui recommanda bien de ne la donner au cheval que lorsque ce dernier serait tout à fait sec. Comme je m'étonnais d'une si légère ration, il m'expliqua qu'au lieu des quatre ou cinq kilos d'orge journaliers donnés en trois repas, il valait mieux donner des doses plus légères en y revenant plus souvent. Ainsi on ne retrouvait pas de grains non digérés dans le crottin et, tous comptes faits, le cheval recevait sa ration habituelle, parfois même un peu plus en en profitant mieux. Je m'aperçus, dans les jours qui suivirent, que le fourrage était, lui aussi, distribué de cette façon, par petites bottes.

Puis ce fut le repas que suivit la veillée autour de la lampe. Elle nous inondait de sa clarté chaude, laissant le reste de la pièce dans l'ombre... Heures paisibles. Par dessus les bols vides et la théière asséchée la conversation fit le tour du village : la fille du voisin, mariée voici trois mois à Gollidagh (ce qui nous amena au toit de la maison de son père);

le fils d'un autre voisin blessé sous son tracteur en voulant labourer le flanc d'un *tépé* ; l'oncle de l'épicier en prison pour trafic d'opium. Puis l'intérêt dévia vers la famille : les reins de la femme de Baba ; la vache qui a du sang dans le lait ; les dernières bêtises des enfants...

Plus tard, le sommeil fit languir la conversation. C'était à moi, comme invité, de donner le signal du repos. Je bâillais ostensiblement. Bientôt la grosse femme de Baba apporta le couchage. Elle en profita pour me saluer — elle devait attendre cette occasion depuis le matin ! Jetant dans un coin couvertures et matelas, elle vint à moi. Je lui tendis mon bras replié dont elle effleura le coude avec le bout des doigts de ses mains jointes.

Ceci fait, elle s'activa et tout fut prêt en deux minutes.

*
* *

Abdol Rahman, par politesse, voulait passer la nuit auprès de nous. Raïdjab l'en dissuada, insistant pour qu'il ne changeât rien à ses habitudes:

— Si c'est pour lui que tu restes, dit-il en me désignant du menton, ce n'est pas la peine. Je lui tiendrai compagnie. Ne te tracasse pas : il ne se vexera pas ! Fais comme tous les soirs, va dormir chez toi tranquillement. (Puis, se tournant vers moi) N'ai-je pas raison ?

Il m'était indifférent que le *qari* dorme ici ou ailleurs, mais Raïdjab semblait tenir à notre intimité. J'abondai donc dans son sens. Et puis Abdol Rahman n'avait pas l'air trop mécontent de se laisser convaincre. Sa femme, pour ne pas rester seule cette nuit-là, aurait dû s'installer chez son beau-frère, d'où complications et promiscuité chez Baba.

Les battants de la porte étaient à peine tirés que Raïdjab se redressa. Il rapprocha sa literie de la mienne jusqu'à ce qu'elles se touchent. Visiblement il n'avait pas sommeil et voulait bavarder.

J'entamai donc :

— Le cheval a l'air en forme ! Tu crois qu'il se placera ?

— Peut-être, mais il aura de sérieux adversaires... mais laisse le cheval ! Tu as vu Maryam ?

— Qui ?

— Maryam !... la fille du *qari*, la plus grande !

— Celle qui a un voile blanc ?

— Oui c'est ça ! Comment la trouves-tu ?

— Comment je la trouve ?... Elle est jolie, c'est ce que tu veux que je dise ?

— Elle est très jolie ! Très !

L'énoncé de cette vérité indéniable sembla le laisser un moment songeur. Il se tut comme pour se pénétrer de cette évidence et en tirer les conséquences. Dehors Kara Mach cognait du sabot sur le sol dur de la cour. Raïdjab rompit tout d'un coup ce silence, et comme s'il prolongeait à haute voix le cheminement de sa pensée :

— Et elle me plaît beaucoup !

— Comment ça, elle te plaît ?

— Eh bien oui ! Tu n'as pas vu ses yeux ? Et puis elle est grande pour son âge. Tu as vu le tapis sur lequel tu étais assis tout à l'heure ? Eh bien c'est elle qui l'a fait !

— Mais! Tu ne vas pas me dire que... tu voudrais l'épouser ?

— Bien sûr que si ! Et pourquoi pas ?

Je n'en revenais pas : la gamine marchait à peine sur ses quatorze ans.

Mais Raïdjab ne s'arrêtait pas à ce détail. Elle était nubile puisqu'elle avait ses règles, elle était prête. Voilà qui rendait tout à fait normal et naturel l'intérêt qu'il lui portait. Mieux ! La mère de Maryam, elle-même, l'avait renseigné là-dessus, montrant ainsi qu'elle n'était pas hostile au projet (ce qui laissait à penser que Raïdjab songeait à cela depuis suffisamment de temps pour avoir trouvé cette alliée dans la place). Elle l'avait aussi prévenu qu'il n'était pas le seul à s'intéresser à l'avenir de Maryam ; Baba y songeait lui aussi et avait émis l'idée de la marier à Nouri, son fils. Les âges en ce cas correspondaient mieux. Je restai malgré tout rêveur devant la jeunesse du garçon, mais Raïdjab m'assura vigoureusement que lui-même, à l'âge de Nouri... Bref, en ce qui concernait tant la fille que le garçon, je réagissais plus en Européen qu'en Turkmène, c'était évident.

Si le plan de Baba prenait corps il procurerait ainsi à son fils une épouse à bon marché, car il n'aurait qu'à céder une de ses propres filles lorsque serait venu le temps de marier le fils aîné d'Abdol Rahman. Ce n'était pas une mince économie, et tout restait dans la famille.

La sympathie de la mère de Maryam à l'idée de Raïdjab n'était pas sans m'étonner. Pourquoi donc cette femme mettait-elle ainsi en péril un arrangement où les finances des deux familles avaient tant à gagner? De cela aussi elle s'était ouverte : à son avis le mariage de Maryam avec Nouri était ni plus ni moins qu'incestueux. Il y avait du vrai, les gamins n'étaient-ils pas cousins germains? Il était impie, puisque le Coran interdisait de si proches alliances. Ni Baba ni, à plus forte raison, Abdol Rahman ne devaient ignorer les textes auxquels elle faisait allusion. Mais cet argument — même très saint — n'était guère convaincants dans un pays où le mariage entre cousins est une pratique courante.

En fait, sous ces principes vertueux pointaient quelques griefs bien mesquins à l'encontre de la femme de Baba. Cette dernière récriminait sans cesse à propos des déplacements du *qari* qui le tenaient constamment éloigné de Congor, ce qui faisait retomber sur Baba, son fils et elle le plus gros des travaux des champs. Elle laissait entendre également que si Abdol Rahman ne participait pas beaucoup aux récoltes, ni au repiquage du riz, ni aux irrigations, c'était par orgueil et, disons-le tout net, par paresse.

Disant cela, elle oubliait avec mauvaise foi l'argent que le *qari* ramenait de ses longues nuits de psalmodies et qu'il versait scrupuleusement dans la caisse de la coopérative familiale.

... Des histoires de femmes !

Quoi qu'il en fût je n'arrivais pas à imaginer mon Raïdjab épousant Maryam dans la fleur encore mal dépliée de ses quatorze ans ! Je le lui dis clairement.

— Quoi ! s'indigna-t-il. Tu refuserais d'acheter un poulain qui promettrait de devenir un champion, et qu'on te vendrait sevré, sous prétexte qu'il serait trop jeune, alors que tu aurais tout ton temps pour l'élever chez toi ?

S'il se mettait à considérer mariage et achat de chevaux d'un même œil, je n'avais plus rien à dire. Et puisqu'il était décidé pourquoi avait-il demandé mon avis ?

— Pour que tu m'aides. Il faut que quelqu'un parle à mon père. Moi je ne peux pas. C'est Agholi qui doit faire la demande. J'aimerais bien que tu l'y décides !

— Agholi connaît-il Maryam ?

— Je crois.

— Ne risque-t-il pas de la trouver trop jeune ?

Ah cela suffisait ! Trop jeune ! Trop jeune ! Toujours ces deux mots à la bouche ; à m'entendre, on aurait pu croire que les vieillards étaient les seuls aptes à se marier. Il fallait bien me mettre ça dans la tête : ce n'était pas comme chez moi, en France. Ici on arrangeait les fiançailles parfois dès le berceau et les noces suivaient de près les premières règles.

Bon ! Je capitulai et promis d'en parler à Agholi. Mais il fallait s'attendre à quelques réactions de la part de Baba lorsqu'on le mettrait en face de cette concurrence.

Et Maryam dans tout ça ? On l'oubliait un peu ; qu'en disait-elle ?

Elle ! Je n'avais aucun souci à me faire, semblait-il. La veille, à son retour de Behkadeh, Raïdjab n'avait trouvé à la maison ni Baba ni son frère. La femme du *qari* vint donc lui servir le thé et resta là, pour bavarder. Maryam les a rejoint et lorsque, pour prendre place, elle est passée à côté de lui il détendit son pied et la fit trébucher. Elle a ri en roulant à terre et sa mère aussi.

— Tu vois qu'elle est d'accord !

— Parce qu'elle a ri ? C'est tout ?

J'avais l'esprit par trop pesant ! Raïdjab faillit renoncer à m'expliquer.

— Mais que te faut-il de plus ? Si elle ne l'avait pas été, elle aurait tiré son voile et serait sortie. Au contraire, elle est restée là, à côté de sa mère, en face de moi et a bu le thé avec nous !

Drôle de déclaration d'amour qu'un croc-en-jambe. Singulière et bien discrète réponse dans la tasse de thé prise après cette plaisanterie, apparemment innocente. Pourtant, à l'en croire, mon Don Juan des steppes ne se trompait pas. A moi de comprendre qu'il faut être bien attentif à de si infimes preuves de connivence si l'on ne veut pas passer, comme un aveugle ou un balourd, à côté des intrigues et des complicités amoureuses qu'elles trahissent.

Ce soir-là Raïdjab resta longtemps, les mains sous la nuque, à compter, avec les poutres du toit, les charmes et les qualités de la fragile Maryam. Perdu dans un réseau confus de plans et de fantasmes auquel, je l'avoue, je l'abandonnai rapidement.

CHAPITRE VII

Sur le champ de courses

Il faisait à peine jour quand Raïdjab est parti. A sept heures je démarrai à mon tour, avec Baba et Abdol Rahman Qari à côté de moi, Nouri à l'arrière.

Le champ de courses a été récemment clôturé. Il faut montrer patte blanche ou prendre un billet pour que le gendarme de garde laisse passer les voitures. La carte d'identité du cheval nous sert de coupe-file et nous abandonnons notre Land-Rover sous la surveillance, moustachue à souhait, d'un autre gendarme.

Rejoindre Raïdjab et Kara Mach n'est pas chose facile.

Dans ce champ clos de plusieurs hectares, une cavalerie énorme, empaquetée de feutre, est au piquet depuis les premières heures de l'aube. Comment faire pour localiser rapidement notre champion au milieu de ce rassemblement ? Nous nous avançons au hasard sur cet immense foirail. Des cavaliers passent au petit trot. Des cris montent, mêlés aux hennissements. L'air déjà chaud s'épice de l'odeur du crottin. Des milans, par centaines, tournoient mollement : éboueurs ailés que toute concentration d'hommes ou d'animaux attire.

Le grand camp s'organise en ce début de matinée. Des concurrents arrivent encore. On desselle, on resselle, on plante des piquets, on se salue, on s'embrasse, on se retrouve, on se cherche, on s'appelle. Raïdjab et Kara Mach sont là, noyés dans cette foule, mais où ?

Un jeune homme aux joues encore lisses s'est approché avec respect d'Abdol Rahman. Il lui a baisé les mains et l'a salué de son titre. C'est un de ses élèves, le meilleur, nous précise le *qari*. Pendant un moment, ils parlent de choses et d'autres. Baba, Nouri et moi continuons notre quête, croyant, de loin, en chaque cheval noir reconnaître le nôtre. Mais le séminariste s'est éloigné et Abdol Rahman nous rejoint. Son *chaguerd* [1] lui a dit avoir vu Raïdjab vers l'angle nord du camp.

C'est vrai, comment ne l'avons-nous pas aperçu plutôt ? Maintenant que Kara Mach est devant nous il éclipse tous les autres. Tête dressée, hennissant, piaffant sur place, il tire sur sa longe, orgueilleusement combatif. Son comportement, sa stature tranchent et par comparaison, les autres chevaux semblent somnolents, trop calmes sous leurs feutres. Seul le Noir fait mine d'impatience. « Oh ! Raïdjab ! Ils sont là ! », crie une voix par-dessus un garrot qu'on étrille. Soudain matérialisé, Raïdjab vient à nous pour nous faire les honneurs de ce champ de courses où il est chez lui et où il nous reçoit.

*
* *

C'est l'heure de la collation. Les salutations expédiées, on nous fait place sous la grande bâche verte, tendue sur quatre piquets. On se tasse un peu pour que nous puissions prendre notre part du petit casse-croûte de huit heures ce qui permettra d'attendre midi sans crampe d'estomac.

Servi sur un large plat de cuivre étamé, il consiste en quelques bouts de viande qui nagent, en compagnie de grains de riz dans un bouillon rougi à la tomate. A même le plat chacun pompe un peu de jus avec une mouillette de pain. Poliment, on se renvoie le morceau de viande qui a dérivé devant soi, priant le voisin d'accepter ce petit cadeau qu'on lui fait. Lorsque, de guerre lasse, on l'avale, on remercie de la tête celui qui, ayant été plus tenace, vous a honoré de cette attention délicate. Sa faim une fois apaisée chacun se désaltère dans un gros verre vase d'au moins un litre, non sans faire mine, courtoisement, de l'offrir à la ronde avant d'y porter les lèvres.

Autour du plat toute la cour d'Aïd Morad Séïs est rassemblée. L'entraîneur préside et offre le repas. C'est lui qui, le premier, met la main au plat, invitant les convives à ne plus attendre pour faire de même. Le verre-vase revenu au seau d'eau et les plats consciencieusement torchés, il demande au *qari* de réciter les grâces.

Aïd Morad Séïs est yomout... et il l'est bien !

Quelques dizaines de longs poils blancs répartis inégalement sous son menton et à la commissure des lèvres lui font office de barbe. Petit nez, yeux clairs, fendus, dans un visage plat, pommettes hautes, tête

1. Elève.

ronde et oreilles placées fort à propos pour retenir son *telpek* râpé : il est le type même du « tartare ». Court de buste, court de cuisses, râblé et noueux, on le sent d'une force rapide et redoutable. Riant à pleine bouche, rotant, jurant : c'est le barbare épanoui. En selle il est brutal, impérieusement croché au cheval. Sous lui, le moindre baudet prend des allures de destrier. En prière entre deux étalons, il est l'Islam guerrier. Mais s'il honore Allah dans ses oraisons, c'est Tangri[1] qu'il invoque quand, dans sa vie courante, il se réfère à Dieu et le nomme.

Yomout, Hadji Comac Djafarbaï l'est, lui aussi. Mêmes yeux de chat, clairs et effilés, même face glabre, bien que moins brutale, même relent d'Asie jaune. Cependant là s'arrête toute ressemblance avec notre *séïs*, car Hadji Comac est riche .

Chacun à Gonbad peut le voir derrière son bureau métallique et gris, dans un local de vaste dimension étrangement vide et sans enseigne, sis au point hautement stratégique où se coupent et forment rond-point les deux plus belles avenues de la ville. Là, un boulier grand format à portée de la main, son indévissable chapeau mou sur la tête, installé contre la vitrine il se donne en spectacle, maniant les factures et les bordereaux, téléphonant avec ostentation et, sans jamais sourire, joue avec plaisir son rôle de brasseur d'affaires sous un portrait du Chah en pied et en grand apparat.

Autour de lui siège une coterie dont les membres font un cercle attentif et servile, passant des journées entières sur leurs chaises, alignés contre le mur à l'écouter, à recueillir ses propos sans jamais le contredire et à boire son thé.

Entre les mains du hadji passe un bon dixième du riz consommé journellement à Gonbad et presque autant de celui sur lequel on spécule. Un four à briques et quelques belles terres avec ce qu'il faut de Zabolis[2] dessus pour les irriguer : voilà de quoi faire un notable turcoman, aisé et policé, qu'une certaine société persane et citadine peut, à l'occasion, juger fréquentable.

A Gonbad, ils sont quelques uns qui lui ressemblent, madrés, âpres au gain, Raminagrobis du bazar, teintés de pharisianisme patelin. Ils pourraient avoir rompu et pris d'irréparables distances avec leurs clans

---

1. Nom du dieu principal dans l'ancienne religion chamanique des Turcs et des Mongols, personnalisant « l'éternel ciel bleu »
2. Habitant de la région de Zabol, au Baloutchistan iranien.

et leurs tribus s'ils n'avaient gardé aux chevaux un attachement atavique et indéfectible. C'est tout naturellement que leur fortune et leur passion les ont désignés comme intermédiaires entre les hautes sphères hippiques iraniennes et cette base rustique — fleurant par trop son beurre rance — qu'il est encore nécessaire de côtoyer parce qu'elle est toujours propriétaire des plus belles bêtes de la course.

Hadji Comac s'en va donc parader sur les pelouses en brillante compagnie. Il se démène pour le prince X, rend service au colonel Z, mais aussi à d'autres moins en vue, voire tout à fait obscurs, s'arrangeant dans tous les cas pour que cela se sache et que sa renommée y trouve de quoi grandir.

Il n'en demeure pas moins réellement utile. Sans lui, sans les autres Hadjis ou personnalités Turkmènes qui entrent dans ce même jeu, jamais les courses de Gonbad n'auraient pu prétendre à l'importance extra-provinciale qu'en haut lieu on s'attache à leur faire prendre. Sans lui, sans ses semblables, le pas qui sépare les réjouissances tribales de l'hippodrome n'aurait jamais été franchi.

Est-ce un bien ? Ce n'est pas à Hadji Comac Djafarbaï qu'il faut aller le demander !

Les grâces sont dites, chacun se lève et voilà justement Hadji Comac qui arrive... puis qui s'en va. C'est curieux, je n'arrive pas à prendre en sympathie cet homme qui nous a pourtant aidés autant qu'il a pu. Il m'a salué froidement, a regardé le cheval noir de près... de trop près, m'a-t-il semblé. Puis il s'est retiré, avec l'entraîneur, du côté de ses propres chevaux (un gris pommelé et un blanc de belles mines). Là, ils ont discuté à voix basse. Un gamin qui venait apporter de l'orge fut écarté sèchement. Ensuite Hadji Comac a rejoint ses collègues du comité des courses.

Raïdjab ne tarit pas d'éloges sur Hadji Comac et ses chevaux. Sur ses chevaux surtout. Et de m'énumérer leurs victoires impressionnantes. Et de comptabiliser ce qu'en deux ans ils ont rapporté à leur heureux propriétaire.

— Ce sont de bons chevaux, sans mentir ! D'ailleurs, si tu en doutes tu n'auras qu'à les juger toi-même, car le blanc sera sur la ligne de départ pour la quatrième course cet après-midi.

Je sursaute :

— La quatrième ? Comme Kara Mach ?

Ma surprise l'étonne et il me regarde sans comprendre ce qui m'a fait réagir. Il y a peut-être quelque chose qui m'échappe ?

— Dis moi, quel est l'intérêt du *séïs* dans de telles courses ?

— Mais, je te l'ai déjà dit : Aïd Morad touche la moitié du prix attribué. C'est normal, cinquante-cinquante, le tarif habituel !

C'était bien ce que j'avais entendu. Alors pourquoi notre *séïs* prenait-il le risque de faire courir les deux champions de son écurie dans la même compétition ? C'était diminuer ses chances de gain. En admettant qu'ils se placent tous les deux, il y aurait forcément un premier et un second, ou un troisième... Tandis que dans deux épreuves séparées il pouvait espérer deux places gagnantes sur six au lieu de deux sur trois dans le premier cas.

Raisonnement un peu simple et Raïdjab me fait remarquer avec bon sens que deux peuvent s'entre aider, que l'un peut gêner un concurrent dangereux, s'effacer pour ouvrir le passage à l'autre. Bref qu'il y a toutes sortes de combinaisons possibles, à la limite de la légalité, certes, mais qui sont ici de bonne guerre et qu'on tolère facilement.

Je ne suis pas convaincu. Cette manigance peut être valable lorsque les deux chevaux appartiennent au même propriétaire ou, à la rigueur, à deux personnes de mèche qui se partageraient les gains, mais ce n'est pas ici le cas. Quel cheval sera sacrifié ? Le Noir ? Le blanc ? Si cela fait l'affaire de l'entraîneur, ça ne fait pas celle du propriétaire du cheval bouchon. Et que pesons-nous face à Hadji Comac ? Non, vraiment ! La tournure des choses ne me dit rien qui vaille !

— Et qui montera Kara Mach ?... Toi ?

— Moi ? Tu veux rire, je suis bien trop lourd. C'est ce petit garçon au crâne rasé avec une mèche. Il joue aux osselets à côté du cheval rouge, là-bas. Tu le vois ?

— C'est toi qui l'as choisi ?

Il hausse les épaules : quelle importance peut avoir le choix du cavalier ? Ici on monte en selle aussi naturellement qu'on mange ou dort. Non, ce n'est pas Raïdjab qui l'a engagé, mais notre *séïs* qui n'est pas allé le chercher trop loin puisque ce garnement est son propre neveu.

Mes doutes et ma méfiance qui ne demandaient qu'à être balayés s'en trouvent renforcés, car, faisant la synthèse de toutes ces informations, il m'apparaît que nous aurons le cheval de Hadji Comac comme adversaire principal, que le *hadji* est en famille avec notre *séïs* et que notre entraîneur nous a gratifié d'un jockey de son lignage et, par-là même, de celui de Hadji Comac... Oh, que cela sent le traquenard ! Je ne vois pas encore pourquoi certains pourraient souhaiter la défaite de Kara Mach, mais le piège me semble évident et je le dis.

Raïdjab en doute un peu. Le *qari* qui s'est joint à nous penche de mon côté et me confie à mi-voix ses craintes de voir le Noir confié à des Yomouts alors qu'il existe de si bons entraîneurs goclans !

Enfin ! Ce qui est fait est fait et pour aujourd'hui les dés sont jetés. Il serait peut-être bon de ne pas oublier qu'il y a autour de nous d'autres chevaux que le Noir et le Blanc : nous pourrions aller voir de quoi ils ont l'air.

*
* *

Sur la pelouse de chiendent, les entraîneurs plantent leurs camps au petit matin du vendredi. Certains vont jusqu'à prendre position la veille pour s'assurer d'un emplacement favorable. Ils tendent des toiles de bâche, font chauffer le samovar, s'installent. Sous leurs yeux, ils entravent au piquet les quelques chevaux que leur confient à l'année des propriétaires trop occupés ou trop ignorants pour en prendre soin eux-mêmes. Dans les heures suivantes, arrivent les étalons entraînés selon leurs conseils. C'est le plus gros de leurs écuries.

Pendant toute la semaine ces chevaux ont gravité aux alentours de la maison du *séïs*, les cavaliers venant de façon régulière prendre auprès de lui ordres et directives.

Beaucoup de ces garçons pris par la fièvre des courses n'ont pas de famille dans la région de Gonbad. Cette plaine est pays yomout. Si un Goclan peut trouver à se loger dans un des villages de sa tribu débordant un peu à la sortie des vallés — Congor, Dâné, Kelaleh — c'est qu'il y possède comme Raïdjab des parents suffisamment proches pour s'installer chez eux sans être importun. Mais tous n'ont pas cette chance, et c'est abuser que de profiter plus de trois jours de l'hospitalité d'un toit étranger.

Alors Goclans, Norghorlis, Tekkés, tous gens des hautes plaines ou des vallées de Djergalan, venus du Kopet Dagh ou du Haut Atrak, errent et nomadisent au gré du chemin et des maisons accueillantes. Si personne n'ouvre sa porte, ils dorment, roulés dans une couverture aux pieds de leur étalon. Ils pâturent au bord des talus, aux rives des cours d'eau, et si le pécule, dont ils se sont munis quand ils ont quitté le village sous l'œil envieux des cadets, menace de se tarir, ils se passeront de pain et de riz plutôt que de rationner l'orge.

Ainsi, tout au long des saisons de courses, voit-on ces pelotons de trois à dix cavaliers sillonner la plaine, passant de village en village : jeunes gens en liberté, en troupes efflanquées et joyeuses, montés sur les plus beaux chevaux de l'Iran ; gueux ou princes, comme on voudra.

Il faut avoir vu cela. Il faut avoir été mêlé peu ou prou à ce qui précède la course. Car on ne peut qu'être déçu par l'épreuve elle-même. L'Etat l'a prise en charge, l'organise, la règlemente, l'aseptise et, insensiblement, la tire hors de son terroir et la coupe de ses racines. Celui qui arrivera un vendredi après-midi grimpera dans les gradins des nouvelles tribunes construites un an ou deux après les événements que je raconte. De là, il assistera à la miteuse copie d'un dimanche à Longchamp, coupé de tout ce qui rejoint la tradition. Puis, déçu, il ira en Afghanistan pour trouver dans le *bozkachi*[1] l'authenticité et la ferveur sauvage qui lui auront fait défaut à Gonbad. Et pourtant, à cent mètres de lui, dans la foule grouillante dont un service d'ordre attentif aura pris soin de l'écarter, flambait la même émotion qu'à Koundouz, Andkhoy ou Mazar-e Charif. Il faut avoir été de l'autre côté de la barrière, avoir masqué ses cheveux clairs, pris la couleur du milieu, pour que, fondu dans l'ambiance, on se souvienne, en les retrouvant, de ce que furent les Turkmènes.

Déboulant de leurs déserts par Sarakhs et Darré Gaz, pillant aux portes de Meched, de Nichâpour et d'Hérat, les Tekkés furent longtemps, jusqu'au début de ce siècle, les diables du Khorassan.

Les Goclans, eux, lançaient quelques unes de leurs alamanes jusqu'à la vieille route des pélerinages à Meched, celle qu'ils nomment encore Chah Yoli, la Route du Roi, en mémoire du Safavide qui la parcourut un jour à pied[2]. Franchissant la montagne, ils happaient çà et là les trésors mal gardés des villages kurdes de l'Aborz et inquiétaient les caravanes du Sud.

---

1. Jeu d'origine ouzbèque où les cavaliers se disputent la carcasse d'un gros bouc ou d'un veau, et qui se joue dans toute la zone turcophone d'Afghanistan et d'Asie Centrale.

2. A la suite du pillage de Meched par les Ouzbeks au XVIIe siècle, Chah Abbas Safavi fit à pied, depuis Ispahan, un pèlerinage expiatoire sur la tombe de l'Emam Reza qu'il fit restaurer.

Enfin les Yomouts plongeaient sur les terres caspiennes jusqu'aux antiques cités d'Amol et de Babol. Ils en ramenaient à Gomuch Tépé[1] des captifs persans qu'en colonnes pitoyables ils envoyaient vendre sur les marchés ouzbeks[2] de la lointaine Khiwa.

Cavaliers insaisissables, hardis, sanguinaires, ils surgissaient comme des loups et disparaissaient de même dès qu'en face d'eux s'organisait une résistance.

Pendant des siècles, les Persans, qu'ils remplissaient d'une crainte haineuse, les considérèrent comme des démons à peine humains. Ne disait-on pas que les Turkmènes s'accouplaient avec leurs montures ? Que d'une vierge livrée à l'étalon naissait un poulain apte à comprendre la parole humaine et que c'était pratique courante dans les déserts et les steppes du Nord-Est ! Mille légendes sataniques auréolaient les cavaliers. Aujourd'hui encore leur nom est synonyme de sauvage, de barbare. On se souvient toujours dans les hameaux autour de Bodjnourd, de leurs apparitions fulgurantes : massacres, pillages, meurtres et enlèvements sont encore dans les mémoires.

Alors il faut peu d'effort d'imagination pour retrouver dans le joyeux allant des escadrons d'aujourd hui quelque chose qui ressemble assez à l'ardeur des chevauchées d'approche quand le pillage était au bout de la route.

D'où vient toute la science des *séïs* ? Tout l'amour brutal donné à l'animal qu'on chevauche? Toute cette joie sourde qui porte aux lèvres les chants d'amour et les refrains orduriers, les rires qu'on croise avec d'autres rires, les cris que le vent des charges emporte? Pourquoi ces soins attentifs, anxieux, qu'on prodigue à son coursier, alors qu'on s'est oublié, qu'on a rejeté son toit, son village et son confort ? Pourquoi ce mariage avec l'animal, pourquoi cette errance, cette épouse délaissée, cette faim mal apaisée qui mord, un jour sur deux, et qu'on mate en l'ignorant ?

Le vendredi, les voilà tous, mêmes ceux qui ne s'aligneront pas sous les ordres, ils sont là superbes et rassemblés. Ils sont sales, la barbe mange les joues de ceux chez qui elle pousse. Leurs habits puent. Mais

---

1. Actuellement Gomichan qui fut un des principaux centres de regroupement des esclaves en partance pour Khiwa et Boukhara.
2. Population d'Asie centrale d'origine mongole.

s'ils n'ont pas changé de chemise depuis trois semaines, ils n'ont pas oublié d'ôter ou de rajouter un feutre sur le dos de leurs montures quand le besoin s'en faisait sentir. S'ils ont connu l'eau, c'est qu'ils se sont baignés dans la même rivière, dans le même canal que le cheval. Et si le *séïs* a déconseillé l'eau froide à l'animal, ce n'est pas à l'entrée d'un hammam que son maître l'aura attaché, le temps d'une douche !

Autour de la tente de leur *séïs*, ils ont entravé leurs bêtes. Et comme il n'y a plus qu'à attendre, ils vont à travers toute la prairie, à deux ou trois, main dans la main, d'un cheval à l'autre, mesurant celui-ci, jaugeant celui-là, commentant l'entraînement d'un champion connu. Ou bien, appuyés à la barrière blanche qui délimite la piste, ils suivent de l'œil, en silence, le galop d'essai d'un poulain de deux ans.

Nous allons comme eux, Raïdjab et moi, en attendant que la matinée s'écoule. Baba s'est endormi à l'ombre de la bâche. Abdol Rahman a trouvé un mollah de ses amis et tous deux, devisant, se sont éloignés à pas comptés pour rejoindre sans doute quelque *hadji* vénérable ou un *akhund*[1] de leur connaissance.

Raïdjab me guide, heureux de m'avoir à lui et de m'expliquer tout ce que je ne comprends pas.

Sous une immense couverture en peaux de moutons cousues, poils à l'intérieur, un étalon disparaît complètement. Une longue bande de laine est enroulée de manière à resserrer autour des quatre membres les pans flottants de cette pelisse. Seul apparaît le bout du museau. Le cheval qui s'est échauffé lors d'un galop d'entraînement a été ainsi recouvert pour que, suant doublement, il perde plus vite son embonpoint.

— Il ne courra pas aujourd'hui celui-là. On leur fait ça quand ils sont trop gras

— Tu l'as fait au Noir ?

— Non, il avait besoin de maigrir mais pas à ce point.

Un peu plus loin, un jeune homme au front engoncé dans un gros *telpek* mal peigné, fait frire, sur un réchaud à pétrole, de l'ail et des oignons émincés dans du beurre.

— Son repas de midi ?

— Pas du tout ! Son cheval s'est sans doute claqué ou étiré un tendon : il va fabriquer un cataplasme pour l'appliquer sur le pâturon.

— C'est un bon remède ?

1. Religieux prédicateur.

— Oui, ça adoucit et ça soulage.

Plus loin encore, un petit vieillard se hausse sur la pointe des pieds pour atteindre l'œil d'un bai brun. Mais l'animal, méfiant, lève haut la tête et le vieil homme à beau se suspendre au licol, ça ne l'aide pas à arriver à ses fins.

— Il veut épiler l'œil. Tu sais, enlever ces grands poils qui ne sont pas des cils et qui poussent sur la paupière. Ça fait une ombre et le cheval qui croit voir quelque chose prend peur.

Au milieu d'un groupe de badauds — experts en la matière si l'on en juge par les conseils et les avis qu'ils entrecroisent — deux hommes déferrent une grande haridelle ossue : le règlement interdit l'accès des courses aux concurrents chaussés.

Devant les tentes des *séïs* s'accumulent les musettes, feutres, fontes, sacs d'orge, selles, sur lesquels veillent un ou deux garçons ennuyés d'être cloués là par cette responsablilité.

On a distribué des casaques ! Mais oui ! « Digne de ce qui se fait en Europe », avait déclaré sur les ondes le colonel Iskandar Lechcari. Les petits jockeys de douze ou treize ans les ont aussitot revêtues. Ils se pavanent un moment, bariolés ainsi que des perruches, fiers de cet étrange costume et de leur bombe trop grande qui les désignent à l'entourage. Puis le naturel reprenant le dessus, ils repartent à leurs poursuites et à des jeux où la satinette perd vite sa fraîcheur première.

Dans notre promenade, nous rencontrons Artoq. Il a confié son cheval à un autre entraîneur qui ne le trouve pas assez préparé pour les épreuves de ce jour. Il ne l'alignera pas.

La foule, bien que midi soit encore loin, commence à s'épaissir. Des hommes, assis sur des feutres étendus, sirotent leur thé à petit bol et devisent calmement. Des marchands de *ghotaps*[1], des porteurs d'eau, des vendeurs de *dough*[2], passent en braillant le prix de leur marchandise. On rencontre des amis, on retrouve des parents, des gens du village qui apportent des nouvelles et viennent vous encourager. Déjà les rudimentaires tribunes de béton se garnissent. Au parterre, pardessus la quadruple rangée de chaises pliantes réservées à je ne sais quelles autorités, un vélum bleu et blanc vient d'être tendu.

1. Sorte de beignet fourré à la viande.
2. Yaourt délayé et salé.

Le nouveau système de départ inauguré aujourd'hui intrigue tout le monde. C'est un câble d'acier barrant la piste que deux ressorts déclenchés par le juge enlèvent, dans un claquement sec, au nez des concurrents. Des essais ont lieu, assez peu concluants. Les chevaux énervés, maintenus avec peine derrière cette mince barrière, s'emballent et l'arrachent une fois sur deux.

C'est sans importance. La nouveauté amuse et des « Beh ! » d'admiration fusent à chaque fois que le câble s'envole en libérant le passage.

Sur la ligne d'arrivée on a dressé une petite cabine en planches, haussée sur quatre pattes dont la fragilité est imparfaitement dissimulée par un jupon de calicot vert, blanc et rouge. Hadji Comac, la poitrine fleurie d'une cocarde officielle, y palabre avec cinq de ses compères. Ils se ressemblent, tant par leur physique que par leur vêtement : un costume gris sur une chemise blanche boutonnée jusqu'en haut, sans cravate. Leur chef s'ornant, bien entendu, de l'horrible chapeau mou de maffioso que le Turkmène « évolué » a troqué contre son *telpek*. Raïdjab me les nomme en me les désignant du doigt :

— Celui-là, avec ses lunettes, c'est Hadji Sayed Niaz, l'autre, qui rit, c'est Habib Ichan. Celui qui s'essuie le front je ne le connais pas, mais à côté de Hadji Comac c'est Hossein Jorjani. Le petit, c'est un beau-frère d'Artoq Ghelitj. Ils sont tous de Gonbad ou des environs.

— Ils ont des chevaux ?

— S'ils en ont ! Ce sont les plus grands propriétaires. Sur dix chevaux qui gagnent, il y en a six à eux... tu vas voir !

Gens et chevaux grouillent autour de nous. Soudain Raïdjab, entourant du bras mon épaule, me présente — plus qu'il ne me le montre — à un cheval gris, petit, œil terne et queue misérable, un yabou mal fichu et un rien lippu, bien insignifiant... Et pourtant c'est Alakou, le très célèbre ! Alakou l'infatigable ! Celui qui n'a pas encore été battu sur la plus terrible des épreuves, celle qui compte cinq tours.

Plus que les étalons tekkés du Prince Gholam Réza, plus que les chevaux se signalant par des départs fulgurants ou des pointes de vitesse, le rustique Alakou, avec son galop chaloupé et son endurance têtue de poney, parle au cœur des hommes qui passent avec respect devant lui. Ils le regardent en silence, caressent de la main son museau de velours gris tavelé de rose, puis repartent en hochant la tête gravement. Dans cette admiration pour l'animal rude et mal bâti dont ils savent la résistance peu commune sous sa pauvre mine transparaît leur âme de routier et de dévoreur de steppe.

Ah ! quelles belles chevauchées, quelles belles fuites eût faites jadis l'heureux maître d'Alakou !

*
* *

« *Allah ou' Akbar* ! ». En différents points du camp est monté l'appel à la prière. Par rangs de cinq ou six, turbans clairs et telpeks noirs se prosternent. Aïd Morad et d'autres se sont placés sous la direction d'Abdol Rahman. Hadji Comac s'est joint à eux. Il a retourné son chapeau et l'a repoussé vers sa nuque, pour que le bord en visière ne cache pas ses yeux, ne jette aucune ombre sur son visage ; que son front, nu à la face de son Dieu, puisse toucher le sol dans sa prosternation.

Sur leurs vestes étalées, sur des feutres, des tapis de selle, dans les différentes poses que requiert leur oraison, ceux qui prient font, au milieu de tant d'agitation, des cellules de recueillement que l'on contourne avec respect. Hennissements, appels, offres des marchands ambulants, jurons et rires n'ont pas cessé pour autant. L'appel des muezzins n'a été qu'un cri de plus dans le hourvari général.

Raïdjab ne s'est pas joint aux orants. Comme presque tous les jeunes gens encore loin de la quarantaine, il ne prie pas, du moins régulièrement. Il laisse cela à son père. Agholi n'est-il pas le patriarche, le responsable de ses fils ? Et puis, ici aussi, le Diable ne devient ermite qu'en vieillissant. Laissons Edjé et Agholi intercéder auprès du Très Haut : leurs fils ne sont pas encore à l'âge des patenôtres. Cela leur viendra, aucun doute n'est permis, mais plus tard.

*
* *

La foule se fait de plus en plus dense autour des tribunes. La ville déverse dans l'enceinte un fleuve d'hommes sur lequel surnagent les cavaliers. Des véhicules disparates ouvrent à grand peine ce flot continu en s'y frayant une voie vite refermée. Sur de pauvres jeeps cabossées et de malheureuses fourgonnettes éreintées, aux suspensions arthritiques, des grappes mal arrimées font d'impressionnants chargements hilares. Quelques autorités locales, gouverneur, directeurs de banques, officiers supérieurs, ou Téhéranis venus voir courir leurs chevaux, risquent précautionneusement leurs Mercedes souples et luisantes, de nid de poule en nid de poule. On s'écarte sans hâte sous l'admonestation de leurs klaxons prétentieux. On se penche à leur passage pour essayer d'apercevoir les importants personnages — fronts barrés et mines sévères — qui se rencognent derrière leurs vitres fumées. Quant aux petites Hillmann et aux Dyane pour familles nombreuses, elles amènent les fonctionnaires moyens, les gendarmes en permission, ou bien les épiciers et les commerçants issus de l'importante colonie marchande azérie.

Après les guichets, la foule noire des piétons, les cavaliers, les chevaucheurs de bourricots ou de motos russes, les porteurs de turbans, les coiffés d'astrakan, les passagers des jeeps et des fourgonnettes, se répandent dans le plus grand désordre sur toute la surface de l'hippodrome. Ils vont humer le relent des coursiers en sueur, se bourrer de pâtisseries lourdes et bourratives, boire de l'eau froide, du thé clair, du *dough* aigre et du pepsi-cola tiède, se bousculer sur les lices, se faire charger par un service d'ordre aboyeur, rire, s'amuser, s'esbaudir, s'exalter et, l'espace d'une course, renouer avec l'origine en talonnant d'imaginaire montures. Pas une femme dans cette partie de l'assistance.

Les Mercedes, les limousines, libèrent les gestes gracieusement protecteurs de messieurs aux tempes grisonnantes et aux cravates beiges. Ils aident à s'extraire de leur siège des dames grassouillettes en tailleur Chanel ou de longues créatures aux masques inexpressifs qui mordillent les branches de leurs lunettes de soleil. Ceux-là trôneront au premier rang sous le vélum bleu et blanc. L'une des dames (la plus replette ou la plus fardée) donnera les prix aux vainqueurs.

Les familles d'employés de banque, de bureaucrates, de postiers, toutes endimanchées, lourdement parfumées de rose et de jasmin, étaleront leurs sales gosses déguisés en « Petit Lord Fauntleroy » sur les chaises du fond et ne verront pas grand'chose de la course. Mais au moins auront-elles été vues pendant presque trois heures sous le même vélum que le Gouverneur !

Il y a aussi deux ou trois touristes. L'inévitable responsable de l'office du tourisme s'accroche à eux, tout gonflé de son rôle importun. Ils ne pourront bouger de leur siège sans qu'aussitôt le falot personnage ne les suive et ne les précède tout à la fois, parlant sans arrêt, décrivant, papillonnant, dissertant avec une compétence qui ne souffrirait aucune mise en doute. Autour d'eux les curieux se rassemblent un peu, commentent leurs barbes rousses, leurs blousons de nylon jaune, ou l'attirail encombrant qu'ils portent suspendu au cou, puis s'en vont vers de moins futiles spectacles. Le guide, parfois, attirant l'attention de ces visiteurs, les emmène devant un palefrenier yomout suffisamment rustique ou un vieillard particulièrement barbichu :

— *Mister ! Here is the typical Turkmen ! Look at his hat !*

Et tous les badauds de s'esclaffer pendant que le malheureux spécimen qui ne sait quelle contenance prendre est mitraillé sous tous les angles.

Mais voilà qu'à grand renfort de cymbales et de caisses claires, la clique des scouts prend position. Ils sont en grand uniforme : vert d'eau avec foulard aux couleurs du drapeau et fourragère de parade.

La grosse-caisse écrase consciencieusement l'ensemble et on se bouche les oreilles en riant quand elle passe à proximité. Un tout petit scout de rien du tout marche devant, brandissant une pancarte que personne ne lit. Ils plaisent ces petits soldats,dont bien peu paraissent turkmènes. Les jockeys eux-même semblent un peu jaloux de leurs costumes. Avant que la trouée qu'ils ont faite dans la foule se soit refermée, Raïdjab a le temps d'y apercevoir Hadji Ghorban Chaadi et Agholi qui franchissent le portillon d'entrée.

*
* *

— *Salam* Hadji ! Agholi *salam* !

— *Salam* ! *Salam* !

— Alors Hadji, comment va votre cheval ?

— Comme moi ! comme moi ! (Il palpe des dix doigts sa bedaine confortable). Ça ne l'aidera pas à courir ! Je ne me fais pas d'illusion. Mais il est inscrit à présent. Alors... Inch Allah ! Je suis surtout venu pour voir le Noir ! Comment est-il ?

— Nous avons de l'espoir. Venez, il est là-bas !

Après l'avoir un instant contemplé à distance pour mieux apprécier sa silhouette et se faire une première idée de sa condition physique, Agholi et le *hadji* tournent autour de Kara Mach avec des mines sérieuses. Ils lui pincent la peau du cou, tâtent les muscles des jambes, vérifient les tendons. Puis saisissant la longe et encourageant l'animal, Agholi le fait trotter en rond autour de lui. Le cheval semble y prendre plaisir, joue de la croupe et ploie l'encolure, jusqu'à ce qu'arrêté net par une brusque levée du bras il se dresse debout, battant l'air de ses antérieures, dominant de toute sa masse le père qui n'a pas bougé, n'a pas reculé d'un pas.

Quand enfin, longe rendue, Kara Mach reprend contact avec le sol et pose son museau encore palpitant contre son cou, un sourire fugace vient effleurer les lèvres d'Agholi et, dans la poitrine de Raïdjab, c'est comme si son cœur soudain se dilatait.

Hadji Ghorban Chaadi est parti. Agholi, assis sur une botte de fourrage, reste un bon moment à contempler le Noir. Il est content. Baba et son frère se sont plantés derrière lui et communient dans la même pensée : Kara Mach a tout d'un champion. Agholi le dit en deux ou trois mots brefs que Raïdjab recueille comme un oracle. Ils en sont persuadés et le disent aussi, tous ces gens connus ou inconnus, qui passent et s'arrêtent en plissant les yeux devant le Noir. Mais le principal est qu'Agholi l'ait dit.

CHAPITRE VIII

Où l'on se rend compte que les courses de Gonbad obéissent à de curieuses règles

Tout doucement les heures ont tourné. Les enfants-jockeys courent en tous sens. Les entraîneurs s'égosillent. Les tribunes sont noires de monde et les lices ploient sous la foule qui s'y agglutine. Sous le dais bleu et blanc les autorités s'éventent avec des mouchoirs. Les gendarmes, au pas gymnastique, ont pris position le long de la piste. Hadji Comac a rajusté sa cocarde et remis dans le bon sens son chapeau qu'il promenait devant-derrière depuis la prière de midi puis s'en est allé rejoindre ses collègues dans la guérite des juges arbitres. On a baissé le câble de la machine à donner le départ et un homme en bleu de travail joue de la burette dans le dispositif de déclenchement. La clique ébranle toujours la chaleur lourde qui pèse sur ce début d'après-midi et, quand elle est arrivée laborieusement au bout de l'unique morceau de son répertoire, elle se repose cinq petites minutes avant de le recommencer. Les marchands de choses à boire et à manger n'ont plus que des rangées de dos devant eux. Ceux qui savent lire commentent aux autres le programme qui passe de main en main : ça va bientôt commencer... ça commence !

Les feutres tombent un à un aux pieds des concurrents de cette première épreuve. Leurs nudités musclées illuminent tout le camp. Ils étaient roux et ternes sous leur caparaçon de laine foulée et les voici soudain bais, alezans, isabelle, gris pommelé, blancs, noirs et même, pour certains, vêtus d'or pâle comme miellés de soleil. Et la lumière joue en ruisselant sur leur pelage ras.

Un haut-parleur appelle les concurrents. Aïd Morad dont un des chevaux va courir semble friser l'apoplexie. Il se démène, crie, houspille, distribue des calottes. La selle pseudo-anglaise que le comité, dans sa visée d'européanisme, a imposée cette année, ne lui a pas encore été apportée. Aïd Morad s'affole, envoie deux estafettes, redonne des gifles et s'empourpre en coups de gueule postillonnants. Enfin la petite crêpe de cuir est sanglée. Le jockey est là qui attend qu'on le juche en selle. Il a neuf ans, ce bout de cavalier, il ne pèse rien. On lui bricole une étrivière en ficelle. Le pied dans la boucle, pas d'étrier, et ça ira comme ça !

Ça y est, le cheval est prêt ? Le haut-parleur, avec insistance, réclame le numéro douze. Le numéro douze !... Le numéro douze !

Non, le numéro douze n'est pas prêt. C'est une aiguière qu'Aïd Morad réclame impérieusement à présent, aiguière qu'un assistant manque de laisser choir dans la précipitation. Saisissant alors la langue du cheval de la main droite, le *séïs* la tire dehors, maintenant ainsi la bouche de l'animal ouverte. De l'autre main, il a jeté prestement au fond du gosier une boulette brunâtre de la taille d'une fève. Puis empoignant l'aiguière il verse une rasade et force la bête à déglutir. Voilà, c'est fait. Le numéro douze peut se rendre à la ligne de départ. Une claque vigoureuse sur la croupe l'y encourage.

— Hé ! Agholi ! Qu'est-ce qu'ils lui ont donné à ce cheval ?

— Je ne sais pas... de l'eau !

— De l'eau, oui, bien sûr, mais pour faire passer une boulette... tu n'as pas vu ?

— Ah !... Ils lui en ont donné !

— Donné quoi ?

— De l'opium !

Allons bon ! Du dopage, et à l'opium ! J'aurais eu plutôt tendance à croire que l'opium faisait somnoler ; or, pris juste avant la course, il décuple l'énergie pendant le bref temps de l'effort, l'animal ne plongeant en léthargie qu'après la course.

Agholi m'explique cela posément, et c'est à peine si la pointe d'une légère réprobation se laisse percevoir dans le ton de sa voix. Il conclue en attribuant cette « mauvaise coutume » à l'esprit retors et au manque de scrupule des Yomouts.

Raïdjab s'est bien gardé de me montrer cet aspect peu reluisant de la course. Ou bien, jugeant cette pratique normale en pareilles circonstances, il n'a pas cru nécessaire de m'en prévenir. En effet, confirmant ce que vient de me dire son père, il insiste :

— Si l'on donne de l'opium à un cheval, c'est pour qu'il aille plus vite !

Si c'est interdit ? Sûrement… puisque la vente ou le transport de la drogue le sont ! Mais tu sais, s'il fallait enfermer ne serait-ce que les seuls opiomanes de Gonbad, il n'y aurait pas de prison suffisamment grande pour ça dans tout l'Iran !

— Tout le monde en donne alors ?

— Tout le monde !

— Et Aïd Morad en donnera au Noir ?

— Bien entendu !

Je me sens blêmir. Ah ça non , par exemple ! Le Noir courra sans drogue ou ne courra pas. Il ne faudrait pas que Raïdjab l'oublie : je suis propriétaire de Kara Mach pour moitié et, bien qu'en général je n'ai guère voix au chapitre, je suis bien décidé à faire valoir mes droits aujourd'hui. Et me voilà dressé contre un Raïdjab assez décontenancé.

Agholi opine du chef, toujours assis sur sa botte de foin. Baba, le *qari*, Nouri et quelques badauds attirés par notre conversation qui s'échauffe font un petit attroupement où l'on se garde bien, cependant, de prendre parti.

Raïdjab, lui, est au cœur de la course. Il est sous son emprise depuis plusieurs semaines. Elle est devenue sa préoccupation majeure. Moi, je suis descendu de nos hautes steppes pour un temps et j'y retrouverai mes activités et mes obligations sitôt la course finie. Je ne peux pas savoir — ou si peu — ce qui les mord aux tripes, lui et ses semblables, quand ils préparent leurs étalons pour le grand jour. Alors il fait front et se rebelle craignant que mon désaccord lui fasse perdre une chance de victoire. Il argumente, malheureux de voir notre connivence tout d'un coup mise à mal, espérant malgré tout me convaincre et nous réunir, mais se rendant bien compte qu'il y a là une belle pomme de discorde. Il plaide :

— Mais tout le monde fait ça ici ! S'ils ne le faisaient pas, crois-tu que leurs propriétaires auraient mené ce cheval rouge, là-bas ; ce gris, couché et encore celui-là ? Pour ne pas se faire battre par ces demi-morts drogués, ceux qui ont des chevaux en condition les dopent aussi... et voilà ! Et puis il y a des Téhéranis qui donnent aux leurs des médicaments qu'ils font venir de l'étranger, d'Amérique. On perd trop d'argent, maintenant, quand le cheval ne gagne pas !

J'ai peine à ne pas montrer la rage que je sens monter en moi. Jusqu'ici tout allait bien, la journée était belle, et voilà que tout d'un coup se produit la fêlure inattendue et laide. C'est probablement la première fois que Raïdjab et moi sommes aussi éloignés l'un de l'autre, et pour quoi ? Pour une saleté, pour une affaire sordide ! J'ai la gorge serrée et ma voix tremble, mais ma colère est froide :

— Bon ! Je m'aperçois que ça t'est égal d'abîmer Kara Mach ! C'est ce que tu pourras gagner grâce à lui qui t'intéresse !... Alors écoute-moi bien : je t'en donne ma part ! Fais en ce que tu veux ! Mais je te conseille de vendre ce cheval tout de suite, sans l'aligner en course. Car s'il court et ne se place pas, jamais il n'atteindra le prix qu'on t'en donnerait actuellement. On dira de lui qu'il est très beau — certes — mais qu'il court mal. Et toi pour prouver le contraire tu finiras par le rendre semblable à ceux que tu viens de me montrer et il ne vaudra pas dix tomans ! Vends-le vite, frère, pour que, lorsqu'on lui fera prendre de l'opium (ou un poison américain) ce soit quelqu'un d'autre que toi qui le lui donne !

Raïdjab est livide. Pendant quelques secondes j'ai la désespérante impression de l'avoir giflé. Et puis son regard noirci s'éclaire :

— Je dirai au *sêïs* de ne rien donner à Kara Mach.

*
* *

Là-bas, devant les tribunes, les cavaliers défilent à la queue-leu-leu, sagement, comme on leur a dit de le faire. Cela se veut ordonné et sérieux. En fait le spectacle qu'ils donnent est bien piteux, un rien ridicule. Où sont donc le joyeux branle-bas et l'enthousiasmante vitalité qui préludent à la plus modeste course de village ? Les bombes noires retombent sans cesse sur les yeux des gamins déguisés et les coiffent comme le feraient des cloches à melon. Les casaques taillées sur un patron unique, si elles vont bien à certains, empaquettent les plus petits et craquent aux aisselles des plus grands. Les uns ont des bottes en caoutchouc noir, d'autres chaussent des tennis à trois sous, ou rien du tout. Mais ce sont là des détails. Selles « anglaises », casaques, bombes, départ automatique, musique militaire, gens de bonne compagnie dans la loge d'honneur : ces dames sont à Epsom, à Chantilly, et ne sauraient voir les pieds nus du jockey numéro huit, les queues tressées et les fouets courts... On remédiera à cela, on gommera ces résidus de couleur locale, d'ici peu, soyez sans crainte !

Les cavaliers ont défilé et repris leur liberté. Ils se bousculent à présent derrière le câble, en tas, en troupeau. Le neveu d'Artoq Ghelitj s'époumone et manque de tomber de sa guérite tant il se penche au dehors pour invectiver le jockey de son oncle dont le cheval présente obstinément le cul à la ligne de départ. Un bai brun se cabre. Et puis, voilà qu'un gris prend le mors au dents. Il fonce. Il va arracher le câble...

Tant pis ! Le juge a eu peur pour son matériel tout neuf : il a fait jouer le ressort. Et le temps de comprendre que le départ est donné, le gris est déjà au bout de la ligne droite.

Un grand cri est sorti de la foule. Le groupe des concurrents s'étire. La course prend un air de poursuite. Là-bas le fuyard s'envole. Autour de nous on hue, on crie, on se congratule selon que l'on est avec ou contre ceux qui vont en tête.

Que la course soit faussée et ses règles bafouées n'est pas grave : les chevaux courent ! C'est le principal... pour le moment. Si le gris réussit son coup, ceux qui possédaient les chevaux favoris, ceux qui avaient ourdi des plans, qu'une combine à deux ou trois avait presque assurés d'un gain, protesteront, feront de grands gestes, s'emporteront. Mais les spectateurs, non concernés les paris n'étant pas très répandus, applaudissent à ce coup. Ils sont derrière le gris qui a forcé sa chance. Ils s'enthousiasment à ce rapt, à cet enlèvement de la victoire. Ô, peuple de pillards !

Yah Allah ! Les tribunes s'écroulent et délirent quand le gris passe la ligne. Le jockey a perdu sa bombe. Il est à genoux sur sa selle, levant haut son bras et brandissant son fouet de corne à la double lanière.

Petit bout d'orgueil de dix ans ! La dame épanouie que son tailleur boudine et vers laquelle on te mène aurait tremblé jadis devant tes semblables. Aujourd'hui elle s'attendrit, maternelle, et caquette. Revêtu de satinette mauve et verte, marqué du numéro quatorze, tu reçois d'elle une enveloppe que tu emportes... sans remercier.

Deuxième course : même bousculade au départ. C'est le grand prix de la journée, le GROS PRIX ! On sait bien que pour inscrire son cheval dans cette course-là on a intrigué, on a envoyé des lettres, proposé des bakchichs ; on s'est presque empoignés. Ce sera un match entre les propriétaires de Téhéran et les notables de la région.

La poussière empanache le peloton où chacun s'observe. Tout se passera à la fin, dans les derniers cent mètres. C'est bien ça... un rouge se détache, passe, le reste suit, en trombe. Résultat : Sepahbod Rezaï[1], Docteur Djahâni, Artoq Ghelitj : deux Téhéranis et un membre du

---

1. *Sepahbod* : général de corps d'armée.

Comité. Sans photo finale il faut bien faire confiance aux juges de la guérite.

Les trois vainqueurs recouverts d'une housse azurée (toujours en satinette) passent sur le front de la foule. Tiens ! le cheval du *sepahbod* boite un peu ! Un claquage sans doute... Oh ! il boite bas... Il trébuche même... s'écroule... Là sur la piste, devant les tribunes, l'animal se débat, rue, écume. Une lame de fond passe sur tout le camp. Un homme se précipite, puis un second, puis un troisième, puis d'autres et encore d'autres, la foule déborde, passe par-dessus les clôtures. Les gendarmes chargent. Sourd murmure qui enfle... Il court, il court, le vétérinaire avec sa petite valise en bois... Il se penche sur cette tête qui se tend au bout du long cou flexible... Il pose sa main sur ces flancs parcourus de tétanies... Il plonge son regard dans ces yeux affolés que la douleur exorbite... Il se redresse. Oh que son geste est clair ! Le général a joué avec le médicament « américain ». Il a gagné... et perdu !

Un tracteur vient tirer par un pied ce grand corps avili dont la vue fait froncer le nez racé de Monsieur le Gouverneur. L'homme en bleu de travail, celui qui graissait la machine de départ, récupère la housse de satinette azurée et, d'un revers de manche, essuie la bave et la sueur qui l'ont maculée.

Troisième course : un cheval s'emballe. Comment son minuscule cavalier pourrait-il le maîtriser ? L'animal fonce vers la foule. On s'écarte. Dans un galop aveugle il continue tout droit jusqu'au troupeau ardent des étalons à l'attache. Et c'est le choc ! Un des coursiers qui se précipitait avec rage a arraché son piquet et l'enfant reçoit son assaut en plein visage. Désarçonné il reste suspendu à l'étrier. A demi traîné, il ballotte comme un sac qui se vide. Et son cheval rue, cherchant à se débarrasser de ce poids à son côté qui le déséquilibre et l'empêche de répondre aux attaques des autres étalons. On s'agite, on crie, on tente d'arrêter l'animal en folie. Mais il se dresse et fait le vide. Enfin l'enfant se détache , son soulier a lâché !

Brisé, ensanglanté, le garçon gémit sur le gazon. Un homme — son père, un *séïs* — s'est presque couché sur lui. Autour d'eux l'assistance s'est tue, l'énorme rumeur du champ de courses paraît lointaine et vague. Et soudain tout est terminé. L'homme a emporté son fils. Là-bas, tout contre la clôture extérieure, on a maîtrisé l'étalon. La belle ambulance blanche, ses deux infirmières en bonnet de nurse et son porteur de stéthoscope n'ont pas bougé. Ils n'ont rien vu, placés comme ils le sont, à proximité du grand vélum bleu. Mais personne non plus n'est allé prévenir. Le camp a absorbé son blessé. Un rebouteux s'en chargera, une vieille fera des emplâtres et d'infectes tisanes. Ils le guériront, s'il survit !

Troisième course… Quatrième course, enfin !

Ah ! Kara Mach ! quel affreux départ ! Mais le voici qui remonte... Devant, le blanc de Hadji Comac a pris la tête... La moitié du parcours reste à faire... Il va griller le quatrième... Il va se placer... Mais ! Mais ? Il fléchit... il se range à la corde... et il y reste !

Il sera quatrième, c'est tout. Hadji Comac a gagné !

Raïdjab lâche ma main qu'il pétrissait. Agholi se détourne de la lice et s'en va vers la tente. Baba jette le petit bout de bois qu'il brisait en échardes pour ne pas se ronger les ongles. Nouri ravale ses *Yah Allah* ! et se renfrogne. Abdol Rahman rajuste machinalement son turban.

*
* *

Revenu à son piquet, le Noir n'a pas l'air éprouvé par l'effort qu'il vient de fournir. Le vainqueur autour duquel on s'empresse se laisse faire, amorphe, comme exténué.

Que s'est-il passé ?

Aïd Morad parle de fatigue subite, d'un trop d'entraînement. Le jockey dit qu'on l'a gêné, enfermé à la corde. On l'envoie s'occuper d'autre chose. Pourquoi chercher à comprendre ? Le Noir n'a pas gagné c'est tout. Peut-être que vendredi prochain...

Tiens, voilà Hadji Comac. Il est très aimable. Il console Agholi, lui pose la main sur l'épaule, reçoit d'un air modeste les félicitations que le père de Raïdjab lui prodigue et retourne à son arbitrage, sourire aux lèvres, cocarde à la boutonnière, saluant à la ronde. Un mendiant jouant du tambourin le précède et déclame des vers à la gloire du Très Haut qui favorise ceux qui le craignent.

De tous ceux qui ont couru, Kara Mach est le seul à faire du tapage. Il a pissé à gros jet dru et henni pour signaler son retour. Les autres ont sombré dans la somnolence. Ils se sont égouttés sous eux, lamentablement. Alors se fait de notre côté un mouvement insensible de curieux et de badauds.

On converse à voix basse en regardant le cheval, on lui palpe les membres. Raïdjab est accosté, Agholi questionné, Baba tiré à part. On se renseigne sur son *séïs*, son propriétaire. Les gens commentent, échangent leurs impressions.

— Pas d'opium ? Tiens... et placé quatrième !

— Il vient d'Ammand.

— Non d'Inché !

— ... Ou des environs d'Ammand!

— Il est à Agholi Cheikh.

— Goclan ?

— Ils ont des bons chevaux par là-haut, mais on ne les voit pas souvent.

— Si, on les voit quand un gros de par ici en a acheté un ou deux !

— ... Ou alors après un tour à Téhéran ! Où crois-tu que le Docteur Djahani a acheté les trois juments qu'il a chez lui ?

— ... Ça c'est un cheval !

— Un vrai Tekké ! Ça se voit !

— Ils ne lui ont rien donné ? Pas d'opium ?

— Pas de médicaments étrangers ? On dit qu'il y a un Anglais qui s'en occupe, de ce cheval ?

— Pas un Anglais ! un Français : c'est lui, là ! tu le vois ?... Non, non, ils ne lui ont rien donné, ni piqûre ni pilule : c'est Aïd Morad qui me l'a dit !

— Beh... C'est un vrai cheval alors !

— Sûr...

Puis, sans qu'on y prenne garde, insidieusement, viennent les on-dit :

— Le jockey a tiré sur les rênes.

— Tu l'as vu ?

— Moi ? Non ! Mais un de mes amis était juste en face quand il l'a fait.

— En tout cas ça ne m'étonnerait pas qu'avant le départ quelqu'un ait donné un coup de fouet sur le nez de ce cheval : tu as vu comme il était placé quand le câble s'est levé ?

— Il est à vous ? Bon! Alors méfiez-vous si quelqu'un cherche à l'acheter. J'en connais qui ont vendu le leur comme ça, parce qu'ils croyaient qu'il ne valait rien. Une fois vendu, le cheval se plaçait à chaque course.

Raïdjab ne sait plus qui croire. La déconvenue abattue sur son bel enthousiasme lui fait voir des ennemis partout. Ce que je lui ai dit ce matin le ronge : Aïd Morad, Hadji Comac, le jockey... ceux auxquels il a confié ses chances lui paraissent à présent douteux.

Baba ne sourit plus. Calmement il décortique les faits. C'est lui qui, au bout du compte, conseille à Raïdjab de rester chez Aïd Morad, pour cette semaine au moins. Si les doutes que nous avons se précisent, il sera temps alors, d'aller chez un autre *séïs*.

*
* *

Il fait nuit noire. La route fore son passage dans la masse obscure des bois. Par deux fois les sangliers l'ont traversée dans le pinceau des phares et des yeux de bêtes, en lisière, allument par moments des phosphorescences bleuâtres. Nous avons encore deux heures à rouler avant d'arriver à Behkadeh.

Agholi assis à côté de moi n'a rien dit depuis notre départ de Congor. La lumière verte que diffuse le tableau de bord éclaire son visage soucieux. Il réfléchit.

— Agholi ? A quoi penses-tu ?

— Au cheval. Ce n'est pas bien de l'avoir envoyé à Gonbad...

Il laisse s'écouler un long moment de silence et je pourrais croire qu'il vient d'exprimer là tout ce qu'il avait de réprobation. Mais il reprend, de sa voix un peu sourde et cassée :

— Autrefois on courait pour nous, parce que ça nous faisait plaisir. A présent on veut faire comme à Téhéran, comme en Amérique. On construit des tribunes en ciment. Pour le départ, on installe des machines qui font peur aux chevaux. Et surtout, surtout, il y a trop d'argent. Ceux des villes achètent n'importe comment nos meilleures bêtes et après, ils veulent gagner à tout prix. Maintenant les Turkmènes les imitent. Les *séïs* ne respectent plus les usages. Au lieu de recevoir une part de ce que les chevaux gagnants rapportent, ils se font payer avant la course et favorisent ceux qui ont donné le plus. Après la course ils vont quand même demander leur part du gain, sans honte! Pour cinq cent mille rials beaucoup sont prêts à tuer leurs chevaux. Si le gagnant est fourbu ce n'est pas grave, car ils se disent : « Je vais le vendre très cher à un Téhérani qui n'y connaîtra rien et qui s'apercevra trop tard que le cheval a été forcé. Avec ce que la course m'a rapporté je m'en achèterai un autre, deux autres... » Ils sont tous fous de penser ça ! Sur vingt il n'y en a que trois qui gagnent. Les autres ne vaudront plus rien, même pour un Téhérani !

Un poids lourd nous frôle sauvagement, tous phares allumés. Les pneus de la voiture ont fait voler les cailloux du bas-côté. Nous aurions pu nous renverser. A peine troublé Agholi poursuit :

— Tu te souviens du cheval *mali*[1]. Le vieux cheval que j'avais quand tu es arrivé chez nous? Eh bien je l'ai eu poulain. Je l'avais échangé contre deux bœufs à Gazenghaïe. A cette époque il n'y avait pas tous ces tracteurs, ces voitures, comme maintenant, on faisait tout avec le cheval. C'était un beau Tekké ce cheval mali. Pourtant je le chargeais de balles de coton quand on récoltait. Je suis même allé chercher du bois de charpente dans Takkal Kouh avec lui, comme si ça avait été un *yabou*. Et pourtant c'était un cheval ! Il a couru deux fois mille courses. Il en a gagné tant que j'en ai oublié le compte. Quand j'étais jeune, on faisait des courses à la moindre occasion. Si on était riche on payait tout. Si on était pauvre, les parents, les amis, tout le monde vous aidait en orge, paille, fourrage et c'étaient les invités qui offraient les prix aux vainqueurs. On courait pour une circoncision, un mariage, le retour d'un fils. Eh bien, le cheval *mali* est mort devant ma maison. Il avait l'âge de Raïdjab, le tien... Vous étiez nés tous les trois la même année. J'en aurais eu la honte au visage s'il était mort comme celui du *sepahbod* ! Non, même les Yomouts, autrefois, n'avaient pas les coutumes qu'ils ont à présent à Gonbad ! On fait comme ça en Europe ?

---

1. Couleur de robe, isabelle très clair, dorée, qu'on ne trouve que chez les chevaux d'Asie centrale.

CHAPITRE IX

Où deux bavardes sont interrompues par un événement inattendu mais heureux

La vieille Aq Soltan n'était pas décidée à aller se coucher. Edjé non plus. Installées l'une en face de l'autre, elles laissaient filer les heures en bavardant de cette voix basse et éteinte qu'ont les vieilles femmes entre elles. Un « Beh ! » ou un « Voï ! », à peine plus haut chuchoté, venait de temps en temps éclater comme une petite bulle sur le flot monocorde de leur conversation, marquant l'étonnement ou l'incrédulité, à propos d'une de ces nouvelles épluchées avec gourmandise par toutes les commères du monde :

— Beh ! Voyez-vous ça !

— Eh *voï !* Qui l'aurait-cru ?

Aq Soltan s'était adossée au mur. Instinctivement elle avait pris la position de celles qui passent, comme elle, les trois quarts de leurs jours accroupies sur le cadre où elles nouent la soie et la laine. Ses larges pieds cornés, bien à plat, écartés en V, servaient d'assise, avec son maigre derrière, au corps ramassé en boule, les genoux écrasant sa poitrine desséchée. Seule une habitude prise dès l'enfance lui permettait d'être ainsi parfaitement à l'aise. Sa main droite voletait en menus gestes dans l'espace devant elle. Le venin d'un serpent en avait momifié l'annulaire. Le frottement journalier des cordes tendues sur le métier avait peu à peu mordu au tendre des autres doigts et les avait couverts de cals, donnant à cette main aux ongles jaunis par l'acide et les teintures un aspect griffu de serre. En comparaison celles d'Edjé, pourtant fortes et robustes, paraissaient moelleuses et souples.

Les enfants dormaient au milieu de la pièce dans leurs habits d'écoliers. Agholi, la figure tournée vers le mur, dans un coin, sous l'andouiller de cerf, n'était plus, enveloppé dans sa couverture, qu'un vague tas d'où s'échappaient des ronflements intermittents. Il y avait bien longtemps que les deux femmes ne s'étaient trouvées ensemble et ces instants avaient, pour elles, trop de valeur pour qu'elles les perdent en dormant. Aq Soltan, faussement scandalisée, était justement en train de raconter ce qui venait de se passer à Ghazenghaïe, dans la maison de Ghoda Verdi Hadji :

— Tout était entendu ! Makhtoum Bay donnait douze brebis, trente chèvres suitées, vingt chevrettes prêtes à prendre le bouc à l'automne prochain et une paire de bœufs de labour... L'équivalent de presque quatre cent cinquante *tellas*[1] !

— C'est bien ! Et pour le repas ?

— C'était prévu aussi : huit agneaux antenais gras avec des queues comme ça[2] et du riz, au moins vingt *pouts*[3] ! Seulement voilà... la femme de Makhtoum Bay a croisé un *arwâh*[4] quand elle était enceinte — ou peut-être simplement rêvé d'un *djinn*[5] . Quoi qu'il en soit son fils, le pauvre, a une jambe plus courte que l'autre et les pieds tout retournés en dedans. Mais tu le connais : il était au mariage de Toyli, l'an dernier.

— Ah oui ! je m'en souviens, il boite !

— Oh ! ma sœur ! Avec une pareille infirmité comment voudrais-tu qu'il ne boite pas ? Et s'il ne faisait que boiter ce ne serait pas trop grave. Figure-toi qu'il lui arrive aussi de tomber à terre. Alors il bave, ses yeux deviennent blancs, il mord les pierres et ceux qui veulent le relever. Il reste comme ça des heures à faire des cris de bête et puis, quand il revient, il ne se rappelle plus rien et demande : « Qui m'a sali comme ça ? »

— Beh ?

— Gomuch a su quel garçon on lui destinait (je crois que c'est sa sœur qui le lui a dit : elle a épousé le premier fils de Makhtoum Bay) elle n'a pas voulu de ce mari là , tiens !... mets-toi à sa place !

— Tu as raison c'est un vrai péché !

— Alors tu sais ce qu'elle a fait ?

---

1. Monnaie des anciens émirats d'Asie Centrale qui sert encore comme base de calcul pour la dot.
2. Les races ovines d'Orient ont pour la plupart la particularité de faire des réserves de graisse à la base de la queue.
3. Mesure de poids russe d'environ 3,5 Kg.
4. Fantôme, hélas, assez courant dans la région.
5. Créature invisible située entre l'homme et l'ange, et dont on se méfie car, tout comme l'homme, il peut être assez détestable, surtout s'il n'est pas musulman.

— ... ?

— Eh bien elle est allée trouver le fils de Pir Mohammad. Tu vois qui c'est ? Le fils de celui qui s'est noyé avec sa femme quand l'Atrak a débordé l'an dernier.

— Celui de Kow Khala ? Pir Mohammad ? Il gardait les brebis de Hadji Ghorban Chaadi ?

— C'est ça !... Bon... Eh bien Gomuch est allée trouver son fils. Il était le *dehqân*[1] de Ghoda Verdi Hadji.— Si tu le voyais ! Il est beau ! Beau comme la lune ! Comme ton Raïdjab quand il avait dix huit ans — Il nettoyait un *djoub*[2] dans un champ du *hadji* quand Gomuch est allée à lui. Elle lui a demandé : « Est ce que je te plais ? » Et comme le garçon lui a dit qu'il la trouvait belle, elle lui a proposé de l'épouser. Comme ça, sans honte !

— Eh *voï! voï!* Et qu'a-t-il répondu ?

— « Oui », bien sûr ! Ils se sont entendus et le soir ils se sont sauvés tous les deux avec le cheval du *hadji*.

Ghoda Verdi Hadji les a poursuivis avec sa voiture, mais dans le col il a cassé quelque chose, je ne sais pas quoi, et il n'a pas pu continuer. Mon beau-fils qui était avec lui m'a raconté qu'il avait dit des choses qu'un païen n'aurait pas osé penser, tant il était en colère. Il disait qu'il les tuerait tous les deux, qu'il écorcherait vif le garçon, qu'il déterrerait son père pour donner ses os à ses chiens et d'autres horreurs comme ça. Il a même injurié l'âme de ce pauvre Pir Mohamad et celle de sa pauvre femme !

De toute façon, même s'il n'était pas tombé en panne, il ne les aurait pas rattrapés, parce que les deux fuyards avaient longé l'Atrak et s'étaient réfugiés à Chechmé en passant par Gheïssar. Ce n'est pas par là que le père de Gomush se serait risqué... Tu sais les chemins y sont complètement emportés. A cheval c'est possible, mais avec une voiture...

Enfin ils se sont arrêtés chez Hadji Ghorban Chaadi. Ghorban Hadji — Dieu le garde ! — a dit qu'il avancerait le prix qui avait été convenu avec Makhtoum Bay, plus une vache et son veau[3]. Il a dit aussi qu'il prendrait le fils de Pir Mohammad à son service pour l'aider à rembourser.

---

1. Ouvrier agricole.
2. Canal d'irrigation ou bien d'évacuation.
3. En prime d'enlèvement.

— Ah ! C'est bien Hadji Ghorban Chaadi ! Que sa main ne lui fasse jamais mal !… Et Makhtoum Bay ?

— Oh lui! Il cherche une autre femme pour son fils. Mais ce sera difficile, plus difficile qu'avant !

— Et Ghoda Verdi Hadji ?

— Il est furieux. Mais, depuis qu'il sait ce que propose Hadji Ghorban Chaadi, ce n'est plus que sa figure qui est en colère. Son cœur est content parce qu'ainsi il gagne une vache et un veau en plus.

Un instant les deux femmes sont restées rêveuses. Ah quelle belle aventure ! Mais qui aurait cru ça de cette fillette ? En fait c'est elle qui a enlevé le garçon... en voilà une histoire ! Et Hadji Ghorban Chaadi ? Heureusement qu'il y a encore des gens comme lui, qui sont « hommes »... Qu'il vive encore longtemps !

Agholi, dans son coin, allait paisiblement sa nuit, elles lui jetèrent un regard distrait : non vraiment elles n'avaient pas envie de dormir !

La lampe fit « plop » et lança dans le col du verre une langue rouge et fumeuse. Aq Soltan se leva et chercha pendant un moment à régler la hauteur de la mèche. Elle ne réussit qu'à la faire fumer davantage. Il aurait fallu l'égaliser avec des ciseaux, et pour cela, éteindre la lampe, attendre qu'elle se refroidisse, ôter le verre...

— Ce n'est pas la peine, dit Edjé, il y a une autre lampe dans la chambre d'Oraz. Il n'est pas là ce soir et sa femme est allée dormir avec Golsenem. Je vais la chercher.

La chambre d'Oraz était sombre, mais par la fenêtre entrait suffisamment de cette lumière nocturne qui inonde les cieux de pleine lune, pour que l'obscurité n'y fut pas totale. Aussi, lorsqu'elle y pénétra, Edjé distingua-t-elle tout de suite, dans le fond, la forme tassée d'une femme, blottie dans un coin contre les coffres sculptés. Elle comprit aussitôt ce dont il s'agissait :

— C'est toi Oraz Beka ?... C'est le bébé qui vient ?

— Oui !

La voix n'était qu'un souffle. Elle précédait de quelques secondes un râle que les lèvres entr'ouvertes pour répondre n'avaient pu retenir.

Mais déjà la vieille Agh Soltan s'activait à allumer la nouvelle lampe et Edjé, sans attendre, était sortie pour réveiller Golsenem afin qu'elle l'aidât à préparer du linge, de l'eau, que sais-je... tout ce dont ont besoin les matrones quand une femme accouche.

Oraz Beka, maintenant qu'elle était découverte, se laissait aller. Depuis combien de temps était-elle là, dans le noir, repliée sur son ventre ? A partir de quand, dans la journée, avait-elle ressenti les premières douleurs ? Sans mot dire, elle avait accompli ses tâches habituelles, comme tous les jours. Mais quand il lui fut évident qu'elle ne retiendrait plus longemps ses plaintes et ses crispations, elle quitta, sans l'éveiller, sa compagne qui dormait à côté d'elle et s'isola, comme une bête, pour mettre son enfant au monde, son premier enfant !

Une contraction lui mordit les entrailles. Elle gémit longuement, renversant sa tête sur l'oreiller qu'on venait de glisser sous sa nuque. Ses deux mains sur son ventre froissaient à la déchirer, l'étoffe de sa robe. Avec des gestes tendres, la vieille tapissière lui tamponnait le front. Elle murmurait pour apaiser ce cœur qui s'affolait des mots de velours, assez semblables à ceux que roucoule Raïdjab à l'étalon noir.

Alertée, Oghol Donné, la femme de Ghorban, s'était levée elle aussi. Encore ensommeillée, elle se frottait les yeux, rassemblant difficilement ses idées, debout à l'entrée de la pièce. Bousculée sans douceur par Golsenem dont elle gênait le passage, elle s'assit sur ses talons, contre le mur, contemplant la scène avec l'œil hébété d'une poule qui couve.

La femme de Raïdjab, au contraire, ne perdait pas le sens de la réalité. Elle entrait, sortait, remplissant l'espace du froufrou de sa robe. Apportant des chiffons, de la charpie, elle repartait avec une bassine, celle qui d'ordinaire servait de pétrin. Elle la ramenait rincée. Ressortie aussitôt, on l'entendit refendre du bois dans le bûcher derrière la maison. Après être revenue chercher des allumettes, elle rejoignit Edjé dans l'appentis-cuisine où elles firent chauffer de l'eau.

*
* *

Dans cette maison où seules deux vieilles bavardes veillaient encore quelques instants auparavant, comment est-il possible de dormir à présent ?

Les enfants, assis au milieu de leurs couvertures, regardent, sans bien comprendre, ces soudaines allées et venues. Agholi, après s'être renseigné, s'est rencogné plus profond encore, comme doit le faire de son côté Ghorban, qu'Oghol Donné a laissé seul. Ce n'est pas leur affaire : le mieux est de se rendormir... ou d'essayer !

Les crampes se font de plus en plus rapprochées. Oraz Beka geint et se plaint sans discontinuer. On l'a installée à genoux sur deux briques, les jambes écartées. Aq Soltan, que son âge revêt d'expérience, s'est accroupie devant elle. Prenant en main les opérations, elle guette chaque phase et veille à leur bon déroulement sans cesser de prodiguer des mots rassurants. Edjé tient sa belle-fille aux épaules. La lampe posée à terre éclaire par dessous leurs visages superposés. Celui d'Oraz Beka est livide, celui de la mère est tout à la fois grave et attendri.

Un peu en retrait, Golsenem attend qu'on lui demande un chiffon, une compresse. Efficace et calme. Elle qui n'a jamais mis d'enfant au monde a le maintien et la fermeté d'une matrone confirmée. Alors qu'Oghol Donné, tenant son fils serré contre elle, fait avec Nour Beka un groupe de spectatrices encombrantes et impressionnées. L'une revit les souffrances de son accouchement, voici dix mois. L'autre imagine ce que seront les siennes lorsque, une fois mariée, son tour sera venu. Toutes les deux gémissent avec la parturiente et se crispent à l'unisson.

Le terme approche. Oraz Beka crie franchement. On l'entend dans toute la maison. Agholi a enfoui sa tête sous la couverture. Il ne bouge pas. Les gamins essaient de faire comme lui, mais, à chaque passage d'une femme, ils émergent de leurs couettes, espérant sans doute un petit signe. Mais qui se soucie d'eux en cet instant ? Alors, lèvres serrées et tête rentrée dans les épaules, ils tendent l'oreille vers ce qui se passe derrière la porte. Nourjemal, en rassemblant autour d'elle les plis de sa couverture, s'est fait un nid à la place qu'occupe sa mère dans la journée, cherchant là le rayonnement de sa présence rassurante. Chaque cri qui parvient de la pièce voisine lui arrache un petit sanglot en boule qu'elle étouffe sur ses lèvres avec ses deux poings fermés. Ené, trop petite pour se rendre compte, ne s'est même pas réveillée.

Dans la chambre Oraz Beka a poussé une plainte puissante, un brâme. Et puis c'est le silence.

Agholi se dresse sur son coude. Les garçons rejettent leurs couvertures. Ils se sont mis sur leur séant et Nourjemal s'est levée d'un bond. Elle garde encore ses deux poings sur sa bouche. Et tous regardent la porte.

Elle s'ouvre, sur une Edjé souriante, visiblement satisfaite et dont le voile pend sous le menton sans qu'elle songe à le rattraper. Elle s'essuie les mains à sa robe comme après une lessive et, à l'intention d'Agholi, murmure plutôt qu'elle n'annonce :

— *Ghoutch* !... un bélier !

— *Yarche* !... c'est bien !

Et Agholi se retourne contre le mur.

*
**

On entend le bébé qui proteste dans la chambre d'Oraz.

Dans la cuvette où l'on a jeté une pincée de sel, quelques grains de blé, trois bûchettes et deux ou trois crottins de moutons, bien secs, qui flottent à la surface[1], on a lavé la petite larve congestionnée et braillarde. On l'a ensuite ligotée dans ses langes. On en a fait un petit paquet oblong.

Edjé restera là, avec Aq Soltan. Elles veilleront à la délivrance. Plus tard, l'une d'entre elles ira enfouir les enveloppes, nouées dans un linge blanc, loin de la maison, dans le secret, afin que nulle sorcellerie, nulle engeance néfaste, ne s'en serve pour nuire à cet enfant, à présent apaisé, qu'on a posé sur un coussin, près de sa mère alanguie.

Le silence est de nouveau là, dans la maison, mais dehors s'est levée une rumeur d'allégresse. La nuit bruit et gazouille ! Car bien avant que n'apparaisse l'écume froide de l'aurore par-dessus les montagnes d'Inché, des milliers d'alouettes sont montées de la plaine et chantent le printemps sous les étoiles.

1. Ces ingrédients pour le bain du bébé sont les symboles d'une future prospérité.

CHAPITRE X

Où l'on apprend, si on ne le sait déjà, ce qu'est le *mochtoloq*

— Je veux voir le fils d'Oraz ! je veux le voir !

Ené trépignait. Tout ce qu'on pouvait lui dire pour la calmer ne faisait qu'exaspérer son désir. Vexée de ne s'être pas réveillée la nuit dernière, alors que toute la maison s'agitait, elle ressentait la désagréable impression d'avoir été tenue arbitrairement à l'écart de l'événement. Pourquoi, cette année, ne voulait-on pas lui montrer ce neveu tout neuf qui lui était arrivé ? L'an dernier, elle avait savouré le privilège d'être la seule, durant trois jours, à avoir vu la petite frimousse boudeuse du fils de Ghorban. Avec cérémonie, Oghol Donné le lui avait présenté en écartant un instant le linge blanc qui recouvrait le visage du bébé, tandis que l'assistance se détournait pour ne pas l'apercevoir. Pendant tout ce temps elle s'était sentie très importante. Nourdjemal et Nour Beka n'avaient cessé de lui poser des questions auxquelles elle condescendait à répondre… et ces trois jours avaient été bien agréables. Après, quand tout le monde avait pu voir l'enfant, elle s'était sentie dépossédée de quelque chose.

Pourquoi donc, cette fois-ci, ne voulait-on pas lui montrer le nouveau bébé ? On le lui redit, pour la cinquième fois au moins : — Parce que tu es trop grande à présent ! Djommé est plus petit que toi. C'est à lui qu'on l'a montré ce matin.

Ce n'était pas juste ! Djommé lui avait ôté ce privilège. Quelle stupidité ! Il s'en moquait bien de ce cousin-là ! A dix mois qu'est-ce que ça pouvait bien lui faire ?... Et puis c'était inutile de le questionner, à part têter, remplir ses couches et pleurer la nuit quand ses dents poussaient, il n'était bon à rien... On aurait mieux fait de la choisir elle !

La journée, cependant, n'était pas sans agréments. Par chance il n'y avait pas d'école, on repeignait les classes, circonstance tout à fait favorable au *mochtoloq* .

Le *mochtoloq* consiste à annoncer le premier, à quiconque se sentira heureusement concerné, une bonne nouvelle récemment survenue. Or y a-t-il un événement plus heureux que la naissance d'un enfant ? D'un garçon qui plus est ! En échange on reçoit un petit cadeau ou un peu d'argent.

D'abord, prévenir Oraz... c'est ce qui serait le plus rentable. Mais, au fond de la steppe — Dieu sait où — une petite fille de quatre ans comme elle ne saurait le retrouver. Et puis Wali et Ali sont entrés en compétition. Ils font feu de toutes pièces, rivalisent d'idées et de stratagèmes pour écarter l'autre de la course ou tout au moins l'y distancer. Ali semble avoir définitivement supplanté son frère; fort de ses treize ans il a enfourché le vieux cheval rogneux servant à tirer du bois ou à porter des sacs et, sans même demander l'autorisation à Agholi, il est parti vers Kourbaba. Il espère bien y trouver son aîné. Il ne reste plus à Wali que l'espoir d'un retour d'Oraz par une autre piste, ce qui n'est pas improbable. Alors il s'est mis en faction sur la meule de fourrage et scrute les collines avec les jumelles de son père.

Ené a fait le tour de la maison, s'apercevant vite que tous étaient au courant avant elle. Aq Soltan a bien ri quand elle est venue triomphalement lui annoncer qu'Oraz Beka avait un fils. Mais la tapissière lui a quand même glissé cinq rials dans la main.

Ah ! Si elle avait été à Ammand ! Là oui ! Ç'aurait été intéressant : de maison en maison, de cousins en oncles, elle aurait mis à profit sa journée. Mais ici, à Behkadeh, ils sont tous *Fars*[1] que la chose intéresse peu ou pas du tout...

Elle en était là de ses réflexions moroses lorsqu'au tournant de l'allée apparut un tracteur attelé d'une remorque : un gros tracteur jaune avec, entourant le chauffeur, accrochés aux garde-boue, cramponnés au relevage, cinq ou six hommes en *telpek*. La remorque, caisse de bois bricolée sur un vieil essieu de camion, se dandinait en grinçant, malmenant sa charge bigarrée de femmes et d'enfants.

C'étaient Sari, le cousin qui habite Gollidagh, en compagnie de Soufi, l'oncle d'Agholi. Il y avait aussi Mohammad Hadji de Yamloq.

---

1. Persan, donc forcément étranger à la famille.

Ils amenaient avec eux leurs fils, leurs femmes, leurs tantes, leurs cousins. Ils venaient, sans doute pour quelques grippes, toux, douleurs et autres désagréments, voir le docteur du village, seul médecin à des centaines de kilomètres à la ronde. Coup de chance tout à fait inespéré... Ené se précipite. Wali, sur son tas de fourrage, n'a pas encore aperçu l'aubaine qui arrive. Nourdjemal et Nour Beka, occupées à la maison, sont inoffensives. Ali n'est pas là. Et la petite de s'élancer au devant du tracteur en agitant les bras. Une poigne d'homme la harponne, la hisse près du chauffeur. Là, toute rouge, à la fois intimidée et assurée elle lance la nouvelle :

— Eh ? Vous, les femmes ? Vous avez entendu ce qu'a dit Ené ?

— Quoi ?… Que dit-elle ?… Ené, que dis-tu ?

— Oraz Beka... Cette nuit... elle a eu un bébé-garçon !

Et voilà la carriole pleine de rires et d'applaudissements. Ené a bien gagné sa journée !

Wali enrageait. Il avait été grillé par sa sœur. Et Ali ce faux-frère, parti pour Kurbaba : « Que les *Cheïtans* l'emportent !... Enfin... Que les *Cheïtans* lui fassent peur, seulement.! »Il faisait et refaisait dans sa tête le décompte des parents et des amis proches qu'il pourrait toucher. Mais tous étaient déjà au courant. Pourtant il devait bien y en avoir quelques-uns qui... Mais oui ! Et Monsieur Dobor ? Est-ce qu'on le lui avait dit ?

Le voilà en route pour ma maison.

Ma voiture en marche, je m'apprêtais à partir pour une tournée des bergeries.

— Monsieur Dobor ! Monsieur Dobor ! cria-t-il du plus loin qu'il me vit. Attendez ! Attendez !

Il était en nage d'avoir couru et ce qu'il avait à me dire sortait avec peine, en mots hachés par son souffle qu'il essayait de reprendre.

— Vous... vous ne savez-pas ?

— Je ne sais pas quoi … Alors qu'as-tu de si pressé à me dire ?

— Eh bien.. Oraz... Heu... Oraz Beka a accouché cette nuit !

— Dieu soit loué ! C'est une bonne nouvelle que tu m'annonces là ! C'est un garçon ? Une fille ?

— Un garçon ! Vous ne le saviez pas ? Vraiment ! Personne avant moi ne vous l'avait appris ?

— Personne ! Ce matin je n'ai vu ni Agholi, ni Ghorban. Tu es le premier.

— Alors j'ai le *mochtoloq* avec vous !

— Le *mocht*... ah oui le *mochtoloq* ! Mais bien sûr, je t'apporterai quelque chose à midi.

— Quoi ?

— Tu verras bien. Et Oraz ? il est au courant ?

— Non, pas encore. Il est à Kurbaba, mais Ali est parti le prévenir. Il a pris le vieux cheval. Déjà l'an dernier c'est lui qui a eu le mochtoloq avec Ghorban Mohammad quand Djommé est né. Je n'ai aucune chance en face d'Ali. Il est plus grand et plus fort que moi et il en profite.

Wali avait l'air vraiment désolé et furieux contre son frère. Une idée me vint :

— Veux-tu que nous allions surprendre Oraz à Kurbaba ? Avec ma voiture nous aurons vite fait de laisser Ali et le vieux cheval derrière nous et comme ça, cette année, c'est toi qui auras le mochtoloq avec Oraz !

Nous avons dépassé Ali et sa rossinante. Wali sans pitié lui adressa toutes les grimaces possibles. L'autre, sans rien laisser paraître de sa déconvenue, fit faire demi-tour à sa piètre monture. Wali jubilait.

Oraz sellait son cheval quand nous sommes arrivés à la bergerie. Il se préparait à partir par le plateau des Tortues (Ali ne l'aurait pas rencontré). Wali lui lança la nouvelle d'un bloc. Et Oraz de rester tout blanc, tout bête, comme s'il ne s'était pas attendu qu'un jour ou l'autre sa femme accouchât... et d'un fils ! Puis, il s'empourpra sous les congratulations bourrues et les tapes dans le dos que lui octroyèrent les bergers et les gardes qui s'étaient rassemblés : « Ah ! sacré Oraz ! Ah ! coquin d'Oraz ! »

Ce furent là les seules marques de sa joie ou de sa fierté. Au moment où nous quittions la bergerie, il avait pris la piste des gardes qui longe les limites afin d'effectuer sa tournée sur le Plateau des Tortues, sans avoir rien changé à ses projets de la journée. Quelques instants avant notre départ, alors qu'il était déjà en selle et moi derrière mon volant, il s'approcha et, presque à la dérobée, me demanda :

— Oraz Beka ? Elle va bien ?

Je lui répondis que ça m'avait tout l'air de s'être bien passé. Là-dessus il fit un signe de la main qui pouvait aussi bien dire « au revoir » que « merci » et, au petit trot, rejoignit son collègue qui l'avait devancé sur le raidillon menant au plateau.

Ce jour-là, à midi, il prit son repas à la maison. A quinze heures il était reparti à son poste. Sans avoir vu ni son fils ni sa femme. Il attendait comme les autres que soient passés les trois jours rituels.

Comme il s'y attendait, Ali dut essuyer les taquineries de ses deux sœurs car ces chipies ne se privèrent pas de ce plaisir quand elles le virent rentrer penaud et déconfit.

Après avoir, un bon coup, tiré sur l'une des quatre nattes de Nour Beka il poursuivit jusqu'entre les jupes de leur mère Nourdjemal qui poussait des cris de chevreau qu'on égorge (ce qui lui attira une gifle esquivée avec adresse). Puis il s'en fut vers le village, donnant du pied dans les cailloux, les mains au plus profond des poches.

Sur sa bicyclette brinquebalante, Mahmoud, le fils du *hammami* le dépassa. Mahmoud, de trois ans son aîné, était quelqu'un au village : il s'occupait du téléphone.

C'est quelque chose le téléphone ! Mahmoud s'en servait avec une aisance éblouissante, sans trac, notait sans jamais se tromper toutes les communications sur son grand cahier noir et appelait par son prénom le standardiste d'Ach Khané dont dépendait la ligne :

— Allo ? Mansour ? Alors, tu me donnes Meched ? Ça fait deux heures que j'attends. Quoi ? La ligne est en réparation ! Oh, ils nous embêtent ceux-là !

Ou bien, une autre fois :

— Allo Mansour ?

— ....!

— *Salââââââm* ! Comment ça va ?

— ....!

— Merci. Grâce à Dieu. Ça va bien chez moi aussi. Et les enfants ?

—..........!

— Oui, mon père va très bien grâce à Dieu...

Et ainsi pendant des minutes entières ; le client, bien patient, attendant que cessent ces ronds de jambes téléphoniques sans oser les interrompre. Mais ce qu'il y avait de plus impressionnant chez Mahmoud c'était la façon dont il demandait Téhéran ou Tabriz comme il appelait, lui, Ali, n'importe laquelle de ses sœurs travaillant ou jouant dans la pièce à côté.

Il s'entendait bien avec Mahmoud. Bien sûr ce n'était pas un vrai musulman[1], mais il était turc, de Sarab en Azerbaïdjan. (Ça rapproche cette communauté de langue, même si les Azéris ne disent pas certains

1. Dans l'idée d'Ali, ce sont les Sunnites, Mahmoud étant chiite.

mots comme les Turkmènes, face à un Persan ils se sentent un peu cousins).

— Oh ! Mahmoud ! Où vas-tu ?

— Au bureau. Il faut que j'appelle Bodjnourd pour l'instituteur.

Bodjnourd... ! L'instituteur... ! Le téléphone... ! L'idée illumina tout d'un coup la grisaille qui embrumait le cœur d'Ali : à Bodjnourd il y avait Nourjon ! Il était sans doute à cette heure en plein cours, dans cette école que, justement, Mahmoud allait appeler pour l'instituteur... ça y était ! Il l'avait son *mochtoloq* ! Jamais une Land Rover ne pourrait aller aussi vite que sa voix sur un fil !

— Oh ! Mahmoud ! Attends-moi ! Il faut que je téléphone à Bodjnourd moi aussi !

CHAPITRE XI

Ghotteur

Par temps clair, quand la pluie ou le gel ont lavé l'atmosphère, on peut voir, à l'Ouest, sur les crêtes et les sommets arrondis, se dresser la frange d'une végétation et des silhouettes d'arbres suffisamment hauts et épais pour qu'on se rende compte, de très loin, qu'il s'agit là d'une forêt. On pourrait la croire prête à déborder et à s'écouler vers la plaine. Mais, à un jet de pierre des épineux de sa lisière, la steppe étend son pelage ras et déroule ses étendues de solitude.

Ces arbres-là sont à l'extrême pointe de la forêt caspienne. Grimpés là-haut ils retrouvent en altitude l'haleine humide de la mer lointaine. La steppe les cerne de toute part. Péniblement un maigre bras, un cordon ombilical, plus terreux que rocheux, tout mangé d'érosion et de surpâturage, raccroche à la chaîne mère le promontoire auquel ils se cramponnent.

Là-haut les villages portent des noms évoquant peu ou prou cette végétation, ailleurs si rare. On y trouve Karaticanli (l'endroit des épines noires), Comerli (la charbonnière), Lale gol (la tulipe), Alt'Aradj (les six arbres), Tchénarli, Tchénaran, Yékétchénar (l'endroit des platanes, les platanes, un platane), Karanqi Djenguel (l'épaisse forêt). Un de ces hameaux a donné son nom à la montagne qui l'a fait naître ; à moins qu'inversement, ce soit la montagne qui lui ait imprimé le sien : Gollidagh, la fleur de la montagne.

Il semblerait qu'autrefois une population non turkmène ait vécu dans cette région — Mais quelle province d'Iran n'a pas vu se succéder ethnies et civilisations ? — Il ne reste d'elle que des poteries sans grande originalité et quelques ustensiles de fer battu qu'un éboulement restitue de temps en temps. On lui attribue aussi plusieurs réseaux de galeries ; labyrinthes dans lesquels, bien entendu, nichent *djinns*, *cheïtans*, *dows* ou autres créatures surnaturelles de réputation détestable.

Les Goclans, en s'installant dans ce pays, abandonnèrent vite ce qui leur restait d'habitudes nomades pour cultiver les terres riches en humus prises sur la forêt. Devant leur industrie, la futaie a reculé. Les clairières se sont élargies, se sont rejointes, dégageant pour les céréales de vastes surfaces labourables. Les bois, pour se maintenir, n'eurent plus que les combes les plus profondes et les pentes les plus raides.

Sur cette « fleur de la montagne » (ou « montagne-fleur ») il ne subsiste plus qu'un gros massif boisé digne d'être appelé forêt. Il a résisté vaillamment aux bûcherons, aux incendies et couvre un chevelu de vallons sombres et étroits. Orienté Nord-Ouest, il profite au maximum des pluies et des nuages qui trouvent, avec le versant qu'il habille, la dernière barrière les empêchant d'aller s'épuiser en vain au-dessus des déserts du centre. Ailleurs, la campagne offre l'aspect surprenant d'une Auvergne vallonnée, avec ses boqueteaux de chênes et de noyers, ses vieux peupliers au bord des sources, ses ronces dans les ravins, ses prés, ses tournesols, ses troupeaux épars, ses chemins qui s'enroulent autour d'une croupe ou filent vers une échancrure ensellée entre deux pitons boisés.

C'est de là qu'est arrivé Ghotteur.

*
* *

Par petites étapes, par toutes petites étapes, il a couvert la distance séparant Pouli de Behkadeh, au pas docte d'un vieux cheval aussi maigre que lui.

Pouli — un de ces villages de Gollidagh — s'assied en rond autour de la source encaissée du Roud-e Gorgan[1]. Là prospèrent les noyers. Notre visiteur est parti de chez lui (mais a-t-il un chez lui ?) voici une bonne semaine. Le premier « *Salam* » s'élevant du bord du chemin fut le signal de sa première halte. Ce n'était pas bien loin : à l'autre Pouli. Car il y a deux Pouli, celui du haut (Bâlâ) et celui du bas (Païn) séparés l'un de l'autre par une épaisse ronceraie qui se donne des airs de taillis et qu'on a négligé de défricher parce que le sol, dessous, y est fort piètre et que les vaches l'apprécient en été, quand le soleil et les taons se font par trop insupportables.

1. La rivière de Gorgan.

Arrivé à Pouli Bala, Ghotteur décida que le chemin parcouru était suffisant pour la journée et profita pendant deux jours de l'hospitalité qui lui était donnée. Il fit ensuite une autre pose en haut du col, dans un campement de semeurs qui avaient planté là leur carriole bâchée. C'était la saison des semis de tournesol et les champs en attente faisaient de grandes plaques poussièreuses sur la rêche toison des pentes. Le lendemain à Chah Passand, chez Seddiq Hadji, il se reposa de cette course épuisante de cinq kilomètres pendant deux autres jours. Enfin, il parvint à Soghé, non sans avoir passé la soirée et la nuit précédente au milieu des ouvriers turkmènes embauchés comme manœuvres sur le chantier de la nouvelle route militaire.

A Soghé il coucha chez Safar, un des gardes de mon équipe avec lequel il était plus ou moins apparenté.

Enfin, il mit pied à terre devant la maison d'Agholi, bien content d'être arrivé dans cette famille accueillante. Agholi était sur sa porte. Il dépêcha Ali pour soigner le bidet du voyageur et pria son hôte d'entrer sans attendre plus longtemps.

Ainsi voyageait Ghotteur.

N'allez pas croire, sachant cela, qu'il était ce qu'on pourrait appeler un pique-assiette itinérant, abusant de ce penchant qu'on a ici d'ouvrir sa porte, sans barguigner, à l'homme sur la route. Que non pas !

Il y en avait, autrefois, de ces vagabonds, de ces errants allant d'un village à l'autre, à pied ou à cheval, avec en bandoulière leur *tamderé*[1] — le long, l'élégant luth turkmène à deux cordes — bien enveloppé dans une housse de feutre fin, parfois brodée. Ménestrels, troubadours, baladins, conteurs : ici on les nomme *barchis*.

Leur arrivée réunissait chez l'un ou l'autre tout ce qu'il y avait d'oreilles pour entendre, d'yeux pour voir, de bouches et de gorges pour rire, d'esprits à émerveiller. Alors ils contaient l'histoire lumineuse d'Iskandar[2] le Padichah aux deux cornes, les prouesses amoureuses de Teymour le Boiteux Magnifique[3], les merveilles advenues à Soleyman[4] qui parlait aux animaux et commandait aux *djinns*. Mêlant les rois bibliques, les démons blancs, les oiseaux

1. Aussi appelé *damboura*, question d'accent.
2. Alexandre le Grand auquel on prête ici deux cornes, sans doute pour souligner sa nature exceptionnelle — les divinités greco-romaines ont été souvent gratifiées d'attributs similaires.
3. *Timour lang*, Tamerlan.
4. Salomon.

parleurs, les conquérants invincibles, les familiers du Prophète, les princes de Lune et les vierges magiciennes, ils entrecoupaient leurs récits de chants et d'intermèdes musicaux. Leurs instruments allaient bon train quand « Hey ! Hey ! » Teymour s'envolait par-dessus la mer violette au galop aérien d'un cheval phénix. Ils chantaient la course, les nuages, la profondeur du ciel peuplé d'anges et de la mer habitée de monstres et de sirènes. Ils chantaient encore quand le beau prince, en son exil, se remémorait les charmes entr'aperçus de la fille du roi de la Chine qui sommeillait au jardin clos et se lamentait de la cruauté du sort adverse.

Mais les ondes n'ont pas de chemin à parcourir. Ni pluie, ni canicule, ni neige, ni cols, ni monture boiteuse n'arrêtent les histoires sans cesse renouvelées qu'elles transportent plus vite encore que le cheval rouge de Teymour, que la colombe venue de Khiwa ou la flèche de Bahram-e Gour[1]. Les vieilles épopées, les amours légendaires mille et une fois répétées, tombées en deshérence ne vont plus de villages en hameaux.

Aujourd'hui, il faut une noce, une réjouissance, pour voir ressusciter les bardes. Alors, comme jadis, ils vont, le dos barré par la grande hampe de leur luth, vers la maison, la yourte, où demain, peut-être après-demain, on amènera une fiancée en émoi. Le temps d'une soirée, de deux ou trois si la noce est importante, ils chantent, chantent à n'en plus pouvoir, l'amour, les filles aux nattes de jais, les chevaux infatigables, la magnanimité d'un notable, la vendetta de deux familles et encore l'amour et encore les filles... Mais ils ne content plus !

Seul Ghotteur...

La concurrence des ondes n'a pas eu de prise sur lui. C'est que son répertoire de conteur puise à des sources bien spéciales. Loin de lui les aventures mythiques, les princes et les héros ! Lui, Ghotteur, dernier des conteurs de l'Atrak, trouve son inspiration au plus gros, au plus croustillant de la vie. Son principal héros étant lui-même, il agence ses contes autour de sa personne et met en scène parents, amis, ceux qui l'ont reçu la veille, défunts, défuntes, mollahs, hadjis, tantes, cousins, veuves, jeunes garçons, pucelles, attribuant à un de ceux qui l'écoutaient hier la mésaventure qui fait s'esbaudir l'assistance du moment. Laquelle assistance servira, bien entendu, de support aux veillées suivantes en d'autres lieux.

---

1. Roi chasseur dans le *Chah Namé*.

Nul n'est à l'abri de ses médisances. Son œil dangereusement aiguisé va de pair avec sa langue, le tout faisant merveille quand il s'agit de broder sur quelque peccadille survenue dans les relations d' untel avec sa ou ses femmes... quand ce n'est pas avec celle du voisin, ou mieux, celle du mollah. Alors notre Ghotteur brille, pétille, étincelle, croustille, fait s'écrouler son public.

Oh, ce n'est jamais très raffiné. Si la gaudriole peut en certains cas prendre le vernis du libertinage, c'est en d'autres biotopes. Chez lui, ces histoires ne montent guère plus haut que la ceinture. Mais c'est ce qui plaît. D'autant que, joignant le geste à la parole, il mime ses dires avec verdeur en les appuyant de grimaces égrillardes à souhait. La radio qui, journellement, déverse ses chansons sentimentales, ses informations lassantes et ses feuilletons édifiants, n'a pas, cela va sans dire, de telles couleurs à sa palette, ni ce ton. Aussi est-elle priée de se taire quand Ghotteur régale.

Il serait faux de croire que toute la vie du bonhomme s'est écoulée à colporter ses faux ragots et ses vraies farces. Ceux de sa génération et d'autres, moins âgés, ont de lui une image assez différente. Ils se le remémorent dans la force de l'âge, à l'époque où il n'avait pas cet aspect de petit vieux simiesque et vicieux.

Les Russes, en imposant leur ordre dans l'Emirat de Boukhara et dans le Khanat de Khiwa, avaient tari la source des grandes *alamanes*[1] et le pouvoir du premier des Pahlavi s'installait peu à peu. Toutefois les temps avaient encore quelques complaisances pour les têtes brûlées, les brigands, les razzieurs de moyenne envergure et les cantons du Khorassan limitrophes des territoires Turkmènes étaient bien placés pour servir de terrain d'action à ces chevaliers d'aventure. Les montagnes offraient suffisamment de gorges, de sentiers, de cols perdus, par où de petites troupes pouvaient cheminer discrètement et fondre sur un troupeau, un hameau mal gardé ; surgir à l'improviste pour enlever des femmes allant à la source, des enfants jouant au coin d'un champ ; raffler du bétail errant; agresser un négociant ; estourbir un colporteur à la bourse trop pleine. Ghotteur avait été l'un d'eux. Autour des feux du bivouac, ou au retour de ces expéditions, il avait entraîné sa verve et son esprit. Routier, soudard, son répertoire était celui d'un routier et d'un soudard, voilà tout !

---

1. Razzia.

A présent, des compagnons de Ghotteur, beaucoup sont allongés sous un tertre, la face vers la Mecque. Il a aidé à planter les pieux rituels aux deux bouts de leur tombe, mais le soir, il a fait rire à en pleurer ceux-là même qui avaient comblé la fosse.

D'autres de ses frères d'arme ont pris le ventre et la paterne de notables rangés. Certains ont vu Mina, l'Arafat, et le temple d'Abraham[1]. Ils cachent à présent sous un turban clair le sillon qu'a laissé sur leur crâne l'estoc d'un sabre, et oublient qu'à leur main manque un pouce ou un index, emporté par une balle kurde. Mais lui, œil narquois et sourire en coin, il continue à vivre un perpétuel feu de camp, regroupant autour de sa maigre silhouette un éternel corps de garde.

*
* *

C'était un jour de joie chez Agholi et Ghotteur ne pouvait pas mieux arriver. Le vieux renard avait, semble-t-il, un sixième sens lui permettant de repérer, à des lieues de distance, les maisons dans lesquelles il risquait d'être reçu avec plaisir, où il pourrait exercer ses talents, et tirer de son public le profit non négligeable de quelques billets.

Ce matin-là était le troisième de la vie de Djamchid. Le conseil de famille qui, chaque soir, se réunissait autour de la lampe, s'était rallié au choix du grand-père. Agholi aimait ce nom. « Djamchid! » ça sonnait bien, c'était plaisant à dire. Bien qu'officiellement son nom n'ait pas encore été signifié à l'enfant, chacun le nommait déjà ainsi.

Dans l'appentis où sont rangées les selles, Golsenem avait aidé Oraz Beka à se laver à grande eau, à grands seaux. Quant à Nour Beka et à Oghol Donné,elles avaient entrepris la cuisson des *coltchés* des jours de fête. Ces quelques activités inhabituelles, accomplies le plus simplement du monde, suffisaient pourtant à mettre au cœur un pétillement de joie. Du cagibi, où Golsenem étrillait Oraz Beka, parvenaient des rires chatouillés et de grands bruits d'eau, des « Hou ! c'est trop chaud ! » ou bien des « Hé ! doucement, tu m'écorches ! » dont se moquaient les deux pâtissières à genoux sur le four.

1. Principaux lieux saints de la Mecque. Le temple d'Abraham étant la Kaaba dont la construction est attribuée à ce prophète dans la tradition musulmane.

De bon matin, Ené s'était précipitée dans la chambre d'Oraz. Oraz Beka était sortie. L'enfant emmailloté tel un Jésus de crèche médiévale, reposait sur un coussin, comme une clé de cité offerte à un édile. Une mouche courait sur sa figure et les grimaces qu'il faisait à cause d'elle, accentuaient son air de petit vieux renfrogné. Ené fut un peu déçue. Il ne lui avait pas souri... Il plissait le nez comme pour éternuer et ses yeux restèrent obstinément fermés. Elle chassa la mouche et, pour qu'elle ne l'importune plus, recouvrit le bébé d'un voile léger. Puis, elle reprit ses occupations habituelles.

Dans le courant de la matinée, une curiosité bien dosée attira, comme par hasard, chaque membre de la famille vers le poupon. Si les femmes s'attendrirent, lui trouvèrent le nez pointu, l'air coléreux, les hommes, que ce soit Agholi, Ghorban ou les plus jeunes des fils, ne firent que lui jeter un coup d'œil discret en s'abstenant de commentaires. Seul Ghotteur s'enquit, faussement innocent, de l'époque à laquelle Oraz s'était marié... Après un bref calcul des mois, il se rendit compte qu'il n'y avait pas là assez d'humus pour faire fleurir une anecdote. « Tant pis ! » déclara-t-il avec fatalisme à la grande joie d'Agholi et d'Edjé, nullement offusqués par ce qu'il avait sous-entendu. Il promit d'être là dimanche, autre jour de fastes et de réjouissances, car, si aujourd'hui le bébé était montré à tous, dimanche au bout de sa première semaine il serait présenté à Dieu.

*
**

A sept heures du soir, Oraz rentrait pour voir son fils. Oraz Beka était seule dans leur chambre. Assise devant la lampe qu'elle venait d'allumer, elle donnait le sein au bébé.

Quand la porte s'ouvrit, elle eut le geste réflexe de tirer sur son visage le voile qu'elle avait rejeté par-dessus son hennin. A la vue de son mari, son bras retomba et son visage s'éclaira.

Elle ne dit pas un mot, ne bougea pas de sa place, mais détachant l'enfant de sa poitrine, elle le lui tendit. Les grosses mains d'Oraz, maladroites, encore encombrées du fouet, ne surent pas comment saisir avec douceur cette petite chose qui protestait. Alors, pour l'aider dans cette tâche délicate, elle se dressa devant lui, contre lui, son sein blanc et gonflé hors de l'encolure profonde de sa robe.

Par-dessus l'enfant, leurs deux fronts étaient à se toucher. Elle souriait, souriait, comme jamais Oraz ne l'avait vue sourire. Et lui ne savait trop que dire, que faire, devant cette réalité advenue qu'il touchait, palpait d'un doigt précautionneux : un fils !... Il avait un fils !

Pendant ces trois jours passés, il avait rangé cette nouvelle dans un petit coin de son esprit et s'était efforcé sans trop de mal, de continuer à se comporter comme avant, sans rien changer de ses habitudes, à tenir le même genre de propos. Trois jours sans voir sa femme, ce n'était pas extraordinaire. Son travail lui en demandait souvent beaucoup plus. Mais à présent, sa pensée tout entière n'était plus suffisante pour contenir tant de joie.

Cette allégresse encore inconnue quelques minutes auparavant, voilà qu'elle le submergeait, là tout soudainement. Il était père ! père d'un fils! Oraz Beka le lui tendait en souriant. Oraz Beka : cette fiancée qui, il y a un an à peine, pleurnichait sous ses voiles et ses lourdes parures quand il était resté seul avec elle pour la première fois, sans jamais l'avoir vue auparavant. Avec autant de maladresse et de crainte qu'elle, il en avait fait une femme, sa femme. Elle était mère à présent, la mère rayonnante de son fils !

Cependant Djamchid était loin de l'émotion qui, à travers lui, saisissait ses parents. Sa tétée interrompue lui importait plus que tout et il le fit savoir. Petite sangsue impérieuse, il ne se tut qu'à nouveau fixé au sein de sa mère.

Mais déjà, dans la grande pièce, Ghotteur avait commencé son récital. Laissant la mère et l'enfant, Oraz se glissa sans bruit dans le demi-cercle attentif que l'assistance formait autour du conteur.

*
* *

— ... Cette femme avait couru comme une chèvre toute la journée, dans la montagne (mime de la femme essoufflée : Pff ! Pff !).

Cétait l'heure de l'avant-dernière prière (« *Allah ou'Akbar !* », à la manière d'un muezzin cacochyme) quand tout à coup, dans un taillis : « Brou ! brou ! Brou ! »

« Ah ! pensa-t-elle, des sangliers ! » Et elle se sauva si précipitamment qu'une pierre la fit trébucher. Et la voilà — Patim! Patam ! — jusqu'en bas, la tête la première. Elle serait tombée plus bas encore si elle n'était restée accrochée dans un buisson, les jupes sur la tête et toutes ses « affaires » au soleil, griffée par les épines et crachant des petits cailloux (mime de la femme suspendue les jambes en l'air). En se lamentant (« Aïe ! Aïe ! Aïe! Ah! *Yah Ab'ol Farl*[1] ! ») et en se tortillant un peu comme ci (mime), un peu comme ça (re-mime), elle se dégagea des épines.

Lorsqu'elle regarda si les sangliers ne la poursuivaient pas, elle vit que c'était l'âne après lequel elle courait depuis le matin qui lui avait fait si peur. « Ah ! fils de porc ! Ane du diable ! Tiens ! Tiens ! Tiens et Tiens ! » Elle se mit à battre l'âne (ce qui obligea Ali à s'esquiver promptement pour ne pas jouer le rôle de l'âne dans le mime de la femme corrigeant son bourricot) Alors l'animal, prenant le galop (« pataclop ! pataclop ! ») s'enfuit vers le village, la laissant revenir à pied furieuse et marmonnant des projets de vengeance : « Ah tu vas voir, toi !... Ah tu peux courir !... Et gnignigni ! et gnignigni ! »

Elle redescendait de la montagne, lorsque, dans le ravin, elle aperçut quatre hommes qui prenaient le thé (coude levé et bruits de succion). Il y avait quatre chevaux attachés aux buissons, tout sellés, tout bridés, avec des sabres au pommeau des selles et ces hommes avaient des poignards et des fusils (geste de lame qu'on dégaine et de fusil qu'on pointe).

C'étaient le père de Safar Beureu[2], ce pauvre Mohammad Kour qui devait être pendu à Gonbad cinq ans plus tard (vous savez, c'était le père de Safar Kal), Bairam Dourdi de Dachtek et votre serviteur (salut à la ronde).

Nous attendions qu'il fasse sombre pour tenter quelque chose contre le village. Oh ! ce n'était pas un vrai village, mais cinq ou six maisons de Kurdes avec leurs bergeries... pas grand'chose (doigts en pincettes pour déposer çà et là, sur le tapis, ces petites crottes de maisons kurdes, avec moue de dédain assortie).

La femme comprit tout de suite pourquoi nous étions là. Elle courut tellement vite, pour prévenir les hommes du village, qu'elle dépassa l'âne et arriva avant lui en criant : « Alamantchi ! Alamantchi ! » (mime de la femme affolée qui court en levant les bras au-dessus de sa tête).

Dieu est grand en vérité et protège les vrais musulmans (yeux au ciel et air pénétré par la véracité de cette sentence). C'est Lui — Son Nom soit honoré — qui, sans aucun doute, inspira ce pauvre Mohammad

---

1. Autre nom d'Abbas demi-frère de l'Emam Hossein martyrisé à la bataille de Kerbala, révéré chez les chiites et souvent invoqué dans les moments critiques.
2. *Beureu, kour, kal* : surnoms. Respectivement : la puce, l'aveugle ou le borgne, le chauve ou le teigneux.

Kour, qui dit alors : « Je vais aller voir ce qui se passe du côté du village ! »

Il grimpa en haut du ravin, mais en dégringola tout de suite : « Malheur ! Sauvons-nous ! Ils ont été prévenus là-bas et ils arrivent avec des fusils ! » (mime du *kour*, roulant son œil unique, qui rapplique en catastrophe).

Yah Allah ! Nous avons été vite en selle, sauf Baïram : son cheval était parti avant qu'il ait eu le temps d'être installé. Le pied engagé dans l'étrier, il ne pouvait plus reprendre son élan et sautillait sur une jambe à côté de son cheval (mime de Baïram courant à cloche-pied). Il criait : « Arrête-toi ! Mais arrête-toi donc ! *Dour* ! *Dour* ! » A la fin, il réussit à saisir le pommeau de la selle et se hissa sur le cheval. Mais nous l'avions distancé.

Les Kurdes, alors, le prirent en chasse « Yah ! Yah ! »

Et lui pensait : « Tangri me protège... » et criait en fouettant son cheval : « Aïe !... Aïe !... Avance donc bourrique... Mais avance ! » (mime du cavalier paniqué qui pousse sa monture).

Il faisait tout à fait nuit quand nous avons compris que nous n'étions plus poursuivis. Alors nous nous sommes arrêtés... Mais Bairam Dourdi n'était pas avec nous !

— Qu'est-ce qu'on fait ?

— Je ne sais pas... Tu crois qu'ils l'ont pris ?

— Peut-être !

— S'ils l'ont attrapé, ils l'auront tué ?

— Sans doute...

— Pas sûr... Vous vous rappelez Djommé Mollah ? Quand ceux de Ghisti l'ont pris, ils n'ont pas osé… (ricanements de l'assistance à cette évocation).

(L'histoire est connue. Ce pauvre religieux bien vieux et bien vénérable à présent fut, un jour de sa jeunesse, pris par ceux qu'il prétendait surprendre et, après avoir subi les outrages qu'on imagine fut laissé seul dans la campagne, habillé en femme. Il continue, malgré la respectabilité que lui ont donnée les ans et sa barbe, à traîner le sobriquet d'« *Heley Mollah* », c'est à dire de « femme mollah »).

Mais Ghotteur continue son théâtre sans se laisser distraire.

— Il faut aller voir, peut-être qu'ils ne l'ont pas... heu... crrrrrc ! (index expressif, barrant l'espace compris entre le menton et la pomme d'Adam).

— Peut-être qu'il est blessé ? Il faut y aller !

— Oui ! Allons-y... mais doucement !

Nous avons emmitouflés les pieds des chevaux dans du feutre et, en les tenant par la bride, nous sommes revenus sans bruit... ou presque car le père de Safar Beureu éternuait tout le temps : « Atch ! atch ! » et nous faisions « chchch ! chchch ! », pour qu'il cesse (mime de la marche des brigands éternueurs, en tapinois, dans le noir).

Tout à coup nous avons entendu : « hou ! hou ! hou ! hou ! hou! Agh !... Aââââgh ! »

— (à voix basse) qué... qué... qué... c'que c'est ? Un *djinn* ?

— Mais non, c'est Baïram !

— ... Tu es sûr ? Il a une drôle de voix !

— Ecoutez...

— Aââgh ! âââgh ! Ouf ! ôôôô !... Agh !...

— Tu as raison, c'est sa voix. Qu'est-ce qu'il y a ? Il doit avoir mal pour pleurer comme ça !

— Sans doute... Attends... Eh ! Eh ! Psitt... Baïram ?

— Agh !... A...

— Psitt... Baïram ? C'est toi ?

— Oui... C'est vous ?

— Oui... Tu es seul ?

— Je suis seul... Mais venez vite, je ne peux pas bouger.

Ah, si vous l'aviez vu !

Les Kurdes l'avaient mis tout nu, attaché debout à un arbre et lui avaient suspendu une aiguière en bronze remplie d'eau au bout de la verge. Il l'avait déjà rallongée d'une main et toute bleue !

— Agh ! Agh ! Détachez-moi ! criait-il.

Mais nous, nous ne pouvions pas avancer d'un pas tant nous riions ! Mohammad en était tombé sur le derrière! Même mon cheval riait!

— Enlevez cette aiguière ! se lamentait Baïram.

Et plus il pleurait, plus nous riions. A la fin, nous l'avons délivré. Ça lui pendait jusqu'aux genoux (mime de l'homme horrifié contemplant son organe étiré).

Nous lui avons prêté nos vestes et sommes vite repartis, lui, il avait perdu son cheval. Il était en croupe derrière moi. « Ah ! disait-il, va plus doucement ! Retiens ton cheval quand il trotte ! » Et moi je lui disais, pour le consoler, que sa femme serait bien contente de le voir revenir dans cet état. Qu'il ne pouvait rien lui ramener de mieux de chez les Kurdes.

Malheureusement, elle n'a pas pu s'en servir tout de suite parce que Baïram a été malade pendant un bon mois. Mais il est resté quand même toujours un peu plus long que les autres. Pendant longtemps on l'a appelé Baïram Echek — Baïram l'âne — par comparaison.

*
* *

Agholi et ses fils étaient tordus de rire. Les gamins se roulaient par terre à n'en plus pouvoir. Edjé, dans son coin, faisait tressauter sa vaste poitrine, secouant la petite Ené qui n'y comprenait goutte mais s'amusait bien à voir s'esclaffer les autres. Les femmes et les filles, hors de vue dans la pièce contiguë dont on avait laissé la porte entr'ouverte, émettaient des gloussements et des cascades de sons perlés qui parvenaient jusqu'au conteur et celui-ci, à leur intention, appuyait et forçait la voix surtout quand le passage devenait scabreux ou plaisamment salace.

La soirée continua sur cette lancée, pendant deux bonnes heures encore. Le vieux bouffon était infatigable. De cocufiage en sodomisation, de vol en imposture, il tint son public en haleine, l'abreuvant de grosses farces jusqu'à ce que le sommeil terrassât tout le monde.

CHAPITRE XII

Où Raïdjab continue à battre la campagne et où l'on fait connaissance d'un autre Agholi

Abdol Rahman Qari, habitué à éviter cloaques et ornières, a dirigé sa grosse moto d'une main sûre. L'engin avait le « poum-poum » des pompes d'irrigation monocylindre qui ponctionnent l'Atrak et la lourdeur sans grâce qui caractérise tout ce que l'U.R.S.S. peut fabriquer.

La piste menant à Kelaleh passe la rivière à gué. L'eau claire frise sur son lit de gravier et les chevesnes qui remontent le courant y dessinent des V aigus dont les branches s'entrecroisent. La moto en y plongeant a soulevé deux grandes ailes d'eau et effarouché les gravelots qui prospectaient les galets de la rive.

Il y a à Dané un artisan fourreur dont on dit le plus grand bien. Voici cinq mois, Abdol Rahman lui a confié douze peaux d'agneaux broutards pour qu'il en fasse une *poustine*[1]. Ce matin, il a insisté pour que je vienne avec lui voir ce que devenait sa commande. Je crois qu'il avait aussi très envie de me promener sur sa moto toute neuve et de me montrer à l'entourage.

*
* *

J'étais arrivé la veille à Congor.

Comme la semaine précédente, je fus reçu avec gentillesse. Les femmes cette fois-ci vinrent me saluer. Kara Mach avait la même fougue et son comportement m'eût donné beaucoup d'espoir si je n'avais pas été instruit des pratiques en vigueur à Gonbad.

Qu'est-ce qui me retint de dire à Raïdjab qu'Oraz avait eu un fils? Le fait est que je mis cette nouvelle en réserve et attendis jusqu'au soir ;

1. Pelisse en peau de mouton retournée, manteau caractéristique des zones froides d'Iran et d'Asie centrale.

jusqu'au moment où, se rendant à la mosquée, mes hôtes me laissèrent en tête à tête avec Raïdjab. A vrai dire je n'étais pas très sûr de la manière dont il recevrait la chose. Aussi, pour l'aborder, je biaisai un peu sottement :

— Tu ne m'as pas demandé des nouvelles de ton père ? ni des enfants[1] ?

— Oh si bien sûr ! Je t'en demande... comment vont-ils ?

— Ton père va bien grâce à Dieu ! Toute la famille va bien aussi, surtout cette semaine depuis que Djamchid est arrivé.

— Qui ? Djamchid ?

— Eh oui Djamchid, le fils d'Oraz : Oraz Beka a accouché dimanche dernier.

— ... Je ne savais pas.

Il s'est levé précipitamment, comme si un bruit curieux venant de la direction du cheval lui avait soudain fait craindre quelque accident. On ne sait jamais avec un étalon... D'un bond il était dehors, me laissant là, avec ma « bonne nouvelle » tombée à plat.

J'avais eu le temps de voir son visage blêmir et ses yeux se remplir d'un coup. Il revint au bout d'un moment après s'être passé le visage à l'eau et me fit un mensonge puéril, « une mouche est entrée dans mon œil... » ; il n'ajouta rien à propos d'Oraz.

*
* *

A la nuit, quand nos hôtes se furent retirés, comme la dernière fois Raïdjab tira son matelas contre le mien, puis, se glissant sous ma couverture, il chercha ma main et passa son bras droit sous ma nuque, me serrant contre lui comme s'il avait peur que je le repousse, que je m'échappe :

— Tu as parlé à mon père ? Tu lui as dit pour Maryam ?

— Non, mais je n'ai pas oublié. Je ne lui ai encore rien dit car nous ne nous sommes guère vus cette semaine, ou alors nous n'étions pas seuls. Inutile que d'autres soient au courant. Et puis, avec la naissance du fils d'Oraz, ç'a été un peu mouvementé chez toi.

A cette dernière phrase, je sentis ses doigts se crisper un peu sur ma paume. Je continuai :

---

1. Les « enfants », terme général employé pour désigner la famille, évite d'avoir à s'enquérir trop ouvertement des femmes de la maison.

— Ensuite, voilà à peine une semaine que tu connais Maryam. Crois-tu que c'est suffisant pour déclarer : « Elle sera ma femme ! » et que j'en fasse part à ton père ?

— Une semaine ! un mois !... un an !... dix ans ! Quelle différence ? Je te dis que je la veux et qu'elle veut bien que je la prenne !

Il s'était redressé sur les coudes et me dominait de toute la hauteur de son buste. L'obscurité seule empêchait que j'aperçoive dans ses yeux toute la persuasion qu'il devait y mettre. Mais sa voix, à quelques centimètres de mon visage, suffisait à faire transparaître son désir. Elle trahissait aussi, dans sa véhémence contenue, une demande d'aide anxieuse en même temps qu'un rappel des obligations qui étaient les miennes puisque j'étais son confident, son ami, son plus-que-frère ! Et me saisissant aux épaules il se mit à appuyer ses mots et ses bouts d'arguments de secousses persuasives, pour que je me pénètre mieux de sa volonté et de son attente. N'étais-je pas celui auquel il avait confié sa peine et ses aspirations ? Si je ne le comprenais pas, moi, qui d'autre le pourrait ? Qui serait son avocat auprès d'Agholi ? Moi seul pouvais lui ouvrir le chemin qui le mènerait à Maryam !

Ghorban et maintenant Oraz : voilà que ses cadets atteignaient le but, ce pourquoi chaque homme est venu au monde ! Par leurs femmes, ils avaient procréé. Et lui, leur aîné, le premier des fils d'Agholi, était encore à attendre. Alors pourquoi aller chercher plus loin quand Maryam était là ? Sa grâce, sa jeunesse, l'avaient touché. Comme la semaine dernière, c'était ces attraits qu'il avançait pour s'expliquer facilement, pour n'avoir pas à se mettre à nu. Mais au plus profond de lui-même, c'était vers la mère potentielle de son fils qu'il dirigeait des espoirs et un désir ce soir douloureusement ravivés.

Raïdjab m'avait lâché. La tête sur mon oreiller, à moitié sur sa couche, à moitié sur la mienne, il me raconta sa journée de la veille. Il avait sarclé les cotonniers de Baba, afin d'être avec Maryam toute une après-midi. Sur le chemin du retour le voisin était arrivé avec son tracteur. Il rentrait des champs, lui aussi. « Montez dans la remorque ! », avait-il proposé.

Alors Raïdjab avait pu prendre Maryam dans ses bras pour l'aider à monter... Elle riait et se faisait lourde...

*
* *

Dané… Avec trois hoquets et un gros « plouf » la moto nous a déposés devant la maison d'Agholi Ostad[1], le fourreur.

Elle est bien modeste : deux pièces au niveau du sol, séparées par une sorte d'auvent, voilà tout. La pièce de gauche est celle où il vit avec sa femme (une sorte de souillon acariâtre) et ses deux enfants (un petit garçon noiraud et éveillé, gras comme un bouddha miniature et une fille, plus grande, au visage rond , aux traits menus et précis de poupée chinoise). A notre arrivée le bébé se traînait, cul nu, à quatre pattes dans la poussière et la fillette s'est sauvée derrière l'habitation.

L'autre pièce sert de magasin, de laboratoire, de tannerie. Des peaux encore crues s'y entassent en pyramides suintantes, salées à grosses poignées et roulées en boule. D'autres, grattées et assouplies, attendent sur de rudimentaires étendoirs suspendus aux poutres du toit. Dans un coin, des sacs de jute, des pots ébréchés, des bidons de fer blanc, contiennent les végétaux séchés, les teintures naturelles, les préparations salines, les décoctions nécessaires à la cuisine du tannage. Sur une étagère branlante sont rangés des tranchets, des ciseaux, des pierres à aiguiser et des aiguilles dans un vieux verre. Un rayon de soleil bleuâtre descend d'un trou du toit essayant, avec courage, d'éclairer ce local encombré au sol vaguement spongieux, dont l'air tiède s'épaissit de miasmes âcres et écœurants.

L'atelier est installé sous l'auvent entre les deux pièces. Le courant d'air y délaye la doucereuse pestilence qui émane de la tannerie. Agholi Ostad s'y tient, à genoux devant une peau retournée qu'il racle vigoureusement avec une pierre ponce maniée des deux mains. Près de lui, empilées comme autant de crêpes d'un genre peu ragoûtant, d'autres peaux laissent s'écouler les minces filets d'une bouillie brunâtre dont il vient de les badigeonner. (Plus tard, comme je me penchais d'un air suspicieux sur la grosse poterie ventrue d'où il avait extrait la mixture, il m'en donna fort aimablement la composition : yaourt, farine d'orge, écorce de grenade pilée ; le doux et l'astringeant, afin d'avoir un cuir solide mais moelleux).

Pour ces travaux, qu'il effectue toujours à même le sol, il a retroussé ses manches, découvrant des bras blancs et lisses comme des bras de femme, au bout desquels ses mains très brunes paraissent presque noires. Sur son crâne rasé il n'a gardé que sa petite calotte brodée, graissée et décolorée par la sueur.

---

1. *Ostad* : maître, aussi bien dans le sens de maître à penser que de maître ouvrier.

Nous l'avons surpris absorbé par une des tâches les moins plaisantes de son travail et qu'il mène, de préférence en plein air, pendant les heures claires du début de la matinée. Le soir très tard, à la lampe, il coud et taille, minutieux et précis, le nez chaussé de lunettes rondes cerclées de fer. Il avoue aimer ces heures de silence et de méditation active pendant lesquelles il arrive calmement au bout de son œuvre en mariant la soie à la fourrure ; ayant commencé avec un sac plein de peaux sanguinolentes pour finir avec l'ornementation du vêtement terminé.

Quel artisan n'est pas secrètement flatté quand on montre de l'intérêt pour son travail ? Et comme très sincèrement je lui dis mon étonnement à voir ce en quoi il métamorphose une telle matière première, il déballe fièrement les pelisses terminées qu'on doit bientôt venir prendre.

Le vêtement masculin traditionnel a subi, en vingt ans, un recul énorme. N'en subsistent plus que le *telpek* et parfois, en quelques occasions, le cafetan de soie rouge. Mais, si elle s'est également raréfiée, la *poustine* a gardé son prestige de vêtement de luxe. L'hiver la voit revenir encore sur bien des épaules. Manteau, elle sert aussi de couverture ou de robe de chambre quand la froidure n'est pas suffisamment tenue en échec par les minuscules poêles à bois. Et, entre les genoux de son père, l'enfant s'endort pendant la veillée, niché dans la fourrure rousse qui les enveloppe tous les deux.

Ouverte du col jusqu'en bas, sans boutonnage ni fermeture, elle se porte en cape, poils à l'intérieur, sans en enfiler les manches[1]. Elle tombe alors jusqu'aux talons avec un noble ballant. Large, opulente, taillée sans économie de matière, il faut qu'elle soit lourdement confortable et que le plus gros, le plus obèse des *hadjis* ne puisse la remplir toute entière.

Agholi Ostad m'expliqua qu'un bon faiseur tanne, coupe, coud « pour que ton fils après toi puisse s'en servir encore ! »

Broder les *poustines* ?... Ce sont des façons de Kurdes ! Tous ces petits trous qui découpent le cuir, le déchirent à la longue suivant le pointillé. Et puis c'est bien souvent pour cacher un accroc, un coup de

1. Les manches de la *poustine*, trop longues, cachent les mains et ne sont utilisées que lorsque l'on chevauche. Il faut alors les retrousser assez haut et c'est tout juste si le bout des doigt dépasse de ces mitaines particulières. On ferme alors la *poustine* avec une écharpe roulée, nouée autour de la taille.

tranchet ou un autre défaut, que l'on a brodé là un rameau ou un oiseau stylisé.

Agholi Ostad aime les grands panneaux de peau chamoisée unie et chaude à la paume. Il les assemble d'un point serré et renforce ses coutures en y insérant un onglet de tissu — vert cru de préférence — qui cerne chaque empiècement d'un fin liseré. Puis, dans un lé de cette soie pékinée que savent tisser les femmes des hauts cantons, il découpe de larges bandes en biais dont il pare toutes les lisières du vêtement et le bas des manches. S'il lui reste quelques belles chutes de ce tissu, il les façonne en triangles qu'il plaque entre les épaules et un peu au-dessus des deux fentes cavalières ouvrant la pelisse à la hauteur des mollets. Enfin, une bordure d'astrakan noir vient mettre sa dernière touche de luxe. Ceci fait, il n'y a plus rien à rajouter. Agholi Ostad a fait œuvre de maître, scrupuleusement, sans rien apporter ni rien retrancher, en toute modestie fidèle à la tradition. Dans la quiétude de la nuit il reste quelques instants, avant de la plier dans un grand carré de cotonnade, à caresser la poustine terminée étalée devant lui sur le vieux feutre ébouriffé qui couvre le sol. La clarté rousse de la lampe fait chanter et vivre doucement ces matières et ces teintes qu'il a associées pour perpétuer une harmonie de barbare magnificence et d'évidente antiquité : le jaune safrané des peaux tannées à l'écorce de grenade, le vert discret des bandes de renfort, le rouge vif de la soie en larges aplats, le noir brillant de l'astrakan et le roux fauve de la toison intérieure qui ourle le tout en moussant.

Mais il y a plus raffiné encore.

Tout au bonheur de me faire découvrir son art, Agholi Ostad dépaquette avec précaution devant nous ce qu'il a préparé pour je ne sais quel grand *akhund* de Gorgan. Ni la forme, ni la largeur du manteau ne sont différentes, seule la matière change : cinquante peaux d'un astrakan gris perle, superbe, merveilleusement bouclé et soyeux.

Sur une poustine taillée dans des peaux d'agneaux déjà grandis, les pièces soulignées par leurs renforts sont placées selon une symétrie harmonieuse. Mais quand il s'agit de façonner l'astrakan le trop grand nombre de coutures nécessaire nuit extérieurement à l'agrément de l'ensemble. C'est pourquoi celle que déploie Agholi Ostad est entièrement recouverte d'une soie rousse et moirée sur laquelle joue un reflet violine. Le reste de la décoration procède du style habituel : soie rouge et astrakan noir.

Agholi Ostad est bavard. Il aime parler de ce qu'il fait. Et, comme beaucoup d'artisans, il en parle bien. De ses concurrents, par contre, il parle sans charité. Oh, il ne les craint pas ! Ce ne sont tous que des demi-*ostads*. Pas un qui le vaille.

Ses *poustines* sont réputées dans tout le pays turkmène, et ce ne sont pas les commandes qui lui manquent, il n'est qu'à voir son magasin. Et puis tout le monde sait dans la région qu'il fut l'apprenti de Mohammad Djon Ostad, son oncle, l'ancien fourreur de l'Emir de Boukhara.

Son oncle avait une boutique et huit ouvriers. C'est chez lui qu'il a acquis le métier... pas à Boukhara — il n'était pas encore né à cette époque — mais plus tard, à Achkhabad où l'atelier s'était installé quand les Russes avaient déposé l'Emir, puis à Kara Qala et enfin ici, en Iran, suivant son oncle dans sa fuite devant les Bolcheviks.

... Morte sa première femme ; morts les deux garçons qu'il avait eus d'elle pendant cet exode... non pas les Russes... le choléra... Son oncle ? Reparti avec l'occupant soviétique qui se retirait d'Iran après la dernière guerre... « ils » en ont emporté beaucoup comme lui. A présent Agholi Ostad est remarié et a de nouveaux enfants.

— Mais je suis vieux... c'est fatigant de faire ce travail. Ça casse les reins et mes yeux baissent, c'est gênant pour coudre. Un apprenti ? J'ai essayé, puis j'y ai renoncé. Ma femme ne supporte pas que quelqu'un d'étranger dorme, mange, vive ici : elle est très dure... et puis mon fils ne me succèdera pas. Quand il sera en âge, qui portera encore ce genre de choses ? Je vois bien comment les habitudes changent. Avant, cette soie-là, on en faisait ici et dans tout le Turkmen Sahra et chaque femme en gardait un rouleau ou deux dans son coffre. Maintenant il faut aller à Gollidagh ou à Djergalan pour en avoir… et encore. Si vous ne l'avez pas commandée au moment des cocons, vous n'en trouverez pas.

Il y a vingt ans, je faisais dix ou douze poustines par an comme celle que je viens de vous montrer ; l'an dernier aucune. Cette année je n'ai fait que celle-là. C'est sans doute la dernière. Maintenant je suis moins exigeant. Autrefois j'aurais refusé de recoudre celle-là, dans le coin... ou de faire celle-ci avec de la peau de vieille brebis !

Oh, je ne me plains pas ! J'aurai encore du travail jusqu'à ma mort parce que je suis connu et que la réputation de mon oncle est retombée sur moi. Il était lui, un Ostad des anciens temps, un véritable Ostad. Nous étions trois fourreurs à Dané. Ils étaient dix à Kélaleh, et toute une rue à Gonbad. A présent je suis seul ici. Et à Gonbad il en reste cinq ou six dont un vieux, si vieux qu'il ne veut plus travailler. Mon fils fera autre chose, *Inch Allah* ! D'abord il ira à l'école, *Inch Allah* ! Après... on verra.

... Mais, *qari*, pendant que j'y pense, tu ne m'as pas apporté assez de soie. Il m'en faut encore deux ou trois *gazs*[1]... Ah ! Et puis, il y avait une peau abîmée, par le boucher certainement, qui a écorché l'animal avec un couteau ! C'est extraordinaire, tout de même, qu'un boucher ne sache pas qu'un agneau se dépouille avec le poing !

— Heu... à vrai dire Ostad, c'est peut-être moi ou mon frère qui avons fait cette erreur, car il y avait là des peaux provenant d'animaux tués chez nous!

— Bon ! Bon ! C'est possible...! On ne peut pas être bon *mollah* et bon boucher, n'est ce pas ? Mais maintenant tu sais ça : avec le poing, et rien d'autre !... Bon ! Je t'ai donc remplacé la peau défectueuse. On s'arrangera pour le prix plus tard.

Nous avons bu le thé pendant que le vieil *ostad*, ayant repris à deux mains sa pierre ponce, continuait son travail sans cesser de nous entretenir ni de commenter avec Abdol Rahman les menus événements du canton. Puis nous avons pris congé. Agholi Ostad a endossé son cafetan élimé et enroulé son turban sur sa calotte crasseuse. Tenant son fils sur sa poitrine, il nous a accompagnés jusqu'à la moto et nous a salués gravement en levant sa grosse main à la hauteur de son visage impassible, jusqu'à ce que, dans un grand soulèvement de poussière, nous ayons pris notre élan sur le chemin.

*
* *

La course de chevaux fut ensuite bien décevante.

Maintenus trop longtemps sous les ordres, je ne sais pour quelle raison, les bêtes difficilement maîtrisées par leurs minuscules jockeys, faillirent emporter cable, starter, juges-arbitres et guérite. Le départ en catastrophe surprit Kara Mach en plein pugilat. Bousculade aidant, il y perdit son cavalier et, forcément, la course.

Dépité, Raïdjab a quitté le champ de course aussitôt. Ne nous sentant guère d'humeur à assister au succès prévisible d'Hadji Comac dans l'épreuve suivante, notre équipe de mauvais joueurs lui a emboîté le pas.

Et c'est un peu morose que je repris la route de Behkadeh.

---

1. Un peu moins d'un mètre.

CHAPITRE XIII

Où l'on parcourt la vallée d'Ammand, du Sud vers le Nord (et dans le sens de la pente), en essayant de ne pas trop s'y perdre

Au bas de la plaine de Behkadeh, dans le creux où tous les oueds poudreux se rejoignent, l'eau jaillit, miraculeuse. Elle remplit une vasque profonde et toujours embuée qui s'arrondit au milieu d'un fouillis de massettes et de joncs.

Au fond de cet œil d'eau limpide et tiède un sable clair danse et s'épanouit en petites gerbes micassées. Il ondule et frémit sous la pression des afflux souterrains et parfois un long chapelet de bulles, plates et brillantes comme des gouttes de mercure, remonte en jubilant des profondeurs mouvantes. Un ruisseau s'échappe avec enthousiasme de ce nid frémissant hanté par quelques foulques précautionneuses. Après avoir taillé un sillon profond dans la stérilité bleue des collines il élargit une vallée prospère où il abreuve villages, troupeaux et cotonniers. Puis il va se donner à l'Atrak boueux qui coule là-bas, à quinze kilomètres au nord, et qui emporte le reste de ses eaux claires et ses bancs de goujons.

On appelle cette source Garm Ab : les Eaux Chaudes.

C'est loin de chez nous... mais c'est tout près : ici les distances n'ont pas d'importance.

Les Routchanis, y font étape à l'automne, quand ils rejoignent, à l'ouest, derrière Gollidagh, leurs pâturages au dessus de Morave Tepe. Ils s'y reposent aussi au printemps en revenant au Khorassan. Les Tchouranis[1] dans leurs parcours Nord-Sud en ont fait leur point d'hivernage. Ils ne poussent pas plus loin. Pendant longtemps les eaux

1. Routchanis et Tchouranis : clans de Kurdes nomades séjournant dans la région de Behkadeh en hiver. Ils portent le nom des territoires où se situent leurs pâturages d'été (Routchan et Tchouran). Ils font partie de la population kurde du Khorassan (voir « Un peu d'histoire » en fin de volume).

de Garm Ab ne servirent qu'à abreuver les énormes troupeaux roux des Kurdes.

Mais les bouleversements survenus dans les anciens émirats d'Asie Centrale quand le collectivisme y fut institué poussèrent les Turkmènes à réoccuper des terres iraniennes où ils avaient vécu en nomades jusqu'au milieu du siècle dernier[1] et qu'ils ne traversaient plus qu'incidemment.

Sur les hautes vallées de l'Atrak et de ses affluents les éléments épars d'une population « Tat[2]» qui étaient installés là se virent peu à peu évincés, à mesure que les Turkmènes prétendaient se rétablir sur leurs anciennes aires.

C'est ainsi qu'au cours des premières décades de ce siècle, dans cette région où Behkadeh devait être crée, les vallées d'Ammand et de Göz Bachi, returcisées, s'ouvrirent de plus en plus à l'agriculture.

C'est à Garm Ab que s'amorce la vallée d'Ammand.

Des Goclans s'installèrent là — en majorité du clan Tokhtamech[3] . Peu à peu ils transformèrent ce paysage. Les marécages et les étendues de roseaux qui faisaient le fond de la vallée disparurent, remplacés par le délicat parcellaire des cotonniers et des jardins. Il est difficile à présent d'imaginer l'aspect qu'eurent ces lieux à l'époque où les nomades étaient seuls à les fréquenter, ne s'intéressant à l'eau que pour y abreuver leurs bêtes.

Il y avait des faisans et des francolins dans les fourrés, des canards l'hiver, qui tombaient du ciel par bandes bruyantes juste avant les premières neiges. Les mouflons habitaient encore les collines et les escarpements en aval de Garm Ab. Quant aux roselières, elles abritaient des armées de sangliers.

Depuis, à la sortie du défilé, Ammand a construit ses vastes maisons de part et d'autre de la rivière. Et le village se reflète en lui-même par-

---

1. Le gouvernement des Qadjâr entreprit plusieurs fois, au XIXe siècle, des expéditions punitives en territoire turkmène. Ceci provoqua un recul des tribus en direction des secteurs dépendants en principe de l'Emirat de Khiwa où elle trouvaient facilement refuge, quitte à réoccuper le terrain dès que Téhéran se faisait moins offensif. Il n'en demeure pas moins que, depuis la poussée des Seldjouquides, au IXe siècle, ces régions appartenaient aux Turkmènes orientaux, dont les Khadjâr étaient eux-mêmes issus.

2. Persans (voir en fin de volume).

3. Clan chez les Goclans (voir en fin de volume).

dessus le joli désordre de ses vergers et le cloisonnement de ses carrés de luzerne.

Rive droite, une ébauche d'urbanisme a délimité une place ronde d'où partent quatre « avenues ». A quelques dix mètres de là, elles s'évanouissent en vagues traces qui se faufilent entre les maisons et les murets crêtelés d'épines mortes.

Le gouvernement de Reza Chah, dans son désir kémalien de transformer le pays, avait poussé à se moderniser certains villages choisis pour leur importance locale. Ammand fut alors nanti de sa place que cernent quatre bâtiments de briques cuites, sans étages, aux identiques façades concaves. Un puits creusé au centre devait fournir une eau plus hygiénique que celle de la rivière. Malheureusement elle était salée : on le reboucha. Des mûriers soigneusement alignés eurent pour mission d'ombrager ce qui devait être le cœur du bourg. L'école y faisait pendant à la gendarmerie. Les autres bâtiments abritaient quelques commerçants. Une usine d'égrenage du coton s'était même installée, et son portail de bois s'ouvrait dans la perspective d'une des nouvelles rues. Durant quelques années on interdit aux vaches, aux ânes, aux troupeaux, de passer par là. Un gendarme y veillait spécialement.

Mais, à la fin de la dernière guerre mondiale, le flottement et l'instabilité du gouvernement qui suivit le départ des Russes rendirent délicate la reprise de l'économie. Les promesses de développement à l'occidentale que symbolisait la place s'effacèrent alors pour laisser réapparaître la vie immuable du village. Depuis, les animaux la traversent paisiblement et les bourricots se roulent dans sa poussière sans être inquiétés. Deux mûriers survivants, devenus énormes, y abritent les palabres des oisifs et les gendarmes ont transporté ailleurs leurs pénates. Seule l'école a gardé sa destination première. Les autres bâtiments sont devenus logements, entrepôts, étables... L'usine d'égrenage est morte, tuée par l'ouverture de la piste militaire qui, passant à Garm Ab, a singulièrement rapproché ces contrées de Bodjnourd, de son bazar et de ses courtiers. Au bout de sa rue défoncée, derrière son portail de bois dûment cadenassé, sa grande carcasse de terre crue s'effrite doucement, colonisée par les bisets. Un vieux Kurde rebouteux, imprégné d'opium et de foi Bahaï[1] en est le gardien débonnaire.

---

1. Du Bahaïsme, religion née au XIXe siècle en Iran.

Ammand, aujourd'hui regroupe cent à cent vingt feux.

Plus bas il y a Karakhallou, niché dans un amphithéâtre de collines ouvrant sur les cultures.

Le Turkmène d'Atrak a gardé l'habitude, prise au temps du nomadisme, de bien écarter sa maison de celle du voisin (comme le sont les tentes dans l'*oba*[1]). Les dépendances elles-mêmes sont rarement accolées à l'habitation principale et cette installation ne connaît pas le mur d'enceinte. L'espace s'étendant devant le seuil, propre et balayé tous les jours sur une bonne centaine de mètres carrés, délimite le territoire familial. Des foyers y sont maçonnés ainsi que le four. En son pourtour on trouve l'auge des bœufs, le piquet pour la brebis à l'engrais, la mangeoire du cheval. Si la maison est de plain-pied, ou à peine surélevée, il est le prolongement normal de la véranda et s'y avancer c'est déjà frapper à la porte.

En cela, Karakhallou est le type du village goclan de l'Atrak. Les notables ont planté leurs grandes maisons au plus haut du versant. De leurs vérandas aux colonnes nombreuses dominant la vie et l'animation du bourg, on repère très bien la disposition des constructions et des groupes familiaux. Le regard s'y envole, pour caresser la vallée dont pas un pouce carré irrigable n'est perdu ; morcelée en d'innombrables parcelles imbriquées les unes dans les autres commes les pièces d'un puzzle. Le ruisseau y serpente, coupé de loin en loin par les digues des prises d'eau.

Peu d'arbres, à part ceux de quelques vergers clos où les essences s'entremêlent et se combattent. Au-dessus de l'émail cloisonné des cultures, le froissement bleuâtre des collines arides s'étend comme la houle d'une mer figée jusqu'au lointain soulèvement des montagnes qui ferment l'horizon, rousses en été ou en automne, vertes au printemps, immaculées l'hiver.

Soixante-dix feux à Karakhallou.

A quelques kilomètres de là, toujours en descendant, c'est Cheikh Lar.

La terre y est salée par endroits. Un petit cours d'eau saumâtre, né dans les collines, y rejoint la rivière de Garm Ab. Sur la butte du confluent s'entassent les bicoques des derniers arrivés.

---

1. Camp de yourtes.

Lorsque le socialisme s'installa dans l'empire russe, l'Asie Centrale connut l'exode de ceux qu'un tel bouleversement choquait et effrayait. Les Goclans des versants nord du Kopet Dagh, (comme les Yomouts des steppes caspiennes) se réfugièrent alors chez leurs parents vivant en territoire iranien. Cependant tous les réfugiés n'avaient pas, comme eux, leur répondant tribal de l'autre côté de la frontière. Des débris de tribus plus orientales, Tekkés et Ali-Elis, après des années d'errance — parfois jusqu'en Afghanistan — vinrent s'ajouter à retardement à cet afflux de nouvelles populations. On leur fit place, mais les meilleurs endroits étaient déjà occupés.

C'est ainsi que naquit Cheikh Lar, village mal bâti par des gens sans ressources, noyau tekké en territoire goclan, seul centre de tissage de tapis de la vallée.

Vingt-cinq familles de Tekkés à Cheikh Lar et dix de Goclans.

Plus en aval encore, à la jonction de la rivière et de l'Atrak, il y a Chechmé. Là aussi survit, loin de sa terre d'origine, un groupe ali-éli. Il fait dans ce petit village, un quartier d'une vingtaine de feux, bien à l'écart d'un groupe de Goclans nettement plus prospères (quinze feux).

Et enfin tout en bas coule l'Atrak. Il avale l'eau de Garm Ab, ou ce qu'il en reste après toutes ces ponctions. Puis se lance à l'attaque de l'énorme barrière de montagnes qu'il perce en taillant une gorge fantastique et désolée. A gauche c'est encore un peu l'Alborz. A droite c'est déjà le Kopet Dagh : le fleuve a tranché.

*
* *

C'est volontairement que je n'ai pas encore parlé du peuplement de Garm Ab. Car, à la source, là où la steppe se brise et où naît la vallée, il existe un cinquième village.

Les Kurdes y vont toujours à l'abreuvoir, mais les Turkmènes s'y sont fixés, très tard et presque contre leur gré. Garm Ab, premier village sur la ligne d'eau, est cependant le dernier construit.

L'eau arrivait toute seule à la vallée. Il suffisait de l'attendre et de la capter au sortir de la gorge. Là prospéraient les cultures, bien à l'abri de la steppe dans leur berceau de collines.

La steppe, on ne la fréquentait que pour y mener ses troupeaux, y courir la gazelle, piquer vers les territoires de razzia du Khorassan et du pays kurde ; ou simplement, pour couper au plus court et paisiblement vers Gollidagh et les villages amis à l'Ouest. Pourquoi passer le rempart du relief derrière lequel on se retranchait, puisque l'eau s'y glissait ? Pourquoi aller boire aux lèvres de la source ? Pourquoi se mettre dos au mur, face à cette libre étendue parcourue par autant de pistes qu'il y a de brigands sur terre ? Non ! La steppe est bonne pour le nomade, mais dangereuse à qui lui est infidèle en se fixant. Et eux, Goclans, se souvenant d'avoir été errants, savaient que la route des vents passait sur la source de Garm Ab.

Mais vint le jour où toute la vallée d'Ammand fut irriguée, défrichée, depuis le débouché du défilé jusqu'à l'Atrak. Les enfants des enfants avaient procréé à leur tour et la terre agricole libre se fit rare.

D'abord il y eut quelques champs, juste à l'entrée des gorges. Peu à peu des canaux furent tirés, s'étoilèrent, élargissant les cultures. On construisit quelques cabanes sur une éminence près de la source. Des familles y campèrent le temps nécessaire aux façons culturales, aux irrigations, aux récoltes. A l'automne, un fagot d'épines était tiré en guise de porte sur l'entrée des huttes coniques et on réintégrait la maison à Ammand ou Karakhallou.

Les Kurdes continuaient à abreuver leurs troupeaux puis repartaient vers le large.

Bien entendu, quelques fusillades dans les collines ; la disparition d'un ou deux chameaux, l'assassinat d'un *hadji* kurde bien mal inspiré d'avoir laissé deviner ce que contenait sa ceinture ; la découverte en quatre tronçons de ce vaurien d'An' Mohammad, l'enlèvement de deux petits pâtres tchouranis mouvementèrent un peu la genèse du village qui peu à peu avait succédé aux huttes d'un été. Les risques ne s'y avéraient plus aussi grands qu'autrefois et le gouvernement se faisait de plus en plus présent, même dans ces contrées reculées.

La preuve de cette sécurité toute nouvelle n'était-elle pas dans le mode de voyage qu'adoptèrent alors les nomades ?

Jadis les caravanes kurdes prenaient l'aspect de migrations imposantes. Des tribus entières se déplaçaient d'un bloc, réglant leur allure sur celle, plus lente, des troupeaux : unique richesse qu'on ne quittait pas des yeux. Les hommes armés caracolaient aux flancs de la colonne en marche.

C'est à l'époque où se construisait Garm Ab que fut prise l'habitude qui règle encore aujourd'hui le déplacement de cette masse de bêtes et de gens. Par groupes familiaux on voit s'échelonner sur la route des caravanes réduites, et la tribu qui passait en deux jours étale à présent sa transhumance sur un bon mois.

De bon matin, alors que la nuit est encore étendue, les troupeaux démarrent, escortés de leurs chiens et de leurs bergers. Quelques heures après, le temps de plier les tentes, de charger les chameaux, la caravane s'ébranle à son tour. Dans le pétillement du matin la longue file majestueuse rejoint les troupeaux en route. Clarines de bronze, cloches de fer, grêle de milliers de sabots sur la terre pulvérulente, balancement de nefs sur la houle des toisons rousses, la caravane se mêle un instant aux moutons qu'elle dépasse. La modulation des pâtres, leurs appels, le chant perlé de la flûte restent en arrière, de plus en plus lointains, à mesure que s'éloignent les rires des femmes, les pleurs d'un enfant, le « clang-clang » de quelques chaudrons mal arrimés et les protestations rugissantes d'un chameau qu'on houspille.

Là-bas, derrière l'horizon, à l'heure où le soleil décroît, on monte le camp. Ainsi les tentes sont-elles dressées quand apparaît, en haut de la colline, la silhouette du premier berger crucifié par son bâton[1].

Un tel comportement aurait bien fait l'affaire des pillards de tous poils qui hantèrent ces parages. En vérité, les temps s'étaient bien assagis.

*
* *

Qu'on veuille bien ici m'excuser. Si je me suis attardé à décrire un peu longuement cette vallée d'Ammand, c'est qu'autour d'elle gravitent les événements que j'ai entrepris de conter. C'est d'elle que, peu ou prou, sont issus les gens que j'ai rencontrés, et elle fut la porte qui s'ouvrit pour moi sur le peuple turkmène.

---

1. Les bergers portent leur bâton en travers de leurs épaules, laissant retomber leurs bras de part et d'autre, d'où leur silhouette de crucifié.

CHAPITRE XIV

Atna, l'Emir des eaux, Mehdi Khan et les autres avec Hadji Ghorban Chaadi, pour finir

A mi-chemin de la plaine caspienne, où s'affirme de plus en plus l'influence de l'Occident, et des monts du Kopet Dagh, refuge-reliquaire des traditions : je ne pouvais choisir de meilleur point de pénétration. Le hasard — ou la Providence, comme l'on voudra — m'a conduit devant cette antichambre, mais c'est Agholi qui m'y a introduit.

Il est originaire d'Ammand. Au début de son mariage il y a construit une assez grande maison, à mi-pente d'une colline sur la rive droite, qu'occupe actuellement son frère cadet Atna. Grâce à lui, Agholi reste en contact avec sa communauté. C'est Atna qui le représente dans les assemblées au cours desquelles sont débattus les problèmes ou prises les décisions qui intéressent la vie du village et des clans qui le composent.

Atna exploite là-bas quatre hectares, heureusement d'excellente qualité. Mais il faut que les récoltes soient exceptionnellement bonnes pour que lui, sa femme, ses deux filles et le fils que Dieu lui a accordé puissent vivre décemment. D'une saison à l'autre la soudure est parfois difficile. Aussi Agholi, qui bénéficie de son salaire et de celui de ses fils, lui afferme-t-il les deux hectares de coton et deux hectares et demi de céréales qu'il possède un peu plus bas, en arrivant à Karakhallou. Et je sais, par Raïdjab, qu'Agholi ne réclame pas très souvent la totalité de son fermage, car ce serait mettre son cadet en difficulté.

La terre, ici, se morcelle, se fragmente au fil des successions : une planche ici, deux autres là-bas. Une demi-heure à dos d'âne pour s'en aller cultiver cent mètres carrés ! Et tous les ans, avant les semailles, c'est un vrai casse-tête que d'établir un programme d'irrigation qui satisfasse tout le monde. Le vieil Altabay, l'émir des eaux, le *mirâb*, s'en arrache presque la barbiche et, les années passant, les conseils de village lui deviennent de plus en plus pénibles.

Il garde encore assez d'autorité pour lever la corvée et rassembler les hommes afin de curer les canaux et les collecteurs, de restaurer un barrage. On vient toujours le voir lors d'une vente de terre ou d'un héritage afin d'authentifier les changements de main. On respecte son âge, son expérience, sa barbe blanche, mais sa mémoire n'arrive qu'à grand'peine à mettre au clair un cadastre oral qui va se compliquant d'année en année. Là où il n'y avait qu'une planche à irriguer en voici trois ou quatre... Hier encore, le jardin de son vieux compère Taghi a été dépecé en misérables arpents que se sont partagés ses fils... Il faut maintenant compter plus d'eau et de temps pour deux parcelles issues d'une grande que pour cette même surface lorsqu'elle était d'un seul tenant... Et puis, doit-il considérer les puits creusés, parfois équipés de pompes, comme faisant partie du dispositif commun ? N'est-ce pas affaiblir la rivière que de puiser ainsi dans la nappe ?

L'organisation des tours d'eau, qui jamais ne fut chose simple, tourne à présent au casse-tête et ne se fait plus sans vacarme ni menace. On y voit se diviser les familles et se cimenter la rivalité des partis. Et lui, le *mirâb*, barbiche au vent et pieds nus, pelle sur l'épaule, il doit tout l'été parcourir le réseau, avec son allure d'échassier ébouriffé et renfrogné, pour régler des conflits empoisonnés par la mauvaise foi, rappeler les anciens usages qu'on piétine, menacer d'exclusion du conseil un contrevenant récidiviste, un voleur d'eau... ! Ah, si au milieu de cette mosaïque à abreuver les grosses propriétés pouvaient être plus nombreuses, il n'aurait pas, au soir de sa vie, cette tâche écrasante qui l'éreinte et lui ôte tout repos ! Le printemps et l'été ne verraient pas, comme cette eau si chère, s'évaporer sa bienheureuse tranquillité ! Le temps est loin où, en tombant au fond du seau, le bol de cuivre percé qui se remplissait avec la régularité du temps marquait sans contestation les parts d'eau attribuées. L'antique clepsydre est à présent aussi désuète qu'Altabay. Pauvre Emir des eaux disputées !

Il prendrait sans doute la chose d'un meilleur côté si, malgré tout ces tourments, il arrivait à récupérer l'intégralité de la part de coton ou de blé que chaque paysan lui doit. Mais ses modestes émoluments n'ont guère gagné à s'être fractionnés dans les mêmes proportions que les terres. Seuls les propriétaires confortables paient sans rechigner.

Or sur le réseau d'Ammand, ils ne sont que trois, ces gros propriétaires après lesquels il soupire.

D'abord Ata Soufi. C'est un petit homme replet que surmonte un vaste telpek évasé. Il siège sur la rive droite de la rivière. C'est un commerçant, de contact aimable, presque jovial, bon musulman. Sa maison, sa boutique, ses dépendances font, sur une petite butte, un gros paquet de constructions que flanque la mosquée qu'il a fait construire et où la communauté prie le vendredi. Il possède dix-huit hectares, mais dans la montagne derrière Takkal Kouh, sur la longue croupe de Chélami, il en a vingt de plus. Il y sème orge, blé, tournesol, sésame, suivant les années. Mais ces hautes terres de cultures pluviales ne concernent pas Altabay.

Les deux autres vivent sur la rive gauche et, par-dessus les jardins, on voit se hausser leurs grandes maisons à péristyle, avec autour d'elles leur accompagnement d'étables, de bergeries, de hangars et de communs pour les domestiques. Orgueilleuses et opulentes, elles se toisent, assises sur le socle arrondi de leurs mamelons respectifs.

Le chemin qui a traversé l'eau passe entre ces deux groupes de constructions et se divise en Y pour les desservir.

A droite habite Khâni le blafard. Il a été le premier à posséder une jeep, le premier à acheter un tracteur. Vingt hectares sur la vallée lui appartiennent, dix autres encore de l'autre côté de l'Atrak, le long du Chéhel Gozar, un affluent venu du nord. Comme Soufi, il emblave plus de trente hectares de cultures pluviales sur Chélami.

Sur l'autre mamelon, à gauche, Mehdi Khan voisine avec dédain.

Un livre entier ne suffirait pas pour raconter Mehdi Khan !

Maigre, sec, opiomane sans excès, il est le plus riche des trois. Trente hectares presque sous ses fenêtres s'ajoutent aux douze autres qu'il possède plus bas, vers Karakhallou. Et sur Chélami : cent vingt !

C'est lui qui, avant tout autre, porta la charrue sur les hauts herbages, arrondissant ainsi son patrimoine au détriment d'un pâturage dont il n'avait que faire, n'ayant jamais eu de gros troupeaux. A cette époque la terre appartenait à celui qui la labourait. Puis, prospectant la steppe, il implanta çà et là de petites colonies d'esclaves kurdes, auprès des points d'eau qui émaillent la grande plaine du Sud, Kourbaba, Tchal Bach, Chah Abad, Owéchan — là où plus tard devait être placé Behkadeh. Il en laissa la libre approche aux nomades qui venaient y remplir leurs outres et abreuver leurs bêtes, mais entendait être le seul utilisateur de ces eaux aléatoires pour cultiver la vigne, le coton et parfois le pavot.

Le *qanat* de Chah Abad qui alimente le centre de Behkadeh est son œuvre. Et si j'ai pu implanter deux bergeries et un poste de garde à Kourbaba c'est qu'en y assainissant quelques années auparavant une petite vasière zizillante de moustiques il en avait collecté les eaux pour un jardin-oasis plein d'oiseaux.

De cette manière il avait apposé sa marque aux quatre points cardinaux de la région, plaçant sous sa surveillance toute l'étendue de steppe et de collines qui séparait ses diverses « propriétés ». Ses missi dominici allaient de l'une à l'autre, mi-intendants, mi-hommes de main.

A cette époque-là, il valait mieux se le concilier. Les nomades savaient bien qu'un mouton ou deux en remerciement d'un accès aux points d'eau n'étaient jamais refusés et aidaient au maintien des bonnes relations. Si parfois une jument, un chameau disparaissaient, mieux valait alors lui en demander justice sans trop de morgue... On s'arrangeait toujours, mais lui n'y perdait jamais.

Quand on a connu le personnage, on l'imagine bien au temps de sa splendeur : cavalier infatigable, sec et cinglant comme une lanière de *challaq*[1], aussi froid qu'une lame de sabre, maître faussement paternel de ses ouvriers-esclaves, mais d'une prodigalité princière quand il s'agissait de faire éclater le faste d'une course, d'honorer un hôte de marque, de faire flotter son nom et sa renommée.

C'est chez lui qu'Agholi fit carrière. Il fut l'ombre de Mehdi Khan, veilla sur son sommeil, l'accompagna partout où l'appelaient ses affaires, fut son compagnon de chasse... bref, fut sa main droite, ou sa main gauche suivant les occasions. Sur cette partie de sa vie, Agholi reste relativement discret…

Plus bas, à Chechmé, vivait un quatrième gros propriétaire terrien, le propre frère de Mehdi Khan, son aîné : Hadji Ghorban Chaadi. Il m'en faut parler au passé. A l'heure où j'écris le *hadji* repose à quelques pas de la maison qu'il réservait à ses hôtes et à laquelle il avait donné plus de soins et d'apparence qu'à sa propre demeure. Sur le petit tertre où elle a été creusée, sa tombe semble protéger le village, avec l'espace familial où s'agite sa nombreuse descendance, et accueillir les voyageurs qui continuent à faire étape chez lui.

---

1. Sorte de fouet à manche court qui peut avoir deux lanières qui n'excèdent pas trois ou quatre fois la longueur du manche.

Son apanage n'était pas moins important que celui de son cadet. Les terres qu'il possédait occupaient tout le fond de la vallée, mais sur un autre réseau que celui géré par Altabay. De là, les propriétés du *hadji* passaient de l'autre côté de l'Atrak où elle côtoyaient celles de Khani jusque dans l'étroite gorge du Roud-e Chehel Goza ; le tout faisait bien trente-cinq ou quarante hectares, irrigables bien sûr, quoique menacés par les fréquentes inondations qu'occasionnent les orages de printemps crevant sur la montagne.

Il ne possédait rien sur Chélami. Par contre, la moissonneuse-batteuse qu'il avait en commun avec Mehdi Khan trouvait chaque année son comptant de travail sur ses deux cents hectares du col de Ghazenghaïe.

Propriétaire d'un important troupeau de moutons et de chèvres, d'une boutique, de deux maisons construites en dur à Bodjnourd, il était suffisamment à l'aise pour élever sans tracas l'innombrable progéniture que lui avaient donnée cinq épouses plus ou moins successives. Il avait pu aussi, sans entamer son capital, effectuer trois fois le pélerinage du Hadj. Le premier avait compté pour son salut, les suivants pour celui de son père et de sa mère.

Sa piété n'avait d'égale que l'ardeur mise à la chasse. Pas un escarpement, pas un rocher qu'il n'eût parcouru à la poursuite du mouflon ou du bouquetin, pas une colline de la steppe qui ne l'ait vu courir la gazelle. La corniche de sa maison d'hôte, aujourd'hui encore, se couronne des plus beaux trophées qu'on peut voir dans le pays.

Si Mehdi Khan était le sabre, Hadji Ghordan Chaadi était — si j'ose m'exprimer ainsi — le goupillon !

Sa légende — fermant pudiquement les yeux sur les actions où le *hadji* ne fut pas le parangon de vertus qu'elle tend à immortaliser — lui a acquis une réputation de sage et de juste.

Sorte de Salomon local, on venait le voir de fort loin, l'honorant du titre de *Ghazi*[1]. Nombreux étaient ceux qui préféraient porter les litiges devant lui pour qu'il les tranche selon sa vision des choses plutôt que de s'exposer aux tracasseries de l'incompréhensible justice officielle. On en référait volontiers à son bon sens qu'appuyaient de solides notions de droit coranique et une connaissance profonde des usages et des coutumes.

1. Juge.

Certains de ses jugements alimentent toujours la chronique :

Le père de Karim et de Habib avait eu des biens au soleil. Mais, chassé de chez lui par les Bolcheviks et fixé à Chechmé avec son petit clan ali éli, il y avait vécu une vie modeste et laborieuse. Il ne restait de sa fortune passée que les bijoux dont sa femme se parait aux jours de fête : tiare articulée, lourds bracelets, pectoraux imposants, tous d'argent battu flammé d'or, décorés d'agates et de cornalines serties, travail merveilleux des joailliers Tekkés de Gök Tépé.

A sa mort, ses deux fils s'empoignèrent à cause de ces bijoux. Chacun cherchant à les extorquer à leur mère pour les monnayer. La vie dure qu'ils menaient pouvait leur être une excuse.

L'aîné Habib, parce qu'il hébergeait la vieille femme se targuait d'être le seul héritier des parures. Karim ne l'entendait pas de cette oreille, on s'en doute.

L'affaire s'envenima au point qu'il y eut des coups échangés. Karim y récolta une mauvaise blessure. Quelque temps plus tard, la moisson d'Habib prenait feu. Le pire aurait pu arriver si Hadji Ghorban Chaadi n'était intervenu.

Tout d'abord il prêta de l'argent aux deux antagonistes afin qu'ils sortent des embarras financiers qui avaient exacerbé leur rivalité. Sans intérêt, par fidélité aux saints préceptes. Puis, pour prévenir tout retour de cette situation au cas où une mauvaise année, une calamité quelconque surviendrait, il s'entretint en secret avec la vieille mère :

— Cache tes bijoux quelque part, lui dit-il. A ton âge on n'est plus attaché à de telles choses. Cache-les bien et ne dis à personne où tu les auras mis, même pas à moi. Quand ton heure sera venue, Dieu t'inspirera et t'indiquera celui à qui tu confieras la cachette.

La vieille femme, qui se désolait sincèrement de voir ses deux fils prêts à s'entretuer, fit ce que le *hadji* lui avait conseillé... et peu de temps après mourut sans avoir révélé à quiconque le lieu où elle avait enterré cette pomme de discorde.

C'est ce qu'avait prévu le *hadji*.

CHAPITRE XV

Djamchid a sept jours

D'Inché Bala — où il a passé les cinq jours précédents — jusqu'à Behkadeh, Ghotteur n'a pas eu grande compagnie sur la route. Le soleil, sans pitié ni considération pour son âge, a dardé sur lui des rayons qui n'étaient déjà plus printaniers et sa monture, malgré les coups de talons et les malédictions diverses dont il l'accablait, n'a pas hâté le pas pour autant. De son allure ecclésiastique, perdue dans ses rêves brumeux — de ceux qui rendent bleuâtres les yeux des vieux chevaux — la pauvre bête a cependant grignoté la distance et, vers dix heures du matin, a déposé son maître chez Agholi où il s'empressa de délayer le sec de son gosier avec le thé vert qu'on lui servit aussitôt. Il était fidèle au rendez-vous : Djamchid arrivait au bout de sa première semaine.

*
* *

Tiens ! Voilà les enfants qui rentrent de l'école !

Nourdjemal et la fille du voisin, Mirza Ali le vacher, vont devant. Elles se tiennent par la taille et se racontent des histoires bêtasses qui les font tant rire et glousser qu'elles en trébuchent et marchent en zigzag. Ali vient ensuite, balançant son grand corps d'adolescent qui pousse. Il sourit vaguement à quelque idée qui passe. Tout au bout de la route, Wali accourt pour rejoindre son frère. Il est un peu en désordre et la poche de son pantalon est arrachée, résultat d'une de ses habituelles affaires d'honneur qu'il règle derrière le mur du cinéma au moins trois fois par semaine. La haridelle de Ghotteur mise au piquet à côté du four mâchonne paisiblement quelques fétus coriaces ramassés entre ses sabots. C'est Nourdjemal qui l'a aperçue la première.

— Ghotteur est là ! Ghotteur !

Et les voilà, prenant leur course, qui s'abattent à l'entrée de la pièce où le vieux pitre se verse sa sixième tasse de thé.

Il ne reste plus beaucoup de breuvage. Ghotteur fait mine d'en vouloir extraire la dernière goutte en pressant la théière entre ses paumes comme une orange. Sa figure exprime un effort intense, au grand dam d'Ené qui craint de voir la porcelaine voler en éclats.

Soudain, semblable au braiement d'un âne, la voix d'Hossein Zaki notre muezzin fait rugir le haut-parleur de la mosquée : il est une heure.

Il faut beaucoup de bonne volonté ou une certaine habitude pour reconnaître dans ces vociférations l'appel à la prière et la glorification du Créateur. Le vieux conteur écoute cette étrange musique pendant un moment. Puis, lorsque s'éteint le dernier beuglement, il se lève, dignement, en hochant la tête d'un air désolé.

Sur le pas de la porte, il va s'accroupir sans mot dire. Wali, qui s'est empressé avec l'aiguière, lui verse l'eau à petits jets, debout à côté de lui et Ghotteur, ne cachant rien de l'extrême contrariété dans laquelle semblent l'avoir plongé les hurlements d'Hossein Zaki, entreprend alors des ablutions minutieuses. Fort soigneusement, il se nettoie pieds et chevilles, se lave mains jusqu'aux coudes. Puis, avec des éclaboussements de canard qui barbote, il inonde sa figure, se mouche, rince ses oreilles, sa nuque et lisse les quatre poils mandarinaux qui batifolent sur son menton. Il boit et recrache.

Ceci fait, il reste là, sourcils froncés, à croupeton, contemplant la petite mare qui s'étale à présent devant lui.

Pendant ce temps, menant jusqu'au bout son rôle d'acolyte, Wali déroule à l'intérieur le *namasloq*[1] de feutre blanc qui sert d'ordinaire à son père. Il en vérifie la bonne disposition, puis sort prévenir Ghotteur que tout est prêt.

Mais qui peut prévoir les actions de Ghotteur ? Wali en reste pantois, bouche béante…

Au lieu d'aller à ses dévotions, Ghotteur s'est mis en mesure de grimper — non sans quelque difficulté — dans l'auge du cheval noir, vide de tout fourrage depuis le départ de notre champion.Les enfants, croyant à quelque nouvelle facétie, se sont rapprochés avec curiosité et lèvent leurs frimousses vers ce socle d'où, à présent, Ghotteur domine

1. Tapis de prière.

le paysage, tout en jetant un regard noir, au courroux théâtral, vers le dôme bleu de la mosquée.

Pourtant, en dépit des apparences, il y a longtemps que Ghotteur n'a été aussi sérieux.

S'orientant alors avec rapidité il se tourne en direction de la Mecque. Puis, portant ses deux pouces aux lobes de ses oreilles, il ouvre les mains en porte-voix de part et d'autre de son visage et, après avoir rempli ses poumons d'une aspiration profonde, il entreprend de relancer l'appel que notre muezzin officiel vient de massacrer avec tant d'éclat.

L'*Azân*[1] peut, chez les chiites, se vêtir d'une musique merveilleuse. La voix de l'homme module et se déroule alors, comme un phylactère précieux, dans le silence aérien de l'aube, sublimant le calme et la pureté de ces instants où le jour peu à peu se dégage. Au soir, elle plane sur la nuit qui monte et s'étale comme elle, suavement apaisante, mélodieusement sereine. Et l'appel, immuable, se tresse et s'entrelace avec la mélodie qui le transporte, variant avec bonheur d'une cité à l'autre, d'une mosquée à l'autre.

Chez les Turkmènes, rien de semblable. Pénétrés de la sobriété et de la rigueur sunnite leurs muezzins ont toujours la même façon de pousser la voix à chaque phrase, en une élévation du ton à peine perceptible et d'en appuyer la dernière syllabe longuement étirée pour l'envoyer le plus loin possible. Et ce sont surtout les voyelles ouvertes de ces fins de phrases, s'échelonnant et se haussant dans une gamme subtile, qui viennent frapper l'oreille éloignée.

C'est ainsi que vient de chanter Ghotteur.

En redescendant de sa mangeoire-minaret, il a l'air satisfait du magister qui a mouché un faquin.

Curieux Ghotteur ! A première vue qui pourrait croire que ce brigand de grand chemin, ce voyeur, ce médisant, cette pipelette peut faire montre de piété (non exempte de malice en l'occurrence, mais que rien ne permet de mettre en doute), révélant ainsi un aspect surprenant de son caractère ? Ceux qui le connaissent un peu l'ont entendu réciter des grâces aux formules savantes à la fin de ses repas (grâces qu'on expédie d'habitude avec désinvolture). Ses intimes savent qu'il se retire souvent à l'écart, au soir tombant, sous un gros noyer à la sortie de Pouli, pour y psalmodier les versets qu'il lit dans un petit Coran relié qu'il

1. Appel à la prière.

transporte toujours avec lui bien plié et ficelé dans une housse de tissu vert — ce en quoi il laisse loin derrière les rudiments d'oraisons qui font l'essentiel de la religion d'Agholi. Plaisanter ? Faire rire ? Pousser la dérision ?... Lui en fait-on reproche que le voilà soudain sérieux et presque courroucé pour lancer gravement au nez du tartuffe :

— Il n'y a que les mollahs qui ne plaisantent pas, rien que les mollahs !... Et Dieu n'est pas un mollah !

Les choses étant donc rentrées dans l'ordre, Ghotteur sans se départir de sa mine circonstancielle, à petits pas de chanoine, entre dans la maison pour prendre place sur le tapis.

— *Allah ou'Akbar* !

L'incantation sourdement murmurée appuie chacune de ses prosternations. Il est seul en oraison au beau milieu de la pièce et sa prière a une inhabituelle résonance solennelle.

L'obligation faite à tout musulman de prier cinq fois par jour n'est pas, quand il s'y soumet, sans engendrer un certain automatisme. Rien de tel chez Ghotteur. Ses gestes ont de la rondeur. Prosternations et agenouillements se prolongent. Oh, pas longtemps, juste ce qu'il faut, l'espace d'une seconde. Ces très légères césures détachent en les soulignant les différents moments de l'acte d'adoration.

Ghotteur, véritablement, célèbre sa prière.

Derrière lui, Agholi, Edjé, les enfants, Ghorban et Oraz qui viennent de rentrer, semblent attendre quelque chose.

De fait, sa prière terminée, Ghotteur se redresse, mais n'en quitte pas pour autant l'espace saint délimité par le tapis. Se retournant vers Edjé il lui fait signe qu'il est prêt. Elle n'a qu'un pas à faire vers la porte menant à la pièce où se tiennent les femmes. Des bras lui passent un petit paquet vagissant enveloppé dans un châle. Vite elle y épingle un billet de cent rials. Puis, s'avançant avec toute la fierté du monde sur sa bonne figure de grand-mère, elle dépose entre les mains tendues de Ghotteur son deuxième petit-fils.

Silencieuses et furtives, les belles-filles, voilées jusqu'au bout des doigts, se sont groupées derrière elle. Parmi ces femmes il est bien difficile de distinguer la mère de l'enfant que Ghotteur, à présent, tient devant lui sur ses bras comme une offrande tendue.

Tourné vers la *Qebla*[1], il récite l'imploration propre à attirer de Dieu sur le nourrisson tout le bonheur et toute la félicité promis à celui que l'*Umma*[2] accueille.

Parce qu'en ce jour, septième de la vie de l'enfant, la Providence l'a dirigé vers cette maison ; parce qu'il se trouve y être le plus vieux donc à priori le plus sage ; parce qu'il est, assurément, le plus versé dans ce qu'il faut dire et faire en une telle occasion, Agholi lui a laissé l'honneur de porter cet enfant devant son Seigneur.

Alors, du bout des doigts, il dégage l'oreille du bébé et, approchant d'elle ses lèvres bleues d'opiomane, il lui souffle cet appel qui ponctuera chaque jour de sa vie et par lequel il affirmera sa foi :

— Dieu seul est grand ! Je témoigne qu'il n'est de Dieu que Dieu et que Mohammad est son Prophète !

Puis, avec la tendresse d'un sourire esquissé :

— On te nommera Djamchid, s'il plaît à Dieu !

*
* *

Ali est passé à mon bureau cet après-midi. Il a attendu que j'en finisse avec le responsable des équipes de tonte. Puis, quand l'homme est parti, il m'a glissé :

— Mon père vous fait dire de ne pas oublier qu'il y a Ghotteur à la maison. Venez ! Si c'est comme l'autre soir on rira bien.

A dix sept heures j'arrivai chez Agholi.

Ghotteur n'est pas là. On lui a ouvert la chambre d'hôte de la maison neuve, où il peut griller ses boulettes d'opium tranquillement, sans crainte d'être dérangé.

Il n'y a personne pour lui tenir compagnie chez Agholi. Fils, femme, brus et le père de famille lui-même ont, comme tout le monde, goûté une fois ou deux à l'écœurante fumée, mais c'était à titre de médication, contre une rage de dents tenace ou un mauvais rhume. Agholi prétend qu'il n'a jamais eu, personnellement, à se féliciter d'une telle thérapeutique. Les nausées qui lui ont vidé l'estomac après qu'il eut usé du « *tariâk*[3] », l'en ont dégoûté pour toujours. Au reste, personne chez lui n'a d'habitudes de ce genre, même bénignes, grâce à Dieu ! Il y a

---

1. Direction de la Mecque.
2. Communauté des croyants.
3. Opium.

eu, bien entendu, quelques faux pas, mais rien de bien grave. Ghorban se laisserait facilement entraîner au jeu. L'an dernier, par exemple, le soir de l'*Aïd-e Ghorban*[1] à Ammand, il a perdu pas mal d'argent au jeu de *sour*[2], mais depuis il n'a pas récidivé. De toute façon, Agholi veille à ce qu'aucun jeu de cartes ou de dés ne pénètre sous son toit. Raïdjab, lui, quand quelque accès de mauvaise humeur le rend morose et hargneux, a tendance à boire si l'occasion s'en présente... Oh, pas beaucoup ; jamais il n'a été ivre, mais c'est une façon d'agir que son père désapprouve au plus haut point et Raïdjab y prend garde.

Du côté des femmes, rien de semblable. Agholi, au début, s'était un peu méfié d'Oghol Donné, mais ses craintes étaient vaines. Pourtant sa mère, une veuve, tient une fumerie à Ammand. Ce n'est pas un véritable établissement ; on vient chez elle et elle prépare les *chiloms*[3] pour qui veut. On la paie un peu, ça l'aide à vivre, elle est si pauvre.

Il ne faut pas tenir compte non plus de ce qu'Edjé lui a raconté à propos de Golsenem, ce n'était rien qu'une gaminerie :

Edjé, entrant un jour à l'improviste dans la pièce où ses brus et Nour Beka étaient censées coudre, broder, s'occuper à quelques travaux de ravaudage, trouva ces dames et cette demoiselle tirant sur une cigarette qu'elles se repassaient de l'une à l'autre en prenant des poses qu'elles avaient vues aux vedettes sur les illustrés rapportés de Bodjnourd par Nour Djon. C'était Golsenem qui avait trouvé le paquet, Dieu sait où, et l'avait gardé. La scène était si cocasse qu'Edjé en avait ri aux larmes, pendant que ses belles-filles, effarouchées, s'étaient retranchées derrière leur voile et que Nour Beka, surprise la cigarette aux lèvres, s'étouffait à en devenir bleue. La mère avait néanmoins confisqué le paquet et l'avait jeté dans le four. Pas plus que d'opium on ne fume de tabac chez Agholi.

Ghotteur en a pour un bon moment. Griller une demi-douzaine de boulettes prend du temps, surtout quand il n'y a pas de préparateur de pipe. Six *noghotts*[4] ! c'est ce qu'il faut compter pour une bonne séance. Mais Ghotteur, grand fumeur, doit bien atteindre ses vingt *noghotts* par jour !... enfin... ça le regarde !

---

1. Anniversaire du sacrifice d'Abraham, fête principale de l'Islam.
2. Jeu de cartes.
3. En turc, pipe.
4. Pois chiche, unité de poids, 2/3 de gramme environ.

Agholi, haussant les épaules avec fatalisme, me verse d'autorité une quatrième tasse et entreprend d'équeuter avec minutie les grains de raisins secs dont il acompagne volontiers son thé plutôt que de le sucrer. Nous sommes seuls. C'est peut-être le moment de lui parler de Raïdjab et de Maryam. Je connais Agholi depuis suffisamment de temps pour me lancer avec lui dans un sujet grave sans m'empêtrer dans un préambule.

— Ce n'est pas mal que nous soyons seuls ! J'avais justement une chose importante dont je voulais parler avec toi.

— ... ?

— A propos de Raïdjab !

Agholi ne répond rien, ne marque ni étonnement, ni contrariété. Il a posé sur la toile cirée sa poignée de raisins secs et attend que je continue.

— C'est à cause de Golsenem. Après tout ce temps elle n'a toujours pas donné d'enfant... Ce n'est pas sa faute si elle est comme ça, mais Raïdjab n'est pas heureux, c'est visible. Regarde comme il est devenu ! Toujours à courir à Inché Bala, à Ghézèla, à Tchalbach, jusqu'à Zard ! Tu sais ce qu'il va y faire ?

Agholi s'est bien rendu compte que Raïdjab fréquente plus que normalement ces villages où les Kurdes sont nombreux. Et, s'il n'est pas au courant de toutes les frasques de son fils, il est assez clairvoyant pour deviner la raison essentielle de ces escapades. Il hoche la tête, mais ne dit toujours rien. Je poursuis :

— Il faut que je t'en parle. Raïdjab est mon frère coutumier et j'ai des responsabilités envers lui. Et puis j'ai de la peine à le voir aussi agité qu'un renard fou ! Pour le moment il est à Gonbad, le cheval l'occupe, il voit des gens, il se fatigue. Mais quand il va revenir Oraz sera là, en face de lui, à jouer avec son fils et il aura de nouveau le cœur à l'étroit. Tu es son père, il faut faire quelque chose !

— Et quoi ? Même le docteur n'y peut rien. Golsenem est malade, abîmée en dedans, tout son intérieur est dérangé.

Il me tend ses mains ouvertes, ses paumes vides, pour me montrer à quel point il est nu, pauvre en solutions.

— Et si on remariait Raïdjab ?

Il reste muet, le front barré. Je le dérange, c'est évident. Il aurait volontiers laissé couler les événements. Son fils au loin, le problème n'était plus d'actualité. Je sais que cette façon de prendre les devants, de prévoir les ennuis, n'est pas dans les habitudes du pays et que d'une certaine manière je fais violence à Agholi. Un autre que lui s'en tirerait par un coq-à-l'âne, un changement radical de sujet de conversation, me signifiant ainsi le désagrément que je lui cause. Ou bien me répondrait qu'il s'en remet à la Divine Providence. Mais je suis de la famille. Agholi et les siens ont accepté — avec bien d'autres choses — que cela me concerne aussi. Alors il ne se dérobe pas, mais cherche à justifier son attentisme par l'embaras où le met cette solution à laquelle je sais qu'il a déjà pensé. Qu'en dira Edjé ? Et comment présenter la chose à Golsenem ? Comment réagira-t-elle ? Ce ne sera pas facile d'obtenir sa permission[1]. Ensuite il faudra de l'argent ; une seconde noce coûte très cher et lui, Agholi, n'a que trois filles libres. S'il en cède une pour pouvoir contenter Raïdjab, il se trouvera gêné quand le dernier de ses fils sera en âge de convoler. On est à l'aise chez lui, mais pas au point de multiplier les épouses.

— Et puis... peut-être que Raïdjab ne veut pas se remarier !... Peut-être !

— Allons ! Ça, c'est ce que tu souhaites… tu sais aussi bien que moi ce que veut Raïdjab ! Tu m'en as déjà touché deux mots, souviens-toi !

— Oui, tu as raison !

— Je vais même te dire une chose : c'est Raïdjab qui m'a demandé de te parler !

— Hum !... Et où veut-il que je trouve ce qu'il désire ?... C'est délicat... Il faut se renseigner... chercher ! Tout le monde ne veut pas donner sa fille comme seconde épouse !

— Mais tu es d'accord ? Il lui en faut une autre ?

— ... Eh oui !

— Bon ! Alors voilà : Raïdjab a déjà une fille en vue. C'est Maryam, celle du *qari* de Congor. Il te demande d'en parler à son père. La femme d'Abdol Rahman est au courant et Maryam aussi. Cette idée leur plaît. C'est tout ! Je t'ai dit là ce que Raïdjab voulait que je te dise.

Agholi a vidé son thé refroidi dans le bol où l'on se débarrasse des fonds de tasses. Il s'en est versé du chaud et a repris l'équeutage de ses raisins secs. Il réfléchit en buvant à petites gorgées:

Abdol Rahman et son frère sont ses cousins. Cela facilite l'approche. Et puis le *qari* n'a qu'un fils pour deux filles. Baba, avec un nombre

1. Pour un second mariage le consentement de la première épouse est nécessaire, bien que bon nombre de remariés s'en passent sans trop de scrupule.

égal de garçons et de filles, n'a pas non plus à se tracasser : une fille vendue, une femme achetée et ses fils sont pourvus. Si un accord est possible, c'est bien avec eux, ils ont une fille de trop. On peut toujours essayer...

— Tu descends à Congor vendredi ?

Je sursaute un peu, mes pensées m'entraînaient aussi du côté de Congor.

— Je crains que non, il commence à faire trop chaud dans la plaine, et les troupeaux partent pour la montagne cette semaine. Il vaut mieux que je sois là pour surveiller le départ et la montée sur Takhté Iran[1].

— Ça ne fait rien ! Pourras-tu nous déposer au bord de la route asphaltée pour que nous prenions le minibus ? Il y en a toujours entre Bodjnourd et Gonbad.

— Oui, ça c'est possible. Mais qui descendra avec toi ?

— Edjé bien sûr ! Qui parlera à la mère de Maryam si j'y descends seul ?

*
* *

Quand Ghotteur séjourne dans une maison, il est préférable que la cuisinière ait prévu un repas sinon plus soigné, du moins plus copieux qu'à l'ordinaire. Il faut s'attendre à ce que parents, amis et voisins, attirés par l'hôte du jour, rappliquent pour l'écouter.

A Behkadeh, la famille et les amis sont en nombre restreint. Cependant, il y a Niaz Mohammad.

Ce grand gars, natif d'un hameau perdu, minuscule au fond de sa vallée, en plein Kopet Dagh[2], a été élevé et nourri par Hadji Ghorban Chaadi.

Le *hadji*, en épousant sa quatrième femme, tirait la famille de celle-ci d'une situation bien inconfortable. Le père était mort, la mère l'avait suivi assez rapidement dans l'autre monde. Leurs trois enfants ne survivaient que grâce à la charité d'un de leurs oncles.

C'était une bien lourde charge. La vie est dure dans ces montagnes. Le village est loin de tout, aucune piste carrossable n'y mène et deux jours de cheval sont nécessaires à qui veut s'y rendre. Peu de troupeaux parce que peu de pâturages. Peu de cultures parce que peu d'eau,

---

1. Littéralement : le trône d'Iran. Il s'agit ici d'un haut plateau où se situent les pâturages d'été de Behkadeh.
2. Chaîne de montagnes faisant la frontière entre l'Iran et la R.S.S. du Turkménistan.

qu'elle soit de pluie ou de source. L'oncle céda sa nièce au *hadji* pour un bon prix on s'en doute ; mais ce dernier emmena à Chechmé l'aîné des garçons qu'il entretint et envoya auprès d'un mollah de ses amis, afin que le gamin apprenne à lire. Le plus jeune des frères resta chez l'oncle.

Niaz Mohammad avait donc vécu dans la maison de son beau-frère auquel il vouait une affection sincère et quasi filiale.

Lorsque vint le temps de le marier. Hadji Ghorban Chaadi lui fit don de la moitié du prix demandé pour la fiancée. Cette jeune personne n'était autre que Ghorban Gol, l'aînée des filles d'Agholi.

L'affaire fut conclue ainsi : Niaz Mohammad ne devait rien au *hadji*. Sur ce point le brave homme avait été formel. Pour payer le reste, le fiancé s'engageait à verser à son beau-père le produit de son travail ou de travailler pour lui qui le nourrirait.

A cette époque, Agholi était responsable des gardes de Behkadeh depuis un an déjà. Or Niaz Mohammad avait appris à conduire le tracteur de son père nourricier. Un peu de réclame auprès d'un contremaître et le beau-fils fut engagé. Ce n'était pas une mauvaise recrue. On lui confia un beau Fiat tout neuf et on mit sous ses ordres pour toutes les corvées d'entretien un grouillot de seize ans, manieur de pompe à graisse et barbouillé de cambouis jusque dans les trous de nez.

Pendant tout le temps que dura sa dette, il logea chez Agholi, lui versant intégralement le montant de ses gains.

Ce genre de compromis est plus courant qu'on ne le pense. Celui qui n'a aucun bien, ni personne pour lui venir en aide financièrement, a beaucoup de difficultés à se marier. Parmi les rares solutions honnêtes dont il peut disposer, il y a celle qui consiste à devenir l'ouvrier de son beau-père, à travailler sur ses terres ou à garder son troupeau. La famille, le clan, n'ayant pas joué leur rôle envers eux, ceux qui se marient ainsi, sans l'appui d'une communauté dans laquelle ils sont nés, ont vite fait de passer dans le groupe où ils ont trouvé femme. Ce mode d'épousailles est considéré plutôt comme l'achat d'un garçon que comme la vente d'une fille.

Dans le même ordre d'idée, l'ouvrier pauvre s'adressera à son patron pour qu'il lui trouve une femme. Le maître, rarement disposé à céder l'une de ses filles mais ayant quelque attachement pour son ouvrier, battra la campagne jusqu'à ce qu'il ait trouvé. Quand il a accédé au désir de son homme, celui-ci se trouve lié à lui exactement de la même manière qu'un gendre désargenté.

Niaz Mohammad, cependant, ne s'assimila pas tout à fait au clan de son épouse. C'est que sa dette n'était pas remise, petit à petit, par Agholi. Il l'effaçait lui-même en donnant chaque quinzaine, de la main à la main, un argent qui était le sien. Certes, il devait son emploi à son beau-père, mais ne travaillait pas directement pour lui. Et s'il avait quitté la maison d'Agholi, s'il était sorti de sous son toit, son travail lui serait resté.

De fait, quand son compte fut réglé, il demanda un logement à la direction du projet, l'obtint, et reprit ainsi son indépendance.

Rendons justice à Agholi qui n'avait jamais considéré Niaz Mohammad autrement que comme son gendre. Accueillir chez lui son beau-fils avait été une action absolument exempte de calcul. Si une fois sa dette remboursée le garçon était resté chez lui, il aurait continué à y vivre comme par le passé. Mais puisque ça n'avait pas été le cas, pourquoi changer cette dette d'argent en dette morale afin de le retenir près de lui ? Normalement, cordialement, il avait rendu la liberté à son gendre.

Seule Edjé y trouvait à redire. La présence de Ghorban Gol à ses côtés lui manquait. Mais ce n'était qu'une bien légère séparation : la maison qu'on avait octroyée au jeune ménage n'était qu'à deux cents mètres de là. Aussi Ghorban Gol prit-elle l'habitude, sitôt son mari parti pour les champs, de mettre sous son bras un quelconque travail de couture et d'aller passer la journée chez sa mère.

Et puis, à présent, les filles de Niaz Mohammad sont en âge de se débrouiller toutes seules et c'est chez leurs grands-parents qu'elles filent dès qu'elles sont réveillées. Elles y font, avec leurs deux plus jeunes tantes, une petite équipe indépendante et inventive qui va à ses affaires sans rien demander à personne.

Dernièrement elles se sont construit un monde de maisons dessinées dans la poussière, derrière le mur du jardin. Elles s'y rendent visite, y organisent des mariages, font des repas splendides avec des petits cailloux, des bouts de bois et des feuilles, traient des vaches imaginaires, langent des planchettes en forme de bébés, se distribuent des rôles interchangeables et jettent des pierres à Wali quand il passe son museau goguenard par dessus le mur pour les espionner. Très souvent, à son retour du travail, Niaz Mohammad vient prendre le thé chez ses beaux-parents. Puis, un peu avant la nuit, il rentre chez lui — Ghorban Gol l'y ayant précédé pour préparer le repas — et il ramène les deux gamines qui ronchonnent et aimeraient mieux dîner et dormir avec Nourdjemal et Ené.

Mais ce soir leur père a décidé de rester. Les deux fillettes et Ené, assises en rond dans un coin, s'exercent furieusement à la guimbarde. Sous l'auvent de la cuisine, Ghorban Gol houspille Wali qui tourne un peu trop près du bac à friture avec des idées de larcin ; et au tonnerre ferrugineux d'un effondrement de chaudrons dans la cour répond le rire en cascade de Nour Beka. On casse du bois du côté des chevaux et le four gronde : la fête prend tournure.

Installé près de la fenêtre, Niaz Mohammad partage l'appui d'un coussin et parle mécanique avec un gars de Yamloq venu ce matin à Behkadeh pour y faire ressouder un soc fendu. La réparation n'a guère pris plus d'une heure, mais il eût été stupide de sa part de repartir aussitôt pour son lointain labour et de se casser les reins sur son tracteur inconfortable alors que, ce soir, Ghotteur régale chez Agholi ! Son programme a été vite établi. C'est dit : il passera la nuit ici.

Lorsque, pour une raison quelconque, il arrive qu'on soit obligé de passer la nuit dans un village où l'on ne connaît pas grand monde, la première porte à laquelle on frappe est toujours la bonne, car on ne saurait manquer sans vergogne à la vertueuse obligation d'hospitalité. Si, par extraordinaire, le gîte est refusé, c'est qu'on craint de n'être pas à même de recevoir dignement, mais l'on vous indique bien vite où vous serez accueilli le mieux possible. Au besoin on vous y conduit et vous y tient compagnie jusqu'à la nuit tombée, s'assurant ainsi de la civilité de l'hôte auquel on vous a adressé.

Or on vient à Behkadeh — parfois de fort loin — pour de multiples raisons : le docteur et son hôpital, les boutiques mieux approvisionnées, le moulin, les ateliers de réparation, la forge... Tout cela attire bien des gens à la ronde. Des charrettes de grippés, de vieillards tousseurs, d'enfants vagissants, de femmes languides, d'éclopés purulents se déversent devant l'hôpital. Ces gens ont attendu tout l'hiver que les routes redeviennent praticables. En fin d'après-midi ils repartent tous, ou presque, car certains sont hospitalisés.Et si la nuit interrompt le cours d'une réparation, si le médecin prescrit une série de piqûres, s'il faut attendre demain pour faire moudre son grain, la maison d'Agholi est là qui fait office d'hôtellerie et s'ouvre à tous sans réserve.

Beaucoup connaissent le chef des gardes, ou ont entendu parler de lui, jusque dans les hautes vallées de Djergalan. Comment pourrait-il refuser ? Il n'y a pas d'autre maison turkmène à Behkadeh. Les autres sont des étrangers à la région, des Guilakis[1], des Fars, des Azeris, des Kurdes (de Bodjnourd et même de Kermanchah). Qui donc irait chez eux ? Personne ! Descendre chez Agholi paraît normal. C'est normal !

Il ne faut pas s'étonner alors certains jours de printemps, quand les pistes de la montagne sont raffermies, quand les congères ont fondu, que les cols sont débloqués, si la maison paraît trop petite.

C'est évidemment le printemps et sa débâcle de décatis qui voit les jours de plus grande affluence. Mais le restant de l'année est assez prodigue, lui aussi, en occasions de faire œuvre charitable. Il ne se passe pas de semaine sans qu'un hôte ou deux ou trois, ou même plus, viennent demander l'hospitalité chez Agholi... et Agholi la donne.

C'est à se demander s'il la donne vraiment. Il serait plus exact de dire que ces gens la prennent tant ils arrivent et s'installent avec désinvolture. Il ne leur vient pas à l'esprit qu'on puisse leur refuser l'asile... Ça ne vient pas à l'idée d'Agholi non plus.

Par contre, Raïdjab et Nourdjon trouvent parfois avec raison que le père est trop accueillant. Surtout quand la maisonnée doit se tasser dans quelques pièces afin de recevoir d'illustres inconnus venus s'ajouter à ceux déjà hébergés.

*
* *

Mais ce n'est somme toute qu'une petite tablée[2] qui prend place pour le repas de ce soir.

Edjé a ajouté des dattes au riz cuit avec du mouton. Elle-même a mitonné une soupe-sauce à base de concentré de tomates, de pois chiches cassés, d'oignons et de pommes de terres. Sur de petites assiettes elle a préparé les herbes à croquer et les oignons doux, fendus en deux.

Ali, avec application, a fait circuler l'aiguière pour que chacun se lave les mains au dessus du bassin de cuivre et, puisqu'il y a trop d'hommes étrangers pour qu'une fille ou une bru se montre, c'est lui qui fera le service. En entrebâillant la porte, Golsenem lui fait passer les petits pains ronds qu'on dépose au hasard sur la toile cirée. Elle a donné

1. Habitant de la province caspienne du Guilan.
2. Si l'on peut dire dans un pays qui ignore la table et où l'on mange par terre !

ensuite la carafe et le verre-vase enfin, en tendant le riz, elle a bien recommandé de mettre une serviette sous le plat pour que sa chaleur ne le fasse pas coller à la nappe.

Le riz est bouillant. Agholi émiette avec ses doigts les morceaux de viande placés bien en haut de la pyramide blanche piquetée de dattes.Il fait le partage, avantage ses hôtes, sert ses fils et sciemment s'oublie. Aussitôt on se cotise pour lui fournir sa part de viande. Mais il n'accepte que ce lui donnent ses fils et insiste pour que les invités ne se privent pas pour lui. Très vite, la montagne de riz s'entame et se creuse, chacun y taillant sa carrière personnelle. Ghotteur engouffre d'énormes poignées. Il a l'air d'apprécier les dattes cuites. Il va les extraire avec son doigt au cœur du riz brûlant, puis range les noyaux en bataille sur la toile cirée, comme s'il s'agissait là de soldats de plomb, ou d'autres choses bien précieuses qu'il exposerait. Oraz, Ghorban mangent chacun pour soi avec méthode. Ce repas du soir est le seul véritable, les autres pendant la journée n'étant que des calme-faim. Niaz Mohammad, sur ma gauche, me comble d'attentions. Il m'offre les bons morceaux et les bouts de gras qu'il récolte et moi, je refile à Ghotteur toutes les dattes que je trouve. Le gars de Yamloq doit avoir les doigts sensibles car, au lieu de creuser bien au fond, il balaie les versants de la butte de riz, formant ainsi ses boulettes avec des grains moins chauds. C'est peut-être moins spectaculaire qu'un bon trou mais ça a l'air efficace.

Agholi, quant à lui, a grignoté sans qu'on y prenne garde, presque toutes les queues d'oignons, les petits poireaux, les pousses de menthe et de fenouil. Il est vrai que nous avions commis l'erreur de laisser tout ça devant lui et ici chacun sait sa gourmandise pour ces délices de la saison.

— Hé ! Hé ! ricane Ghotteur, on dirait que tu n'as eu que du fourrage sec cet hiver ! Fais attention ! quand mon cheval se remplit le ventre de verdure fraîche comme ça, tu peux être sûr qu'il attrape la colique deux heures après ! Gare à qui restera près de toi !

Edjé a l'air enchantée de cette saillie. Restée là par un privilège de vieille femme, tournée vers le mur, elle partage son plat avec Wali et Ené et ne perd pas un mot de la conversation que nous avons, nous les hommes, dans son dos. Filles et brus sont dans l'autre pièce, réunies autour du même repas avec, cependant, moins de viande. Ali se joindra à elles tout à l'heure pour manger à son tour. Commis au service, il est resté planté derrière nous, le verre-vase et la carafe à la main, attentif à la soif des convives .

A ce train notre faim est vite apaisée. Ghotteur, l'estomac calé, a renoncé aux grandes pelletées qu'il enfournait au début. Il pignoche, chipote avec trois doigts. Puis il s'empare d'un os long, cassé afin qu'on puisse en extraire la moelle. Le tenant comme un stylo entre trois doigts de sa main gauche, il tape entre eux ses poignets pour que son contenu, détaché par les à-coups, vienne tomber dans sa droite ouverte en coquille. Après avoir gobé la gélatine grise, il suçotte longuement l'os, en tirant des sons mouillés qu'il prolonge à plaisir...

— ... Vous connaissez l'histoire du Yomout et de l'os ?

— ... Non ?

— Oh ! il y a longtemps, c'était à Ghoché Tépé... il avait une noce. Pendant le repas j'avais pris un os comme ça et je l'avais secoué « clouc ! clouc ! » (c'est la moelle qui tombe) Puis, quand j'eus sucé la moelle, j'ai remis l'os dans le plat. Un Yomout qui était là — il venait de Gowendar — l'a repris, l'a secoué comme il m'avait vu le faire « wout ! wout ! » (l'os vidé sifflait).

— Comment se fait-il que rien n'en tombe ? s'étonna-t-il. Ce Goclan a eu l'air d'y trouver quelque chose de bon. Pourquoi pas moi ?

Je lui dis alors :

— Ecoute ! comment fait l'os quand tu le secoues ?

— Wout ! Wout !

— Bon ! très bien ! Mais comment faisait-il quand je l'ai secoué, moi ?

— Clouc ! Clouc !

— C'est ça !... Fais-lui donc faire clouc ! clouc ! et tu verras qu'il tombera quelque chose. Mais ça m'étonnerait que tu y réussisses, car il n'y a que les Goclans pour bien faire faire clouc ! clouc ! aux os.

— Et il t'a cru ?

— Bien entendu ! Cet animal a essayé toute la soirée de tirer à nouveau de la moelle de cet os, mais l'os faisait toujours wout ! wout ! Il prétendait qu'un Yomout valait bien un Goclan et que si j'y étais arrivé il n'y avait pas de raison pour qu'il n'y arrive pas lui aussi... Pendant qu'il le secouait nous avons fini le plat et lui est resté avec son os !

— Oh, Ghotteur ! S'il y avait un Yomout ici, est-ce que tu raconterais ça ?

— Bien sûr que non !

— Pourquoi ?

— Parce les Yomouts ont mauvais caractère ; on dit chez eux que c'est un Goclan qui voulait qu'un os vide fasse clouc ! clouc !

Cette histoire a bien fait rire et Ghotteur se prépare à en commencer une autre, mais Agholi ne perd pas le sens des convenances. Puisque plus personne ne mange, il faut desservir et refaire circuler l'aiguière. Ceci fait, il faut réciter les grâces :

— Allez Ghotteur Mollah !

Et Ghotteur s'exécute.

— !.. *Omin* !

Ceux qui en ont, comme ceux qui n'en ont pas, se caressent la barbe en inclinant légèrement la tête. La table est levée, la séance peut continuer.

Ghotteur s'installe commodément. Vite on ouvre ses oreilles et la porte des femmes pour qu'elles en profitent. Le conteur se racle la gorge, ferme à demi les yeux, réfléchit profondément, puis, illuminé par l'inspiration, commence ainsi le plus sérieusement du monde :

— Voici pourquoi j'ai été obligé de quitter Achkhabad après avoir pété en pleine mosquée, un vendredi, pendant la prière de *Zorh*[1]…

1. Prière de la mi-journée, celle qui est récitée avec solennité le vendredi.

ÉTÉ

CHAPITRE XVI

Où l'on préfèrerait recevoir un bel orage météorologique plutôt que celui qui se prépare

Le temps de voir s'ouvrir une tulipe, le temps de la voir se faner ont suffi pour que le printemps se meure.

La nuit murmurante, la nuit qui frémit, coasse, crisse, a effrité sur les montagnes la poussière de son firmament. Aux crêtes de Takal Kouh, aux flancs de Gollidagh, sur les hauteurs de Boz Dagh, brasillant au grand versant du Kouh i Kholkhot, les feux de bivouacs mettent sur la masse obscurcie des monts comme un clignotant reflet du ciel étoilé. Troupeaux et bergers ont quitté les prairies jaunissantes des plaines moribondes. Ils montent plus haut de jour en jour, à la poursuite d'un reste de fraîcheur, d'une idée de vent, s'abreuvant aux flaques rousses qu'ont laissées les névés.

Cette année la tulipe a tôt fleuri... et s'est fripée de même. Pas une goutte d'eau ! Pas un orage ! Rien n'est venu prolonger la fête qui s'annonçait. La belle saison — celle des promesses — n'a rien tenu, rien apporté. Et la teinte plombée de l'herbe qui a soif a attristé la steppe.

Midi cloue bêtes et gens sur un monde en léthargie où se tordent les trombes flexueuses que la chaleur promène comme d'inquiétants aspirateurs. Les herbes sifflent à leurs passages empoussiérés et les feuilles des rhubarbes mortes s'envolent en tournoyant, pareilles à de molles corneilles beiges et grises : ce sont les *djinns* de l'été qui courent comme des insensés, fantasques et coléreux ; qui naissent et s'évanouissent.

Alors il faut que se soit doucement éteint l'embrasement du ciel pour qu'au soir languissant la vie réapparaisse. Les vols soudains de martinets passent dans un déchirement de l'air et disparaissent en direction des roches creuses de la montagne. Leurs jets rectilignes de grandes faucilles aiguës tranchent au passage l'essaim ludique des chauves-souris que le crépuscule a fait naître. Contre les murs de terre encore rayonnants de chaleur se coulent des serpents d'argent terne et les crapauds s'extraient des craquelures de l'argile pour s'en aller vers de nocturnes et cahotantes errances.

Là-haut, sur les croupes herbues, les troupeaux sortant de leur hébétude partent pour la pâture[1] et les sifflets de leurs bergers montent vers la Voie lactée comme des cris de courlis.

La laie prend le vent, le porc-épic quitte son terrier, l'engoulevent se pose sur le gravier des pistes ; les loups sont en maraude et les chiens en éveil.

Au matin, chaque buisson, chaque tanière, chaque recoin d'ombre se referme sur son hôte. Il n'y a plus dans le ciel que les vautours, portés plus haut que la vue, plus haut que les monts, par les volutes de l'air qui s'échauffe. Il n'y a plus, sur la terre, que des lézards jaunes dans l'herbe jaune, des lézards gris sur le gris des pierrailles.

Oui, en vérité, le printemps nous a trahis. En quinze jours s'évaporèrent les neiges magnifiques du Kholkhot, se tarirent les ruisselets secrets de Takhte Iran et se retirèrent les sources. Apparurent des voûtes que les siphons mouillaient d'ordinaire. Une poignée de gravier réveillait au fond des puits les échos d'une grêle crépitante et dure. Les *qanats* les plus courts bavaient des filets d'eau souillés d'algues visqueuses où mouraient les têtards. On aurait dit que le ciel s'élargissait chaque jour davantage pour que le soleil le parcoure plus longtemps. Sous son feu, les chaumes décolorés éclatèrent en gerbes de sauterelles craquantes et la pulvérulence des corrals engendra le pullulement d'une vermine plate porteuse d'épizooties.

Dans l'écrasement morne des jours et le harcèlement des mouches, l'été appesantissait son ardente indifférence.

*
* *

Ce soir-là, chez Agholi, les enfants entamaient leur nuit et je m'apprêtais à partir quand se présentèrent Atna et Mami, le frère de Golsenem. Ils arrivaient d'Ammand et n'avaient pas la mine des bons jours.

Là-bas, au village, le débit de la rivière avait tant baissé que l'irrigation y devenait de plus en plus problématique. Or aux alentours de minuit viendrait le tour d'eau d'Atna, puis celui d'Agholi. L'oncle

1. Par temps de grosse chaleur les troupeaux, en particulier ceux de moutons, ne bougent plus et restent prostrés. Le temps de pâture est alors pris sur la nuit.

craignait d'avoir trop de difficultés à répartir dans le temps donné la quantité d'eau nécessaire et à utiliser au mieux son débit à peine suffisant. L'eau stagnait dans les creux de la planche sans arriver à les remplir, laissant à sec les autres coins de la parcelle. Pour rattraper ces différences de niveau qu'autrefois le flux passait sans peine, il fallait à présent jouer continuellement de la pelle et ces instants perdus manquaient ensuite pour terminer l'arrosage des autres champs.

Tenu de la même façon, le voisin ne peut pas attendre. Il prend son tour à la minute précise et détourne sans pitié le canal du champ qui voudrait boire encore. A cela il n'y a rien à redire : la loi est la même pour tous. Cependant, certains, n'ayant pas réussi à irriguer leur surface, n'hésitent pas à voler l'eau. Et lorsqu'on est seul, en pleine nuit, avec une lampe-tempête pour tout éclairage, comment savoir ce qu'il se passe en amont ? Il faut y aller voir ! Au point où l'eau s'échappe il est souvent nécessaire de se battre pour la récupérer. Dans de telles circonstances les pelles ont vite fait de se transformer en armes redoutables.

On comprendra bien pourquoi Atna ne se sentait pas tout à fait rassuré d'aller travailler seul dans ses cotonniers et pourquoi il venait chercher du renfort. Avec cela Mami apportait d'autres nouvelles tout aussi peu réjouissantes, inquiétantes même !

Mehdi Khan avait toujours eu des ennemis. On ne vit pas à la façon d'un seigneur-brigand pendant la moitié de son existence sans récolter quelques inimitiés bien vivaces ! Mais il avait maintes fois prouvé qu'il valait mieux être avec lui que trop ouvertement contre lui. Jusqu'ici ceux qui, par jalousie, enviaient sa puissance, ou qui — réellement lésés par son féroce manque de scrupules — avaient, en toute justice, sujet de se plaindre de lui, pliaient l'échine et se gardaient bien de murmurer trop haut. On savait ce qu'il en coûtait de s'opposer à celui envers qui le clan était malgré tout redevable.

Mehdi Khan, au moment où ils en avaient tous eu le plus besoin, avait su réunir autour de lui son clan et ceux de la vallée. Les Soviétiques venaient de refluer, de quitter ces régions qu'ils croyaient définitivement rattachées à leur empire. Il les laissaient totalement désorganisées, ayant emmené avec eux tous ceux que revêtait un pan d'autorité. Avec Mehdi Khan les structures traditionnelles avaient retrouvé un tuteur et s'étaient peu à peu reformées. Lui, sans perdre de vue son intérêt, y avait forgé sa légitimité de *khan*. Grâce à lui le clan ne s'était pas défait.

Pourtant, depuis quelques mois, on assistait à la naissance d'une contestation de son autorité qui s'exprimait avec une liberté surprenante. La chose cinq ou six mois plus tôt eût été impensable! Le lion était-il en train de devenir vieux ?

Rien n'est plus étranger à l'esprit turkmène que l'idée dynastique. Il faut que le Prince soit ferme, indiscutable, puissant. Il l'est quand à son ombre on trouve gloire et avantages. Sinon, très vite, clans et tribus, parentèle et clients l'abandonnent, se débandent sans remords pour aller vers d'autres plus... profitables.

Sans doute y avait-il quelque chose de cela dans cette jacquerie qui couvait, mais peut-être y avait-il une autre cause ?

Certes Mehdi Khan n'était plus qu'un vieil homme dépouillé de ce que sa jeunesse avait eu de guerrier et d'ardent ; son ambition s'était considérablement assagie. Dévot, raisonnablement opiomane, apparemment bien installé dans sa notabilité confortable, il n'en avait pas moins gardé très vif le sens de ce qui lui était dû et savait jouer du pouvoir que lui donnait sa fortune. Sa voix presque sourde, au débit calme, avait ce ton d'autorité froide qui marquait bien sa ferme intention d'être obéi. Pour s'opposer à lui, il aurait fallu un autre lui-même, un jeune *Bay* aussi retors et aussi pugnace qu'il l'avait été autrefois. Or, parmi les petits carnassiers encore mal rameutés qui commençaient à montrer les dents, pas un n'était de taille. Aucun surtout ne possédait l'orgueil, la rouerie, la morgue qui lui permettaient encore d'en imposer aux autorités provinciales ; de prendre de haut gendarmes et fonctionnaires de tous poils et de tous appétits ; d'être le porte-parole de la vallée entière et — somme toute — son protecteur. Un protecteur rapace, sans doute, mais protecteur quand même.

Le plus curieux était que cette agitation semblait avoir Garm Ab pour centre. Garm Ab ! Quelle dérision ! Un si petit village que ne domine aucune grande maison à colonnes ! Un hameau de pauvres où les éleveurs et propriétaires fonciers — Mehdi Khan lui-même — venaient recruter leurs pâtres et leurs tâcherons !... Et c'étaient ces gagne-petits qui venaient pour la première fois d'engager le fer !

Voici trois jours, ils avaient empêché les ouvriers de Mehdi Khan d'arroser l'étroite bande de cultures qu'il possédait entre falaise et ruisseau, en aval de leur village. Ils criaient à qui voulait bien les entendre qu'il avait déjà pris son tour d'eau quand, puisant directement dans l'œil de la source à l'aide d'une pompe, il avait irrigué des parcelles nouvellement défrichées juste au dessus de la résurgence. A n'en pas douter, ils étaient furieux de voir Mehdi Khan accaparer ainsi des arpents jusqu'alors jugés stériles ; dépités qu'il pût élargir ses domaines sous leur nez et s'affranchir du réseau commun d'irrigation grâce à sa fortune. Selon eux Mehdi Khan aurait dû s'ouvrir de ses intentions lors de la réunion où s'était réglé le partage des eaux pour la saison.

Quand on lui avait rapporté ces propos, Mehdi Khan avait haussé les épaules : Avertir l'assemblée ? Qu'est ce que cela aurait changé ? Aucun d'entre eux n'avait la possibilité d'installer une pompe et c'eût été pécher que de laisser de si bonnes terres infructueuses !

Acheur Cheïtan, le boutiquier boiteux de Garm Ab, postillonnait de rage en répliquant qu'à eux tous ils auraient fort bien pu acheter la pompe et se partager les terres nouvelles entre associés. Continuant sur ce ton, il argua de la toute récente loi agraire pour réclamer ces terrains situés à la périphérie du village, auquel revenait seul le droit de les mettre en culture. Mehdi Khan devait les restituer sinon les Garmabis iraient porter plainte et réclamer une enquête sur les *sanhats*[1].

Agholi hochait la tête quand son frère et Mami lui racontaient cela.

... Acheur en meneur d'homme ! Voilà qui correspondait bien peu à la personnalité de ce demi-Kurde qu'un jour, voici vingt ans, pour une sombre histoire d'opium, il avait cloué au rocher d'une balle au genou, là-bas, dans un vallon désert du côté de Karakopeuk. N'importe qui d'autre aurait cherché à se venger. Acheur, lui, n'en avait même pas émis l'intention. Deux mois plus tard, pleutre et aussi courageux qu'une hyène, boiteux à vie, il traitait Agholi comme un copain d'enfance ! Où avait-il trouvé tout d'un coup le front de se porter en représentant des Garmabis ? De quoi laisser rêveur ! Pour qu'Acheur Cheïtan extériorisât ces dons insoupçonnés de tribun et de légiste il fallait qu'il eût de biens solides appuis. Qui, en sous-main, pouvait bien le pousser aussi impétueusement au créneau ?

Atna avança le nom de Khani.

… Khani ? Allons donc ! Le voisin immédiat de Mehdi Khan devait bien se réjouir en secret des ennuis de son détesté cousin-beau-frère.

---

1. Document prouvant la légitime propriété et la surface des terres. Bien sûr la plupart de ces documents ne sont pas conformes, ou concernent des surfaces très inférieures.

Mais rien n'était moins fiable que son alliance et beaucoup le savaient. Khani l'indécis, Khani « oui et non », acoquiné avec Acheur Cheïtan ? Certainement ! Mais comme tête pensante, comme directeur occulte ? Sûrement pas ! Il y avait autre chose, ou quelqu'un d'autre !

Par exemple : n'était-il pas remarquable que cette connaissance des lois se fasse jour chez Acheur à partir du moment où se renforçait son intimité avec un certain Mir Abbédin, un officier de la base toute proche, un Fars ? Ce militaire aurait soufflé à son nouvel ami l'étrange nouveauté de ces chicanes juridiques, voilà qui ne serait guère étonnant. Etait-elle d'Acheur, de Khani, ou de Mir Abbédin cette idée de demander à l'administration de vérifier les *sanhats* ? Cet imbécile d'Acheur se rendait-il compte de ce qu'il risquait lui-même si une telle enquête se déclenchait ? Avait-il la moindre conscience de la révolution que provoquerait l'intrusion des gratte-papier dans l'organisation traditionnelle du partage des terres et des eaux, régie par un savant dosage de *hadiths*[1] et de droits coutumiers ? Mehdi Khan y laisserait certainement des plumes, mais des plumes il en avait beaucoup plus qu'Acheur et tous ses associés réunis ! Et qui (en particulier Acheur) était assuré d'être en règle ? Agholi ne donnait pas cher de la popularité actuelle de l'épicier de Garm Ab quand le flot des arriérés pour droits de propriété que ne manquerait pas de réclamer l'Etat inonderait la vallée toute entière et la couvrirait de dettes.

Ou alors Acheur n'avait rien à craindre d'une telle tempête car il se savait protégé... Ce qui nous ramenait à Mir Abbedin !

On s'était vite rendu compte qu'il ne venait pas chez Acheur, comme certains officiers de la base, pour profiter de la fumerie à peine clandestine que tenait le Cheïtan. Il semblait simplement prendre un plaisir curieux à fréquenter sa minuscule boutique où l'on pouvait le voir, assis sur un sac de pois-chiches, pérorer des après-midi entières. Parfois il passait la soirée chez Acheur. Celui-ci ne se tenait plus de joie à l'honneur qui lui était fait. La veillée durait tard ces jours-là et réunissait beaucoup de monde... Khani lui même... !

Tout cela explique assez pourquoi, avant d'enfourcher la grosse moto de Mami comme troisième passager, Ghorban a pendu son poignard à sa ceinture.

---

1. Eléments de la tradition musulmane.

CHAPITRE XVII

Où Agholi et Edjé partent pour une mission délicate et où l'on connaît mieux Ghorban et Oraz

Edjé s'était faite belle. Sur son hennin, le grand châle russe à fleurs multicolores sur fond noir en recouvrait un second, de soie légère, orange et noir. Sa taille était serrée dans la quadruple épaisseur d'une bande de chantung à motif madras large de deux bonnes mains. Sa robe, d'un bleu céleste, avec la raideur des tissus neufs, bouffait sur son ample poitrine. Rond comme une soucoupe, un gros bouton d'argent décoré de cabochons en verre coloré, fermait son col. Une aumônière ancienne au cuir patiné, parée d'une plaque d'argent joliment damasquinée d'or et agrémentée de cinq agates rousses, battait sur sa hanche droite. Sa bretelle, pareillement travaillée, lui barrait le buste à la façon d'un grand cordon de commandeur. Elle avait enfilé son pantalon neuf, celui dont les jambières sont si bien brodées. Ses larges pieds aux talons cornés étaient glissés dans les socques de caoutchouc verni qu'Agholi lui avait rapportées de Gonbad quinze jours avant.

Pour finir sa toilette, elle s'était abondamment aspergée d'une eau de rose au parfum vigoureusement sirupeux.

Agholi à l'unisson de sa resplendissante et imposante épouse, avait sorti le telpek des grands jours et endossé un anorak kaki bardé de poches et de fermetures à glissière. Je le lui avait offert l'hiver précédent en espérant qu'il s'en servirait pendant ses tournées, mais ce vêtement lui avait paru si beau qu'il avait préféré le serrer précieusement au fond d'un coffre, après avoir copieusement assaisonné de naphtaline sa doublure amovible en fourrure synthétique. Le fait d'avoir tiré de sa réserve la pièce maîtresse de sa garde-robe montrait l'importance donnée à la démarche que son épouse et lui se préparaient à entreprendre.

Edjé était sérieuse, presque compassée, sans doute un peu émue d'aller en voyage. C'est loin Congor ! Elle n'y était jamais allée. De toute sa vie elle n'avait dépassé le cirque de monts qui nous entouraient.

Dans un pli de sa ceinture elle serrait un billet de mille rials, bien plié en quatre, au cas où elle irait au bazar... Un bazar ! Ce doit être autre chose que ces boutiques trou-de-grillon où il faut déplacer trois pains de sucre et un chapelet de figues sèches pour accéder à un coupon de cotonnade en équilibre sur une étagère de fortune.

Et puis, en visite, une dame comme elle se doit d'avoir de la dignité, surtout quand il s'agit d'arranger un mariage. Elle n'avait pas encore passé le seuil de sa propre maison qu'elle était déjà sérieuse et solennelle.

Son époux, quant à lui, ne savait quoi faire de ses mains. Pas de fusil à son épaule dont il aurait pu tapoter la crosse, ni de fouet pour en faire danser la courte lanière. Comme il n'était pas de ceux dont le corps reste en repos des heures entières (boutiquiers, vieillards, religieux, soufis rabâcheurs de Coran) il n'avait pas de *tasbih*[1] pour y amuser ses doigts en égrenant les perles.

Tous les deux, « endimanchés », avaient cet air emprunté et attendrissant qu'on voit chez nous, dans leurs encadrements écaillés, aux couples d'ancêtres qui posaient les jours de noce sur fond de balustre en carton et de saule pleureur peints.

*
**

Face au débouché de notre piste, sur la route asphaltée, le poste d'essence somnolait sous la canicule.Un des minibus qui font la navette entre les villes était justement en train de s'y ravitailler.

— Ho ! Chauffeur ! Y a-t-il de la place pour deux personnes ? Nous allons à Congor.

— Montez ! Mais je vous laisserai au croisement. Je vais directement à Gonbad, je ne passe pas dans les villages !

— Comment ? L'autobus ne va pas où l'on veut ? s'étonna Edjé qui, croyait qu'il suffisait de dire au chauffeur « je vais à tel endroit » pour qu'il vous y conduise au plus court.

Ils se sont assis bien raides sur des banquettes plus raides encore. Le plancher était jonché d'écorces de graines de courges. A l'avant,

1. Chapelet dont chaque grain aide au décompte de formules pieuses ou des 99 noms de Dieu.

paternels et rassurants, présidaient le Chah et l'Emam Reza[1] dans leurs cadres tout enguirlandés d'ampoules clignotantes, rouges, vertes, jaunes, d'un effet ravissant. Le magnétophone du bord donnait un récital de Gougouch la Belle, dont la photo géante obturait la vitre arrière. Un mouton, pattes liées, encombrait l'allée et éparpillait ses crottes.

Pendant que se remplissaient les réservoirs, le *chaguerd*[2] encaissa le prix de la course. Il indiqua à Edjé la vieille boîte de conserve qui trainait sous le siège devant elle, au cas où elle serait malade en route.

Tiens ! On connaissait Agholi : un Kurde, tout au fond, coincé entre un jardinier de Bodjnourd et un militaire frais et rose comme une fille.

L'homme — sans doute un de ces nomades tchourani qui viennent à l'automne planter leurs tentes près de chez nous — salua Agholi en lui donnant respectueusement de l'*arbâb*[3] .

Il allait à Téhéran. Son frère y travaillait dans une boulangerie... En bonne santé, grâce à Dieu !... Mais c'était son père qui n'allait pas bien ! Eh oui... une hernie. Parfois on ne voyait rien, mais parfois ça lui sortait du ventre, comme ça ! Comme une grenade. (Le jardinier de Bodjnourd apprécia : une belle grenade, ou mieux, un petit melon)... Alors ça lui faisait mal... Houou ! Si ça lui faisait mal !... Ah ! Cette année ils n'ont pas eu de chance, avec cette jaunisse qui décimait les troupeaux en plus de la sécheresse qui s'annonçait sérieuse... Si ça continuait, s'il ne pleuvait pas, il ne leur resterait plus un agneau sur pied. (« Ttt… Ttt ! », firent les vingt passagers en hochant la tête)... Son frère avait eu raison d'aller travailler à la capitale comme boulanger... Mais c'était dur là-bas aussi : toujours au-dessus du four... Il en avait les yeux tout rouges, le nez et la figure tout cuits... Enfin !... Dieu ne les abandonnerait pas ! (Les vingt passagers renchérirent en sourdine : « Sûr ! Il ne nous abandonnera pas ! »)... Mais Agholi, lui, pourquoi descendait-il dans la plaine ?

Et Agholi expliqua. Bien entendu il ne dit pas la raison de son voyage. Mais il parla du cheval, des courses, de ses parents à Congor.

---

1. Huitième Emam de la suite des douze descendants d'Ali qui sont à l'origine de la doctrine chiite. Seul à être enterré en Iran, à Meched, il y est tout particulièrement vénéré.
2. Elève ou apprenti. Ici il s'agit de l'aide du chauffeur.
3. Titre honorifique que l'on donne à un riche possédant, plus spécialement propriétaire de troupeaux.

Bon ! Le plein d'essence fait, le *chaguerd* a claqué la portière et un mollah en transit, assis à l'avant, a lancé une imploration vers le huitième Emam afin qu'il protège véhicule et passagers jusqu'au prochain arrêt (voyageur qui descend ou monte, contrôle de police, plein d'essence etc.) et tout l'autobus a repris en cœur l'incantation. Agholi s'est contenté de se caresser le menton : le huitième Emam des chiites mérite peut-être cette marque de respect... Sait-on jamais !

— Allez ! Au revoir ! saluez Baba de ma part ! Saluez le *qari*... et Raïdjab ! Expliquez-leur pourquoi je ne suis pas venu... Au revoir, bonne route !

*
* *

De retour à Behkadeh j'ai remisé la voiture au garage et pris, en fin d'après-midi, les sentiers malaisés de la montagne pour cette visite quasi journalière que les tracas de la sécheresse m'obligent à faire auprès des troupeaux.

Les barrières calcaires qui défendent le plateau de Takhte Iran s'élèvent progressivement en ressauts successifs. Elles font autant d'enceintes au travers desquelles on se glisse par l'étroiture de quelques rares défilés ou que l'on escalade par des sentiers en corniche portant les chevaux à hauteur de rapaces. Sur ces soulèvements rocheux qui fortifient et épaulent nos pâturages d'été s'accroche une population austère de genévriers énormes, pluri centenaires, embroussaillant de mystère les combes silencieuses et les replis de falaises où dorment les échos.

Oraz et Ghorban m'escortent.

Takhte Iran et tout son contrefort rocheux, le dédale de ses vallées, de ses gorges, de ses ravins, la noirceur de ses fourrés, le secret de ses grottes, ses bêtes, ses plantes, semblent avoir été créés tout exprès pour Ghorban.

Agholi a partagé entre ses deux fils aînés les traits marquants de sa personnalité. A Raïdjab les chevaux, les succès féminins, les combats, la violence joyeuse... Cent ans plus tôt il aurait poussé du sabre en terre persane. A Ghorban la chasse, le coup de fusil net et sans bavure, l'approche et l'affût ; un amour puissant non formulé et pudique pour une nature encore intacte dont il fait partie intimement.

Qu'apparaisse une harde de mouflons pâturant au vent d'une crête, et le voilà saisi. Spectacle mille fois vu dont cependant jamais il ne se lasse. L'admiration monte à ses lèvres quand, d'un roulement d'échine musculeuse, le grand mâle se hisse sur l'éperon d'un roc, portant contre le ciel la puissance massive de son front. Il admire en connaisseur la prudence soupçonneuse de la vieille bréhaigne qui mène le troupeau. Et, se projetant de toute son âme au milieu d'eux, il devient mouflon pour se mêler aux jeux insouciants des agneaux ou prendre parti dans les combats du rut.

Si le jour est à la chasse, de buissons en roches, de couverts en défilements, il cherche comment parvenir jusqu'à eux. Long moment de fébrilité tendue où minutieusement il déchiffre la subtile topographie du flanc de la montagne. Alors, quand avec des gestes lents, presque ralentis, quasi rampant et ayant pris le vent d'instinct il se met en mouvement, c'est un fauve précautionneux, panthère ou loup, qui se glisse hors de son observatoire.

Il chasse comme eux, le corps parcouru de frissons, déroulant son approche, ne quittant pas des yeux la victime choisie. Quand, tout d'un coup redressé, il jaillit et épaule sa vieille 22 long rifle, le temps se fige dans le face à face qu'il a avec l'animal pétrifié de surprise. Le coup lâché, il bondit et sur le corps roux et chaud ses doigts cherchent où est entrée la balle. Alors la fixité étrange de son visage disparaît et un rire silencieux l'éclaire. Il rit comme rirait la bête chasseresse à laquelle il s'est identifié, sans vanité, sans fierté, avec seulement de la joie. Plus tard, quand le poignard à la main il s'apprêtera à le dépecer, il adressera à l'animal mort et raidi des reproches tendres et attristés:

— Pourquoi n'as-tu pas fait attention ?... Tu ne m'avais pas senti ?

Et tout le temps que durera l'ouvrage il ne desserrera plus les dents.

Pour lui la montagne a d'humbles et riches prévenances. Elle lui a donné le creux mouillé, le fond d'une combe qu'en mai l'ail forestier éclaire de ses clochettes blanches. Elle lui a découvert les taillis serrés, tressés de ronces et de prunelliers, où les laies viennent mettre bas et où stagne le fumet musqué de leurs troupes brutales. Elle lui a montré les trois chatons de la panthère, le dortoir des vautours, l'or que les abeilles ont drapé à la pierre, l'aire de l'aigle et le nid des faucons bleu d'ardoise. Elle lui a fait suivre, de corniches en vires, l'itinéraire des bouquetins ; l'a abrité des orages sous des baumes oubliées où les feux d'il y a mille ans ont déposé du rouge et du noir au ventre du rocher.

Là, se disloque un squelette d'ours et, sous ce lit de sable, naît une source quand il a plu. Ici, une dalle de pierre offre le bas-relief d'entrelacs d'ammonites où il voit, non sans trouble, l'entassement pétrifié des trophées d'une chasse surnaturelle. Là-bas, un écho répète cinq fois le nom de l'ami où la joyeuseté des insultes... Et puis il y a cette herbe qui est bonne à croquer, cette autre à infuser. Celle-là fait avorter les brebis ou, tressée, forme des chapeaux pointus rigolos.

Le printemps nous le ramène de sa montagne avec des bottes d'ail et d'oignons sauvages, des poussins de perdreaux dans sa chemise et des marcassins dans ses fontes. En été il rentre la bouche noircie par les baies et les mains embaumées de thym. A l'automne il a les vêtements poissés par le sang d'un mouflon ou par le jus d'une vendange forestière. L'hiver met des glaçons à son bonnet, du rouge sur son nez et, parfois, le corps efflanqué d'un loup en travers de sa selle.

S'il raconte les bêtes et les oiseaux, ils sont tels qu'il les a surpris : l'âne de Ghader tout cassé au pied du rocher d'où il est tombé ; le vautour repu peinant à décoller ; le vol des grues et le passage des outardes dont le ciel bas s'est tout à coup peuplé ; le lièvre qui dormait si bien, projeté en l'air par la frayeur quand il l'a réveillé... Il jouit et savoure ces menus événements, heureux d'être celui à qui il a été donné de voir.

Mais, tel un cheval qui renâcle toujours devant la même ombre au bord du chemin, Ghorban a ses craintes, ses peurs viscérales, des arbres interdits au jardin de son Eden. Gare à Ilanli, le soir à la nuit noire : les *djinns* y gémissent, les démons s'y tapissent. Pareils à des hiboux, ils sortent de la grotte inaccessible qui ouvre son gueulard sur une paroi de la gorge. Un serpent monstrueux hante Tardalli ! Quand il souffle, les buissons s'agitent et se tordent comme sous le vent d'une tempête.

Le sentier monte et monte encore. Ghorban marche en tête. Il laisse aller son cheval et l'animal, habitué à cet itinéraire plein d'embûches, pose ses sabots avec précaution, évitant les cailloux et les plaques où le fer dérape dans un crissement de roche griffée.

Appuyé au pommeau aigu de sa selle, le garçon balaie les alentours d'un œil auquel rien n'échappe. Mais rien ne bouge. L'air est immobile. Les cigales délirent dans les genévriers. Les chevaux ruissellent comme s'ils sortaient de l'orage. Ghorban, les yeux mi-clos, laisse filtrer son regard jusqu'au bout des vallées, jusqu'aux rochers abrupts où le soleil éclate, jusqu'aux crêtes qui nous surplombent, détaillant les lacets de la piste qui passe là-haut et où nous serons tout à l'heure.

Oraz, derrière moi, s'est rejeté en arrière sur la selle. Il a posé sa main sur la croupe de son cheval et passé sa jambe droite en amazone, par-dessus l'encolure. Lui aussi a laissé la bride libre et il se chante un petit air bizarre, pour lui tout seul, accompagnant les volutes de sa mélodie par de courtes arabesques qu'il dessine dans l'air avec son fouet.

Nous allons notre route, Ghorban guettant, Oraz chantant, dans le soleil, dans l'odeur de résine chaude qu'exhalent les genévriers, dans l'ivresse des cigales, au pas mécanique de nos chevaux en sueur.

*
* *

Moussa le pâtre a jeté sur les braises la branche fourchue d'un érable nain. La flamme s'est élancée dans un bouquet d'étincelles, tirant de l'ombre les visages des bergers assis en rond autour du feu de camp : Arsalan, l'ancien ; Djabber, le roux ; Reza, jolie figure ; Salim, le têtu ; Seddigh, le taciturne ; Hossein, aux yeux pers ; Mehdi, qui rit tout le temps ; Ismaël, le pied-bot et Ebrahim le *manzel-bân*[1] de douze ans, gardien du camp et cuiseur de pain, broyeur de sel, qui charrie le bois et l'eau sur son âne aux naseaux fendus. Fraternellement accotés, ils veillent face au feu, dos à la nuit d'où parviennent sur quelques remous de brise le froissement sourd du troupeau qui pâture et les voix de ceux qui le mènent.

De temps en temps une silhouette émerge de l'obscurité murmurante. Le garçon qui arrive s'assied dans le cercle de lumière dorée et, tandis qu'un de ceux qui se trouvait là se lève et se fond dans la nuit pour rejoindre les bêtes, il attire vers lui la théière noircie qui l'attendait posée sur trois braises. Dans le petit bol qu'on lui a tendu il verse un long trait de topaze où le feu allume de douces incandescences.

Qui n'a pas été berger, dans sa vie ? Ici on l'est tôt et on le reste jusqu'à ce que l'épouse advienne. Avant, tant que le père n'y a pas pourvu, on se contente bien de cette vie-là et l'on évite de penser trop à la femme , malgré le désir confus qui parfois étreint. On n'en parle pas, on joue l'indifférent. Pourtant, combien de fois n'ai-je pas découvert, dessinées au charbon sur un pan de rocher, gravées au couteau sur une écaille de schiste, crayonnées sur un emballage de produits vétérinaires, de ces silhouettes sommaires mais éloquentes dans lesquelles un berger a jeté ses fantasmes.

1. Textuellement, celui qui garde la maison, le gardien du camp.

Quand la femme survient, l'homme laisse le troupeau aux plus jeunes. Ces béjaunes en ricanent et plaisantent dans le dos de celui qui part :

— *Sag và wafâ ! Zan bi wafâ !* (chien fidèle ! femme infidèle !) Surtout qu'il ne la quitte pas des yeux : elle pourrait grossir d'un coup de vent !

Plus tard, la pauvreté pousse certains à revenir, quand, femme vieillie, enfants grandis, ils se retrouvent vacants, trop faibles ou éreintés pour tenir ferme le mancheron de l'araire mais encore bons pour siffler dans le noir des nuits d'été, derrière le piétinement du troupeau, ou s'occuper des agneaux dans la moiteur maternelle des bergeries d'hiver.

Autour des feux, ils renouent avec le temps de leur jeunesse. ils se revoient rire, dormir, courir, chanter, dans les compagnons adolescents que ce retour à la vie pastorale donne à leur automne. Leur tour est venu de conter l'épopée du Porte-Hache, d'ajouter, pour ces jeunes gens,un couplet de plus à la longue chanson de la Vierge mongole et de leur enseigner comment on accorde les humérus d'un vautour pour en faire une double clarinette. Veilleurs des nuits interminables, repliés sur le silence de leurs souvenirs, ils filent la laine resquillée et tricotent des gants, des bonnets, des écharpes bises, pour ces gamins qui dorment entremêlés sur les bas-flancs de l'hivernage.

Ainsi firent pour eux les anciens qui leur enseignèrent à manier les quatre aiguilles, à faire cailler le lait, à cuire le pain sous la braise... Ces gestes immémoriaux des bergers de tous les temps.

Avenir et passé, toute la folie et toute la sagesse du monde. Jeunesse et vieillesse assemblées, s'épaulant autour d'un feu, un soir de juin, pendant qu'Oraz joue de la flûte.

Il tire de son rustique instrument des phrases brèves aux harmonies lointaines et bourdonnantes, qui parlent d'espaces, de pâturages à perte de vue, de barbarie et de tendresse. Il l'a toujours sur lui quand il sait qu'au soir il bivouaquera.

Jusqu'à ce qu'Agholi lui ait trouvé Oraz Beka, il fut berger comme les autres. Il a gardé de cette époque les yeux grands ouverts sur le mystère de la création, sur la divine et merveilleuse interpellation de l'univers. Contemplateur du ciel, ébloui par la marche des astres, il est resté le berger dénombreur d'étoiles, conscient chaque jour, chaque nuit, du grand basculement du monde.

Le monde. Il le sait vaste, vaste, plus encore que tout le plateau de Takhte Iran pour cette fourmi !

Un soir comme celui-ci, nous avions levé nos visages vers la splendeur des constellations. Faisant tournoyer ma main au-dessus de nous, je lui expliquais le céleste mécanisme, la ronde des planètes, le jeu de l'ombre et de la lumière dans la giration de notre globe. Muet et fasciné, Oraz écoutait de toutes ses oreilles, regardait de tous ses yeux. Pourrais-je un jour oublier l'émerveillement, l'illumination que je provoquais alors !

L'instituteur qui, grâce à la très classique orange et à la non moins classique bougie, me fit la démonstration de la rotondité de la terre a-t-il jamais senti chez l'un de ses élèves une révélation pareille à celle qui bouleversa Oraz ce soir-là ? Le feu était soleil et la théière tournait autour... Il comprenait... il comprenait enfin !

Combien de fois ne m'a-t-il pas dit par la suite :

— Il fait nuit à présent chez toi, en France ?

Eh oui, il faisait nuit, ou presque... Et plus loin encore les gens marchaient la tête en bas... Et parfois c'était nous qui avions la tête à l'envers... sans que nous nous en rendions compte... Merveille ! Prodige !... Et ces mondes suspendus voguants dans l'infini avec leurs chargements de monts et de vallées, d'océans et de déserts, de flammes et de tempêtes… de vies et d'hommes peut-être, et peut-être priant Dieu.

Alors, puisque l'univers est si parfaitement agencé, si extraordinairement conçu, pourquoi s'étonner de la puissance de Dieu, de la profondeur de ses desseins : Oraz marche sur les pas d'Abraham quand la nuit monte et que la Voie lactée relie la cime de Kholkhot à celle de Takkal Kouh.

Les bergers se taisent, même les vieux, quand il joue de son roseau inspiré. Les bergers se taisent, surtout les vieux — leurs voix sont si éraillées — quand Oraz chante devant le feu. Tous écoutent, sans mot dire, les histoires qu'il raconte :

— Il y avait une fois un homme si envieux qu'il voulait tout ce que possèdaient les autres. Si quelqu'un avait un cheval, il le voulait. S'il avait un chien, il le voulait. Même si son bien personnel valait dix fois plus que ce qu'il enviait.

Un jour, alors qu'il avait en main une assiette de viande rôtie, un pauvre homme vint s'asseoir près de lui. C'était le plus déshérité du village et il n'avait pour tout repas qu'un bol de yaourt délayé. Profitant d'une minute d'inattention du pauvre hère, l'envieux lui prit le bol.

— Ah ! sois maudit, s'écria le mendiant. Si Dieu le permet, que s'abatte sur toi un châtiment terrible !

Et le Très-Haut, exauçant la prière du pauvre homme, enferma l'envieux entre le bol et son assiette, le changeant de ce fait en tortue...

— Si Dieu fait tourner le monde, pourquoi ne pourrait-il pas intervenir sur nous de la sorte : voyez le *scops*[1] !

— Tiut ! dans le grand genévrier devant nous...

— Tiut ! dans le taillis là-bas, de l'autre côté du buisson...

— Tiut !...

— Tiut !...

Ils étaient frère et sœur. Hélas ! Le frère conçut pour sa sœur un penchant fort coupable.

Leur père fit tout pour les séparer en enfermant sa fille dans un jardin ceint de hauts murs. En vain! Ils avaient mis au point un statagème qui leur permettait de se retrouver malgré tout. Le garçon avait convenu avec sa sœur de l'appeler, la nuit venue, en sifflant doucement :

— Tiut ! dans la ruelle.

Si elle était là, seule, elle devait répondre de même :

— Tiut ! dans le jardin.

Alors le garçon escaladait le mur.

Or le père dissimulé derrière un rosier, un soir que les deux amants s'étaient rejoints, finit par les surprendre et laissa éclater sa colère :

— Ah ! maudits enfants dénaturés, puissiez-vous vous appeler ainsi pendant des siècles, sans jamais vous rejoindre !

Et aussitôt ils se métamorphosèrent en deux petits hiboux qui, depuis lors, s'appellent et se répondent sans jamais pouvoir être ensemble. Ecoutez :

— Tiut... ?

— Tiut... !

La soirée s'étire. A tour de rôle on raconte, on chante. Je paie mon écot comme les autres, quand c'est à moi de régaler. Goupil et Ysengrin parlent alors persan : c'est ce que j'ai trouvé de mieux.

— Ah ! quel benêt ce loup : se laisser prendre la queue dans la glace !

---

1. Hibou, petit duc.

— Et quel malin, ce renard d'avoir fait chanter le corbeau : Croooac!

Ils en pleurent de rire, s'en tapent les cuisses, reviennent sur le moment crucial, celui qui voit se couper la queue d'Ysengrin ou tomber le fromage. Curé et moine deviennent mollah et derviche. Y a-t-il une diférence entre Khan et Seigneur Baron ? Quand Goupil, arroseur arrosé, se fait subtiliser par Tibère l'andouille (transformé pour des raisons musulmanes en gigot de mouton), quand Sa Majesté Noble fait comparaître Ysengrin, quand notre renard entre en religion. La réaction de mes bergers est-elle autre que celle qui faisait s'esclaffer nos seigneurs et nos vilains ?

*
* *

La nuit s'est délitée imperceptiblement. Etoile après étoile elle a glissé vers l'ouest, pour s'en aller couvrir d'autres plaines où s'allumeront des villes en grandes flaques phosphorescentes ; pour s'étaler sur d'autres monts où pétilleront des bivouacs semblables au nôtre.

Le grand défilé des troupeaux a commencé le long des abreuvoirs. Des milliers de museaux veloutés ont reniflé l'eau. Les bêtes, à grandes goulées, l'ont aspirée tant et tant que le gravier du fond a percé la surface. Puis, panses pleines et désaltérées, les brebis se sont couchées pour ruminer sur les buttes voisines où le vent qui se lève parfois vient apporter un semblant de fraîcheur.

A l'ombre d'un lentisque, les bergers reposent. Leurs capes de feutre noir les enveloppent complètement et les parent des mouches qui déjà ont entamé leur sabbat. Il y dorment, la bouche ouverte, roulés en boule dans leur odeur, dans leur sueur. Leur bonnet comme oreiller, à même le sol. C'est à peine si la pointe de leurs espadrilles en cuir tressé, semellées d'un bout de pneumatique, apparaît au bas du manteau qui les ensevelit.

Il n'y a que le petit *manzel bân* qui s'agite. Seul à dormir la nuit, le jour, il vaque à ses occupations, pendant que ses compagnons sombrent dans un sommeil poisseux et lourd. Il a mis la pâte du pain à lever sous un linge qui fut propre aux premiers jours de la transhumance, il a rempli les outres. Enfin, ayant détaché l'ânesse blanche partie devant sans l'attendre en faisant sonner sa grosse cloche de fer, il l'a suivie la hache sur l'épaule.

Les mouches ont pris possession du monde. Les scarabées s'entrechoquent en grouillant sur les crottins frais, bêtes de jais qui vont leur chemin en pétrissant leur fétide boulange. Le chant mystérieux des huppes qui saluaient l'aube s'est tu. Le grand vrombissement des insectes l'a remplacé.

Le chemin du retour, par les sentes raboteuses et pentues, aux heures où le jour est dans son plus bel éclat, nous a ramenés au village. Nos gorges brûlent et nos fronts ruissellent. Les chevaux boudent le fourrage dont on a garni leurs rateliers. Boire... S'ils étaient libres, c'est d'eau qu'ils se rempliraient. Mais leurs flancs sont noirs de sueur sous les feutres dont on les a couverts. Qu'ils sèchent, qu'ils urinent, alors seulement on leur apportera de l'eau à pleins seaux.

CHAPITRE XVIII

Où il fait toujours aussi chaud
et où Agholi et Edjé rapportent des nouvelles de Congor

La maison d'Agholi baigne dans une ombre douce.

Ghorban a suspendu fusil et cartouchière au trophée de cerf et, coup sur coup, il a vidé quatre tasses de thé vert. Cet âcre breuvage au goût de tisane désaltère mieux que tout au monde quand, la tête en ébullition et le gosier sec, on rentre d'une course sous le soleil.

Edjé et Agholi sont revenus de Congor depuis le matin. Assis en tailleur, en face de nous, en tenue légère, Agholi nous regarde assécher nos théières. De temps en temps il foudroie d'un coup de tapette infaillible une mouche imprudente risquée dans ses parages.

Que s'est-il donc passé à Congor ? Je retiens ma question depuis un moment. Personne autour de moi n'a l'air d'y penser.

Agholi parle de la chaleur. Pas longtemps, deux ou trois mots à peine. Puis, d'un coup de tapette, occit une énième mouche. Ghorban, entre deux bols, évoque les difficultés qu'ils ont eues, son oncle et lui, à venir à bout de leur travail l'autre soir à Ammand. Edjé, qui file dans son coin, fait tourner le fuseau sur son genou et lâche par moment de gros soupirs et des « *Aïe Khoda* [1]! » qui vont de soi face à cette calamité commentée à mots vagues, en buvant. Il y a dans l'air comme un interdit qui nous empêche d'aborder le sujet qui nous préoccupe... Bruit de tasses, de succion, odeur d'infusion, petit nuage de poussière légère qui s'élève du feutre où Agholi vient d'écrabouiller une autre de ses victimes, halètement du chien gisant en travers de la porte à l'ombre de la véranda, silence du jour, conversations mesurées : comment font-ils pour maîtriser cette curiosité qui me pousse, moi, à vouloir tout de suite questionner.

---

1. Aïe, mon Dieu !

Nourdjemal est entrée. Elle a l'air enchantée du petit Djommé qu'elle serre contre elle et crie à la cantonade :

— Regardez ! Il marche !

Avec l'exubérance de ses onze ans, elle entreprend la démonstration des nouvelles capacités de son neveu. Edjé, attendrie, a posé son fuseau et Agholi sa tapette. Ils font des petits « *Coutchou ! Coutchou* ! » pour inciter l'enfant à venir vers eux. Le bébé rit sous sa capuche pointue où l'on a cousu une griffe de panthère, un cauri blanc et d'autres grigris coraniques. Enfin, il lâche les mains de Nourdjemal et va, en trois pas hasardeux, s'écrouler dans les bras de son grand-père en gloussant de plaisir. Un vague sourire est monté aux lèvres de Ghorban : il n'a rien montré de sa fierté (en présence de son propre père c'eût été mal venu) mais ce soir, dans l'intimité, Oghol Donné et lui se renverront le petit, tout à la joie de le voir si précoce.

L'exploit de Djommé a un peu secoué l'apathie qui s'installait :

— Le cheval noir a été quatrième hier !

Ça y est, Agholi amorce. Oraz saisit l'appât et enchaîne :

— Qui a été premier ?

— Hadji Tatar Gholi !

— Beh !... toujours lui ! et Hadji Comac ?

— Troisième !... Monsieur Dobor, Raïdjab t'envoie son *salam*...

Ça va, l'invite est claire : l'aîné a été évoqué devant tous. Ce qui nous importe peut être débattu, sinon Agholi aurait attendu que nous soyons seuls.

— Comment va-t-il ?

— Bien... il était un peu triste que tu ne sois pas là. Il a dit que vendredi prochain il faudrait que tu viennes parce que ce sera le dernier jour.

— J'essaierai d'y être, mais, dis-moi... comment vont Baba et Abdol Rahman Qari ?

— Ils vont bien aussi et t'envoient leur *salam*. Baba viendra ici dès qu'il aura fini de repiquer le riz.

Bon ! Nous voilà renseignés : aucun accord n'est intervenu (ce qui aurait été surprenant dès le premier contact). Rendez-vous a été pris pour une date suffisamment imprécise, laissant toute liberté au parti sollicité de réfléchir, de peser le pour et le contre. Attendons que le riz soit repiqué ! Nous verrons bien ce que Baba aura à nous dire, puisque c'est lui — et non son frère — qui semble mener la barque de l'association familiale. Attendons aussi d'être seul avec Agholi pour en savoir plus.

Je dis « attendons » parce que Ghorban, Oraz et moi sommes logés à la même enseigne. Chacun d'entre nous, séparément, ira soutirer des précisions au père ou à la mère, en conversation privée. Ensuite, quand l'occasion se présentera, nous échangerons nos impressions. Ainsi serons-nous tous au fait sans que le problème ait été trop publiquement exposé ; l'intimité de Raïdjab n'ayant fait le sujet d'aucun débat sur l'agora domestique.

Par contre, dans le gynécée, les langues vont bon train. Golsenem de son côté semble s'enfermer dans le mutisme des mauvais jours. Plus que de coutume, la jeune femme s'active au travail ménager dont elle a toujours assumé le plus gros. C'est elle qui a plié le couchage de la maisonnée, en a dressé la pile régulière sur les coffres-buffets de chaque chambre, a secoué les feutres de la pièce d'hôte et mis le repas en route. Pendant ce temps-là, les épouses de Ghorban et d'Oraz, occupées par d'interminables tétées, commentaient tout crûment l'éventualité d'un second mariage de Raïdjab et laissaient divaguer leur imagination quant aux changements qu'apporterait dans cette maison la présence d'une autre femme.

Nourdjemal et Nour Beka ne sont pas les dernières à se mêler à cette conversation de sérail que la présence de Golsenem, quand elle s'accroupit un instant au milieu d'elles, ne fait pas baisser d'un ton. Nourdjemal voit le mariage accompli dans les deux mois qui viennent et déclare avec assurance qu'il est grand temps de piquer et de coudre une nouvelle literie et aussi, dès aujourd'hui, de dégager le débarras où l'on met les selles pour en faire une chambre destinée à Maryam... ou à Golsenem.

Les femmes rient de tant de hâte, inconscientes de la cruauté de cette idée. Golsenem sourit avec embarras en écoutant les autres, un peu comme une sourde qui feindrait d'avoir compris un bon mot... Et puis elle se lève pour aller ajouter de l'eau sur le riz qui cuit, recharger le feu... que sais-je... s'agiter un peu, lèvres serrées et gestes brusques, les yeux embués de larmes qu'elle retient à grand peine, allant d'un ouvrage à l'autre, pendant qu'autour d'elle les hommes, à mots couverts, et les femmes, sans manière, parlent chacun de leur côté de ce qui va bouleverser sa vie.

CHAPITRE XIX

Où Golsenem s'effondre à nouveau et où Baba s'en vient,
puis s'en retourne, sans que rien ne change vraiment

Quelque chose a lâché de nouveau dans l'esprit et le cœur de Golsenem. On l'a retrouvée assise par terre dans la chambre d'Oraz, l'œil fixe, la main crispée comme une serre sur la couverture qu'elle était en train de plier. Ni les allumettes qu'Edjé lui a craquées sous le nez pour lui en faire respirer les vapeurs soufrées, ni les calottes, ni les pinçons ne l'ont fait revenir à elle. Jamais deux crises ne s'étaient succédé à si court intervalle.

La famille se trouve encore une fois plongée dans la consternation. Les hommes ont fui. Agholi, Oraz, Ghorban sont partis très tôt ce matin, laissant les femmes entre elles. Qu'auraient-ils pu faire ?

Comme d'habitude Edjé s'est mise en faction près de sa belle-fille. Les autres prépareront les repas et rangeront la maison. Mais il manque le chef de file et rien ne va normalement dans la marche des travaux quotidiens... Il n'y a plus de bois pour la cuisine, le grand plateau de cuivre n'a pas été lavé, les bébés pleurent, braillent, et se salissent plus encore qu'à l'accoutumée. Un visiteur, bien malencontreux, s'est présenté. On l'a introduit dans la pièce d'hôte et on l'y a oublié... sans thé!

A midi on émiette du pain rassis dans une soupe grasse, un reste de la veille qu'on a fait réchauffer. Seuls les enfants et l'hôte isolé y ont touché, sans appétit.

Puis l'homme est parti et les enfants ont repris le chemin de l'école plus tôt qu'à l'ordinaire.

La maison aurait pu paraître vide ou endormie, si de temps en temps ne s'en était élevé le cri déchirant jailli des lèvres de Golsenem.

Le soir a semblé la calmer. Quand Agholi et ses fils sont rentrés, elle dormait paisiblement sous la surveillance inquiète de la mère.

Morne soirée. La radio crachouillait des airs de guitare que l'irrégularité des ondes rapprochait ou éloignait. Fatigués par leur journée de chevauchée, assommés de soleil, les hommes regardaient sans les voir les moustiques tomber et s'agiter dans l'eau de l'assiette baignant le pied de la lampe. Ils écoutaient, pareillement sans les entendre, les sons brouillés que la radio lâchait par bouffées. Personne n'avait le cœur à parler. Les enfants finissaient leurs devoirs. Oraz baillait. Ghorban se retira de bonne heure.

Agholi, au fond de lui-même, remuait des pensées lourdes. Il y mêlait une confuse rancune envers son aîné, une pitié agacée pour Golsenem, un pessimisme sourd. Il se surprit même à remâcher de stupides griefs à l'encontre de Baba, d'Abdol Rahman Qari, de Maryam ! La fatigue et la lassitude étaient seules responsables de ces sombres cogitations. Il plongea dans le sommeil comme dans un lac, et bientôt la maison toute entière dormait... toute la maison sauf Edjé.

*
* *

Le thermomètre, à l'ombre, marque quarante degrés. Là-haut sur nos montagnes, le débit du qanat qui alimente le seul point d'abreuvement baisse de jour en jour. Tiendra-t-il jusqu'en octobre ?

Hier, à Ammand, on s'est encore battu au bord d'un canal. Les gendarmes prévenus n'y ont pas pu grand'chose.

Un homme est venu de Ghazenghaïe en moto. Il a réveillé le docteur cette nuit. Il tenait contre lui son fils atteint par la typhoïde. Dans son village deux autres enfants en sont morts avant-hier.

L'Atrak s'épuise. On le traverse à pied sec un peu partout. Que donnera la récolte de coton cette année ? Que deviendra le pâturage ? On dit que du côté de Routchan c'est pire qu'ici et qu'au Sistan, vers Zabol, les troupeaux n'ont plus rien à paître. Une vraie catastrophe.

*
* *

Agholi, venu ce matin, m'a invité à déjeuner : Baba est arrivé.

— *Salam aleïkum* !

— *Aleïkum es salam, o Rahmatollah wa barakatum* ! *Dobor Djon* ! Comment allez-vous ?

— Très bien, grâce à Dieu ! Et vous-même ? Et Abdol Rahman Qari ? et les enfants ?

— Bien, très bien, grâce à Dieu ! Le *qari* vous envoie son *salam.*

— Je l'en remercie... N'oubliez pas de lui transmettre le mien quand vous rentrerez !

Avec beaucoup de manières, faisant assaut de civilités, nous jouons, Baba et moi, à qui de nous deux passera en seconde position la porte grande ouverte de la pièce d'hôte.

— Après vous !

— Mais non, vous d'abord !

— Non, la maison d'Agholi est aujourd'hui la vôtre et je suis votre serviteur !... Passez, je vous en prie...

— Ce n'est pas possible : vous êtes plus important que moi ! Je suis votre sacrifié!

— Sur ma vie! Vous êtes plus âgé que moi, marié, *aq-sakkal*[1] et mollah! Je m'assiérais plutôt par terre que de passer devant vous!

A la fin nous passons tous les deux ensemble en nous tenant aux épaules.

Ooooh! Mais on dirait qu'Agholi a mis les petits plats dans les grands. Sur la toile cirée neuve, Ali a déposé comme un Saint Sacrement le service à thé des grands jours. C'est une horreur insigne en simili Limoges, rococo à souhait. Rien n'y manque, aucun poncif d'un Louis XV de pacotille n'a été oublié : dorures, bergers, bergères, escarpolette et petit marquis dans les tons de pastel rose et parme. Où a-t-on pu dénicher cette mignardise qu'accompagnent six tasses de la même veine ? On élève jusqu'aux lèvres ces ridicules récipients, en les tenant par dessous, comme les petits bols, sans utiliser l'anse si bien que cet appendice doré, étrangement convulsé, vient immanquablement encombrer la bouche de celui qui n'y a pris garde. L'ennui, avec ce service, c'est qu'il n'a qu'une seule théière assortie. On l'a réservée à Baba. Pour nous ce sera l'habituelle faïence russe, bien rouge, joufflue comme une paysanne. Je ne sais pas ce qu'en pense Baba, mais moi, je suis surpris : cette vaisselle est d'un luxe étonnant. Jamais je n'aurais cru que les coffres d'Agholi recélassent une telle merveille !

Le thé bu, on apporte le repas. « *Bismillah* » !

Pour cela aussi on s'est surpassé aux cuisines : moutons et dattes ont cuit ensemble dans du riz de premier choix. A côté de ce plat magnifique, il y a les *kebabs*, des *kofté*[2] et des soupes-sauces dans les bols. Le pepsi-cola pétille joyeusement, les glaçons tintent dans la carafe de *dough* frais aux queues d'oignons hachées. La quantité d'herbes à

1. Barbe blanche (ou grise), personne âgée et donc en principe sage et avisée à qui le respect des plus jeunes est dû.
2. Boulette de viande hachée.

croquer est telle qu'un mouton en météoriserait s'il l'avalait toute entière et les petits pains dorés et ronds s'éparpillent joyeusement au hasard.

On mange. On a mangé. Baba récite les grâces. « *Omin* ! » Et on dessert la « table ». Je me rends compte alors que sous la nappe était déroulé pour l'occasion l'abominable tapis mécanique, imitation Ispahan, que Nourdjon un jour rapporta de Meched.

C'est le camp du Drap d'Or ou je ne m'y connais guère !

Baba fait honneur au repas. Par contre il a refusé le pepsi-cola car on lui a chuchoté l'autre jour à Gonbad que la bière entrait dans la composition de ce breuvage. De plus il paraît que le directeur de la firme est bahaï. D'où une double suspicion quant à la légale consommation de ce douteux produit par un mulsulman honnête. Agholi l'ignorait évidemment. Il a été bien attrapé et le pepsi-cola est aussitôt escamoté. Ce qui n'empêche pas la famille de le liquider en douce, à la cuisine.

Mais à part cette fausse note, ô combien bénigne, les choses vont pour le mieux.

Baba semble heureux, détendu. Agholi a repris sa tapette car les mouches ont l'audace d'entrer dans la pièce d'hôte en ce jour où tant de choses importantes doivent, en principe, y être décidées... Mais le moment n'est pas encore venu d'aborder les sujets délicats. On parle du cheval et des courses, de la sécheresse, de ce grain noir... cette... avoine, qu'on donne aux chevaux à Behkadeh et qui semble leur réussir, du manque d'eau en général :

— Oui ! Même au Mazanderan ! C'est bien gênant pour le riz. Heureusement il y a des puits, mais on en a trop creusé, ils ne donnent plus comme avant !

Et on discute, discute ; Agholi, le ventre plein, s'est assoupi sur son coussin, la tapette encore à la main. Bientôt il sera temps pour moi de repartir au travail, et nous sommes toujours à parler de vaches, de coton, de voisins, d'amis, bref de tout un tas de sujets n'ayant aucun rapport avec l'objet de la visite de Baba.

Je les connais bien ces pourparlers turkmènes ! Ils vont tous attendre le bon vouloir de Baba. Il se peut même que ce saint homme ne dise rien, ni sur Raïdjab, ni sur Maryam. Ce serait alors l'équivalent d'un refus net et sans recours. Mais ça m'étonnerait ! Il ne faut montrer ni hâte, ni impatience, tout viendra à point. Oui ! ça viendra ! En attendant, moi je me ronge... et Golsenem aussi, sans doute.

Bon ! Trois heures ! Tant pis, je prends congé. Baba se lève pour m'escorter jusqu'à la porte. Agholi ouvre un œil.

— Quoi, tu pars déjà ?

... Et je reste sur ma faim de nouvelles.

*
* *

— Attends ! J'ai quelque chose à faire au village, je t'accompagne !

C'est Oraz qui me hèle en se hâtant d'enfiler ses chaussures pour me rejoindre.

— Où vas-tu ? me demande-t-il.

— Voir le *qanat* de Reza Abbad. Les *moqanis*[1] sont en train de le curer et de le prolonger un peu. C'est le moment d'y travailler pendant que les troupeaux ne sont pas là.

— Je viens avec toi !

— Mais... ne viens-tu pas de me dire que tu allais au village?

— Ce que j'y avais à faire n'est pas trop important, ça peut attendre !

Il rit d'un air farce, heureux de cet innocent stratagème dont il a usé pour être seul avec moi.

La voiture va bon train sur la piste qui sort du village.

La grande écharpe de poussière blanche qu'elle soulève poudre les malheureux trembles assoiffés qui bordent la piste. Ils sont jaunes et flétris, comme touchés par un automne précoce et malsain. Oraz s'est emparé de ma pipe. Il aime bien tirer dessus quand nous sommes tous les deux. En lorgnant vers une glace ou le reflet d'une vitre, il se rengorge un peu, fronce les sourcils, cherchant à se donner la mine sévère et importante. En général, il me la rend au bout de quatre ou cinq bouffées en se moquant de lui-même, plus content de la complicité créée entre nous que du plaisir d'avoir fumé. Jamais il ne se risquerait à cela devant son père ou ses frères aînés.

Pour l'instant il la bourre consciencieusement, l'allume et savoure les deux ou trois premières pipées, restant un moment silencieux à contempler le paysage roussi qui défile. Puis, se tournant vers moi, il me tend la pipe en même temps qu'à brûle-pourpoint il me lance :

— Baba ne sera pas d'accord !

---

1. Nom de ceux qui travaillent dans les *qanats* de père en fils depuis des générations. On peut y travailler toute sa vie sans jamais se voir attribuer ce titre très exclusif si son père ne l'a jamais eu.

Cette déclaration au dépourvu ne me surprend pourtant pas car nous ruminons la même chose depuis que nous sommes partis. Il continue :

— Tu sais bien que Baba veut Maryam pour Nouri. Crois-tu vraiment qu'il la laissera à Raïdjab ? Si ça lui était égal, c'est le *qari* qui serait monté, c'est lui le père de Maryam, non?

— Tu as probablement raison ! mais sais-tu ce qu'ils se sont dit à Congor, quand tes parents sont allés les voir ?

— La mère de Maryam a été contente. Elle voudrait bien de Raïdjab. Mais à part elle les autres disent que c'est à Baba de décider. Alors !...

— Je vois... C'est raté hein ? C'est ce que tu penses ?

— Oui !

— Baba s'est-il expliqué avec ton père ce matin ?

— Non, pas encore, il le fera cet après-midi ou demain avant de partir. Mais il dira non, c'est sûr.

J'ai envie de lui parler de Golsenem. Mais à la réflexion je préfère me taire, c'est un sujet délicat même entre Oraz et moi. Et puis, il n'est que le troisième fils, disserter sur la femme de son frère aîné ne serait pas convenable.

*
* *

A Reza Abbad, déserté par nos troupeaux, les *moqanis* s'activent dans le *qanat*.

Le *qanat* est une galerie drainante qui s'enfonce à contre pente pour capter les plus subtiles infiltrations, les moindres filets d'eau. C'est en général dans un lit de gravier que progresse le tunnel, remontant peu à peu la zone aquifère. L'eau, ainsi patiemment collectée, sort de la gueule du souterrain et va faire éclore des jardins ou abreuver des cités là où aucun puits — tels que nous les connaissons en Europe — n'aurait donné de quoi désaltérer un moineau.

De loin en loin, sur la steppe ou le désert, les cheminées d'évacuation des déblais (qui ont été d'abord des points de sondage) marquent le parcours de ce travail de taupe.

Car c'est bien d'un travail de taupe qu'il s'agit quand l'ouvrier se visse dans le sol, accroupi et maniant à petits gestes un pic à dent unique dont le manche n'est pas plus long que son avant-bras. Il s'enfonce à la verticale effleurant des deux épaules la paroi du tube qu'il fore. Puis, quand avec un instrument qui tient plus de la mesure à farine que de la pelle il a rempli le sac de cuir de déblais, il le regarde monter vers l'œil de lumière et tournoyer au dessus de sa tête. Là-haut, à l'air libre, avec le poids du soleil sur la nuque, son collègue hisse lentement la charge de boue graveleuse, en manœuvrant des pieds et des mains un tourniquet brinquebalant et geignard.

Quand le lit de gravier où l'eau circule sera atteint, les deux hommes iront, vingt mètres plus loin, faire un autre sondage. Ils aligneront ainsi les bouches rondes et noires des puits. Sur la platitude stérile de la plaine un chapelet de petits cratères réguliers marquera le cheminement de la galerie reliant la base de ce pointillé de forages.

Suivant la trace souterraine des eaux, l'homme travaille à genoux ou courbé, les pieds mordus par l'eau glacée, dans la lumière blanche et l'odeur poivrée de l'acétylène, les yeux sur sa boussole.

Certains de ces ouvrages élargis et rallongés au cours des âges sont à présent suffisamment vastes pour que des trains de bourricots y circulent à l'aise lors des travaux d'entretien. L'on dit même des plus antiques qu'ils ont été commencés au début de l'empire sur l'ordre des rois et des héros qu'évoquait Firdowsi ; que des trésors y dorment ; que des démons y veillent ; que des voleurs s'y cachent. A Chiraz des poissons aveugles jouent dans les remous de leur obscurité. Certains s'ouvrent au soleil par des portiques azurés de faïences et libèrent le joyeux miracle des eaux extraites à soixante-dix, cent kilomètres de là. D'autres ont l'haleine tiède des grandes profondeurs et l'on a peine à imaginer le titanesque labeur des hommes ou des *djinns* qui sont allés creuser leurs entrailles à presque deux cents mètres !

Technique bien plus vieille que l'Islam. Autour d'elle, dans les gestes, les coutumes, les dits et le vêtement de travail des *moqanis* flottent les réminiscences de la Religion Mère occultée. Le Mazdéisme[1] n'est pas loin quand revêtu de coton immaculé, comme un prêtre Parsi[2], l'*ostad* pénètre dans la gueule du conduit après une oraison furtive et quand il évoque les *Divs*[3] qui habitent l'obscurité des galeries où l'eau coule en silence.

Seul, dans nos parages, à pouvoir se dire *Moqani* (au sens nobiliaire du mot), Hadji Reza serait certainement vexé si l'on mettait en doute sa totale appartenance à l'Islam. Pourtant il suffit de voir comment il

---

1. Religion de l'ancienne Perse pré-islamique. Monothéisme prêché et établi par Zoroastre (Zarathoustra).
2. Personne pratiquant le Mazdéisme, membre de la communauté zoroastrienne qui s'est établie à Bombay pour fuir les persécutions musulmanes en Perse.
3. *Div*, ou *déva*, entités d'origine divine, quelquefois assimilées au Dieu dans le Mazdéisme et dont la tradition populaire a fait des démons après l'arrivée de l'Islam.

entend maintenir et sa lignée et sa caste en allant chercher à Yazd une épouse pour son fils aîné. Sa fille, il l'a donnée à un de ses pairs maître du réseau est de Meched et qui est originaire, comme lui, de Kerman.

Yazd, Kerman : oasis entre monts et désert où palpite encore la flamme des *âteshgahs*[1] et où sont toujours observés les enseignements de Zoroastre.

Les arabes, qui imposèrent le Coran à la Perse — mais évitèrent d'effaroucher les maîtres de l'eau avec leur nouvelle doctrine — se chargèrent, par la suite, de propager vers l'Occident cette façon de ponctionner les sols les plus avares. Il existe des *qanats* partout où l'Islam est passé et où le désert est proche. Il y en a à Chypre. Au Maghreb on les appelle *fogarah* ou *rhettara* et les Espagnols portèrent cette technique jusqu'en Amérique du Sud.

Les Turkmènes, eux, les appellent *karez*.

Tous les ans il faut curer l'ouvrage, et prendre garde au limon impalpable qui se dépose et finit par obstruer les arrivées d'eau (surtout dans les *qanats* neufs comme ceux de Behkadeh).

A Reza Abad, comme partout, la sécheresse se fait sentir.

L'ouvrier qui travaille au fond me crie de regarder le sac que le tourniquet remonte. Il est plein d'une étoupe grossière : racines d'une herbe buissonnante dont la verdeur suspecte détone dans le paysage altéré. Hargneuse, hérissée comme un paquet de fil de fer barbelé, cette herbe que seuls les chameaux peuvent paître envoie à plus de quarante mètres ses racines filasses dans le ventre du *qanat*, y créant des bouchons et des obstacles favorisant l'accumulation néfaste du limon.

Sur le chemin du retour, Oraz me fait remarquer que dans la troupe de gazelles qui détale devant nous les mères ne sont suitées que d'un seul faon, alors qu'il devrait y en avoir deux… Encore un signe.

*
* *

Sur la route asphaltée qui mène à Gorgan, les poids lourds passent en rugissant à une allure vertigineuse. Mastodontes impressionnants aux bâches marquées de sigles énormes et de cartouches géants frappés

---

1. Autel sur lequel brûle un feu perpétuel symbolisant la divinité zoroastrienne Ahura Mazda. Il reste encore des Zoroastriens en Iran, un « temple du feu » a même été installé dans un des quartiers neuf de Téhéran. Les Zoroastriens bénéficièrent d'une certaine sympathie de la part de la dynastie Pahlavie.

dans tous les alphabets du monde. Anglais, bulgares, coréens, turcs, français, polonais, grecs, ils vont de Bangkok à Londres, de Munich à Bombay, de Hambourg à Karachi, de Stockholm à Kaboul, sur le grand axe pan asiatique qui, partant d'Istanbul, s'enfonce à travers l'immense continent.

Des autobus de pélerins, tout claquants d'oriflammes noirs, avec des mollahs pour stewards, reviennent de Meched à grand train. Ils croisent des 2CV Citroën déguisées en Land Rover, surchargées de jerricans et de roues de secours, pare-brise et phares grillagés. Leurs jeunes passagers, en short et mal rasés, ont quitté Toulouse ou Montélimar voici quinze jours et sont tout étonnés d'être déjà là sans qu'il leur soit arrivé rien de notable. En sens inverse des Australiens en route vers l'Europe vont tranquillement en se relayant au volant. Leurs épouses à l'arrière du fourgon (qui tient le milieu entre la roulotte tout confort et le caisson étanche) font frire des œufs au bacon et réchauffer les conserves de haricots achetées avant le départ, à Canberra. Il y a aussi de reluisantes Mercedes dont les propriétaires iraniens font durer à plaisir les plaques blanches de leurs immatriculations allemandes. Les Peykan standardisées, voitures de l'Iranien moyen, passent par bancs avec de temps en temps de vieilles Chevrolet aux chassis faussés, aux roues différemment chaussées peintes en bleu turquoise. Et puis... et puis, il y a un petit bonhomme qui suce une écorce de pastèque au trot de son âne et va, jambes ballantes, le long de la route en comptant les poteaux du téléphone.

J'ai rangé mon véhicule sur le terre-plein, devant la station d'essence. Nous attendons qu'arrive un minibus, frère de celui qui emporta Agholi et sa dame la semaine dernière.

Nous nous devions de reconduire Baba jusque là.

A-t-il dit ce qu'il pensait de la proposition d'Agholi ? Je n'en sais toujours rien ! Est-il favorable à ce mariage ? Ne l'est-il pas ? Agholi ne m'en a rien soufflé. Je n'ai rencontré ni Oraz, ni Ghorban, partis très tôt ce matin. En savent-ils plus que moi ?

En ma présence, Baba ne s'est pas comporté autrement qu'un parent en visite. Aimable, souriant, disert, intéressant dans ce qu'il a pu dire et raconter, mais sans plus. Peut-être, à un certain moment de la soirée, avec Agholi, a-t-il... ?

Pour lors, dressé sur le bord de la route, dans les pans noirs de sa redingote, enturbanné de clair, il sue tout doucement, avec dignité, et guette un éventuel minibus, aidé en cela par Agholi, fusil sur l'épaule et cartouchière en sous-ventrière.

— Vous attendez un minibus ? (C'est le pompiste qui nous interpelle) ... Il n'en passera pas avant trois-quarts d'heure, vous feriez mieux d'entrer vous asseoir à l'ombre. De toute façon vous ne pouvez pas le rater : ils s'arrêtent tous ici pour faire le plein avant de continuer.

Le conseil est bon. Le propriétaire de la station y a installé une sorte de caféteria. On y trouve des biscuits, du chocolat, des cigarettes, du thé, toutes sortes de boissons gazeuses, et même de la bière et de la charcuterie sous cellophane pour les touristes.

Nous y commandons un thé. C'est du Lipton, en sachet de gaze. Drôle de thé ! Est-ce bien du thé ? En tout cas c'est rigolo ce petit truc qu'on fait nager au bout d'un fil. Ça ne vaut pourtant pas une tasse infusée à la maison. Ce breuvage n'a pas d'arôme, pas de goût non plus. C'est certainement pour tous ces *faranguis*[1] qui s'arrêtent ici se reposer quelques minutes. Eux, ils ont tout en poudre : un peu de poudre dans l'eau, hop ! C'est du thé... Encore une autre poudre, et cette fois c'est du lait... Enfin ça y ressemble.

Ce grand verre d'eau chaude colorée a porté sur la vessie d'Agholi :

— Hep ! fils ? où peut-on aller « au bord de l'eau » ?

L'adolescent mal débarbouillé en train de briquer le samovar gigantesque lui indique d'un vague coup de torchon où sont situées les toilettes.

A peine Agholi a-t-il quitté la salle que, se penchant vers moi par-dessus la table, Baba me prend la main :

— Bon.. Vous savez pourquoi Agholi est venu à Congor vendredi ?

— Bien entendu, pour voir, heu... le cheval et les courses... et aussi pour faire des achats à Gonbad.

— Mais non ! Vous le savez très bien que c'est à cause de Raïdjab !

— Je n'osais pas vous en parler, c'est le travail d'Agholi de s'occuper de ça.

— Hé ! Baba sourit comme si je venais de dire une plaisanterie... du travail pour Agholi certes, mais vous y êtes un peu associé, non ? Alors écoutez-moi, dites à Agholi que le *qari* veut bien lui donner sa fille, mais pas pour Raïdjab. Nourdjon va bientôt être en âge. Dites-lui que pour Nourdjon, mon frère et moi serions très contents. Nous sommes

1. Francs, autrement dit, les Européens.

parents, du même clan... Oui ! ce serait très bien. Mon fils peut attendre encore un peu et Abdol Rahman Qari a d'autres filles. Mais ce que nous ne voulons pas c'est que Maryam soit l'épouse seconde de Raïdjab.

Il se tait un long moment, comme pour me laisser le temps d'assimiler ce refus désolé et d'en comprendre le bien-fondé. Puis il reprend en secouant doucement la tête :

— Non ! Pas l'épouse seconde. Ça ne serait pas bien ; pas honorable pour nous. J'espère que vous n'êtes pas en colère ? Si cela était, je vous demanderais de me pardonner, mais Dieu sait que nous ne pouvons faire autrement. Nous ne pouvons pas donner Maryam comme deuxième femme de Raïdjab !... Ha ! Si ç'avait été pour Nourdjon !

Ainsi pendant tout le temps passé sous son toit, Baba n'a rien dit à Agholi ! Et c'est moi qu'il charge, au dernier moment, de lui transmettre ce refus qu'il ne sait comment présenter sans blesser ! Je ne sais trop que dire. Baba s'y méprend et me croit vraiment fâché. Je le rassure aussitôt.

— Non, non ! je ne suis pas en colère. Du tout ! C'est vous qui devriez nous excuser de vous avoir demandé quelque chose que vous ne pouviez pas nous accorder. Nous aurions dû y penser plus tôt. Ne craignez rien, je dirai tout cela de votre part à Agholi.

Agholi revient. Il nous fait signe, à travers la vitre, qu'un minibus arrive.

Oui, il y a de la place. Oui, il va à Kelaleh !

Baba s'y installe, rappelle qu'il nous attend vendredi prochain, sans faute, et nous fait de grands au-revoir cordiaux quand le véhicule démarre.

*
* *

Pendant tout le trajet de retour vers Behkadeh, Agholi n'a pas dit trois mots. La voiture roulait déjà entre les premières cultures et nous avions dépassé la bergerie de Ghader quand il a posé sa question, à mi-voix, d'un ton détaché, comme si son cousin venait à peine de nous quitter; comme si nous ne venions pas de faire presque quarante kilomètres en silence.

— Que t'a dit Baba ?

— Comment ça ?

— Il ne t'a rien dit ?

— Si... mais comment le sais-tu ?

— Je vous ai vu parler pendant que j'étais dehors.

— Pourquoi n'es-tu pas rentré ?

— C'était mieux que je reste dehors. Non ?... Alors, que t'a-t-il dit ?

Ah ! Mon tempérament d'Occidental a bien à apprendre! Ou alors je n'ai pas encore acquis mon comptant de sagesse !

Voilà un homme préoccupé depuis de longs jours par une question absorbant toutes les pensées et alimentant les espoirs et tous les conciliabules de sa maison. Celui qui doit trancher vient chez lui. Il y mange, y passe une nuit, y vit pendant vingt-quatre heures et parle de tout, sauf du motif de sa visite. Et pendant tout ce séjour, Agholi ne cherchera pas à mettre son hôte en face du problème. Bien mieux, il se gardera de la moindre allusion, de la plus discrète des perches tendues ; de tout ce qui pourrait faire pointer le bout de son impatience. Il attend que l'autre se décide. Et comme ce dernier n'a même pas fait mine d'effleurer le sujet, il l'accompagne malgré tout, comme un visiteur de marque, jusqu'à son embarquement, lui souhaitant bon voyage, sans faire montre du plus petit signe de dépit.

Le comportement de Baba n'a pas été moins délicat. Le voici arrivant chez Agholi, embarrassé d'être porteur d'une réponse qui, il le sait, décevra son parent. Or il y a bien longtemps qu'il ne s'est pas rendu chez ces cousins. Sans nul doute, il aurait souhaité un autre prétexte à sa visite. Il se taira donc là-dessus jusqu'au dernier moment, préférant parler de sujets divers, sachant que, sa décision exprimée, il ne pourrait plus être question d'autre chose. Les cœurs ne seraient plus aussi à l'aise et derrière chaque sourire, chaque amabilité, il y aurait l'ombre de la contrainte. Alors, il gardera le refus qu'il porte afin que, jusqu'au bout de son séjour, personne n'ait trop à se forcer pour être à l'unisson. Que faire d'autre ?

Agholi et Baba avaient joué leur partie avec toute la diplomatie dont ils étaient capables. Baba, en se servant d'un intermédiaire, sauvait la face en ne s'exposant pas à une discussion éventuelle toujours désagréable. Il ménageait aussi celle d'Agholi en lui évitant la tentation d'une plaidoirie dégradante.

— ... Baba a raison ! Maryam pour Raïdjab, ce n'est pas possible. J'ai eu tort de la demander.

Jusqu'à la maison Agholi restera muet, plongé de nouveau dans ce souci qui a pour nom Raïdjab. Et moi, je vois s'ouvrir pour mon ami et devant nous une quête qui sera plus difficile que je ne le croyais.

CHAPITRE XX

Traîtrise !

Toute la semaine Raïdjab a nomadisé, couchant ici ou là au bonheur de la route, pour ne pas être en présence de Baba et de son frère. Agholi ayant fait la demande, il n'était plus séant de rester sous le même toit que Maryam, quelle que fût la réponse de Baba.

Au cours de ces trois semaines il avait eu le temps de rencontrer et de connaître d'autres garçons, venus comme lui tenter leur chance sur les pistes de Gonbad. Il n'eut donc aucune difficulté à s'intégrer dans une de ces bandes de cavaliers errants qui vont par la plaine pendant la semaine, et se regroupent le vendredi autour de leur *séïs*.

Cette vie de meute avait bien des charmes mais ne valait pas la tranquillité, la quiétude et les repas copieux, avantages d'une bonne maison.

Le cheval toujours aussi fringant et lustré paraissait ne pas souffrir de ce changement. Raïdjab, au contraire, avait pris sur les pistes, le teint, la vêture et le fumet communs à tous ces routiers. Sa barbe, peu fournie, se hérissait par plaques sur ses joues tannées. Dans sa face noircie comme celle d'un Baloutch, ses yeux gris paraissaient encore plus clairs. Il avait maigri. Sa chemise et son pantalon promettaient bien des efforts à la femme héroïque qui entreprendrait de leur redonner leur couleur d'origine.

Dans cette troupe qui, en d'autres temps, aurait pu faire un escadron de brigands très présentable, l'ambiance était bien différente de celle qui régnait dans la dévote maison de Congor. Le benjamin de ces garçons en liberté n'avait pas dix-huit ans et l'aîné atteignait à peine la trentaine. Le fait d'être ensemble, réunis par leur passion — par ces chevaux qui caracolaient sous eux — leur faisait oublier sans mal tout le reste.

La famille par l'intermédiaire d'un cousin, d'un frère, d'un voisin, les ravitaillait à l'occasion. Le vendredi, l'envoyé comptait gravement quelques billets gris ou verts, fruit d'une saignée bien peu raisonnable dans les finances paternelles. Mais ils n'en avaient cure et, sitôt la course jouée, adieu famille, adieu parents ! Ils repartaient sur les routes, allant des rives mornes de la mer aux soulèvements des premières collines. Ils profitaient de toutes les aubaines, eau du canal, herbes sauvages, hospitalité providentielle. Ils marchandaient tout ce qu'il leur fallait acheter : l'orge pour leurs chevaux, le pain, le thé et la poule quand ils ne pouvaient pas la voler. Ils cuisaient leur riz en commun et couchaient à deux ou trois sur la même couverture au pied des étalons entravés.

Ils ne bridaient leur fantaisie que lorsqu'il s'agissait de l'entraînement des chevaux. Les directives de leurs *séïs* étaient sacrées, respectées scrupuleusement. Si les pâturons de leurs champions devaient être massés au beurre deux fois par jour, le beurre fondait en frictions plutôt que dans la marmite. Si un temps de galop était nécessaire, le cheval galopait. Au contraire si tout effort était déconseillé, l'animal restait en arrière quand la troupe s'envolait dans une gerbe de cris, de rires et de moqueries.

En cette compagnie, Raïdjab passa une semaine somme toute assez joyeuse. Ceci lui permit d'attendre sans trop d'impatience que parvienne l'écho des transactions que nous menions pour lui. Il s'offrit même l'extra d'une bordée à Gonbad en compagnie d'un jeune Yomout de la frontière, d'un Noghorli de Djergalam et de deux autres Goclanș de Ghazenghaïe. Après avoir traîné dans un de ces troquets où, rideaux tirés, on sert de la vodka pour arroser de minuscules brochettes, ils allèrent tous ensemble au quartier réservé, à l'autre bout de la ville, près des fours à briques. Là, pour quelques centaines de rials, on passe en quelques minutes et en série sur le ventre de prostituées flasques et ennuyées, au fond d'arrière-cours cafardeuses. Ils en ressortirent le *telpek* en bataille, les poches vidées après s'être un peu colletés avec le protecteur de la dame qu'ils avaient honorée.

— Deux cent cinquante rials pour cette vieille ânesse ! Il s'était moqué d'eux ce placenta de chienne morte !

Au soir de ce jour faste, comme tous les errants de sa sorte, il conduisit Kara Mach au champ de courses pour passer sur place la nuit du jeudi au vendredi .

Le matin en se réveillant, il s'aperçut, atterré, qu'il n'était plus question de faire courir le cheval.

Les jambes de l'animal avaient perdu en une nuit leur ligne et leur nervosité. Le poitrail et tout l'avant-train étaient vilainement enflés, boursouflés. La peau, devenue semblable à celle de quelque bête noyée, gardait l'empreinte du doigt qui la palpait, comme un fruit trop mûr. Le Noir ne pouvait pratiquement plus avancer et déjà apparaissaient des plaies rosâtres d'où suintait un liquide clair et poisseux.

C'était la consternation.

Aïd Morad, requis, se gratta la tête, plein de perplexité.

— Hier ce cheval était sain, aujourd'hui le voilà bouffi et endolori. Et puis, c'est curieux, il n'y a que l'avant qui soit touché... Et encore, pas tout entier, le cou et la tête n'ont rien. Mais voyez les membres et le poitrail !

— Peut-être un serpent ? risqua un badaud.

— Ridicule ! On sait bien ce qu'est la morsure d'un serpent. Un seul membre serait enflé, la poitrine à la rigueur, mais pas l'autre patte !

— Un sort ! lança un autre.

— Ça ... ça se pourrait bien… ou alors on a empoisonné le cheval ! Eh ! Raïdjab ! C'est toi qui lui as donné l'orge à chaque fois hier ?

— Heu ... non ... j'étais à Gonbad, je l'avais confié à Oteuz.

— Fils ! Quand on a un cheval comme le tien, on ne se risque pas à ça ! Souviens-t-en !... Oteuz! Eh, Oteuz! Qu'as-tu donné à ce cheval hier soir ? Du savon ? De l'orge souillée par une femme qui a ses lunes ?

— Moi ?... Par le Coran ! je te jure que je n'ai rien donné d'autre que de l'orge tamisée ! Tiens, regarde : je l'ai prise sur ma propre provision. J'ai donné le même grain au mien. Raïdjab, cher Raïdjab, que je te sois sacrifié ! Pourquoi aurais-je fait ça ? Mon cheval ne court pas cette fois, je ne l'ai pas inscrit, je n'avais rien à craindre du tien !

Aïd Morad ne savait visiblement que penser. Il ausculta les membres enflés, tâta les articulations.

— Il vaut mieux qu'il ne bouge pas. Je vais prévenir Hadji Séïd Niaz. Il s'y connaît lui aussi.

Le *hadji* s'en vint. Si sa taille égalait son arrogance il dépasserait, j'en suis sûr, le faîte du mausolée de Kavous qui pointe au bout du champ de courses. Du haut de son mètre et demi que surmontait l'inévitable chapeau mou, il semblait, en s'avançant, questionner l'assistance :

— Quoi ? qu'y a-t-il de si grave pour qu'on me dérange ?

On s'est écarté avec respect devant ce nabot vaniteux qui n'en est pas moins l'un des hommes les plus fortunés de la région : gros propriétaire foncier, très connu des milieux hippiques du Mazanderan et de la capitale ; ses chevaux, Yomouts comme lui, se placent dans presque toutes les épreuves où ils sont inscrits. Sur le champ de courses, il est aussi impérieux que sur ses propres terres.

Devant le Noir il rajuste ses lunettes, se penche un peu, écarte les feutres et d'un air pincé, regarde sans toucher.

— Hum ! Hum !... Je vois... Qui est le propriétaire de cet animal ?

Raïdjab, à la fois ému et inquiet, se présente.

— C'est moi… vous savez ce qu'il a ?

— Je crois que oui. C'est une maladie très rare. Je ne l'ai vue que deux ou trois fois dans ma vie. En Russie !

Murmures dans la foule :

— Une maladie russe ! Vous parlez d'un cas !

— Et c'est très grave ?

— Si c'est grave ! C'est TRÈS GRAVE ! Ça va lui prendre le dos, puis le cou, enfin les reins et les oreilles. Ensuite il enflera très fort à la base de la queue et ne pourra plus bouger du tout. Il mourra sûrement !

L'assistance médusée émet des « Tttt… » compatissants et des « Beh ! » d'étonnement. Raïdjab, lui, est décomposé, livide sous son hâle et sa crasse.

— Il n'y a rien à faire ?

— Rien ! Sinon attendre. Peut-être qu'il guérira mais ce serait un coup de chance.

Le *hadji* s'est tu un moment, observant d'un air compréhensif Raïdjab qui déglutit péniblement le verdict. Puis, parant ses lèvres étroites du sourire las de celui qui n'a que trop l'habitude de secourir son prochain, il a ajouté :

— Voici ce que je te propose : je t'achète le cheval. Comme ça tu n'auras pas tout perdu. Moi je courrai le risque qu'il meure. Ça sera moins grave pour moi que pour toi. Bien que je pense qu'il mourra. Enfin ! On ne sait jamais. Mais s'il plaît à Dieu... !

Autour d'eux régnait un silence attentif. Hadji Seïd Niaz se mit à essuyer ses lunettes rondes au pan de sa veste à carreaux et rajusta son chapeau mou.

Raïdjab réfléchit. Cette proposition lui paraissait curieuse. Il avait la vague impression que , malgré sa notoriété et ses titres de *hadji* et de *séïd* qui auraient dû être une garantie, son air sérieux et son offre faite d'un ton noble, l'autre se moquait de lui et cherchait à le flouer. Il y avait quelque chose d'anormal dans cette idée d'acheter un cheval que l'on condamnait. Aussi, avant de donner sa réponse, préféra-t-il avoir d'autres avis. Et puis il fallait m'en parler d'abord, car je pouvais avoir également une idée là-dessus. C'est d'une voix raffermie qu'il s'adressa à nouveau au *hadji* .

— Je vous remercie, cher *hadji*, mais ce cheval ne m'appartient pas tout entier. Il faut que j'en parle à mon associé, c'est un Français. Il va venir aujourd'hui. Je vous préviendrai s'il est d'accord.

Le demi-sourire d'Hadji Séïd Niaz s'éteignit tout soudain.

— Bon, nous verrons cela... Mais peut-être ne l'achèterai-je pas, après tout... Enfin, prévenez-moi si cet étranger veut le vendre ? C'est pour te rendre service que je te proposais cela. Pour te rendre service uniquement !

*
**

Il était midi quand nous passâmes les grilles du champ de courses. Baba, Abdol Rahman Qari, Agholi s'étaient retrouvés ce matin à Congor et salués cordialement comme si rien n'était intervenu entre eux cette semaine.

En voyant Raïdjab venir à notre rencontre avec une mine sinistre, nous comprîmes que quelque chose n'allait pas.

Devant le cheval, Agholi, comme nous tous, ne sait que dire.

Baba s'est accroupi devant l'étalon. Ses deux mains remontent tout doucement du boulet au bras, cherchant l'indice que le toucher pourrait révéler et que l'œil n'aurait pas saisi. En vain. Il se relève. Ses mains sont poissées par la sueur et l'exsudat des minuscules cloques qui déchirent l'épiderme de la bête. Un enfant-jockey lui tend une serviette. Il va s'y essuyer quand, par je ne sais quel réflexe, il flaire l'extrémité de ses doigts. Puis il prend la serviette et s'essuie sans mot dire. L'enfant et les curieux écartés, il nous fait signe de venir près de lui.

— Du pétrole ! On a enduit les pattes et la poitrine du Noir avec du pétrole ! Sans doute cette nuit, pendant que tu dormais Raïdjab ! Ça l'a brûlé !

Raïdjab est devenu terreux, gris de rage. Agholi le retient de justesse alors qu'il s'élance vers la tente du *séïs* pour y crier à l'infamie, au complot, faire un scandale — que sais-je ? — menacer de couper les oreilles d'Hadji Séïd Niaz !

— Ah, une maladie russe !... qui va tuer Kara Mach ! Ah ! le païen! Ah! l'eunuque ! Que son père brûle au fond de la septième géhenne !

— Ça ne servira à rien ! Là, calme-toi...

Baba cherche à se faire entendre, mais une colère froide submerge Raïdjab. Il est sourd à tout ce qu'on lui dit. Si on le lâchait, c'est certain, il s'en irait comme un automate, droit à la tribune d'honneur pour y assommer le *hadji* !

— Ça ne servira à rien ! Comment peut-on savoir qui l'a fait ? Crois-moi, il vaut mieux partir et ramener le cheval à Congor, il faut le soigner, c'est ce qui est le plus urgent. Si tu pars tout de suite tu seras à Congor dans trois heures. Mais va doucement. La peau seule est brûlée, les tendons et les muscles n'ont rien. Va ! Chez nous on s'en occupera.

Peu à peu Raïdjab revient à lui.

Agholi fait évoluer le cheval au bout de sa longe. Elle marche la pauvre bête, à petits pas, tenant écartées les deux membres à vif. L'effort est pénible mais elle avance quand même. Du tas d'affaires éparses, Raïdjab extrait sa selle et son harnais. Avec la voiture, je rapporterai les feutres et les fontes.

Quelques minutes plus tard Kara Mach prend le chemin du retour sans que Raïdjab ait songé un seul instant à s'enquérir du résultat de la visite de Baba à Behkadeh.

Puisque nous sommes là nous regardons la course, sans enthousiasme.

Hadji Comac a encore gagné, comme gagnent dans leurs épreuves Hadji Séïd Niaz et le docteur Djahani. On retrouve aussi le colonel X et le commandant Z... Toujours les mêmes !

C'est bon! nous avons compris : tous les colonels Iskandar Lechcari du monde pourront faire miroiter devant nous jusqu'aux bijoux de la couronne, ils ne nous y reprendront plus ! Le Noir ne redescendra plus jamais ici !

Mais que font donc Agholi et ses cousins ? Ils discutent avec un drôle de bonhomme, tout rondouillard, un brillant au petit doigt et la chemise pendant par-dessus son pantalon. Ils m'appellent ? L'autre, la main sur le cœur, m'adresse un sourire de chanteur napolitain... Bon ! j'arrive !

— Bonjour Monsieur l'ingénieur. C'est bien comme ça qu'on dit en français? Hein ? Bonjour Monsieur l'ingénieur !... Aaaah ! je savais ! je savais ! Mais... Ah ! Ah ! Ah !... c'est tout ce que je sais dire dans votre si belle langue ! Il faut m'excuser !

... Je me nomme Agha Soltani : Agha Abbas Soltani ! Votre serviteur ! Et je suis très, très content de vous connaître...

— Et... moi de même !

— Voilà !... J'étais ici vendredi dernier et l'autre vendredi : je suis ici tous les vendredis. J'ai vu votre cheval noir, c'est une jolie bête. Son Altesse le Prince S. l'a vu lui aussi et il a dit « très jolie bête! » ...Or, Son Altesse me fait l'honneur de me confier l'achat de ses chevaux. Je suis donc venu — et j'espère que vous aurez la très grande amabilité de ne pas m'en tenir rigueur et d'excuser la liberté que je prends — vous demander si le vôtre, par extraordinaire, était à vendre... Vous savez Son Altesse est un parfait gentleman !... Comme vous certainement !...

Dans le dos du sémillant personnage les mines peu réjouies d'Agholi, de Baba et d'Abdol Rahman montrent leur inquiétude. Visiblement ils se demandent comment je vais bien pouvoir me tirer de ce traquenard avec diplomatie. La réponse est pourtant très simple. Et c'est en réprimant l'ironie qui me porterait à rire au nez du sieur Abbas Soltani que le plus sérieusement du monde je les rassure :

— Ah ! comme c'est dommage, cher Agha Soltani ! Je suis vraiment désolé, car je serais bien en peine de vendre ce cheval à Son Altesse. Figurez-vous qu'il vient d'être atteint d'une maladie russe et qu'Hadji Séïd Niaz vient de le déclarer mourant. Vous comprendrez que je ne puisse céder un animal aussi mal en point. Ce serait malhonnête. Surtout vis à vis du Prince. Soyez sûr que je le regrette ! Sans doute bien plus que vous !

*
* *

Nous sommes déjà à Congor depuis une bonne heure quand Raïdjab arrive à son tour.

Le savon doux que j'ai préconisé pour laver le cheval est rejeté avec horreur. J'ai dit une énormité. Du savon ! Cette chose tout à fait artificielle ! Et même s'il est dit sur son emballage que l'utilisateur aura la peau « veloutée et semblable à celle d'une jeune fiancée », ce n'est bon que pour les humains ça ! Pour les chevaux il faut quelque chose de bien plus délicat : du yaourt ! Rien ne vaut le yaourt ! J'ai peut-être quelques lumières zootechniques, mais eux, Turkmènes, ne vont tout de même pas s'en laisser compter en ce qui concerne les chevaux !

Nouri est donc envoyé, avec un seau, collecter chez les voisins et les amis le plus possible de yaourt, et promptement !

Il en revient vite avec son seau plein, accompagné bien entendu par tous ceux qui ont aidé à le remplir. Autour du cheval, les commentaires s'échangent et s'accompagnent de hochements de tête désolés. Mais ici à Congor, l'indignation devant la déloyauté de l'attentat est à son comble.

C'est que Kara Mach était devenu le champion du village et Raïdjab, le matin, quand il l'étrillait, rajustait ses feutres, l'affourageait, n'avait jamais manqué d'aides bénévoles et admiratifs.

Il suffisait que l'étalon soit nu quelques minutes pour qu'aussitôt se forme autour de lui un cercle de gamins accroupis. Dans leurs yeux brillait un même désir et un même rêve : serrer entre leurs genoux les flancs du coursier.

Certains jours, le temps d'une séance d'entraînement, Raïdjab le confiait à l'un d'entre les plus grands, donnant à l'élu toutes les indications relatives au circuit et aux allures. L'enfant était alors trop pénétré de sa responsabilité pour qu'on eût à craindre de sa part la moindre fantaisie. Alors il s'en allait doucement, au pas, entre les murs des vergers, menant l'étalon vers la sortie du village sous les regards envieux, ou escorté par les plus mordus qui suivaient à travers champs, à pied ou à dos d'âne (quand ce n'était pas à bicyclette).

Devant son leader si cruellement diminué, la petite cour de Congor est effondrée. Les gamins au premier rang et leurs pères, derrière eux, profèrent à voix basse des malédictions sourdes envers ceux qui se sont avilis dans cet acte qu'un *kafir*[1] n'aurait osé perpétrer.

Un vieil *akhund* décrépi, doyen du village, s'est même détourné de l'itinéraire immuable qui le conduit depuis des années de chez lui à la mosquée et de la mosquée à chez lui. Il s'est assis sur une chaise apportée je ne sais d'où en face de Kara Mach que Raïdjab et Nouri oignent de yaourt avec précaution.

Abdol Rahman et Baba ont encadré le géronte outré qui marmonne en agitant devant lui une canne tremblante.

— Que dit-il ?

— Il dit que du yaourt de lait de chamelle serait bien meilleur.

C'est bien vrai ! L'assistance approuve, unanime, et renchérit sur le bien fondé de cet avis ! Malheureusement, il n'y a pas de chamelle à

1. Païen, incroyant.

Congor. Les Yomouts, eux, ont l'habitude de traire cet animal, mais par ici ils ne le font plus guère. En pays d'Atrak c'est encore pratique courante, vers la frontière chez les Gholaqs, les Dueudjis ou les Atabays... Mais les Yomouts qui se trouvent à Congor — quelques familles Djafarbay — ne traient pas puisqu'ils n'ont plus de chameaux. Quelqu'un signale pourtant qu'une famille Yomout à Kelaleh a gardé deux chamelles. C'est tout près, en une demi-heure avec une moto on peut y aller et en revenir !

Sitôt dit, sitôt fait ! Trois gars ont sauté en selle sur une grosse moto et les voilà partis pour Kelaleh, espérant s'y procurer l'onguent miraculeux.

Pendant ce temps-là Raïdjab continue de laver les membres de Kara Mach avec ce que nous avons à notre disposition.

Cela semble le soulager un peu. Le cheval ne recule plus devant la main qui s'approche, il se laisse faire docilement. Après le dernier rinçage, les badauds s'en vont. Reste, sur le petit mur, l'équipe de gamins, pareille à une assemblée de grenouilles accroupies au bord de leur mare.

Baba, le *qari*, le vieil *akhund* et Agholi sont entrés boire le thé. Raïdjab et moi restons dehors à attendre le retour des motards.

J'en profite pour lui résumer la visite de Baba. Raïdjab accuse le coup à sa façon :

— Il a dit non ? Ça ne fait rien ! Pfftt !... Que croient-ils ? Qu'il n'y a que leur fille au monde ! Ils peuvent bien en faire des conserves et la garder vierge toute sa vie s'ils le veulent ! Ça ne fait rien, répète-t-il, à Inché Païn ce ne sont pas les filles qui manquent... et moins chères qu'ici !

Il rit en me disant cela. Un rire qui ressemble fort à celui qu'avait Golsenem face à l'involontaire cruauté du gynécée. Il essaie de donner le change. Ah ! mon frère, en France on dirait que tu ris jaune !

Déçu ? Il l'est, assurément, mais il me paraît surtout vexé. Je n'ai pas l'impression de me trouver devant un amant éconduit. On dirait plutôt qu'il boude.

Mais puis-je vraiment savoir ce qui se passe dans son âme ? Je les ai si souvent vus, lui et ses semblables, cacher leurs sentiments, même les plus naturellement exprimables, que je serais bien en peine de dire si ce qui le remue en ce moment est une grande tristesse, de la colère ou tout simplement du dépit.

Paradoxalement, il m'a semblé plus touché, tout à l'heure, par ce qui est arrivé au cheval. Kara Mach compterait-il plus que Maryam ?

Quoiqu'il en soit, Raïdjab n'est pas d'humeur à trouver la vie présente agréable et exaltante. Rageusement il plie les feutres qu'il a sorti de la voiture. Il va ranger les fontes, sa selle et son harnais sous la véranda de la maison, cherchant visiblement à être occupé pour ne reparler ni de Maryam ni du cheval.

*
* *

Abdol Rahman apparaît sur le pas de la porte :

— Venez, le thé est prêt !

Raïdjab fait signe qu'il n'en veut pas, qu'il lui faut mettre de l'ordre, affourager le cheval, tamiser l'orge, puiser de l'eau. Qu'il n'a pas le temps de boire du thé.

L'heure passe. Nouri a raccompagné l'*akhund* chez lui. Autour de la nappe du thé nous cherchons une solution, cet imprévu a bouleversé tous nos plans.

Nous avions pensé que, dès ce soir, Raïdjab partirait pour Dané, le village du fourreur. Un beau-frère de nos hôtes — de Baba ou du *qari,* je ne sais plus — l'y aurait hébergé. Car pour la même raison qui a poussé Raïdjab à nomadiser cette semaine, il ne lui était pas possible de passer cette nuit à Congor. De Dané, en deux petites étapes, par la vallée de Peychkambar dont la rivière est le principal affluent du Roud-e Gorgan, il aurait rejoint Behkadeh dans l'après-midi du dimanche. Je me chargeais de ramener le plus gros du matériel, feutres en doubles, bâche, vêtement, afin que l'équipage soit plus léger et que le parcours se fasse sans fatigue. Kara Mach immobilisé, il nous faut revoir cela.

— Pourquoi vous tracasser, dit Baba. Laissez donc le cheval ici. Il n'a besoin de rien d'autre que de repos. Il y a toujours quelqu'un à la maison pour lui donner de l'orge et du fourrage. Il reste encore la moitié de la luzerne que vous avez apportée. S'il avait fallu le monter tous les jours, comme ces temps derniers, je ne l'aurais pas proposé, mais, tu sais, Agholi, que ça ne nous dérange pas... et puis, que veux-tu faire d'autre ? Le ramener à pied dans l'état où il se trouve ? Fais ce que je te dis : dans une semaine, quand il sera guéri, envoie Raïdjab le chercher. N'est-ce pas le mieux ?

Ce que propose Baba est, en effet, le plus raisonnable. Nous ferons ainsi, quitte à le dédommager d'une façon ou d'une autre plus tard.

Pendant ce temps la moto est revenue.

A la bonne heure ! Nos trois motards ont trouvé du yaourt ! Il faudrait être aveugle pour ne pas s'en apercevoir !

Celui qui se coinçait entre ses deux camarades et a été chargé de tenir l'outre en peau de bique contenant le précieux laitage, en est tout dégoulinant. Le dos de la veste du conducteur n'est pas dans un meilleur état. Seul le troisième passager semble avoir échappé au plus gros de je ne sais quel débordement.

Le lait de chamelle a la propriété de fermenter avec une telle rapidité que, dans les heures qui suivent la traite et si l'on n'y prend pas garde, la jatte crémeuse oubliée dans un coin se transforme en une mousse aigre qui se répand sournoisement à l'entour .

Le transvasement dans l'outre, la chaleur, les cahots de la route n'avaient que trop favorisé cette tendance expansionniste et, pendant tout le trajet, désespérément, le yaourt avait cherché à s'échapper de sa prison de peau. L'outre bientôt prête à éclater, il fallut desserrer un peu le nœud de cuir qui la fermait. Bien entendu, conscients de l'urgence de leur mission, pareils à des ambulanciers dont chaque minute est précieuse, nos gars ne s'arrêtèrent pas pour procéder à cette évacuation, des gazs excédentaires. Mal leur en prit : un geyser à odeur de fromage aspergea généreusement les deux premiers occupants de la moto. Le troisième n'eut que des embruns !

Et les voilà, tout poissés, embaumant le petit lait sûri, déjà entourés par un essaim de mouches alléchées, rigolards et réjouis comme de grands gosses après une partie de tarte à la crème, sans souci de leur beau costume à carreaux caca d'oie.

— Payer le *mâst*[1] ! Vous plaisantez ! Et puis les Yomouts ne l'ont pas fait payer non plus quand ils ont su pour qui c'était... Un de leurs chevaux courait aujourd'hui à Gonbad et ils ont appris ce qui est arrivé au Noir.

Nous avons donc laissé Kara Mach aux soins des cousins, ramenant Raïdjab avec nous. Triste retour. Qu'il était frais, glorieux et pétillant ce petit matin de printemps... il y a un mois... il y a longtemps.

---

1. Yaourt.

CHAPITRE XXI

Où les mollahs de Peychkambar
se montrent sous un jour qui en surprendrait plus d'un

Juillet flambait. Sous l'incendie du ciel, la terre se desséchait chaque jour davantage. La steppe reprenait la teinte rousse et grise que seul le printemps lui fait perdre pendant quelques semaines. Il n'y avait plus d'espoir qu'une pluie la vienne reverdir.

Mortes les graminées chevelues, mortes les centaurées jaunes qui, d'ordinaire, étiraient jusqu'à l'août leur floraison de soufre. Morte la source de Tchik-Tchiki. Mort le *qanat* de Chour Sou. Le tournesol sur les montagnes, vers Gollidagh, s'était racorni sous les ardeurs de la canicule. Et sur Takhte Iran, malgré les soins qu'on pouvait leur donner, les troupeaux s'étiolaient, rongés par une vermine tenace qui semblait renaître dès le lendemain des traitements.

Les agneaux souffraient plus que les adultes. Les tiques leur inoculaient une sorte de pneumonie qui, si je n'y avais pris garde, aurait eu tôt fait de les décimer.

Vers la mi-juillet, je dus me résoudre à faire descendre en plaine toute la génération de l'année, afin qu'avec les chaumes de céréales elle puisse trouver un meilleur pâturage, plus riche que les prairies naturelles devenues trop coriaces.

Devais-je me plaindre ? J'avais à ma disposition un pâturage de bien mauvaise mine, mais réservé, géré, économisé, dont les forces et les ressources se refaisaient d'année en année depuis la fondation du projet. Les fenils débordaient de luzerne fauchée en juin et juillet de l'année précédente que, par bonheur, nous n'avions pas vendue. Venait s'y ajouter celle de cette saison obtenue grâce à nos possibilités d'irrigation, diminuées certes, mais encore valables. Orge, maïs, graine de coton ne nous feraient pas défaut. Les soins que je prodiguais et la pharmacopée vétérinaire limitaient les dégats.

Mais à côté de nous, autour de nous c'était la débâcle.

Les nouvelles qui nous parvenaient du reste du Khorassan ne parlaient que de ça ! Que resterait-il des troupeaux baloutchs ? A Meched, sur le marché, on vendait la paire d'agneaux mille rials, cinq cents rials : une misère !

Hadji Ghorban Chaadi vint un jour me trouver. Il espérait que je pourrais enrayer la clavelée[1] qui décimait son cheptel.

Son enclos donnait un bien triste spectacle ! Et c'était là le troupeau d'un sédentaire, d'un notable parmi les plus aisés du canton. J'imaginais trop bien ce qui devait se passer du côté de Routchan, chez les Kurdes en estive. Leurs pâturages, râpés jusqu'aux racines, pouvaient-ils aider les animaux à survivre à leur parasitage chronique ; à surmonter les épidémies ? Dans quel état allaient-ils nous revenir, tous ces nomades, au début de l'automne[2] ?

Dans ces conditions la semaine passa très vite pour moi. Je n'eus pas le loisir d'entretenir avec Agholi et les siens de trop longues conversations et le soir, je rentrais abruti de chaleur, de fatigue, abrégeant la durée de mes veillées.

Si bien que je fus presque étonné lorsque Raïdjab vint me dire qu'il se préparait à redescendre à Congor afin d'en ramener le cheval.

— Déjà !

— Comment déjà ! Voici dix jours que nous sommes rentrés. Kara Mach doit être bien à présent.

*
* *

La nuit de Peychkambar est douce et tiède comme une haleine. Il y a des lucioles dans le taillis de grenadiers et le grand figuier qui pousse contre la mosquée laisse couler sur la place une exhalaison d'épices discrètes. Les bois sont proches et des milliers de rossignols s'y égosillent en roulades éperdues. Au beau milieu de l'esplanade, devant la maison, on distingue la grande ombre de Kara Mach, debout et immobile.

---

1. Variole des ovins.
2. La sécheresse de 1972 fut plus catastrophique encore en Afghanistan. La famine terrible qui en résulta fut une des causes de la déposition de Zaher Chah.

Raïdjab veille encore malgré l'heure tardive. A côté de lui le fils de Hadji Berdi Akhund dort sur le dos, les mains sur le ventre, sa curieuse barbe à frisettes étalée comme un bavoir.

Raïdjab est arrivé à Peychkambar en début d'après-midi. Il lui fallait s'arrêter. L'étape était suffisante.

Un minibus providentiel l'avait déposé à l'entrée de Congor. Certains se risquent sur les chemins hasardeux qui relient les villages quand le temps sec laisse présager un sol ferme. Jamais il n'aurait cru arriver si tôt. Du coup, l'espoir bien mince de passer une nuit à Congor s'évanouissait, car débarquer en début de matinée lui donnait tout le temps pour préparer le cheval et pousser un bon bout de chemin pendant l'après-midi.

Il n'y avait personne dans la cour. Se retrouvant seul en face de cette maison, l'image de Maryam lui revint avec une netteté si grande qu'il crut, l'espace d'un moment, la voir sortie sur la véranda, occupée à quelque tâche ménagère. En fait, elle n'avait jamais quitté son esprit durant cette semaine passée. La face triste et morne de Golsenem ne l'avait pas aidé à oublier la frimousse de la fille du *qari*. Soupirs et jérémiades ne pouvaient qu'aviver ses regrets alors qu'à son oreille résonnait encore le rire flûté qui égayait les cotonniers de Congor.

Le chien de la maison se mit à aboyer en le voyant, puis, le reconnaissant, à gémir de plaisir, se roulant par terre à ses pieds.

Trois heures plus tard, avec les salutations de Baba et de son frère, il quittait le village sans avoir revu Maryam.

Avec indifférence, il traversa les magnifiques domaines du Prince S. où les jets des asperseurs mettaient de grandes aigrettes blanches. Il évita Kelaleh et, au soir, parce qu'il fallait bien s'arrêter quelque part, il demanda l'hospitalité chez Hadji Berdi Akhund à Peychkambar.

Alors jeune recrue, à Birdjan, là-bas, au fin fond du Khorassan, au bord du grand désert central, il avait connu Aman Dourdi le fils d'Hadji Berdi Akhund.

Dans cet immense camp d'instruction, où l'on regroupe les appelés des provinces de l'Est et du Nord-Est, ils avaient sympathisé, bien aise de se trouver à deux Turkmènes, Goclans de surcroît, pour s'épauler l'un l'autre. Ensuite, au bout de trois mois, leur instruction terminée, leurs affectations les séparèrent. Raïdjab fut muté à Routchan, l'autre vers un poste frontière en face du Pakistan.

A leur libération, Raïdjab devint ce que l'on sait et Aman Dourdi suivit tout naturellement la voie que lui offrait la tradition familiale. Fils d'un *akhund* dont la réputation s'étendait de Gollidagh à Pahlavi Decht, neveu de deux mollahs de science reconnue, il laissa pousser lui aussi à son menton, une barbe d'un fourni peu commun et prit l'air compassé qu'on voit aux religieux subalternes dont les journées s'écoulent sous la férule directe de leurs maîtres à penser.

Si Raïdjab avait frappé à cette porte ce n'était pas dans l'idée de renouer avec un copain de régiment. En d'autres occasions, l'ennui éprouvé en face de gens trop confits lui fait éviter tout endroit imprégné de sainteté bigote. Mais il voulait ménager sa monture et savait trouver là du fourrage de bonne qualité et de l'orge propre sans caillou ni poussière. Il était assuré pour lui-même d'une chère convenable, ce qui est aussi à considérer.

Quand il mit pied à terre deux adolescents vinrent au devant de lui : étudiants au teint pâle — regard modeste et joues duveteuses — aux gestes onctueux de diacres. Ils le saluèrent en lui prenant la main entre les deux leurs et murmurèrent un « *Salam Aleïkum* » rougissant. Raïdjab fut impressionné par la qualité de l'astrakan de leurs *telpeks*, ainsi que par l'élégance de leurs vestes en beau tissu anglais, bien coupées, rembourrées aux épaules, descendant jusqu'à la mi-jambe de leurs pantalons irréprochablement assortis. En cela ils illustraient bien la mode en faveur chez les séminaristes aisés de la région de Gorgan et de Gonbad : de vrais petits clergymen de luxe. A les voir, aucun doute n'était permis, l'école d'Hadji Berdi Akhund n'était pas un quelconque *maktab*. La renommée du maître en faisait une véritable *madrassa*[1] où l'enseignement ne se limitait pas au simple déchiffrement des textes sacrés mais poussait jusqu'à l'exégèse, au profit d'adolescents doués et de pieux jeunes gens appelés à devenir de savantes personnes.

Les deux pensionnaires qui aidèrent Raïdjab à mettre à l'aise sa monture n'en savaient pas moins se débrouiller et, malgré leurs airs sucrés, les gestes de leurs mains lisses avaient la même efficacité que ceux de n'importe quel paysan des environs.

Tout était terminé quand Aman Dourdi, sortant de la mosquée, aperçut notre brigand. Le reconnaissant, il se précipita sur lui, le serra dans ses bras en le pressant sur son cœur avec transport, l'embrassa deux fois sur la bouche et, le tenant par le coude, le fit asseoir et

---

1. *Maktab*, *madrassa* (*madrassé*) : école coranique primaire, école de théologie.

s'installer commodément dans le coin d'une pièce en plein vent dressée au beau milieu de l'esplanade[1]. Depuis leur séparation, c'était la première fois qu'ils se revoyaient. Raïdjab trouva Aman Dourdi grossi. L'étrange barbe de jais qui dégringolait en anglaises graisseuses de son menton déjà empâté le vieillissait terriblement. Il avait peine à reconnaître en ce mollah suifeux le militaire jovial qui occupait la couchette supérieure de leur lit de fer bringuebalant.

Aman Dourdi annonçait avec satisfaction deux épouses et cinq fils, ne se perdant pas à considérer le nombre de ses filles. Et ma foi, grâce à Dieu, il se portait bien, content de son sort.

Il était seul à la maison. Son père et ses deux oncles étaient plus haut dans la vallée, vers Karankhi Jengal à l'enterrement de la femme d'un *hadji* morte en couches. Ils devaient rentrer pour le repas du soir.

En attendant leur retour, le thé fut servi par les deux pages en théologie et le soir tomba pendant que se vidaient les théières et qu'on évoquait les joyeusetés du camp de Birjan.

Vers neuf heures l'*akhund* rentra chez lui.

Une véritable petite troupe l'accompagnait, ou plus exactement le précédait. Apparurent tout d'abord des cavaliers en désordre, huit au total, tenant toute la largeur de la route comme pour dégager le passage. Les suivaient, un peu en retrait, deux hommes dont l'un attirait le regard par sa prestance, sa carrure, sa façon de porter haut la tête. Tous deux, avec beaucoup d'aisance, prenaient soin de retenir la pétulance de leurs montures afin de n'être pas mêlés aux cavaliers de tête.

Alors, en toute dernière position, comme le veut le protocole, venait le saint vieillard, enfariné par la glorieuse poussière soulevée par son escorte. L'animal qu'il montait, un bien paisible roussin vieilli tant en âge qu'en coranique sagesse, semblait posséder toutes les qualités requises pour le véhiculer sans surprise et aurait parfaitement convenu à un archiprêtre, ou à quelque curé doyen, à l'époque où notre clergé chevauchait.

1. Ce genre de constructions d'été est courant dans les régions au bord de la Caspienne. Couvertes de chaume, sans mur, avec un plancher de roseaux surélevé d'un bon demi-mètre, on y passe la plupart des heures de repos et de détente, à l'ombre et au frais. La nuit on y dort.

En un instant l'esplanade déserte qui s'endormait dans la nuit tombante fut remplie d'une animation fébrile. Cris, hennissements, appels, s'entrecroisaient. Des aides empressés donnaient des ordres à des sous-aides diligents, qui les transmettaient à des sous-sous-aides non moins zélés, tandis que les trois dignitaires vêtus de soie foncée, le front bien serré dans un turban de tulle immaculé, se retiraient en leurs appartements, un porte-flamberge déférent précédant chacun d'eux en agitant une lampe-tempête à bout de bras.

Elèves, valets, fils, pages, disciples se partageaient, dans une confusion apparente, le travail que réclamait cette cavalerie. Mais dans ce semblant de désordre les chevaux se retrouvèrent rapidement dessellés, affouragés, empaquetés dans leurs feutres, et les selles et les harnais s'empilèrent bien rangés sous la véranda.

Le calme revenu, à la lueur des lampes éparses, des petits groupes se formèrent. Certains prirent place à côté de Raïdjab, d'autres, dans l'ombre de l'auvent, conversaient doucement pendant que les plus jeunes mettaient un peu d'animation et quelques rires au pied du grand platane à l'autre bout de l'esplanade.

Ce fut un répit de courte durée car, presque aussitôt, un des élèves dont le menton s'ornait de quatre poils folâtres lança l'appel à la dernière prière de la journée et tous, jeunes ou vieux, laissant là ce qu'ils avaient en main et interrompant les conversations, se dirigèrent vers la mosquée avec un si bel ensemble que Raïdjab se crut obligé de les suivre.

Le repas fut servi sous le toit de paille de la pergola, réunissant toute la communauté, quarante personnes au moins.

Depuis l'arrivée de son père et de ses oncles, Aman Dourdi avait planté là Raïdjab. Transformé en majordome, il avait dirigé l'escouade des valets, en se donnant lui-même bien du mouvement, courant des cuisines à la mosquée, du fenil à la grange, sans avoir pensé à présenter l'invité dont la monture avait attiré l'œil de tous. Si bien que vers la fin du repas, un des frères de l'*akhund* demanda à Raïdjab — soudainement, mais avec affabilité — qui il était, d'où il venait, où il allait et si le cheval noir au piquet dans la cour lui appartenait. En homme habitué à avoir en face de lui des gens respectueux, prêts à lui répondre en toutes occasions, il ne s'embarrassait pas de sottes convenances et, avec une cordialité bourrue, il questionnait bien franchement.

Au reste, de toute cette assemblée quelque peu gourmée, en majorité composée d'élèves pétrifiés par la crainte de manquer aux règles, il était celui que Raïdjab trouvait le plus « normal ». Il y avait pourtant là quelques figures avenantes avec lesquelles Raïdjab aurait volontier lié conversation, mais de toute évidence personne n'aurait osé trop s'exprimer en présence du maître, dont la barbe se piquetait des grains de riz que sa main parkinsonienne y éparpillait avec générosité.

Tant par ses manières que par son physique, le frère de l'*akhund* tranchait singulièrement sur les autres convives. La nature l'avait doté d'une stature de colosse, d'une belle voix mâle et d'une bouche d'ogre équipée de dents étincelantes. Une cicatrice impressionnante lui barrait la figure, de l'arcade sourcilière droite à la commissure gauche des lèvres ce qui, vu le contexte, humanisait paradoxalement son personnage.

En y regardant de plus près, on pouvait s'apercevoir que l'*akhund* avait dû, lui aussi, dans sa jeunesse, être fort bel homme. Mais il n'en restait plus grand chose. Par contre le troisième frère, affligé d'une légère boiterie, semblait n'avoir reçu en partage qu'une santé visiblement délicate à laquelle il devait très certainement son teint verdâtre, la voussure de ses épaules étriquées et la série de rots incoercibles dont il gratifia l'assistance.

Oui, décidément, des trois frères, c'était bien le second qui parut à Raïdjab le plus apte à tenir une conversation distrayante.

Quand, repas terminé et grâces dites, chacun eut caressé sa barbe ou son menton en murmurant l'*omin*[1] obligatoire, l'assistance se clairsema. Hadji Berdi Akhund resta à somnoler contre un des piliers soutenant le toit, bien calé entre deux coussins. Tout en le surveillant du coin de l'œil, quelques jeunes gens groupés au milieu de la pièce se mirent à deviser à voix basse, tandis que, dans l'autre angle, le frère cadet — qui avait nom Chokorollah — s'installait commodément près de Raïdjab pour l'entretenir à bâtons rompus.

Le cheval, surtout, intéressait Chokorollah. Pendant un moment il détailla les qualités que devait avoir un étalon semblable. Raïdjab lui raconta ses ennuis à Gonbad et tous deux furent d'accord pour déplorer la dégradation des usages sur les champs de courses officiels. Si Raïdjab était bien aise de trouver en ces lieux quelqu'un à qui parler, Chokorollah ne l'était pas moins. Ça le changeait des interlocuteurs

1. Amen.

habituels et, face à ce jeune homme venu sur un si fringant coursier, il se laissa aller à révéler un peu de lui-même.

Il raconta comment il avait reçu en plein visage le sabre d'un Yomout. Comment il fut compté pour mort dans cet accrochage qui avait opposé le parti goclan dont il était, à une forte troupe de Dueudjis bien décidée à faire main basse sur les troupeaux. Puis comment était mort leur père : d'un coup de lance en pleine poitrine — encore un Yomout ! — La pointe de cette lance servait à présent de ferrure au bout de la canne de l'*akhund* qui, pour la punir d'avoir été plantée dans le corps de leur père, la mettait en terre à chaque pas qu'il faisait.

Il rencontrait de temps en temps Baba et Abdol Rahman Qari — le *qari* beaucoup plus que son frère. De plus en plus pour des enterrements, remarqua-t-il avec une philosophie amusée. Ils étaient parents. Ce cousinage devait remonter à leur grand-père qui avait épousé une de ses arrière-grand-tantes avant de s'installer à Congor. De toute façon, la plupart des villages goclans de ce secteur avaient été fondés par des gens de Gollidagh. C'était là-haut que se trouvait le vrai berceau des clans de la vallée. C'est pourquoi les grandes étendues arides qui ondulent entre Behkadeh et Takkal-kouh ne lui étaient pas inconnues. Il voyait très bien d'où venait Raïdjab. Sur ces vallonnements, alors qu'il était encore adolescent, suivant ses oncles et son père il avait couru la gazelle avec faucons et lévriers. Ah ! la belle chasse que c'était !

Et tant pour lui-même — pour se remémorer les gestes de cette science perdue — que pour Raïdjab, Chokorollah se mit à détailler comment on dressait ces rapaces :

— Au début on apprend au faucon à chercher sa nourriture sur une tête de gazelle empalée à côté du perchoir. On met de la viande de poulet à l'emplacement des yeux. Quand il est bien habitué à ça, on secoue un peu la tête de gazelle. Doucement d'abord, puis de plus en plus fort pour qu'il ne s'effarouche pas des mouvements et des coups que le gibier lui donnera. Quand il ne prête plus attention aux secousses, on fait avec des sacs pleins de paille et une peau de chèvre une fausse bête où l'on place la tête de gazelle (je dis gazelle, mais une tête de chèvre ou de mouton fait aussi bien l'affaire). On traîne ce simulacre derrière soi sur des roulettes, en courant et on incite l'oiseau à aller se poser sans crainte sur la tête. On peut aussi traîner cela derrière un cheval.

A ce moment-là, le dressage est presque terminé. Le faucon est essayé sur une vieille chèvre ou un vieux bélier. Il vaut mieux que la chèvre soit vieille, une jeune pourrait le surprendre, tu comprends, ça saute plus fort et puis c'est dommage d'en abîmer une qui peut encore reproduire et donner du lait.

Ensuite, quand on trouve des gazelles, on lance l'oiseau et il va se poser sur l'une d'entre elles et lui becquette les yeux.

— Le faucon lui crève les yeux ?

— Non ! Mais il becquette et, pour tenir l'équilibre, il plante ses griffes et bat des ailes : la gazelle est très gênée. Toute les autres s'enfuient au loin. L'infortunée court dans tous les sens, au hasard.

... Il faut alors lâcher tout de suite les lévriers.

Notre père en avait deux. Ils s'appelaient Ok et Qaplan[1]. Il les nourrissait de sa main avec du pain, du lait et du riz. Les *tâzis*[2] sont les seuls chiens qui ne soient pas *haram*[3]. Jamais ils n'auraient mangé de la chair crue! Jamais ! Comme pour les chevaux, notre mère leur faisait des feutres à leur mesure. Quand on envoyait le faucon, on enlevait les feutres aux *tâzis* et ils partaient comme des flèches à la poursuite de la gazelle. Ils ne se trompaient pas, ils ne couraient pas après celles qui s'enfuyaient librement, mais derrière celle qu'avait choisie le faucon... Et nous les suivions au galop.

Il faut faire vite parce que le faucon se fatigue à becqueter sans trouver rien à manger.

Ah ! les belles courses dans les collines et sur la plaine de Soghé, dans la vallée de Djeiran Sou. C'étaient de bons endroits pour la gazelle. Il y en avait !... Il y en avait !...

Et ses mains battaient dans l'air le rappel des hardes innombrables qu'il avait vu s'égailler et bondir dans les collines de son enfance. Pendant quelques secondes, sous l'arcade sabrée, son œil prit un éclat fixe, pareil à celui des gerfauts que son poing ganté avait lancé dans le vent et le soleil des hauts-plateaux.

Soudain Raïdjab s'aperçut qu'il n'était plus seul à écouter ce que lui contait Chokorollah. Le vieil *akhund*, qu'on aurait pu croire irrémédiablement muré dans son gâtisme et ses rabâchages, avait soulevé la paupière, tendu l'oreille et à présent redressé sur ses coussins suivait avec intérêt la causerie de son frère. A la fin, comme s'il n'y pouvait

---

1. Ok et Qaplan : flèche et panthère en turc.
2. Lévrier du type lévrier afghan, mais moins velu. On l'appelle aussi *salouki*.
3. Impur.

plus tenir, il demanda l'appui des jeunes gens pour que leurs bras l'aidassent à se rapprocher.

Moitié par flatterie, moitié par curiosité les élèves s'avancèrent à leur tour. Il aurait été mal venu de ne pas prêter attention à un sujet qui venait de sortir l'*akhund* de sa torpeur.

Car non seulement le vieillard ne donnait plus aucun signe de sommeil, mais il avait l'air de vouloir prendre part à la discussion. Chokorollah, en cadet bien appris, laissa la parole à son aîné :

— Mon frère connaît mieux que moi les *chah-baz* et les *gherghey*[1].

Eh oui, le vieux religieux savait ! Il savait même fort bien ! Qui aurait cru que vivotait en lui la flamme des fauconniers ? Et comme son cadet, d'une voix qui peu à peu s'échauffait, il se mit à raconter à ce jeune homme hier inconnu, à ce cavalier dans lequel confusément lui aussi se reconnaissait; à décrire ses faucons et ses autours.

Peychkambar et toute la vallée, jusqu'à Yil Chechmé était un lieu privilégié pour la nidification de ces rapaces. La forêt proche, aux chênes centenaires, cachait l'autour. Les roches abruptes qui se dressent en falaises de part et d'autre de la vallée réservaient aux pèlerins mille anfractuosités favorables.

Lui, l'*akhund*, avait vu partir pour Khiwa[2] des caravanes entières chargées de paniers molletonnés de paille où les oiseaux gisaient emmaillottés comme des nourrissons pour ne pas abîmer leur plumage. A chaque étape on leur donnait l'exercice. Les meilleurs, les plus précieux faisaient la route sur l'arçon des selles ou sur le poing de leurs propriétaires. L'oiseau de chasse qu'on vendait là-bas chez les Ouzbeks pouvait atteindre cent à deux cents tellas.

— ... Tous ici, autrefois, chassaient au vol. Pas un, s'honorant du nom d'homme, qui n'eût son gerfaut !... Ah ! c'étaient de bons oiseaux, les meilleurs qu'il y eût au monde ! Qui donnaient joie et fierté ! Celui qui en possédait un ne manquait jamais de l'emmener avec lui quand il partait en campagne. La perdrix vue était une perdrix prise, mieux qu'avec un fusil !

---

1. *Chah-baz* et *gherghey* : faucon pèlerin et autour des palombes. Oiseaux de chasse encore très recherchés par les fauconniers d'Orient.
2. Ville de l'actuel Ouzbekistan soviétique, située près de la mer d'Aral, ancienne capitale d'un émirat dont les Turkmènes reconnaissaient plus ou moins la suzeraineté.

Un jour, pour avoir voulu dénicher des autours, il était resté suspendu par la culotte à une branche qui avait craqué sous son poids. Il n'avait pu se libérer et redescendre qu'en déchirant son pantalon. Egratigné, contusionné, le derrière à l'air, il était rentré à la maison après avoir attendu à la lisière du bois que la nuit fût tombée tout à fait, ne tenant pas à se montrer dans cet état. Ah ! il était bien jeune à cette époque. Chokorollah n'était pas encore né, ni conçu.

On ne l'avait pas grondé pour autant car il avait trouvé un nid. Le lendemain, son oncle Aïd Gueldi, celui que les Russes ont emporté et qui avait seize ans à l'époque, avait réussi à débrancher les oiseaux.

— ... Oui !... Le faucon est un bon compagnon pour le Turkmène. J'en sais qui se sont laissés mourir quand leur maître est parti dans l'autre monde, pour l'y rejoindre[1]. Mais il fallait être bien attentif à lui et le nourrir chaque jour de chair d'oiseau. Si on n'en avait pas, il fallait sacrifier un poulet sinon, le jour de la chasse, il s'enfuyait avec sa proie...

Il expliqua comment faire tourner le leurre, comment attacher le lien de cuir à la patte et y mettre le petit grelot d'argent, comment coudre les yeux d'un faucon adulte qu'on veut apprivoiser, comment refaire une voilure ébréchée en y greffant une autre plume avec la suture d'une épingle rouillée.

Sous les lampes tempête embrumées de moucherons, le vieillard parlait d'un temps révolu, d'une science morte qui avait fait sa joie et emporté son âme, là-haut, en plein ciel. Et cela étonnait ses élèves accoutumés à d'autres discours. Cela leur paraissait extraordinaire, incongru, que leur maître, jadis, ait eu une enfance, se soit passionné pour autre chose que ces livres qu'il commentait si savamment à présent ; que sa jeunesse ait été faite d'ivresse dans le vent, dans le galop des chevaux et le vol aigu des oiseaux de proie... Etait-il pensable que cet enfant suspendu par le fond de sa culotte au sommet d'un chêne de la forêt fût la même personne que leur vénérable *akhund* ?

---

1. Il est étonnant qu'un mollah tel que Berdi Akhund puisse penser qu'un faucon se soit laissé mourir pour rejoindre son maître. Cependant il se fait peut-être l'écho involontaire de la croyance turque pré-islamique qui voulait que les défunts importants quittassent ce monde en devenant faucon. C'est d'ailleurs sous la forme pudique « Il est devenu gerfaut » que, jusqu'à une époque récente, on annonçait la mort de certains personnages en milieu turc d'Asie Centrale.

*
* *

La nuit de Peychkambar est douce et tiède comme une haleine...

A côté de Raïdjab, Aman Dourdi bafouille dans son sommeil.

Au dessus d'eux, il n'y a plus de toit, plus de nuit, plus d'étoiles, mais un immense ciel sans nuage d'où plonge un faucon dans une chute vertigineuse. Et ce faucon tendu comme un projectile, c'est lui, Raïdjab, qui fond sur les lèvres de Maryam. Elles sourient, ces lèvres claires et, comme une alouette, s'échappent sans cesser de sourire.

*
* *

Première prière, l'aube est encore derrière la montagne. Aman Dourdi, en se levant, a réveillé Raïdjab : il n'est pas de mise de traîner au lit chez les dévots ! Chokorollah, à l'angle de la véranda, fait de la concurrence aux coqs du village. Sa voix monte à la rencontre du ciel dans la genèse de cette journée, alors qu'imperceptible la nuit s'estompe.

On entend les seaux qui s'entrechoquent, de l'eau qu'on transvase et le glouglou familier des aiguières en action : les pensionnaires procèdent à la fraîche toilette du petit matin. Celle-ci a double usage, d'abord de réveiller, ensuite de rendre symboliquement net de toute souillure (plus que de décrasser réellement) si l'on a dans ses projets immédiats de rendre gloire au Créateur. Toute cette belle jeunesse, encore empâtée de sommeil, se verse de généreuses rasades d'eau claire, s'en asperge la nuque, s'en rince la bouche, s'en frotte le visage, dans une symphonie de crachouillis et de gargarismes. Certains ont passé la nuit dans la grande salle d'hiver, mais la plupart ont préféré la véranda ou le large toit de la mosquée. D'autres se sont installés sur le plancher en lattis de la construction d'été, regroupés par affinités et compagnonnages. La discipline de ce collège n'aligne pas les lits au cordeau, n'institue pas de couvre-feu (bien qu'il y soit chanté matines). Chacun dort où il veut, les maîtres seuls disposent d'appartements privés.

Ils ont l'air d'y tenir, à ce privilège. Une cloison de maçonnerie coupe la véranda en deux, du sol aux voliges. Elle se prolonge ensuite en mur jusqu'au milieu de la place, délimitant sans ambiguïté deux zones bien distinctes. La partie gauche appartient aux femmes, aux enfants et aux seuls hommes autorisés.

A droite c'est l'école avec sa grande salle et sa pièce d'hôtes. Devant elle, la « case à palabres » et, à quelques dizaines de mètres, la mosquée enclose dans un jardin où flamboient les grenadiers.

Frontière stricte et peu habituelle en pays turkoman. Mais nous ne sommes pas dans un endroit habituel ! Et tous ces jouvenceaux aux joues roses et aux si courtoises manières ne doivent pas avoir matière à distraction! Aussi, pas une femme n'est en vue.

Cependant, à défaut de les voir, on les entend fort bien. Elles font résonner leur batterie de cuisine, gourmandent un enfant, rient, papotent et jacassent avec des voix haut perchées. Bien avant l'*azân* de l'aube on sait que le jour approche grâce au remue-ménage qu'elles font dans la vieille yourte mitée et vermoulue plantée à leur usage et dont on aperçoit la coupole élimée faire le gros dos par-dessus le mur.

Pauvre yourte ! C'est ainsi que finissent les derniers vestiges de la vie nomade. La tente a toujours été dévolue à la femme. C'est elle qui la montait, la démontait, en foulait le feutre, en tissait les bandes qui la sangle et les liens qui solidarisent ses éléments. C'est elle qui l'habitait en permanence, la décorait, la rendait chaude, accueillante et humaine. A l'homme, la guerre, la chasse, les troupeaux. Mais à elle revenait la maison — l'*euy* — et tout ce qu'elle contenait.

Dressée dans la cour, où doucement elle meurt d'être enracinée face à l'inamovible qui l'a supplantée, la yourte a vu sa féminité s'accentuer car l'homme n'y pénètre plus guère. La cuisine, les ateliers de tapis la transforment en un capharnaüm où les femmes savent seules retrouver ce qu'elles y ont rangé, et où la chatte de la maison va faire ses petits.

Derrière le mur une fumée s'élève. Un bébé y développe la véhémence de son gros caprice du matin. Après avoir brisé la nuit pour la gloire de Dieu, Chokorollah s'y est retranché, sans doute pour y accomplir tranquillement ses dévotions. Mais d'Hadji Berdi Akhund et de son bancroche de frère aucun signe de vie ne parvient. Ils ne semblent pas pressés de faire leur apparition... A l'abri de cette coulisse se livreraient-ils à quelque discrète grasse matinée ? S'ils sont encore au lit, ils ont bien tort : il fait si bon dans le petit jour !

De plus, en l'absence de ses directeurs, l'assemblée estudiantine se laisse aller à une certaine désinvolture envers les obligations religieuses. On dirait que la prière de l'aube (qui ne donne pas lieu au grand mouvement d'ensemble observé hier soir) est laissée à la libre conscience de chacun.

Raïdjab, quant à lui, tamise un peu d'orge, remplit la musette et reçoit le *salam* affectueux de son cheval dont le front étoilé vient frotter son épaule. Puis, laissant Kara Mach mastiquer son grain, il lui rajuste les feutres et débride dans l'auge basse un toron de luzerne qu'il est allé chercher au fenil, de son propre chef.

Le ciel s'éclaire de plus en plus. Des familles de poulets se dirigent vers les champs à la recherche de sauterelles mal réveillées et traversent la place en jetant au passage quelques coups de bec intéressés dans les crottins frais. Il est cinq heures.

Des dizaines de théières arrivent de par derrière le mur. Les fils de la maison font la navette entre les cuisines et le réfectoire-dortoir-salle de classe où les jeunes gens sont déjà tout propres et tout nets avec leurs beaux costumes et leurs telpeks moirés. L'un d'entre eux vient, fort poliment, inviter Raïdjab à délaisser quelques instants son cheval pour se joindre à eux pendant que le thé est chaud... chaud, mais fade ! Le pain qui l'accompagne — restes de la veille — gris, rassis, lourd à déglutir, a toutes les qualités pour inculquer à ces futurs sages la frugalité nécessaire au bon cheminement de l'âme. Ceci fait-il partie de l'enseignement ? Il faut de toute façon en remercier le Très Haut ! Ce dont se charge, au nom de tous, le plus âgé des convives.

Il est plein jour maintenant. Les tourterelles rosées se pourchassent hargneusement d'un toit à l'autre avec de jolis petits ricanements de haine, et, en deux éclairs zigzagants, un lézard gris, aux larges pattes spatulées, s'est immobilisé au beau milieu du mur, là où le soleil ruisselle.

Tiens ! Voilà les « externes » qui arrivent.

Il y a bien une école officielle à Peychkambar — son toit de tôle rutile à quelques maisons de là — mais les mollahs ont leurs partisans.

Très jeunes, entre neuf et douze ans, ces petits paysans ont les joues rouges et le nez mal essuyé. La rusticité de leur tenue contraste avec l'apprêt de celle des aînés. Peut-être qu'un jour, si l'un de ces gamins parvient à leur hauteur, son père lui paiera un aussi beau costume. En attendant, pantalons rapiécés, socques en caoutchouc et semblants de chemises au boutonnage malmené : tel est leur uniforme. J'allais oublier le bonnet ! C'est en général une calotte brodée rarement neuve, ou un *telpek* râpé hérité d'un grand-frère.

L'un menant l'autre, s'avancent un petit bossu et un jeune aveugle. Le nombre de contrefaits et d'infirmes fréquentant les écoles coraniques de la campagne est assez élevé. Quelle aide pourrait donner plus tard un fils diminué physiquement ? Il sera religieux, peut-être savant, un intellectuel. Il en est ainsi depuis toujours. Si l'enfant apprend bien, il s'intègrera honorablement dans la société traditionnelle. C'est la seule carrière qui lui soit ouverte. L'aveugle sera *qari*, évidemment. Il apprendra le Coran par cœur, voire les textes poétiques profanes ou mystiques des bardes nationaux qu'on étudie aussi dans ces établissements. Le bossu sera mollah sans toutefois pouvoir prétendre à certaines charges à cause de son infirmité même[1]. L'école officielle est loin, de ce côté-là, d'avoir pris la relève.

Dans le charivari habituel, la classe a commencé.

Chokorollah, réapparu, en a pris la direction et s'est noblement assis en tailleur sur un tapis de prières en feutre blanc. A portée de sa main, un Coran surmené s'avachit sur un lutrin pliant en forme d'X. Il y a aussi, pas bien loin, une théière pleine, un sucrier pris d'assaut par les mouches et le petit bol idoine.

Les élèves, rangés en demi-cercle devant lui, accroupis sur leurs talons, déchiffrent leurs textes en braillant ensemble... Ensemble mais pas en chœur ! Ils se balancent du buste et du front pour mieux se pénétrer de leurs ânonnements. Mais comme chacun lit pour soi un texte différent ou répète une leçon qui n'est pas celle du voisin la cacophonie est indescriptible.

Le maître préside, relativement distant. Dans la saignée de son bras, il a calé une férule à longue portée permettant sans trop se déranger ni hausser le ton de rappeler à l'ordre les rêveurs, les dissipés ou ceux qui se trompent. De temps en temps il appelle un gamin qui s'assied devant lui et débite sa leçon sur un rythme de mitraillette. Selon les cas, en pédagogue consciencieux, il octroie un coup de badine vengeur que le mauvais élève encaisse avec une grimace stoïque, ou donne une

---

1. En Islam toute personne diminuée physiquement est considérée comme incompétente pour assumer la charge de juge car son infirmité peut influer sur son caractère et sa bonne appréciation des choses.

explication écoutée avec déférence. Puis il prescrit un autre texte et renvoie l'enfant à sa lecture et à son balancement hypnotique.

Pendant ce temps-là Raïdjab a apprêté son cheval. Aidé par un des jeunes gens, il l'a sellé et bridé. Il ne lui reste plus qu'à prendre congé de ses hôtes.

Or, Hadji Berdi Akhund ne s'est toujours pas manifesté. Aman Dourdi, appelé pour une raison quelconque, est parti à l'autre bout du village. Il n'y a que Chokorollah noyé dans le hourvari studieux de sa classe. Un peu gêné de la perturbation qu'il amène, Raïdjab lui fait signe depuis le bas de la véranda. Chokorollah s'est levé.

— Vous partez ?

— Cher mollah, c'est avec votre permission. Ma route est encore longue. J'espère être ce soir à Yil Chechmé chez des parents qui y habitent et j'aimerais avoir parcouru le plus possible de chemin avant qu'il ne fasse trop chaud.

— Oui ! Vous avez raison ! C'est une bonne heure pour partir ! Saluez Agholi de ma part !

— Je ne saurais y manquer. S'il vous plaît, remerciez de ma part l'*akhund* et Aman Dourdi, dites-leur bien que la maison d'Agholi est la leur, la vôtre aussi... Avec l'espoir de vous revoir...

— Faites bonne route et que Dieu vous accompagne !

Alors, talonnant Kara Mach, Raïdjab fait un départ fracassant, à la grande joie des enfants et des chiens. Mais, une fois hors de vue, derrière le pli de terrain qui dissimule le village, il remet sagement sa monture au pas, à l'allure de voyage.

CHAPITRE XXII

Où un Tatar raconte son histoire
et où l'on apprend la triste, mais édifiante, fin d'Annabay

Quelle belle vallée ! La forêt qui mousse sur les crêtes coule en langues de feuillage et vient goûter l'eau claire de la rivière au hasard des méandres.

Les rizières s'étagent sur les versants doux et s'ombragent de noyers plantureux. Les grenadiers escortent le chemin qui, d'une rive à l'autre, joue à saute-ruisseau pour saluer de plus près les villages qu'il égrène. Des bœufs dans les taillis, des buffles au bord de l'eau, des chèvres sur les pentes déboisées. Il y a aussi des enfants bruns et nus dans le courant vert des biefs, des oiseaux de turquoise, des éclairs d'émeraude, des envols de lapis au sommet des figuiers, le friselis éternel des roseaux au bord des canaux, des robes rouges au fond d'un jardin un peu fou, la blondeur pâle des écheveaux de soie qui sèchent à l'ombre des vérandas et la procession hiératique des femmes revenant de la source. A chaque pas du cheval se lève un visage, s'envole un oiseau, rutile une fleur de sang au rameau du grenadier. A chaque pas la flaque de soleil succède au frais tunnel de verdure. Le cheval danse et son cavalier fredonne, tout au bonheur de l'instant, oubliant que cette route aimable qui s'élève paisiblement vers le col les mène à l'aridité des steppes, vers la poussière et les soucis.

Adossé au tronc lisse d'un jeune platane, un petit vieillard souriant s'est assis, jambes écartées, en lisière de son champ. Il regarde le carré de luzerne qu'il a rongé à coups de serpette festonnants, laissant derrière lui des bottes nettes et fraîches comme des bouquets. Il agite en l'air la faucille qu'il aiguisait :

— Bonne route, fils ! Bonne route !

— Merci grand-père ! Ne te fatigue pas !

— Oh, le beau cavalier !

— Les filles à l'eau, qui y battent leur linge, rient en tirant des voiles coquins sur leurs yeux pétillants : coin de bouche piqué à la frange de la soie légère, trait délicat d'un sourcil en plume de sarcelle, noirceur bleue d'une natte rejetée en arrière, rose mat d'une joue, rondeur des bras dans le cristal du courant, lessive d'arc-en-ciel sur le blanc des galets et aux griffes des épines.

— Ne crois-tu pas, Kara Mach, que le murmure du gué a ravivé ta soif ? Bois mon cheval, bois longuement... pendant que mes yeux se désaltèrent !

Karankhi Jengal a mis ses morts en sentinelle. Ils s'alignent de part et d'autre du chemin qui mène au village. A gauche reposent les très-anciens — leurs noms subsistent-ils dans quelques mémoires ? leurs tumulus disproportionnés, envahis par le chaume raide des fenouils sauvages, s'entourent de douves encore visibles. Vieilles tombes, vieux usages : on savait honorer les morts en ces temps-là. La fosse comblée, chacun s'est succédé au manche de la pelle pour la rehausser d'une levée de terre — sept pelletées par homme présent. Plus la tombe était haute, plus large était le fossé qui la cernait et plus regretté, plus important celui dont elle renfermait les restes. Puis, en chef, on dressait un mât dépassant d'un bras la stature d'un homme. Il était taillé dans la masse d'une bille de chêne, ouvragé à l'herminette. Ces étranges cénotaphes ont pour beaucoup disparu, ou gisent renversés, pourrissant lentement, rongés de termites. L'âne qui paît y est entravé et au sommet de ceux qui se dressent encore, gris de soleil et de pluie, rouillés de lichens, crécerelles et pies-grièches se postent à l'affût.

A droite, butte après butte, s'étendent les sépultures récentes, mâtées d'une perche à chaque extrémité. Çà et là le sol en cuvette trahit l'effondrement des loges funéraires mal étayées. En bordure, presque à toucher la route, il y a un tas de terre fraîche planté de deux voliges maigres encore humides du taillis d'où on les a tirées. Un lambeau de tissu blanc pend mollement au sommet de la perche la plus haute, tout neuf... C'était hier, on portait en terre la femme et l'enfant qu'elle n'avait pu mettre au monde.

— *Omin* !

Le voyageur se signe au passage.

*
* *

Dans sa maison, à la sortie du village, le vieux Tatar regarde Raïdjab finir le thé qu'il lui a servi. Tatar ? Kazak ?... Il se désigne lui-même par ces deux noms.

Il a surgi, bras écartés, forçant Kara Mach à s'arrêter sur le chemin et a empoigné la bride.

— *Hey ! Basmanchi*[1] ! Il ne faut pas aller plus loin ! Tu n'es pas d'ici et la matinée est aux trois-quarts écoulée. Me ferais-tu l'insulte de passer devant ma maison sans l'honorer ? Dieu aime ceux que les chevaux aiment ! Toi, tu es le frère du tien. Ton cheval me le dit ! Ça se voit à son plaisir ! Ça se voit aussi à ta poitrine, à tes jambes, à ton regard.

Et Raïdjab a mis pied à terre.

Une vieille Goclane, cassée en deux, trotte à pas de souris de la véranda à la yourte bancale que la maison adosse. La fumée d'un feu qu'on y allume s'en évade en volutes charnues à travers les déchirures de son feutre goudronneux. Une volaille crie, puis se tait dans un gargouillis. Le repas sera bientôt prêt.

Sans qu'apparemment on lui en ait donné la consigne, une jeune femme au visage invisible s'est emparé des fontes et en remplit une des poches avec de l'orge à gros grains qu'elle vient de tamiser. Accueillir semble être ici une vertu cardinale pratiquée avec la simplicité naturelle des gestes coutumiers. L'invité, alors, se laisse aller au confort du coussin, au délassement des jambes, au parfum du thé et bientôt à celui de l'oignon qui rissole, là-bas dans la yourte, au sourire grave de l'hôte.

Devant Raïdjab, le vieil Asiate s'est accroupi sur ses talons. Il attend que soit vidée la petite théière bleue toute couturée d'agrafes, puis, quand Raïdjab désaltéré se recale sur le coussin, avec un petit rire de plaisir à le voir si bien, il pose ses questions.

— Parle mon fils... parle-moi ! D'où viens-tu ? Qui es-tu ? Quel père t'a donné sa force ? Où vas-tu ?

Et Raïjab raconte.

---

1. Brigand de grand chemin. Nom que les Russes, puis les Soviétiques donnaient aux groupes armés qui, jusque dans les années trente, s'opposèrent à leur domination. Ce fut aussi le nom donné par les mêmes aux résistants afghans.

Sans s'en apercevoir il en dit plus à cet homme qu'il n'en a dit depuis longtemps à quiconque. Il raconte sa route, Gonbad-e Kavous, les courses. Il lui parle de son père, de ses frères, de Maryam même et du cheval.

L'autre écoute, hochant sa grosse tête ronde. Ses yeux ne sont plus qu'un trait dans sa face plate aux os saillants.

— Laisse mon fils !... Laisse Gonbad ! Oublie ! Garde ton cheval devant ta maison, monte-le et salue-le, après Dieu et ton père, le matin en te levant. Mais ne l'avilis pas pour de l'argent, car c'est ton âme que tu salis ! Tu es allé à Gonbad — l'erreur était déjà suffisante — mais tu m'as dit qu'au lieu de courir un seul gibier tu as voulu tuer deux gazelles avec une même flèche...Il faut être très jeune ou fou pour avoir tant de prétentions ! Pouvais-tu avoir assez de vigilance envers ton cheval, si tes yeux suivaient sans cesse le vol de la tourterelle de Congor ? Celui qui regarde en l'air ne saurait voir le serpent dans la poussière à ses pieds... C'est ton cheval qui a payé le prix de ta légèreté. Si tu n'as pas gagné dans les courses, c'est que tu ne pouvais pas gagner. Car c'est l'esprit de son maître qui pousse le cheval. Tu serais resté en arrière même si les autres n'avaient pas donné d'opium à leurs chevaux (que leurs enfants deviennent opiomanes !).

Tu as pour ami celui qu'ont eu Iskandar, Omar, Genguis, Teymour et les Prophètes. Il leur parlait et recevait leurs confidences. Pour moi, ce jour est un bon jour car ton cheval est le plus beau que j'ai vu jusqu'ici, de toute ma longue vie ! Il gagnera, sois-en sûr, et que ma main et ma langue se dessèchent à l'instant si tous ceux qui l'ont battu ne restent pas impuissants et loin derrière lui un jour !

Il gagnera !... Mais seulement lorsque ton cœur sera libre et que la course aura lieu pour ta joie seule et pour la sienne !

Le vieux Tatar explique sa vision des choses avec tant de chaleureuse assurance que son analyse des événements du mois passé paraît à Raïdjab d'une clarté, d'une justesse qui le confondent. Pourquoi n'a-t-il pas pensé à faire cette lumineuse relation entre les échecs répétés de Kara Mach et la quête malheureuse dont son esprit fut rempli pendant tout ce temps-là ? Maintenant, il fait des rapprochements à la clarté desquels apparait en filigrane sa propre culpabilité : Maryam, déjà promise, joyau des deux familles qui l'ont hébergé, reçu, nourri comme un fils ; Maryam qu'il s'est mis à convoiter et dont il a cherché à s'emparer !

Combien de fois a-t-il laissé le cheval à l'attache, ou confié à d'autres le soin de le monter et de s'en occuper, alors qu'il perdait son temps et sa dignité dans les cotonniers, derrière la robe rougeoyante de Maryam ? Tuer deux gazelles d'une même flèche !...

Mais son hôte continue :

— J'ai eu un cheval autrefois, le seul qui ait compté vraiment. Nous l'appelions Djeiran[1]. Nous avions beaucoup de chevaux et de juments, beaucoup de moutons aussi et des chameaux, à deux bosses, comme on n'en voit guère par ici.

Un jour — je m'en souviens bien, nous étions allés, mon frère et moi, remplir les outres au puits de Karaqoyn — les Russes sont venus nous prendre tous les chevaux, et nous ont dit que les troupeaux ne nous appartenaient plus, que c'était l'ordre du commissaire. Alors, dès le lendemain, mon père a fait égorger tous les moutons — sauf cinquante ou soixante brebis et une dizaine de béliers. Nous avons chargé les chameaux et nous sommes partis.

Ce fut un voyage terrible. Nous avons passé des montagnes énormes, dans la neige et des déserts... Les moutons que nous avions emmenés sont morts, ou bien nous les avons mangés. Les chameaux ne voulaient plus avancer quand ils étaient fatigués, mais il fallait les y forcer sinon les Russes nous auraient repris. Ma mère, deux de mes sœurs qui étaient petites et mon oncle Bilal sont morts sur cette route. Mon père qui était déjà vieux serait mort lui aussi s'il n'avait pas monté Jeiran. Les Russes nous avaient permis de garder un seul cheval, Djeiran était le meilleur de tous. Jamais mon père ne l'aurait laissé partir. Nous avons eu beaucoup de chance d'arriver jusqu'au Badakhchan sans que les Russes nous aient rattrapés ! Dieu éprouve et aide qui il veut !

— Où étiez-vous arrivés ?

— Au Badakhchan ! En Afghanistan. C'est un pays de rien, où il n'y a rien ! Ce n'était pas comme chez nous, à Ore Tépé, près de Tachkent. Mais en Afghanistan ce sont de bons musulmans. Nous sommes restés là-bas quelques années, pas très loin d'une ville qui s'appelle Koundouz, mais mon père ne s'y plaisait pas, il n'aimait pas les Ouzbeks, et il y en a beaucoup à Kunduz. Nous sommes alors repartis. Mon autre oncle, Kamil, s'est arrêté dans un village près d'un grand bazar où avec ses chameaux il a fait du transport. A la fin de l'année

---

1. Gazelle.

suivante nous étions passés en Iran, pas très loin de Meched. Les gendarmes sont venus, et les militaires. Ils nous ont dit d'aller au Mazandéran et de n'en plus bouger. C'est comme ça que je suis arrivé ici. Ce n'était pas un mauvais endroit.

C'est alors, comme s'il s'était rendu compte que nous n'irions pas plus loin et que son travail était terminé, que Djeiran n'a plus voulu manger et il est mort. Il nous avait menés jusqu'au bout. C'était sa voie sans doute! Mon père aurait-il vécu jusqu'à cent ans passés si Djeiran, mon cheval, ne l'avait pas porté de chez nous à Gonbad pendant plus de temps que n'en dura l'Egire ?

*
**

Pour construire leur maison, les cousins de Yil Chechmé ont employé le système le moins onéreux et en même temps le mieux adapté à la climatologie de ces versants encore très arrosés.

Plantés en terre, profonds et bien calés, six poteaux robustes, fourchus à leur extrémité (quatre pour les coins et deux pour la faîtière), soutiennent un toit à deux pentes légères, couvert d'une dalle de torchis tassé. Une armature de roseaux tressés grossièrement qu'on a crépie de pisé sur ses deux faces, et voilà pour les murs ! En deux ou trois jours la maison était achevée, il n'y eut plus qu'à attendre qu'elle sèche. Cela ne faisait cependant qu'une pièce. Comme on voulait l'habitation plus grande, à quelques pas de là on construisit une case identique dont le pignon faisait face à celui de la précédente. Puis on les a reliées par un couvert permettant de passer de l'une à l'autre sans se mouiller quand il pleut, ou à l'ombre quand il fait soleil.

En ces régions au climat humide, seuls les gens aisés peuvent construire en briques crues car la pluie vient souvent perturber les chantiers de moulage et compromettre le séchage. En été les moissons et les battages occupent tout le monde. L'automne apporte encore bien des récoltes — celle du coton par exemple — et l'hiver détrempé est hostile à toute entreprise de construction. Alors, malgré les sautes d'humeur de la saison, on moule au printemps les briques qui serviront à bâtir au printemps suivant. Et ça, ce n'est possible qu'à ceux qui ont un toit pour attendre. Quant à la brique cuite, elle est hors de prix, si loin des fours de la plaine[1].

---

1. La brique cuite est un véritable luxe. Les seules maisons construites avec ce matériau l'ont été par le gouvernement après le tremblement de terre de 1970. Elles

Les cousins ont cherché une hauteur pour s'installer. Celle qu'ils ont choisie ne saurait mieux convenir. C'est un promontoire terreux et nu comme un genou, détaché de la pente par l'érosion. De là-haut on domine de presque trente mètres les jardins, les luzernières, les dernières rizières, les vergers et les plantations de mûriers sur lesquels l'éperon met comme l'ombre d'une proue. On y voit la vallée descendre tranquillement et s'élargir vers Peychkambar, verte et florissante. Mais derrière cet escarpement elle se referme brutalement ne laissant plus qu'un étroit passage où une broussaille patibulaire cherche à étrangler le chemin. Il n'y a plus que de maigres ormeaux et des épineux hérissés. A une heure de là le sentier, passant au large du village de Yamloq, rejoint les hautes terres du col où meurent de soif de malheureux tournesols ratatinés.

Alors, avec le vent et l'espace retrouvés, réapparaissent les vastes perspectives des plaines rases et l'orgueilleuse nudité des monts.

Raïdjab est déçu, il se faisait une joie à l'idée de passer la dernière nuit de son voyage chez ces cousins-là. Qalat, le fils aîné, est un bon compagnon dont la réputation de *barchi* n'est plus à faire. Une fois par mois, à Gorgan, dans les studios de l'Office de la Radio, il participe à l'enregistrement des programmes musicaux destinés aux émissions turkmènes. Il a des doigts en or. Il passe sans problème du mode Achkhabadi au mode Gorgani, accompagné de *kamantché*[1] ou seul. Par contre il n'a pas une belle voix. C'est sans importance son instrument se suffit à lui-même.

Or Qalat est justement à Gorgan depuis trois jours. C'est ennuyeux ! Le père et la mère sont bien gentils, mais âgés. La soirée risque fort de traîner en longueur...

— Alors mon oncle ! Quoi de neuf ?

Raïdjab dit « mon oncle » : c'est plus facile de désigner ainsi cet homme de l'âge de son père dont le cousinage se perd dans le labyrinthe d'une généalogie confuse. Il appelle aussi sa femme « ma tante ».

---

font envie à beaucoup de monde, bien que certains disent qu'il vaut mieux recevoir sur le dos quelques pans de pisé plutôt qu'un morceau de mur « cuit » quand la terre tremble.

1. Petit violon à deux cordes et à caisse ronde dont on joue verticalement en le posant sur le genou.

— Oh ! Pas grand-chose, à part la sécheresse. Mais tu sais sans doute qu'Annabay est mort ?

— Annabay ? Le mari de Dasté Gol, la tante de ma mère ?

— Celui-là, justement !

— Il était malade ?

— Pas du tout, bien au contraire ! Il était parti pour cent ans ! Il lui est arrivé une chose bien étonnante :

Figure-toi qu'il y a quinze jours une de ses vaches a vêlé dans la forêt. Il aurait du se méfier et la garder chez lui, elle était prête à faire son petit, ça se voyait. Elle n'est pas rentrée avec son veau le soir venu. J'avais pourtant prévenu Annabay, je connais bien cette génisse, c'est moi qui la lui ai vendue et sa mère faisait toujours ça elle aussi. Enfin ! ... Nous sommes tous dans la main de Dieu !

Bon ! Le lendemain matin Annabay s'en est allé à sa recherche et l'a retrouvée là-haut, du côté d'Alt'aradj — c'est lui, le pauvre, qui nous a tout raconté avant de mourir. Mais la bête était jeune, je te l'ai dit, une génisse qui mettait bas pour la première fois, elle n'était pas habituée. Bon! Elle n'a pas voulu se laisser mettre la corde. Annabay s'est dit alors : « Si j'emmène le veau sa mère va suivre ». Ah ! l'infortuné ! Le veau s'est mis à brâmer et la vache pour le défendre a chargé Annabay. Lui en voulant l'éviter s'est jeté sur le côté sans voir l'aven qui s'ouvrait là. Il est tombé tout au fond ! Tu sais, il y en a plein par là-haut et il n'y a pas d'années qu'on n'en ressorte un âne ou un autre animal... quand ce n'est pas un tracteur ! Tu te souviens de celui de Sari Soufi ?

Bon !... Le soir nous avons pensé qu'il était resté à Alt'aradj pour la nuit. Le lendemain nous ne nous sommes pas inquiétés non plus. Ce n'est qu'au bout de trois jours que son fils est allé à sa recherche. Personne à Alt'aradj n'avait vu Annabay, tu penses bien ! Son fils est même descendu jusqu'à Karim Ichân ! A la fin nous avons prévenu les gendarmes, mais ces *moft khor*[1] n'ont guère bougé. Au bout d'une semaine nous ne l'avions toujours pas retrouvé.

— Pas même la vache ?

— Oh ! La vache ?... Elle s'était retrouvée toute seule ! Le deuxième jour elle ramenait son veau à l'étable — comme sa mère ! Tu vois ce n'était pas la peine de lui courir après... Ça aussi j'aurais pu le dire à Annabay !... Dans la main de Dieu nous sommes ! Dans la main de Dieu !

---

1. Mange-gratis : parasite.

... Bon! C'est Oraz Berdi qui l'a découvert. Tu le connais : le menuisier de Gollidagh. Il revenait de la forêt d'où il ramenait le tronc d'un arbre qu'il avait abattu cet hiver. Il a l'autorisation des gardes forestiers, lui.

C'était le soir, un peu avant la nuit. Tout d'un coup il entend l'appel de *Maghreb*[1] ! Il s'étonne : « Beh! j'entend l'*azân* et Alt'aradj est au mois à deux *farsaqs*[2] d'ici ! »

Ecoutant mieux, il se rend compte que l'appel à la prière parvenait d'un aven qui était à côté de la route, à quelques mètres de lui, à demi caché par un buisson. Au fond, il y avait Annabay !

Quand nous l'avons sorti de là-dedans il faisait tout à fait nuit. Il avait les reins brisés et les jambes mortes. Son dos était aussi noir que le cul d'une marmite.

— Et il appelait à la prière ? En-bas ! Au fond de son trou !

— Tous les jours ! Depuis que la vache l'avait fait tomber ! Et cinq fois par jour ! Et ce qu'il y a de plus triste — tu sais qu'il passe beaucoup de monde sur ce chemin — c'est que d'autres qu'Oraz Berdi l'avaient bien entendu, surtout les premiers temps... Parce qu'ensuite, forcément, avec tous ces jours passés sans boire ni manger, blessé comme il l'était, il ne devait plus crier bien fort, le pauvre ! Mais comme le menuisier, au premier coup, ils ont pensé que c'était le vent qui ramenait les voix d'Alt'aradj ou d'Agh Emam. Tu sais, Annabay était notre muezzin et quand il pensait que c'était l'heure, il appelait pour la prière, comme au village. Il est mort le lendemain soir.

Raïdjab en est tout remué :

— Beh !... Ça, c'était un vrai musulman !

— Tu l'as dit !

1. Avant-dernière prière de la journée.
2. Mesure de distance, ancienne parasange des Perses ; six kilomètres environ.

CHAPITRE XXIII

Un pèlerinage, pour se distraire

Raïdjab m'a de nouveau précisé l'heure ; redemandé « si ça allait bien comme ça ? » et moi j'ai répondu « ça va ! » encore tout surpris, bien étonné. Il a alors talonné son petit ambleur clair à la crinière tressée de quarante nattes et, en m'envoyant un dernier salut de la main, a contourné le mur du vieux jardin dans un envol piaillant d'oies, de dindes et de volailles diverses.

Et voilà, j'étais embarqué pour un pèlerinage! Et par Raïdjab ! Moi qui espérais justement profiter de ce vendredi pour metre à jour ma correspondance. Ma foi, la correspondance pouvait attendre, va donc pour le pèlerinage !

J'ignorais jusqu'à ce jour qu'Agh Emam (puisque c'est à Agh Emam que nous devions aller) fût fréquenté par des pèlerins. Mais le nom de ce village ne signifie-t-il pas « le Saint Blanc » ? Pourquoi blanc ? Ça, je n'en sais rien ! Néanmoins Raïdjab m'avait apporté quelques lumières à propos du personnage que nous nous proposions d'aller visiter ce vendredi.

Ce saint homme est mort. Il n'est pas inutile de le préciser, car, par ici, certains se sont vu canoniser encore fort guillerets et passablement ingambes. Notre saint est donc enterré à proximité du village et toute visite à lui rendue n'est jamais inutile. On recommande cette démarche aux épileptiques, à ceux qui ont quelques démêlés avec un *djinn*, ou ont rencontré un *arwargh* ! Mais sa tombe passe surtout pour un excellent *ziarat*[1] chez les femmes en peine d'enfants ou qui tombent toutes raidies comme Golsenem. Et c'est pour elle, justement, que ce voyage était organisé.

1. Pèlerinage et lieu du pèlerinage.

Si j'en crois Raïdjab, tant se sont félicitées de cette démarche que le sanctuaire, c'est bien simple, ne désemplirait pas!

J'avais proposé d'y aller l'après-midi... Idée ridicule ! Quel pèlerinage de pingre nous aurions fait là ! Quand on pense que certains vont jusqu'à passer la nuit à côté des reliques vénérées. Non ! la moindre décence veut que l'on y arrive le plus tôt possible au matin et que l'on y déjeune. C'est pourquoi je devais être prêt à partir vers six heures, six heures trente au plus tard.

Tout compte fait ce pèlerinage me plaisait bien. Pour être tout à fait franc, j'en étais même très content : Raïdjab se décidait enfin à s'occuper de sa femme !

La conduire auprès d'un saint ! Mais quelle bonne idée ! Quelle idée neuve ! Même si le saint se montrait avare de ses bienfaits j'étais persuadé que la promenade, à elle seule, ne pouvait manquer d'avoir des répercutions bénéfiques sur l'humeur de Golsenem. C'est ça ! Nous devions la changer d'air, la faire un peu voyager, lui montrer du neuf, car il y avait fort à parier qu'elle ne connaissait rien du secteur d'Agh Emam. Seuls les hommes se promènent dans ce pays !

En vérité les femmes turkmènes n'ont pas gagné en se sédentarisant. Elles restent à la maison ou vont et viennent sur l'axe père-mari, et encore, pas toujours. Il faut des circonstances bien particulières pour mettre les femmes sur les routes. Pour Golsenem, c'est un pèlerinage ; c'est une affaire de mariage qui avait conduit Edjé à Congor.

Je me mis donc à attendre le vendredi et — après tout, pourquoi pas ? — à espérer en la bienveillance du saint.

*
* *

Voici deux jours, quand Raïdjab est rentré de Congor, il n'a fait aucune allusion à Maryam. Nous nous en sommes abstenus également. Il nous a transmis les salutations des cousins et, à leur sujet, m'a raconté l'histoire rocambolesque qui leur est arrivée.

Peu de temps après que nous leur avions laissé le cheval en pension, le chien de leur voisin, un animal insolent et particulièrement mal embouché, traversait la cour de la maison avec une impudence que le chien de Baba ne pouvait tolérer sans perdre la face et manquer gravement à ses responsabilités.

Voilà donc les deux molosses qui s'accrochent aux oreilles, à la gorge, au jarret, faisant voler autour d'eux des touffes de poils et menant un sabbat de tout les diables, plein de rugissements et de fureur.

Tout le monde accourt. L'assistance s'émeut. Mais comment intervenir pour faire cesser le conflit ? L'embarras est grand ! Toucher un chien ne se fait pas sans répulsion chez un musulman qui se respecte. Certains font bien parfois une exception quand ils ont à s'occuper de lévriers, mais en l'occurrence il ne s'agissait que de vulgaires mâtins. Et puis, outre la souillure, on risque également à trop s'approcher de récolter un coup de dent au passage. Aussi, malgré l'émoi que mettait dans la cour le combat de ces enragés, personne n'essaya-t-il de les séparer autrement qu'avec des paroles apaisantes, appuyées cependant de seaux d'eau et de coups de bâton. En vain ! Il aurait fallu les empoigner au collet et, de force, les empêcher de se jeter à nouveau l'un sur l'autre.

Il devait y avoir un bon arriéré de haine et de rivalité entre les deux chiens, car malgré toutes ces tentatives de conciliation ils continuaient avec obstination à se mettre la gueule en sang et les oreilles en dentelle. Bondissant et virevoltant ils allaient soudés par la rage, d'un bout à l'autre de la cour.

Je crois avoir déjà dit, en décrivant les lieux, que le puits de la maison s'ouvrait au ras du sol, à peine protégé par une margelle symbolique de quelques centimètres. On vit bien que le pugilat entraînait les deux combattants dans sa direction. On vit bien qu'ils allaient immanquablement s'y précipiter (car le couvercle n'était pas mis, comme d'habitude !). Mais faute d'initiative vraiment efficace, et malgré les « Aie ! Aie ! Aie ! » que les femmes, perchées sur la véranda, lançaient en avertissements desespérés, le chien de la famille fit une chute de trois mètres, avalé par le trou béant.

Jugez un peu de la catastrophe qui s'abattait sur Baba et les siens ! Le puits était souillé, son eau rendue imbuvable, impropre aux ablutions rituelles ou autres, toute l'organisation domestique s'en trouvait perturbée, bouleversée !

Sortir le chien de sa fâcheuse situation fut l'affaire d'un Zaboli. On le convainquit sans mal d'aller le repêcher grâce à une centaine de rials. Mais quand le chien et le Zaboli furent au sec restait à résoudre le plus important du problème : comment rendre cette eau à nouveau utilisable ?

Le Coran consulté, les *hadiths* appropriés appelés à la rescousse, les usages et la coutume passés en revue, les quelques cas de jurisprudence connus pesés et comparés, il fut convenu que le mieux était de vider le puits de toute son eau.

On s'y attela, à coup de seaux. On s'y éreinta. On inonda la cour : les canards en eurent grande joie, les enfants aussi, et les alentours devinrent plus visqueux qu'en novembre. Malgré tout ces efforts le puits ne se vidait pas. Par contre la fosse d'aisance s'était remplie et il fallut, du coup, envisager la prompte installation de nouvelles latrines. Une constatation s'imposait: la nappe phréatique remplaçait aussitôt par dessous ce qu'on sortait par le haut... Un tonneau des Danaïdes à l'envers, en quelque sorte ! On aurait dû employer une moto-pompe. Seulement voilà ! En cette saison le matériel d'irrigation était sur les champs, et rien n'était disponible !

Sortir cinquante seaux aurait coraniquement suffi, paraît-il , mais sûrs d'assécher leur puits rapidement les pauvres gens avaient vidé récipients sur récipients sans en faire le compte. Les cinquante seaux y étaient... mais peut-être n'y étaient-ils pas ? Dans le doute, il n'y avait qu'une solution : recommencer en comptant ! Mais là, plus personne n'en avait le courage. A vrai dire, le *qari* n'était pas trop convaincu de l'authenticité du *hadith* invoqué.

Cependant les Ecritures sont fécondes pour qui sait les lire. Une bonne étude des passages pouvant se rapporter à ce genre de situation révéla qu'on pouvait aussi laisser reposer la nappe d'eau polluée pendant cent jours. Après quoi elle serait de nouveau potable. C'est ce qui fut décidé. On irait pendant ce temps là chercher l'eau au puits du voisin. Il devait bien ça ! Après tout, c'était son chien qui avait provoqué le désastre !

Ce que Raïdjab ne put me raconter — et pour cause, nous ne l'avons su que plus tard — c'est qu'après cent jours, à l'ouverture du puits, on découvrit que les araignées, les cafards, les cloportes, les grenouilles, bref toute une république aquatico-cavernicole y avait pris ses quartiers. Les rats avaient taillé des balcons, des escaliers, et des chemins en corniche tout le long des parois. L'eau qu'on en tira dégageait, on s'en doute, une odeur de vase, de moisissure et de poussière absolument repoussante. Heureusement la période de l'irrigation était terminée, et une moto-pompe eut vite fait d'aspirer tout cela et de rendre le puits à nouveau utilisable.

*
**

Vendredi sept heures : les femmes ont mis un temps fou pour se préparer.

— Mon Dieu ! Mais ce n'est pas possible ! Vous ne voulez pas emporter tout cela ?

L'arrière de ma Land Rover s'encombre d'un chargement stupéfiant, quoiqu'à la réflexion assez logique. Pêle-mêle j'arrive à inventorier, au milieu d'un tas de bois, deux vastes et noirs chaudrons semi-sphériques à quatre oreilles, un sac de riz, une grosse boîte de beurre fondu, trois feutres pliés, des louches, un faisceau de brochettes, une énorme cuillère en bois, un baluchon de pain tout bosselé, une outre confectionnée dans une chambre à air de camion et pleine, un grand plateau de cuivre étamé, une cuvette en aluminium, deux brocs en tôle pour faire chauffer de l'eau, cinq théières, douze petits bols, un pain de sucre avec sa tenaille à débiter, un paquet de thé, un autre de dattes et du sel en flacon. Ce bric à brac accompagne un pauvre mouton, gisant pattes liées, et qui roule des yeux effarés coincé entre les marmites et l'outre.

Mais où vont donc s'asseoir les passagers ? Quelle évidence : par-dessus tout ça ! Edjé montera devant, à côté de moi, et prendra Ené sur ses genoux, laissant une petite place pour son mari à sa droite, contre la portière. Derrière se caseront Golsenem, Ghorban Gol, Nourdjemal et Nour Beka... et Raïdjab où il pourra, entre le mouton et l'outre par exemple !

— Non, mes amis ! Ce n'est pas possible ! Regardez cette voiture ! Ses ressorts sont effondrés et la première pierre du chemin défoncera son plancher. Et puis je connais la route d'Agh Emam, c'est l'escalier du démon, elle ferait presque peur à une mule ! Non ! Il faut que deux personnes au moins se sacrifient et restent ici.

Evidemment, ce sont les plus jeunes qui sont débarquées d'office. Cela ne fait pas trop mon affaire, car ce ne sont pas ces deux gamines, avec leurs quelques kilos respectifs, qui une fois mises à terre allègeront utilement mon véhicule. Nour Beka s'est renfrognée, mais ne dit mot et va s'enfermer dans la maison. Nourdjemal, par contre, éclate en sanglots et proteste vigoureusement à travers ses larmes.

Les pauvrettes ! Elles se faisaient une telle joie à l'idée de cette promenade. La mauvaise conscience me tenaille tellement que je suis à deux doigts de les reprendre.

— Tiens ! Voilà une moto !... Mais c'est Mami ! *Salam aleik* !

— *Aleik* !...Vous partez ? Et où allez-vous comme ça ?

— Et toi ?

— Moi, je passais, à tout hasard. J'ai acheté un bœuf à Koutchik, il y a un mois, mais il s'est enfui. Les gardes de Behkadeh ne l'auraient pas aperçu, par hasard ?

— Non, je ne crois pas, ils nous l'auraient ramené ici.

— Bon, tant pis ! sans doute a-t-il rejoint Gollidagh, ou plus sûrement Agh Emam, c'est par là que les gens de Koutchik mènent leurs animaux. Il doit être là-bas, je vais y aller voir.

— Tiens ! Justement, nous partons nous aussi pour Agh Emam, nous conduisons ta sœur au *ziarat*.

— C'est bien !

— Oh ! Mais j'y pense ! Puisque tu vas là-bas, Raïdjab ne pourrait-il pas voyager avec toi sur la moto ? Regarde comme ma voiture est chargée.

— Mais bien sûr ! Et puis je viendrais avec vous à l'*émamzadé*[1].

— Alors nous pouvons prendre tout le monde !... Nour Beka montera avec nous et Nourdjemal entre vous deux sur la moto. Voilà qui est parfait !... Hééé ! les filles ! On vous emmène !

Nourdjemal est vite en selle, calée entre son frère et Mami, radieuse, le nez encore rougi et des larmes plein les joues. La moto c'est tellement plus amusant que la voiture ! Mami prend les devants. Nous, nous attendons encore un peu, car Golsenem est allée aider Nour Beka à se rhabiller. Elle avait remis sa vieille robe de tous les jours et jeté son voile en boule au fond du coffre, enlevé ses bagues et son bouton de col en argent, rangé dans leur boîte les belles chaussures blanches, vernies, achetées tout exprès pour cette occasion.

Enfin, ça y est, les portières sont claquées, tout le monde est content ! *Bismillah* !... En avant !

*
* *

Sur la piste encore bonne et récemment nivelée nous dépassons la moto. Nourdjemal nous fait de grands signes réjouis et les femmes rient de la voir si petite coincée entre ces deux grands gars. Elles rient encore

---

1. Textuellement, né d'un saint. Désigne autant le saint enterré que le site de sa sépulture.

plus quand le panache de poussière que nous soulevons vient s'abattre sur eux et les oblige à ralentir.

Edjé, satisfaite, prend un plaisir manifeste à ce voyage. Jetant des petits coups d'œil à droite et à gauche, elle ne laisse échapper aucun détail de la route. Elle se fait expliquer les particularités du paysage par Agholi — lui aussi d'excellente humeur — qui a passé son bras derrière le dossier et la serre aux épaules bien tendrement.

A l'arrière, en dépit des cahots, de la poussière qui s'insinue et de la température qui monte, malgré les chaudrons en goguette, les bouts de bois qui pointent et l'outre qui suinte, l'euphorie est générale. Mes passagères, oubliant ma présence et celle des parents, bavardent avec ardeur. Tout est sujet à fous rires. On s'extasie sur les gazelles qui traversent devant nous, on encourage un vol de passereaux qui, parallèle à nous, semble vouloir faire la course. Ce jour n'est vraiment pas ordinaire !

La piste, passée la base militaire, n'est plus qu'un vague tracé. Seuls les véhicules tout terrain ou les tracteurs peuvent s'y aventurer. En certains endroits on ne sait si la route se faufile dans le lit d'un oued ou si c'est l'oued qui a pris la route. Il faut alors se cramponner de toutes ses forces ou savoir amortir les chocs. Comme il fallait s'y attendre, Nour Beka vomit, elle est silencieuse et ne plaisante plus. Mais le tonus de ses compagnes n'est pas diminué pour autant. Ené, quant à elle, a trouvé le moyen de s'endormir. Sa mère pour lui donner plus d'aise entre ses deux seins-oreillers, s'étale sur l'étroite banquette obligeant Agholi à ne plus se tenir que d'une fesse, et moi à chercher mon levier de vitesse sous les plis multicolores de sa robe. Il n'est que le pauvre mouton à s'inquiéter et à ne pas participer à l'allégresse générale ; il pisse de terreur et se répand en crottes sur toutes les chaussures.

La plaine, peu à peu, s'enfonce derrière nous et la route s'élance vaillamment à l'assaut. Elle grimpe, grimpe, à la façon d'un lierre, s'enroule en vrille, se divise en bifurcations, se ramifie. Elle enlace la pente de ses différents itinéraires qui finissent par se rejoindre tous à l'échancrure de la ligne des crêtes. Là-haut, par-dessus l'ultime talus, se penchent les têtes crépues des chênes qui nous regardent monter. Par un effet de la pesanteur assez facile à comprendre, notre chargement a tendance à se laisser aller vers le fond du véhicule, menaçant d'ensevelir les passagères et les obligeant à lutter pied à pied contre ce glissement de fret.

Le col, avec l'horizontale, nous rend une assise plus confortable et de bien meilleures conditions pour admirer le paysage. Et puis la forêt est là pour nous accueillir.

Les sous-bois ont toujours porté Agholi à un certain lyrisme. Il n'y entre jamais sans avoir, d'un geste théâtral, déployé son bras devant lui, comme pour une présentation très officielle : « Voilà ! ». Ce décor d'arbres centenaires et de végétation opulente lui est sujet d'instinctive admiration. Mais, sous cette masse d'arbres, il y a un mystère diffus qui l'intimide. Aux portes du Paradis Agholi serait très certainement déçu s'il ne retrouvait pas quelque chose évoquant cette arrivée en lisière. En plus grandiose, bien entendu !

Aujourd'hui son rond-de-bras est un peu étriqué ; entre le giron de son épouse et le pare-brise l'espace manque un peu et l'exiguïté de notre habitacle ne lui permet pas d'exprimer par quelque noble attitude le sentiment mystique que lui inspirent ces lieux. Allons, faisons-lui plaisir! Faisons-nous plaisir ! Arrêtons-nous ici quelques instants. D'ailleurs, mon véhicule chuinte et glougloute comme un samovar et mes passagères ont envie de faire pipi.

Agholi s'avance dans le bois comme on explore un autre monde. C'est vraiment cela pour lui, homme des steppes rases. Dans cet univers à la fois profond et clos, sa vue, habituée à la largeur des horizons, se heurte à tant de plans si proches qu'elle cherche en vain à prendre son envol vers un ciel morcelé. Chaque déplacement du corps ouvre au regard une perspective nouvelle mais courte, révélant les uns après les autres mille détails foisonnants qu'Agholi découvre à pas circonspects. Hautes herbes dans la clairière, feuillages lourds et bruissants, bois d'œuvre et combustible sont là, offerts à profusion, à portée de la main. La boue d'un sentier, la terre fraîche d'une taupinière gardent la trace du cerf ou du chevreuil : ces gibiers somptueux et rares.

Pour moi, je retrouve le chant discret d'oiseaux familiers, l'odeur oubliée des mousses froissées et de l'humus, la résonance des voix sous la futaie, les tapis de feuilles mortes dans lesquels je traîne exprès les pieds. Pour un peu j'y chercherais des cèpes !

Agholi a raison dans la simplicité de son âme. La forêt appelle à l'émerveillement et à l'écoute. Surtout celle-ci, refermée sur son silence et son isolement, sur son mystère et ses vies. Elle flotte — non pas dans le ciel, mais presque à le toucher — au-dessus de cette « Terre » que nous habitons, d'où nous sommes montés, et avec laquelle elle n'a rien de commun.

En bas, tout en bas vers le Nord, la canicule voile de brumes rousses la vallée poussiéreuse où s'étale l'Atrak sortant des monts. Le fleuve y dessine l'entrelacs de ses bras et de ses îles basses, pareil à une maigre coulée d'acier gris toute effilochée sur le sable. Les villages de ses rives font de petites concrétions, à peine discernables dans cette buée terreuse. C'est le pays des Yomouts que nous dominons là. De l'autre côté, au Sud-Est, l'amoncellement du Kopet Dagh, chaotique et indistinct, émerge avec peine de la montée des vapeurs opalines.

*
* *

Par une corniche spectaculaire qui suit très exactement l'échine crêtelée de la montagne, nous arrivons en vue d'Agh Emam. Minuscule, en contrebas, le village range une centaine de maisons en gradins concentriques autour de sa source et ouvre son amphithéâtre sur un panorama de montagnes érodées qui va déclinant vers la plaine caspienne.

La forêt nous quitte. Lui succèdent quelques champs pentus où vaquent juments et bovins. Au bout du dernier champ, c'est le plongeon !

Raide , assassine, brisée de marches d'escalier et ne s'embarrassant guère de lacets, la piste fond d'une seule glissade sur le semblant de place taillé en étagère au centre du bourg. Malheur à nous si les freins lâchaient !

Pourtant je suis bien le seul à craindre quelque chose. Edjé, tout en s'arc-boutant sur le tableau de bord pour ne pas écraser Ené, continue à se faire expliquer le paysage et derrière moi ça jacasse à qui mieux mieux.

Arrivés sur la place, Agholi salue à droite, salue à gauche. Il est connu par ici. Les femmes, par contre, se font modestes et ne pipent plus mot. Elles baissent les yeux et tirent leur voile sur leur visage. Edjé s'est contentée de remonter simplement son voile de bouche. Autour de la voiture on s'est attroupé. Il nous faut dire un mot ou deux à chacun, donner quelques nouvelles plus ou moins fraîches, promettre de saluer à Ammand, au retour, tel ami ou tel parent et, bien entendu, décliner poliment les offres de thé multiples. Nous expliquons surtout ce qui nous amène avec tous nos « enfants » et ce déménagement kurde qui encombre l'arrière de la voiture.

Le village est agréablement vivant et animé.

Il y a des femmes, en grand ramage de soies oranges et noires, dans le creux de la source ; des vieillards assis sur un gros tronc d'arbre, à l'ombre ; des réserves de fourrage sur quatre pattes de pilotis et sur le toit des maisons... Pendant que s'échangent salamalecs et parlottes, mon œil fouille comme un doigt à la recherche d'œufs ce nid d'hommes d'où montent mille bruits clairs et joyeux : braiements, chants de coq, bêlements, rires et cris d'enfants, aboiements, appels. Mon regard va de gradin en gradin. J'y saisis tout ce qui s'y passe. Rien n'est secret pour personne ; pas un mur pour enclore l'intimité d'une cour. Agh Emam s'offre avec bonhomie.

— Bon ! Agholi ? Où est-il ce Saint ?

— Là-bas !

— Où ?

— Là-bas, au fond !... Tu vois le bout de la vallée ?... De l'autre côté il y a deux grands champs de blé... ou d'orge... je ne sais pas... Eh bien, c'est là ! C'est cette petite maison au bout du champ le plus grand, tu la vois ?

Quand on arrive par le haut d'Agh Emam et que l'on découvre la vallée qui s'ouvre et s'enfuit à ses pieds, on se rend très bien compte alors du remodelage géographique consécutif au lent retrait des eaux de la Caspienne. Les rivières, par un processus qui va en reculant vers les sources, se sont enfoncées et ont provoqué, dans un sol dépourvu d'assise rocheuse, un curieux relief à deux étages. A Agh Emam ce phénomène géologique est très apparent. La montagne tombe raide jusqu'au fond primitif de la vallée. Celui-ci fait alors une table, par endroit assez large, qui s'effondre à son tour en une tranchée fort étroite aux parois presque verticales. Au fond s'envase un ruisseau, tributaire du Roud-e Gorgan.

Toute la partie supérieure du bassin de ce fleuve présente cette physionomie, rendue plus nette par l'absence d'arbres. Vu de haut, le chevelu des moindres ravinements découpe dans la banquette originelle d'étranges fjords, cisèle de baroques péninsules, isole des pitons aux formes déliquescentes, détache des presqu'îles à peine accessibles et affûte des lames de terre ocre jaune. Sur l'entablement s'étendent des cultures pluviales, blé, orge, tournesol ou sorgho.

J'aperçois très bien le tombeau du Saint. Il est placé exactement à la lèvre de la tranchée où s'enterre le ruisseau, mais sur l'autre rive. Pour y accéder il va falloir basculer au fond du ravin et trouver un passage pour en ressortir.

Passées les dernières maisons d'Agh Emam la piste retrouve sa pente de toboggan et, après un petit palier au milieu des céréales, nous précipite comme prévu au fond de la tranchée. Là nous trouvons la piste engravée qui relie Gonbad à Moravé Tépé. Nous la suivons un moment, désespérant de découvrir, dans l'invraisemblable falaise de terre en haut de laquelle perche notre Saint, la brèche qui nous conduira jusqu'à lui. C'est Agholi qui repère le vague tracé qui, en un saut brutal, semble donner accès à l'étage supérieur. Je m'y engage assez peu rassuré malgré les traces de roues prouvant que d'autres inconscients utilisent cette rampe de funiculaire. Quand à mon grand soulagement nous retrouvons l'horizontale, à quelques mètres de nous, comme poussé vers le précipice par le flot dévalant des orges mûres, apparaît enfin le but de notre pèlerinage, et cette fois à notre niveau. Ouf ! nous voila rendus !

Ah ! Quel plaisir de refaire fonctionner ses jambes. Toute la famille se déplie avec bonheur, se défroisse. On époussette les robes, redresse les hennins, rajuste les voiles et les ceintures. Nous voilà donc en ces lieux bénis !... Ils ont bien piètre allure !

Tout d'abord je m'aperçois que je stationne sur un cimetière. Tant pis, je ne bouge plus ! Et puis il y a belle lurette qu'on n'y enterre plus personne. Ici et là pointent encore dans le chiendent jauni quelques uns de ces étranges menhirs à oreilles qu'on rencontre parfois sur des tombes écartées et dont personne n'a su me dire qui les plantait autrefois. Ces pierres levées affectent la forme d'une croix grossière, aux bras trés courts, ou d'une clé à remonter les jouets mécaniques. Certains de ces mégalithes s'ornent d'une double spirale en cornes de bélier, à peine suggérée par un sillon dans la pierre. Leur hauteur varie, mais ne dépasse jamais la poitrine d'un homme.

Quant à notre *émam*, il me paraît plus que modestement installé. Qu'espérais-je trouver ici ? De la faïence, de l'or sur un dôme, des portiques surmontés par les grands cierges des minarets ?... Tout de même pas ! Mais au moins un semblant de construction, un équivalent turkmène de tous ces tombeaux de saints ruraux qu'on peut voir dominer de leurs touchants mausolées les toitures plates des villages kurdes ou persans.

Je ne vois rien de tel, pas même une murette pour entourer la grosse tombe qui bosselle le sommet aplati d'un rehaussement de la falaise. A coup de bêche on lui a dégagé un socle en entaillant la butte autour d'elle. Quelques briques éparses pourraient donner à penser que ce travail fut consolidé par une ceinture de maçonnerie, à présent ruinée, mais rien ne vient étayer cette hypothèse. Planté en chef, un poteau de plusieurs mètres mâte le tumulus. Ex-votos laissés par les pèlerins, des lambeaux de tissus, dont certains chantent encore mais dont le plus gros est complètement décoloré, le surchargent et le transforment en une énorme quenouille mitée.

Une tombe, plus courte, jouxte celle du Saint : celle de l'épouse fidèle, dit-on. Un peu plus bas reposent également d'autre bienheureux de moindre importance. Les perches qui désignent ces sépultures satellites s'ornent de charpies délavées, preuves que les humbles mérites de leurs occupants sont également reconnus. Un étroit sentier se tortillant entre les chardons relie ces quatre ou cinq tombes annexes et forme un circuit — à parcourir un peu comme un chemin de croix — qui, partant du cénotaphe du Saint principal, y ramène les orants pour les patenôtres de clôture.

Deux cabanes, dont l'une s'écroule doucement, servent d'abris aux visiteurs qui viennent passer la nuit sous la protection de l'*émam*, afin d'y bénéficier d'un sommeil ô combien réparateur. Les rêves faits en cette circonstance ne manquent pas d'être interprétés, tout comme ceux de la nuit suivant le pèlerinage.

A peine passe-t-on le seuil de la bicoque la mieux conservée qu'apparaît le surprenant étalage de ce qui pourrait ressembler à un fond de commerce en quincaillerie : des centaines d'aiguières en bronze, en fonte d'aluminium, en tôle ; des piles de plateaux et de cuvettes ; des chaudrons de tous gabarits ; des fagots de cuillères et des faisceaux de louches en bois... La faïence luit doucement dans la pénombre. Les théières sont rangées, à même le sol, côte à côte pour ne pas se briser et la petite vaisselle en métal fait un tas impressionnant dans chacun des coins de l'unique pièce. Sur une planche, de guingois, maintenue au mur par deux taquets de bois d'un niveau différent, des coupons de tissu attendent sous la poussière. On se croirait dans une boutique... ou dans l'entrepôt d'un grossiste qui serait parti depuis longtemps, laissant son stock se rouiller et moisir.

Edjé et sa suite, au beau milieu de ce bric-à-brac, s'étonnent et s'émerveillent, s'avouant impressionnées par un tel amoncellement, preuve de la grande fréquentation des lieux. Chaque ustensile est un don, une offrande laissée là à la disposition du Saint. S'en sert qui veut. Quant aux coupons de tissu, on les a déposés sur leur planche en remerciement d'un vœu exaucé, d'une guérison. A chacun d'eux correspond une requête écoutée, une âme allégée du poids de ses soucis. Voilà qui augure bien et donne à chacun l'impression d'avoir frappé à une bonne porte.

— Mais dis-moi Agholi ? Que fait-on de tout ce tissu ? Il reste là ?

— Non ! c'est le gardien de l'*émamzadé* qui le récupère. Il en prend un peu pour sa maison et sa famille et il revend le reste pour l'entretien, le nettoyage, acheter du bois, faire une réparation... C'est un *soufi*[1] qui habite à Agh Emam, on a dû lui dire que nous étions venus au *ziarat*, il va sûrement arriver.

— Dis moi aussi... Pourquoi n'y a-t-il pas de toit ou une coupole par dessus le tombeau ?

— ... ? Je n'en sais rien... mais à mon avis il devait y en avoir un autrefois. On l'a certainement laissé se ruiner : nous sommes de si mauvaises bêtes, nous les Turkmènes ! Regarde les Fars, eux savent bâtir des dômes sur les tombes de leurs saints et les empêcher de s'effondrer ensuite. Nous, nous avons toujours été trop indisciplinés, trop sauvages, trop brouillons. Tu sais, ça ne nous a pas porté chance d'avoir ce caractère ! Quand on pense qu'Ebrahim Peykhambar[2] avait construit la Kaaba chez nous... !

— Comment ?... Chez vous, la Kaaba chez les Turkmènes ?

— Eh oui ! En Russie maintenant ! Alors... que veux-tu ! quand Dieu a vu que nous ne serions jamais capables de nous entendre entre nous ; que Yomouts, Goclans, Tekkés, Salors, Noghorlis et tous les autres

---

1. Mystique musulman. En l'occurrence notre *soufi* n'est qu'un homme pieux ignorant du véritable soufisme. Des confréries soufies (*tariqat*) existent en pays turkmènes qui regroupent sous la direction d'un maître (*Pir*) des personnes exerçant normalement leurs activités professionelles et familiales. Elles se manifestent par des séances collectives de prières où l'extase mystique est recherchée de différentes manières : psalmodies, récitations rythmées, danses, répétition du nom de Dieu... (*dhikr*). Le soufisme a toujours été tenu en marge par l'orthodoxie rigoureuse.
2. Le prophète Abraham.

nous passions notre temps à nous battre, il a fait transporter par les *djinns* la Kaaba à la Mecque. Voilà ! C'est tant pis pour nous[1] !

Après avoir entendu ces explications, le Saint que nous sommes venus honorer aujourd'hui me paraît d'exceptionnellement bonne composition. Comment se fait-il qu'il n'ait pas, lui aussi, déménagé vers d'autres nécropoles ? A en juger par le peu d'éclat de son installation en terre turkmène, il pourrait à bon droit se considérer comme très cavalièrement entretenu ! Quoi ? Pas un toit sur ses restes vénérables ? Et il me semble que le *soufi* responsable de l'état des lieux n'a pas fait grand chose pour éviter l'affaissement d'une des constructions destinée à l'accueil des foules pèlerinantes !

— Agholi ! Ce saint était-il turkmène ?

— Heu... ! Oui... je crois... ! Mais tu demanderas ça au *soufi* quand il sera là !

Si le Saint était turkoman je comprendrais mieux l'attachement qu'il semble manifester pour ce bout du monde. Mais, enfin !... Il aurait tout de même pu se faire enterrer ailleurs que sur ce promontoire en plein soleil, sans arbre, loin de toute eau buvable (celle du ruisseau en contrebas n'est qu'un bouillon de larves, saumâtre et fétide). Allez donc savoir pourquoi on l'a inhumé là ! Nous verrons bien ce qu'en dira le *soufi*.

*
* *

Pendant que je visitais et cherchais à me renseigner, la Land Rover a été déchargée. Pour le moment ce pèlerinage prend la tournure d'un pique-nique.

Edjé, Golsenem, Ghorban Gol ont retroussé leurs manches, passé dans leur ceinture les pans trop flottants de leurs voiles de sortie et, aidées par Nour Beka, elles ont entrepris de rincer le riz et d'éplucher des oignons.

Agholi ayant sans plus attendre coupé proprement le cou du mouton l'écorche avec la célérité de ceux qui n'ont pas besoin d'un boucher pour se procurer de la viande fraîche. L'idée saugrenue qui me vient de lui reprocher d'avoir traîné ici, vivant, ce pauvre animal est renvoyée sans façon sur le tas déjà important de mes lubies et idées occidentales

1. Cette légende est aussi rapportée par Arminius Vambéry qui l'avait recueillie sur place en 1863. Il précise qu'un démon vert et boiteux aurait été chargé de ce travail. Il serait l'ancêtre des Goclans (*gok* : vert ; *lang* : boiteux) et le premier cavalier de Kara Mach ! Agholi ne semble pas être au courant de cette origine de sa tribu.

hors contexte ! Pourtant il me paraît que transporter une carcasse vidée, parée, voire débitée, aurait rendu plus confortable le voyage, mais surtout aurait évité à Agholi de faire ce travail avec des moyens de fortune et en costume des jours de fête.

Et bien non ! C'est justement ce qui fait le charme de l'affaire ! Je n'y entends rien du tout !

Ah ! Ce plaisir sacré d'égorger la victime sacrificielle sur les marches du saint tombeau! D'en faire ruisseler les chaudes entrailles encore parcourues de constrictions et de les jeter aux pies et aux petits vautours blancs qui attendent en grinçant et gloussant de convoitise ! De plonger sa main rougie dans la tiédeur de ce corps ouvert pour en arracher le foie, le cœur et les reins !... Non ! Je n'y entends rien !... Et comme la terre pâle du cimetière a bu ce sang avec avidité !

La moto et ses passagers nous ont rejoints et Nourdjemal, toute faraude, est allée raconter aux femmes les aventures de son voyage.

Le riz sera bientôt cuit. En attendant nous prenons le thé à l'ombre rétrécissante du mur de la cabane.

Il y a un homme qui vient, là-bas au bout du champ d'orge, de l'autre côté du cimetière. Ce doit être le *soufi*. On ne l'attendait plus celui-là.

Il est très maigre, avec une barbiche en pointe et un gros turban de la Mecque tout brodé. La vieille robe gabardine, noire et crasseuse, qui lui pend aux épaules en contiendrait deux comme lui. Des talons il harcèle un pauvre âne scrofuleux ennuagé de mouches, aux oreilles lamentables et pendantes.

— Mais c'est Mollah Nasreddin[1] ! pouffe Raïdjab.

— *A Ssssalâââm Aleïkum* ! nous lance le nouvel arrivé.

— *Aleïkum es Salâm* ! lui répondons-nous en chœur.

Il est à peine descendu de son âne que le voilà, les yeux au ciel, barbiche pointée, les mains ouvertes en coupe à la hauteur de sa poitrine, comme s'il s'attendait à recevoir d'en haut un paquet quelconque. Dans cette position tout à fait adéquate, il se met à grommeler une tirade verbeuse où il est question — en arabe, s'il vous

1. Personnage extrêmement populaire dans tout le monde islamique. Il aurait vécu au début de l'empire ottoman. Ses aventures, où il est tour à tour plein d'humour et de bon sens ou parfaitement stupide, sont connues de la Chine au Maghreb et ont fait l'objet d'une importante littérature.

plaît ! — d'attirer sur nos humbles personnes les félicités auxquelles peuvent prétendre ceux qui craignent Dieu et s'abandonnent à Sa miséricorde.

— *Omin* !

Puis, sans presque reprendre son souffle, il enchaîne aussitôt, sur le même mode, un orémus dans lequel il rend grâce au Très-Haut de nous avoir conduits jusqu'ici.

— *Omin* !

Bon, ceci dit, rien n'est changé à notre programme, le thé risquerait de refroidir.

… Aaah ! ce thé nous a bien désaltérés !

Le *soufi* me fait, fort cérémonieusement, signe d'entamer les grâces. En ce lieu, même après la banalité d'un thé, il est coutume de remercier le Seigneur !

Moi ?... Réciter les grâces ? Mais j'en suis parfaitement incapable ! Avec précipitation je me récuse :

— Mais non ! Mais non ! je ne peux pas !

— Mais non ! Mais non ! je vous en prie !

— Allons cher *soufi* ! Cette responsabilité vous revient ! Vous êtes le gardien des tombes et aujourd'hui vous êtes notre *émam* !

Ma foi, cet argument le touche. Le voici donc qui se lance dans la même formule que celle qu'il nous a assénée à son arrivée. N'en connaîtrait-il pas d'autre ?

— *Omin* !

Les femmes s'activent sur leurs marmites et y préparent de quoi nourrir un régiment de *soufis* affamés.

Pendant que Raïdjab, Mami et moi nous nous collons contre le mur pour profiter de la dernière lamelle d'ombre, Agholi et le vieux gardien font trois pas de-ci, trois pas de-là, en discutant à voix basse, d'une manière fort grave. L'esprit qui règne sur ce Haut-Lieu de piété les incite sans doute à des sujets de conversation édifiants. Mais ? ... Que se passe-t-il donc ? ... Agholi s'est immobilisé sur place et regarde avec surprise son interlocuteur. Et puis soudain, un rire incoercible lui monte à la gorge et éclate. Il rit tant qu'il en pleure. Mais ce qui me trouble dans cette crise d'hilarité c'est que, se retournant vers moi en s'essuyant les yeux, il se met à me détailler du haut de la toque jusqu'à la pointe des souliers. Cette vue semble le réjouir plus encore et, derechef, le revoilà à se tirebouchonner.

A ses côtés, le *soufi* ahuri, les bras ballants, ne sait quelle contenance adopter. Son regard oscille entre Agholi et moi exprimant la plus totale des incompréhensions.

— Mais enfin, Agholi, qu'y a-t-il ?

— Hé ! Hé ! Hé !... Tu n'as pas entendu ce que le *soufi* vient de dire ?... Il a dit... Hé ! Hé !... Il a dit qu'il était très honoré que le mollah de Gonbad lui ait laissé dire les grâces !

— Le mollah de Gonbad... ? Quel mollah ?

— Hé ! Hé ! Toi !

En écrasant du doigt une larme qui glisse sur l'aile de son nez, Agholi m'explique que ce brave homme m'a pris pour un religieux « en civil », trompé par ma barbe et l'aspect policé qu'il m'a trouvé. C'est au tour de Raïdjab et de Mami de se tenir les côtes. Heureusement que le mur est là pour les soutenir, ils en rouleraient par terre.

— *Dobor Mollah* !... *Dobor Ichân* ! ricanent-ils quand le fou rire leur donne un répit.

En y réfléchissant après coup, je comprends mieux d'où venait la méprise. Notre *soufi* pouvait-il imaginer, à mon propos, autre chose ? Les étrangers dans cette contrée sont plutôt rarissimes... surtout menant en pèlerinage une famille de Goclans bon teint !

Ce *ziarat* n'est fréquenté que par des Turkmènes : le Saint étant très exclusif à ce qu'il paraît. Je pouvais très bien être le cousin, ou le frère, venu de Gonbad, de la plaine assurément, ne serait-ce qu'à cause de ma voiture ; peut être aussi à cause de la coupe de mes vêtements : on est riche au Mazandéran! De plus la barbe n'est portée que par les religieux, les jeunes limitant leur élégance aux moustaches. Donc, jeune barbu, possesseur d'une Land Rover et nanti d'une famille dans la région, je ne pouvais être que *mollah*... un *mollah* aisé. Et c'est pourquoi, simple *soufi* de montagne, il s'était modestement effacé devant moi au moment de réciter les grâces et s'était senti honoré par mon insistance à les lui faire dire.

Agholi se fait une joie maligne de l'éclairer sur ma réelle identité et sur ma religion. L'autre n'en revient pas ! Pourtant, loin de prendre la mouche, il convient de l'extraordinaire de la chose. Et puisque me voici chrétien et Français il se réjouit tout de go de cette aventure et, levant les mains vers le Ciel, il formule, toujours en arabe, une bénédiction spéciale où de toute évidence il m'est souhaité la bienvenue.

— *Omin* !

Ce *soufi* est un bien brave homme à l'opposé de tout fanatisme. Je suis même un brin touché par la tolérance dont il fait preuve. Car enfin ! Il aurait très bien pu mettre entre lui et moi cette froide barrière de politesse distante que savent si bien dresser les membres du clergé chiite.

Ce n'est pas la première fois que je fréquente, sur leur terrain, des religieux turkmènes (Baba et Abdol Rahman Qari, par exemple). Jamais aucun ne m'a fait sentir la supériorité qu'il pensait avoir à mon égard. Certains, me questionnant avec politesse et intérêt sur ma conception de l'unicité divine, conclurent que bien des points de mes croyances — et non des moindres — coïncidaient avec leurs propres convictions. Jamais je n'ai trouvé une telle curiosité chez les mollahs chiites. Jamais avec eux de telles conversations n'ont eu l'occasion de s'amorcer.

Mais sans doute suis-je partial !

Je n'ai jamais fréquenté que les membres ruraux de l'un ou l'autre de ces clergés. Un docteur chiite se serait-il montré plus ouvert ? Un grand *akhund* de l'orthodoxie n'aurait-il pas été plus distant ? Je ne sais pas ! Toutefois, à l'échelon de mes contacts avec ces deux tendances de l'Islam, force m'est de constater que les héritiers des farouches musulmans d'Asie Centrale ne me montrèrent ni l'orgueil, ni le mépris que j'ai pu lire sur certaines figures chiites.

En aurait-il été de même en d'autres pays où l'Islam sunnite est religion d'Etat et règne sans partage ? N'est-ce pas la condition minoritaire dans laquelle se trouve, en Iran, l'orthodoxie musulmane qui lui a fait perdre morgue et sectarisme ?

Quoi qu'il en soit en d'autres parties du monde, notre *soufi* se félicite de ma présence et, tout heureux de m'instruire, répond avec prolixité à mes questions.

Le Saint qui repose ici était un Cheikh Owlad-e Peykhambar: autrement dit, un haut religieux descendant du Prophète. Sa sainteté, reconnue de son vivant — Ah ! que vous avais-je dit ? — fit que bien avant sa mort on se disputait déjà pour savoir où ses restes seraient inhumés ; quelle région, quelle ville, quel village bénéficierait, jusqu'à la fin des temps, des retombées de ce voisinage insigne.

Cela se passait à une époque ancienne, là-bas, très loin, en *Chouravi*[1].

Le Saint eut alors l'idée de demander qu'à sa mort son corps soit lié sur le dos d'un chameau et que cet animal, laissé libre de divaguer à son aise, marque lui-même le site de la sépulture en y baraquant pour ruminer. Ainsi fut fait.

La funèbre monture, suivie par une foule pieuse et attentive, se mit en marche et mena sa procession des rives de l'Amou Daria jusqu'aux flancs du Kopet Dagh... d'une traite. L'étape était faramineuse ! Même pour un chameau si saintement chargé ! Là il s'accroupit et se mit à ruminer.

Seulement voilà ! Sans doute retardés par quelque incident de route (Dame ! La traversée du désert du Kara Kum n'est pas sans imprévus !) les suiveurs ne le rejoignirent que pour le voir se relever et partir vers la Caspienne. Bien décidés à ne pas le perdre de vue on le serra de plus près et, quand le chameau baraqua une seconde fois, tout le monde était là pour aider à son déchargement.

Ce devait être un jour d'été comme celui-ci où, dans ce pays sans ombre, les bêtes cherchent en hauteur la fraîcheur qui leur manque. C'est sans doute pourquoi le chameau s'arrêta où nous sommes et où l'on creusa aussitôt la tombe.

Les gens du voisinage se réjouirent fort de l'aubaine qui leur arrivait. On éleva par dessus la tombe un mausolée magnifique, tout miroitant de mosaïques. Le lendemain, il s'effondrait ! Pourtant il n'y avait pas eu de tremblement de terre et la construction était bonne. On en refit un autre aussi beau sinon plus ! Mais patatras ! Le lendemain de sa finition, tout comme le précédent il s'écroulait à son tour.

Par la suite on fit des tentatives diverses : un toit plat avec une charpente de troncs, une yourte en feutre blanc, un abri de roseaux... Rien à faire ! A chaque fois la construction se ruinait ou s'envolait. Il fallut bien en conclure que le saint homme ne voulait, par dessus son tombeau, que le firmament comme voûte !

D'autres vénérables personnages, dont les mérites, bien que moins lumineux, étaient cependant appréciables, se firent enterrer aux côtés du Cheikh Owlad-e Peykhambar. Ils reçoivent modestement les vœux et les suppliques de deuxième catégorie et leurs tombes font, un étage plus

---

1. Nom tiré du mot *choura*, assemblée, appliqué aux soviets, le nom *Chouravi* désigne donc l'U.R.S.S.

bas, une suite déférente à celle du Saint qui pointe bien en vue l'index aigu de son mât enrubanné.

On vient ici en pèlerinage depuis des temps immémoriaux, assure le *soufi*, jamais en vain !

*
* *

Il est grand temps de se mettre à table. Des moissonneurs qui ont entamé un champ d'orge à quelques centaines de mètres de là ont été conviés à se joindre à nous. Ce repas ne doit pas être consommé en égoïstes, c'est un service que nous rendent ces quatre gars affamés en y prenant part avec enthousiasme.

— Au fait, Mami ?... Et ce bœuf ?... Tu t'es renseigné à Agh Emam ?

— Oui bien sûr ! C'est à cause de ça que nous sommes arrivés un peu en retard. Personne ne semble l'avoir vu là-bas. Peut-être est-il allé rejoindre les vaches d'Ammand sur Chélami. J'irai voir demain.

— Eh! tu n'as qu'a faire une prière à l'*émam* pendant que tu es ici. On ne sait jamais !

Le *soufi*, la bouche pleine, approuve chaudement cette excellente idée.

Dans un coin de la cabane où nous nous sommes installés (dehors le soleil est sans partage), les femmes mangent en nous tournant le dos. Elles semblent avoir aussi bon appétit que nous. Elles chuchotent avec vivacité et l'ambiance est allègre. Par moment, Golsenem se laisse aller à parler un peu haut emportée par les papotages ; elle se reprend aussitôt avec un petit rire espiègle que je ne lui avais pas entendu depuis longtemps. Ne serait-ce que pour cela je remercierai l'*émam* !

*
* *

Tiens ? J'ai dormi ! Peu de temps, mais dormi quand même ! Je n'ai aucune vergogne à avoir, car nous nous sommes tous un peu assoupis. Avec nos panses pleines de grasses nourritures c'eût été folie que d'aller batifoler en plein soleil. Et puis il fait si bon à l'ombre fraîche de la cabane.

Mais il semble que le moment de procéder aux choses sérieuses soit venu. Nos compagnes rajustent leurs atours, libèrent leurs voiles, et tirent bien leurs manches sur leurs imposants bracelets. On remet son fichu à Ené et sous la conduite compassée du soufi ces dames partent, les unes derrières les autres, en procession vers la tombe. Nous, les hommes, restons en retrait sur le pas de la porte. Ceci est une affaire de femmes.

Là-haut sur la tombe, elle se sont immobilisées sous la verticalité du soleil. Un vent léger qui monte de la plaine gonfle paisiblement la soie de leurs châles. Leurs silhouettes drapées d'étoffes rutilantes entourent celle, noire et étriquée, du soufi statufié dans une attitude de prophète. Figé ainsi au pied de ce mât, leur groupe m'évoque irrésistiblement celui des Saintes Femmes dans une descente de croix peinte de pourpre, d'azur et d'ocre par un primitif italien. Une lumière violente ruisselle sur la somptuosité bariolée des voiles et des robes. Le Vendredi Saint, les grandes statues espagnoles qu'on promène dans ma ville, sous leurs velours, sous les brocarts et les bijoux qui les parent, ont la même rigidité que ces femmes recueillies, debout dans le ciel.

Lentement elles se sont ébranlées, et trois fois, à pas comptés, font le tour du tumulus pendant que bourdonne le *soufi*. Puis, parcourant le sentier d'étape en étape, elle vont saluer chaque sépulture par une formule que leur guide récite pour elles. Enfin elles reviennent vers nous.

Voilà, c'est terminé. Quelques minutes ont suffi. Discrètement Agholi glisse un billet froissé au vieux gardien. Il ne nous reste plus qu'à partir.

*
* *

Comme c'est curieux ! La voiture me semble bien moins chargée ! Il est vrai qu'un de nos chaudrons est allé grossir la pile de ceux qui rouillent dans la cabane. Et puis le bois ne nous encombre plus. Quant à l'infortuné mouton débité et réparti dans nos estomacs respectifs il ne tient plus de place. Bon ! Rien n'est changé en ce qui concerne le retour, chacun réempruntera le véhicule qui l'a transporté à l'aller. C'est compris ?

— Oh ! Mami ! Tu rêves ? Nous partons !... Mais que regardes-tu ?

— Ces vaches, là-bas, de l'autre côté de la rivière, en bas. Il y a un bœuf, avec elles, qui ressemble au mien.

— Lequel ?

— Le roux et blanc. Attends qu'il marche un peu. Si c'est le mien il doit boiter : il s'est écorché profondément au dessus du sabot avec la pointe de l'araire la semaine dernière.

— Il ne bouge pas. Ce sont les vaches d'Agh Emam ; si ton bœuf était avec elles, on te l'aurait dit ce matin au village. Ah! ça y est, il se déplace !

— Il boite ! Regarde : il boite !

— Tu crois ?

A trois cents mètres il n'y a plus de doute, il s'agit bien du bœuf de Mami. Un des moissonneurs descend le rattraper et moyennant quelques rials promet de le ramener dès demain à Ammand. Du coup, Mami gratifie le *soufi* d'un autre billet afin qu'en son nom il remercie l'*émam* d'avoir intercédé pour lui.

En vérité ce Saint est un vrai Saint ! Alors que le frère de Golsenem cherchait depuis une semaine ce bœuf fugitif, il a suffi d'une visite impromptue à sa tombe pour que l'animal — que personne n'avait vu — se présente de lui-même. Comment, après cela, n'être pas persuadé de sa bonne volonté à notre égard ? Notre requête sera entendue, sans nul doute ! Car pourquoi nous refuserait-il ce que nous sollicitons alors qu'il nous accorde ce que nous n'avions pas vraiment l'idée de lui réclamer ?

Et nous revoici à nouveau dans les bois ! Ma voiture a grignoté avec une facilité surprenante la côte d'Agh Emam dont j'avais un peu peur. Dois-je attribuer cela à la technique des ingénieurs de la firme Land Rover, ou à un nouvel effet de l'aide occulte du Cheikh Owlad-e Peykhambar ?

CHAPITRE XXIV

Où l'on parle de gloire et où l'on prend une leçon de panache

On a débarrassé le parvis du tombeau de Cyrus en enlevant les cénotaphes islamiques qui l'encombraient. Cette semaine les Achéménides auront l'impériale visite et leurs noms déclamés retentiront aux frontons de leur rupestre nécropole. Persépolis verra les rois et les princes de ce monde se rassembler à nouveau sur l'Apadana, tandis que, descendus des frises et défilant devant eux, les Immortels feront crisser sous leurs cothurnes le gravier qu'on a partout répandu. Chiraz s'enveloppera de parfums et, sous la flamme noire des cyprès, montera l'arpège ruisselant du *santour*[1], enlacé au mâle crépitement du *zarb*[2]. O roses ! O rossignols ! O jus divin de la grappe mystique ! Omar Khayyam, Hafez et Saadi appelés en renfort ne seront pas de trop pour tresser les couronnes de sagesse et de volupté, ainsi que Firdowsi, pour couleur d'épopée.

L'ombre moustachue du Grand Safavide viendra, c'est certain, admirer au soir l'illumination d'Ispahan, la Céleste !...

C'est vrai !... C'est écrit dans le journal ! On l'a dit à la radio !

Voilà deux mille cinq cents ans que Cyrus, le Roi des Rois, l'Achéménide, proclamait du Nil à l'Indus la fondation de l'Empire perse ! Et voici qu'au bout de tant de siècles, perse et se réclamant de cet héritage, la dynastie qui règne sur l'Iran tend la main à l'illustre fondateur. Grecs, Arabes, Turcs, Mongols sont passés !... Est restée la Perse !

Que Chiraz la Très Musulmane et Ispahan la Turque se souviennent de Suse et d'Ekbatane pour qu'éclate aux yeux du monde la pérennité de l'Empire !... Et que tous se réjouissent !

---

1. Caisse trapézoïdale sur laquelle sont tendues de très nombreuses cordes que l'on frappe avec de petites baguettes.
2. Sorte de petit tambour évasé que l'on cale sous le bras et que l'on frappe avec les doigts ou la paume de la main.

*
* *

— Agholi ? C'est vrai ce qu'on dit ?... Qu'il y aura une fête à Inché Païn ?

— Oui, c'est vrai, c'est une fête pour le Roi... Le gouverneur a dit qu'il viendrait et qu'il fallait faire courir les chevaux à Inché pour faire plaisir au Roi.

— Pourquoi à Inché et pas à Gonbad ?

— A Gonbad ce sont des Yomouts ! A Inché, il y a Dourdi Khan !

Hadji Dourdi Khan. La légende lui donnait généreusement cent quarante ans. Il n'en était pas très loin. Il sabra du cosaque sous le règne d'Alexandre III. Nicolas II qui sut l'amadouer le médailla. Contre l'autorité naissante des Pahlavi, il mena la rébellion goclane en union avec les *ilkhans*[1] kurdes de Bodjnourd. Et s'il fit sa reddition ce fut avec les honneurs de la guerre. Il combattit ensuite les Yomouts, tant pour le compte de la nouvelle dynastie que pour son plaisir personnel. Ce qui lui valut de Reza le Grand, outre quelques médailles supplémentaires, le propre sabre du Roi, forgé à Ispahan pour Chah Abbas le Safavide et porté le jour de son couronnement par Nasr ed Din le Khadjâr fastueux.

Dans le courant de l'année 1972, mon cheval s'étant irréparablement blessé, je cherchai à m'en procurer un autre.

— Dourdi Khan dans son grand âge ne monte plus le sien, me dit-on, peut-être vous le vendra-t-il ?

A Inché, quand j'arrivai, le vieux chef était sous sa véranda. Il somnolait, calé entre deux coussins, dans un angle de son trône de bois, la main posée sur la petite balustre qui en faisait le tour. Ses lunettes lui tombaient du nez. Un turban immaculé ceignait ses tempes et une merveilleuse barbe neigeuse moussait sur sa poitrine. Assis en tailleur sur le tapis rouge de son *takhté*[2], son narghilé et son thé à portée de la main, il passait ainsi les journées à contempler le village du haut de la véranda de sa vaste demeure, silhouette débonnaire filialement saluée par chaque passant.

Une vieille femme — était-ce une des siennes, était-ce une de ses filles ? — veillait à son confort, aidée par une équipe de fillettes et de

1. Titre comparable à celui de Prince.
2. Trône. Signifie aussi plateau (géographie) ou planche.

garçonnets, arrière-arrière-petits-enfants du vieux khan, qui montaient sur le trône et s'installaient sans façon à côté de l'aïeul.

Pour cette visite que je lui fis, Agholi m'accompagnait. Le vieillard nous reçut civilement. Il me pria de venir près de lui sur le *takhté*, tandis qu'Agholi, au pied de l'escabeau qui sert à y monter, s'asseyait sur ses talons, les mains bien à plat sur les genoux, comme à la mosquée.

Au début la conversation fut assez difficile. Dourdi Khan était sourd. On hurlait à son oreille, avec le plus de respect possible. Cependant il avait toute sa tête et ne perdait pas le fil de ses discours et, quand je me fus mis à son diapason, l'entretien se déroula sans problème.

Ce jour-là, avec assez d'humour, il remarqua qu'il n'avait pas vu d'étranger depuis bien longtemps et que ma venue lui faisait souvenance du premier occidental qu'il avait rencontré. C'était un Allemand, perdu du côté de Khizil Arwaz... Il l'avait assez bien vendu à des caravaniers yomouts qui remontaient vers Khiwa !

Il me conta également son voyage à la Mecque, en commençant par l'expédition à cheval qui le conduisit à Bandar Abbas, et comment il y embarqua sur un vapeur anglais pour faire le tour de la péninsule arabe. Il avait débarqué à Djedda dans un état lamentable, travaillé par un mal de mer si épouvantable qu'il s'était vu mourir plusieurs fois durant la traversée. Ce n'est pas tant la perspective de mourir sur la route du Hadj qui l'avait rempli de crainte, mais le sort qui aurait été fait à sa dépouille, car un des pèlerins, décédé pendant le voyage, avait été immergé dans le golfe d'Oman. Cette idée qu'il puisse être lui aussi jeté dans ces profondeurs l'avait révolté plus que tout. Dans tout le cours de sa très longue et très aventureuse vie, il ne pouvait trouver un aussi mauvais souvenir que celui des houles océanes. Aussi, pour le retour, avait-il préféré faire la route de terre par Baghdad et Téhéran, malgré les dangers et les difficultés qu'elle présentait. Dangers et difficultés qui avaient au moins l'avantage de correspondre à son idée du monde.

Sa vénérable infirmière nous offrit du thé vert et, lorsqu'il fut au fait de ma visite, d'un geste il m'invita à aller voir de plus près son étalon. L'animal était au piquet dans la cour directement sous ses yeux.

Tous les chevaux qu'avait eus Dourdi Khan à partir du moment où il avait fait allégeance au Roi avaient porté le nom de Shah Sevan[1]. Celui que je vis alors fut le dernier de cette lignée.

---

5. Rallié au Roi. Une tribu d'Azerbaïdjan porte ce nom depuis son ralliement aux Safavides.

Quand je revins m'asseoir auprès du vieil homme, il souriait. Il posa sa main tavelée sur mon genoux et me dit :

— Ne te fâche pas de ce que je vais te dire. Je t'ai vu regarder Shah Savan et j'ai compris que tu connais bien les chevaux. Tu es jeune et si je te le vends je sais que tu le monteras, que tu le feras travailler et qu'il sera heureux. Ici il ne sert qu'à réjouir le regard d'un vieillard qui plus jamais ne sera en selle. Mais je ne te le vendrai pas.

J'étais assez surpris, je l'avoue, par ce refus qui, malgré les précautions dont le *hadji* l'avait entouré, n'en était pas moins catégorique. Plus tard, en repensant à cet instant, je devais admettre qu'Hadji Dourdi Khan ne pouvait pas mieux ni plus amicalement me répondre.

En principe, la politesse veut que rien ne soit trop ouvertement refusé à l'étranger qu'on reçoit. Aussi, quand on ne tient pas à se défaire de ce que l'hôte visiblement désire, on lui dit que, bien sûr, la chose est à vendre. On fixe alors un prix tellement élevé que l'importun y renonce de lui-même.

A l'hôte véritable, à celui qu'on a plaisir à recevoir, on offre, on donne. Et le voyageur mal informé de l'usage qui veut qu'on refuse fermement un tel cadeau quitte la maison en emportant, à sa grande confusion, ce qu'il a eu l'imprudence de trouver joli et intéressant.

Or le *hadji* ne m'avait pas proposé gratuitement son cheval. Il ne l'avait pas surestimé non plus. Bien simplement, bien franchement, il me le refusait, comme à un familier qui pouvait comprendre l'explication qu'aussitôt il me donna :

— Vois-tu, l'homme doit prier Dieu dès son lever. Après Dieu, c'est son père qu'il lui faut honorer avant toute autre personne. Et si le père n'est plus là pour recevoir ce salut, c'est à son cheval que l'homme véritable le donne. Alors si je te vends le cheval de ma vieillesse, qui saluerai-je, au matin, après avoir pensé à Dieu ?

Va, pardonne-moi ! J'ai eu beaucoup de chevaux dans ma vie et ma jeunesse a été portée par de plus belles et de plus grandes montures que Shah Sevan. Mais laisse-le moi ! Un jeune homme comme toi n'aura pas trop de peine à trouver un cheval qui vaille celui-là. Et même si tu allais à pied pendant quelques jours, pense que ta vie, à toi, est encore à venir. Pour moi je saluerai peut-être mon père demain !

*
* *

Or donc, l'Iran doit pavoiser, se réjouir, faire bloc derrière son Roi et participer à l'allégresse officielle. Les ordres à cet effet se propagent aux quatre coins de l'Empire, de ministre à gouverneur de province, de gouverneur à sous-gouverneur, de sous-gouverneur à maire, de ville à ville, de bourgs en villages.

Il n'est pas de hameau où l'on n'ait dressé, sur de branlantes carcasses de bois, des arches de verdure pavoisées de tapis. Alors, pensez à ce que doivent être les lampions et les atours de la capitale, ou tout simplement à ce qui se fait à Bodjnourd !

La ville ruisselle d'ampoules électriques multicolores. Banques, écoles, hôtel de police, mosquées, administrations diverses s'enguirlandent à l'envie. Des kilomètres de banderoles, barbouillées de slogans calligraphiés à gros pinceaux par les élèves des grandes classes, font une toiture ininterrompue par-dessus les rues. Des couronnes impériales en tubulure de fer blanc, passées au rose framboise ou au vert pistache, écrasent les ronds-points en clignotant de tous leurs diamants et émeraudes de cent watts. Des archers achéménides en carton, en plâtre, en papier mâché font des effets de frisettes à chaque carrefour.

La foule du bazar qui vaque à ses affaires, après avoir levé le nez quelques instants sur ces enjolivures, s'est vite blasée. Elle continue, comme devant, à marchander son riz, ses melons et sa quincaillerie. Elle colporte ses ballots, pousse ses ânes, palpe ses moutons, mais ne prend plus garde aux jeunes gens embrigadés par leurs instituteurs qui tendent encore d'autres chapelets d'ampoules, fixent au garde-à-vous d'autres immortels, et dressent en décors d'autres lions terrassant d'autres taureaux. Il y a même un Ahura Mazda[1] en gloire étendant ses ailes en face de la mosquée principale. Le mollah affairé qui passe dessous, dans l'ondoiement de son *aba*[2], sait-il ce que ce drôle d'oiseau symbolise ?

Nourdjon, que nous espérions voir enfin revenir, en ce début des vacances scolaires, est resté en ville, trop heureux de s'être fait enrôler dans une équipe de décorateurs, prolongeant ainsi les délices de la vie citadine.

*
* *

---

1. Principe du bien et de la lumière dont la religion mazdéiste tire son nom, et auquel la création fera retour à la fin des temps. Il est symbolisé par une silhouette humaine mitrée inscrite dans un cercle porté par deux ailes de vautour étendues.
2. Large manteau sans manches, porté en cape par les mollahs.

Un sentiment qui tient le milieu entre la sympathie et le respect lie l'actuel gouverneur de Bodjnourd au vieux chef des Goclans. Khanlar Khan Karachourlou est le descendant direct de Yar Mohammad Khan, cet *Ilkhan* qui eut maille à partir avec les Pahlavi alors au début de leur ascension.

Goclans et Kurdes, à cette époque, turent leurs inimitiés pour faire front à l'ambition grandissante de Reza Chah. Le dernier des *Ilkhans* Bodjnourdi y perdit la liberté puis la vie, et ses descendants leurs droits héréditaires sur la province. Cependant cette puissante famille réussit à se maintenir aux postes-clefs, et surtout au gouvernement de la ville, grâce à la fidélité que portait la population à ses chefs traditionnels promptement ralliés à la nouvelle dynastie. Khanlar Khan et le frère du Chah ayant quasiment été élevés ensemble, l'amitié qui les lie n'est un secret pour personne. Ceux qui s'opposèrent à lui lors des dernières élections ne firent que mettre en valeur sa victoire par leur propre déconfiture.

Mais le souvenir de l'ancêtre rebelle ne s'est pas perdu et il n'est pas rare de voir le gouverneur, de passage dans nos contrées, venir saluer celui qui fut le compagnon de son grand-père. Aussi, tenant à l'associer aux fastes des réjouissances, a-t-il demandé aux Turkmènes de sa circonscription de fêter à Inché, à leur manière, les deux mille cinq cents ans de l'Empire.

Vingt-cinq siècles pour l'Empire perse ! Est-ce bien aux Turkmènes de s'en féliciter ? Eux, les descendants des Seldjouquides et des Timourides, cousins des Mongols et frères des Ottomans : tous grands massacreurs de Persans ! Eux, ces razzieurs impitoyables, plaie du Khorassan ! S'il n'avait tenu qu'à eux... !

Sous la tourmente turque la Perse a bien souvent fléchi. Sous la puissance turque la Perse s'est faite docile et complaisante. Mais depuis qu'Omar, l'Arabe, jeta à bas le dernier Sassanide, c'est la première fois que règne à nouveau la race de Darius ! Alors gare à ceux qui y trouvent à redire ! Et cette semaine les Goclans revêtiront leurs robes rouges et Shah Savan courra.

*
* *

Inché Païn. A l'entrée du bourg un arc de triomphe imposant, quoiqu'instable, laisse pendre mollement sur ses flancs drapeaux, tapis et banderoles comme une énorme lessive criarde qui sècherait. Par prudence on évite de trop passer dessous.

Ce joyau d'architecture festive plaira, sans aucun doute, à Son Excellence. Elle ne pourra manquer de le voir, car une des piles oblige le chemin à se détourner. Bien sûr on aurait préféré que la voie publique soit enjambée par cette glorieuse construction, mais aucun emplacement ne convenait vraiment à l'établissement d'un tel édifice. A la sortie d'Inché, un évasement des murettes qui défendent les jardins aurait permis que la piste passe bien dessous, mais un arc de triomphe se doit d'accueillir les visiteurs et non de leur souhaiter bon voyage, c'est du moins ce qu'a affirmé l'instituteur.

Alors, on a mis la pile de gauche sur le chemin et la pile de droite dans le jardin d'Aïd Morad. L'arche, bien entendu, passe par-dessus le mur du jardin. Ça manque un peu d'élégance, mais ainsi il n'est fait de préjudice à personne, car Aïd Morad est mort depuis presque un an et demi et son fils laisse le terrain inculte sous prétexte d'y construire un de ces jours. Ordinairement cet enclos sert de terrain de volley-ball et de pâture communale, on ne saurait donc y abîmer quoi que ce soit. Il n'empêche que le passage qui reste est étroit, entre le pilier gauche et le mur ; les voitures pourront y passer mais en faisant bien attention.

C'était la seule solution. L'instituteur avait suggéré qu'on démolisse un peu le mur de Mazem pour planter le pilier gauche sur son terrain. On lui a vite fait comprendre que si cette veuve avait simplement vent de son projet elle l'assaillerait de cris et de malédictions si épouvantables qu'il mettrait ensuite des semaines avant d'oser repasser devant sa maison. On l'aime bien, la vieille entremetteuse — c'est elle qui arrange quatre-vingt-dix pour cent des mariages ici — mais le grand Iskandar lui-même y regarderait à deux fois avant de la bousculer !

L'instituteur ne savait pas. C'est normal, il n'est pas d'Inché, c'est un *kallé-mâhi khor*[1] du Guilan. S'il avait mieux connu Mazem, il n'aurait jamais eu cette idée.

L'arc de triomphe est son œuvre, il en fut le concepteur, l'ingénieur et le décorateur. Sans lui les gens d'Inché n'auraient jamais pensé à faire un monument pareil. Aujourd'hui, il s'est bien peigné et a fait toilette. Il a ciré ses chaussures et mis une cravate azurée sur sa chemise à carreaux.

Dans cette fête à laquelle il se prépare, il doit jouer un rôle important, car le Gouverneur entend symboliser le grand élan de l'Iran vers la modernité par l'inauguration de la nouvelle école dont le crépi de ciment

---

1. Litt. : mangeur de tête de poissons.

est encore tout frais. Alors, pour la pavoiser aussi, et malgré les congés scolaires, notre jeune homme a réquisitionné ses élèves les plus débrouillards.

Quel plaisir ce sera, à la rentrée prochaine, d'occuper ces locaux tout neufs ! Plus de gouttières sous ce toit de zinc rutilant ; plus d'échardes sur ces bancs bien poncés et vernis ; plus de poussière dans ces classes au sol pavé de beaux carreaux granités. Aux murs, des tableaux verts. Verts ! Quelle nouveauté ! C'est si agréable d'écrire sur du vert ! Un grand couloir dessert les trois classes de cette école où, l'an prochain, il ne sera plus seul à enseigner, car deux jeunes gens de l'armée du savoir[1] viendront l'y seconder.

Au dessus du perron de trois marches, le Chah, dans un grand et beau cadre vert, blanc, rouge, adresse un appel cordial à son peuple rassemblé. Le photographe officiel l'a immobilisé dans une pose élancée, agitant ou levant la main très haut au-dessus de sa tête, ce qui donne l'impression que Sa Majesté tient à bout de bras, dirigé vers la place, le haut-parleur qui surmonte le portrait. Un flot de guirlandes en papier découpé achève la décoration de l'ensemble. Sur la plus haute marche, posé sur un tapis tout neuf au rouge violemment cru, un micro enrubanné aux couleurs nationales attend le moment des discours.

A côté de tant de modernisme, de propreté, de fonctionnel que toutes ces additions festives rendent plus évidents encore, la vieille école paraît triste, laide, sale, décrépie. Elle fait honte avec son sol en terre battue, sa porte de travers, ses graffitis et ses peintures baveuses... Du reste elle est virtuellement démolie, plus personne ne la regarde !

Tout cela est bien beau, mais que ce gouverneur met de temps à venir ! Dix heures, et il n'est toujours pas là, alors qu'on l'attend depuis les premières lueurs de l'aube ! On s'impatiente sans oser s'éloigner trop de l'esplanade de l'école.

Les femmes et les filles se sont mises en faction sur le toit des maisons proches. Là-haut elles seront bien placées et à l'écart de la presse pour assister à la partie officielle des réjouissances.

… Mais ! A propos... pourquoi y a-t-il fête ?

— Parce que le gouverneur vient !

— Parce que c'est l'anniversaire du Chah !

— Mais non ! C'est celui de son fils !

— C'est à cause de la nouvelle école !

---

1. Service civil (enseignement, agriculture, santé).

— Mais vous n'écoutez jamais la radio. C'est parce que le Chah fait une grande fête lui aussi à Takhté Djamchid[1], avec la Reine d'Angleterre, le Président de la république d'Amérique, le Chef de la Russie...

— Bon ! Puisque le Chah donne un fête, il est normal qu'à Inché on en fasse une aussi, et puis Khanlar Khan l'a demandé, alors... !

L'esplanade est rouge et noire. Noir l'astrakan des *telpeks*, rouges les robes de soie pékinée revêtues par presque tous les hommes. Des *barchis*, luth en bandoulière, vont et viennent, mais leur art est incompatible avec la foule. Il leur faut pour l'exercer la communion d'un auditoire restreint. Cependant leur présence rehausse d'une note artistique cette assemblée bruyante et énervée. Par contre, venues des villages kurdes avoisinants, des troupes de baladins font un vacarme criard et assourdissant avec leurs bombardes et leurs tambours tout à fait adaptés aux circonstances.

Accompagnés par les hoquets lancinants d'une double flûte en os de vautour, les acrobates entrechoquent des matraques, font des sauts périlleux, marchent sur les mains, s'élancent en pirouettant du haut d'un toit. Ils partagent la vedette avec des éphèbes maquillés comme des courtisanes qui ondulent en gestes gracieux et en postures aguichantes en faisant voltiger au nez des badauds, médusés ou goguenards, leurs jupons et leurs voiles de gaze.

Autour des *kilims*[2] râpés sur lesquels tout ce joli monde se donne en spectacle, on commente et on apprécie, mais personne dans l'assistance n'aurait l'idée de se trémousser au son d'un instrument. Le Turkmène ne danse pas.

Il y a là le ban et l'arrière-ban de la tribu. On rencontre au hasard tel notable pansu de Ghazenghaïe, tel riche propriétaire de Gollidagh, la cour compassée de l'*akhund* le plus respecté de Kharnawo. Les *hadjis* se saluent et s'entre souhaitent mille satisfactions avec des mines de bon aloi et la bonhomie des membres du Rotary un jour de représentation. Mehdi Khan est là, bien entendu, et Hadji Ghorban Chaadi aussi.

---

1. Trône de Djamchid. Nom donné en Iran aux ruines de Persépolis.
2. *Kilim* ou *guilim* : tapis tissé.

L'aîné a endossé la *qermez don*[1]. Mehdi Khan a gardé son hideux chapeau mou et son costume clair.

Les Guerkezs sont représentés par leurs notables les mieux blanchis et leurs *Ichâns* les plus distingués. Leurs robes de satin mordoré s'ornent de discrets galons de broderie verte. Quelques Noghorlis descendus du Kopet Dagh, reconnaissables à leurs imposants *telpeks* fauves et à leurs amples blouses informes et noires, font des îlots rustiques au milieu de ces Goclans en ébullition. Bien découplés et de traits agréables, de jeunes Ali Elis de Dachtek et de Chechmé paradent dans des kaftans un peu trop brodés — mais leurs femmes tiennent à faire savoir qu'elles sont les meilleures aiguilles du canton. De toute manière les plus remarqués sont incontestablement les cinq ou six religieux arrivés hier de Djergalan revêtus de brocarts lamés, chamarrés de palmettes et de rinceaux, dans le style le plus luxueusement boukhariote.

Cependant on constate qu'en général l'âge a ses couleurs : pourpre et ponceau pour les plus jeunes ; bordeaux, grenat, pour les plus anciens qui choisissent aussi des rayures allant du vert olive au noir.

Turbans blancs ou brodés, *telpeks* noirs en astrakan moiré ou lourdes toques échevelées, soieries raides et rougeoyantes, bottes souples, frises versicolores des femmes aux terrasses des maisons : tout est là dans la clameur des bombardes pour que la fête ait de l'éclat. Pourtant tous ces gens ont le comportement vacant de voyageurs en partance sur le quai d'une gare. Seul l'instituteur, courant d'un endroit à l'autre, affairé, éperdu comme un rat devant une crue, paraît être motivé et jouer là sa carrière.

La fête que tous attendent ne commencera vraiment que lorsque s'alignera pour la course un de ces étalons qui de temps en temps viennent à passer sous leur caparaçon de feutre et fendent la foule inoccupée. Pour le moment, face à l'école et à son mur de ciment gris en haut duquel le Chah est toujours aussi cordial et dos à l'arc de triomphe qui a déjà manqué de s'abattre trois ou quatre fois, on s'ennuie un peu en échangeant des nouvelles. Les sonneurs kurdes mollissent et leurs bombardes s'essoufflent, les acrobates et les éphèbes fatiguent visiblement, et puis le soleil se fait de plus en plus cruel. La poussière monte. Un verre de thé serait le bienvenu dans la plupart des gosiers.

---

1. Sorte de cafetan le plus souvent en soie rouge (*qermez*), à fines rayures, pièce principale du costume traditionnel. Comparable au *tchapan* afghan.

Enfin ! Voilà le gouverneur ! C'est lui ! Ce sont eux !

Une file de jeeps et de Land Rover apparaît au débouché de la vallée de Göz Bachi. Elle ondule vers nous, cahote dans les ornières, frôle dangereusement l'arc de triomphe et s'immobilise.

Vite, les enfants se mettent en rangs, l'instituteur renoue sa cravate, la foule se coagule ; on escamote les éphèbes, tandis que les bombardes régénérées lancent leurs sonneries déchirantes pour saluer Khanlar Khan Karachourlou, très souriant, débarquant avec souplesse de la Land Rover de tête.

Des autres véhicules s'extirpent les éléments d'une belle brochette de fonctionnaires imbus de leur importance, bien qu'un peu chiffonnés. Voici le commandant de la Gendarmerie, l'inspecteur de l'Education nationale, le directeur des services du Lion et Soleil rouge[1], quelques membres du Conseil provincial, deux ou trois dames en tailleur, responsables des services sociaux et de l'enfance : un bel assortiment de gens aussi anachroniques à Inché qu'un pâtre noghorli le serait dans leurs bureaux respectifs. Autour d'eux gravitent quelques policiers en grande tenue et trois jeunes gens sourcilleux et attentifs, en Ray Ban et blousons de toile. Tout ce beau monde commence par secouer sur les revers de veston, sur les plis de pantalon, la blanche poussière qui a poudré l'escorte tout le long du parcours. Le gouverneur qui roulait en tête n'a pas eu à soufrir de ce désagrément.

Aussi net qu'au sortir d'une boîte il s'avance sans attendre, saluant à droite, saluant à gauche. On le sent débordant de sympathie, de paternelle affection, envers ce bon peuple. Très « smart » dans son complet d'été en tissu anglais, cravaté à Paris, botté à Milan, il est aujourd'hui en représentation et quelques uns de ceux qui l'ont déjà vu ont peine à le reconnaître. D'ordinaire quand il vient par ici sa tenue est plus proche de celle du chasseur sportif qu'il est que de celle du député salonnard qu'il sait être. Mais l'irréprochable symétrie des crocs de sa blonde moustache vient très vite rassurer ceux qui peuvent encore douter qu'il s'agisse du même homme.

Un photographe, amené dans ses bagages, le mitraille sur fond de robes rouges, interrogeant l'instituteur ému ou tapotant la joue d'un élève.

Déjà il marche vers le micro. On fait silence.

---

1. Organisation affiliée à la Croix Rouge Internationale dont le symbole est tiré des armoiries impériales d'Iran.

Mais un murmure s'enfle et monte. L'orateur qui s'éclaircissait la voix reste en suspens. Les jeunes gens à lunettes noires se mettent sur le qui-vive.

Toutes les têtes se sont détournées vers le fond de l'esplanade et l'assistance qui s'est ouverte brusquement comme un banc de fretin forme alors tout d'un coup une haie respectueuse à celui qui s'avance : Hadji Dourdi Khan !

L'Ancêtre s'est déplacé ! Il est venu saluer, en selle, comme aux plus beaux jours. Trois de ses fils le précèdent. Quatre de ses petits-fils l'escortent, deux à la bride, les autres aux étriers. Revêtus d'écarlate, visages graves, fixant droit aux yeux le gouverneur immobilisé de surprise, ils amènent à lui l'Honneur de la tribu, au pas retenu de l'étalon.

L'or, l'argent et la cornaline luisent sur le harnachement du palefroi. Le bronze coule de sa bouche et tinte à la commissure de ses lèvres. Son frontal, sa bride, sa muserolle, sa martingale sont cloutés de métal précieux, armés de plaques damasquinées et, sur son large collier, l'argent imite l'imbrication des écailles d'un serpent. Lentement Chah Savan encense, faisant danser à sa ganache une longue mèche de crins blancs jaillissant d'un gland de vermeil. Et la lumière joue dans l'éclat mat des pierres et sur l'or des damasquinures.

Sur son dos, on a jeté un tapis de soie ancien, au velours de vieux rubis et de corail, dont les franges courent sur ses flancs en vaguelettes bleu de nuit. L'os et la nacre s'incrustent sur sa selle et le bronze ouvragé fait courir fleurs et rameaux sur les étriers.

Mais, par-dessus tout, il y a ce vieillard magnifique, botté, vêtu de soie verte et grenat, sanglé dans un baudrier lui aussi écaillé d'or et d'argent, coiffé de l'imposant telpek de Boukhara. A sa cuisse bat le sabre des rois au fourreau pavé de turquoises et cerclé d'argent niellé. Dans sa ceinture est glissé le *pchak*, le grand poignard droit à manche d'ivoire gainé de chagrin vert et de ciselures précieuses. Sur sa poitrine se côtoient les décorations qu'y épinglèrent le dernier des Romanov et le premier des Pahlavi après qu'il les eut tous deux combattus.

Sorti du fond de l'histoire, le vieux cavalier s'est immobilisé au bord du cercle que font les robes rouges.

236

Le gouverneur ne sourit plus. Laissant là micro et masque officiel, il s'est hâté au-devant du vieux chef et, en turc, le remercie de l'honneur qu'il lui fait en s'étant dérangé et en étant venu dans cet arroi.

Khanlar Khan est trop intelligent pour ne pas se rendre compte que c'est la dernière fois, sans doute, qu'on voit Dourdi Khan en selle. Plus jamais, après lui, on ne parera les destriers de la sorte, « pour faire honneur ». L'émotion et le respect profonds qui, en cet instant, animent son visage et passent dans sa voix étreignent pareillement l'assistance. Inconsciemment ou non, ils sentent tous que ce vieillard est le représentant d'une race éteinte ; que plus jamais un Dourdi Khan ne se lèvera parmi eux, du moins sous cet aspect évocateur d'épopée et de fierté guerrière.

— Regarde bien Agholi ! Regarde bien, surtout toi, Raïdjab ! C'est le dernier des Khans !... Regardez : il est le seul à cheval !

Il faut rompre le charme. Le micro chuinte, grésille et siffle. Le gouverneur parle des générations à venir, des bienfaits de l'éducation, de l'effort que fournit le gouvernement... On applaudit de si belles paroles — incompréhensibles pour beaucoup parce que dites en persan. Puis, succédant à l'orateur, un des fonctionnaires s'empare du micro et lance le salut au Roi, d'une voix ridicule qu'il estime puissante et virile.

Le fonctionnaire est rondouillard, il sue et son col lui scie le cou, une grosse bague bleue alourdit son auriculaire. Le cri est cette chose usée, ressassée, sempiternelle, que braillent tout les écoliers et tous les militaires de l'empire chaque jour avant de rentrer en classe ou de rompre les rangs. Mais repris par cette foule naïvement en fête, porté par cet élan instinctif qui pousse les hommes rassemblés à huer ou à acclamer d'une seule voix, jaillissant de ces poitrines et de ces gorges habituées au vent et à l'espace, il explose soudain en clameur guerrière. Et c'est une vague puissante et vigoureuse qui submerge le chantre du régime, abasourdi, cramponné à son micro comme s'il craignait d'être emporté.

La main de Dourdi Khan est tombée sur la poignée de son sabre. Dieu que cette main tremble ! Que cette lame à dégainer est lourde pour son bras engourdi ! Et quelle désespérance dans ces doigts tavelés serrant en vain l'ivoire glissant qui s'échappe.

Un bras a jailli de la foule, un bras emmanché de rouge vif. Une poigne brune a enveloppé la griffe défaillante et l'a raffermie. Alors le sabre s'est dressé dans le ciel pour mettre un éclat d'acier par-dessus ce péan. Brandi pour un ultime salut... pour un dernier défi ?

*
* *

Les premiers beaux jours du printemps et la trêve de l'automne sont des époques où l'homme attend. Ce sont des temps intermédiaires : le blé y est encore herbe ou alors les dernières récoltes sont faites ; les chaleurs sont à venir ou bien passées. Ce sont demi-saisons où les corps sont à l'aise, les journées douces et les nuits propices au sommeil. Printemps et automne sont époques de fêtes, saisons de noces et de courses.

Mais l'été n'est bon qu'à assommer le moissonneur, à mettre une pelle sur le dos de l'homme qui marche le long du canal, à faire rougeoyer comme une braise fraîche la chair sanglante des pastèques. Quand juillet rayonne, étalons et coursiers somnolent au milieu des cours sous l'épaisseur des feutres.

Ce jour-là, à Inché Païn, la course ne fut guère mémorable.

Pouvait-on cependant rester insensible aux spectacles fulgurants qu'offrirent certaines de ses séquences?

Il y eut cette arrivée, pleine de hargne, où deux chevaux gris, dans une même foulée, dans l'identité de leur effort, emportaient, botte à botte, leurs minuscules cavaliers acharnés à se rouer l'un l'autre de coups de lanière. Il y eut surtout cet enfant vainqueur, inondé de gloire et d'orgueil, qui, sous les cris et les hourras, dans l'éclatement farouche des bombardes, passait au galop devant le front de la tribu. Combien plus vrai, combien plus réel que les marionnettes de Gonbad. Sa chemise ouverte flottant sur sa maigre poitrine, pieds nus dans des étriers de corde, brandissant son fouet au-dessus de sa tête rasée, il était à l'unisson de cette terre pâle, de ces monts sculptés par l'érosion, de ce ciel cruel, de l'Atrak tout proche étirant ses eaux basses et turbides, de ces clameurs, de cette bête aveuglée de sueur qui l'avait mené à la victoire : Turkmène !

Ce fut pourtant une bien piètre course, les purs-sangs étaient restés dans leurs villages, Kara Mach comme les autres.

En lente procession la foule s'en est retournée. Les berges de l'Atrak, un instant animées, sont retombées dans leur torride léthargie. Le gouverneur a ramené le vieux chef chez lui où on lui a servi un riz au gras piqueté de petites prunes aigres. Puis la caravane officielle s'est éloignée sur la piste de Göz Bachi tandis que, définitivement ébranlé par l'aile de la jeep transportant l'inspecteur de l'Education nationale, l'arc de triomphe s'écroulait à grand fracas.

Ainsi fut commémoré par les Goclans des hauts, le geste fondateur du glorieux Cyrus, le Grand Roi, l'Achéménide.

CHAPITRE XXV

Où l'orage s'amasse sur Ammand

Le ciel est bleu, pareil à celui d'hier, semblable à celui de demain. L'été énorme s'appesantit.

Des crêtes de Chélami s'élève une fumée épaisse. Elle monte comme un cumulus dans l'air immobile. Par deux fois Agholi est sorti sur le seuil de la maison, ses jumelles à la main, mais un pan de Takkal Kouh cache le point précis où le feu a pris. Là-haut, sur ces hauteurs où viennent mourir les dernières exhalaisons de la mer, se trouve le grenier d'Ammand, de Chah Passand et de cinq ou six villages yomouts de l'autre versant. Sur Chélami ce ne sont pas quelques maigres pâturages qui partent en fumée — sinon Agholi ne s'en soucierait pas plus que d'une guigne — mais des blés encore sur pied et des champs de tournesol.

Depuis le Plateau des Guetteurs où nous nous sommes transportés l'espace se déploie davantage. Le feu, bien visible, court sur le flanc de la croupe la plus occidentale, à la limite des territoires yomouts : juste sur les champs d'Ata Soufi et de Mehdi Khan.

*
* *

La semaine dernière, sur la route d'Ach Khané, des gars de Garm Ab ont arrêté la moto que conduisait Aba, un neveu d'Agholi. Il avait en croupe deux ouvriers de Mehdi Khan qu'il conduisait à Bodjnourd. Les trois hommes furent roués de coups et la moto précipitée du haut d'un pont dans l'oued desséché qui traverse la steppe de Gholam Meydan.

Le minibus qui, en été, fait la navette entre la base militaire et Ach Khané arriva sur ces entrefaites et les agresseurs décampèrent sur leurs propres motos.

Nourdjon était parmi les passagers, rentrant chez lui après les festivités. Il fit ramasser les blessés et détourna le minibus sur l'hôpital de Behkadeh. Son cousin, inconscient, saignait abondamment de la tête et du nez. Un des ouvriers plaquait d'une main un tampon de vieux chiffons sur son bras traversé de part en part. L'autre se plaignait de l'épaule, la clavicule probablement brisée par un coup de gourdin.

Les deux ouvriers reçurent des soins sur place, mais Aba, toujours dans le coma, fut évacué sur Meched, l'hôpital de Bodjnourd n'étant pas assez bien équipé pour de pareils cas.

Nourdjon étant de loin le plus apte à se débrouiller avec les us et coutumes de l'administration prit place dans l'ambulance. Le lendemain il était de retour, porteur de nouvelles rassurantes, Aba avait repris connaissance et ne souffrait d'aucune fracture.

*
* *

Aujourd'hui ce sont les récoltes de Mehdi Khan qui flambent sur Chélami. Décidément Garm Ab n'entend pas renoncer à sa guerre, les incendiaires ne sont peut-être pas les assaillants d'Aba sur la route, mais le doute n'est pas permis. Si l'incendie est criminel, son origine est à chercher à Garm Ab : n'est ce pas Mehdi Khan qui est touché une fois encore ?

Mais comment se fait-il qu'il n'ait toujours pas vraiment réagi ?

Il faut cependant admettre qu'il ne peut répondre à de pareilles provocations comme il l'aurait fait dix ans auparavant. Autrefois ce genre de litige aurait été réglé d'une façon plus ou moins satisfaisante par l'entremise des sages, de quelques *qazis* et hommes prudents ou bien par les armes, l'assassinat et l'affrontement, mais entre soi, entre Turkmènes. Jamais Fars, Kurdes ou autres n'auraient eu la surprenante idée de s'immiscer dans ce conflit. Les choses, alors, étaient-elles plus claires ? Plus justes ? Elles étaient à coup sûr plus tranchées !

Au lieu de cela, dans quelque parti que ce soit, il faut entrer maintenant dans un jeu dont les règles sont dictées par un troisième et nouveau partenaire, l'Etat, dont les représentants semblent prendre un obscur plaisir à brouiller les cartes tout en jouant les arbitres. Et chacun de s'enliser, de plainte en contre-plainte, dans des procédures paperassières ; de subir les marches et les contre-marches gendarmesques que la police alertée et la justice saisie leur imposent. Aux procès-verbaux sibyllins, aux signatures apposées sans comprendre, aux convocations impérieuses, à toutes ces nouvelles méthodes, viennent s'ajouter les réflexes issus des anciens usages. Dès que semble se relâcher l'intérêt des autorités, renaissent les conspirations où les têtes s'échauffent, où germe la tentation d'employer les méthodes extrêmes et où naissent les initiatives brutales qui finissent par ramener en surface les mêmes policiers véreux, les mêmes conseillers aussi bénévoles que discrets, les mêmes ramasseurs de pots-de-vin bien placés pour orienter un dossier...

En fait tout semble se passer comme si l'administration, par incurie, ou corruption — à moins que ce ne soit par calcul — laissait pourrir la situation afin que tout ce joli monde s'enfonce au plus profond de la discorde.

*
* *

Jamais, de mémoire d'homme, la vallée d'Ammand n'a été aussi divisée.

Jusqu'à présent, bon an mal an, elle a fait bloc et réglé ses affaires en se protégeant des ingérences d'un gouvernement lointain. Consciemment ou non, secondé par son frère, Mehdi Khan a été la cheville de cette relative autonomie. Aussi Agholi, et beaucoup d'autres, ont-ils peine à admettre tous ces signes de la remise en cause d'une structure rassurante où chacun avait sa place bien marquée. Ils n'arrivent pas à comprendre qu'en fait ils assistent à la désagrégation voulue des sociétés tribales, processus qui ne fut qu'un moment interrompu par la dernière guerre mondiale. Un pays comme l'Iran, moderne, riche et offrant au monde sa belle façade dynamique peut-il tolérer ces orgueils ethniques, ces nationalités internes qui font désordre ? Kurdes, Qashqaïs, Bakhtiars, Baloutchs, Azéris, Turkmènes, pour ne parler que des groupes les plus importants, l'ont appris en voyant leurs grands meneurs exilés, emprisonnés, exécutés.

A Ammand ce n'est que du fignolage. Qu'est Mehdi Khan ?... Du fretin pour un agitateur, pour un Mir Abbédin !

Ni Agholi ni les autres ne peuvent voir aussi loin. Pour le moment ils ne reconnaissent plus ce chef qu'on suivait d'assez bon cœur au temps de leur jeunesse. Tous se souviennent de ces nomades impudemment campés sur les pâturages que les gens de Karakhallou considéraient comme leurs. Qui avait bien pu raconter à ces Kurdes que personne ne pouvait leur interdire d'y paître car tous les pâturages venaient d'être nationalisés ? Ces pauvres idiots avaient même versé pour cela une taxe au service des ressources naturelles ! Nationalisés ! Qu'est ce que ça voulait dire ?

Mehdi Khan s'était levé quand les gens de Kara Khallou étaient venu lui conter l'affaire. Il avait, en une journée, rameuté une centaine de cavaliers, bousculé le camp, saccagé les tentes et terrorisé ces Routchanis bien mal avisés qui depuis ne s'y sont plus jamais risqués.

Ordonnant d'y mettre le feu une nuit, il avait aussi débarrassé la vallée du nid de parasites qu'était le poste de gendarmerie d'Ammand. Tout le village avait ensuite témoigné derrière lui que le sergent, mort dans l'incendie avec sa femme et sa fillette, était fin saoul la veille au soir et avait provoqué lui-même cet « accident ».

Où est donc passé ce Mehdi Khan ? Celui qui savait si bien soustraire les garçons à la conscription, intimidait les demi-illettrés de la police et embrouillait à plaisir leur tâches ; celui par qui on devait obligatoirement passer quand, étranger à la région, on avait à y faire. Tant de tergiversations de la part de cet homme paraissent si étranges qu'Agholi ne peut s'empêcher de croire que, sous cette apathie, Mehdi Khan prépare une riposte aussi sanglante qu'imparable.

En attendant, les gendarmes qui avaient emmené les cinq ou six personnes ayant pris part à l'embuscade de la semaine passée les ont rélâchées deux jours à peine plus tard, leur signifiant, comme aux trois victimes — elles aussi gardées à vue — qu'on les convoquerait peut-être à Bodjnourd dans les semaines qui suivraient.

Personne n'est dupe, l'affaire est classée. Les larges feuilles du rapport qui la concerne, laborieusement barbouillées de pattes de mouches et de signatures, maculées d'empreintes digitales baveuses, sont au fond d'une armoire et personne ne les a lues.

Sur Chélami montent et bourgeonnent de lourdes volutes épaisses et blanches. Comment cela finira-t-il ?

CHAPITRE XXVI

Raïdjab m'emmène là où le temps s'est ralenti

Si je n'avais pas dû partir avec Raïdjab et Golsenem pour Djergalan, j'aurais bien poussé jusqu'à Ammand pour me renseigner sur cet incendie. Le village devait être en pleine effervescence. Mais Nourollah nous attendait depuis le matin à Inché Païn.

Une amitié complice et une certaine similitude de destin lient Raïdjab et cet homme pourtant de dix ans son aîné. Prompt à la bagatelle et habile à saisir les occasions de s'amuser, aimant sortir de son village au moindre prétexte, n'ayant aucun accès de timidité quand on lui présente un flacon de vodka et ayant toujours sur lui un jeu de cartes passablement écorné, Nourollah eut tôt fait de trouver un coéquipier au caractère proche du sien dans le fils d'Agholi, bien avant que ce dernier ne soit marié. Le hasard voulut que sa première épouse, comme Golsenem, fût stérile. Il en prit une seconde dont il eut deux fils. Cette coïncidence les rapprocha plus encore et fit de Nourollah la personne sans doute la plus à même de comprendre les aspirations et les réactions de son ami. Raïdjab sait qu'il trouvera toujours auprès de lui une écoute libérée de principes trop rigoureux et surtout une aide précieuse dans sa recherche d'une seconde épouse.

Or c'est justement dans ce genre de quête que Nourollah est passé maître. Par goût de l'intrigue amoureuse et des conspirations coquines, il est le pendant masculin de la vieille Mazem, la « Célestine » presque officielle du village ; mais en plus jovial. Au cours des séances musicales et des jeux qui, dans sa maison ou ailleurs, le mènent parfois jusqu'au matin, il s'est constitué une coterie de joyeux compères qui le tiennent au courant de toutes leurs aventures et frasques. Ce commerce qu'il entretient avec les libertins et les entremetteuses du canton le met au courant des transactions matrimoniales en cours, de leurs rebondissements, de leur finalité mais aussi de ce qu'il risque de découler de leur échec ou de leur réussite.

Peu avare de ce qu'il sait, Nourollah communique assez volontiers à qui vient le consulter les on-dit et les informations croustillantes qu'il a pu récolter, ouvrant sans trop se faire prier la comptabilité qu'il tient des vierges nubiles ou des veuves en attente. En cela ses deux épouses lui sont d'un secours inestimable. Elles lui servent d'yeux et d'oreilles là où lui-même ne saurait se risquer.

Mais si récolter les cancans est à la portée de beaucoup, bien peu possèdent cet art qu'a Nourollah de tirer profit des nouvelles fraîches qu'on vient de lui rapporter, de les amalgamer à celles qui lui sont parvenues d'autres sources, de les rapprocher d'éléments déjà connus et d'en déduire les possibilités d'action et les chances à saisir. Nombreux sont ceux qui profitent de son penchant altruiste en recevant de lui des avis et une aide toujours gracieux, Raïdjab en premier lieu. Aussi, quand les deux compères viennent à se rencontrer, la conversation ne met-elle guère de temps à glisser sur les charmes inemployés de la troisième épouse de tel géronte et saute rapidement du dévergondage de telle autre dame à la bonne affaire qui échoit aux chenapans du pays dans le mariage de la fille de X avec ce grand benêt de Z.

Le jour de la fête à Inché Païn, les deux amis ne se quittèrent pas. J'imagine assez bien ce qu'a pu être le fond de leurs bavardages. Ils ont dû cependant aborder quelques sujet sérieux puisqu'en fin de journée Nourollah est venu me proposer de les emmener tous les deux à Djergalan, désirant soumettre leurs épouses aux soins et aux pratiques d'une pythonisse-guérisseuse très connue selon eux.

Cette Anna Bibi qu'ils voulaient consulter habite le village de Yéké Saout, en pays noghorli. Assez égoïstement, je l'avoue, c'est cette occasion d'aller dans une région que je ne connaissais pas encore qui me fit accepter immédiatement cette proposition. Et puis, nous poursuivions la thérapie commencée avec le pèlerinage à Agh Emam et qui avait redonné le sourire à Golsenem. Avec ce nouveau voyage — une véritable expédition cette fois — elle se sentirait présente dans l'esprit de son mari et trouverait dans la première femme de Nourollah une compagne ayant souffert des mêmes problèmes qu'elle et qui pourrait peut-être l'aider. Car Noubi semblait s'être parfaitement accommodée de la seconde épouse de son mari.

*
* *

Djergalan... Pourrais-je dire pourquoi ce nom m'enchante ? Je n'en sais rien ! Par sa sonorité ? Parce qu'il eut cette rare sollicitude de ne pas écorcher mon gosier quand j'ai voulu le prononcer pour la première fois ?

Djergalan, c'est cette échine bossue que l'Iran appuie sur l'Asie Centrale, ce sont ces marches sur lesquelles le Kopet Dagh étale son réseau de vallées inextricables et de sommets effrités. Trop proche d'une frontière interdite et loin des routes fiables, elle fait figure de sanctuaire des tribus montagnardes et s'enveloppe dans son inaccessibilité étrange et attirante.

On m'a très souvent dit :

— Ah ! C'est à Djergalan qu'il vous faudrait aller, vous qui vous intéressez à telle et telle chose !

Ou encore :

— A Djergalan c'est très différent... !

Avec l'arrière-pensée plus ou moins formulée :

— Mais vous n'irez pas ! C'est trop loin, trop ceci, trop cela !

Alors, quand j'assure y être allé de nombreuses fois, on doute d'abord, puis on s'étonne, enfin on me prend à témoin :

— Alors ! Vous avez vu, hein ?...

Si je devais ensuite revenir souvent dans ces vallées du bout de l'Iran, je le fis toujours à cheval. Y aller en voiture fut l'erreur du premier voyage.

*
* *

Plusieurs voies mènent à Djergalan. La plus simple, la plus géographiquement normale est désormais close, fermée par la frontière soviétique au débouché des ruisseaux hors du massif montagneux. Les autres sautent obligatoirement les cols et les passes des crêtes sommitales pour descendre vers l'Iran en rejoignant les vallées occidentales du Kopet Dagh.

C'est à cette position inconfortable, entre la frontière imperméable à tout échange et des cols malcommodes à passer que la région doit son isolement et sa quasi insularité. Elle n'est reliée au reste du pays que dans la mesure où l'unique piste carrossable, sautant par-dessus la crête, n'a pas été rendue impraticable par la neige, la pluie ou un glissement de terrain.

En cette saison nous n'avons aucune crainte à avoir en ce qui concerne la fermeté de la piste, surtout cette année. Mais pour traverser l'Atrak nous sommes allés chercher assez haut en amont, en territoire kurde. Un jour peut-être passera là une grande et belle route asphaltée qui en moins d'une heure conduira aux portes de Djergalan. En prévision de cela, à la hauteur du bourg de Pich Kala, on a construit un pont énorme et surprenant pour enjamber le fleuve. On y accède par une piste indécise et défoncée où la sécheresse a fossilisé les ornières de l'hiver passé. On en sort pour retrouver une voie similaire qui se singularise du tronçon précédent en attaquant la montagne sans plus attendre. L'aventure commence alors vraiment !

Une aventure dont je ne prise que modérément les charmes, n'ayant qu'une très relative confiance dans tout ce qui est mécanique, surtout sur des itinéraires aussi abracadabrants.

Après une heure de route déserte, exécrable et par endroits franchement assassine, apparaît au détour d'une vallée désolée où le sel partout affleure un village curieusement juché sur le hérissement d'une lame de calcaire. Tangué est la sentinelle avancée des Noghorlis, une enclave turkmène en zone turque. Djergalan ne commence vraiment que derrière le second col, celui de Barloq.

Nourollah fait office de navigateur ; sans lui nous nous serions cent fois fourvoyés et perdus au fond de je ne sais quel cul de sac. Cette région, il la connaît bien, pour avoir fait pendant plusieurs années le trafic de tapis et de tissages pour le compte d'un grossiste de Bodjnourd. Il y a aussi quelques attaches familiales. Sa tante maternelle, bien vieille, vit encore à Kerpuchli, dans le secteur goclan. Noubi est également originaire de ce village où elle n'est pas revenue depuis le jour de son mariage. Peut-être irons-nous rendre visite à sa famille, si nous en avons le temps. En tout cas c'est ce qu'elle espère.

Quand un cahot ne les projette pas l'une contre l'autre, les deux femmes discutent en commentant un paysage que Noubi semble elle aussi connaître sur le bout des doigts. Nous sommes pourtant encore loin du pays de son enfance, mais son père quand elle était petite l'emmenait souvent à Bodjnourd où elle passait des mois entiers (c'est comme ça qu'elle a appris le persan). Elle en sait même un peu plus que son époux sur la région et c'est elle qui m'explique où sont situés les village turcs et les villages kurdes ; que tel versant est à l'un de ces groupes ; ou que le ravin à sec que nous suivons est revendiqué par les deux... Pour le moment nous roulons en secteur turc.

Comme il le fit pour certaines tribus kurdes, Chah Abbas déplaça dans cette région d'importantes factions turques originaires d'Azerbaïdjan. Sa politique était alors de vider un secteur que lui disputaient les Ottomans — et qu'il transformait en glacis — tout en fortifiant à l'Orient une région soumise aux incursions des khans ouzbeks de Boukhara et de Khiwa. Une fois installées entre Bodjnourd et Achkhabad[1], ces populations turques et kurdes chiites marquèrent profondément le nord du Khorassan. Elles constituèrent effectivement le bouclier qu'en attendait Chah Abbas et pendant des siècles firent front aux incessantes razzias Ouzbèques puis Turkmènes. Sur les derniers sursauts orientaux de l'Alborz l'aspect de leurs bourgs surprend quand on s'est habitué à l'urbanisme aéré des localités turkomanes.

Ces villages, épaulant leurs maisons les unes aux autres, se tassent et se perchent sur des escarpements exigus d'où l'on peut voir venir de loin. Ils guettent de toutes leurs fenêtres, terrasses et lucarnes, de tous leurs trous de mur, les étendues plates à leurs pieds.

De tels conglomérats d'habitations ne se laissent pénétrer que par d'étroites ruelles tortueuses et pentues, servant aussi d'égouts. Deux vaches ne sauraient y marcher de front. Quand un logement les enjambe, ces venelles mal pavées se transforment en boyaux ténébreux remplis d'embûches. Des portes basses à deux battants cloutés donnent accès à des courettes boueuses et encombrées où jamais le soleil ne plonge. S'y ouvrent l'étable et la resserre pareilles à des grottes au contenu indiscernable. Le jeu de dix marches d'un escalier ardu permet d'échapper à cette atmosphère de puits et conduit à l'étage où une petite galerie couverte dessert un minuscule appartement.

Cette disposition des lieux a tout naturellement favorisé la naissance d'une « vie de terrasse ». On s'y réunit le soir face au couchant, on y dort la nuit, loin des miasmes et des moustiques de la cour. Et quand entre voisins on se rend visite, le plus simple est d'emprunter le chemin des toits. Faute de porte où toquer, la coutume la plus suivie est de s'annoncer par le conduit de la cheminée.

1. Capitale de la R.S.S. de Turkménie.

Or ici, à l'approche de Djergalan, je ne retrouve pas cette disposition défensive. Bien que turcs, les rares villages que nous traversons (c'est déjà extraordinaire que nous en trouvions, tellement le sol est ingrat et peu propice à quelque agriculture que ce soit) sont beaucoup plus aérés. Les volumes sont moins étriqués et les ruisseaux, qui coupent les rues en passant d'une maison à l'autre, paraissent chargés d'une concentration tolérable d'immondices. Certaines habitations offrent même l'aspect ouvert de celle du bas Atrak.

Selon Agholi, auquel je devais faire part de cet étonnement, ceci est dû à une occupation récente de la région. Avant l'exode des années trente, il y avait bien ici et là des localités, qui existent encore, mais les réfugiés issus de la population turque qui vivait en U.R.S.S. arrivèrent et occupèrent des espaces autrefois presque déserts. En les peuplant, ils renforcèrent la sécurité d'un secteur à la réputation jadis détestable. De plus, l'époque des grandes alamanes était bel et bien finie. C'est pourquoi, malgré leur mitoyenneté avec les tribus turkmènes, ces établissements n'ont pas l'aspect hérissé et sur le qui-vive qu'ont gardé de nombreux villages implantés beaucoup plus en retrait, des siècles auparavant.

A mesure que la piste monte, ces hameaux s'éclaircissent encore plus. Annabay, Gaïnoq ne sont plus que des ramassis d'alvéoles agrippés à une pente qui va s'intensifiant. Après eux la montagne ne se départit plus de son aride sauvagerie. Là-haut, au bout du dernier raidillon, il y a le Takhté Barloq, à presque deux mille mètres... et Djergalan !

*
* *

Le Takhté Barloq est un vaste plateau ocre écorché par d'aléatoires cultures dont les labours désordonnés mettent à jour de grandes plaques de terre bleutée et stérile. Il relie deux chaînes parallèles du Kopet Dagh. Pour y accéder on franchit la première en sortant du méchant vallon où notre voiture a eu beaucoup de peine à s'insinuer.

La route au sortir de cet étranglement semble surprise par tant de dégagement soudain. Aussi se perd-elle un peu. Elle divague, musarde, s'efface et joue à cache-cache sous les labours. A la fin, après avoir erré quelques instants, elle arrive au beau milieu du plateau où elle renonce à partir à l'assaut de la crête qui le relève au Nord-Est et préfère passer au large de la frontière qui court là-haut. Alors elle se divise et va, un bras au Nord, un bras à l'Est, fouiller dans les vallées oubliées qui s'ouvrent de part et d'autre.

Pas un arbre, rien que de maigres jachères ou des champs pelés sur lesquels cette année les blés sont morts sur pied. Vers l'Occident le massif montagneux s'étale jusqu'au bout du monde. Comme une mer rousse et figée, il se convulse en une houle de hautes collines et bouillonne après le passage successif de trois ou quatre lames qui projettent vers l'Iran leurs falaises déferlantes. D'ici la puissance stérile de l'ossature des monts s'offre avec théâtralité, jetant au visage du voyageur la rage muette et la splendeur géologique d'une terre qui agonise dans toute sa nudité. Tout ce qui n'est pas minéral semble banni de ces soulèvements de vieilles marnes et de schistes écailleux qui paraissent même n'avoir jamais été effleurés par le vert le plus discret.

Pourtant, passé le premier saisissement, quand l'œil, peu à peu affranchi de ce mouvement immobile qui l'entraîne jusqu'aux confins imprécis, s'attache à scruter le creux des vagues au lieu de courir à leur poursuite, il décèle, en bas, au plus bas, les infimes traces d'une vie tapie et opiniâtre : le trait d'une sente pastorale sur laquelle un point vivant (homme ou animal) se déplace, ou bien l'émergence discrète de quelques arbres dont on n'aperçoit que la tête, trahissent les villages enfouis dans le délire des collines où ils se rencognent avec timidité, fixés à la mamelle d'une source capricieuse ou sur le filet saumâtre d'un cours d'eau trop sollicité.

Sur l'étendue du plateau errent des tourbillons fatigués et l'espace autour de lui se voile de chaleur. Derrière la crête, frontière piquetée de loin en loin par de verdâtres miradors, on se rend compte que la montagne s'effondre, qu'une plaine énorme dort en contrebas. Il monte d'elle des bouffées surchauffées chargées d'odeurs jaunes et beiges.

Il suffirait de franchir l'interdit de cette croupe à peine rocheuse pour s'élancer vers elle et débouler à la rencontre des villes-oasis posées sur l'aridité de ses rivages.

Ah ! Crever le haut grillage et passer entre les jambes des miradors pour descendre vers un rêve d'antiques murailles pleurant les pétales terreux de leurs créneaux lancéolés ; un rêve de minarets découronnés, aux ceintures roses et turquoise, montant leur garde branlante devant des coupoles d'où le ciel s'écaille et tombe en pluie quand vient le vent de l'est ! Boukhara... Merv... Khiwa... Samarkand ! Il n'y aurait qu'à continuer droit devant pour voir les dunes noires du Kara Koum dévoreur d'armées et de caravanes. Noïr de soleil éclaté et de sel aveuglant, d'herbes mortes et de saxaouls pétrifiés d'oubli, il est là tout proche, avec ses vents de peurs et ses cohortes de *djinns*. Et plus loin, derrière le septième horizon, coule le fleuve épais aux rives changeantes, né au Paradis[1] et descendant du Pamir pour que s'en émerveillent les hommes... Oxus des Grecs, Amou Daria des Persans, Djeihan des Turcs : aussi chargé de limon que de mythes !

Je sais ! Je sais ! On vient en train de Moscou à Achkhabad. Et encore ! Est-ce déjà périmé, l'Aéroflot rendant ce moyen de transport bien caduc !

Je sais que Teymour exhumé, tiré de son auguste sommeil pour être mesuré et ausculté, a été rendu à la surveillance de l'Intourist. Je sais que les Ersaris[2] n'ont plus leurs yourtes en bordure du fleuve canalisé, dont les eaux détournées sont venues faire verdir du coton et toujours du coton dans les déserts avilis. Rouges ou noirs leurs sables n'effacent plus dans leurs tempêtes la trace des caravanes venues de Chine. Si des puissants minarets de Khiwa on ne jette plus les condamnés liés dans un sac et s'ils brillent à présent de tous leurs *kâchis*[3] rénovés, serventils pour autant, dans le silence du matin, à l'envol de l'appel que lançait le vieil Annabay au fond de son trou ?

Je sais ! Elles se sont apaisées et stagnent ces vagues d'histoire qui partirent d'ici. Mais peut-on dicter à la mémoire ce qu'il faut qu'elle oublie ? Elle fut grande et sauvage la liberté perdue des Tekkés. Elles furent sanglantes et fécondes la gloire des Seldjouquides et l'épopée de Teymour. Comme le désert était vaste et riche de promesses devant un étalon harnaché d'or et d'argent !

Alors que l'on ne m'empêche pas de rêver un peu devant la ligne hargneuse et imbécile de cette frontière, au seuil de ces contrées aujourd'hui les plus fermées du monde après avoir été les plus ouvertes.

*
* *

1. Selon la légende le Nil, l'Euphrate, l'Indus et l'Oxus étaient les quatre fleuves qui arrosaient le jardin d'Eden.
2. Tribu turkmène orientale très touchée par l'exode des années trente qui a conduit beaucoup de ses membre en Afghanistan. Les Ersaris vivaient au bord de l'Amou Daria, ce qui leur a valu le surnom de *Lab-e âbi turkmènes* c'est à dire, Turkmènes du bord de l'eau.
3. Carreaux de céramique.

A la bifurcation, au beau milieu du plateau, nous laissons la piste de droite descendre vers la vallée de Gholaman que la frontière écourte très vite. Peu à peu les solitudes du plateau nous abandonnent et Djergalan se resserre autour de nous.

Pareille à un torrent abordant au large de la plaine, la piste s'est assagie. Après la montagne déserte et ses vallons à chèvres, Djergalan s'offre avec nonchalance et se laisse découvrir au hasard des sinuosités d'une vallée en pente douce, peu cultivée mais très habitée. Un pointillé d'habitations isolées ou de hameaux mitoyens relie entre elles des localités souvent vastes et denses. Et ceci ne laisse pas de surprendre la première fois, quand on a encore dans l'œil le panorama lunaire qu'offre le Takhté Barloq.

Les oasis ont ce charme inégalable de rendre précieux et admirable ce qui ailleurs est banalisé par l'abondance. Elles ont aussi ce pouvoir, qu'elles partagent avec les îles, de souvent garder hors d'atteinte de la mode ou du progrès ce que le reste du continent rejette ou étouffe sous l'afflux des nouveautés. C'est pourquoi Djergalan séduit et enchante.

Le bouquet de peupliers ou le verger ombreux qu'on y trouve ne sont en eux-mêmes guère plus beaux ni plus extraordinaires que ceux du bord de l'Atrak ou du Gorgan. Mais ils sont merveilleux parce qu'ils sont là si naturellement verdoyants et frissonnants alors qu'ils ne devraient pas y être et que rien ne les y laissait prévoir. Merveilleuse, l'apparition de cette population soudaine qui va et vient le long des chemins et des sentes muletières en vaquant calmement à ses affaires. Elle tisse et retisse inlassablement, à gestes éprouvés, la fragile toile de son environnement et de ses usages sur la trame vitale des canaux ponctionnant prudemment la rivière. Pauvre rivière, mais rivière vivifiante, dont le faible débit est cause de ce miracle paisible dans lequel nous faisons intrusion comme on entre dans un port inconnu.

C'est alors comme si une époque révolue venait à notre rencontre.

Le ton est donné par le cimetière qui annonce le premier village. Respectant les anciens usages, il se hérisse de pieux sculptés et chantournés.

Nul gouverneur n'est attendu à Barloq, cependant les trois premières personnes que nous y croisons, et qui suspendent leur conversation pour nous regarder passer, portent robe rouge et *telpek* fauve aux boucles lâches.

Deux gamins, pieds nus, crânes rasés sous leur calotte brodée et chemise de cotonnade vive boutonnée sur le côté, déchargent leur âne devant un moulin. Moulin dont le modèle partout ailleurs a disparu et qui, assis sur le rugissement des eaux forcées, adossé à la verticalité d'un conduit de grosses pierres plates percées et empilées, vomit l'écume et la fureur par la gueule béante qui s'ouvre sous lui. Et l'on voit dans les profondeurs de ses dessous inquiétants les pales horizontales de la turbine tronçonner le bras d'eau et baratter la rage des remous. A Ammand voilà vingt ans que le dernier moulin à eau s'est arrêté de tourner.

Et puis il y a ces maisons !

Elles font par endroits une haie impressionnante de part et d'autre de la rivière que la route longe sagement. Grimpées sur les flancs pierreux de la vallée pour ne pas mordre sur le peu de terres irrigables, elles étagent leurs hautes et longues façades les unes par dessus les autres et rangent leurs pièces côte à côte sous d'immenses colonnades de quinze à vingt fûts d'enfilade.

Bien installés sur leurs gradins, les villages regardent passer, de toutes leurs vérandas, le chemin qui trace à leur pied son ruban de poussière. Ils dominent leurs cultures au bord du ruisseau. Un pauvre coton, quelques carrés d'une courageuse luzerne, de pâles céréales ne sauraient suffire à rendre aimable cet univers resserré s'il n'y avait la végétation gris bleu et la floraison mielleuse des jujubiers. Elles débordent en cascade mousseuse et odorante par-dessus les murs des enclos où rivalisent pommiers et cognassiers... S'il n'y avait la masse royale et protectrice du platane géant dont la cime dépasse les lèvres de la vallée.

Là bruissent de grêles peupliers, se contorsionnent des mûriers et ici la vigne batifole d'abricotier en abricotier. Les jardins sont le luxe et la parure de Djergalan[1].

La voiture, sans hâte, égrène ce chapelet de villages que Nourollah me nomme au passage.

---

1. En fait après avoir un peu mieux sillonné la région on se rend bien vite compte que, mise à part cette allée sur les bords de laquelle la vie semble s'être concentrée, Djergalan est bien le presque-désert annoncé par la vue plongeante qu'on en a depuis le plateau.

Beg Polat : de grandes demeures s'asseyent au fond de leurs cours rectangulaires dont elles poussent en avant les hautes enceintes de torchis. Ici l'espace ne manque pas et on se met à l'aise. Tout au long de la rue principale s'alignent en se faisant face de grands portails monumentaux, en bois massif, assemblés par de grosses agrafes de fer battu. A leur fronton blanchissent des bucranes. Dans le silence vibrant de la canicule, il y a comme une menace dans la double perspective des murs pétrifiés par la lumière violente et dans l'affrontement de ces portiques encornés qui s'observent et semblent se défier par-dessus le désert de la rue.

Par l'entrebâillement d'un lourd vantail le regard se faufile dans l'ennui prostré d'une de ces cours sans ombrages. Un cheval, écrasé de feutres terreux, y somnole au beau milieu, le museau posé sur le rebord de son auge. Quelques abris sommairement couverts courent le long du mur d'enceinte. Un magasin dûment cadenassé, une remise, un fenil, complètent les dépendances. Au fond, sur sa banquette de maçonnerie, la maison préside et ouvre sa loggia sur cette scène domestique si pesamment vide.

Une pièce mord le bout de la véranda, interrompant l'alignement de la colonnade. C'est l'atelier de tapis qui a été installé là. La cuisine, protégée par un petit auvent, s'avance en encorbellement sur la cour : dalle de pisé où sont moulés les foyers, soutenue par un plancher de grosses voliges.

A l'heure qui nous voit passer tout Djergalan sacrifie à la sieste. Les vieilles cendres qui s'accumulent près du four sont pour le moment abandonnées par les ânes qui aiment s'y vautrer béatement. Aucun moineau ne se rengorge sur les trophées de chasse qui décorent l'avancée du toit et, sous les abris à bestiaux où se dessèche un fumier pulvérulent, chiens et poulets se sont mis sagement à l'ombre.

Des écheveaux de laine teinte pendent en guirlandes immobiles entre les fûts de la colonnade. Rouges, noirs, orange, saumon, bleus et verts, taches de couleurs violentes projetées sur l'éblouissement pâle de la cour, elles répondent aux fresques qui s'écaillent sur le mur au fond de la loggia. A même le crépi de terre malaxée on a tracé là, à gros traits de peinture blanche, des cornes de béliers, des silhouettes de chevaux harnachés ou de bouquetins. Sans ordre ni essais de symétrie, sont dessinés également des soleils orangés cloisonnés de croix et de losanges, des grecques malhabiles en rouge, en vert, en ocre, qui cherchent à rappeler sur le pourtour des portes quelque motif de broderie, d'incrustations de feutre ou de bordures de tapis.

Cours, hauts murs, portails, fresques... La famille s'enferme et organise son espace. Où est la joyeuse représentation du théâtre familial qui se donne dans les villages goclans des basses vallées et qui rend si vivants Ammand, Pouli, Agh Emam... ? Ces Noghorlis seraient-ils plus jaloux de leur intimité que ne le sont les autres tribus ? Ils sont surtout de bien plus vieux sédentaires, pièce rapportée à la nation turkmène dont ils ont adopté les mœurs et les coutumes. Dans leurs veines ne coule pas le noble sang des Oghouzs[1].

Qabalqa : l'espace se réduit entre les cultures et la pente trop raide des collines. Il n'y a pas de cours. Deux roches tabulaires dominent les maisons. Inaccessibles, pareilles à d'énormes citadelles, y nichent des corbeaux noirs-bleus qui vont par couples paisibles et dédaigneux.

Mazarloq : là aussi la place manque et le village s'étire au pied d'une chaîne de collines que couronnent quelques blocs plats, fichés comme de vieilles dents arasées dans une gencive grise.

Les vérandas interminables qui se suivent sur un même niveau augmentent la ligne fuyante du bourg. L'effet est si curieux que je m'arrête un instant pour le contempler à l'aise. Raïdjab, beaucoup moins impressionné par l'esthétique de ces constructions que par la quantité de bois d'œuvre qu'elles ont nécessitée, se demande d'où il a bien pu provenir. Car il en a fallu des troncs de genévriers centenaires, bien droits, pour donner tant d'allure à ces vastes maisons, pour ordonner l'enfilade des colonnes, pour rythmer avec de belles voliges la régularité des charpentes ! Or nous n'avons rencontré sur la route que de rares buissons moribonds, rongés jusqu'à l'écorce par les chèvres.

Nourollah, dont la faim se fait péremptoire et qui aimerait bien que nous poursuivions sans trop musarder, marmonne qu'à nous extasier de la sorte sur chacune des maisons de Djergalan nous courons le risque de mettre quinze jours pour arriver à Yéké Saout. Il nous renseigne cependant sur l'origine de toute cette boiserie.

Derrière la crête, à quelques lieues d'ici, entre l'Atrak et nous, s'étend une grande forêt de genévriers. Son éloignement fait qu'elle est peu visitée par les trois malheureux gardes que Bodjnourd délègue dans ces

---

1. Tribu de Turcs primitifs dont descendent les Turkmènes réputés authentiques. Etre de souche oghouze est revendiqué par les tribus les plus prestigieuses.

parages. Ces fonctionnaires se contentent simplement de passer par les villages une fois l'an et d'y recenser les constructions nouvelles. Ils calculent alors la quantité de bois qu'il a fallu abattre et font payer les taxes en conséquence.

Mais les Djergalanis ont un système bien simple qui leur permet de fausser cette procédure. L'arbre abattu n'est jamais ramené au village sans avoir dormi un an ou deux, émondé, sous trois bons pieds de terre. Il prend ainsi l'aspect d'une vieille poutre de remploi et lorsque les gardes viennent on parle de l'ancienne habitation démolie — à la rigueur on glisse un petit bakchich — et le tour est joué[1].

Comme tous les autres villages, Mazarloq est vide, noyé dans la sieste. Seul un homme est visible, là-haut, assis les jambes ballantes dans le vide. Appuyé de l'épaule sur une colonne, il nous regarde sans rien dire et fume doucement à petites bouffées. Le silence de midi a enseveli les hommes dans leur sommeil. Dans le désert de la place le roucoulement d'une tourterelle résonne étrangement. Le murmure du ruisseau se fait berceuse obsédante et le coup de sabot d'un cheval agacé par les mouches sonne sur le sol durci comme un heurtoir sur une porte.

Enfin ! Le détour de la piste nous découvre Yéké Saout (celui du bas, car dans le retrait d'un vallon affluent se niche son homonyme du haut). Le village disparaît presque dans la luxuriance des plus beaux jardins de la vallée. L'air embaume la feuille de platane, le rameau de saule froissé, le fruit juteux confit de soleil et creusé par les guêpes, l'écorce de melon et dans l'ombre ocellée des mûriers stagne le sauvage fumet d'éructation d'un troupeau qui rumine. Encore un petit virage, tout de suite à droite après la haie de mûriers têtards qui bordent le canal, et nous voilà chez Anna Bibi.

---

1. Cette forêt est sans doute le plus beau boisement de genévriers de cette partie de l'Iran. La façon de procéder des gardes n'est pas faite pour en ralentir le massacre et, tant pour la construction que pour le combustible, cette forêt primaire à la régénération difficile est saccagée sans recours.

CHAPITRE XXVII

Où l'on rencontre Anna Bibi et où l'on parle de ses pareils, de taureaux et de tapis

Je ne suis pas mécontent de descendre de voiture ; mes reins sont moulus et mes bras raidis. Mes passagers ne valent pas mieux et sitôt à terre s'étirent avec délice.

Devant nous la maison semble avoir des difficultés à se rendre compte que des visiteurs sont là, assoiffés, fourbus, en plein soleil au milieu de la cour. Il n'y a de vivant qu'un chien. Il aboie, mais n'a pas du tout l'intention de quitter l'ombre de l'auvent pour venir jusqu'à nos mollets. Son rôle se borne aujourd'hui à donner l'alarme, mais pas plus.

— Allons ! Réveillez-vous ! semble-t-il dire. Nous avons de la compagnie qui débarque !

Une tête apparaît dans l'entrebâillement d'une porte, une tête aux gros yeux bouffis, dont la joue droite est striée par les plis de l'oreiller, une tête nue et rase, presque au niveau du sol car son propriétaire ne s'est pas encore redressé. A quatre pattes l'homme jette un coup d'œil vaseux dans la direction que lui indique le chien et doit se rendre à l'évidence : le chien a raison, il y a des gens dans la cour. La tête, après quelques minutes d'hésitation, monte le long du chambranle de la porte laissant supposer que péniblement son propriétaire reprend la position verticale. Un bras la coiffe d'un *telpek* et le buste mollement balancé vient à son tour occuper une part de l'embrasure. Enfin notre homme est là tout entier visible, en haut du petit escalier qui mène à la véranda, debout, mais pas encore tout à fait réveillé. Il nous regarde bêtement en se grattant pensivement le sternum.

— Oh !... Abibollah !... Réveille-toi !

— Ah !... c'est toi Nourollah ! Je ne te reconnaissais pas ! Entre ! Entrez ! Excusez-moi, je dormais un peu.

A peine nous a-t-il installés qu'il ressort secouer le restant de la maisonnée et flanquer un coup de pied au chien qui n'attendait que ce signal pour replonger dans sa sieste.

— Allons debout ! Vite ! Nourollah vient d'arriver avec des invités ! Préparez du thé ! Toi attrape un poulet ! Où est le grand feutre ? Non ! pas celui-là ! le grand ! Prenez les deux coussins de la chambre ! Y a-t-il de l'eau dans l'aiguière ?

Cette maison si tranquille avant notre irruption semble tout d'un coup en pleine ébullition. J'aurais eu quelque vergogne à sortir si brusquement de leur sieste tous ces braves gens, mais je suis bien le seul à m'embarrasser l'esprit de ces scrupules. Nourollah se comporte comme s'il était le maître de maison. Il a, d'un geste, dirigé Golsenem et Noubi vers le gynécée, puis indiqué où il fallait étendre le feutre, poser un coussin, pour réclamer ensuite une eau plus fraîche et un verre plus grand. Ces aménagements sont à peine terminés que le voilà étendu, avançant ses jambes jusqu'au milieu de la pièce, déjà lancé dans une série de salutations peu honnêtes que notre hôte, ravi, lui retourne avec brio. Raïdjab s'est joint à eux, ayant très vite saisi le ton des gaudriolles qu'échangent les deux compères.

L'euphorie des retrouvailles un peu calmée, et avalées les premières gorgées d'un thé bouillant qu'un garçon vient de nous servir, Abibollah se renseigne sur ce qui nous amène.

— C'est pour Anna Bibi ? Elle n'est pas à la maison aujourd'hui, mais chez sa sœur à Yeké Saout Bala. Avec ma moto je vais aller vous la chercher, c'est l'affaire d'un quart d'heure. En attendant vous mangerez, ce sera vite prêt.

Le même garçon qui nous a apporté le thé revient avec la nappe pliée et le pain dedans. A la cuisine on a fait diligence. Avec le poulet sacrifié en vitesse, la cuisinière a fait frire quelques pommes de terre, deux ou trois tomates et autant d'oignons dans un bon demi-litre de beurre fondu. Le pain est frais, notre faim pantagruélique et Abibollah sur sa moto n'a pas dépassé les derniers murs du village que le plat est proprement torché.

Repus, nous nous laissons aller voluptueusement sur les coussins. Mi-assis, mi-allongés, dans des positions où nos muscles endoloris se relaxent, nous nous livrons au plaisir de n'être plus secoués.

*
* *

— Dis-moi, Nourollah, tu sembles bien connaître notre hôte ?

— Si je le connais ! Ah ! je pense bien ! Il est le fils d'Anna Bibi. Quand je venais à Djergalan, avant mon mariage, c'est lui qui me servait de ramasseur pour les tapis que j'allais vendre à Bodjnourd. J'ai passé des mois ici, et un hiver complet. Je connais toute sa famille. Il a une femme... ! Comme la Lune ! Et avec un caractère de lait et de crème ! Un délice !

— Et comment le sais-tu ?

Son œil se met soudain à pétiller.

— Eh ! je le sais !... Voilà tout !

Puis sérieux :

— Et bonne tapissière avec ça ! Je n'ai jamais eu de mal à vendre ce qu'elle faisait ! Je me souviens qu'une fois Abibollah m'avait demandé de l'accompagner pour vendre un de ses tapis. C'était une grande pièce, du beau travail, bien serré, bien tassé. Nous pensions rester à Bodjnourd trois ou quatre jours, une semaine tout au plus. En fait nous n'en sommes revenus qu'au bout de trois mois ! Ah ! Ah ! Ah ! Sans un rial en poche... et sans tapis non plus !

Nous avions tout bu et tout joué aux cartes ! Une partie de cartes de trois mois ! Tu te rends compte !

Nourollah se tait un petit moment, dodelinant de la tête, laissant courir sur ses lèvres le sourire attendri qu'y a fait naître un si doux souvenir. Puis il continue :

— C'est ça qui est embêtant à Bodjnourd. Les commerçants ne te donnent qu'une avance sur le tapis que tu déposes chez eux, surtout s'il est grand. Jamais ils ne te le paient d'un seul coup. Ils ne te versent le solde que lorsque le tapis est vendu. Il faut revenir. Quelquefois c'est un peu long. Alors on attend sur place et on mange l'avance. Quand on finit par toucher le restant, on doit régler des dettes un peu partout et certains ne rentrent chez eux qu'avec un pain de sucre, une lampe tempête ou un coupon de tissu. Moi j'ai cessé de faire ce travail à cause de ça. Remarque, la fois où je suis descendu avec Abibollah ce n'était pas de la faute du négociant si nous sommes revenus les poches vides, le tapis s'était vendu tout de suite... sans problème.

... Et puis c'est fatigant d'aller et de venir ainsi, surtout pour moi qui devait me partager entre Bodjnourd, Djergalan et Inché quand je me suis retrouvé marié. C'est bien simple, depuis mon mariage avec Noubi je ne suis revenu ici que cinq fois !

Je sais qu'Abibollah a pris une seconde femme, lui aussi, mais celle-là je ne la connais pas.

— Tiens ! Là tu m'étonnes ! ricane Raïdjab.

Et moi, naïvement :

— Pourquoi s'est-il remarié ? La première ne pouvait pas avoir d'enfants ?

— Pour ça non ! Elle lui a donné plus d'enfants qu'il n'en souhaitait ! Non! C'est qu'ici, à Djergalan, tout le monde a deux, trois et même quatre épouses ! Pendant qu'une s'occupe des enfants et de la maison, les autres font des tapis. Dans ces villages c'est très important. Les petites filles commencent à apprendre dès cinq ou six ans. Elles font un nœud ou deux et puis elles vont jouer. A cet âge-là on ne peut rien leur demander d'autre. Mais à quinze ans elles savent tout faire et sont des tapissières expérimentées. Aussi les femmes de Djergalan valent-elles cher, mais elles ont vite fait de rembourser l'argent qu'on a donné à leur père.

— Toutes les femmes ici savent nouer le tapis ? Même chez les Goclans ?

— Toutes ! Même les Goclanes ! Regarde Noubi ! Ma femme est née ici et tu as vu les tapis qu'elle fait !

— Alors pourquoi en bas, à Ammand, à Inché Païn ou ailleurs, les Goclans ne font pas de tapis ?

— Parce qu'ils ont de bonnes terres, pardi ! Si on ne faisait pas de tapis, de quoi d'autre pourrait-on vivre par ici ? Tu as vu les champs ? Tu as vu les pâturages ? Ce sont les Tekkés de Doïdoq, un gros village un peu à l'écart au dessus de Yéké Saout Bala, qui ont appris à tout le monde. Eux ce sont de vrais *ostads*. Les Noghorlis non plus ne savaient pas nouer avant l'arrivée des Tekkés.

*
**

Ramenant sa vieille mère en croupe, Abibollah est de retour.

J'imaginais Anna Bibi assez différente, un peu sorcière sur les bords, avec quelque chose de la gitane extra-lucide. A première vue rien n'indique sa profession, pas d'air sournois, pas de stigmates démoniaques.

Anna Bibi est une petite femme alerte et vive, ridée comme une pomme. Sa tenue manque un peu d'élégance, mais à son âge le laisser-aller est pardonnable, elle n'a plus à plaire, et puis nous n'étions pas attendus. Elle s'enveloppe d'une robe sac d'un rouge délavé. Bien sûr, elle ne porte pas de hennin, coquetterie qu'elle a dû abandonner depuis longtemps. Un châle prune, un rien effrangé, lui fait une sorte de turban plat dont un vieux temporal d'argent agrafe au hasard quelques plis trop lâches. Il se dévisse autour de son cou pour venir, par-devant, lui barrer le menton et cacher sa gorge avant de remonter se coincer vers le haut du crâne.

En la regardant traverser la cour pour se rendre au gynécée, je me rends compte soudain que c'est la première femme que je vois à Djergalan. Nous sommes à peu près au milieu de la vallée, nous en avons traversé presque toute la partie noghorlie sans en rencontrer une seule. Mais je n'ai pas le temps d'approfondir cette réflexion, car Anna Bibi, qui ne s'est guère attardée chez les femmes, fait son entrée d'un pas hardi.

Sans manière et à haute voix elle nous salue et s'excuse de n'avoir pas été là à notre arrivée. Elle s'enquiert auprès de son fils si nous avons mangé et auprès de nous si c'était bon, si c'était copieux. Et ceci avec une affabilité et une bonne humeur rieuse un rien tonitruante qui ont vite fait de nous mettre à l'aise. J'ai tout d'un coup l'impression de me trouver en face d'une « mamie » de chez nous, bourrue et cordiale, habituée à régenter sa maison, toute contente de recevoir la visite de quelques cousins de passage dans le pays. Et jusqu'au négligé de sa tenue qui pourrait convenir à une vieille femme de nos campagnes, encore gaillarde, qui viendrait d'agrainer ses oies où de nettoyer son clapier.

Elle complimente malicieusement Nourollah sur ce petit ventre rond qu'elle ne lui connaissait pas et en plissant les yeux se tourne vers Raïdjab pour expliquer:

— Eh oui !... Maintenant qu'il a deux femmes pour prendre soin de lui !

Elle conseille à Raïdjab d'en faire autant, mais précise tout de suite que ça ne veut pas dire qu'elle ne peut rien faire pour son épouse. Simplement elle pense que deux femmes ne seraient pas de trop pour un beau et vigoureux garçon comme lui. Et si elle avait quarante ans de moins... Enfin... !

Tout d'un coup elle m'avise et, comme si j'étais sourd-muet, elle demande à Raïdjab de la renseigner à mon propos.

— Et lui ? Qui est-ce ?... Un Farançavi ? Tiens, comme c'est surprenant ! On vient de loin pour me consulter, mais jusqu'ici personne n'était encore venu du Faranguistan ! Il a besoin de quelque chose lui aussi ?

— Lui ? Non ma tante, il nous accompagne, simplement.

— Il a des enfants ?

— Non ! Il n'est pas marié.

— ... Pas marié ! A son âge ! Eh *voï* ! Qu'est-ce qu'il lui est arrivé ?

— Mais rien du tout, ma tante. C'est la coutume chez eux de se marier très tard.

— Beh ! ... Par Dieu ! Si c'est leur coutume ! Mais je lui ferai quand même un *fâl* ce soir, après le repas... Bon ! Je vais voir vos épouses. Dis-moi, Nourollah, la tienne c'est Noubi, n'est-ce pas ? La fille d'Oraz Gueldi de Kerputchli ?

— C'est bien ça !

— Et toi ? La tienne, comment s'appelle-t-elle ?

— Golsenem.

— Elle vient d'où ?

— Son père est de Karim Ichân, mais sa mère est d'Ammand. Ils y habitent.

— Bien ! Bien !... Allez, à tout à l'heure !

Elle s'est levée presque d'un bond et, en un clin d'œil, elle est déjà dehors.

— Et bien ! Quelle vitalité ! Ça maintient en forme, le métier de sorcière ! Qu'a-t-elle dit qu'elle me ferait ce soir ?

— Un *fâl* !

— Ooooh ! Et qu'est-ce que c'est que ça ?

— Eh ! N'aie pas peur ! Ce n'est pas dangereux ! Elle ne fera que remuer quelques pois chiches ou des petits cailloux pour te dire ton avenir, certainement pour savoir quand tu te marieras.

— Ah bon ! Parce qu'elle prédit aussi l'avenir ?... Avec des pois chiches ?

— Oui, comme Raïdjabali. Tu le connais : le *porkhond*[1] de Pouli. Lui, c'est en jetant des baguettes qu'il fait ses *fâls*.

Raïdjabali *porkhond* ! Ça oui, je le connais. J'avoue que l'impression que m'a laissée cet homme est profonde et que je ne suis pas près de l'oublier. J'ignorais qu'il prédît l'avenir, je le savais surtout capable de succès indéniables dans le traitement des malades mentaux.

En ce qui concerne les femmes en mal d'enfant comme Golsenem, il se déclare lui-même incapable du moindre secours, à chacun sa spécialité. La sienne ce sont les fous, n'importe quelle sorte de fous.

1. Devin, chamane.

Il faut prendre rendez-vous, car il ne s'occupe que d'un cas à la fois. Le jour dit, on laisse en pension chez lui son fou ou sa folle, et en général, quand on le récupère (au bout de trois ou quatre jours dans les cas bénins et, un bon mois dans les circonstances plus graves), le malade est guéri ou va mieux. De toute façon, même si ce n'est pas vraiment un succès, le pauvre revient toujours de chez Raïdjabali nettement moins fou.

Il arrive cependant qu'il refuse de soigner certains déments. Non qu'il les craigne — il sait parfaitement maîtriser les furieux et possède à cet effet un assez joli assortiment de menottes, de chaînes et de cadenas — mais il sait très bien que la folie peut avoir des causes bien mystérieuses et qu'il serait sacrilège de vouloir guérir certains cas dont il soupçonne l'origine divine. Par contre il n'hésite jamais à croiser le fer avec Iblis[1] et les divers *cheïtans* de sa suite habituelle quand ils se sont emparés d'un malheureux.

Il permet volontiers qu'on assiste aux séances d'exorcisme. Mais il exige des spectateurs qu'ils se tiennent immobiles et surtout silencieux.

Après l'avoir installé sur un espace délimité par un cercle tracé du bout d'un bâton, Raïdjabali se met à danser devant son patient. Il tourne et virevolte sur un pied puis sur l'autre, en agitant des grelots et des chapelets de petits os. Il pousse aussi de grands cris effrayants en faisant tournoyer un sabre ou une baguette de fusil. Soudain, au milieu d'un moulinet et bien avant qu'on ait le temps de comprendre son intention, il enfonce son arme dans l'œil du malade ou lui transperce le biceps. Le plus étrange c'est qu'aucune plaie n'en résulte. Raïdjabali assure que c'est le djinn qui a récolté la blessure. Quand les coups ont bien porté, l'esprit s'enfuit et, avant de disparaître complètement, il reste quelques instants dans un angle du plafond, derrière une poutre, invisible, à faire « Piou ! Piou ! » comme un petit poulet.

A ce moment-là, le *porkhond* tombe à terre. Il sue. Il suffoque. On dirait que le combat qu'il vient de mener l'a épuisé et qu'il est à deux doigts de succomber. Il bave et grogne. Quand il se calme et que son souffle redevient normal, il s'effondre dans un sommeil de plomb dont il ne sort qu'au bout de plusieurs heures.

Ensuite, pour prolonger ou assurer le traitement, il donne un petit sachet de tissu dans lequel sont cousues des « choses ». Le patient doit le porter sur lui, puis le brûler à la fin du septième jour. Si par curiosité

1. Nom du diable dans la tradition musulmane.

on ouvrait le sachet il y aurait de grandes chances de retomber dans la folie, Raïdjabali insiste beaucoup là-dessus.

On vient le voir aussi pour régler des problèmes résultant simplement d'une malveillance — comme ce qui est arrivé à Omar, le fils d'Ata Soufi :

Figurez-vous que ce pauvre garçon, le soir de ses noces l'automne dernier, est resté sans vigueur et n'a pas pu honorer sa fiancée. Nourollah qui à l'époque avait reçu ses confidences assure qu'avec d'autres femmes il était tout à fait efficace, mais qu'avec la sienne... Un sort, à n'en pas douter !

Et bien Raïdjabali l'a dénoué sans difficulté. Pour cela, il lui a fait porter autour de la taille, à même la peau, une cordelette à nœuds — des petits et des gros nœuds combinés selon une formule très secrète. Cette cordelette a été enterrée par Omar, le septième jour, en cachette, et le soir même il pouvait remplir son devoir.

A Ach Khané, il y a un mollah qu'on dit également très habile à secourir les personnes qu'un *djinn* importune. Mais c'est un Kurde, aussi soigne-t-il surtout les Kurdes.

Il faut savoir que les tribus invisibles, mêmes si la plupart ne sont pas ennemies des hommes, recèlent de bien mauvais éléments (n'en va-t-il pas de même chez nous ?). Ces êtres malfaisants sont coutumiers de plaisanteries d'un goût souvent douteux. Par exemple : si l'on ne prend pas la précaution de laisser la veilleuse allumée pendant son sommeil, ou que celle-ci vienne à s'éteindre pendant la nuit, le premier *djinn* de passage, pour peu qu'il soit de la variété nuisible, se fera une joie maligne de vous tirer les pieds ou de vous donner une gifle dont on peut rester hémiplégique pendant des mois ! Ensuite, quoi que vous fassiez, veilleuse ou pas, il faut s'attendre à être persécuté toutes les nuits, car cette engeance s'est enhardie et ne vous lâche plus. C'est très ennuyeux.

Pour lui faire abandonner ses jeux stupides, le mollah d'Ach Khané se sert du Coran, il sait lire. Dans une page que le consultant a choisie au hasard, le mollah cherche la phrase ou le texte qui lui semble le plus approprié au cas soumis et le plus à même d'impressionner le type de *djinn* incriminé. Le texte est ensuite retranscrit sur un morceau de papier qui sera brûlé et dont les cendres diluées dans un verre d'eau seront absorbées par le « malade ». C'est tout bête, mais aucun *djinn* d'importance moyenne — les plus courants dans nos contrées — n'y résiste.

Ce mollah sait aussi intervenir en cas de morsure de chien enragé ou de serpent.

Il faut avoir recours à lui très vite. Il fait alors résonner au dessus de la plaie un petit bol de cuivre qu'il tient en équilibre au bout de son index. Quand le bol qui sonne « Ting ! Ting ! » fait « Tong ! », c'est que la bave ou le venin est en train de sortir. On le voit très bien, jaune comme une mauvaise urine. Il faut l'essuyer sans attendre, sinon il entre de nouveau dans le corps et plus rien ne l'en arrachera.

Quant aux *fâls* qu'il pratique, toujours avec le Coran, ils ne valent pas ceux tirés de ses baguettes par Raïdjabali.

Pour procéder à l'aide du Coran il faut tout de même être un peu plus savant que ne l'est ce mollah. L'interprétation du passage, choisi les yeux fermés, demande une science dont ce modeste religieux ne possède que des rudiments. Le système des pois chiches est tout de même plus simple et d'un emploi plus pratique : tout le monde a des pois chiches chez soi !

*
* *

Le soleil, peu à peu, s'abaisse au ras des montagnes. C'est l'heure où partent les troupeaux, l'heure où les murs rayonnent d'une chaleur douce, où les ombres s'allongent et où tout devient bleu.

Les peignes à tasser s'abattent sourdement sur le front de la laine bigarrée et l'air vibre à nouveau aux abords des ateliers. Les poules sont retournées à leurs affaires et patrouillent alentour. Le chien est parti en promenade. Des ânes braient. Des enfants grimpés dans un mûrier balancent leurs mollets nus au dessus d'une caravane de dromadaires qui rentre au village chargée de bois. Une troupe de baudets disparaissant sous les fagots la suit en désordre. Les bûcherons vont devant, la hache sur l'épaule, tirant les dromadaires. Un gamin pousse les ânes. Un vieux chien blanc ferme la marche.

Ma sieste est terminée, celle de Raïdjab aussi. Mais Nourollah se complaît visiblement dans la sienne. Il dort, étalé au beau milieu de la pièce, les bras en croix, la nuque relevée par un gros coussin dur. Son ventre monte et descend au rythme de sa respiration et son menton, que bleuit une éternelle barbe de deux jours, pend et ballotte sur sa poitrine.

Laissons-le dormir et allons visiter le village.

— Tiens, voilà Abibollah !

— *Salamalek* ! Où allez-vous ?

— Nulle part, faire un tour. Nourollah dort encore, nous ne l'avons pas réveillé.

— Au contraire ! Allez le secouer et venez avec moi ! Je venais justement vous chercher : il va y avoir un combat de taureaux dans la cour de Baïram Gueldi.

En voilà une surprise. Moi qui croyais que les combats d'animaux avaient totalement disparu d'Iran et ne subsistaient plus qu'en Afghanistan ! Mais il est vrai que nous sommes à Djergalan et Djergalan, est-ce encore l'Iran ?

Non, ce n'est pas une fête ! Non, on ne célèbre rien de particulier ! On s'est aperçu depuis quelque temps que le taureau rouge de Baïram Gueldi ne pouvait pas voir le taureau noir de Berdi Aq sans rentrer dans une rage de même couleur !

— Attention au tien si le mien l'accroche ! fanfaronne Baïram.

— Il peut toujours essayer, plastronne Berdi, on verra s'il sera aussi *mast* quand le mien lui aura élargi le trou de balle !

De pointes en agaceries, de rodomontades en réparties, deux partis ont fini par se former derrière Baïram et Berdi. Hier, il a été décidé de vider la querelle des rouges et des noirs en mettant une bonne fois les deux animaux face à face.

Comme ces bêtes ont l'air docile ! Hors de vue l'une de l'autre, elles se laissent mener à la longe comme de bonnes vaches laitières. Appuyés nonchalamment sur le flanc de l'une, ou main posée sur le front de l'autre, leurs propriétaires discutent avec animation au milieu du cercle des supporters et des parieurs.

La cour choisie pour le combat n'a rien d'une arène. Des badauds se sont alignés contre le mur. Des femmes observent du haut de la véranda. Tiens ! Des femmes ! Elles ont laissé leur tapisserie quelques instants pour assister au spectacle.

Il semble que tout le monde soit là :

— Bon ! Amenez les combattants !

Le noir arrive, placide, à peine tenu en laisse. Débarrassé de sa corde, il reste sur place, l'œil humide, et renifle quelques brindilles tombées d'une auge, aussi paisible qu'un bœuf, pas Miura[1] pour deux sous ! C'est pourtant un bel animal, luisant, au garrot puissant, à la bosse bien ronde, complètement noir.

1. Nom d'un célèbre élevage de taureaux de combat en Espagne.

Le rouge à présent ! Lui aussi a le bon vouloir d'un veau et suit son maître qu'il vient de gratifier d'un grand coup de langue râpeuse dans le cou. Très sage... jusqu'à ce qu'en face de lui il aperçoive le noir... et que le noir l'aperçoive !

Ah ça n'a pas traîné ! On n'a même pas eu le temps de lui ôter sa corde. Il y a eu un choc impressionnant et immédiat, sans le moindre défi en prélude, avec quelque chose de si ressemblant à un craquement d'os que je n'aurais pas été étonné de les voir tomber assommés côte à côte. Ça ne les a pas ébranlés. Et les voilà, front contre front, le mufle au ras du sol, à rouler des yeux et à baver de fureur. Arc-boutés l'un contre l'autre de toute leur puissance, avec de grands roulements de muscles dans le cou et les épaules, ils se soufflent leur haine mutuelle aux naseaux. Et puis tout d'un coup le rouge se dérobe. Ils sont à présent flanc à flanc, s'envoyant de formidables cornades latérales.

— Hey ! Hey ! crie-t-on autour d'eux. Tape ! Tape ! Tue !

Les spectateurs sont là, à portée de corne. Ils crient leurs encouragements de si près qu'il leur faut sauter vivement en arrière pour ne pas être pris et recevoir un mauvais coup.

La poussière qui monte enveloppe la masse noire et feu que forment les deux bêtes. Elles luttent comme si plus rien n'existait autour d'elles, enfermées dans l'énorme brutalité de leur combat. Affrontés, les taureaux arpentent la cour en tout sens. Parfois c'est le noir qui recule, parfois c'est le rouge. Comme des bulldozers qui valseraient, ils bousculent, ils culbutent, ils piétinent. Un cheval qu'on avait laissé au piquet, affolé, manque d'être pris entre eux. Vite on le libère et on l'évacue. Le four est presque renversé par le rouge qui a culé sur lui. Voilà plus de cinq minutes que dure la bataille et rien ne laisse présager de son issue.

Et soudain c'est la fin ! Sans aucun signe avant-coureur, sans que l'on ait pu percevoir le moindre fléchissement dans l'ardeur combative de l'un ou de l'autre.

Le noir a trébuché. Il tombe à genoux devant le rouge qui le marque au garrot d'une cornade fulgurante. Aussitôt relevé, le noir s'est remis en position de défense. Le sang barre son épaule empoussiérée d'une écharpe effilochée qui va s'égouttant aux draperies des fanons. Et même s'il mugit et gratte encore la terre avec son sabot, on le sent déjà sur le recul. A l'instant où le rouge, à nouveau en garde, va charger une dernière fois, le noir fait volte-face et queue en l'air s'enfuit, cherchant désespérément une sortie dans ce mur qui l'entoure.

C'est la panique ! Tout le monde se sauve. A droite, à gauche, on grimpe sur la véranda en refoulant les femmes dans la maison, on escalade l'auge du cheval, on tourne autour du four, car c'est une course furieuse qui a lancé le vainqueur à la poursuite du vaincu tout autour de la cour. Et personne n'ose se risquer à découvert pour aller ouvrir le portail.

Joyeux sauve-qui-peut où l'on rit à en pleurer ! Spectacle cocasse que tous ces gens coincés dans la cour, perchés comme des poules, accrochés les uns aux autres, tandis que les deux fauves aveuglés sont toujours à se poursuivre.

Enfin le portail est ouvert par l'un d'entre nous qui, passé par dessus le mur, l'a approché de l'extérieur. Le noir s'engouffre dans la brèche et promptement on claque les battants sur le museau de son poursuivant.

Ça y est, le combat est fini. Je redescends du fût de gas oil vide sur lequel j'avais trouvé un abri bien illusoire. J'ai perdu ! Tant pis ! J'avais parié sur le noir. Raïdjab a gagné et je lui dois cent rials.

*
* *

Quelle différence d'ambiance avec les premières heures de l'après-midi. Le combat a rameuté tout le village. On nous entoure et Nourollah fait les présentations.

Les platanes murmurent au dessus de nous dans le vent du soir qui s'est levé. Tout en haut une cigale s'obstine. On resterait des heures à palabrer, appuyé contre les troncs gigantesques. Pourtant il faut rentrer. Il y a des bêtes à affourager ou du bois à refendre. Peu à peu l'assistance s'éclaircit et nous nous dirigeons avec nonchalance vers la maison d'Abibollah.

Au sortir d'un étroit passage entre deux murs, une femme débouche soudain. Elle se hâte de rentrer chez elle, portant contre sa hanche une bassine de linge mouillé. De toute évidence elle ne nous a pas entendus approcher. Surprise et embarrassée par sa lessive, elle rabat son voile le plus rapidement possible, mais pas suffisamment vite que nous n'ayons eu le temps d'apercevoir son visage. Un joli minois, jeune et plein, mais d'une pâleur excessive.

— On dirait qu'elle vient de marcher sur un serpent ! s'étonne Raïdjab.

— C'est une femme de Djergalan ! commente brièvement Nourollah.

Phrase laconique, cependant largement explicite quand on sait que, de l'aube au couchant, les femmes passent ici leurs journées accroupies sur le cadre horizontal de leurs tapis. Comment pourraient-elles avoir le hâle qui dore — à leur grand désespoir d'ailleurs — le visage et les bras de leurs sœurs des régions plus agricoles ? Leur vie de recluses rend les villages veufs et favorise la tuberculose qui rôde autour des lisses.

— Nous mourons du cancer ou de la tuberculose ! me dira plus tard un religieux de Barloq.

Si le cancer de l'estomac ou de l'œsophage touche tout le monde sans distinction de sexe[1], la tuberculose au contraire atteint plus spécialement les femmes que leur minutieux et interminable labeur enferme dans des ateliers poussiéreux, mal éclairés et jamais chauffés en hiver

On ne les voit donc que rarement, ces femmes de Djergalan : ombres vagues derrière une vitre opaque ; silhouettes affairées passant d'une porte à l'autre dans le fond d'une véranda. Il faut le hasard d'un coin de mur au retour d'une lessive tardive pour que le velours de leur regard vous frôle un instant... le temps que le voile retombe.

Les jeunes filles elles-mêmes, celles qui ailleurs font de si jolies troupes à la lèvre des fontaines, ou qui se rendent visite en musardant sur le chemin, n'apparaissent pas plus que leurs aînées. Prises par leur apprentissage ou assumant les travaux domestiques que les tapissières ne peuvent pas mener, elles n'ont pas cette coquetterie des grands voilages amples, des nattes lustrées aux pendentifs de perles blanches et rouges, des robes fleuries... de tout ce qui rend si flamboyantes dans leur pudeur ambiguë les adolescentes des basses vallées où l'art du tapis n'est pas un servage.

*
* *

Ai-je eu l'air curieux ? Est-ce Raïdjab ou Nourollah qui a soufflé à Abibollah de me mener à l'atelier ? Toujours est-il que, de retour à la maison, mon hôte m'invite à entrer dans la pièce où le « Tap ! Tap ! » des peignes à tasser pourrait faire croire à une menuiserie où l'on joue du maillet.

Le cadre horizontal, à la mode nomade, occupe presque toute la superficie de la pièce. A mesure que leur travail avance les ouvrières le suivent, accroupies sur la partie déjà nouée. Devant elles, la soie écrue, tendue à se rompre, est une harpe murmurante sur laquelle courent leurs doigts agiles. Derrière elles la richesse profonde du velours et

1. Le cancer de l'estomac et de l'œsophage est une spécialité de la région centre-asiatique. Ceci est attribué à l'habitude d'ingurgiter le thé bouillant.

l'enchevêtrement savant des motifs prolonge comme une traîne l'étalement de leurs voiles et de leurs robes.

Trois femmes travaillent côte à côte, jouant avec la laine et la soie au ras de leurs orteils, voûtées sur les quatre-vingt-dix centimètres de chaîne dont chacune dispose. Dans cette position, qui pour toute autre qu'elles serait un supplice au bout de quelques minutes, elles grignotent le temps et leur ouvrage. Patientes et expertes, elles ancrent sur deux fils de chaîne les minuscules points de laine qu'elles nouent d'un preste enroulement des doigts. Certains insectes ont de ces mouvements d'une rapidité telle qu'on doute un instant de les avoir vus bouger. Les mains virevoltantes de ces femmes papillonnent et se posent, s'élèvent et retombent inlassablement, dans un ballet de libellules dont on ne perçoit que la danse sans s'apercevoir de la ponte subtile qui s'effectue.

En nous voyant entrer, la plus jeune des trois a tiré son voile et, sous cet abri qui la recouvre comme une housse, elle continue son travail hors de nos regards. Par contre, les deux autres ont l'air bien aise d'avoir de la visite et, avec beaucoup de complaisance, acceptent de décomposer la greffe du brin de laine sur la soie pour que je puisse mieux saisir la technique du nœud.

Sur la portée ivoirine les notes de la partition pointent leurs harmonies de couleur: noir, noir, noir... blanc, blanc, blanc... rouge, rouge, rouge... noir en tirade qu'interrompt une nouvelle série de trois rouges... orange, prune, orange au sommet de la gamme qui redescend en s'inversant... trois rouges puis une ligne noire... rouge, rouge, rouge... jusqu'au nœud noir qui termine la série tout en relançant la suivante. Et ainsi de suite d'une rive à l'autre du tapis qui naît. On tasse fort, en levant haut le bras, et les peignes lourds s'abattent avec ensemble, incrustant les nœuds dans le front rigoureux de la trame de coton rouge, faufilée avant que ne se croisent les lisses. Pendant quelques secondes les femmes se sont redressées pour réassortir leurs laines ; elles échangent deux mots, un petit soupir, un rire bref et replongent à nouveau : noir, noir, noir... blanc, blanc...

Point après point, raie sur raie, le motif se dépose, encore brut et brouillé. Puis les ciseaux plats entrent en action, le dégagent de son duvet bourru. Il apparaît alors, irréprochablement net, et relance en avant la suite de sa vigoureuse symétrie.

Quelle patience ! Quelle opiniâtreté ! Que d'heures humbles et modestes pour qu'en fin de journée l'œuvre commune ait avancée de quelques centimètres ! Pour que dans six mois l'on détache du cadre un jeté de velours superbe et sans défaut que la main de l'acheteur froissera afin d'éprouver sa résistante finesse et de faire ondoyer au soleil l'éclat changeant de ses rouges !

Leur tâche accomplie, elles balaieront l'atelier, resteront quelques jours vacantes, un peu désorientées de n'avoir plus rien de précis à faire. Puis un jour, sans avoir trop perdu de temps, l'époux rentrera de Bodjnourd ramenant des écheveaux de laine crue et des torons de soie à dix brins. Elles ressortiront les chaudrons à teinture, referont leurs pelotes, réassembleront les éléments du cadre et six mois de plus s'écouleront... noir, noir, noir... rouge…

L'atelier est en bout de bâtiment. Sa porte donne sur l'enfilade de la véranda. Malgré la largeur de la fenêtre, que la saison garde grande ouverte, le soleil ne pénètre pas jusqu'au fond où règne une ombre duveteuse. En hiver, quand tout est calfeutré, le jour doit paraître bien pâle derrière ces vitres ouatées de poussière de laine. Peu de place, le cadre occupe presque toute la superficie ; c'est à peine si l'on peut tourner autour de lui. Dans quelques niches et sur des étagères s'accumule le matériel de tissage : écheveaux colorés attendant d'être démêlés, ciseaux plats pour raser le velours, serpettes pour trancher le fil noué, peignes à tasser, pierres à aiguiser, bourses de nylon et vieilles boîtes de conserve contenant les teintures et les acides cristallisés qui fixent la couleur. A des taquets de bois pendent des grappes de pelotes aux rondeurs de fruits mûrs : oranges, grenades, cedrats, pommes... Il y a aussi quatre gros chaudrons de fonte noirs et encroûtés de suie.

Tendu d'un mur à l'autre, allant et venant à travers la pièce, un hamac de cuir rembourré de tissus douteux se balance au dessus du chantier. Un enfant barbouillé y dort en mâchouillant sa tétine. Un linge léger jeté sur lui le protège des mouches. Il suffit à sa mère — la jeune femme qui s'est voilée à notre entrée — de tirer au passage sur la corde qui pend à la tête de la balancelle pour lui imprimer un élan neuf, sans interrompre ni quitter des yeux son travail.

— Abibollah ! Combien vaut un tapis comme celui qu'elles sont en train de faire ?

— Heu... A peu près quatre-vingt-dix mille rials[1].

---

1. Equivalant en 1978 à environ 6 300 francs. Ce prix doublait à l'arrivée du tapis à Téhéran.

— Tu me le vendrais ?
— Ah non ! Je ne peux pas, il est déjà vendu.

Avant même que sa femme ait commencé à tendre la chaîne, Abibollah s'était rendu à Bodjnourd, chez Hadji Mansoumi. Ce commerçant bien connu ouvre sa boutique sur la grande rue qui tient lieu de bazar, à quelques mètres des hôtelleries à punaises où descendent les gens de la montagne quand leurs affaires les appellent en ville.

Embusqué au fond de son antre, vautré comme un khalife décadent sur une pile de tapis impressionnante, il attend. Il ne bouge pratiquement pas de la journée, appuyé tantôt sur le coude gauche, tantôt sur le coude droit. Tripotant un énorme chapelet d'ambre jaune, il boit des hectolitres de thé et entretient sa bedaine en contemplant d'un regard ennuyé le flot des chalands auxquels il donne en exemple sa béante prospérité.

Ils sont une dizaine de son espèce à Bodjnourd, Kurdes ou Persans. Ils sont le passage obligé pour tout tapis destiné aux marchés de Téhéran et de Meched. Leur mémoire est un véritable bottin de la production locale. Ils connaissent le moindre atelier, voire le nom des ostads qui y travaillent. Ils savent parfaitement ce qu'ils peuvent en espérer en quantité et en qualité... Tout comme ils sont capables d'estimer, dès les premiers jours de l'année, combien de mètres carrés sortiront des villages qu'ils exploitent avec une âpreté bonhomme. Ils sont plus renseignés sur la démographie et sur l'économie de Djergalan que ne l'est aucun des services administratifs du canton. Pourtant il y a des lustres qu'on ne les a vus secouer leur double menton et meurtrir leurs grosses fesses molles sur les méchantes pistes de la région. Très exceptionellement, certains y envoient leur fils en cas de litige et pour qu'il apprenne le métier, mais le plus souvent c'est un commis efflanqué et rapace comme trente-six corneilles qui règle leurs affaires là-haut... là-bas ! Au diable !

Eux ils restent assis sur leurs tapis, à se rapprocher ou à s'éloigner du plafond de leur boutique selon l'épaisseur de leur récolte, à attendre qu'on vienne les voir.

Ils ne se font pas concurrence, bien que l'envie les tenaille en sourdine. Un accord tacite — né de cette sorte d'équilibre qui fait que reste suspendue la croisée de plusieurs ogives d'égales poussées — les a conduit au partage à l'amiable des hautes vallées. Par exemple : Hadji M. draine la production de Doïdoq ; Seïd J. a son secteur tout autour de

Yomoq ; Machti L. s'est réservé le haut de Djergalan, de Barloq à Kerputchli, mais en concédant à Hadji Mansoumi la juteuse enclave de Yéké Saout, haut et bas.

Si par hasard un gars de Doïdoq vient à proposer la production de son atelier à Hadji Mansoumi — au lieu de s'adresser à Hadji M. dont Doïdoq est le fief — tout comme ses pairs en pareil cas Hadji Mansoumi lui offre un prix si dérisoire que l'autre n'a plus qu'à retourner chez son acheteur habituel. Sinon il peut tenter sa chance ailleurs, à Gonbad, à Gorgan, à Meched et même à Téhéran. En général les fortes têtes qui tentent le coup y perdent en voyage, hôtel et frais divers bien plus qu'ils ne gagnent en cherchant à court-circuiter la très honorable société des *hadjis*, *séïds* et *machtis* réunis.

A-t-on besoin d'argent ? Ils sont là, tout prêts à aider et à ouvrir leur bourse. Comme ce sont d'irréprochables musulmans, pour certains issus de saintes lignées, il n'est jamais question d'intérêt. Mais un tapis encore sur cadre est la meilleure des garanties. On estime au vu des premiers jetés ce que vaudra la pièce terminée. L'avance empochée, le tapis appartient virtuellement au marchand qui fera le second versement à la livraison. Tant pis si entretemps les cours se sont envolés, on touchera le solde au cours fixé cinq mois auparavant.

A ce petit jeu, l'équipe des Bodjnourdis est rarement perdante. Ses relations avec les plus gros exportateurs et sa connaissance de l'évolution générale du marché lui permettent de miser gagnant et presque à chaque coup[1].

Je ne vais donc pas taquiner mon hôte par une surenchère qui lui ferait regretter d'avoir eu recours à son « banquier » habituel. Une question me vient à l'esprit :

— Et la soie ?... On fait des tapis en soie à Djergalan ?

— Oui ! Mais il faut être sûr de vendre. La soie est chère ici, car nous n'avons pas assez de mûriers pour en produire, sinon un peu pour faire du tissu, ou quelques petits motifs dans un tapis en laine. La corde de soie que nous utilisons comme chaîne, nous l'achetons au bazar de Bodjnourd, ou dans le Gorgan où elle est moins chère. La laine aussi vient d'ailleurs, la nôtre est noire et de mauvaise qualité.

---

1. Les futures récoltes, surtout celles de coton, sont la plupart du temps gagées de la sorte. La partie est plus délicate pour le négociant, car les cours du coton sont plus instables que ceux du tapis mais, que je sache, aucun de ces prêteurs n'a été ruiné par cette pratique.

L'an dernier nous avons fait un Zaher Chahi[1] tout en soie de trente-cinq pieds. C'était la commande d'un Téhérani à Hadji Mansoumi.

... Mais j'ai ici un tapis que m'a laissé un de mes amis pour que j'aille le porter à Bodjnourd. Attendez, je vais vous le montrer. C'est une jolie chose.

*
* *

Je crois qu'à l'autre bout du monde, si j'en rencontrais un, je reconnaîtrais tout de suite un tapis fait à Djergalan !

Celui que déroule Abibollah sur les feutres de la pièce d'hôte où nous sommes revenus a été noué à Doïdoq : haut lieu du tapis Djergalani où la moindre des tapissières se sentirait déshonorée de ne pas tasser, au minimum, trente nœuds au centimètre carré. C'est une grande pièce, de presque dix mètres carrés, d'une finesse de texture et d'une netteté dans le dessin étonnantes.

Pourtant, comme toute la production actuelle, il pèche par la simplification excessive de sa décoration. On se rend bien compte que les ouvrières ne se sont pas attardées à fouiller les frises de sa bordure où normalement s'expriment la fantaisie et le goût de celles qui y ont travaillé. Pour gagner du temps (ce temps qui leur permettra de remettre, au plus vite, un autre tapis en chantier), les femmes ont fait jouer la mémoire de leurs doigts dans la répétition régulière d'un même motif. Elles ont préféré la combinaison de points et de coloris la plus simple plutôt que de devoir continuellement reprendre leurs repères à chaque changement de dessin.

C'est ainsi que s'appauvrissent les traditions tapissières des différentes tribus et que se perdent peu à peu le foisonnement rigoureux et la complexité d'une géométrie somptueuse, élaborée au cours des siècles; que disparaît ce raffinement qui parait jusqu'aux pièces les plus vulgairement utilitaires (fontes de selles, sacoches, portières de tentes...) et qui a fait la renommée de cet art avant tout domestique.

Malgré cela, le tapis qu'on nous présente est vraiment la « jolie chose » que nous a annoncée Abibollah. Il réjouit l'œil par sa vigueur, par la sûreté de sa composition, par le choix de ses coloris. Je suis

---

1. Motif de tapis inspiré aux Turkmènes de son pays par l'ex chah d'Afghanistan, Zaher Chah, et qui a beaucoup de succès à Djergalan. C'est le type de motif « commercial » réussi car très proche de la tradition.

surpris de ne compter que quatre teintes, alors qu'à première vue j'avais cru à une palette plus variée.

En y regardant mieux, je m'aperçois que cet effet est obtenu par l'emploi judicieux de la soie introduite dans le velours de laine. Elle y met sa brillance un peu froide, çà et là en larges aplats, quand, dans l'harmonie générale, on a voulu faire jouer à une couleur un rôle particulier. Ici c'est l'orange que l'on fait chanter de la sorte. Ailleurs, ton sur ton, elle relève par la seule façon dont elle accroche la lumière le relief qu'on souhaite voir prendre aux motifs qui en sont discrètement soulignés. Subtile mise en valeur d'éléments du décor qui paraissent ainsi plus profonds et plus chauds.

Le tapis est une prairie, un jardin rêvé, un labyrinthe mythologique. A genoux sur la lisière, en suivant du doigt le cheminement anguleux des frises, il faut chercher l'anecdote, la brève histoire que raconte un point rouge bizarrement apparu sur un flocon blanc, ou cette couleur qui devrait normalement être là mais qui a sauté son tour. On débusque, comme un petit animal gîté au creux d'un paysage, un minuscule dessin, tout seul, qu'on ne retrouve nulle part ailleurs. On glisse à contre-courant tout le long d'une spirale qui se dévisse dans le sens opposé à celui de ses voisines. Des défauts ? Ah ! Mais non ! L'image même de la vie ! C'est elle qui a donné leurs noms aux différents motifs : l'homme décapité, les maisons des clans ennemis, la tarentule, le crabe, l'eau qui court par un jour calme et l'eau qui court par un jour de vent (voyez comme elle se brouille et frise !), la gazelle, la tulipe, la fleur...

La fleur ! *Gol* ! C'est par elle que se blasonnent les tapis. Tekkés, Yomouts, Ersaris, Salors, les grandes tribus tapissières — les plus guerrières aussi — ont toutes leur *gol*. Ces armoiries, ces signatures sont encore chez certaines inviolables et pas plus qu'en Occident, où l'on ne s'attribuait pas sans raison les enseignes de « l'autre », on n'utilise ici le sceau de la tribu voisine sans que l'histoire en donne l'explication.

Comme un triptyque le grand tapis s'est refermé sur ses alignements rigoureux de grandes fleurs écartelées d'orange et de blanc et posées sur un champ rougeoyant de noce mongole. Là-bas à Doïdoq des doigts d'araignées qui courent sur les cordes sonores font naître son frère, sa presque réplique. Dans quelques jours il sera étalé sous le gros derrière d'Hadji Mansoumi.

Il fera bel effet là-bas, à l'autre bout du monde ; chez un notaire ? un écrivain ? un industriel ? un marchand de chocolat et de margarine ?... Quel style lui ira le mieux : contemporain ? rustique ancien ? pin scandinave ou métal laqué ?

— Attention, Conchita ! Vous savez bien que les pieds du fauteuil l'abîment !

CHAPITRE XXVIII

Où je regrette presque que le temps ne soit que ralenti

Comme promis, Anna Bibi est venue nous rejoindre après le repas. A Raïdjab qui lui demandait des nouvelles de sa femme, elle a répondu qu'il n'avait aucun souci à se faire, qu'elle avait tout mis en œuvre, sondé son cœur, son foie, et que s'il voulait des renseignements plus précis il n'aurait qu'à les demander à Golsenem elle-même quand il serait rentré chez lui. En attendant elle préférait garder les deux femmes auprès d'elle cette nuit, pour les écouter et les observer au cas où elles rêveraient.

Ceci dit, elle s'accroupit en face de moi, m'ayant fait déplacer devant la fenêtre pour profiter de la fin du jour.

D'un petit sac en toile rouge elle tira une poignée de pois chiches qu'elle me demanda de jeter entre nous deux commme si nous jouions aux osselets. Puis elle s'absorba dans la contemplation des petits groupes qu'ils avaient formés en roulant.

Un silence religieux régnait dans la pièce. On entendait, sous les voliges du toit, les moineaux se disputer les meilleures places pour la nuit. Des hirondelles gazouillaient.

Du bout du doigt notre voyante écarta quelques pois esseulés tombés trop à l'écart des autres. Elle compta ceux qui restaient dans le jeu, commenta leur présentation :

— Tiens ! Ces trois-là ont le germe en l'air ! Ces deux-ci sont tête-bêche! Tout ce groupe est tombé sur le nez... sauf un seul pois ! Et pas un seul pois noir !...

Puis elle se replongea dans ses cogitations ténébreuses.

De toute évidence mon avenir matrimonial manquait de netteté, et le profil de ma future épouse n'apparaissait pas avec la précision souhaitée. A la fin, elle rafla ses graines et, me regardant droit dans les yeux, me déclara :

— Toi, tu te marieras quand tu en auras l'envie !

Eh ! Pardi !

*
* *

Depuis quelques années, Raïdjab souhaitait acquérir un luth, se croyant des dispositions musicales (l'avenir devait se charger de le détromper). Il se trouvait qu'à un ou deux kilomètres de là vivait Yil Mohammad, le luthier le plus célèbre du pays turkoman. Où, ailleurs qu'à Djergalan, aurait bien pu vivre un artisan pareil ? En cinq minutes nous nous présentions à sa porte, à Guerkez.

Le clan qui l'a fondé a donné son nom au village.

Des gens d'une fierté peu commune, ces Guerkezs ! Est-ce parce qu'un jour s'est levé parmi eux le chantre de la nation, Makhtoum Gholi, le barde inspiré ; celui dont les vers emportent les âmes et les cœurs turkmènes ; qu'on vénère à l'égal de Hafez et de Saadi de l'Amou Daria à la Caspienne ? Je ne sais ! Mais il me faut convenir qu'ils sont souvent doctes, pondérés et instruits et qu'à ces qualités de l'esprit ils ajoutent l'habileté manuelle, accordant leur goût du travail précieux à leur intelligence. Ils sont luthiers, selliers, tapissiers, comme Makhtoum Gholi était orfèvre. Ils sont poètes et musiciens et leurs gars ont les voix qui plaisent aux assemblées joyeuses.

Bien que Goclans, ils sont considérés comme au dessus des autres lignages. S'ils condescendent à ce que leurs filles s'éloignent du clan, ce n'est pas sans démarches, palabres et tergiversations. Le rang et la situation de l'époux doivent être à la mesure de l'honneur qu'ils lui font.

Avant d'arriver chez Yil Mohammad, Raïdjab me soutint que j'avais déjà rencontré cet homme un jour où il était venu à Behkadeh. Mais ma mémoire rétive se refusait à me rendre son image.

... Et pourtant ! Comment avais-je pu l'oublier ?

Barbiche de chèvre, yeux de chat, pommettes rondes et hautes, joues creuses, mates, cuites de soleil et d'âge, front sans ride et lisse comme un ivoire s'enfonçant dans les boucles lâches d'un *telpek* noir, nez droit et bouche juvénile. Le portrait serait incomplet si je ne disais rien de cette affabilité qui fait qu'aussitôt on se sent aussi bien près de lui qu'avec un ami de longue date.

A peine introduit on sait quelle sorte d'artiste travaille là.

Près de la fenêtre ses outils sont rangés sur un petit feutre beige orné d'un soleil rouge et bleu. Il y a là des ébauchoirs grossiers martelés dans un fer épais, des ciseaux plats au biseau luisant, des herminettes de plus en plus petites, des gouges polies et brillantes, un petit maillet de bois noir, joli comme un jouet. Le tout flambant d'usage journalier, tranchant, effilé, prêt à mordre le bois, prêt à sauter au creux de la main et à s'y caler pour poursuivre le geste dans l'incision, dans la forme de la pièce sculptée.

L'œuvre est là, en gestation. Les épisodes de la métamorphose d'une bille de bois de mûrier en instrument de musique s'alignent le long du mur. On passe de l'ébauche d'une caisse, ovale comme une demi-pastèque et creuse d'un ou deux copeaux, à une coupe ovoïde dont les parois vont s'amincissant. Elle a été évidée avec patience jusqu'à ce que les coups de dents du ciseau s'effacent en se surajoutant, donnant au bois un aspect lisse et lustré. Le doigt en s'y promenant glisse comme sur un coquillage. Puis à l'étape suivante on trouve la hampe qui prolonge la coque d'un long rostre fuselé qui se recourbe imperceptiblement à son fin bout. A côté de l'instrument presque terminé est posé la planchette, rôtie au four, qui fermera la caisse de résonance. Elle a pris au feu des moirures pailletées et un cassant de céramique qui réper-cutera, plus franchement qu'une peau, la vibration des cordes et les coups d'ongle secs qu'aiment à donner certains musiciens pour mieux scander leurs airs.

Ce soir-là, comme s'il nous attendait, un luth tout neuf achevé dormait, posé sur un coussin plat comme un enfant au repos.

— Si vous le voulez, il est à vous. Je l'ai terminé avant-hier et je lui ai mis ses cordes tout à l'heure. J'étais en train de l'essayer quand vous êtes arrivés.

L'*ostad* l'a pris comme on ramasse à terre un beau fruit mûr et fragile. Dans la corolle de ses larges mains la coque brune aux soyances havane disparaissait presque. Ses doigts cherchèrent encore sur ses flancs une improbable aspérité qui aurait pu lui échapper. Son œil, visant de l'ancre des cordes jusqu'au bout du manche, en vérifia une dernière fois la rectitude.

Du gras de la paume il caressait l'instrument, le flattait. Et puis, après qu'il l'eut apprivoisé, comme un coursier farouche à qui l'on veut passer le mors, sa main s'envola vers les deux papillons de cuivre qui ouvraient leurs ailes étroites tout en haut de la hampe. L'ongle fut timide sur les cordes qui se tendirent, mais le son naquit, trouble d'abord, puis s'affirmant, s'ajusta et se posa. Les deux fils d'acier s'unirent et le luth se mit à chanter.

Sur le manche roux les gros doigts du luthier sautaient de touche en touche. Sa main voletait plus bas, là où le son s'évase, frôlait le bois et les cordes, vive et joyeuse comme une hirondelle qui boit.

Soudain, au beau milieu d'une phrase musicale qui paraissait l'avoir emporté loin de nous, Yil Mohammad s'interrompit :

— Je ne sais pas bien jouer ! dit-il en me tendant l'instrument.

Il ne pesait presque rien, ou si peu ! Son contact était tiède et satiné. Posé dans le creux de ma main il y restait en équilibre sans que le poids de son manche l'entraîne. Au sol, il se tint droit, sans gîter, debout sur la fine nervure qui lui faisait une quille suggérée : petit galion à l'étiage, bien ponté, qui aurait attendu sa mâture.

... Mais sous mon doigt il ne fit que sonner.

Yil Mohammad avait pris une bille de bois équarrie dont la structure, mise à nu par la scie, racontait un peu l'histoire de l'arbre.

— Il faut du bois de mûrier bien sec, n'ayant jamais gelé. Il faut du cœur (il disait de la moelle), du plus profond. La matière est dure, difficile à travailler, mais avec de bons outils et l'aide de Dieu on en tire les meilleurs instruments… Là c'est un coup de gel qui a fait ce trait noir, mais ce n'est pas très grave car c'est arrivé lorsque l'arbre était encore jeune et tendre, il s'est refait dans sa blessure...

Il lâche le morceau de bois pour en reprendre un autre, mi-partie brun foncé, mi-partie jaune pâle.

— Tu vois cette bande claire ? C'est l'extérieur du tronc, là où le bois est jeune. Il ne faut pas s'approcher des quatre dernières années. Mais c'est de plus en plus compliqué de trouver du bon matériau. Depuis des années on ne plante plus ces mûriers qui devenaient gros et donnaient du bon bois d'œuvre. Ils sont trop longs à pousser. Pour faire de la soie on préfère des arbres qui n'existaient pas autrefois, qui restent petits, poussent vite et ont de grosses feuilles. C'est normal, mais dans peu de temps il n'y aura plus de bois pour nous… ni d'ombre en été pour les vieux, ajouta-t-il avec un petit rire.

… Avant, je faisais mes *tamdérés* tout entières en mûrier. Maintenant pour le manche j'emploie du prunier, ou mieux, de l'abricotier. Ce sont des bois solides, mais la couleur change et c'est moins joli que lorsque tout est du même bois.

... Faire tout en abricotier ? Non ! Ce n'est pas possible ! Le luth résonnerait différemment. Il y a de l'huile dans ce bois. Et puis... et puis... ce n'est pas bien !

« Et puis ce n'est pas bien » !... Alors pour continuer à bien faire, il allait jusqu'à Gonbad chercher sa matière première. Il achetait sur pied les vieux arbres de la Caspienne qui n'avaient jamais connu le gel, mais qui se faisaient rares eux aussi, bousculés par l'aménagement agricole. Il allait aussi en Khorassan, région plus froide où il lui fallait être prudent dans ses achats et choisir juste. C'est pourquoi les *tamdérés* de Yil Moham-mad étaient, et sont encore, recherchées et c'est sur elles que jouent les meilleurs *barchis*.

Sur le rebord de la fenêtre deux curieuses pièces de bois travaillé m'intriguaient. On aurait dit quelques gros os courts qui auraient pu être assemblés symétriquement, un peu comme ceux du bassin. Comme je les manipulais avec perplexité, me demandant à quel instrument bizarre elles étaient destinées, Raïdjab vint à mon secours en sortant d'un sac, qui m'avait échappé, un montage complet, comprenant deux éléments semblables à ceux que j'avais en main. La lumière fut immédiate : Yil Mohammad était aussi sellier !

En Europe le mot fait aussitôt penser au travail du cuir. Or en Asie, la toute petite selle turkmène comme la lourde selle ouzbèque sont en bois. C'est l'arçon qui en est la pièce maîtresse et leur donne leur forme. Le cuir ne fait que gainer cette armature rigide sur laquelle il est tendu mouillé, maintenu par des clous dont les têtes rondes ornent les parties visibles, du pommeau au troussequin. Il faut un œil aigu et un doigté d'artiste pour donner au bois les courbes et les bosselages qui s'adapteront parfaitement au modelé du garrot. La selle turkmène n'a ni molletons de crin ni coussinets (contrairement à la selle ouzbèque où deux demi-lunes de feutre et de cuir piqué, mobiles et indépendantes de la selle même, adoucissent le contact). Il faut donc que le bois de son armature et le dos de la bête s'épousent, à peine séparés par un ou deux tapis. Aussi utiliser pour un cheval la selle d'un autre ne se fait-il pas sans risque de le blesser. Quoi d'étonnant alors si j'avais trouvé un aspect anatomique à deux éléments d'un assemblage presque orthopédique ?

Quoi d'étonnant si la lutherie et la sellerie sont les deux cordes d'un même arc ?

Vieilles cordes d'un vieil arc !

L'art du luth se meurt. Il devient l'apanage de quelques *barchis* que Radio Gorgan répand à travers tout le pays. On n'a jamais autant écouté le galop des *tamdérés*, mais on n'en jamais joué aussi peu !

Doucement le cheval abandonne la place primordiale qu'il occupait dans la culture, l'histoire et l'économie. La jeep, la moto le remplacent et ceux qui, malgré tout, possèdent une monture n'utilisent plus les vieilles selles. Quel nostalgique d'une époque révolue souhaite encore harnacher à l'ancienne manière, quand, sur les champs de courses où s'affrontent les meilleurs coursiers, la mode est à la selle anglaise? Qui aurait besoin de ce pommeau phallique auquel on ne suspendra plus ni le sabre, ni la longue carabine dans sa gaine brodée ?

Des fils de Yil Mohammad aucun ne manifestait d'intérêt pour le travail de leur père. Comme lui s'en iront sans successeurs Agholi Ostad le fourreur à Dané, Gomuch Ostad, fils du dernier armurier des Yomouts et qui sombre peu à peu dans l'opium à Iguedeli Kara Aradj... Et toutes ces brodeuses ali élies et tekkées, toutes ces fileuses et tisseuses de soie... Pas une qui n'approche de la cinquantaine !

Dans une caisse j'avisai un assortiment de cuillères. Yil Mohammad sourit :

— Bah ! Ça occupe ! Les femmes préfèrent les cuillères en bois pour faire leur cuisine. Elles sont plus traditionalistes que les hommes. Je n'en ai jamais assez... Tu ne trouves pas qu'une cuillère resssemble un peu à un petit *tamdéré* ? Et puis pour ça, n'importe quel bois fait l'affaire.

Raïdjab depuis un moment cherchait à se concilier le luth en le grattouillant avec une sombre application. S'apercevant que l'*ostad*, qui en avait fini avec ma curiosité, l'écoutait tâtonner avec une sympathie amusée, il tordit le cou à sa serinette laborieuse et s'enquit du prix de l'instrument.

— Le premier luth que j'ai fait, je l'ai vendu cinq tomans. Je te vends celui-ci cinq cents tomans... Mais il y a quarante ans entre les deux !

*
* *

Il n'était pas question de repartir là-dessus. Bien que nous lui ayons certifié avoir déjà copieusement dîné à Yéké Saout, Yil Mohammad ne voulut rien savoir : le riz était cuit et la poule sacrifiée. Il fallait manger, et de bon appétit. Nous restâmes donc chez lui pour un deuxième repas.

Les nouvelles vont vite dans ces villages, et notre arrivée n'était pas passée inaperçue. Tout ce qu'il y avait de voisins et de curieux alentour se trouva sans difficulté un prétexte pour passer chez le luthier. Peu à peu la pièce où nous nous tenions s'emplit et, de thé en thé, la soirée s'organisa.

Un des premiers arrivés fut le petit Mohammad Kawa.

Je l'avais trouvé un jour, deux ans auparavant, chez Agholi, s'escrimant avec efficacité sur un luth déglingué passablement rapiécé. C'était Mehdi Khan qui l'avait déposé là en passant. L'enfant se faisait un peu d'argent et trouvait de quoi manger en vagabondant de-ci, de-là, et en jouant à la veillée. Six mois plus tard, il réapparaissait dans nos parages et j'en avais profité pour l'enregistrer. A l'idée qu'on l'écouterait en Europe il avait donné tout ce qu'il pouvait et mis trois jours pour récupérer sa voix.

Ce soir-là je le retrouvai avec surprise, à peine grandi, aussi gauche, aussi timidement effronté qu'autrefois. Laid, un peu simiesque même, avec son prognathisme, sa grande bouche et ses oreilles décollées, épaisses et rondes. Le duvet qu'il essayait de faire passer pour une moustache ne l'embellissait guère. Il fumait, comme avant, de maigres cigarettes, plus riches en papier qu'en tabac, qu'il allumait l'une au mégot de l'autre en se donnant des airs affranchis. Petit Armstrong à la voix éraillée, toute cette soirée il fut à côté de moi, heureux de montrer aux autres que nous nous connaissions et que j'étais son ami, celui qui avait emporté ses chansons plus loin que n'iraient jamais les ondes de radio Gorgan. Et il riait du petit bonheur de mettre sa main sur mon épaule.

Quelques années plus tard, Mohammad Kawa devait partir vers les marais de l'Euphrate et n'en plus revenir.

Un voisin ramena Kékélèk Barchi, l'autre chanteur du village. Kékélèk, le perdreau, car en prélude à ses chansons il cacabait avec tant de vérité qu'on aurait pu s'y méprendre.

On reprit du thé, des fruits. On puisa avec trois doigts dans la coupe rouge des demi-pastèques. Les pipes à eau furent allumées et le luth passa de main en main : il fallait bien l'étrenner ! On chanta les belles aux longues tresses, les chevaux au front étoilé, les jardins secrets fleuris de grenadiers. On joua achkhabadi, gorgani[1], on voulut même me faire jouer farangui[2]... Jusqu'à ce que vînt le tour du vieil *ostad*.

Dans la chaleur des discussions, il laissa flotter les accords murmurants d'un prélude diffus. Peu à peu les rires et les plaisanteries s'éteignirent, saisis par la gravité soudaine de la mélodie naissante. Yil Mohammad laissa s'écouler, pareil au filet d'une source paisible, une longue phrase musicale, ni gaie, ni triste, ni haute, ni basse, qui récitait plutôt qu'elle ne chantait. Ce ne fut que lorsque la voix du musicien se distingua du monologue de l'instrument qu'on se rendit compte qu'elle l'accompagnait déjà depuis un moment en sourdine. D'abord son, elle se fit bourdonnement qui se changea en syllabe étirée et modulée en appel lointain. Puis elle s'enfla soulevant avec elle toutes les poitrines et toutes les âmes attentives. Et l'appel devint parole : la parole révérée de Makhtoum Gholi !

Le poème parlait d'honneur et de ceux qui sont « hommes », de la bassesse de ceux qui ne pourront jamais l'être. Il broda un moment sur ce thème de la chevalerie turkmène puis s'effaça derrière le luth qui se laissa glisser dans le creux pensif d'un autre prélude. Puis à nouveau la voix reprit :

Ah ! J'ai semé ! j'ai semé et je suis parti !
Ah ! J'ai donné ! j'ai donné et je suis parti !
Ah ! J'ai répandu ma parole et je suis parti !
Qu'entende celui qui n'est point sourd !...

La troisième chanson, elle aussi récitative, adjurait le Turkmène de ne pas haïr l'autre Turkmène, de voir dans l'autre un frère de race avant tout, sans pour autant renier son clan et sa tribu, car :

Je suis Makhtoum Gholi « Farâri ! »[3]
Ça, je ne saurais l'oublier !
Turkmène ! Guerkez !
Et pour l'éternité !

1. Modes musicaux de la région d'Achkhabad (U.R.S.S.) et du Gorgan.
2. Qualifie tout ce qui est originaire d'Occident, du pays des « Francs ».
3. Le fuyard, le dépossédé. Surnom de Makhtoum Gholi qui eut à souffrir des luttes tribales et qui dut s'exiler en Iran où il est enterré, à Sari Qamouch, au bord de l'Atrak.

Musique turkmène, qui l'apprécie peut dire qu'elle galope, régulière, sur la platitude des steppes. Il peut dire aussi qu'elle s'étire pareille à la solitude rêveuse du pâtre. Peut-on décrire une musique ? On l'écoute et on y adjoint les images qu'on veut.

A l'entendre — comme je l'entendais ce soir-là, entouré de garçons et d'hommes de tous âges et de toutes générations — une évidence s'imposait : c'est la musique d'un peuple qui se reconnaît tout entier dans ce qu'elle exprime ; musique encore mariée, liée à la civilisation qui l'a fait naître. Tellement liée qu'il faut se demander ce qu'il restera de cet accord lorsqu'il n'y aura plus de chevaux hors du champ de course... lorsque les filles n'auront plus leurs quatre nattes ni leur air effarouché quand on les surprendra au fond d'un jardin.

Pour l'apprécier, il faut ouvrir ses oreilles aux superbes *tamdérés* d'Achkhabad et de Gorgan qu'accompagne l'unisson des *kamanchés*[1], mais les ouvrir aussi à celle avec laquelle Mohammad Kawa, dans sa bicoque de Guerkez du Haut et dans ses errances de ménestrel, chantait ses espoirs et ses élans de vilain petit canard. Ne pas juger sa voix avec nos critères, mais entendre l'éraillement de ses appels et les hoquets de ses désirs pour les retrouver, à peine adoucis, chez des *barchis* prestigieux dont les noms volent de bouche en bouche. Alors on aime, parce que c'est une musique de vie, comme les poèmes qu'elle transporte.

Djèmileh :

Oh! Djèmileh ! Vierge turkmène !
Pour toi, j'irai jusqu'à la mer.
J'en ramènerai un grand esturgeon,
Dans sa bouche un Anneau d'or !

Gol Ménouchan :

Violette ! Au printemps dans la forêt,
Tu récoltes les fleurs odorantes.
Elles sentent moins bon que toi !
Violette ! il n'y a qu'une fleur dans la forêt !

Edjé Jon' :

Mère chérie, tu me berçais autrefois.
C'est moi qui te berce à présent !

---

1. Sorte de petite viole à deux cordes dont on joue verticalement.

Alakou :

Blanc cheval d'Alakou !
Honneur de ton maître !
Blanc cheval d'Alakou !
De Gorgan à Gomuch Tépé
Tu galopes invaincu !

Bibi :

Hey ! Bibi ! Tu ne me veux pas pour maître !
Mais achète-moi, Bibi, je serai ton esclave !

Dans la chambre-atelier de Yil Mohammad nous étions au coude à coude. Tour à tour nous lancions un titre de chanson. Tout le répertoire y passa. Les cigarettes et les pipes à eau fumaient, noyant le rougeoiement de la lampe dans un brouillard laiteux.

Un peu étourdis, nous nous sommes séparés très tard. La nuit vibrait amicalement et la Voie lactée s'enfuyait derrière la frontière. Mohammad Kawa et Kékélèk Barchi étaient aphones… Moi j'étais heureux.

*
* *

Au matin, toutes les femmes de la maison étaient sur le seuil pour souhaiter bon voyage à Noubi et à Golsenem. Anna Bibi les embrassa tendrement comme s'il se fût agi de ses propres filles.

J'avais demandé à Nourollah s'il existait une autre piste que celle par laquelle nous étions arrivés. Il me paraissait bien étrange que, pour rejoindre l'Atrak, il nous faille obligatoirement revenir sur nos pas, alors qu'à vol d'oiseau le fleuve coulait à vingt kilomètres de là. Il est vrai que la chaîne principale du Kopet Dagh, Le Boz Dagh, nous en séparait et qu'à part le Takhté Barloq aucun col digne de ce nom ne s'y ouvrait.

Mais le Kopet Dagh n'étant pas les Himalaya, il devait bien s'y trouver un passage !

Il y en avait un. Nourollah le disait correct. Une « bonne » route faisait la liaison entre Djergalan et Ghazenghaïe sur l'Atrak. Si elle était peu utilisée c'était parce qu'elle frôlait la frontière et que, pour l'emprunter, une autorisation spéciale devait être demandée à la gendarmerie. J'étais peu enthousiasmé à l'idée de nous éreinter à nouveau sur l'itinéraire de l'aller. Celui que me proposait Nourollah ne devait pas être meilleur, mais, quitte à être secoués, autant que ce soit sur un parcours offrant au moins le plaisir de la découverte. Et puis, plus direct, il me parut susceptible d'abréger sérieusement notre retour.

Pour obtenir l'autorisation d'emprunter cette route il nous fallait aller à Kerputchli où se trouvait le poste principal des gardes frontières, ce qui nous donnait l'occasion de faire une halte dans la maison paternelle de Noubi.

Il y avait bien cinq ou six ans — depuis le jour de son mariage — que Noubi avait quitté la maison natale. Elle n'y était jamais revenue depuis.

Devant la véranda, à nouveau dans cet entourage familier, elle resta immobile, jetant autour d'elle le regard de qui revient, après longtemps, au lieu de son enfance et à qui chaque détail parle et rappelle des souvenirs qu'on croyait oubliés.

Une femme apparut sur le pas de la porte. Elle aussi eut un moment d'hésitation en nous dévisageant et puis, tout d'un coup, lâchant la jatte qu'elle tenait, s'élança bras tendus:

— Noubi !

Au beau milieu de la cour les deux femmes s'étreignirent à pleins bras, s'embrassèrent en pleurant, en riant, en tournoyant dans une danse de retrouvailles. Les deux sœurs se redécouvraient, mêlant leurs larmes et leurs baisers. Leurs mains n'avaient pas assez de doigts pour courir sur leurs visages, reconnaître ces joues, ces oreilles, ces cheveux.

La mère, à son tour, était accourue de toute la vitesse de ses pauvres jambes. Son voile avait glissé et ses maigres nattes grises flottaient sur son dos, révélant l'artifice des brins de laine qu'elle y avait mêlés pour les épaissir. Sa bouche sans dents s'ouvrait sur un cri qui ne pouvait pas sortir. Elle s'accrocha à ses deux filles et elles s'accrochèrent à elle. Toutes les trois, dans une lamentation d'amour, dans la joie suffocante des sanglots, dans une même étreinte, oubliaient l'endroit où elles se trouvaient, le cercle de spectateurs que faisaient les voisins attirés, les hommes de la maison et nous. Elles tournaient en plein soleil, en pleine vue. Qu'importaient le désordre de leur tenue, le col dégrafé de Noubi, leurs bouches libérés des voiles, les vieilles nattes de la mère ? Qu'importait l'indécence de leurs effusions ? Qu'importait l'esprit chagrin qui aurait pu trouver dans leur comportement un sujet de scandale ?

Nourollah, un peu en avant de nous, regardait ce spectacle, muet, les bras ballants. Et, comme pris d'un remords tardif, de se tourner vers nous pour nous prendre à témoins de sa contrition :

— J'ai eu tort ! J'aurais dû la ramener ici bien plus tôt !

A peine réunies, il fallut séparer les trois femmes. Celles qui restaient collèrent leur visage aux vitres de la voiture tant qu'elles purent et quand, la vitesse s'accélérant, il ne leur fut plus possible de continuer, on aurait dit qu'elles nous lâchaient; que ma Land Rover était un gros ballon gonflé d'amour qu'elles avaient laissé s'échapper. Elles nous suivirent du regard, un bras levé, jusqu'à ce qu'un pan de mur nous dérobât à leur vue.

*
* *

Ensuite ?... Ensuite, il y eut cette route montant jusqu'aux crêtes, jusqu'à la frontière. L'officier qui nous donna l'autorisation fut d'une amabilité exquise, nous offrit du thé, des biscuits, du melon, me faisant promettre de passer la nuit chez lui lorsque je reviendrais.

Là-haut, six militaires débraillés nous accueillirent devant une construction cubique et laide, surmontée d'une énorme antenne, et qui écrasait le sommet de l'ultime mamelon.

Le vent balayait ces parages en malmenant un drapeau dont les couleurs passées répondaient à celles d'une borne, rouge , blanche, verte, plantée à quelques pas de là. A un mètre, très exactement, de cette borne s'en dressait une autre, d'un rouge violent : le rouge des interdits péremptoires. Un peu plus loin, sur le flanc de la pente, en retrait de ce jalon rutilant, un mirador vert hissait son habitacle à la même hauteur que le parallélépipède de béton brut. Trois hommes nous y observaient à la lorgnette.

... Du ciel, du vent, avec, de part et d'autre, le vide bleu du massif qui s'effondre. Un cube de béton gris ceint de barbelés face à un mirador et, entre ces deux incongruités, deux bornes imbéciles et têtues ! Ici, cinq jeunes gens hier bergers aujourd'hui soldats en treillis boudinés, sous les ordres d'un sergent hirsute et moustachu. Là, trois autres hommes, muets et inabordables, appuyés à la balustrade de leur tour de guet... Et la même herbe identiquement rase, pareillement jaune, se déroulait. Les mêmes alouettes allaient et venaient par dessus l'antenne démesurée et par dessus le mirador, et gazouillaient, gazouillaient dans la liberté du ciel, éperdument !

AUTOMNE

CHAPITRE XXIX

Qui voit partir Ghorban et apparaître Hourie

Cette année-là, les caravanes kurdes firent leur apparition dans la première semaine d'août, avec un mois d'avance.

Tchouranis et Routchanis, venus du Sud et de l'Est, racontaient tous les mêmes histoires navrantes de bêtes mortes, de brebis taries, de maladies et de pâturages disparus. Ils traînaient derrière eux des troupeaux lamentables, claudiquant, rongés de gale, maigres, toussant, cornant, couverts de tiques. Le restant de leurs tribus suivait, jalonnant son chemin d'animaux moribonds et de cadavres desséchés.

A mesure que les caravanes arrivaient les nouvelles se firent plus tristement précises :

Des troupeaux afghans, chassés de chez eux, passaient clandestinement la frontière. Les Baloutchs et les Barbaris de Torbat-e Jam remontaient sur Nichâpour et Meched. A Sarakh, les puits étaient à sec, ainsi que le Tadjan[1]. Les bergers de cette région se rapprochaient du Kopet Dagh et certains atteignaient même Darré Gaz. A Routchan, à Chirvan, on avait vu arriver de l'Est des milliers de petits moutons baloutchs blancs et lunetés de noir, qui pendant toute la fin de la saison avaient disputé leurs pâturages d'été aux grandes brebis rousses des Kurdes. Et l'équilibre entre éleveurs nomades et sédentaires, déjà fort menacé, s'était effondré à l'arrivée de ces troupeaux venus de la périphérie des déserts.

On s'était battu dans les vallées de part et d'autre de la plaine de Routchan. Une tribu kurde plus orientale s'était accrochée durement avec les gendarmes. Il y avait eu mort d'homme des deux côtés.

---

1. Important cours d'eau endoréique, formé par la jonction du Hari Roud, venant d'Afghanistan, et du Cachaf Roud, venant de Meched. Il se perd en U.R.S.S. après avoir fait la frontière entre l'Iran et l'U.R.S.S.

Sédentaires contre nomades, nomades entre eux s'étaient disputés pour le flanc d'une colline ou l'approche prioritaire d'un point d'eau, pour un jardin pillé ou un canal comblé par le passage des bêtes, pour un chaume pâturé nuitamment.

Ansi s'était déclenché un processus millénaire. Talonné par une invasion, un cataclysme, une disette, une tribu en pousse une autre qui va en télescoper une troisième. Parce qu'un Mongol bougea, Dieu sait pourquoi, du bord de son Baïkal originel, la Gaule devint franque et l'Afrique romaine s'écroula sous l'invasion des Vandales.

Mais ces bergers misérables n'ont plus rien de Gengis Khan et il y a longtemps que le Khorassan ne tremble plus devant la poussée des nomades. Il y a mis le temps, mais il s'est relevé du passage des hordes. De Routchan à Bodjnourd la plaine n'est plus qu'un immense champ de betteraves. La raffinerie, accroupie au milieu, engloutit et digère des montagnes de tubercules. Son entassement impudique de viscères et d'estomacs, empanaché de fumées et de nuées épaisses, se dresse comme une cathédrale maléfique en exhalant ses pestilences.

Partout s'étirent les clôtures. Chaque année le tracteur gagne un peu plus sur le pâturage. Il faut que les caravanes évitent l'endroit où, l'an dernier, on avait bivouaqué... Et les points d'abreuvement deviennent inabordables ! Comment détourner l'itinéraire ancestral sans empiéter sur l'espace d'autre clans et porter préjudice à autrui ? Comment renoncer à des étapes où bêtes et gens profitaient du répit nécessaire au voyage ?

Les zones d'hivernage, comme celles d'estive, vont rétrécissant. Ici un parc national met en défens toute une chaîne de montagne. Là un camp militaire, un champ de tir cernent de barbelés des centaines d'hectares. Ici encore un grand complexe agricole, une coopérative d'élevage s'installent sur des espaces immenses (c'est le cas de Behkadeh avec ses 40 000 ha).

Et puis les sédentaires motorisent leur agriculture. Contre toute prudence, oubliant deux mille ans d'expérience, ils labourent les étendues d'armoise. Croient-ils que le Ciel se devra d'y faire pleuvoir et d'y faire lever chaque année une récolte ? La terre dénudée meurt, exposée à toutes les érosions, à tous les ruissellements, à toutes les cuissons solaires. Incurie ? Corruption ? Incompétence ? Les services agricoles eux-mêmes poussent au massacre ! L'Etat vend à tour de bras des terrains arides qui donneront, s'il pleut, une récolte par an... pendant dix ans, peut-être plus, sans doute moins, tant que dureront leurs maigres réserves. Et plus tard ? Et après ?...

Les nomades nous avaient quittés au printemps, dans les premiers beaux jours, quand les tulipes étaient à éclore et que la cavalcade des agneaux nouveau-nés dévalait des collines. Le chameau qui menait la caravane tintinnabulait de sonnailles. L'anse de son cou s'ornait d'une étole pesante aux motifs compliqués et flamboyants. Ses tempes disparaissaient sous les pompons. Tapis et kilims recouvraient de leurs ramages bariolés l'énorme barda des tentes pliées. Dans les rires et les chants de route, la plus jolie fille du clan servait de guide, tenant par dessus son épaule la longe frangée du grand chameau blanc. La triple rangée de ses jupes dansait en plis serrés sur ses bas roses ou bleus, bien tirés sur ses mollets nerveux. Des paillettes jetaient des flammèches dans la mousseline blanche de son voile. De l'argent ajouré alourdissait ses poignets. Des perles en plastron et mille breloques enfilées pendaient à son cou et cliquetaient sur son gilet noir cousu de sequins. L'or à ses oreilles brillait sous le bandeau plat de ses cheveux aux reflets d'anthracite. Elle marchait, noireaude et chamarrée, froncée comme un œillet, allègre et effrontée, un peu gitane.

Joie, jeunesse, agneaux, herbe nouvelle, pis pleins de lait, pétillement de l'air... Qu'en restait-il pour ce retour ?

Voici qu'ils revenaient du plus noir de l'été. Jour après jour, les nomades avaient vu fondre leur richesse, leur orgueil, leur vie. Le feu était aux deux bouts de leur meule. Les brebis tarirent et les agneaux moururent. Puis les vieilles bêtes périrent à leur tour, tuées par le soleil après l'herbe des collines.

L'automne était leur seul espoir. Pensant trouver sur les versants caspiens au dessus de Moravé Tepé de moins mauvais parcours où les pluies auraient été moins rares, ils s'étaient mis en marche le long des plaines empoussiérées.

Les caravanes que nous croisions ne chantaient plus, ne carillonnaient plus. On avait déposé chez l'antiquaire les bracelets des belles, on avait vendu les tapis et les grands kilims brochés...Jusqu'aux sonnailles de bronze du chameau blanc.

— Comment est l'herbe à Moravé Tepé ? nous demandaient les hommes.

— Pas fameuse ! Comme ici ! répondis-je, un jour.

— Que vas-tu leur dire là ! me reprit Raïdjab.

— Pourquoi ?... N'est-ce pas la vérité ?

— Qu'as-tu besoin de les renseigner ! Dis-leur plutôt que le pâturage y est bien meilleur, sinon ils resteront et nous les aurons tous autour de nous... Ce ne sont que les premiers à arriver, pense que d'autres les suivent, beaucoup d'autres ! Alors, quand ils seront là, tu pourras doubler la garde sur les limites de Behkadeh, tu pourras te lever toutes les nuits pour faire tes rondes. Mon père et moi ne dormirons plus souvent dans notre maison. Pense que si notre herbe n'est pas très belle, elle vaut mieux que ce qu'ils ont... Et ceux qui vont venir après eux n'auront que leurs crottes à pâturer !

*
* *

Raïdjab avait raison. Vagues après vagues, les Routchanis passèrent, fuyant vers l'Ouest. Les Tchouranis restèrent et s'installèrent autour de Garm Ab. Puis vinrent ceux que nous n'attendions pas :

Jamais les Baloutchs n'étaient arrivés aussi loin ! Leurs petits moutons blancs mirent des taches claires sur l'étendue piquetée de tentes noires. L'espace, vide jusqu'alors, se peupla. Chaque vallon abritait un camp. La source de Garm Ab était tous les matins le théâtre d'un rassemblement impressionnant d'animaux assoiffés, de femmes à la lessive, de dromadaires chargés d'outres. Sur la steppe les troupeaux patrouillaient, passant et repassant sur les mêmes brisées, croisant leurs traces. Les chameaux épars, mâchonnant les épines dures, poursuivaient la végétation arbustive jusque sur les escarpements où, dans des ascensions vertigineuses, ils risquaient à gestes lents la masse de leur carcasse malhabile.

Il n'y eut bientôt plus une herbe, plus une armoise, plus un arbrisseau, quels que soient sa hargne, ses dards ou sa coriacité, qui n'eût vu passer cent fois la lèvre épaisse d'un âne, la dent d'un mouton ou d'une chèvre. Chaque touffe cernée de poussière, d'empreinte, de crottins, fut écartelée par les sabots pointus qui la déchaussaient jusqu'aux racines. Le pâturage rongé se zébra de cheminements ramifiés qui scarifiaient le flanc nu des collines, sillonnaient les plateaux en tout sens et convergeaient vers les combes et les creux du relief où s'accroupissaient les campements.

… Et septembre passa, indifférent. Octobre lui succéda et ne fit point de grâce. Seule une pluie, en faisant germer les graminées, aurait pu sauver les bêtes qui mouraient. Mais chaque matin, à l'écart des camps, chiens et charognards se disputaient celles que la nuit avait achevées.

L'été, officiellement, a laissé la place à l'automne. Où sont les signes de ce changement de saison ? Il n'y a plus beaucoup de feuilles sur les trembles de la sortie du village... ni sur les peupliers du grand jardin ? ... Celles qui restent sont d'un vilain jaune rouillé ? Ce n'est pas le fait de l'automne ; ces arbres donnaient des signes de fatigue bien avant la mi-juillet !

Non, cette année rien n'est encore venu signaler que la saison changeait. C'est un été assassin qui s'éternise en volant à l'automne et ses ors et sa clémence.

*
* *

Avant-hier un gendarme est arrivé chez Agholi. Il suait sa mauvaise graisse et sa mauvaise humeur. Il était venu à pied d'Inché Bala et n'avait trouvé sur la route aucun moyen de locomotion. Il avait mal aux pieds et mourait d'une soif qu'en raison du Ramadan il ne pouvait étancher — du moins en public. Il fit signer à Agholi une déposition ayant un vague rapport avec l'incendie des récoltes de Mehdi Khan (déposition à laquelle le père ne comprit rien du tout mais qu'il signa quand même, en appliquant son pouce imprégné d'encre bleue au bas de l'immense feuille couverte de gribouillages illisibles).

Quand il eut replié son chiffon, le pandore en produisit un autre, nettement plus petit mais beaucoup moins anodin. De sa lecture il ressortait que Ghorban Mohammad devait être, le surlendemain, avant neuf heures du matin, à la disposition du chef de gendarmerie à Inché Bala. C'était clair et sans appel : l'armée le réclamait.

Et voilà toute la famille retournée. Oghol Donné éclata en sanglots quand elle connut la nouvelle. Edjé prit la mine qu'elle promène quand il y a quelqu'un de malade dans la maison. Les jeux de la marmaille furent jugés importuns. Le riz accrocha dans la marmite et Agholi se plongea dans un mutisme renfrogné.

Le père encaissa le coup comme on subit un orage de grêle, une inondation, un désagrément contre lequel on ne peut rien faire, sinon attendre en supputant le préjudice qui en résultera. Un fils de moins à la maison, c'est une source de revenus tarie. Ensuite, il y a les frais inévitables, ces envois d'argent que réclame tout militaire et qu'on ne saurait lui refuser, le pauvre, si loin ! Si malheureux ! Agholi se souvenait fort bien de ce que lui avaient coûté les deux années de service militaire de Raïdjab ! Il avait hypothéqué une récolte et vendu douze brebis ! Mais qu'y faire ?

Un instant il fut tenté d'aller à Bodjnourd pour y rencontrer l'officier recruteur... Un peu d'argent intelligemment placé arrange parfois les choses… en principe. Mais trop souvent, six mois plus tard, celui qu'on avait cru tiré d'affaire après une intervention de ce genre avait été rappelé. Certains s'étaient entêtés dans cette procédure hasardeuse et avaient versé d'autres sommes, comptant retenir un fils, un père de famille, le pilier de la maison où vieillissaient les parents. En réalité on n'avait fait qu'acheter un sursis. A chaque fois l'argent disparaissait dans des poches kaki et l'année n'était pas écoulée qu'à nouveau se présentaient le gendarme, ses moustaches et son petit cartable de skaï noir.

Quand Ghorban rentra le soir, il reçut bravement l'arrêté. Il pâlit un peu et sourit tristement comme s'il avait voulu se faire pardonner une faute. Oghol Donné reniflait sous son voile. Même devant son mari elle ne le releva pas, ne voulant montrer à personne ses traits défaits et ses yeux bouffis.

Ghorban pensait :

— Deux ans ! Deux ans loin d'ici ! Je ne serai pas là au moment de la chasse! Cette année nous avions décidé de tirer le grand bouquetin blanc qui mène la harde de Tardalli ! Qui le fera ? Agholi gardera-t-il mon cheval ?... Le tenir, ainsi, inutile pendant deux ans ?... Non, il le vendra sûrement ! C'est dommage, c'était un bon cheval, avec un bon pied, il n'a jamais trébuché... même la nuit derrière les sangliers... et il n'a pas peur d'eux, ni des coups de fusil. En retrouverai-je un aussi bon à mon retour ?... Et Oghol Donné ? La pauvre ! Ça va être dur pour elle : deux ans !... Deux ans que je passerai de quelle manière ? Et où ? ... Raïdjab a eu de la chance d'être posté à Routchan, il venait nous voir de temps en temps... Et puis il n'était pas marié à cette époque. Pourvu qu'ils ne m'envoient pas trop loin, au Khouzistan, comme le cousin Emam Gholi. Depuis un an qu'il est à Khoramchar, on ne l'a plus revu !

... Mais d'abord ils m'enverront à Birdjan ! C'est sûr ! Ils sont tous fous là-bas — tous ceux qui y sont allés le disent — à te crier après, à te faire courir, ramper. Comme ça, pour rien ! Pour te fatiguer, pour t'embêter... Avec des chaussures qui blessent et un sac plein de cailloux sur le dos ! Dans un pays de lézards et de scorpions !

Niaz Mohammad compatit. mais en son for intérieur il savourait sa chance de n'avoir jamais été déclaré, de ne figurer sur aucune liste, de ne pas exister aux yeux de la loi, d'être aussi peu fiché qu'une alouette.

A la veillée, ils cherchèrent tous un stratagème susceptible de libérer Ghorban. On échafauda les élucubrations les plus abracadabrantes :

Pourquoi, par exemple, ne pas déclarer Djamchid comme fils de Ghorban ? Oraz ne voyait aucun inconvénient à se départir de sa paternité officielle si cela pouvait aider son frère. Avec deux enfants à charge peut-être pourrait-on fléchir les autorités ? Mais si Ghorban était réformé grâce à cela, l'année prochaine ce serait le tour d'Oraz d'être appelé, et même s'il avait un deuxième enfant d'ici là ça ne lui en ferait qu'un de légal... Ou alors, il faudrait qu'entretemps Ghorban ait un second enfant, qu'Oraz alors déclarerait sien !... C'était bien aléatoire ! ... Ah ! Si Raïdjab avait eu des enfants, là, ça aurait été possible !

… Prendre le maquis ? Non, ce n'était pas une solution ! Un jour ou l'autre ils le retrouveraient. Et puis cela donnerait beaucoup de tracas pour la famille que les gendarmes viendraient questionner et ennuyer.

... Dire qu'il était mort ? Il faudrait montrer son cadavre. Puisqu'Agholi n'avait rien dit de ce genre au gendarme, c'est que Ghorban était vivant au moment de la convocation, sinon il l'aurait dit tout de suite !

... Peut-être que le docteur de Behkadeh accepterait de signer un certificat le disant gravement malade ?... Tuberculeux… ou même lépreux !... Mais c'était dangereux : il ne faut pas jouer avec ces choses-là ! Ghorban pouvait se réveiller avec le nez détruit et la main crochue ou avec les poumons en ruine ! D'autant que jamais le médecin ne ferait un certificat de ce genre, les étrangers n'aiment pas ça !

… Ah ! Si Ghorban avait été déclaré fille ! comme Cheikhi d'Ammand !

… Pourquoi n'avons-nous pas dit que c'était lui qui était mort quand la rougeole a emporté le petit Youssef ? Il n'était pas encore inscrit sur la carte d'identité d'Agholi, cet enfant-là. Qui l'aurait su ? Mami, le frère de Golsenem, est bien à l'abri grâce à une telle substitution.

*
* *

Ghorban est parti ce matin. Il s'était habillé au mieux. Il avait troqué son *telpek* contre un chapeau mou, ne tenant pas à s'afficher comme Turkmène dans le conglomérat de la caserne où chaque particularité se retourne contre celui qu'elle caractérise. Raïdjab, qui le savait d'expérience, avait dû l'affranchir ; le mettre en garde contre l'imbécillité de certains et les vexations que risquerait de lui attirer son couvre-chef... Non pas à Bodjnourd où cela n'étonne personne, mais à Meched et surtout à Birdjan où il traînerait en civil pendant quinze jours ou trois semaines... De toute façon, Ghorban savait que, même fondu dans l'anonymat de l'uniforme, il se trouverait bien quelques uns de ses supérieurs ou de ses camarades prévenus contre le Turkmène et le sunnite qu'il était. Ça aussi c'était Raïdjab qui le lui avait dit.

Je l'ai déposé à l'entrée du poste de police.

La cour de la petite caserne blanchie à la chaux grouillait de jeunes gens. J'y reconnus deux de mes bergers et trois garçons de Behkadeh. Avant de passer la porte, Ghorban se retourna et me fit un petit au revoir résigné. La sentinelle qui montait la garde reçut son nom, le cocha sur une liste et lui fit signe d'aller avec les autres, et Ghorban s'amalgama au troupeau.

Sur le terre-plein devant la gendarmerie, des femmes et des hommes, accroupis à l'ombre des murs, discutaient gravement, à voix presque basses. Mères, frères, pères, épouses, étaient venus accompagner les conscrits. A mots couverts on laissait entendre quelque accointance avec un gradé influent, on se targuait d'amitiés bien placées, de sommes judicieusement versées qui ne tarderaient pas à faire libérer le fils ou le neveu. On échangeait, entre familles, les rumeurs et les vagues nouvelles qui donnaient des raisons d'espérer un prompt retour :

— Il y a trop de conscrits cette année.

— Tous les garçons mariés seront libérés.

— On libérera ceux qui ne savent pas lire...

Mais sur certains de ces gens pesait une chape de résignation morne et d'incompréhention béante. Ceux-là, frappés par la catastrophe économique que l'enlèvement de leur gars ou de leur époux allait provoquer, ou par la brutalité d'un arbitraire qui les dépassait, restaient à fixer le seuil du poste de gendarmerie comme s'ils comptaient voir la porte miraculeusement débarrassée du planton et tous ces garçons s'échapper, pareils à des enfants rendus à la liberté après une journée d'école.

Les femmes, surtout, montraient leur émotion en attendant que le minable autobus affrété par l'administration emporte leurs fils et leurs maris. Kurdes ou Turkmènes, elles donnaient, en pétrissant le devant de leur robe, en berçant nerveusement un bébé hurlant, tous les signes de leur détresse. Elles avaient toutes l'impression d'être dépossédées sans recours possible, d'être victimes de la plus noire des injustices.

Dans la cour de la gendarmerie, les conscrits réagissaient comme tous les conscrits du monde. La plupart noyaient dans une euphorie de circonstance l'anxiété qui les rongeait sourdement. Ils n'en riaient que plus haut, ils n'en chahutaient que plus fort. Mais il en étaient qui, assis le long des murs aveuglants, la tête enfouie entre leurs bras croisés, laissaient passer sur eux la longueur des heures et la fausse joie de leurs camarades.

*
* *

De retour à Behkadeh je trouvais Nourollah. Je ne l'avais pas revu depuis notre équipée à Djergalan. Toujours aussi mal rasé, toujours aussi débraillé, il était sur le départ. Déjà en selle sur sa grosse moto qui éructait des « Ploum ! Ploum ! Ploum ! » fumeux, il prenait congé de Raïdjab. Son œil avait l'éclat égrillard des meilleurs jours.

— *Salam aleïkum Dobor djon* ! Comment allez-vous ?

— *Aleïkum es Salam* ! J'en rends grâce à Dieu : je vais très bien ! Et toi *basmanchi* ? Qu'est-ce qui nous vaut ta visite ?

— Une bonne chose !... Une très bonne chose ! Tu le demanderas à Raïdjab. Moi, il faut que je parte. J'ai vendu mon coton sur pied et l'acheteur m'attend à Inché Païn. Allez ! Au revoir !

Quand il eut disparu au bout de l'allée, Raïdjab me prit par le bras. En raison du Ramadan il ne m'invita pas à entrer chez lui pour prendre le thé, mais il m'entraîna à l'écart, vers l'auge de Kara Mach, comme pour éviter d'être entendu de la maison.

L'étalon mit sa tête entre nous deux pour participer à la confidence, mais ne parut pas outre mesure étonné quand, avec un frémissement de joie dans la voix, Raïdjab nous annonça :

— Nourollah a trouvé une fille pour moi !

*
* *

Golsenem, depuis nos tribulations, se porte nettement mieux. Son caractère naturellement enjoué reprend le dessus. Pourtant la vieille Anna Bibi ne lui a pas caché qu'à son avis elle ne pourrait jamais porter un enfant jusqu'au terme.

Raïdjab s'est donc remis en quête. Avec bien meilleure conscience cette fois. N'a-t-il pas fait tout ce qu'il lui était possible ? Personne ne peut l'accuser de vouloir se remarier par lassitude de sa première épouse, par toquade. Tout le monde sait bien maintenant où il a mené Golsenem. Ghouvi lui-même l'a assuré de sa totale compréhension, prévenant la gêne que son beau-fils aurait pu ressentir vis à vis de lui.

— A présent, déclare assez brutalement Raïdjab, si Golsenem n'est pas satisfaite, ce ne sera pas de ma faute. Tant pis pour elle !

Je sais que Nourollah a été requis — à sa grande satisfaction — et que, depuis notre retour de Djergalan, son « agence » ne travaille plus guère que pour Raïdjab. Or voici que de ses fichiers vient de sortir un nom, tout frais, tout neuf, bien joli à entendre et qui à lui seul promet bien des félicités : Hourie[1] !

Cette fée habite Tazé Yab[2], un village né dans les années trente, construit par les réfugiés d'U.R.S.S. sur la rive droite de l'Atrak en face d'Inché Païn.

Notre chance (je dis « notre » car, à partir du moment où Raïdjab me met au courant, je fais partie du complot)... Notre chance, donc, est que Hourie, orpheline, vivant chez sa sœur aînée, dépend de son frère, Tchapmaq, le chef de famille en titre.

Tchapmaq est un garçon athlétique de vingt-trois ou vingt-quatre ans, qu'on remarque facilement à cause de la blondeur peu courante de sa tignasse et de ses moustaches de Gaulois. On le voit souvent à Behkadeh et Raïdjab le connaît très bien.

En effet, à la veille de partir au service militaire, Raïdjab qui faisait les moissons sur Chélami avait, pendant plus d'un mois, partagé l'abri du même *comé*[3] avec Tchapmaq qui menait paître les vaches d'Ammand sur les chaumes libérés. Ils avaient bien sympathisé alors. Cette sympathie demeure, maintenue par la fréquence de leurs rencontres. Du coup Raïdjab voit l'affaire quasi conclue.

Peut-être va-t-il un peu vite en besogne, mais il faut convenir qu'elle ne saurait se présenter sous de meilleurs auspices. Car cette camaraderie n'est pas notre seul atout ; s'y ajoute le fait que c'est Niaz Mohammad qui a appris à conduire à Tchapmaq et, nouvellement marié, lui a laissé sa place en le mettant aux commandes du tracteur d'Hadji Ghorban Chaadi. Enfin, ce garçon doit à Nourollah son initiation aux polissonneries qu'offrent, à la nuit tombée, certaines venelles de Bodjnourd... Chose non négligeable et qui a également son prix !

---

1. Les Houries, créatures féminines et délicieuses, peuplent le Paradis.
2. Textuellement, le nouveau canal.
3. Hutte de pisé à demi-souterraine, dont la toiture est posée sur une fosse ; elle sert d'abri sur les lieux d'estive ou de travaux saisonniers loin des zones habitées.

Nourollah nous offre ce qu'il a de mieux ! Ça ne peut pas rater ! Nous ne pouvons que nous entendre avec Tchapmaq ; ce bon camarade, ce presque ami qui fera un beau-frère idéal !

Hourie ? On la dit jolie ! Mais personne de notre entourage ne l'a vue. Je crois pourtant que nous pouvons faire confiance à Nourollah sur ce point !

*
* *

Je ne peux voir Golsenem sans me sentir gêné vis à vis d'elle. Sait-elle ce que prépare Raïdjab ?

*
* *

… Et le soir s'est installé.

Les uns à côté des autres, nous sommes accoudés au mur bas qui ceint la maison d'Agholi : Oraz, moi, Raïdjab, Agholi, Ali et Wali, dans l'ordre et de droite à gauche. Tournés vers l'Ouest, nous regardons disparaître doucement le soleil derrière les collines de Soghé.

Le sort de Ghorban tracasse tout le monde. Nourdjon, reparti à Bodjnourd voici dix jours, a été prévenu de l'arrivée de son frère dans le lot des conscrits du canton. Il est malin et saura nous tenir au courant si une possibilité d'intervention venait à se présenter. A Bodjnourd c'est encore possible, on y est presque en famille. A Routchan c'est plus difficile. Une fois la troupe transférée à Meched — et a fortiori à Birdjan — ce ne sera plus la peine d'insister.

Nous pensons tous à l'absent en regardant sombrer le soleil.

... Il doit faire comme nous en ce moment, mais a-t-il pu respecter le jeûne dans de pareilles circonstances ? Raïdjab dit qu'à l'armée plus personne ne l'observe. On a beau donner à la troupe les moyens de faire abstinence, personne ne tient plus de cinq ou six jours, même en poste, dans la routine et l'inaction de la vie de caserne. Alors comment ne pas rompre le jeûne quand on est, comme Ghorban va l'être cette semaine, transbahuté de garnison en centre de regroupement, de chambrée en dortoir ? En pareil cas, il vaut mieux se considérer comme en voyage[1]. C'en est un, dans un sens... Qui sait ou l'on va atterrir ?

1. Lorsqu'on est en voyage on en est exempté quitte à rattraper ces journées pendant l'année.

De la cuisine arrivent d'alléchantes effluves. Agholi crache pour ne pas avaler sa salive. Oraz trouve que le soleil est bien long à descendre, et que d'ordinaire il s'efface bien plus promptement. Moi, je ne dis rien, car à midi je me suis sustenté convenablement dans l'intimité de ma cuisine. Wali est dans mon cas, il est trop jeune encore pour se soumettre à cette épreuve.

Ali, par contre, fait son *Ramazan* pour la première fois cette année. Il s'y tient avec courage. Ce matin, il a quand même failli chuter. C'est sa main qui l'a trahi en portant à sa bouche, sans qu'il y prenne garde, un biscuit qui traînait là sournoisement. Heureusement que Nourjemal — qui ne jeûne pas elle non plus — l'a prévenu en criant :

— Oh ! Oh ! Ta bouche ! Ferme-la !

Il a recraché avec précipitation comme si la bouchée sacrilège était de fiel. Il s'en est fallu de peu, mais il n'a rien avalé.

Raïdjab guette lui aussi. Ça m'étonne un peu. L'an dernier, il se faisait presque une gloire de manger et de boire alors qu'autour de lui s'affichaient des mines lugubres et les airs dolents. Cette année, le voilà en accord avec les siens. C'est fort louable en vérité et son père s'en réjouit. Mais n'y aurait-il pas, là-dessous, quelque vœu secret, bien mercantile, une sorte de donnant-donnant, un contrat passé avec le Ciel ?

— Je jeûne... mais en échange...

Quoi ?... Un fils pour Golsenem ?... Une deuxième épouse ? Sait-il vraiment ce qu'il désire le plus ?

Il n'y a plus de soleil ! Et alors ? Qu'attend-on ? Ali piaffe. On entend son estomac gargouiller à deux mètres ! Ce qu'on attend ? L'annonce officielle de la fin du jour ! D'un moment à l'autre Hossein Zaki va le lancer. Qu'il soit chiite peu importe : s'il fait nuit pour un lion, il fait nuit aussi pour ses puces !

— Ah ! Ça y est ! Ecoutez !

— Que crie-t-il ?

— Peu importe, ça veut dire « à table » !

CHAPITRE XXX

Où l'on se rend compte que les filles et les femmes turkmènes savent montrer leur caractère

Tchapmaq, en venant à Behkadeh, ne s'attendait pas à être intercepté par Nourollah et mené chez Niaz Mohammad. Dieu nous est témoin qu'il ne s'agissait pas là d'une embuscade. Nourollah était là depuis la veille et nous ne nous doutions pas que Tchapmaq viendrait.

Niaz Mohammad, qui avait laissé son tracteur au garage pour la révision mensuelle, était chez lui, assis en tailleur sur son tapis de prière, plongé dans la très délicate lecture d'un vieux Coran jauni, au papier craquelé. C'est une occupation qui l'absorbe de temps en temps. En période de Ramadan, tout particulièrement, il s'astreint à lire quelques sourates chaque jour. Il tire une profonde et intime satisfaction à la psalmodie en bourdon de ces saintes écritures, bien que leur sens littéral lui soit le plus souvent obscur. La musique de sa voix et le rythme incomparable des phrases arabes suffisent à sa joie. Par là il a la sensation un peu grisante de participer au mystère de Dieu et d'entrer en communication avec Lui. Cette modeste science dont il est très fier, il aime à rappeler qu'il la doit à l'enseignement d'Hadji Ata Aghond, devenu depuis le représentant local des autorités de La Mecque et le responsable de l'organisation des pèlerinages du Hadj.

Niaz Mohammad était donc à cette édifiante lecture, lorsque Raïdjab et Nourollah vinrent l'en distraire avec leur préoccupation très terre à terre. Puisque Tchapmaq était ici, pourquoi ne pas saisir cette occasion de le sonder ? Normalement ce genre d'approche aurait été du ressort des pères. Mais celui de Tchapmaq étant mort et Tchapmaq étant leur pareil — et, qui plus est, leur benjamin à tous — on pouvait fort bien se passer du concours d'Agholi pour cette démarche très officieuse. Niaz Mohammad en convint. Il termina néanmoins le verset qu'il était en train de lire puis, ayant baisé le livre, le rangea dans un petit *boqché*[1] qu'avait brodé Oghol Donné et roula son tapis tandis que Nourollah s'en allait quérir Tchapmaq.

Une heure plus tard, le frère de Hourie quittait Behkadeh instruit de nos projets concernant sa sœur.

Ils ne lui déplaisaient pas, bien au contraire. Raïdjab était un bon compagnon et ferait un beau-frère selon son cœur. De plus Tchapmaq avait besoin d'argent. Il venait d'acheter une moto à crédit et il devait encore à son beau-père, sur la dot de sa femme, une paire de bœufs et quelques brebis. Ce que lui rapporterait sa sœur serait le bienvenu, sans conteste !

Qu'Hourie ne devienne qu'une seconde épouse ne le chagrinait guère. Il se félicitait même de ce qu'elle soit recherchée par un homme déjà marié : elle n'en serait vendue que plus cher !

S'il nous avait tu ces considérations, il nous avait cependant avoué que le sort de sa sœur ne dépendait pas entièrement de lui comme nous le croyions, mais aussi de Mollah Taghi, son oncle paternel, le véritable chef de la maison. L'oncle avait une réputation de débonnaire, mais tout de même rien ne pouvait être conclu sans son accord. Le donnerait-il ? A priori rien n'interdisait de le croire, mais Tchapmaq nous avait conseillé d'aller le voir, tout en lui précisant bien que lui-même était tout à fait favorable à ce mariage.

*
**

Le lendemain, en début d'après-midi, notre équipe partait rencontrer l'oncle de Tchapmaq à Inché Païn.

Il avait fallu mettre Agholi au courant. Mollah Taghi, *Mirâb* d'Inché, ne pouvait être abordé par notre lot de mousquetaires, c'était à Agholi de le faire. D'assez bon gré, il finit par l'admettre sans chercher à commenter la résurgence des idées matrimoniales de son fils. Nourollah nous avait précédés à Inché.

Le jeûne du Ramadan a ceci de commode — pour qui veut mener rondement ses affaires — qu'il abrège les préambules en écartant l'obligatoire théière. Ainsi va-t-on droit au but, n'ayant pas de rites à satisfaire. Nourollah ne nous invita donc pas à rentrer chez lui. Ses

---

1. Poche carrée de tissu de feutre ou de tapis, pliée comme une enveloppe postale, souvent ornementée, dans laquelle on protège le Coran.

femmes ne se précipitèrent donc pas non plus sur les réserves de bois et d'eau et restèrent benoîtement accroupies à l'angle de la véranda, à filer. Nourollah grimpa dans la voiture et m'indiqua vers où je devais me diriger pour trouver l'oncle.

Celui-ci habitait une des dernières maisons du village, sur le bord de la piste qui mène à Guerkez du bas, à peu de distance de l'Atrak.

Bien imprudemment perchée à la corne du toit, sa vieille épouse y retournait au soleil les fagots de sésame. Ce qui nous parut être une situation bien périlleuse pour une vieillarde pareille, toute branlottante et cassée en deux par l'arthrite ! Quand nos appels l'eurent tirée de cette tâche qui l'absorbait, elle se pencha sans vertige, par dessus sept ou huit mètres d'aplomb, pour mieux nous entendre lui demander où se trouvait son mari et fit répéter sa question à Nourollah au moins trois fois en se penchant à chaque fois un peu plus. Heureusement, à la quatrième, elle comprit enfin ce que nous voulions, ce qui lui évita de s'écraser à nos pieds comme une gargouille épuisée par huit siècles d'encorbellement. Elle nous fit un geste en direction de l'Atrak que nous interprétâmes comme une indication de la direction que devaient prendre nos recherches, puis se remit à secouer ses bottes de sésame sans plus se soucier de nous.

Les cotonniers étaient opulents et beaux. Quelque capsules s'y ouvraient déjà. Entre ses hautes berges, où verdoyaient les cultures que l'eau des canaux avait préservées de la sécheresse, l'Atrak empilait ses méandres serrés envahis de bancs de sable et de limon craquelé.

De l'autre côté d'un gué, les maisons neuves de Tazé Yap s'étageaient en pyramide sur le cône de sédiments détritiques crachés par un de ces cañons dont l'érosion lacère les flancs du Boz Dagh.

Les constructions les plus anciennes frangent le bas du village, au ras des terres cultivables et prolongent leur pas-de-porte en jardins-vergers ceints de murs bas. La pente mène doucement les carrés de cotonniers qui leur font suite jusqu'aux rives escarpées du fleuve. Un réseau de séghias, bordées de mûriers nains, dessert cette mosaïque de parcelles. Du doigt, Nourollah nous indiqua une grosse maison disparaissant presque sous les jujubiers. C'était le tabernacle où se cachait le trésor que nous guignions. Nous restâmes quelques minutes à scruter de loin cet Eden, espérant y apercevoir quelque sihouette propre à faire travailler nos imaginations, tout au regret de n'avoir pas pensé à emmener des jumelles. Mais très vite notre sens pratique nous rappela à l'ordre.

Si nous étions aussi désireux de contempler le dit trésor, il valait mieux, et au plus vite, trouver le mollah qui pouvait nous y donner accès.

Celui-ci pataugeait quelque part sur le cours du canal d'amenée d'Inché. Chaque personne que nous rencontrions nous le signalait plus haut. Nous l'aperçûmes enfin, pieds et mollets nus, jouant de la pelle dans l'eau boueuse. En cet endroit, le chemin des eaux agricoles passait au ras de la berge, deux mètres au dessus du fleuve. Une brèche s'était ouverte dans l'étroite diguette de terre, et l'eau s'y engouffrant retournait à l'Atrak. Notre homme, mouillé jusqu'à la taille, comblait l'ouverture en y entassant des galets qu'il maçonnait ensuite à grosses gifles de limon, dans un éparpillement d'éclaboussures épaisses.

Il ne nous avait pas vu venir, pris par son travail. Aussi sursauta-t-il un peu quand, pour surmonter le bruit des eaux en fuite, Nourollah le salua d'une voix forcée.

— *Salam* ! Eh ! Mollah ... *Salam* !

— Hein !... Ah c'est toi Nourollah ! *Salam* !... Tu veux quelque chose ?

— Peux-tu venir par ici ? Nous avons un peu de travail pour toi !

— Attendez un instant que je finisse, sinon je devrai tout recommencer.

Tout en colmatant la fuite, il prit Nourollah à témoin du mauvais état du canal. Si on l'avait écouté, on aurait fait venir un *moghani* pour passer sous la butte qui oblige le canal à frôler de si près le fleuve. Bien sûr, un tunnel coûte plus cher que cette tranchée creusée en s'y mettant tous, mais les crues abattent régulièrement la tranche de berge qui supporte l'ouvrage et il faut le refaire presque chaque année.

Lorsqu'il nous rejoignit, Raïdjab se retira et s'installa dans la voiture d'où il ne pouvait rien entendre de notre conversation.

Mollah Taghi ne voyait pas d'inconvénient à ce que Hourie devienne la femme de Raïdjab. Dieu n'avait pas permis qu'il eut un fils, il n'avait donc aucun droit de préemption à faire valoir sur sa nièce. Il fallait simplement que la jeune fille soit consentante. Il nous dit cela bien posément, bien calmement, un brin songeur, tout en se décrottant les orteils sur un coin de sa pelle.

Ma foi, il n'y avait rien à redire, cela nous allait et Mollah Taghi nous parut conforme à sa réputation d'homme sage. Nous promîmes d'être à nouveau à Inché Païn le surlendemain après-midi pour aller en sa compagnie et en celle de Tchapmaq recueillir de sa bouche l'assentiment de la belle.

Tous les espoirs étaient permis. Niaz Mohammad parla de fiançailles.

*
* *

Au soir de ce même jour nous bivouaquions, Raïdjab et moi, sur nos limites nord. La semaine précédente, les troupeaux kurdes avaient pénétré sur nos pâturages.

La nuit remplissait les vallées et les combes. Nous avions installé notre camp au sommet de l'éminence où, un jour du printemps dernier, Raïdjab m'avait confié son désir de se remarier. Les chevaux à l'entrave pâturaient l'armoise. Les braises du feu mettaient encore quelques lueurs sous les cendres blanches qu'un petit vent éparpillait en écailles impalpables. Parfois arrivaient jusqu'à nous les aboiements d'un chien ou la trille lointaine d'un berger, montés de la plaine comme du fond d'un lac noir.

Nous avions nos selles pour oreiller et la même couverture nous recouvrait. On dort mieux à deux quand l'espace obscur s'étend autour de vous jusqu'aux confins du monde. La chaleur de l'autre, son souffle, son contact sont un rempart contre les esprits, les fantômes, les *djinns* et les *goules*. Quand il est seul et que s'est éteinte la compagnie du feu, au moindre craquement de brindille l'homme sent bouger son oreille, comme celle d'un animal aux aguets. Quand le piaulement de la chouette pique la nuit, ou que le sanglot du chacal éclate, monte et s'étrangle, le sommeil qui venait s'évapore. Les instincts primitifs le gardent attentif jusqu'à ce qu'apparaissent les premiers signes de l'aube. Alors il s'endort vraiment.

Nous étions parallèles comme deux gisants et nos épaules se touchaient. La Voie lactée menait nos regards d'une montagne à l'autre.

— Alain ?... Sais-tu combien il y a d'étoiles dans le ciel ?

— Non !

— Moi je le sais !

— Tiens ? Et combien ?

— Cinquante-six millions neuf cent cinquante mille six cent quarante-trois !

— Eh ! Quel menteur !

— Moi ? Un menteur ? Vérifie, tu verras !

Je m'étais fait avoir !

De toute évidence Raïdjab était au mieux de son moral. Tout le long du chemin il n'avait cessé de bavarder, de chanter, de dire mille sornettes et j'avais retrouvé avec plaisir le joyeux compagnon des anciennes chevauchées. La cause de cette belle humeur n'était pas difficile à deviner. Le seul nom, la seule évocation de cette nouvelle « fiancée » suffisait à le rendre euphorique. Et, dans le soir tombant, alors que nous allions botte à botte, le chemin nous parut singulièrement court, occupés comme nous l'étions à peser les qualités indubitables de Hourie et les défauts qu'elle ne possédait certainement pas.

Pourtant, en cette fin de soirée, alors que mes yeux se perdaient à reformer autour de son baudrier la constellation d'Orion et que Raïdjab « faisait son trou » pour la nuit, encore tout riant de m'avoir piégé avec sa comptabilité stellaire, un doute, qui semblait n'être venu à l'esprit de personne, troublait le plaisir que j'avais d'être là, m'empêchant de partager tout à fait la bonne humeur de mon ami : et si Hourie refusait ? Je ne pus m'empêcher de faire part de cette pensée à Raïdjab.

Je sentis contre moi son haussement d'épaule. L'idée était absurde !

Si tout le monde était d'accord ; si la famille, en un seul chœur, se déclarait enchantée du projet, pourquoi Hourie ne le serait-elle pas ? Je m'inventais là un sujet d'inquiétude bien inutile, car cet accord de la fille n'est nécessaire qu'au mollah : une simple formalité pour le jour du mariage, sans plus ! Où a-t-on vu prendre en considération les idées que se font les filles sur leur avenir ? Certainement pas par ici !... Et pourtant... en y réfléchissant bien... Raïdjab se mit à rire en se retournant vers moi :

— Si !... Attends !... Je connais une fille qui a refusé le mari qu'on lui donnait... Ça m'a même coûté quinze mille rials !

... Tu connais Sadoq ?... Ce garçon borgne à la figure grêlée dont le père tient l'épicerie qui est sur la place à Ammand ? Eh bien, il avait remarqué, un jour, à Inché Païn, la fille de Chokor Ali. Il la trouvait jolie, mais pas moi : elle a la peau noire. Le soir, chez lui, il dit à son père : « Voilà la fille que je voudrais épouser. Va la demander pour moi à Chokor Ali ! »

Le lendemain, l'épicier s'en fut à Inché Païn.

Quand Chokor Ali eut entendu ce qu'il avait à lui dire, il resta un peu embarrassé. Il connaissait bien Sadoq et n'avait pas trop envie d'un gendre dont la figure ressemblait à celle de qui aurait regardé frire les *postoqs*[1] de trop près. Alors il se crut bien malin en se déclarant prêt à donner sa fille à Sadoq si celle-ci y consentait.

Elle, c'est normal, puisqu'on lui demandait son avis, voulut voir à quoi ressemblait Sadoq pour se faire une idée.

Eh ! Eh ! Eh !... Avec la tête qu'il a, tu penses bien que jamais elle n'aurait accepté si une de ses tantes, qui est aussi de la famille de Sadoq, ne lui avait pas montré Masdjid, en lui disant que c'était lui le fils de l'épicier.

... Masdjid !... Tu l'as vu le jour du mariage d'Oraz. C'est le *pahlavan*[2] de Guerkez contre lequel Niaz Mohammad a lutté. Tu le vois ?... Un grand, très fort, qui gagne toujours !... Il ne se rase pas la tête et il a des cheveux un peu bouclés !

Seulement voilà !... Le soir de la noce, quand la fille se rendit compte qu'on l'avait trompée et qu'au lieu d'un beau garçon musclé on lui donnait pour mari ce renard malade, elle se mit à crier comme si on l'étranglait. Elle jeta à la tête de Sadoq tout ce qui lui tombait sous la main: des coussins, ses chaussures, un tabouret... sans se laisser approcher. Les deux femmes qui étaient là pour préparer leur couche durent l'emmener ailleurs, sinon elle aurait crevé l'autre œil de Sadoq !

Oh ! Ça a fait un beau scandale cette histoire. L'épicier n'avait plus ni fiancée, ni dot, car Chokor Ali avait repris sa fille chez lui et disait que l'argent de la dot le dédommageait de l'injure qui avait été faite à sa famille en trompant sa fille. En fait il a fini par rembourser, mais pas en totalité ; l'épicier dut lui laisser vingt ou vingt-cinq brebis !

... Bon !... Quelques semaines plus tard (je venais de rentrer du service militaire), nous étions cinq — non ! six — dans la maison de Sadoq à jouer aux cartes et à boire. Son père n'était pas là, tu penses bien ! Nous avions déjà vidé trois bouteilles de vodka, quand Sadoq s'est mis à pleurer. Il disait que jamais il ne pourrait se marier et que si la fille de Chokor Ali avait voulu de lui il serait pourvu d'une épouse depuis longtemps. Que c'était elle qu'il aimait, qu'il n'en voudrait pas d'autre, qu'il allait se tuer pour elle… et plein d'idioties pareilles. C'était surtout la vodka qui le rendait triste. Nous, nous avions plutôt envie de rire et de nous amuser. Nous étions tous complètement soûls.

Comme Sadoq n'arrêtait pas de pleurer, nous avons décidé de le consoler en enlevant cette fille pour lui. Nous avons pris nos chevaux

---

1. Beignet à l'oignon.
2. Champion lutteur.

et, comme des voleurs, nous nous sommes approchés d'Inché Païn et de la maison de Chokor Ali.

— Mais ?... Et les gens ?... Ils ne vous ont rien dit quand vous êtes sortis dans cet état ?

— Eh !... Réfléchis un peu ! C'était la nuit, pardi ! Quand nous sommes arrivés devant la maison de Chokor Ali, il devait être une ou deux heures du matin !

C'était l'été. Les portes étaient ouvertes. Chokor Ali dormait avec sa femme dans une pièce, la fille était dans l'autre avec son petit frère. Nous sommes entrés et hop ! nous avons bâillonné et ligoté Chokor Ali et sa femme. Ils ne pouvaient plus dire que « Mmmmmh ! ». Ensuite nous avons mis le petit frère dans un sac et nous l'avons suspendu au plafond. Ah ! Ah ! si tu avais vu ça ! Il griffait et mordait comme un chat !

La fille, on essayait de la mettre en selle, mais elle se laissait tomber de l'autre côté du cheval, donnait des coups de pieds et criait … criait ! En plus de ça le cheval prenait peur, tournait son cul et envoyait des ruades qui ne facilitaient pas notre travail.

— Mais ?... Et les voisins, ils ne sont pas intervenus ! Personne ne réagissait ?

— Non, pas tout de suite. Les voisins pensaient que c'était Chokor Ali qui fichait une correction à sa fille et personne ne bougeait.

Sauf quand Chokor Ali, qui avait réussi à dégager sa bouche, s'est mis à crier : « Musulmans ! Musulmans ! On enlève vos filles ! On les égorge ! » Alors ils sont tous sortis.

Tu peux me croire, nous avons laissé la fille et nous nous sommes enfuis par la vallée de Göz Bachi, avec tous les chevaux et toutes les motos d'Inché à nos trousses... *Yah Allah* ! La belle course ! Ils ne nous ont pas eus. Mais le lendemain, les gendarmes étaient à la maison, accompagnés par les barbes grises.

Nous avons dû aller devant le juge à Bodjnourd et nous sommes restés une semaine en prison en plus de l'argent que nous avons donné à Chokor Ali.

— Et maintenant, cette fille, elle est mariée ?

— Oh, oui ! Elle était justement à Behkadeh samedi dernier avec son mari pour voir le docteur. Tu ne l'as pas vue ?... Une grande ! Avec la figure noire comme une Baloutche !

— Tu sais, il passe tellement de gens chez vous !... Qui l'a épousée ?

— Hé ! Hé ! Hé !... Allah Morad !... Il était avec nous ce soir-là !

*
* *

Au jour convenu, nous traversions l'Atrak. C'est tout juste si nous avons retroussé nos jambes de pantalon.

Quelques femmes dans les champs récoltaient les premiers flocons blancs. L'air vibrait de chaleur et les rolliers passaient d'une rive à l'autre en craquetant .

Encore une fois, les choses furent menées rondement : pas de thé, pas de palabres pour entrer en matière. Aussitôt arrivés, Tchapmaq, Mollah Taghi, Nourollah et Niaz Mohammad disparurent dans ce qui semblait être un atelier de tapis, tandis qu'Agholi et moi étions dirigés vers la pièce d'hôte où l'on nous laissa seuls.

Il est de bon ton, lorsqu'un mariage se prépare, que le père du garçon — donc le futur payeur — affecte de se désintéresser des marchandages et joue au grand seigneur. Or l'accord de la gamine, prétexte à notre venue, n'était pas — Raïdjab me l'avait bien fait comprendre l'autre soir — ce qui importait le plus. En fait nous venions poser les fondations indispensables à tout mariage, c'est à dire discuter du montant de la dot. C'est ce qui expliquait la mise à l'écart d'Agholi... et la mienne pour qu'il ne s'ennuyât point. Mais c'est ce qui n'expliquait pas pourquoi ces pourparlers devaient avoir lieu dans la maison où vivait Hourie, chez sa sœur, alors que le logement de Mollah Taghi aurait aussi bien fait l'affaire ?

Dans notre boudoir, Agholi et moi tendions désespérément l'oreille. D'abord il y eut des murmures de voix posées et conversantes qui nous parvenaient confusément par-delà le terre-plein et la véranda. Mais cela restait inintelligible. Très vite pourtant, la voix aigrelette d'une femme, se fit dominante. Le ton était d'une fermeté inusitée… Pour qu'une femme parlât aussi haut, il fallait que la conversation soit chaude !... Plus que chaude même, car la voix se fit coléreuse... hargneuse... pour, tout d'un coup, cassée net, se désagréger en larmoiements.

Nous échangeâmes, Agholi et moi, un regard intrigué puis en essayant en vain d'imaginer ce qu'il pouvait bien se passer nous agrandîmes plus encore nos oreilles. C'est le cou tendu vers la porte et la main droite en pavillon que Niaz Mohammad nous surprit en apparaissant soudain dans l'embrasure. Il avait visiblement envie de rire et ne se retenait qu'avec peine :

— Venez ! dit-il. Nous partons !

Nourollah le suivait, le visage impassible, mais l'œil brillant d'un éclat singulier. Tchapmaq, par contre, était livide de colère et Mollah Taghi fort soucieux.

Tant que l'oncle et le neveu furent à nos côtés, ni Agholi ni moi ne sûmes ce qui s'était dit. Mais à peine nous eurent-ils quittés que Niaz Mohammad s'empressa de tout nous conter.

La sœur aînée, celle qui avait élevé Hourie après la mort de leurs parents, s'opposait à ce que la dot soit versée à son frère.

N'avait-elle pas été la mère nourricière de la petite ? Si Hourie savait nouer la laine et mener un tapis du début à la fin, si elle avait, à quinze ans, la réputation que n'ont pas pour ce travail bien des femmes de vingt-cinq, ce n'était pas grâce à Tchapmaq ! Qui avait nourri cette enfant, l'avait habillée, l'avait soignée quand elle avait été malade ? ... Tchapmaq ?... Ah ! Mais non ! Lui , il allait à droite, à gauche, en haut, en bas, sans jamais se soucier de ses sœurs !... Mieux !... Que la part d'héritage du garçon soit le double de celle d'une fille, c'est normal et entendu ! Que la fille abandonne ses prérogatives sur un bout de terrain pour que son frère qui aura charge de famille arrondisse son avoir, c'est encore une chose admissible ! Mais que Tchapmaq, à la mort de leur père, se soit fait céder la part de ses deux sœurs sous prétexte qu'il se chargerait de la plus petite et n'en ait rien fait par la suite : voilà qui était abusif et bien peu fraternel !

Alors elle s'était dressée, non pas contre les représentant d'Agholi — Mon Dieu ! il fallait bien qu'Hourie se marie un jour ! — mais contre l'impudence de son frère, contre le fait que la dot aille lui remplir les poches. Elle avait juré de ne pas laisser partir Hourie et de faire obstacle à ce mariage jusqu'à ce qu'on lui rende raison. Et ceci avec tant de véhémence que Tchapmaq, mis en rage, l'avait souffletée.

Le mari et Mollah Taghi s'étaient précipités pour les séparer car elle s'était accrochée comme une furie à la tignasse de son frère. Sur quoi, la discussion ne pouvant plus se dérouler d'une manière sereine et fructueuse, il fallut s'en aller.

Avant de nous quitter, Mollah Taghi nous avait assurés que le conseil des Yanoqs[1] se réunirait, et que les *Aq Sakkals*[2] régleraient le

1. Clan de la tribu goclan.
2. Barbe blanche, ancien du clan.

différend. Nous pouvions compter sur lui pour nous renseigner sur l'issue de leurs délibérations.

Raïdjab, en recevant la nouvelle, ne perdit pas un atome de son bel optimisme. Mais Agholi hochant la tête énonça d'un air grave :
— Il faut que l'agneau soit bien gras pour rassasier deux loups !

*
* *

— Alors ? Nourollah ! Quoi de neuf à Inché ?
— Pas grand-chose...
— Rien du côté de Mollah Taghi ?
— Oh ! Ils se disputent. Hadji Rahman, Taïtan Hadji, Aneman Dourdi, Nouri Ardi... Ils passent leur temps à parler et n'arrivent jamais à se mettre d'accord. Quand Hadji Rahman dit quelque chose, Taïtan Hadji pense le contraire. Mollah Taghi voudrait que la dot soit partagée en deux. Aneman Dourdi préfèrerait que tout soit remis à la sœur. C'est normal, c'est son neveu qu'elle a épousé ! Nouri Ardi ne veut pas entendre parler de Raïdjab, ce gros prétentieux a un fils au service militaire et cherche à le marier. Nous l'avons devancé en faisant notre demande.

Les Yanoqs sont comme une nichée de perdreaux qui court en tout sens en pépiant parce qu'elle a vu un serpent. Ils ne s'écoutent pas les uns les autres !

Le contraire eût été étonnant ! De ce genre de conseil naissent rarement des avis unanimes. Plus on est d'anciens, moins on est de sages! Vieillards à des degrés différents de sénilité, mollahs de tous grades, barbes blanchies de trois poils ou collerettes neigeuses peuvent bien palabrer des heures, des jours, des semaines, aucune vraie décision n'est prise par leur très digne aréopage. A côté de la coutume, des usages admis, de la Sunna et du très saint Coran, ils veulent trop souvent faire la place à leurs intérêts particuliers. Quand tous sont fatigués de s'être joués les uns aux autres la comédie de la concertation entre gens de pouvoir et de science, c'est finalement le plus considéré — le plus riche assurément — qui se fait le porte-parole de leur assemblée en imposant plus ou moins ses vues. Par lui c'est un clan qui s'affirme, les vieilles barbes donnant leur bénédiction.

Mais pourquoi, en cette affaire, un monsieur comme Hadji Rahman, le vrai chef des Yanoqs, monterait-il au créneau ? Quel profit peut-il espérer tirer en prenant parti dans un crêpage de chignons de ce style ? Autour de lui les vieilles barbes et les deuxièmes couteaux ont saisi cette occasion pour justifier leur position sociale et affûter leur art de la procédure. Ça les occupe et ça leur plaît bien ! Si une solution doit intervenir c'est que le conflit, en dégénérant, menace de déstabiliser le clan ; alors Hadji Rahman interviendra. En attendant il pontifie et joue sans risque son rôle d'arbitre en survolant noblement le problème.

CHAPITRE XXXI

Dans lequel Ghorban réapparaît et Hourie disparaît

— Ho ! Raïdjab ! Où étais-tu ? Il y a un quart d'heure que nous te cherchons !

— J'étais à la cabine téléphonique. Nourdjon a appelé : Ghorban est parti ce matin pour Birdjan. Les docteurs ont écrit sur son carnet qu'il allait bien et qu'il pouvait être soldat.

— Aïe !

— Nourdjon m'a dit que cette année il y a trop de conscrits. Il le sait par un de ses camarades du lycée dont le père est capitaine. Nous avons peut-être une petite chance de le voir revenir. A Birdjan, quand c'est comme ça, on tire au sort un homme sur trois pour le renvoyer chez lui.

— Définitivement ?

— Bien sûr ! Moi, quand je suis parti, il y a eu un tirage au sort comme celui-là. Je n'ai pas eu de chance. Peut-être que Ghorban en aura...

— *Inch Allah* !

— *Inch Allah* !

*
* *

Nous revoilà sur la route d'Inché Païn.

Non ! ce ne sont pas les Barbes Grises des Yanoqs qui nous y ont convoqués ; leur honorable parlement a encore beaucoup de salive. C'est Nourollah, toujours en chasse, qui a relevé la piste d'une autre demoiselle. Selon ses dires, il y a, sur la route de Guerkez du bas, au bord de l'Atrak, non loin du logis de Mollah Taghi mais un peu plus à l'écart du village, une maison où nous pourrions bien trouver notre affaire. Nous ne renonçons pas à la sœur de Tchapmaq, mais on nous fait trop danser la carotte devant le nez et il y a quelque bassesse à trop attendre le bec ouvert. Or les renseignements que nous donne Nourollah laissent à penser qu'une autre voie intéressante s'ouvre là. Jugez-en :

Milieu modeste... Très modeste même ! Père âgé, un peu trop porté sur la pipe à opium, ressources familiales aléatoires, enfants nombreux... Ceci présage un terrain favorable !

Eh ! Trêve de scrupules ! Pourquoi se choquer du passage en revue de ces données ? Si nous voulons arriver à nos fins, il ne faut pas aller taper à la porte des hadjis plantureux! Aucun d'entre eux ne nous laissera sa fille. Malgré sa petite notabilité, Agholi n'est pas un de ces puissants du canton dont on désire l'alliance et chez qui le statut de seconde épouse reste flatteur. Soyons lucides et adressons-nous à qui ne pourra pas se permettre d'être trop regardant et saura apprécier ce que la maison d'Agholi a de confortable et d'honorable. Et puis — Que diable ! — notre démarche n'est pas malhonnête et nous n'avons aucune honte à avoir en recherchant la mère des enfants de Raïdjab !

Mais avant d'aller montrer notre intérêt dans la petite maison au bord du fleuve il nous faut aller rendre visite à Tadj Morad. Qui est-ce ?... Mais le gêneur obligatoire ! Pour Maryam, il y avait Baba. Pour Hourie, sa sœur. Pour cette troisième — dont nous ignorons le nom — il y a Tadj Morad !

Tadj Morad est un homme très respectable. Plus qu'à l'aise, il est de ces notables discrets, volontiers philosophes, qui laissent s'agiter leurs pairs et bouchonnent sur les remous en profitant du courant sans bousculer quiconque.

Pour permettre à son fils aîné de s'enliser le plus confortablement possible dans des études menées à coup de *bakhchichs*, il a acheté une maison, bien construite, dans un des nouveaux quartiers de Bodjnourd[1]. Ayant fini par admettre que jamais son héritier ne serait bachelier, Tadj Morad a bien tenté de le ramener à la maison, mais cette vie de pseudo-étudiant convient on ne peut mieux au garçon qui, libre comme l'air, nourri et logé par son brave homme de père, n'éprouve guère le besoin de rentrer au village. Pour l'y décider, Tadj Morad a pris le parti de le marier au plus vite. Il a cherché et trouvé, dans une petite maison au bord de l'Atrak, une famille modeste dont le père opiomane, etc. Mais le fils n'est pas rentré et, depuis presque deux ans, la fiancée attend que son promis daigne quitter la ville et ses attraits pour venir goûter aux siens.

---

1. En Iran les pensionnats sont peu répandus, et les élèves des lycées de province, d'origine rurale, se regroupent pour louer un appartement. Nourdjon fait partie d'une de ces petites communautés estudiantines.

On disait, à Inché, ces temps derniers, que Tadj Morad commençait à désespérer et que le père de la fille ne se satisfaisait guère de cette situation qui le privait d'une entrée d'argent grâce à laquelle il aurait pu marier son propre fils. Cette rumeur, on s'en doute, n'est pas tombée dans l'oreille d'un sourd quand elle a atteint celle de Nourollah. Voilà pourquoi nous sommes en route pour la maison de Tadj Morad. Peut-être consentira-t-il à abandonner la priorité qu'il a sur la belle du bord de l'eau. Alors nous irons, dans la foulée, la réclamer pour Raïdjab. Bien entendu, nous sommes prêts à rembourser les arrhes éventuellement versées.

*
* *

Devant la maison de Tadj Morad il y a un adolescent qui joue au ballon avec deux camarades plus jeunes. Il est joli et mignon comme un cœur, pourtant sa vue ne semble pas réjouir Nourollah.

— Qu'il y a-t-il Nourollah ?

— Ce garçon, là-bas, qui joue au ballon...

— Eh bien ?

— Eh bien, c'est le fils de Tadj Morad !

— Quel fils ?

— Celui qui était à Bodjnourd pardi !

— Il est peut-être venu ici en vacances ?

— Tu sais bien que ce n'est pas l'époque !...

Décidément ! Que ce Ramadan est pratique ! Hop ! En quelques phrases, les salutations expédiées, nous voici dans le vif du sujet. Nous n'en sommes que plus vite déçus !

Nourollah avait raison de froncer les sourcils en voyant le damoiseau s'ébattre devant la maison de son père. L'enfant prodigue est bel et bien de retour ! Par force : plus une école ne l'accepte. Après un premier trimestre désastreux, ses maîtres lui ont fermé la porte au nez en lui conseillant de prendre sa place dans la société. Ça n'a pas l'air de le tracasser beaucoup. En revanche cela réjouit beaucoup son cher papa. Il va pouvoir mettre en location sa maison de Bodjnourd, asseoir son fils aux commandes de son tracteur, et enfin le marier !

... Et nous, il ne nous reste plus qu'à rentrer.

*
* *

Tiens ! On nous fait signe depuis la véranda d'Hadji Rahman ! C'est chez lui que se tiennent, d'habitude, les conciliabules du parlement yanoq. Nous serions passés devant cette maison sans nous y arrêter : il ne faut pas donner l'impression que notre attente est impatiente. Mais puisqu'un des domestique du *hadji* nous invite à entrer c'est que, certainement, une décision concernant Hourie a été prise.

Le *hadji* nous reçoit sur les coussins de sa grande pièce d'hôtes. Un seul et immense feutre recouvre complètement le sol. Du beau travail ! Combien de femmes se sont-elles échinées pour fouler ce chef-d'œuvre du genre ? Rouge, noir, orange et blanc, il s'orne d'une imbrication savante de svastikas. Comble de luxe, c'est un tapis d'égales dimensions qui l'isole du sol et qu'on ne découvre qu'en soulevant un coin du feutre. Le *hadji* préfère, comme c'est courant ici, recevoir sur du feutre plutôt que sur du velours.

Politesse ou taquinerie ? Hadji Rahman m'offre du thé, que je refuse. Cela semble lui plaire. Il s'engage protocolairement dans le préambule des salutations et des questions polies : « Comment va untel ?... et untel ? » Nous répondons : « Très bien !.. Et comment va untel ?... Et untel ?... »

Nous tournons autour du pot. S'il y avait du thé nous ferions de longs bruits en aspirant le breuvage. On équeuterait des poignées de raisins secs, on écarterait d'un geste les mouches du sucrier... ça aiderait le *hadji* et lui permettrait de préparer son entrée en matière en amenant en douceur la raison de son appel.

— Hum !… Agholi *djon* !… Je souhaitais te parler de Hourie, la nièce de Mollah Taghi.

Tiens ? Pour lui, Hourie n'est pas la sœur de Tchapmaq, mais la nièce du *mirâb*. Agholi fait signe qu'il s'en doutait et qu'il écoute ce que le *hadji* veut lui dire.

— Nourollah a dû te dire qu'il nous a été difficile de nous mettre d'accord…, il caresse sa courte barbe en souriant d'un air finaud et lance à notre prospecteur un coup d'œil entendu, puis il reprend :

— Mais ceci ne doit pas vous tracasser. Qui aura l'argent est à débattre entre nous. De toutes façons nous voulons bien te donner Hourie pour ton fils. Nouri Ardi lui-même y consent.

Agholi ne dit mot. Il hoche simplement la tête et reste quelques instants à contempler ses grosses mains brunes aux ongles ivoirins, étalées bien à plat sur ses genoux. Et c'est Niaz Mohammad qui prend la parole :

— Hadji *djon*, grand merci ! Effectivement, ce que vous ferez de la dot ne nous intéresse pas. Mais pourrais-tu nous dire à combien vous l'avez fixée ?

Agholi laisse dire. On le croirait à des lieues de notre discussion, se déchargeant sur Niaz Mohammad du soin de mener les transactions qui s'amorcent.

— Et bien... tu sais que ça n'a pas été commode d'obtenir l'assentiment de Nouri Ardi et que Tchapmaq ne voulait rien donner à sa sœur. Nous avons cependant réussi à les calmer, lui et elle, en leur disant que la moitié de la dot leur reviendrait à chacun. Evidemment, pour qu'ils soient pleinement satisfaits, il faudra donner un peu plus que prévu...

Niaz Mohammad fait signe au *hadji* de continuer.

— Nouri Ardi est de la famille. C'est un cousin de Mollah Taghi et aussi un des miens. Si vous n'étiez pas venus, Hourie aurait été normalement mariée à son fils. Il ne faudra pas oublier non plus Nouri Ardi. Enfin, nous, les Yanoqs, nous avons la coutume de demander un peu plus quand une de nos filles change de clan... Voilà !

Il extrait de son gousset sa grosse montre d'argent et, d'un geste machinal, en fait jouer à l'envers le remontoir. Un petit silence s'installe que Niaz Mohammad brise brutalement :

— Combien ?

Le *hadji* a l'air surpris. D'un coup de doigt sec il range son oignon.

— Ah non! C'est vous qui devez dire combien vous voulez donner ! Vous êtes venus nous demander Hourie, fixez-en vous-même le prix ! Avec tout ce que je vous ai dit, Agholi est trop bon musulman pour ne pas proposer le prix juste. Et moi, je ne lui ferai pas l'offense de marchander !

On aurait dit que Niaz Mohammad s'attendait à ce genre de discours :

— Très bien ! Agholi pense que quatre cents tellas seraient bien et qu'en y ajoutant cinquante tellas supplémentaires, parce que Raïdjab est déjà marié, on arrive au juste prix.

Hadji Rahman semble vraiment désolé d'être obligé de sortir de sa noble position et de discuter cette offre :

— Niaz Mohammad *aziz*[1]!... Je crois qu'Agholi se trompe ! C'est le prix d'une fille Tokhtamech[2] qu'il m'annonce là ! J'approuve Hadji

1. Cher (comme *djon*)

2. Clan goclan de la vallée d'Ammand. Mais aussi grande portion tribale chez les Tekkés.

Ghorban Chaadi qui a fait baisser le prix des filles de son clan en donnant l'exemple. Je regrette que chez les Yanoqs ils n'en ait pas été de même. Mais, vois-tu, il y a parmi nous de trop mauvaises têtes qui ne pensent qu'à l'argent !... Ah, l'argent ! Ils n'ont pas de foie[1], ceux qui vendent leur fille comme une jument ou une génisse ! Non, je regrette ! Si le fils d'Agholi n'avait pas été déjà marié, nous lui aurions donné Hourie pour sept cents tellas, compte tenu de la sœur de Tchapmaq, de Nouri Ardi, et bien entendu du changement de clan. Mais il faut y ajouter les cinquante tellas pour cause de second mariage, c'est la règle : cinquante tellas pour un enlèvement, cinquante tellas pour une seconde épouse. C'est la vieille coutume, je ne me trompe pas ?

— Non Hadji ! Tu ne te trompes pas !... En ce qui concerne ces cinquante tellas, Agholi est d'accord. Il est même d'accord pour ce que vous demandez à cause du changement de clan, c'est dans les usages des Yanoqs. Mais il n'est pas coutume de faire payer en dot les disputes d'une famille ! Hadji ! Le clan le plus cher de toute la tribu est celui des Ghezels. Tu le sais! Six cents tellas pour un premier mariage ! Même une fille Guerkez n'atteint pas une pareille somme! Pourquoi voudrais-tu qu'Agholi paie plus cher une fille des Yanoqs ?... Voilà ce qu'Agholi vous propose : six cents tellas, pas plus !... Cinq cent cinquante, plus cinquante ! Le croyez-vous si riche ? Au prix que vous avancez, Agholi peut aller à Djergalan et y acheter pour son fils une fille tekkée de Doïdoq[2] !... Six cents tellas ! Agholi ne peut aller plus loin !

Inutile de continuer. Hadji Rahman s'y résigne et se lève apparemment attristé de n'avoir pu nous satisfaire. On pourrait le croire avec nous de tout cœur tant il met de prévenances en nous reconduisant.

— Je dirai tout cela aux autres et j'enverrai Nourollah vous prévenir de ce qui sera décidé... Mais je suis de ton avis, Niaz djon, tout ceci est bien peu digne d'hommes mûrs. Personnellement je n'y suis pour rien. Si Hourie était à moi, je la donnerais volontier au prix d'une fiancée d'Ammand !

L'œil de Niaz Mohammad pétille soudain !

— Dis-moi, Hadji ! Tu as quatre épouses, je crois ?

— Oui ! C'est exact !

---

1. Le foie est en Orient le siège de l'affection et de l'amour.

2. Un gros village de Djergalan occupé par les Tekkés. Les filles y sont les meilleures tapissières du pays turkmène, donc très chères. Niaz Mohammad exagère en disant qu'il pourrait en acheter une, car en plus de la valeur propre de la fille ce n'est plus un changement de clan qu'il faudrait payer mais un changement de tribu.

— L'une d'entre elle ne t'aurait-elle pas donné une fille qui serait en âge de se marier ? Si cela était, je suis persuadé qu'Agholi trouverait à s'accommoder avec toi !

Hadji Rahman rit de cette bonne plaisanterie... mais n'y répond pas.

*
* *

Ghorban Mohammad est revenu. Ce jour-là, la lune devait renaître et le Ramadan prendre fin.

Sur le toit de la mosquée, trois hommes accroupis, adossés à l'azur du dôme, tournaient vers l'Occident leurs yeux écarquillés. Comme une nichée de hiboux, en haut de l'édifice, il fouillaient le poudroiement du soleil déclinant. Leurs regards se perdaient dans l'embrasement de cette fin du jour et mille étincelles pâles passaient en essaims devant leurs pupilles trompées par cette lumière de flamme mourante.

Ils attendaient la lune. Ils croyaient la voir à chaque instant. Ils la savaient là, noyée dans l'agonie du dernier soleil de Ramadan, mais son croissant frêle et si ténu n'émergeait pas encore, lamelle de platine froid fondue dans l'or et le soufre.

Ils ne disaient rien, ne bougeaient pas. Seuls leurs doigts égrenaient, sur le lacet de soie, les plus beaux noms de Dieu qui retombaient, un à un, en cliquetant au rythme des perles de verre.

Chez Agholi, nous guettions aussi, accoudés, comme nous en avions pris l'habitude chaque soir, sur le petit mur que dorait le couchant. Trichions-nous en remédiant à notre position basse par l'emploi de jumelles ? Nous les braquions sur le coucher du soleil, à la limite de l'éblouissement. Agholi, Raïdjab, Oraz et moi, devions ressembler à un carré d'officiers sur une dunette.

Dans la cuisine, Edjé, ses brus et ses filles préparaient les *beureuks* avec soin. Elles s'étaient organisées comme une chaîne de montage : Oraz Beka détachait de la masse des petits cubes de pâte qu'Oghol Donné étirait entre quatre doigts pour que Golsenem y plie une bouchée de hachis de viande, d'oignon et d'herbes arômatiques. A l'autre bout de la chaîne, Nour Beka recevait ces raviolis, les saupoudrait de farine pour qu'ils ne collent pas entre eux et les empilait sur un plateau à côté du chaudron où l'eau commençait à frémir. Pendant ce temps-là, Edjé préparait la sauce au *qorout*[1] dans laquelle ils seraient servis. Plat de fête. Plat d'Aïd Baïram.

---

1. Yaourt séché. Il se présente sous forme d'une petite pierre d'aspect crayeux.

Au pied de la mosquée, la place du village grouillait de gens en attente. Les enfants jouaient au cerceau avec de vieilles jantes de bicyclettes et les ménagères pressées faisaient en courant leurs toutes dernières emplettes. On avait relégué au fond, derrière les comptoirs, tout ce qui n'était pas comestible: la paille de fer, le savon, les allumettes, la quincaillerie. Au contraire, s'étalaient avantageusement les sucreries, les fruits secs, le poisson fumé, les melons en pyramides, les sacs de riz. Une queue impressionnante s'allongeait devant le fournil. Tout le monde ce soir-là voulait manger du pain chaud et l'odeur de la boulange agissait mieux qu'un apéritif sur tous les estomacs vides depuis l'aube. Le boucher débitait encore, bien qu'à cette heure la plupart des pots aient été sur le feu, mais il y a toujours des retardataires... ou des prévoyants qui pensent déjà aux agapes du lendemain.

Là-haut les trois hommes fixaient l'Ouest obstinément, pendant que l'arôme du pain rôdait sur la place, que la chair des pastèques ouvertes appelait et que, sur les tables poisseuses du *tchaïkhané*[1], s'alignaient en bataille les monumentales pipes à eau bourrées de *chirazi*[2] tout frais, n'attendant plus que la braise.

C'est alors que le minibus d'Ach Khané fit halte devant la boutique de Barat Dariadel et que Ghorban en descendit.

Il n'avait plus son chapeau mou. Sa veste plissait comme s'il avait dormi avec toute la semaine et une énorme tache de graisse s'étalait dans son dos. Le col de sa chemise avait pris un aspect goudronneux et toute la poussière du Khorassan s'agglutinait sur ses chaussures. Il avait maigri, un furoncle lui déformait la joue, mais il était de retour, libre ! Le sort l'avait désigné ! Dieu est grand !

Du plus loin qu'elle le vit, Oghol Donné se précipita. Nous avions les yeux fixés vers le point où devait apparaître la lune, si bien qu'elle fut la première à apercevoir son mari. Elle jaillit de la maison. Qu'importe si elle avait devancé Agholi et Raïdjab : Ghorban lui était revenu ! Très vite, presque à la dérobée, elle lui baisa la main sous son voile tiré et s'enfuit, serrant sa poitrine à deux mains, pour y contenir, là, cette joie toute chaude.

L'émotion est permise aux femmes. Agholi, puis Raïdjab, puis moi reçûmes le salut de Ghorban et Ghorban celui d'Oraz et de ses deux

---

1. Maison de thé, fait office de bistro et d'auberge.
2. Variété de tabac ; très fort, on l' humecte et on l'essore avant d'en garnir la pipe.

autres frères, comme si notre séparation ne datait que d'une journée à peine, comme si ce retour était normal et attendu.

Pourtant, hier encore, les baraquements gris et jaunes du camp le cernaient. Hier encore les sables du bout du monde menaçaient de se refermer sur lui pour deux ans. Des hommes en troupeau, abrutis de chaleur, passaient et repassaient pour aller nulle part. D'autres, torse nu, en dépit de toute pudeur, remuaient leurs bras et leurs jambes en cadence sous les aboiements des gradés. Il savait que demain, ou après-demain, il serait un de ces pantins ahuris, verdâtres, tentant d'exécuter des ordres ineptes, incompréhensibles, gueulant pour répondre à des questions gueulées... et que ça durerait des mois !

Et puis on les avait réunis, tous ceux qui, comme lui, venaient d'arriver de leurs montagnes et de leurs collines, de leurs steppes et de leurs plaines ; ceux qui venaient des villages où bruissent les peupliers et ceux qui étaient nés dans une tente enfumée. Ils avaient formé une troupe inquiète et rousse. Et des noms avaient fusé comme des oiseaux qui s'échappent : Frouzech Ghorban Mohammad !... le sien !

Les trois hommes sur la mosquée attendirent encore. Puis enfin l'un d'entre eux lança l'appel libérateur.

Chez Agholi nous les avions devancés en débusquant la lune derrière la brume de lumière, bien avant eux ! Pour nous le jeûne du Ramadan avait pris fin à l'instant précis où Ghorban était entré chez lui !

*
* *

Un gros nuage de poussière, là-bas, au bout de la piste : des motos approchent. C'est la nouvelle cavalerie turkmène !

Les anciens qui désespèrent d'apercevoir dans les dernières générations le reflet des sentiments et des joies qui furent les leurs ont-ils raison ? Il faut voir cinq ou six de ces lourds engins soviétiques lancés éperdument sur les chemins défoncés, sur la platitude de l'horizon, quand le sillage de poussière qu'ils soulèvent empanache leur fuite : c'est un relent des *chapawozs*[1] qui monte à leur passage. On a les griseries que les temps vous accordent.

Sur la sente caravanière qui dédouble la piste, les cavaliers se sont arrêtés. Le cheval de Raïdjab surveille du coin de l'œil celui de Ghorban qui encense. Immobile, comme pétrifiée, la monture d'Oraz, oreilles au

1. Coups de main de quelques brigands à cheval.

guet, regarde s'approcher le nuage au bout de l'interminable ligne droite.

Un... deux... quatre... cinq points noirs jouent à se dépasser. Ils arrivent. Ils sont sur les trois cavaliers. « Yeee ! Hey ! Yah ! » : c'est une façon de saluer ! Le cheval d'Oraz s'est cabré. Les autres n'ont fait que renâcler.

— Mais c'est Nourollah !

Ses compagnons ont poursuivi leur route. Doucement la poussière retombe dans l'air sans vent et le rugissement des moteurs s'éloigne. Le contact coupé, la moto s'étouffe à regret. Nourollah est resté en selle.

— *Salam* !

— *Aleïk* !... J'allais justement chez vous !

— Quelque chose de nouveau ?

— Oui ! Tu peux le dire !... Très nouveau ! Hourie a été enlevée !

Eh oui !... enlevée !... et ça le fait rire ! Dans un certain sens cela prouve son fairplay. En homme de l'art il ne peut que saluer, en l'appréciant, ce joli coup bien mené et certainement en préparation depuis des semaines.

Premier temps : deux garçons arrêtent leur moto à proximité de la source où, en compagnie de sa sœur, Hourie remplit ses seaux.

Deuxième temps : l'aînée, vigoureusement bousculée, s'étale de tout son long au milieu de ses récipients.

Troisième temps : la petite est rapidement mise en selle entre ses deux ravisseurs, départ en trombe, et le tour est joué ! (Il faut noter la trop bonne grâce à se laisser enlever dont a fait preuve la mâtine)

A l'heure actuelle, Hourie et son amoureux sont en sécurité chez Omar Bay, l'oncle du garçon, un des notables guerkezs les mieux assis. Dans cette histoire ni Tchapmaq, ni sa sœur, ne font une bonne affaire. Nouri Ardi, quant à lui, peut oublier ses appétits de parasite ! Le ravisseur est célibataire, et son clan est puissant. Personne ne se risquera à majorer le montant de la dot sous des prétextes fallacieux — hormis des cinquante tellas pour cause d'enlèvement. Quant au changement de clan... qui serait assez prétentieux pour en parler trop fort aux Guerkezs. Gageons que Hadji Rahman fera un bon intercesseur car, selon ce qu'on m'a dit, une de ses épouses est guerkèze et une de ses filles est mariée chez eux…

CHAPITRE XXXII

Hadji Ghorban Chaadi

Le mois de Ramadan venait de se terminer quand Mehdi Khan revint de Bodjnourd, assuré d'être le seul et légal propriétaire des terres défrichées par lui en amont de la source de Garm Ab.

Comment avait-il pu si mal juger ce Mir Abbédin !... Car c'est grâce à l'intervention de cet officier qu'il avait abouti ! Comment avait-il pu le croire acoquiné avec Khani... avec Acheur, ce chien !... Avec les Garmabis ?

En le voyant arriver chez lui un jour, à l'improviste, et descendre de sa voiture les mains tendues, souriant, sucré, la mine réjouie, Mehdi Khan s'était un peu méfié.

L'homme était en uniforme de l'armée de l'air, un petit colt à crosse de bois pendait en évidence contre sa hanche. Lieutenant ? Capitaine ? Mehdi Khan reçut comme il faut l'officier : thé, servi dans des tasses avec soucoupes, petites cuillères, bonbons et biscuits secs. Mais restant sur sa réserve, poliment il attendit sans le questionner que son visiteur en vienne au fait de sa visite. L'autre ne le fit pas languir longtemps.

C'était bien simple : il y avait, paraît-il, à Ammand, quelques tapis à vendre, en dépôt — c'est du moins ce qu'il s'était laissé dire. Lui, Mir Abbédin, officier de la base, désirait en acheter un pour son épouse. Mais oui ! Pour sa femme, qui lui avait donné — Dieu en soit remercié ! — deux fils ! L'un avait à présent huit ans et l'autre bientôt douze... et Mehdi Khan ? Combien avait-il de fils ? Un seul ! Et qui faisait son service militaire ! Voyez-vous ça ! Comme c'était intéressant !

... Mir Abbédin venait à Ammand pour la première fois. Grâce à Dieu, Mehdi Khan habitait une belle et grande maison ! Etait-ce lui qui avait tué les mouflons dont les cornes ornaient les angles de la véranda ? Sans conteste, Mehdi Khan était un chasseur redoutable !... Et quel beau jardin en contre bas ! Et quelle jolie vue par-dessus ! Vraiment, l'officier regrettait de ne pas avoir connu Mehdi Khan plus tôt ! Jusqu'à présent il ne fréquentait que Garm Ab : c'est au bord de la route et quand on n'a rien vu d'autre on trouve cela joli, cette source, ces champs de coton, ces petites maisons... Mais Garm Ab ne pouvait pas être comparé à Ammand, mieux cultivée, avec des constructions plus belles... Et puis il fallait bien reconnaître que les Garmabis étaient des gens bien agités, toujours à jalouser quelqu'un, à discuter, à disputer !

... Mais Mehdi Khan lui permettait-il d'amener un jour ici son épouse et ses garçons… un vendredi ? Il fallait, à tout prix qu'ils fassent la connaissance de Mehdi Khan et de sa splendide famille !...

Et Mir Abbédin revint, avec madame, ce qui plut beaucoup à la femme de Mehdi Khan peu habituée à ce genre de mondanité. Le fils aîné fit trois tours de cheval sur l'étalon du maître de maison et une chute sans gravité sur le fumier de la cour. Mais son père avait eu le temps de le prendre en photo quand il était encore en selle. Mir Abbédin insista également pour que Mehdi Khan et lui soient immortalisés côte à côte sur un second cliché.

Ainsi, sans à-coup, Mehdi Khan en vint-il à considérer cet officier comme une personne inoffensive, ayant beaucoup de temps libre, trompant l'ennui du camp en nouant, comme bien d'autres, des contacts avec les autochtones, histoire de leur acheter un tapis, un peu d'opium parfois, ou de se faire inviter à une course de mariage. Et s'il allait de Khani à lui c'était sans malice aucune. S'il discutait d'irrigation et de terrain, c'est parce qu'autour de lui, ces derniers temps, les gens du pays ne parlaient que de cela et qu'il prenait part à la conversation sans trop se rendre compte qu'il s'agissait là de sujets sensibles.

Un jour, comme ça, incidemment, Mir Abbédin apprit à Mehdi Khan qu'un de ses amis très chers résidait à Bodjnourd. Ils avaient fait leurs études ensemble et étaient comme deux frères. L'amitié existant entre l'officier et le Bodjnourdi n'aurait pas intéressé Mehdi Khan outre mesure, si l'autre n'avait pas précisé que cet ami, ce tendre ami, n'était autre que le directeur du Service des Ressources naturelles pour toute la région. Evidemment, ses amis étant ceux de Mehdi Khan, s'il avait besoin d'un service que pourrait lui rendre ce très important fonctionnaire, il n'avait qu'à en avertir Mir Abbédin.

Et voilà ! Un seul petit mot de l'officier avait suffi pour mettre en branle les délicats rouages de l'administration. En deux jours Mehdi Khan recevait le *sanhat* des terres de Garm Ab. Quelle relation précieuse !

Comment avait-il pu ainsi se méprendre à ce point sur Mir Abbédin ? Si complaisant, si décoratif en uniforme, et surtout si désintéressé ! Pensez donc, il avait fallu presque se fâcher pour lui faire accepter en remerciement une très belle paire de fontes que Mehdi Khan avait commandée pour lui à Djergalan.

Bien entendu, comme il fallait s'y attendre, les Garmabis se mirent à bourdonner comme une ruche bousculée quand ils surent que Mehdi Khan les avait doublés. Les plus échauffés, lors d'une de leurs réunions traditionnelles chez Acheur Cheïtan, crièrent haut et clair que puisque Mehdi Khan venait prendre leurs terres à Garm Ab, ils iraient lui prendre les siennes sur Chélami et que, dorénavant, ils l'empêcheraient de cultiver ce qui avait été des pâturages communs, propriétés de toute la tribu ! Mir Abbédin rapporta, tout chauds, à Mehdi Khan, ces propos incendiaires. Certes ! Certes ! il avait tenté d'apaiser les esprits. Mais c'étaient des gens simples et ils ignoraient tout de la loi !

Quelques temps plus tard vint un géomètre. Etait-ce un hasard ? Le Service des ressources naturelles semblait soudain décidé à défricher ce secteur cadastral. L'expert prévint qu'il serait de retour le lundi suivant. D'ici là il travaillerait à Gollidagh, mais lundi, sans faute, en début de matinée, il serait sur Chélami pour mesurer les terrains cultivés. Par la même occasion, il réajusterait les titres de propriété en fonction des surfaces réellement exploitées. Après son passage, précisa-t-il, plus aucune contestation ne serait admise.

Dans la semaine, Mehdi Khan partit à Bodjnourd, pour régler avec son courtier les conditions de stockage et de vente de son coton. Il laissait à Hadji Ghorban Chaadi le soin de rencontrer le géomètre et de lui produire les titres de propriété concernant Chélami.

Le samedi soir, Mir Abbédin était à Garm Ab. Ils discutèrent tard dans la maison d'Acheur Cheïtan.

Le dimanche, les gars de Garm Ab sillonnèrent la vallée d'Ammand, de bas en haut. Les partisans de Khani leur prêtèrent main forte. Ils proclamaient qu'ils seraient tous à Chélami le lendemain ; qu'ils ne permettraient pas au géomètre d'attribuer à Mehdi Khan des terres qu'il avait volées à tout le monde, même s'il les cultivait depuis dix ou douze ans. De maison en maison, ils poussèrent leur propagande et leurs paroles trouvèrent écho chez bon nombre de jeunes hommes : le temps n'est plus où il suffisait de tirer un canal pour abreuver des terres vierges. Et qui était assuré de pouvoir rester dans la vallée en ayant de quoi labourer et vivre ?

— Que te restera-t-il après la mort de ton père ? Vous êtes six garçons pour quatre hectares !

Et si ce raisonnement n'arrivait pas à convaincre, la menace se faisait jour très vite :

— Tu pourras dormir dans ton champ toutes les nuits !... Ton coton aura très soif l'été prochain !

Au petit jour du lundi, il y avait foule sur Chélami.

*
* *

Chez lui, à Chechmé, Hadji Ghorban Chaadi tergiversait encore :

— Laissez-les faire ! Laissez-les hurler ! Ils n'emporteront pas la terre sur leur dos ! Attendons qu'ils se calment ! S'il ne peut pas travailler aujourd'hui, le géomètre reviendra plus tard, avec des soldats et la police, et les droits de mon frère seront validés malgré tous ces excités.

Hadji Ghorban n'était pas personnellement impliqué dans ce conflit, ses terres étaient ailleurs. Et puis, il n'avait jamais spolié quiconque. Jamais il n'avait intimidé le moindre de ses voisins pour qu'il porte au loin sa charrue. Personne n'avait de grief contre lui. Pourtant il se devait de prendre parti en défendant les biens de son frère en son absence.

Autour de lui, ses fils, ses gendres, ses domestiques même sentaient leur sang bouillir. Là-haut on piétinait les terres de la famille, on leur faisait affront, on les défiait ! Certes Hadji Ghorban avait raison, les terres resteraient en place et leurs droits seraient forcément reconnus, mais l'insulte était faite. Qui les respecterait encore s'il leur fallait chercher aide et protection auprès des Fars contre leur propre clan ! Il fallait prouver qu'ils étaient hommes d'honneur !

Quand le *hadji* les vit bien décidés à partir, il prit au fond de son coffre le sabre de son père, une lame cosaque légère et nerveuse, frappée de l'aigle des Tzars, et fit préparer sa voiture.

Une heure plus tard, les deux camps étaient face à face.

Le géomètre en cet instant entreprenait de hisser jusque là-haut son attirail de lunettes, de trépieds et de mires. Soudain une salve éclata près des crêtes et, presque aussitôt, se mirent à dévaler vers lui des hommes affolés dans une fuite éperdue. Un garçon qui passait au galop de son âne lui cria dans un sanglot de terreur :

— Allez prévenir les gendarmes ! Allez-y vite ! Ils ont tué Hadji Ghorban Chaadi.

Là-haut la fusillade continuait.

On releva sept cadavres sur le champ de bataille. Le *hadji* avait été percé de vingt-deux coups de sabre, de poignard, de serpette. Trente blessés graves furent évacués sur Bodjnourd.

Plus tard on sut comment cela s'était produit.

Le *hadji* avait voulu parlementer et calmer les esprits. Il s'était avancé, sans arme.

— Va-t-en, Hadji ! lui avait-on crié. Retourne chez toi ! Ce n'est pas ton affaire !

— C'est celle de mon frère, avait-il répondu. Il n'est pas là pour se défendre. Je ne partirai pas d'ici, ou alors il faudra me tuer !

Ils le firent. Et quand ils virent Hadji Ghorban Chaadi écroulé, mort, la face contre la cendre noire de l'emblavure incendiée, ils restèrent tous stupéfiés, incrédules. Quelques Yomouts qui se trouvaient là, convoqués eux aussi par le géomètre, se sauvèrent les premiers, donnant le signal de la débandade.

Souphan Berdi, le fils aîné du Hadji, tournoya alors sur lui-même. Ses mains se crispaient à en bleuir sur la crosse de son fusil et le coup partit, grêlant à bout portant la face d'un pauvre bougre de Garm Ab. Et ce fut la tuerie.

Certains s'enfuirent jusqu'à Gonbad, d'autres prirent la montagne, d'autres rentrèrent chez eux et s'y enfermèrent. Pendant plusieurs jours la vallée d'Ammand fut vide d'hommes. On n'y vit que des femmes s'occupant avec mollesse et résignation.

Oh, elles ne pleuraient pas ! On ne pleure que devant un corps, et la police les avaient gardés. On ne pleure que devant ceux qui viennent en visite de condoléances... Mais ces visiteurs-là, la police les avait aussi gardés.

Peu à peu les acteurs de la tragédie de Chélami se retrouvèrent en prison, entassés dans une commune chambrée. Mehdi Khan lui-même avait été incarcéré. Au milieu de la pièce, une frontière invisible séparait les deux camps.

Agholi, ses fils et son gendre ne furent laissés en paix que sur le témoignage des gens de Behkadeh.

*

* *

Au bout d'une semaine, les corps furent enfin rendus et chacun put pleurer ses morts. De Garm Ab à Chechmé les cimetières s'ouvrirent, tandis que le quart de la population mâle était sous surveillance à Bodjnourd.

Stupéfait, le pays turkmène tout entier avait appris la nouvelle. On la commentait des lagunes du Gorgan jusqu'aux plus petits hameaux de Djergalan.

Quand le permis d'inhumer fut délivré, les notabilités religieuses et les personnalités de plusieurs cantons à la ronde se pressèrent à Chechmé. Tous s'accordèrent pour dire qu'Hadji Ghorban Chaadi était mort de la plus belle des manières, face à ses assaillants, prêt à se défendre comme un homme d'honneur, mais des paroles de paix et de sagesse à la bouche, comme il sied à un vrai musulman. Et pour quelle cause ? La défense d'une terre qui lui avait été confiée ! Trois fois il fut à La Mecque, il sortait tout juste d'un jeûne mené d'une façon exemplaire... Qui pourrait douter que Dieu l'ait accueilli en son Paradis ? D'ailleurs, un signe qui ne trompe pas était venu confirmer les dires des religieux : quand on avait revu la dépouille du *hadji*, tous avaient constaté qu'après plus d'une semaine elle ne donnait aucun signe de corruption, que le corps était souple, et que le *hadji* souriait !

Son corps ne fut pas lavé : le sang d'une telle mort valait bien celui des combattants de Badr[1]. Deux *akhunds* réclamèrent l'honneur de creuser sa tombe. Deux autres en ouvrirent une seconde en parallèle pour y ensevelir ses vêtements ensanglantés.

Puis après le repas ils repartirent tous, en hochant la tête, en caressant leurs barbes, en levant les yeux au ciel. Ils venaient d'enterrer un saint.

*
* *

C'est au soir des funérailles d'Hadji Ghorban Chaadi, comme s'ils avaient attendu que soit refermée sa tombe, qu'apparurent les premiers nuages par-dessus Chélami. Pendant des jours la pluie noya nos horizons. Elle passait, par grandes écharpes livides réduisant le monde aux murs entourant les maisons ; à la ligne des jujubiers du « Vieux Jardin » ; à l'arrière du hangar à grains.

Dans le même temps Mehdi Khan, Acheur Cheïtan, Khani et tous les autres de Garm Ab ou d'Ammand avaient été relachés. On aurait pu

---

1. Bataille qu'eut à soutenir Mohammad contre les gens de La Mecque. Il fut convenu que ceux qui mourraient pendant ce combat n'auraient pas besoin d'être lavés avant d'être ensevelis, comme le voulait l'usage ; que leur sang serait celui du martyre, la plus belle parure des Saints.

croire que le ciel en ouvrant enfin ses écluses et en mettant un terme à la sécheresse avait aussi lavé à grande eau les haines accumulées, rincé les cendres et le sang répandus sur les hautes emblavures, calmé les esprits.

Là-bas, à Kelaleh, une obscure procédure avait semble-t-il apaisé les deux camps. Otman Khan, un étrange personnage jusqu'ici inconnu, avait fait jouer en leur faveur la confiance toute spéciale que semblait avoir en lui la police officielle… et l'autre. D'où était-il sorti celui-là ? Pourquoi s'était-il intéressé à cette affaire ? On le disait fils d'un *pir*[1] réputé du Gorgan et se faisant un devoir d'aider ses compatriotes en difficultés avec l'administration et la police. N'allait-il pas jusqu'à payer des cautions conséquentes ? Par pur altruisme… On a les bonnes œuvres qu'on veut !

Mehdi Khan et toute la ribambelle des excités avaient-ils signé quelque chose… donné des garants ? Certains pensent que oui, mais les principaux intéressés n'ont rien dit là-dessus. Ils sont rentrés chez eux, discrètement — c'est le principal — désormais amis indéfectibles d'Otman khan, unis en Otman Khan. Que Dieu protège Otman Khan !

La pluie nous avait également ramené les Moudjinis.

Agholi, en rentrant de tournée, éternuant, crotté et transpercé, avait trouvé chez lui Ali Djon, l'avant-coureur des bergers de Ghorban Siah. Il était arrivé de Damghan avec sa mule, précédant les troupeaux noirs qui marchaient vers nous sur la piste des transhumances hivernales. Là-haut sur les alpages des montagnes caspiennes lui et les siens n'avaient pas passé un trop mauvais été, mais la ruée inhabituelle des nomades kurdes — et même baloutches — sur nos pâturages en piètre état l'inquiétait à juste titre.

Ali Djon et Agholi avaient discuté tard ce soir-là en écoutant la pluie faire sur le toit sa calvacade. Puis, le lendemain, le pâtre était reparti. Haut perché sur le bât de sa mule, il avait pris la sente escarpée menant à la bergerie de Ghorban Siah, tapie au fond d'un ravin silencieux du côté de Ghisti. Il lui fallait remettre en état les crèches et les toitures avant que les troupeaux n'arrivent.

Il tombait une pluie froide qui sentait la neige.

1. Maître spirituel.

CHAPITRE XXXIII

Où l'on s'en va faire un tour chez les Yomouts

Deux semaines plus tard, il ne restait plus du déferlement de nuées que de rares charpies accrochées aux aspérités de la montagne. La cime du Kholkhot étincelait de blancheur. La triple barrière du Kopet Dagh chantait de tous ses bleus ravivés et les grandes orgues des falaises de Takkal Khou ravalées avaient retrouvé leurs écharpes d'ocre rouge. Chaque mont, chaque colline rappelait à notre mémoire des détails que la brume de l'été nous avait dérobés et la terre désaltérée libérait les parfums d'un sol qui se dilate et respire.

L'air était vif, stimulant, le ciel rajeuni, les horizons élargis, mon cheval dansait sous moi, les troupeaux des Moudjinis qui passaient au loin parlaient de route et d'étapes : il me prit des envies de voyage.

Je connaissais la plaine caspienne, les villages de Djergalan et le Kopet Dagh, Gollidagh et sa forêt, le Haut Gorgan, l'Atrak entre Dachtek et Ghazenghaïe, bref ! tout le pays goclan. Agholi et les siens m'y avaient introduit de la plus belle des manières. Mais cette quasi adoption, cette place faite pour moi dans leur quotidien, m'y avait également enfermé. Or là-bas, de l'autre côté des crêtes de Chélami, il y avait le plat pays des Yomouts, et je n'y étais encore jamais vraiment allé.

Cette énorme tribu à cheval sur la frontière occupe un territoire immense qui va de la mer Caspienne au delta de l'Amou Daria sur la mer d'Aral. Opportunément traversée par les anciennes pistes caravanières qui menaient du Gorgan à Boukhara en passant par Khiwa, il n'est pas un voyageur du siècle passé qui ne l'ait mentionnée. De nos jours, c'est elle que l'on rencontre, dès que l'on s'écarte un peu de la grande route de Téhéran à Meched, quand on s'en va visiter Gonbad-e Kavous ou le marché en plein vent de Pahlavi Decht. Elle est si forte et si présente qu'elle finit par occulter les autres groupes vivant dans des secteurs moins faciles à parcourir que la plaine littorale. Qu'un ethnologue ou qu'un touriste un peu plus curieux que les autres évoque les Turkmènes d'Iran, c'est presque à chaque fois des Yomouts qu'il entretiendra son auditoire. Paradoxalement, alors que je vivais dans cette région depuis des années, c'est cette tribu-là que je connaissais le moins !

*
* *

Au printemps passé, à l'époque où nos douces illusions nous faisaient voir Kara Mach vainqueur à Gonbad et Maryam quatrième bru d'Agholi, Raïdjab s'était lié, sur le champ de course et pendant ses errances, avec un jeune Yomout. Ce garçon se prénommait Oteuz et cousinait vaguement avec notre *séïs*. L'évidente sympathie qui les avait alors rapprochés me revint à l'esprit fort à propos pour, en la rappelant à Raïdjab, lui faire admettre qu'il y avait chez les Yomouts des gens agréables à fréquenter, comme partout. Il en convint de bonne grâce. Oteuz avait été un ami loyal, auquel il n'avait pas hésité à confier Kara Mach, et à qui il avait même promis de rendre visite à l'occasion. Eh bien ! Cette occasion je la lui donnais avec ma lubie. Pourquoi ne prendrions-nous pas Qarnak, son village, comme but du voyage ?

La neige du Kholkhot commençait à s'évaporer. La montagne depuis lors n'avait pas fait mine de recoiffer le turban de nuages qui, en cette saison, annonce infailliblement un changement de temps. Il n'y avait pas trace non plus du rouleau de pluies qu'ourlent aux crêtes de Gollidagh les nuées accumulées arrivant de la Caspienne. Nous pouvions légitimement espérer une semaine de beau temps.

*
* *

Sous le regard envieux des cadets, nous partîmes tôt le matin et, tout au long de la vallée d'Ammand, les saluts et les souhaits de bonne route nous escortèrent jusqu'aux solitudes du défilé de Gheysar.

L'Atrak, pour ne pas être réduit au sort calamiteux des fleuves avortés qui meurent étouffés par leurs propres déjections dans la honte de l'endoréisme, jette contre la montagne en cet endroit la force des eaux qu'il a draînées au Khorassan. Il s'y écorche passablement, rage et écume. Mais après avoir ouvert une plaie profonde aux flancs du Kopet Dagh il finit, victorieux, par déboucher sur la steppe caspienne.

Grossi par les dernières pluies, l'Atrak roulait de toute sa musculature retrouvée. Il recreusait son lit, pareil à un animal qui fait sa bauge, et quand, avec de l'eau jusqu'aux étriers, nous franchissions un de ses bras, nous sentions filer le sable et le gravier sous le pas précautionneux de nos montures. De maigres touffes de roseaux, cramponnées comme des débris de naufrage sur le front croulant des pierriers, ne suffisaient pas à habiller d'une illusion végétale ce paysage étroit fait d'ocre et de gris mêlés. L'eau, furieuse elle-même, y avait la couleur de la pierre. Un vent triste et inamical soufflait à rebrousse courant, chargé d'effluves boueuses et d'embruns.

En cheminant à l'ombre froide des falaises, minuscules dans ce repli du dos écailleux de l'Asie, c'est à peine si nous avons échangé dix paroles tant étaient loin le ciel au-dessus de nous et impérieuse la voie du fleuve.

A la sortie des gorges, sur les rives soudain rabaissées, des femmes en rouge et bleu, en orange, s'éparpillaient dans les cotonniers comme en vendange. Elles amassaient une récolte neigeuse dans d'énormes sacs de jute qu'emportaient des bourricots, à petits pas, ensevelis sous ces édredons joufflus. Sur notre rive, droit devant, s'érigeaient les tumulus jumeaux de Ghoché Teppé, pareils à deux seins. Les excavations laissées par les chercheurs de trésors mettaient comme de légères cicatrices sur cette étrange poitrine dans le giron de laquelle, douillettement déposé, je découvris mon premier village yomout.

Le jour déclinait sensiblement. Des vols de tourterelles mauves passaient et s'abattaient sur les tamaris du fleuve.

*
* *

A Ghoché Tépé, trois ou quatre yourtes sont plantées devant des maisons sans véranda. Elles sont en bon état, preuve qu'elles n'ont pas été déchues de leur rang d'habitation, comme chez les Goclans. A l'entrée de l'une d'elles, un jeune homme qui s'aprêtait à enfourcher un âne stoppe net son élan pour nous regarder passer. Il reste ainsi à nous dévisager avec une telle attention que l'envie me prend de lui demander ce que nous avons de si extraordinaire. Mais il ne m'en laisse pas le loisir car son visage s'éclaire soudain :

— Hey !… Mais tu es Raïdjab ! s'exclame-t-il.

— ....! Et toi Moughi !

Raïdjab a sauté à terre, et les voilà, sous l'œil rond de leurs montures respectives, qui s'embrassent et se rembrassent avec fougue, tendresse et enthousiasme. Puis, passant à de plus rudes contacts, ils se bourrent de coups de poings et de grandes claques dans le dos en se gratifiant d'épithètes aussi peu raffinées que chaleureuses. De toute évidence, Raïdjab semble éprouver une affection ancienne et vigoureuse pour cet inconnu, et réciproquement.

Je dois avoir l'air du monsieur qui se pose des questions, car, cessant brusquement ses effusions, Raïdjab prend le garçon par la main et l'emmène vers moi :

— C'est Moughi... Moughi !... Tu sais, celui avec lequel j'ai à moitié tué le sergent, à Routchan !

— Euh... ! Non, je ne savais pas que tu avais fait ça.

— Mais si ! Je te l'ai raconté !...Ce sergent qui était toujours à nous embêter... Un jour il s'est mis à insulter Azrat-e Omar[1] pour provoquer Moughi qui l'a fichu par terre avec un coup de poing dans la figure. Ils se sont battus. Moughi avait pris un coup sur la bouche et saignait pas mal. Moi, voyant cela, j'ai attrapé le sergent. C'est qu'il cognait dur ce fils de damné !

— Eh !... Je l'aurais bien démoli quand même tout seul ! intervient Moughi en envoyant un coup d'épaule à son sauveteur.

— Ouais! Peut-être ! De toutes façons nous l'aurions certainement tué si les copains n'étaient pas intervenus !

— Et alors ?

— Alors, nous nous sommes retrouvés en poste dans la montagne, à surveiller la frontière russe, du côté de Darré Gaz. Dans un sens c'était mieux qu'à la caserne, mais on n'y mangeait pas aussi bien !... Tu te souviens, Moughi, de la poule du Baloutch ?... Ah ! Ah ! Ah !... Et de l'officier qui volait tout le sucre !... Et du jour où nous dormions tous quand le capitaine est venu en inspection ?

Et se tenant par le cou et par la taille ils recommencent à se féliciter de l'heureuse coïncidence de cette rencontre, mêlant leurs bourrades à leurs souvenirs militaro-picaresques. Qui oserait prétendre en les voyant que Goclans et Yomouts sont d'irréconciliables ennemis ?

---

1. Sa Sainteté Omar, compagnon du Prophète et second khalife. C'est lui qui fit la conquête de la Perse et conduisit les Arabes jusqu'en Asie Centrale. Il est honni par les chiites qui l'accusent de s'être emparé indûment du Khalifat qui aurait dû revenir à Ali. Le fait qu'il les ait vaincus ne l'a pas non plus mis très haut dans le cœur des Perses.

Mais Moughi s'interroge sur notre présence, en cette fin de journée, sur des chemins qui ne nous sont pas habituels. Nous l'éclairons.

— Ah ! Vous vous promenez ! Et celui-là veut voir des Yomouts ! Eh bien qu'il me regarde : j'en suis un, issu de bonne semence !

Les Goclans n'ont pas toujours raison, quand ils disent les Yomouts petits, face plate et jambes torses. Certes Moughi n'est pas grand et son faciès d'asiate pourrait être celui d'un Chinois du Nord. Mais il n'est pas laid ! Sa physionomie ouverte attire immédiatement la sympathie. Il a le nez droit et joli, entre deux pommettes saillantes qui virilisent, en le creusant un peu, un visage à l'ovale à peine accentué. Sous la double arcature noire de ses sourcils jointifs, ses yeux verts — bridés, bien entendu — ne demandent qu'à s'accorder à la spontanéité malicieuse d'un rire étincelant. Il reprend :

— Et s'il veut voir d'autres Yomouts le mieux serait que vous veniez passer la soirée et la nuit chez moi. Ma famille est à deux *farsaqs* d'ici, au bord de l'Atrak.

*
**

Je me demande comment Toutli[1] a bien pu mériter son nom. Il n'y a aucun mûrier aux alentours. Les seuls arbres qui essaient d'avoir une contenance sont de maigres vernis du Japon, assez semblables à des plumeaux montés en graine. Quelques carrés de coton, visiblement éprouvés par la sécheresse, délimitent un espace imprécis sur lequel maisons et yourtes forment une agglomération désordonnée.

Tous les villages de l'arrière-pays yomout que je verrai par la suite présenteront, peu ou prou, un aspect similaire. Un relent de provisoire flotte autour de leurs maisons sans apprêt, à peine terminées. On y voit des fenêtres murées, le crépi est souvent bâclé, la véranda inhabituelle, les portes mal ajustées à leur encadrement. Ces habitations à pièce unique, presque cubiques, paraissent tombées d'un cornet à dés et jetées au hasard sur des plaines sans arbres que l'été poussiéreux pétrifie en une dalle blanche. L'hiver les cerne de boue et les écrase sous ses nuées basses qui vont, déroulant leur baldaquin de pluies grises, d'un bout de l'horizon à l'autre.

Alors que l'habitation goclane sait rechercher la meilleure orientation pour sa grande façade, orner de sculptures à la gouge les chapiteaux de

1. « L'endroit où il y a des mûriers. »

sa véranda, aligner sa colonnade et en valoriser la perspective sur un rehaussement de terrain, la maison yomoute ne s'est pas vraiment habituée à sa sédentarisation. Elle souffre encore du complexe de la yourte.

Elle s'encombre d'un mobilier hétéroclite à base de bidons, de sacs, d'outres et de tapis empilés. Ses murs se hérissent de taquets auxquels pendent batterie de cuisine, vêtements, matériel de tissage, portrait du Chah, souvenirs de La Mecque, serviettes éponge, miroirs et mille autres inutilités indispensables. Très vite leur intérieur prend l'aspect crasseux d'un campement nomade qui se serait éternisé.

*
* *

A Toutli, yourtes et maisons se disputent sans pouvoir se départager. L'habitation d'une famille n'est en fait qu'un ramassis de cellules qui fait un cercle approximatif autour d'un espace central. Que chacun de ces blocs soit de pisé ou de feutre n'est pas le plus important.

Moughi nous indique vers lequel de ces regroupement nous devons nous diriger, et nous nous arrêtons face à deux grosses yourtes qui semblent veiller sur une plus petite et plus basse.

Tout autour de la placette, avec les trois tentes, se trouvent également une construction aveugle cubique, la ruine d'une autre qui devait lui ressembler, et le toit au ras du sol d'une bergerie souterraine à la mode de la région. L'arrière de chacune des grandes tentes est protégé par une rangée de faisceaux de cannes qui, à une enjambée d'intervalle, s'arrondissent en demi-cercle à deux mètres de leurs parois. Clôture ?... Décoration ?... Brise-vent ?

Un étalon, devant son auge, s'énerve à la vue de nos montures et rue dans sa longe. Les chiens nous font un concert de pure forme, sans insister, puisque leur maître nous accompagne. Trois dromadaires baraqués au pied de la ruine, absolument indifférents à notre intrusion, yeux mi-clos et lippe dédaigneuse, continuent à ruminer en déplaçant latéralement leurs grandes dents jaunes sous leurs lèvres verdies par une bave mousseuse. Des poules et des poulets à longues pattes d'échassiers courent dans tous les sens.

Deux jeunes garçons, arrivés en courant, nous jettent un *salam* essoufflé et, nous prenant les rênes des mains, se mettent en devoir de s'occuper de nos chevaux. Du cercle d'habitation le plus voisin, des curieux se sont approchés, des hommes mais aussi des femmes avec des bébés sur les bras, qui se sont jointes au groupe que forment, devant une des tentes, celles de la famille qui nous reçoit.

Pendant qu'au premier rang, dans un mutisme intéressé, les gamines nous regardent mettre pied à terre et faire jouer nos articulations un peu raidies, les mères et les plus grandes, à l'arrière, commentent le spectacle imprévu que nous donnons. Ce qu'elles se disent doit être assez réjouissant, car je les entends glousser et étouffer de petits rires perlés sous leurs voiles.

Mais qui est spectateur en l'occurrence ?

Parmi elles, il est d'assez rafraîchissants minois. Une surtout, d'environ vingt ans, un joli bébé bien propre à cheval sur sa hanche, ne semble pas avoir la langue dans sa poche. Elle s'est bien rendu compte que je l'ai remarquée mais ça ne lui fait pas pour autant baisser les yeux, ni taire ses commentaires ironiques. Avec son poupon tout nu, potelé et réjoui, elle est belle comme une madone un peu coquine.

Il y a dans les traits menus de son visage presque rond quelque chose de ferme et de volontaire qui rapelle Moughi. Elle en a également les sourcils effilés posés en arc double sur l'aigue marine de son regard moqueur. Je parierais volontiers qu'il s'agit de sa sœur. Sa bouche « en bouton de rose » aurait fait se pâmer un miniaturiste safavide. Beauté classique s'il en fut sous le soleil de la Perse, elle ne semble pourtant pas cultiver la langueur évanescente des idoles qui humaient les sempiternelles roses d'Ispahan. Elle est vive, et ses gestes sont décidés, presque brusques. On la sent lisse et fine, mais aussi dure et musclée.

Mon effort d'imagination — quelque peu indiscret — n'est pas facilité par un costume qui, de toute évidence, n'a jamais été conçu pour ça et ne l'avantage guère.

Ici pas de hennin, mais un turban plat, de couleur rouge, dont le nœud vient faire une protubérance au-dessus du front. Le bord du simple châle plié en triangle qui y est épinglé avance en visière, tandis que les trois pointes viennent couvrir les épaules et pendre dans le dos. Pas de cache-bouche non plus pour venir couper le visage sous le nez. La robe, souvent unie, tend de préférence vers le bleu et le vert. Elle tombe sans ceinture sur des pantalons aux jambières effectivement plus hautes, de trois doigts, que celles en honneur dans les autres tribus. C'est l'impudeur de ces chevilles nues qui fait froncer les sourcils aux Goclans de bonnes mœurs. Les broderies qui parent l'encolure de la robe et ces jambières tirent elles aussi sur le vert et le bleu, avec de larges apports de mauve et de jaune. Dans l'ensemble, un groupe de femmes yomoutes ne brille pas de cet éclat rouge, orange, jaune et noir qui fait flamber les autres femmes turkmènes.

N'utilisant pas de hennin, les Yomoutes n'ont ni la stature ni l'incomparable port de tête que donne une telle coiffure. Leur voile posé bêtement sur le turban rapetisse une silhouette par ailleurs élargie du bouffant d'une robe qui va s'évasant depuis le dessous des bras. Elles vont volontiers pieds nus et, peu farouches comme la plupart des femmes nomades, elles se laissent dévisager sans faire trop de manières. Sans doute se dégage-t-il d'elles moins de mystère, mais ce qu'elle perdent en allure est compensé par une impression de plus grande liberté de mouvement et de comportement. Ce qui n'est pas sans charme non plus.

Un vieillard, qu'une sorcière desséchée a aidé à enfiler ses socques de caoutchouc, sort de la plus proche des yourtes et vient à nous. Moughi nous le présente :

— C'est mon père ! Il a des rhumatismes !

Le géronte, très gravement, nous invite à entrer dans la tente.

Sitôt la porte franchie, c'est pour moi une révélation, un émerveillement soudain devant l'ingénieuse beauté du système qui permet à ces coupoles de feutre de s'arrondir[1]. Instinctivement j'ai levé les yeux vers cette voûte rayonnante, vers le claveau aérien de sa roue sommitale.

Légère et chaude, la yourte m'accueille en m'entourant de son architecture savante où se conjuguent en harmonie le bois, le cuir et la laine. Je pense au ventre de la baleine, creux et protecteur comme une cathédrale, comme elle voussuré. Je pense à quelque vaisseau gothique, à une salle capitulaire dont on aurait abattu le tronc du palmier central et qui resterait miraculeusement épanouie sans s'effondrer. Je pense à un parachute une moitié d'orange, à une demi-calotte terrestre avec tous ses fuseaux horaires. Je pense au Gour-e Emir, le tombeau azuré de Teymour à Samarkand : cette yourte immense qui aurait enfoncé l'empreinte de son dôme dans le ciel.

---

1. La tente des Turkmènes d'Iran présente un dôme semi-sphérique, légèrement écrasé. Cette forme est due aux arceaux de l'armature qui sont découpés à la scie dans des billes de chêne et cintrés ensuite à la vapeur. Ailleurs en Asie Centrale la rareté du bois d'œuvre ne permet pas un tel raffinement technique et les bois qui forment la toiture sont le plus souvent des perches à l'arcature moins prononcée, voire absoluments droites.

Ce qui se passe en moi doit être facile à deviner : je suis resté debout au centre de la tente, le nez en l'air, à bader comme un Japonais visitant la Sixtine. Raïdjab, après m'avoir tiré par la manche pour me rappeler aux convenances et me faire asseoir, m'oblige au rite incontournable des salutations. Puis, très didactique, me précise au cas où je ne l'aurais pas encore compris :

— C'est l'habitation des Yomouts !

Il doit me croire tout à fait ignorant car il continue :

— Autrefois, tous les Turkmènes vivaient dans des maisons comme ça !

Moughi, lui aussi, apporte sa pierre à ma culture :

— *Aladjiq* ! *Kara euy* ! : *Aladjiq* c'est la tente... *Euy* c'est l'habitation, en terre, en brique, en feutre, en n'importe quoi. Quand on dit *kara euy* on parle d'une maison noire, et c'est forcément une tente car le feutre noircit toujours en vieillissant. Quand la tente est neuve, que le feutre est encore clair, on dit *aq euy* : la maison blanche !

— Mais alors : la *yourte* ?

— *Yourte* ?... Ce sont deux ou trois, ou quatre *aladjiqs* ensemble.

— Ah bon ! Et quand elles sont dix ou vingt ?

— Alors c'est l'*oba* ! La *yourte*, c'est pour la famille. L'*oba* c'est pour tout le clan !

— Je peux dire alors, que cette... *aladjik* est une grande *kara euy* ?

— Oui, elle est assez vaste. Mais on en voit de plus grandes. Si vous alliez à Kerkowli, de l'autre côté de l'Atrak, vous en verriez une où quarante personnes peuvent tenir assises. Elle sert de mosquée !

— J'en ai aperçu une toute petite contre celle-ci ?

— C'est une *wetekmé*.

— Et qu'a-t-elle de particulier ?

— Elle n'a pas de parois en lattis croisés comme les grandes. Sa coupole est posée directement à terre. Elle n'a pas de... de... de *wet* !

Un éclat de rire général vient souligner ce mot sur lequel Moughi semble avoir trébuché.

— De quoi ?... Qu'est-ce qu'elle n'a pas ?

— De *wet* !... de cul ! me traduit Raïdjab rigolard.

Mais Moughi continue :

— Il existe aussi une troisième forme de tente. Elle est longue. C'est une suite d'arceaux en enfilade sur lesquels on tend un feutre. Sa base est donc rectangulaire au lieu d'être ronde. C'est la *tchatma*. Mais on ne l'utilise plus beaucoup.

Entre mes deux professeurs, je répète docilement ces noms crochus qui ne sortent de mon gosier qu'en se faisant prier ou, au contraire, partent comme des éternuements. Ces tentatives réjouissent fort le père de Moughi, ainsi que la carabosse qui semble veiller sur lui. Mais s'il sourit c'est tout de même en encourageant de hochements de têtes mes efforts d'articulation. La vieille par contre s'esclaffe tout de bon. Elle grelotte et grince de joie, en ouvrant sans vergogne sa bouche rose de nourrisson, avec une spontanéité surprenante dont aucune femme goclane — même d'âge canonique — n'oserait faire montre.

La glace est on ne peut mieux brisée.

Pendant que l'on nous sert le thé, Raïdjab renseigne le maître de maison sur mon origine, ma tribu, mon nom, ma religion, ma situation de famille et ma profession. Je fais celui que cela ne concerne pas et continue de promener des yeux tout neufs autour de moi.

Le feutre qui, d'une seule jetée, recouvre le sol, a la forme d'un U dont l'ouverture est dirigée vers la porte. Ceci permet de se déchausser à l'intérieur sans salir et laisse libre la place du feu. Je constate que, contrairement à une idée préconçue, le foyer n'occupe pas le centre de la tente, mais se déplace vers l'unique ouverture. En y réfléchissant, je trouve cette disposition très judicieuse, car le courant d'air qui se forme entre la porte et le trou d'aération au sommet de la coupole, happe la fumée aussitôt. S'il en était autrement, elle remplirait le dôme avant de s'échapper.

A détailler la disposition du feu, je comprends tout d'un coup cette habitude qui m'avait paru bizarre, de placer, dans les maisons turkmènes, le poêle en tôle à un mètre cinquante de la porte, quelles que soient les dimensions de la pièce à chauffer. J'avais aussi très souvent remarqué que, même par les plus grands froids, cette porte n'était jamais tenue fermée par ceux qui se tassaient autour du feu. Le Goclan a peut-être abandonné la *yourte* — pardon ! l'*aladjiq* ! — depuis des générations, il n'en continue pas moins à placer le feu, même mis en cage, à sa place traditionnelle. Tout comme il ne sait toujours pas tenir les porte closes, obéissant au réflexe qui permettait à ses ancêtres de ne pas s'enfumer.

*
* *

La vieille se bat contre un poulet-héron qu'elle vient d'écorcher. Elle tente d'en faire des morceaux. Mais dans sa mort, l'oiseau ne s'est pas encore rendu et s'oppose à ce découpage avec la dernière énergie. Le père s'est isolé pour l'avant-dernière prière et Raïdjab échange avec Moughi des souvenirs qui ne me m'intéressent en rien. Tant mieux ! Je continue mon inspection.

Faisant face à l'entrée, une robuste étagère peinturlurée posée sur quatre pieds inégaux expose comme un vaisselier toute une batterie de théières disparates et leur accompagnement de petits bols en porcelaine. Sur la planche supérieure, bien bordé dans un *palas*[1] finement rebrodé qui le dissimule, est empilé le couchage de la maisonnée. Cet échafaudage excepté, le principal de l'ameublement consiste en grandes poches de tapis ou de *kilim*.

Elles sont suspendues au treillis de bois qui arme les parois de la tente. Leur forme et leur dimension dépendent de leur destination et de ce qu'elles sont censées contenir. La plus importante occupe presque un cinquième de la circonférence de la pièce. Profonde de soixante ou soixante-dix centimètres, on y a rangé de la vaisselle plate, composée surtout de plateaux ronds en cuivre étamé. D'autres, d'une semblable profondeur, moins longues mais dépassant presque toutes le mètre, sont gonflées de ce qu'ailleurs on serre dans les coffres ou que l'on entasse dans les niches du mur. Cuillères, fagot de brochettes, fuseaux, rouleaux à pâtisserie (qui ressemblent plus à de longues et robustes aiguilles qu'aux rouleaux que nous utilisons), lames de bois en forme de coupe-choux qui servent à écarter les lisses sur les métiers à tisser, louches et écumoires, grands couteaux, bref ! tout ce qui est oblong, allongé ou pointu est glissé dans des bourses plus étroites.

Ce mode de rangement fait tout autour de la pièce une frise très décorative. La fantaisie des tapissières s'est donnée libre cours dans l'imbrication de motifs en peignes ou en arêtes, dans la dentelure crantée des frises, dans la complexitée crochue du style yomout le plus pur. Elles ont déployé un goût hardi et une virtuosité étourdissante dans le choix des formes et des couleurs, dans l'équilibre des compositions géométriques. Tout ce travail d'une féerique patience rayonne d'une authenticité que je n'ai pas trouvée dans celui des femmes de Djergalan, pourtant plus raffiné, mais à but commercial.

C'est qu'ici chaque bourse, chaque poche, a été conçue pour meubler le foyer, y être utilisée ; pour réchauffer et décorer le logis. Quelques unes ont des harmonies douces et fondues qui sont la marque d'un usage s'étalant sur des générations. Les longues franges qui les

1. Nom local du tapis tissé appelé ailleurs *kilim* ou *guilim*.

prolongent, en alternant les couleurs dominantes de leurs dessins, ne sont plus, pour certaines, que de maigres effilochures. Mais leur velours reluisant a la patine des choses très anciennes, évocatrice de toute une histoire domestique simple et quotidienne.

Plus je regarde, plus je découvre. Le moindre des objets, le plus fonctionnel d'entre eux, porte la touche de luxe modeste qui le rend vrai. Par exemple : cette housse brodée dans le goût des feutres de selle, ornée de perles cousues, et qui protège... le poste à transistor ! Ces deux poignées qui servent à saisir sur le feu les chaudrons et les casseroles : chez nous elles seraient de vulgaire molleton — à condition qu'on ait pris la peine d'en fabriquer quand un torchon fait si bien l'affaire pour sortir un plat du four ! Eh bien, les *tuteuch* que j'aperçois suspendues au chambranle droit de la porte sont deux petits triangles de tapis, accouplés par un cordon tressé, frappés d'un motif solaire qui éclate vers les trois coins en flammèches aiguës.

Et cet épais ruban de laine tissée qui fait le tour de la coupole, là où les lattes s'incurvent, en se nouant à chacune d'elle pour maintenir régulier leur écart ? Rien de plus utilitaire ! Peu importe, il se mouchette et s'écaille de motifs orange, noirs, rouges et blancs qui varient et se poursuivent joyeusement au dessus de nos têtes. Il en est de même pour la large ceinture de kilim qui cercle la tente et en rigidifie les flancs. De grands losanges émeraude et violets d'améthyste, ocellés de flocons orangés et pourpres y dessinent une chaîne vigoureuse et superbe. Pourtant, prise entre l'armature de bois et le feutre de la couverture, on ne la découvre guère qu'en soulevant les longues franges des bourses suspendues qui cachent ce qu'on pourrait en apercevoir entre les croisillons du lattis.

... Jusqu'à la corde, qui pend du haut de la voûte et qui sert au réglage de l'ouverture d'aération ! Elle n'a pas échappé non plus au besoin d'enjoliver qui semble démanger les doigts de toutes ces façonneuses de laine. Sous le goudron qu'y a déposé la fumée, on ne peut plus reconnaître la couleur primitive des pompons qui l'enguirlandent, mais les pompons sont là !

*
* *

La vieille est enfin venue à bout de son poulet. Il lui a tout de même fallu, pour cela, accepter l'aide de la jeune femme que j'avais remarquée tout à l'heure. Espérons qu'à la cuisson l'oiseau perdra un peu de sa pugnacité. Le père a roulé son tapis. Raïdjab et Moughi achèvent de passer en revue les effectifs de la caserne de Routchan en 1969... et moi, j'en suis toujours à mon observation de la tente.

Moughi me dit que les bois de son armature ont le même âge que lui et qu'on s'est contenté d'en renouveler les feutres de temps en temps. Selon lui, si ce type d'habitation se maintient encore, c'est à cause des tremblements de terre. Il suffit que le sol frémisse un peu fort pour qu'en un rien de temps réapparaisse la tente chez ceux qui avaient tendance à l'abandonner.

Il doit certainement y avoir un peu de vrai dans ce que dit Moughi car sous un tel toit on ne risque pas de périr écrasé par la chute d'une poutre. Mais pourquoi la yourte est-elle devenue si rare chez les Goclans ? Les séismes seraient-ils moins à craindre chez eux ? Il doit y avoir pourtant une autre raison, plus logique, à cette survivance ? C'est le père de Moughi qui me renseigne :

— Moughi oublie de te dire que nous sommes *charwas*. Les Goclans, eux, sont tous *tchomirs*[1].

Tous les ans, au printemps, la famille déménage. Je ne parle pas ici de la seule famille de Moughi, mais de toutes celles qui en pays yomout ont un cheptel un peu important.

Avec femmes, enfants, grands-pères et grands-mères, on va s'installer là-bas, dans les collines où l'herbe est plus verte et plus drue qu'aux alentours râpés du village. On y retrouve le vallon où l'on a campé l'an dernier. On y reste tant que l'herbe est juteuse, en vivant au rythme du troupeau et de l'ouvrage qu'il donne : tonte, traite, foulage du feutre, fabrication du beurre, séchage du yaourt...

Les villages s'assoupissent à cette époque. Quelques ménages y maintiennent une vie ralentie : il y a le coton à irriguer et les maisons à surveiller. Tous les autres sont partis, emportant dans la transhumance jusqu'aux poulets, jusqu'au chat : *Charwa* !

C'est pour cela qu'on garde la tente. Pour la planter au printemps sur un horizon d'herbe que la charrue n'a pas encore violé, sur cette steppe où l'âme se retrempe, et qui, l'espace d'une saison de traite, retrouve les hommes qu'elle a façonnés.

---

1. *Charwas* : les groupes qui pratiquent l'élevage et une transhumance ; *Tchomirs* : ceux dont l'agriculture est la source principale de revenu. Etre *charwa* est valorisant, car c'est le signe d'un respect de la tradition ancienne.

Les vallées silencieuses où habitent les renards gris, et les plateaux venteux qu'à l'ordinaire on traverse comme des mers, se peuplent tout d'un coup. Et la brise s'y charge en passant des pleurs d'un d'enfant, de voix lointaines, du bourdonnement d'une flûte et de bêlements, emportant au large des campements leur odeur chaude de crottin et de fumée, mêlée à celle du lait suri.

Quand les blanches graminées se hérissent, immobiles sous l'été, et que la source du lait se tarit, on revient au village. La yourte remise à quai retrouve ses amarres serviles et côtoie à nouveau les constructions enracinées. Celui qui ne sait pas — comme moi aux premiers jours — s'étonne alors de leur sombre présence insolite.

*
* *

— Explique-moi ! Dis-moi !...

Aujourd'hui, je suis élève, de tout mon cœur, et Moughi se fait mon professeur, de bonne grâce et très simplement. L'intérêt que je montre pour son cadre de vie le surprend, l'amuse aussi un peu.

Par exemple : cette impressionnante collection de sacs et de poches qui fait sa ronde autour de la tente, il me la détaille et me la commente, allant jusqu'à décrocher les plus belles pièces pour que je puisse les admirer à l'aise.

... De ce *tchowal*, il ignore la provenance. Il l'a toujours connu. Il ornait la tente de son grand-père et peut-être celle de son arrière grand-père ! C'est dire s'il est vieux. Quant aux deux *torbas*[1] jumeaux, de part et d'autre de la porte, ils sont l'œuvre de sa sœur aînée. Le grand *tchowal* jaune et grenat, c'est sa tante qui l'a fait avant de se marier. Les trois autres qui lui font suite — une paire d'un rouge rubis et une belle pièce en *palas* vieux rose, pavée de croix bleu ardoise — ont été apportés par sa mère quand elle est venue vivre ici.

... Apportés par sa mère le jour de son mariage ? Me revoilà avec un autre pourquoi aux lèvres. Accoutumé à voir les fiancées arriver les mains vides dans la maison de leur époux, je m'étonne de cette phrase. Mais Moughi au lieu de me répondre ne fait que renforcer ma surprise en poursuivant :

1. *Tchowal*, *torba* : nom des différentes sortes de poches qui servent au rangement dans la tente, mais aussi à transporter le matériel et les denrées pendant les déplacements.

— ... Ce ne sont pas les seules choses qu'elle ait amenées. Il y avait aussi deux grands tapis, des fontes de selle, et...

Le père vient à son secours. Il se souvient, lui !

— Le tapis de prière, quatre fontes pour les chameaux, et un *djoul* à bandes de *palas* et de tapis alternées !

— Une fortune !... Mais quoi ? Chez les Yomouts, paierait-on le marié pour qu'il épouse ?

Cette supposition les amuse, Raïdjab aussi. Moughi, que mon initiation enchante, rectifie :

— Quand nous nous marions, le père du garçon paie le prix de la fille, comme partout. Le jour du mariage, c'est la fête. Nous mangeons bien, nous faisons courir les chevaux... et tout ce qu'il faut. Le soir, nous mettons les deux époux ensemble pour qu'ils dorment ou fassent ce qu'il leur plaît de faire. Trois jours plus tard, nous ramenons la femme chez son père et elle y reste un an, parfois plus si son mari est trop jeune.

Tiens ! Pour te donner un exemple : mon frère qui a dix ans est déjà marié. Sa femme en a neuf à présent. Nous attendons qu'elle en ait quatorze ou quinze avant de les réunir! Comme ça, mon père qui est vieux a fait son devoir, il a marié ses deux fils. Maintenant il ne lui reste plus qu'à aller à La Mecque pour mourir tranquille !

— Bon ! C'est un système qui se comprend. Mais qui ne m'explique pas pourquoi ta mère a apporté tout cela en arrivant.

— Justement si ! Pendant tout le temps où elle est chez son père, la femme travaille. Elle fait des tapis, des sacoches, des *palas* et plein d'autres choses... qu'elle emporte quand elle s'en va vivre auprès de son mari. Ainsi ramène-t-elle une bonne part de sa dot. Le reste, c'est son père qui le garde. D'ailleurs, tout ce que la femme apporte à ce moment-là est à elle... Bien sûr c'est la famille qui en profite, et quelque fois le mari vend tout ça... mais avec sa permission ! Elle peut les remporter si jamais son mari la répudie, ou si elle reste veuve... Eh ! Nous ne vendons pas nos filles comme des juments : toutes nues.

Raïdjab a dû se sentir visé par cette dernière remarque qui critique implicitement la coutume en vigueur chez lui. Or il y a quelques inconvénients que Moughi se garde bien de souligner dans la méthode yomoute et il ne faudrait pas que je les ignore !

Raïdjab ne nie pas que ce retour de la femme au domicile conjugal les bras chargés de tapis, de *palas* et autres pièces d'ameublement soit une bonne chose. Ce qu'il récuse, c'est cette séparation qui intervient après les trois jours de noce... et ce pour un an ou plus.

Passe encore pour de très jeunes enfants, mais tous les Yomouts ne se marient pas à sept ans, comme le frère de Moughi ! Mais comment peut-on avoir le cœur de séparer de sa femme un garçon de dix-sept ans, surtout après qu'il l'a connue ! Et de son côté la femme doit trouver le temps bien long ! Une fille en âge de convoler peut y penser, mais elle est facile à garder tant qu'elle est vierge. Une fois femme, la chose est plus aléatoire... ! Raïdjab va jusqu'à comparer la frustration de la femme au besoin d'opium qui tenaille le drogué. Il faut donc que le mari rencontre sa femme nuitamment, en tapinois, au nez du père de la belle... sinon il ne donne pas cher de sa fidélité !

Je m'attendais à quelques vives réactions de la part de nos hôtes. Mais non ! Au contraire ! Ils approuvent sans réserve ce raisonnement, et Moughi surenchérit en racontant quelques-uns des rendez-vous secrets qu'il eut avec sa femme, au temps de cette séparation. Tandis qu'il en est à ces anecdotes, la jeune femme qui a aidé la vieille à découper le poulet et qui nous écoute, en tournant d'un joli mouvement de poignet sa cuillère de bois dans un petit chaudron où rissolent des oignons, est devenue toute rouge. Elle cherche à cacher sa confusion avec un coin de voile, mais ce n'est pas pratique pour faire la cuisine.

Aux petits « Hi ! Hi ! » ricanants que lui adresse la vieille en lui tirant dans le dos un pli de sa robe pour accentuer son embarras, et aux coups d'œil d'affection moqueuse que, sans s'interrompre, Moughi lui lance en coulisse, je m'aperçois que je m'étais trompé en la prenant pour sa sœur. Eh bien, ce n'est pas plus mal, ils sont joliment accordés ! Elle finit par rire quand son époux se décrit peu flambard devant les chiens de son beau-père. Ma foi ! ces souvenirs ne me semblent pas leur être à tous deux trop désagréables.

Mais c'est très mignon tout ça ! Chez les Yomouts, madame est donc courtisée ! Elle a droit à ces petites peurs délicieuses qui fleurissent dans la clandestinité amoureuse ! Son mari prend des risques pour elle ! (Oh ! Moughi ! tu es fou! Si papa nous surprenait...!). Simplement, on prend ici la précaution de procéder au mariage avant !

C'est une façon idyllique de voir les choses, car Moughi rejoint assez vite les préventions de Raïdjab en se faisant le rapporteur d'histoires moins fleur-bleue où « la dame à sa fenêtre » s'en est allée tromper son ennui et son abandon entre d'autres bras que ceux d'un époux peu empressé ou manquant de témérité.

De toute façon, il faut fréquemment ramener l'épouse au logis conjugal sans attendre la fin de l'année : un enfant à naître ne tient jamais compte des us et des coutumes de la société dans laquelle il s'annonce !... Personne ne s'en offusque ! Les trois jours de la noce et les trois premières nuits pendant lesquelles les deux époux ont fait connaissance ont bien une raison d'être !

*
* *

Il fait nuit. A côté de moi ils dorment tous, Raïdjab, Moughi, les deux gamins entremêlés, paisibles sous leur couette de patchwork.

Je ne veux pas dormir, pas encore, pas si tôt !

Ne rien perdre de la magie de cet instant qui m'emporte vers les Mongolies anciennes ; m'imprégner, dans le silence, de l'immobile giration de la yourte au-dessus de moi ; enfumée, ténébreuse, protectrice, millénaire.

CHAPITRE XXXIV

Moravé Tépé

— Quoi, trop haut !

Pendant qu'ils le harnachent, j'écoute Moughi et Raïdjab commenter les formes et la ligne de Kara Mach. Voilà bien la première fois que j'entends critiquer le Noir !

— Comment ça, Moughi ? Kara Mach te paraît trop grand ?

— C'est un tekké, c'est normal qu'il soit comme ça, mais pour jouer avec, il est trop grand.

— Jouer avec... ?

— Eh oui !... Sauter à terre et remonter en selle en plein galop, par exemple.

— Il y a des gens qui savent le faire par ici ?

— Moi !

Il a dit cela comme si la chose allait de soi, et c'est Raïdjab, soudain enthousiaste, qui me vante les prouesses dont Moughi est capable :

— Et il ne fait pas que ça ! Il fait le mort, suspendu à l'étrier. Il se cache derrière le cheval qui court et on dirait que l'animal s'est échappé. Il se met debout sur la selle... Quand il y avait une fête à Routchan, on lui faisait souvent faire la *tamacha*[1] pour les officiers, et...

Moughi l'interrompt :

— ... Oui, mais pour cela il faut un cheval assez calme, moins fougueux que le Noir et surtout moins haut. Il faut qu'il soit habitué à son cavalier. C'est mon père qui m'a appris. Autrefois, il était très agile et expert. Il dit que ces jeux et la guerre c'est presque pareil ! C'est sûr, il fallait être agile et être l'ami de son cheval quand on faisait des

---

1. A l'origine c'était une parade militaire, par extension ce nom a été donné aux spectacles donnés sur la place publique par les bateleurs.

chapawozs[1]... et nous, les Yomouts, nous sommes les meilleurs *alamantchis*[2] !

Et d'appuyer cette déclaration d'un bombement de la poitrine et d'un froncement de sourcils menaçant qui explosent dans un grand éclat de rire.

— Et tu fais ça souvent ?

— De temps en temps, quand il y a un mariage ou une fête.

— C'est quelque chose que j'aimerais bien voir.

— Tu veux ?... Eh bien attends !... Oh ! Mohammad ! Va chercher ma selle !

En moins de cinq minutes l'étalon qui avait salué notre arrivée hier est préparé. C'est un joli Yomout, bien membré, aux lignes plus ramassées que celles de Kara Mach, à l'encolure musclée et dont les sabots n'ont jamais connu de fer.

D'un coup de reins Moughi est en selle. Calmement il s'éloigne au pas et se met à l'amble sitôt passée la dernière yourte. Pour échauffer sa monture, en la maintenant à cette allure, il lui fait faire quatre allers et retours sur presque toute la longueur du village. Attirés par son manège, les voisins sont venus s'accroupir sur le bord de la piste et les gamins accourent en entraînant quelques chiens avec eux.

Alors qu'il touche pour la cinquième fois aux limites des habitations, Moughi talonne : « Yah ! ». Et le fouet, de sa main, est passé entre ses dents.

Juste à notre hauteur ses deux talons viennent de toucher terre. Sa main a blanchi sur le pommeau, mais il rebondit, comme propulsé par une charge qui aurait éclaté sous ses pieds. Hop ! Hop ! Hop ! Sur trois temps : en selle, à terre, en selle ! Une fois à droite, une fois à gauche ! Tandis que galope son petit Yomout pommelé !

A l'autre extrémité du village, il a fait pivoter son cheval. Ses paumes ont claqué sur le cuir patiné de la selle d'où il vient de se soulever. Debout, il court à nous, les bras en croix...

— *Yah* ! *Yah Allah* ! Les spectateurs se sont levés.

— *Yah Allah* ! L'instituteur est sorti sur le pas de sa porte et ses élèves écrasent leur nez aux carreaux.

---

1. Razzias menées par un nombre réduit de cavaliers en maraude. D'autres razzias plus importantes revêtant l'aspect de véritables expéditions s'appelaient *alamanes*.
2. Participant à une *alamane*.

— *Yah Allah* ! Les femmes regardent et mordent la frange de leur voile.

Tout le monde a vu la balle, la flèche qui vient de le faucher. Devant nous Moughi s'effondre, glisse hors de la selle et les brides lui échappent. Son corps pend comme un sac défait, une loque, le visage frôlé par les sabots qui martèlent et volent. Son pied est resté pris dans l'étrier opposé au côté où il ballotte : cavalier mort, désarçonné, emporté au loin du champ de bataille par son cheval affolé... Mais sa main a rampé le long de son propre flanc, a suivi la cuisse jusqu'au genou. Elle a trouvé la tension de l'étrivière et, soudain ressuscité, le cavalier mort se redresse !

— Yaaaaaaah !

Et galope le petit Yomout !

*
* *

Moughi nous a laissé continuer. Sur le bord de la route, il s'est immobilisé, la main à demi-levée dans un au revoir suspendu. La sueur mouille son front et son étalon mousse blanc.

Comme ils me paraissent semblables tous les deux, râblés, vifs et vigoureux, joyeux dans leur essoufflement.

Un jour le Turkmène posa sa main sur le garrot du cheval :

— Nous sommes du même sang toi et moi ![1]

O Kipling! Jamais maître-mot ne fut plus justement murmuré !

*
* *

A mesure que nous marchons vers Moravé Tépé, les villages se font plus nombreux et les collines, qui cheminaient sur notre gauche, s'écartent à l'Ouest, à la suite du piedmont.

Paysage monotone, maigres cotonniers, méandres du fleuve au fond de sa large tranchée. Son cours limoneux s'envase, s'encombre d'ilots boueux et de tamaris tout emmêlés de débris blanchâtres pour s'être obstinés à peigner les crues. De larges zones d'un pâturage rongé s'allongent jusqu'aux lèvres abruptes du fleuve. Des troupeaux noirs, de moutons et de chèvres viennent y boire en longues processions. Leurs petits bergers, assis en rond au sommet d'une butte, interrompent leur partie d'osselets pour nous saluer. L'air est doux. Le fleuve sent l'eau épaisse. Des bisets passent en sifflant bleu.

---

1. Le Livre de la Jungle.

Chaque cavalier que nous croisons, chaque homme debout au bord du chemin, chaque femme apparue à la gueule noire de sa yourte, tend le bras dans le sens de la piste et agite la main au bout, comme un mouchoir, pour nous pousser en avant :

— *Djelow* ! *Djelow* ! Moravé Tépé, c'est tout droit ! Devant !

Quel besoin avons-nous de presser l'allure ? Nous allons comme des *hadjis* en voyage. La route est droite. A peine s'écarte-t-elle pour éviter l'entame d'un méandre. Bientôt midi, nous atteignons déjà les faubourgs de Moravé Tépé.

*
* *

La ville commence comme un village, avec des maisons en désordre mêlées aux yourtes. On y voit des chamelles ruminer, des chevaux au piquet sous leurs feutres, des ânes pensifs, des poulets coureurs pourchassant les mouches et les sauterelles.

Les femmes cuisent leur pain, traient des chèvres ou des vaches efflanquées, tissent en plein air de longues bandes rouges et noires, cassent des broussailles, attisent leur feu... Puis apparaissent quelques murs bas, ondulants et fantaisistes, érodés par les pluies, barbelés de vieilles ronces. Ils font semblant de défendre deux ou trois mûriers biscornus, de jaunâtres luzernières clairsemées, razziées par les chèvres vagabondes.

Chemin et murettes serpentent de concert, sautent les mêmes canaux, unissant leurs caprices pour aller ici et là.

Soudain, c'est le divorce. Le chemin ne comprend plus. Les murs s'écartent, se haussent, se veulent murs pour de bon. Comble de prétention : ils s'alignent ! Et la piste affolée va de l'un à l'autre comme pour les implorer, les supplier de perdre cette froide rigidité, de rompre cette perspective contre nature. Certains se laissent apitoyer. Alors ils s'effondrent, un peu, pas trop, juste ce qu'il faut pour qu'on puisse apercevoir ce qu'ils dissimulaient.

Il y a là, fissurés, prêts à s'entrouvrir et crachant leurs briques comme des esquilles d'os, quelques bâtiments incongrus. Ce sont des maisons qui durent être riches et belles, d'un style vaguement russe, à la mode du règne précédent, mais que l'abandon et les tremblements de terre ont irrémédiablement ébranlées. Leurs vérandas où subsistent encore quelques restes de stucs s'encombrent de gravats et de planches rongées de termites. Leurs toits de petites tuiles rondes pendent sur leurs façades lézardées, répandant à l'entour les débris rouges de leur couverture.

Mais le plus souvent les murs ne cachent rien d'autre qu'une yourte, une poignée de poulets, un veau noir, une chamelle laitière.

Dans ce semblant de ville, le chemin enfonce un tracé indécis pareil aux divagations d'un paysan qui se rend à la foire du bourg en poussant devant lui des génisses indociles. Il contourne les ornières fossilisées, vestiges d'un cloaque desséché que les pluies dernières n'ont pas réussi à ramollir. Il entre, en évitant de s'y noyer, dans la mare nauséabonde qui barre le passage d'un mur à l'autre et qu'a provoquée une borne fontaine dont le robinet brisé s'épanche. Il frôle la carcasse désolée d'une charrette et la charogne d'un âne qui offre l'impudique spectacle de sa cage thoracique béante, fouillée par les corneilles.

Depuis que nous nous sommes engagés dans la ville nous n'avons rencontré âme qui vive et, n'étaient ces trois cavaliers qui nous précèdent hors de portée de voix, nous pourrions la croire morte. Le silence de midi règne entre les murs où s'ouvrent plus de brèches que de portes. Nous nous taisons, pris par cette ambiance étrange.

A mesure que nous nous avançons, grandit en moi le sentiment d'avoir vu, ou vécu, quelque chose de semblable ; de déjà connaître Moravé Tépé. C'est pourtant la première fois que j'y viens. Mais tout me semble familier. Trois cavaliers devant nous, un âne mort, de la boue noire, des chiens faméliques, de longs murs pâles et crevés, un arbre à demi desséché, hémiplégique, des maisons jadis cossues et qui s'écroulent, des yourtes derrière les murs, des chameaux, de la poussière, du soleil... D'où me vient cette impression de revivre une séquence oubliée de ma vie passée ? Sensation tellement forte que je cherche malgré moi le détail qui stimulera ma mémoire, qui fera jaillir le souvenir dans toute sa précision.

... Et soudain il est là, alors que nous débouchons sur une petite place ronde où sommeillent quelques boutiques.

Sur un *takhté*[1], assis en tailleur, vêtu de l'ample caftan des religieux, enturbanné de clair, un homme indifférent fait glouglouter sa pipe à eau devant la porte crasseuse de la *tchaïkhané*[2]. C'est lui ! Je le reconnais !

---

1. Sorte de banquette en bois, qui sert de lit comme de canapé. C'est aussi le trône du Roi.
2. Maison de thé. Qui a le même rôle que le café du commerce.

C'est ce fumeur de *qalion*[1], cet habitant de Khiwa qui assistait, sans rien manifester, à l'arrivée pétaradante du représentant du Tzar dans la ville récemment soumise ! Je comprends : ce n'est pas de Moravé Tépé que je me souviens, mais d'une gravure du siècle dernier, vue je ne sais où. Les Russes qui entraient dans Khiwa y montraient de fringantes moustaches, de belles casquettes, des épaulettes, des fourragères, des tailles fines et des bustes avantageux. Leurs chevaux y arrondissaient ces effets de croupe que les chevaux de notre époque ne semblent plus savoir faire.

Devant eux il y avait la ville de terre et de briques ; la ville croulante et poudreuse où, çà et là, pointait un minaret tronqué, un portique aux faïences arrachées ; la ville dont les murailles ébréchées gardaient un reste d'alignement face à l'amas de yourtes et de cahutes de ses faubourgs ; la ville qui exhibait les tristes lambeaux d'une grandeur disparue et les stigmates de sa décadence ; la ville empreinte d'un morne fatalisme, apparemment vidée de ses habitants.

Ce fumeur de narghilé, immobile, apathique, tout en bas de l'image — placé là par le graveur soucieux d'équilibrer sa composition par un orientalisme de circonstance — voilà que je le retrouve à Moravé Tépé, presque identique. Du coup, derrière les murs absurdes et inutiles de cette bourgade décrépie que le soleil et le silence écrasent, il me semble que flottent les pans d'oubli qui ensevelissaient Khiwa conquise, prostrée dans sa déchéance.

*
* *

A l'époque où Reza Chah projetait de moderniser l'Iran, Moravé Tépé fut tirée d'un sommeil séculaire et promue au rang de sous-préfecture. On lui affecta une place ronde — modèle standard — et on la quadrilla d'avenues se coupant à angle droit, bordées de hauts murs qui délimitaient des ilots en damier. Ainsi elle pouvait devenir une petite ville claire, apte à accueillir toutes les structures administratives nécessaires à sa promotion.

Vinrent la guerre, l'occupation russe et des décennies d'instabilité. Alors, Moravé Tépé, comme Ammand, se rendormit sur l'ébauche de son urbanisation. Les arbres d'alignement s'étiolèrent et disparurent. Bâtiments officiels et maisons de fonctionnaires s'effritèrent.

---

1. Nom persan du narghilé, pipe à eau.

La piste qui depuis la plaine de Gorgan mène à Moravé Tépé, bien qu'indiquée sur les cartes comme étant carrossable, ne saurait, sans risques réels, être prise en hiver. C'est de cet axe, dont le projet d'aménagement est sans cesse reporté à l'année suivante, que dépend l'avenir de la ville[1].

En attendant son désenclavement, elle végète, offrant par endroits le surprenant aspect d'une ville fantôme.

Sur la place, un petit vieux nous indique, d'une canne tremblotante, la maison d'Ata Akhund. Nous passons devant le poste de gendarmerie. Appuyée sur le mur comme son fusil, une sentinelle débraillée baille d'ennui et répond mollement à notre salut.

Il fallait s'y attendre, Ata Akhund n'est pas là. Il n'est jamais là ! Si ce que l'on dit est exact, on a beaucoup plus de chance de le rencontrer à La Mecque et à Médine qu'en son logis de Moravé Tépé. Il est certain que ses grandes responsabilités, au sein du comité qui prépare chaque années le pèlerinage du Hadj, ne favorisent guère sa présence au foyer. De toute façon, qu'il soit chez lui ou non est pour nous secondaire, ce qui nous importe c'est qu'on nous reçoive et qu'on nous fasse bénéficier de son toit et de sa table.

La maison d'Ata Akhund a échappé à l'encerclement des murs. A la charnière du faubourg et de l'armature rigide de cette fausse ville, elle est posée sur le sommet d'un mamelon petit frère du *tépé* qui donne son nom à la ville. Le site est superbe.

L'Atrak s'écoule en contrebas, large et sinueux. La rive opposée, encore iranienne[2], nue et inculte, sert de pâturage à de nombreux troupeaux de petit bétail et de dromadaires. Le Kopet Dagh déchiqueté s'élève à un kilomètre de là. Entre fleuve et montagne, un caravansérail pose sur la steppe sa ruine quadrangulaire où subsistent des moignons de tours et l'arc d'un porche. Une piste qui sort d'un gué, toute effilochée, passe par le caravansérail et pique ensuite droit sur la montagne pour s'y glisser et disparaître... vers Samarkand ?

---

1. Le désenclavement de la ville intervint peu de temps avant que n'éclate la révolution.

2.En aval de Moravé Tépé, le Kopet Dagh s'étant abaissé, c'est le cours de l'Atrak qui délimite la frontière. La rive droite est donc soviétique à deux kilomètres en dessous de la ville.

Un fleuve encore libre, des troupeaux épars sur une steppe vierge de tout passage de charrue, des monts lointains, crénelés et dentus, un fortin caravanier en ruine et la piste qui appelle à sa suite : le paysage est roux, gris, ocre, brun, d'un calme éternel et grandiose, d'une austérité souveraine.

*
* *

L'harmonie prenante qui émane des lointains ne semble pas avoir inspiré l'*akhund* pour la construction de sa maison.

Le dernier tremblement de terre en date ayant pourfendu la vieille demeure paternelle, Ata Akhund, sans même prendre la peine d'en abattre les pans de murs qui tenaient encore bon, a entrepris de la remplacer par un nouveau bâtiment. D'ailleurs, tremblement de terre ou non, il aurait fait construire : la maison de son père ne pouvait plus convenir à quelqu'un de son importance. Et pour que cela soit digne de lui, il y a mis les moyens. Ce qui lui a permis, du même coup, de faire la démonstration d'un goût surprenant.

Son toit en zinc miroitant pourrait être pardonné de son immodestie s'il ne coiffait pas des murs tout reluisants d'un vert pomme à faire grincer des dents, haussés sur des soubassements du plus beau chocolat ! Le joyau de cet édifice est incontestablement la véranda, dont cinq colonnes métalliques et tubulaires soutiennent l'avancée. L'artiste halluciné qui s'est déchaîné ici n'a rien trouvé de mieux que de superposer le long de ces fûts maigrelets toutes les couleurs qu'il a pu trouver, avec cependant une prédilection certaine pour les harmonies pâtissières : le rose bonbon, le vert pâte d'amande et le mauve vénéneux. Portes et fenêtres sont d'un sang-de-bœuf impérial, le restant — murs du fond et faux plafond — ayant été sobrement passé au bleu céleste.

On dit que les chevaux ne perçoivent pas les couleurs. Je pense à présent que c'est exact, sinon les nôtres se seraient cabrés à la vue de ce délire.

L'homme qui s'avance pour nous recevoir mérite bien lui aussi quelques lignes.

Wali Khan — Hadji Wali Khan — est le plus gros, le plus obèse, le plus pesant mollah qu'il m'ait été donné de voir à ce jour ! Alors que la plupart des « gros » ont un abord généralement rassurant et débonnaire, il faut un certain temps pour s'accoutumer à la mine farouche et à l'aspect impressionnant de Wali Khan. Sa barbe noire est un hallier broussailleux qui lui dévore les joues et monte jusqu'aux yeux. Un mufle puissant lui tient lieu de visage et sous un turban conséquent il dissimule un crâne rasé tout ondulé par les plis supérieurs de sa nuque massive. Son *Salam* ! est un rugissement et ses mains ne dépareraient pas un grand primate. Au demeurant Wali Khan est le plus doux, le plus sociable et le plus aimable des hommes.

Il s'estime très honoré de nous recevoir et de nous souhaiter la bienvenue au nom d'Ata Akhund, dont il a la chance d'être le « petit » frère. Il nous prie de bien vouloir excuser le maître de maison, actuellement à Téhéran, très pris par l'organisation du prochain pèlerinage.

Son fils et un domestique s'empressent autour de nos chevaux, et lui, nous poussant aux épaules, nous introduit dans la maison.

La pièce où il nous installe est nue, blanche, sentant le plâtre humide. Un immense tapis de Meched aux ramages conventionnels couvre toute sa superficie. C'est froid et triste comme un bureau qu'on viendrait de déménager et où l'on aurait oublié de décrocher le portrait du Chah, bien en vue cependant, au dessus de la grande baie vitrée.

— Asseyez-vous ! Asseyez-vous ! nous recommande notre hôte, avant de ressortir.

Nous asseoir ? Où ? Je n'ai pas la prétention de trouver ici une chaise, mais l'emplacement, le coin, la plage de la pièce qui appelle à se laisser aller. Ici, rien de tel. Le tapis aussi impersonnel qu'une moquette n'a aucun pôle attractif. Ailleurs, dans les autres maisons, dans celles qu'on a construites pour y vivre et y être heureux si possible, il y a toujours un feutre neuf par-dessus ceux qui isolent du sol. Il est en évidence le long d'un mur où les têtes appuyées ont mis des traces sombres. Deux ou trois coussins l'accompagnent et offrent leurs formes joufflues qui ne demandent qu'à se creuser sous le coude du visiteur. Ou alors c'est un meuble, un coffre, la pile du couchage, un berceau, la machine à coudre, la penderie cachée sous un drap brodé de fleurs naïves, qui font repoussoir et indiquent tout naturellement à leur opposé l'endroit où il faut prendre place. Même dans la yourte, à Toutli, il était évident que l'on devait s'asseoir à droite en entrant, le fond étant occupé par le vaisselier et la partie gauche par les femmes.

Mais la famille ne vient jamais dans cette pièce si visiblement réservée à l'accueil — ou à la contention ? — des hôtes, qui doivent défiler nombreux chez Ata Akhund. Pourquoi se poser ici ?... Ou là ?... Face à la porte ? C'est poser sa nuque sur le rebord de la fenêtre !... Dans un coin ? Nous aurions l'air de nous y être réfugiés ! Nous sommes aussi mal à notre aise que deux boutons de culotte dans une boîte à chaussures. Si bien que Wali Khan, de retour, nous trouve debout, feignant de nous intéresser au panorama sur lequel s'ouvre la fenêtre. Heureusement, il ramène sous son bras deux énormes coussins qu'il jette contre le mur, à sa gauche, soulignant du geste leur impact sur le tapis. C'est là que nous devons nous assoir. Lui-même s'affaisse en gémissant comme un bœuf qui se couche, appuyant sa masse contre le mur de droite.

Thé ! Un délicieux bout de fillette nous le sert. Dix ans, onze peut-être, elle est à l'âge sans complexes et, pendant qu'à petites aspirations nous vidons nos bols, elle se niche, câline, contre l'énorme bedaine de notre hôte.

— *Pichik* ! *Pichik menki* [1]! lui murmure-t-il en refermant sur elle ses bras de gorille. Et dans un gargouillement attendri :

— C'est ma seconde fille !

Dieu qu'elle est jolie ! Entre les pattes de son père elle n'en paraît que plus frêle, plus délicate. Lui, passe ses mains velues sur les cheveux lisses et sur le front de jade de la fillette, comme s'il caressait une colombe.

La porte s'ouvre sur le domestique. Il étale entre Raïdjab et moi le *sofré*[2] sur lequel il dispose le pain et un oignon coupé en quatre. Le fils de Wali Khan le suit avec un compotier de soupe à la tomate épaissie de riz. Le garçon ressemble à sa sœur, même visage ovale, même front. Il nous salue d'une flexion du buste, pose notre déjeuner sur la nappe et se retire.

Nous n'avons pas encore touché au plat que Wali Khan se relève (spectacle impressionnant).

— Excusez-moi de ne pas partager votre repas, dit-il, mais il faut que je vous laisse. Un de mes voisins est mort voici un an aujourd'hui et il est nécessaire que je sois là pour le repas d'anniversaire. Mettez-vous à l'aise, faites la sieste, et ensuite venez me rejoindre. Je serai dans ma boutique, sur la place, à gauche de la *tchaïkhané*.

Il est à peine sorti que Raïdjab, en bon émule de Nourollah, exprime tout haut ce que j'ai scrupule à formuler en pensée :

---

1. Chat ! mon petit chat !
2. Nappe de cuir (jadis) sur laquelle on servait le repas et où était enveloppé le pain. On utilise une toile plastifiée de nos jours.

— Beh !... Tu as vu sa fille, cette rose !... Et son fils, ce poulain d'un an !... Lui ! Leur père ? C'est difficile à croire !

*
* *

Faire la sieste ne nous tente guère, le repas n'a pas été suffisamment consistant pour nous assoupir dans la tiédeur de la digestion. Nous préférons déambuler au bord du fleuve et dans la ville.

Il n'y a là rien de bien intéressant ! N'importe quel village des hauts offrirait plus d'animation que Moravé Tépé.

Au poste de police la sentinelle a été relevée, mais celle qui l'a remplacée ne semble pas plus réveillée. Sur la place toutes les boutiques ont leurs volets cadenassés, il est trop tôt pour ouvrir. Depuis tout à l'heure un minibus est arrivé ; il est garé à l'ombre d'un arbre. Son chauffeur a pris la place et la pipe de mon *Khiwaï*[1]. Il somnole à demi, en tirant mollement sur son instrument. Il n'y a personne d'autre sur la place à part nous et un chien vermineux étalé de tout son long au pied d'un mur.

Quelques mètres plus loin, vers la sortie de la ville, une série de constructions anachroniques attirent l'œil. Toutes neuves et identiques, on les a certainement construites en même temps. De plain-pied, couvertes de zinc, et peintes en jaune, elles ne passent pas inaperçues. Pour les rendre plus évidentes encore, on a abattu le mur qui protégeait leur îlot et on l'a remplacé par une grille basse. Au-dessus de chaque porte un écriteau annonce dans la plus officielle des calligraphies la raison sociale de ces bâtiments : Compagnie des Oléagineux du Gorgan, ou Service des Ressources naturelles, ou encore Dispensaire du Lion et Soleil Rouge. A quelques pas de là, d'autres constructions du même style prolongent cette première série. Elles sont plus sobres, peintes d'un gris beige qui fait très sérieux. Les pancartes qui les coiffent sont rédigées en alphabet persan, mais aussi latin. J'y lis avec surprise : Banque Omran, Banque Kachavarzi, Banque Sépah. Bigre ! Trois banques d'affaires ! Nous sommes dans le Wall Street de Moravé Tépé.

Aurais-je trop tôt conclu à l'abandon de la ville par les autorités, le commerce et le gouvernement ?

Si, au lieu d'arriver comme des voleurs, en donnant tout droit dans l'envers du décor, nous avions abordé l'agglomération sous l'angle que

1. Habitant de Khiwa.

je suis en train de découvrir, j'aurais certainement eu une autre impression... bien qu'à cette heure l'animation ne soit pas plus grande ici qu'ailleurs.

*
**

Par contre les bords de l'Atrak sont beaucoup plus vivants. Ne serait-ce qu'à cause des troupeaux qui y vaquent. Il fait chaud, presque aussi chaud qu'un mois auparavant. Chèvres à l'ombre claire des buissons et moutons, selon leur habitude entassés en plein soleil, attendent que le plus gros de la chaleur soit passée pour recommencer à paître. On se croirait revenus au plus fort de l'été !

Les petits pâtres, profitant du répit que leur donnent les bêtes, se livrent à un jeu aussi bruyant que rafraîchissant et, si j'en crois les thérapies en vigueur dans certains hauts lieux du thermalisme occidental, fort propre à leur éviter plus tard des désagréments articulaires.

Tout nus, ils se vautrent dans le limon que le fleuve a déposé en grands bancs visqueux. Ils s'y engluent, s'y chamaillent avec enthousiasme, s'y culbutent en échangeant d'énormes plâtrées de boue. Ensuite ils vont se rouler sur les grèves de minuscules galets et tout encroûtés, tout écailleux, se livrent à des danses désordonnées et braillardes avant de se jeter dans l'eau aussi jaune que la glaise dont ils sont pétris. Le flot les emporte. Ils nagent comme des petits chiens, touchent un promontoire d'où, en courant, ils reviennent sauter à pieds joints du haut des berges dans la boue pâteuse. Et ils recommencent.

— Portée de marcassins ! leur jette Raïdjab en riant.

Un peu plus haut, en remontant, sous un bouquet de tamaris, deux hommes sont allongés sur le côté, face à face. Ici le jeu est moins innocent.

Sur la flamme d'une veilleuse primitive, le plus jeune des deux fait griller, au bout d'un fil de fer, une boulette qui grésille. L'autre, avec un petit cornet de papier, aspire la vapeur bleue qui se dégage. Cette façon de fumer l'opium est rudimentaire, mais efficace. Notre présence dérange, nous passons.

De l'autre côté de l'eau un cavalier marche en direction du caravansérail. Gros *telpek*, vieux cheval. Où va-t-il sur cette piste qui, à moins d'une heure, d'ici bute sur la frontière ?

Vu de plus près le gué paraît bien aventureux. Et pourtant celui qui s'éloigne, là-bas, y a risqué sa vénérable monture. A regarder le flot turbide lécher les traces de bêtes et d'hommes qui vont se perdre en lui, ou qui, au contraire, sortent de lui, il me revient à l'esprit ce jour de l'année passée où je trouvai Hadji Ghorban Chaadi sortant de ce même fleuve qu'il venait de traverser. Il était mouillé jusqu'à la taille et son fils l'aidait à reprendre pied sur la rive de Chechmé.

— Oh Hadji ! lui lançai-je. Quand vous déciderez-vous à jeter un pont entre les deux rives ? Les Russes et les Kurdes l'ont fait, pourquoi pas les Turkmènes ?

Il avait souri, en pressant à deux mains chacune de ses cuisses pour essorer l'eau qui y plaquait les plis lâches de son pantalon. Puis en se redressant il m'avait regardé droit dans les yeux sans perdre son petit sourire et m'avait fait cette réponse :

— Fils ! Crois-tu que l'Atrak nous ait jamais interdit d'aller de là d'où nous venons à là où nous sommes? Crois-tu qu'il puisse nous interdire de revenir un jour sur nos pas? Nous, Turkmènes, l'avons chevauché pendant si longtemps que, quoi qu'on fasse, nous aurons toujours une jambe de l'autre côté. Chaque Turkmène est un pont sur l'Atrak !

Bon ! La promenade a assez duré, allons voir si Wali Khan est dans sa boutique.

*
* *

Une boutique ! Nous ne savons plus, pauvres Occidentaux que nous sommes, ce qu'est une boutique ! En Orient on ne se rend pas au bazar dans le seul but d'y acheter la livre de pois chiches qui manque à la cuisine, de s'y procurer une paire de sandales neuves, un tapis, voire un poste de télévision. On y va autant, sinon plus, pour y prendre l'air du temps, rencontrer les amis, boire le thé avec les connaissances et discuter sur tout et rien pendant des heures.

Moravé Tépé n'a pas de bazar, mais la ceinture de boutiques autour de la place lui en tient lieu. De toutes les échoppes, celle de Wali Khan est la plus grande, la mieux approvisionnée en denrées de toutes sortes mais aussi en nouvelles variées et en sujets de conversation.

Notre entrée interrompt la péroraison d'un respectable barbu qui, avec force gestes, développait une argumentation pour le plus grand profit d'un petit gros partageant le même *takhté* que lui. Wali Khan, très intéressé, suivait avec attention l'explication du barbu tout en occupant, à lui seul, un second *takhté* en vis-à-vis.

— Habib ! lance-t-il d'une voix autoritaire à une sorte d'ectoplasme que je n'avais pas encore aperçu, dissimulé derrière le comptoir entre le boulier et un paquet d'étrivières... Habib ! Va chercher le thé pour mes invités !

Et, ce disant, il nous indique le troisième *takhté* qui tient toute la largeur de la scène, adossé directement au comptoir.

La conversation reprend et se déroule au hasard des enchaînements d'idées. Je ne sais pas si c'était le sujet qui faisait gesticuler le barbu à notre arrivée, mais pour l'instant celui dont on débat traite des qualités d'un tracteur fabriqué à l'étranger, qualités que l'on ne retrouve plus dans un tracteur de même marque monté en Iran. La chose ne me passionne guère, par contre Raïdjab tient sa partie comme un bazari patenté.

Autour de notre très compétente assemblée, la boutique aligne prosaïquement ses rayonnages vert olive où des générations de mouches ont laissé leur signature et où tout s'entasse dans un semblant d'ordre. Le savon en pavé y côtoie le shampooing en berlingots... Ce qui me paraît bien trop logique pour que ça ne soit pas une erreur. Je m'en persuade en voyant l'accouplement curieux des teintures pour laine avec les fruits secs. On a mis le thé en compagnie de la poudre pour préparation dépilatoire, les cordes avec les confitures, le sucre en pain sur le même rayon que le tissu et la paille de fer. Il y a même trois tapis roulés qui m'ont l'air intéressants, mais pour les atteindre il faudrait grimper sur les sacs de riz et d'oignons empilés juste devant.

Enfin ! Le principal, après tout, est que l'ectoplasme — qui n'est toujours pas revenu de la *tchaïkhané* — s'y retrouve. Car c'est lui qui sert les clients, encaisse, ouvre et ferme la boutique, Wali Khan n'étant là que pour trôner en majesté et tenir le principal salon-épicerie de la ville.

Habib revient. Il nous sert le thé en souriant niaisement et va aussitôt se camoufler derrière son boulier, avec un mimétisme surprenant.

... Des tracteurs nous sommes passés à la bombe atomique. Par quels détours ?... Je n'ai pas très bien suivi, on me servait le thé à l'instant charnière. De la bombe, on passe au cancer. Là j'ai suivi : il paraît que les Russes et les Américains — peut-être les Français, par égard pour moi — soignent le cancer avec de petites bombes atomiques ! De là aux miracles il n'y a qu'un pas, et des miracles aux créatures inférieures capables d'intervenir dans notre destinée, il n'y a pas loin non plus. Nous franchissons cette distance. Là j'écoute mieux, c'est plus rigolo que les tracteurs montés en Iran !

Le barbu, justement, s'est lancé dans l'histoire à peine croyable (mais que sa langue se dessèche s'il ment !), de la fille d'un *hadji* de Tchénarli assez connu. Son voisin de *takhté* a déjà eu vent de ce cas étrange et appuie le conteur par des « *Owa* ! *Owa* ! » vigoureusement affirmatifs, tout en hochant sa tête rase coiffée d'une calotte brodée.

— Non ! La fille n'avait pas peur, au contraire ! Elle disait que le *djinn* était son ami. C'est normal, elle était habituée à lui depuis l'enfance. Quand on est petit, on s'accoutume à tout !

— *Owa* ! *Owa* !

— Beh... ! s'étonne Raïdjab, très surpris qu'une telle amitié soit possible.

— ... La fille faisait du tapis, dans un atelier un peu à l'écart de la maison. On m'a dit que c'était une bonne *ostad*, parce que le *djinn* l'avait bien aidée pendant son apprentissage. Quand quelqu'un entrait dans l'atelier elle ne bougeait pas, elle ne disait rien. Mais le génie saluait le visiteur en le nommant par son nom : « *As Salam aleïkum, Wali Khan* ! *Salam, Raïdjab djon* ! »

— *Owa* ! *Owa* ! appuie avec force l'homme à la calotte.

— Beh ! s'esbaubit Raïdjab derechef.

— ... Seulement, si la personne qui entrait ne s'était pas lavée entièrement le matin, après avoir passé la nuit auprès de son épouse (ou de son mari, ça dépend !), le *djinn* se mettait à crier, à l'injurier, en lui disant de ne pas approcher, de ne pas passer le seuil, sinon il viendrait lui tirer les pieds ou les cheveux, lui donner des gifles la nuit suivante, et tout un assortiment de menaces semblables.

— Et d'où provenait la voix du *djinn* ?

— Du côté de la fille.

— Ce n'était pas elle qui parlait ? Ses lèvres ne bougeaient pas ?... Ni sa gorge ?

— Ah non ! Elle ne bougeait rien du tout!... Ni lèvres, ni gorge, ni pieds ! Rien ! La voix venait toujours de son côté parce que le génie s'asseyait toujours à côté d'elle. Et puis ce n'est pas tout ! le génie ne se contentait pas de saluer les visiteurs, il leur faisait savoir aussi qu'il était fille et qu'il épouserait qui le voudrait bien !... Surtout ceux qui étaient de belle mine, alors il leur disait toutes sortes de choses agréables, qu'ils étaient beaux, qu'ils devaient sentir bon, qu'ils avaient la peau blanche, etc.

— Quelqu'un a voulu ?

— Penses-tu ! Personne n'aurait osé !

Avec impertinence j'ose émettre qu'il est difficile d'épouser quelqu'un d'invisible, et que si le *djinn* s'était matérialisé il aurait peut-être trouvé un parti. S'il ne l'avait pas fait c'est peut-être que sa tournure n'était pas à son avantage ?

Cela fait rire Raïdjab, mais le reste de l'auditoire ne semble pas apprécier mon irrévérence, car personne ne relève le propos.

— ... Et maintenant ?

— Maintenant, la fille est mariée avec un de ses cousins, et depuis le *djinn* n'a plus rien dit !

— ... Disparu ?

— Oui !... Il y en a qui disent qu'il était peut-être jaloux... puisqu'il était fille !

*
**

Pendant que le barbu nous contait cette curieuse aventure, un client est entré. Le seul de tout l'après-midi.

Le commis lui a pesé une livre de riz et une poignée d'oignons en se servant, comme poids, de deux vieilles piles électriques, d'un caillou noir et rond, et d'un coup de doigt. Il a fait ensuite cliqueter son boulier et, après réflexion, a suggéré en rougissant que l'homme devait deux tomans et trois krans (entendez vingt-trois rials).

Je ne sais pas si l'épouse de ce client attendait ces achats pour mitonner le repas du soir, auquel cas elle dut certainement s'en passer ou emprunter à une voisine car, sitôt servi, l'homme s'est assis sur ses talons au pied de notre *takhté* et, jusqu'à la nuit tombante, a pris part à notre discussion à bâtons rompus.

Il nous a quitté à la hauteur de la gendarmerie, à mi-chemin de la maison de Wali Khan vers laquelle nous remontions. Ronde et réjouie la lune se levait. Heureusement car, sans elle, les rues de Moravé Tépé ne nous auraient pas menés à bon port sans s'être un peu amusées de nous.

*
**

Notre porte qui s'ouvre en frottant sur le tapis ; une grosse voix débitant des mots confus sur un ton à la fois impérieux et inquiet ; Raïdjab qui grogne... et me voilà réveillé. Par la porte restée grande ouverte, j'ai le temps de voir disparaître Wali Khan en tenue de nuit. Raïdjab est assis sur sa couche et se frotte les yeux. Puis, soudain dressé, m'agrippe le bras pour me faire lever à mon tour :

— Lève-toi ! Lève-toi vite ! Il faut sortir !

— Comment ça, il faut sortir ?

Il doit y avoir une cause à cette précipitation alarmante, mais mon cerveau embrumé de sommeil n'arrive pas à analyser le danger qui nous menace. Car il y a danger, assurément ! Je n'ai jamais vu Raïdjab aussi ému. Avec précipitation il enfile son pantalon et attrape sa veste.

— Vite ! Vite ! répète-t-il.

C'est alors que je prends conscience de la rumeur qui roule à l'extérieur et qui s'enfle. Je ne comprends toujours pas, mais je sens l'alarme peu à peu s'infiltrer en moi. Cette alerte nocturne, la hâte que met Raïdjab à me tirer hors de la maison, ce bruit de houle qui monte de la ville et bat contre les murs, font naître une appréhension que j'essaie malgré tout de raisonner pour ne pas céder à la panique qui semble submerger Raïdjab.

Par la porte, la voix de Wali Khan nous parvient à nouveau, pressante :

— Sortez ! Dépêchez-vous !... Elle est presque prise ! Moi je vais à la mosquée !

N'y tenant plus Raïdjab rafle mes vêtements pour que je finisse de m'habiller devant la maison, à l'extérieur de la véranda.

— ... Dehors nous ne risquons plus rien ! C'est dedans qu'est le danger !

— Le danger ! Quel danger ?

— Mais tu ne vois donc pas ?

— … ?

— Mais la lune ! Regarde la lune !

Peu accoutumé à voir dans la lune le siège d'une quelconque menace, c'est bien la dernière chose que j'aurais observée me sachant en péril ! Le fait est que, cette nuit, la lune présente un aspect des plus curieux. Déjà l'ombre de la terre l'a envahie de moitié, et le croissant clair qu'elle forme va doucement se rétrécissant. Une éclipse ! Une belle éclipse… la première que je vois !... Et dans quelles circonstances !

De la ville et de ses faubourgs, s'élève une clameur confuse. Les femmes glapissent, les enfants crient et pleurent. Du terre-plein de la mosquée et de différents points de la ville monte l'appel à la prière. Chaudrons, bassines, casseroles sont convertis en gongs, en tambours. Les chiens et les ânes joignent leurs voix à cette folie et tous les animaux à l'attache, rendus inquiets, tirent sur leur longe, beuglent, hennissent, blatèrent.

— Mais enfin, Raïdjab... que craignez-vous ? De quoi avez-vous peur ?

— Du tremblement de terre ! Si la lune est prise entièrement, il y aura un tremblement de terre !

Il paraît si convaincu que je renonce tout de suite à lui faire entendre raison.

Lentement la coupelle blonde s'amenuise, inexorablement le phénomène suit son cours impavide.

Au flanc de la colline, un peu au-dessus de nous, un groupe de femmes accroupies se lamente. Elles hullulent en chœur. Avec des louches et des cuillères en bois, elles frappent sans désemparer sur le cul des chaudrons qu'elles ont traînés jusque là. Les dominant de toute sa carcasse décharnée, une vieille, debout derrière elles, serrant une chèvre entre ses jambes, invective l'astre qui trahit et dont ce qui reste prend la teinte rousse d'une braise mourante. La vieille le menace, le supplie, le maudit tour à tour, tendant vers lui son poing, ses mains, ses bras sarmenteux. Avec sa chèvre, ses frusques, sa maigreur, sa véhémence et l'étrange lumière de ce ciel aux étoiles soudain hargneuses, elle semble jaillie toute grimaçante d'un sabbat de Goya dont je serais le spectateur halluciné.

Nous oscillons au bord du gouffre. Dans quelques secondes ce sera l'apocalypse, les cris et les grincements de dents : la lune va disparaître ! la lune disparaît !

Des coups de feu partent du côté de la gendarmerie. A la mosquée les mollahs s'égosillent. La vieille a renoncé. Elle s'est laissée tomber à terre, les poings sur les yeux, oubliant la chèvre. A quoi bon ?

Frénétiquement, les autres femmes frappent, frappent sur leurs chaudrons. Visage levé vers le trou noir où l'astre pâle a presque entièrement sombré, elles balancent leur corps avec une longue plainte hystérique. Avec elles, Moravé Tépé hurle à la mort !

Raïdjab a pris ma main. Son bras me serre aux épaules. Il ne dit rien, il attend. Il fixe le point du ciel où la lune hésite à s'évanouir. Longue, très longue attente... L'éternité est là. Sur nous passe son souffle cosmique.

Soudain il tressaille, son étreinte s'est crispée un peu plus, et puis, presque aussitôt se relâche. Là-haut, fin comme un rai de lumière sous une porte qui s'entrouvre avec précaution, l'arc roussâtre semble s'élargir imperceptiblement.

C'est le signe ! C'est la trêve ! Dieu, cette fois encore nous a fait grâce. Il a écarté de nous l'horreur sans nom ni recours de la terre qui se dérobe. Qu'Il en soit remercié, loué, magnifié, dans ses quatre-vingt-dix-neuf dénominations !

Alors, avec stupéfaction, je me rends compte que mon cœur vient de se remettre à battre. Que ma poitrine a lâché, d'un coup, tout l'air qu'elle retenait. Je me surprends à faire « Ouf ! ». Pris par l'ambiance, quelque chose en moi a hurlé à la lune. Pendant une seconde, pendant des siècles, mes tripes se sont nouées dans l'attente du cataclysme annoncé. Pendant une éternité ou l'espace d'un battement de cil, je n'ai rien été d'autre qu'un bout de peur animale emporté par la marée d'une terreur venue du fond de la nuit des origines. J'en prends conscience comme au sortir d'un rêve.

Les forces bénéfiques et les armées célestes un instant bousculées, lambeau par lambeau, regagnent leur étendard. Les mollahs ont changé d'antienne. Le vacarme retombe et chacun retrouve sa maison, son lit refroidi, plus ou moins persuadé d'avoir aidé, par ses cris et le fracas de sa batterie de cuisine, à la restitution de l'astre sacré que les puissances infernales avaient investi.

Sitôt rentré Raïdjab s'est endormi comme une masse.

*
* *

Petit déjeuner. Aucun commentaire sur les événements de la nuit. Sur le *sofré*, on dispose un compotier de lait, tout un jeu de théières, du miel brut encore en rayon, du sucre bien cassé, des petits pains ronds, des œufs mollets, des grattons de bœuf figés, du beurre, du yaourt. Chacun se sert et pioche à sa guise.

Dehors les chevaux nous attendent. Wali Khan hoche la tête devant le Noir.

— En vérité c'est un beau cheval ! Moi, je n'ai pas de chance avec les miens. Tous ceux que j'ai eus sont tombés malades très rapidement... Je ne sais pas pourquoi, ni de quoi !... Pouvez-vous m'expliquer cela, vous qui êtes un peu vétérinaire ?

Il n'est, à mon avis, qu'à poser Wali Khan sur une bascule pour se faire une idée de la gravité de la maladie qui touche ses chevaux. Mais je ne voudrais pas être discourtois et préfère me déclarer incompétent... Mais comment diable s'y prend-t-il pour monter en selle ?... Escabeau ou palan ?

*
* *

Selon les explication du domestique — un Yomout — pour rejoindre Qarnak il faut prendre en biais au travers de la vaste plaine onduleuse qui s'étend, à l'ouest, entre l'Atrak et les demi-montagnes de lœss où se cache ce village. Lorsqu'on arrive à la hauteur de Sari Qamouch, on pique droit vers le massif. Ce ne sont pas les chemins qui manquent dans ce secteur, nous a dit l'homme ; mais il nous a affirmé que tous menaient à Qarnak. Pour lui, ce serait jouer de malchance si, en cours de route, nous ne rencontrions pas quelques personnes capables de nous aiguiller. Nous avons l'azimut, c'est le principal.

— Au revoir Hadji ! Merci pour ton hospitalité ! Nous transmettrons ton salut à Agholi, et ne manque pas de saluer Ata Akhund de notre part ! *Ghoch* Hadji ! *Ghoch*[1] !

1. Salutation au départ de l'invité.

CHAPITRE XXXV

Où l'on arrive sans mal à Qarnak
et où l'on rencontre les derniers nomades

Enfin, nous y voici ! Je commençais à nous croire égarés. Raïdjab, sans enthousiasme, envisageait même de bivouaquer. La nuit affluait de toutes parts. Si nous nous étions un peu attardés en route, nous n'aurions jamais débusqué Qarnak au fond de cette invraisemblable tranchée que la nuit a déjà remplie à ras bord.

Nos montures trébuchantes se sont arrêtées d'elles-mêmes devant la première yourte. Elle est close. De la lumière filtre par les trous du feutre et par l'entrebâillement de la portière. Des voix sourdes conversent à l'intérieur.

— Hooo ! crie Raïdjab.

— Hooo ! nous répond-on.

Et la portière se soulève, révélant l'intimité de la tente où palpite la lueur fauve de la lampe. Un hamac de bébé se balance et une femme accroupie devant le foyer remue doucement, d'une cuillère distraite, ce qui rissole dans son chaudron. Derrière elle deux enfants clignent des yeux pour nous apercevoir dans l'ombre extérieure. L'homme, soutenant la portière par dessus sa tête, se détache en silhouette puissante sur ce fond doré.

— *As Salam aleïk* !

— *Aleïk...* !

— Excuse-moi, frère, mais pourrais-tu me dire si ce village est bien Qarnak ?

— Oui ! Vous êtes bien à Qarnak ! Mais d'où venez-vous ?

— De Moravé. Nous voudrions que tu nous indiques la maison d'Oteuz, le fils d'Aq Mohammad Bay.

— C'est le troisième groupe de tentes, plus bas, à gauche. Il y a un tracteur devant, avec une remorque. Mais !... Entrez donc chez moi ! Le repas est prêt !

— Merci ! Grand merci ! Mais nous sommes des amis d'Oteuz et nous sommes venus pour le voir… excuse-nous, et bonsoir !

— Il n'y a pas de raison pour que vous vous excusiez, soyez les bienvenus ! Bonsoir !

La portière est retombée. La nuit n'en est que plus noire.

Toutes les tentes de la famille d'Oteuz sont, elles aussi, repliées sur leur rougeoiement intérieur. Mais un chien veille et donne l'alerte. Les portes s'ouvrent, des ombres sortent dans le noir. Salutations, on se nomme, on se reconnaît. Les visages sourient dans le halo des lampes tempête brandies à bout de bras. Des ordres fusent :

— Va attacher ce cheval devant la remorque ! Et toi attache celui-ci ! Non! Pas là ! Il est trop près de l'autre, derrière l'enclos il sera mieux ! ... Et vous, venez! ne vous tracassez pas, on leur donnera à boire tout à l'heure !... Entrez ! Entrez ! Vous devez être fatigués.

Et la portière de la yourte nous coupe de la nuit.

*
* *

Lesquels sont les plus tôt levés, les coqs ou les muezzins ?

Leurs voix mêlées se heurtent aux parois des falaises et vont, s'entrechoquant, se perdre en échos jusqu'à l'autre bout de la vallée sonore comme une cathédrale.

Les ânes aussi ont salué l'aurore. Rien n'est plus matinal, en définitive, que ces animaux-là. Il fait tout juste jour. La fente du ciel s'irise au dessus de nous, mais le soleil nous ignore encore. Il mettra quatre heures pour réchauffer le fond de notre rainure.

Toilette : l'eau de l'aiguière est trouble. Elle a un goût de chaux et de marais. Une femme l'a puisée pour moi dans l'un des trois fûts debout près de la remorque. Mes ablutions sont toutes symboliques. Alors, m'étant humecté le front et les mains, je découvre enfin Qarnak.

Quel drôle de village ! Mais en est-ce bien un ? On dirait plutôt un campement, un très long campement qui s'étire sur presque deux kilomètres. Chaque groupe semble y avoir pris grand soin d'écarter son établissement de ceux qui avoisinent.

Sur toute sa longueur, la façon de s'installer a été la même.

Légèrement surélevées par le pied de la falaise aménagée en terrasses, les tentes et les petites maisons cubiques sont disposées de façon à ce que, depuis leur porte, on puisse surveiller l'aire familiale. Il y a là le four, bien sûr, et des auges (hautes pour les chevaux, basses pour le gros bétail), avec un enclos d'épines pour les moutons et les chèvres. Derrière l'enclos, à l'écart, le trou des latrines est caché par une murette basse. Creusé dans la muraille terreuse qui adosse le campement, on trouve quelquefois un poulailler ou une remise troglodyte. La réserve de fourrage, posée en meule au plus raide de la pente, est défendue par le cercle profond d'une douve qui la met hors de portée des bestiaux errants.

C'est ainsi, à quelques variantes près, de part et d'autre du ruisseau à sec qui attend les pluies pour faire semblant de couler. Dès que la falaise se retire, dès qu'un élargissement se produit, qu'un ravin crée, en débouchant, un évasement propice, on trouve une pincée de tentes et ses aménagements annexes. Le sentier relie tous ces camps en chapelet ; le suivre, c'est passer en revue tout le village.

*
* *

Le thé du petit déjeuner a dû être infusé dans cette eau saumâtre dont j'ai fait semblant, tout à l'heure, de m'humecter le visage. J'essaie d'être discret et de dissimuler ma répulsion. Raïdjab n'a pas les mêmes scrupules :

— Mais... ! Qu'a-t-elle donc, votre eau ? Avec celle de la mer on ne ferait pas un thé plus mauvais !

Oteuz ricane un peu et hausse les épaules avec l'air de dire : « Que veux-tu ? C'est comme ça ! On n'y peut rien ! ». Puis, vidant son bol d'un trait, visiblement habitué à cette saveur bizarre, s'en ressert un autre avant de nous expliquer :

— Il n'y a pas de sources par ici, ni en haut, ni en bas. En hiver le ruisseau donne de quoi boire pendant une semaine ou deux, s'il a bien plu. Un gros trou qui s'est formé, pas trop loin à la sortie du village, garde une réserve qui peut durer un mois. Mais nous évitons de nous y ravitailler, car les animaux ne tardent pas à la souiller en s'y abreuvant.

— Et alors ?... Cette eau ?

— Elle vient d'Arab Qari Hadji.

— Hein... ! Du Roud-e Gorgan ! Mais c'est à... à peu près... cherche à estimer Raïdjab.

— ... Dix ou douze kilomètres ! le renseigne tranquillement Oteuz qui a attendu que le contenu de son second bol soit décanté pour le boire. Nous y allons avec le tracteur et la remorque une fois par semaine. Nos voisins n'ont que leurs chameaux et sont obligés de faire la corvée tous les trois ou quatre jours. Tenez ! Regardez ! En voilà qui y vont !

Sur le chemin, devant la tente, passe une petite caravane d'ânes que mène une troupe de femmes et de gamines en route pour une lointaine lessive. Il ne faut pas s'attendre à les voir de retour avant le soir tombant.

Voilà qui me laisse rêveur. Qu'est-ce qui a obligé ces gens à s'établir au fond de cette tranchée sans vue ni soleil, loin de l'eau, sans autre combustible que de maigres épines? Pourquoi ne se sont-ils pas installés sur l'un ou l'autre des versant de ce massif terreux pour se rapprocher de l'Atrak ou du Roud-e Gorgan ?

Raïdjab dit son étonnement à Oteuz, pour qui cette situation semble aller de soi.

— Quand j'étais petit, explique ce dernier, nous ne venions ici qu'au printemps et en été. Il faut voir cette montagne à Nowrouz ! Elle est verte, si verte qu'on ne sait plus la couleur de la terre. Il y a des fleurs partout et les tulipes poussent même sur le toit des maisons ! En hiver nous descendions du côté de l'Atrak, en face de Sari Qamouch. Et puis, mon père et mes oncles ont commencé à labourer certains terrains plats que vous avez sans doute traversés avant d'arriver ici. Alors nous sommes restés ici l'hiver, puisque nous y avions nos cultures. Depuis nous ne faisons qu'un petit *charwa* au printemps. Nous remontons la vallée et nous nous installons sur le plateau pour être plus près des troupeaux pendant la saison de traite.

Autrefois, je m'en souviens très bien, nous n'avions que des moutons, des chèvres et des chevaux... des chameaux aussi. Nous ne vivions que de cela. Maintenant les troupeaux sont moins importants, ils pâturent là où c'est trop raide pour que les tracteurs puissent y travailler. Quand la moisson est faite, nous lâchons les juments sur les chaumes, et c'est très bien comme ça !

— Combien ton père laboure-t-il d'hectares ?

— Je sais que nous avons un *sanhat* de cent cinquante hectares, mais nous devons certainement en labourer bien plus que ça. Deux cents... peut-être deux cent cinquante... ?

Effectivement, à cette altitude, face à la mer lointaine, les pluies du printemps battent directement sur les emblavures d'Aq Mohammad Bay et ses récoltes ne doivent pas être négligeables. Je comprends mieux, et Raïdjab aussi, pourquoi il enracina son camp à cet endroit. Si je me fie aux souvenirs d'Oteuz, c'est dans le courant des années cinquante que les Gholaks, derniers Yomouts errants, se stabilisèrent. Vingt... vingt-cinq ans ! Le caractère nomade du village est alors explicable. Il faut bien plus de temps que cela pour oublier des millénaires ! Il faut plus de vingt ans pour que pourrisse une yourte, pour qu'une vraie maison la remplace... pour que le feu ne fasse plus trébucher l'hôte qui entre.

*
* *

Avec des gestes précis et calmes, une jeune fille est venue desservir et plier le *sofré* du petit déjeuner. Raïdjab, se rappelant mes étonnements quand Moughi me mettait au courant des usages concernant le mariage yomout, me fait remarquer que la gamine ne porte pas le bonnet brodé des vierges, mais un foulard noué derrière la nuque, à la manière des paysannes d'Europe Centrale.

— Bon !... Et alors ?

— Alors, c'est qu'elle est déjà mariée. Elle attend le jour où on viendra la rechercher.

Et pour justifier auprès d'Oteuz cette information qu'il vient de me donner, Raïdjab lui raconte l'ignorance dans laquelle j'étais jusqu'à l'avant-veille. Tout comme Moughi, Oteuz semble surpris que de tels détails puissent m'intéresser. Cette curiosité lui plaît, car il me précise :

— C'est ma sœur. Elle a douze ans. Nous l'avons mariée au milieu du printemps.

Ce mariage paraît même avoir été remarquable, car s'animant soudain, il reprend :

— C'est ce jour-là que vous auriez dû venir ! Ah oui ! Je ne vous mens pas ! Vingt cavaliers ont couru le *mochtologh*, et il y avait au moins six chameaux pour le cortège !... Bien sûr, nous avons des voitures, mais pour aller à Iguédéli Kara'aradj où habite le mari de ma sœur, il n'y a pas de piste carrossable. La seule vraie route qui y mène descend jusqu'à la plaine, passe par Kélaleh, et remonte la vallée d'Iguédéli. Il faut presqu'une demi-journée pour faire ça. Et encore faut-il qu'il n'ait pas plu !... Tandis qu'à pied, il y a à peine une heure de chemin! Alors, vous comprenez, pour y mener ma sœur, nous avons fait comme autrefois — tout comme autrefois ! — avec les chameaux et les chevaux !... Sauf qu'il y avait les motos en plus ! Sûr que ça vous aurait plu !

… Le chameau de tête portait les affaires de ma sœur. Sur les autres étaient les petites filles et les vieilles, celles qui ne peuvent pas monter derrière les cavaliers. On avait décoré la caravane avec des *tchowals* et des *torbas* à franges. Le chameau qui portait ma sœur avait un *djoul* et un grand *kapunuk* . Et tous les cavaliers autour tiraient des coups de feu en l'air.

... Le chef de gendarmerie d'Arab Qari Hadji — c'est un Baloutch — disait que chez lui on se marie encore comme ça, mais par ici, il y avait bien longtemps que cela ne s'était plus fait.Maintenant il y a des jeeps et d'autres véhicules plus rapides et plus commodes que les chameaux. Quand mon autre sœur s'est mariée, ceux de Sari Qamouch sont venus la chercher avec leurs voitures et des tracteurs. Pourtant, ce printemps ce fut une *tamacha* bien plus belle !

Oui ! cela devait avoir beaucoup d'allure !

J'imagine fort bien cette cohorte bariolée et bruyante en train d'escalader le sentier à flanc de falaise par lequel nous sommes arrivés hier, puis arrivée là-haut, parcourant les emblavures fraîches levées et pavées de tulipes. J'imagine la frise somptueuse qu'elle devait découper sur le ciel, en défilant sur une de ces crêtes en lame de couteau, et l'entrée triomphale qu'elle a dû faire dans le village voisin, en grand désordre. Il devait y avoir des cris, des rires, des hennissements, des détonations, une escorte d'enfants en liesse et de chiens en émoi... de la poussière !

— Oteuz ! Maintenant que nous nous connaissons, promets-moi, si une telle occasion se représente, de me le faire savoir sans faute !

Il rit du dépit que je montre. Une question me vient :

— Mais dis-moi, qu'est-ce que ce *kapunuk* qui décorait le chameau de ta sœur ?

Il hésite un instant, réfléchissant comment décrire la chose :

— C'est... heu... comme une porte !

— … ?

— Oui... c'est une pièce de tapisserie, qui se pend au-dessus de l'entrée de la yourte, à l'intérieur. Il y a deux bandes qui descendent de chaque côté de la porte, avec des pompons.

— A quoi ça sert ?

— A rien !

— A rien ?

— Si, ça sert à faire joli, c'est tout ! Mais quand on fait une noce ou une fête, on l'accroche au bât du chameau et ça lui fait une grande parure sur la poitrine. En même temps les bandes des côtés viennent lui pendre le long des jambes. Tous les pompons dansent alors, quand il avance : balim ! balam ! comme les jupes d'une femme kurde !

— … Et un *djoul* ? Je sais ce qu'est un *djoul* pour les chevaux, puisque les nôtres en ont, mais je n'ai jamais vu de *djoul* pour les chameaux !

— Attends, nous en avons un ici, je vais te montrer ça !

Le voilà sorti. Il revient disparaissant presque sous un tas de fripes qu'il jette à terre devant moi. Je ne sais vraiment pas par quel bout démêler cet enchevêtrement de bandes et de losanges de soie de toutes les couleurs, larges de quatre doigts, cousus sur un tissus de renfort plus grossier. Cela ressemble au costume d'un arlequin difforme, auquel il manquerait une empiéçure sur deux. Comment peut-on décorer un dromadaire avec ça ?

Oteuz vient à mon secours, car Raïdjab est aussi interloqué que moi par ce harnachement fait de bout de rideaux. Il faut qu'il soit étalé sur le sol pour que nous en comprenions la structure et la façon de le disposer sur l'animal.

En fait cela n'a rien à voir avec le *djoul*-tapis de selle de nos chevaux. Il s'agit de galons en patchwork, bien séparés les uns des autres, qui viennent pendre le long du cou et sur le devant des épaules de l'animal. Ils descendent de part et d'autre d'une sorte de faîtière qui court de la nuque à la naissance de la bosse. Chaque galon se termine soit par une petite grappe de pompons, soit par un grelot d'argent, en alternance. Les losanges de soie qui, cousus bord à bord où reliés par les coins, forment les galons, sont décorés de touffes de duvet teint, de bris de miroir enchassés à l'aiguille, de petits cauris blancs, de gros boutons de nacre. Une sorte de bonnet-muserolle, surchargé de broderie, ancre cette étrange parure sur la tête de la bête. Quelques plumes de coq l'empanachent, et, pour achever le tout, deux queues de renards gris sont cousues en temporaux.

C'est fantastique ! Avec un *kapunuk* balançant ses pampilles et ce ruissellement de bannières voilà un accoutrement qui doit transformer le plus paisible des dromadaires en véritable dragon chinois !

*
* *

Dehors les troupeaux passent. Le soleil éclaire jusqu'à mi-falaise. Que faisons-nous ? Repartons-nous ? N'y aurait-il rien d'intéressant à voir par ici ?

— Il y a Gomuch Ostad, l'armurier ! Hein... Oteuz ? Il habite bien dans la région ?

— Oui ! tu as raison, il est à Iguédéli Kara'aradj. C'est un de mes cousins !

— Un armurier ?... Il fait vraiment des armes ?

— Bien sûr, s'enflamme Raïdjab, des poignards, des sabres même, si on le lui demande ! Mais il fait surtout des bijoux. tout ce qui touche à l'acier, au fer, au bronze, à l'or et à l'argent le regarde. Tu as vu le *gol-yakhé*[1] que ma mère porte à son col ? Eh bien c'est lui qui l'a fait !

— Hum! tousse Oteuz pour émettre quelque réserve… Autrefois, Gomuch Ostad était bien ce que tu dis, Mais depuis quelques années il est tombé bien bas.

— Que lui est-il arrivé ?

— L'opium !...Lui et sa femme doivent bien fumer une vingtaine de *noghotts*[2] par jour... chacun ! Résultat : il ne fait presque plus rien. C'est dommage, vraiment dommage! Car il est le premier des bijoutiers. Ni à Gonbad, ni à Gorgan, on ne trouve son pareil ! Il est le seul à savoir encore faire le travail tekké[3]!

— Ne pourrait-on pas le voir quand même ?

— On peut essayer, ce n'est pas loin. Ce soir vous recoucherez ici. Je vais prendre mon fusil, nous tirerons les perdreaux sur la route.

*
* *

Le soleil touche le fond de la vallée. Sur le plateau, la matinée rayonne. Nos chevaux allégés de tout leur barda ne demandent qu'à se défier. Galop pour le galop, pour le plaisir de chasser devant soi une manade de juments inquiètes pour leurs poulains. Oteuz monte l'étalon de son père, celui qu'il avait mené à Gonbad ce printemps : un Yomout pommelé et rageur. Quand une compagnie de perdreaux détale devant

1. Gros bouton de col.
2. Littéralement, pois chiche. Unité de poids de la valeur d'un pois chiche.
3. En orfèvrerie, le travail tekké est caractérisé par une technique de placage de l'or en motifs floraux et flammés.

nous, Oteuz la salue avec son escopette qu'il charge par la gueule. Arme invraisemblablement lourde et longue, qui rue comme un baudet mais qui porte loin et juste.

Qu'est-ce qu'une heure à ce train ? Le dernier perdreau qu'Oteuz foudroie pirouette désespérément, et son ultime tentative de vol le précipite dans un piqué vertigineux tout au fond de la vallée d'Iguédéli Kara'aradj.

*
* *

Oteuz, avec le sérieux et la minutie d'un laborantin, a versé la dose exacte de thé dans l'eau bouillante du petit broc. Il a mis le sucre en morceaux sur le carré froissé d'un petit mouchoir orné au centre d'un bouquet de quatre fleurs naïves. Raïdjab, d'une main preste, retourne sur les braises les demi-perdreaux qui grillent. Les chevaux mâchonnent paisiblement leur orge. Un gros corbeau tournoie au-dessus de nous.

Non ! Nous ne pouvions pas, décemment, rester à midi chez le bijoutier.

Le réveiller fut l'affaire d'un bon quart d'heure. Sa femme et lui gisaient au beau milieu de la plus grande pièce de la maison.

... Sa maison ! Tout ce qui lui reste d'une confortable aisance ; dernier vestige de l'époque où son père vivait. Ghelidj Ostad, l'armurier... C'était ce père disparu qui forgeait les lames courbes, légères et nervurées, aussi souples et tranchantes que les feuilles du carex. C'est lui qui avait appris à son fils les secrets du damasquinage, de la niellure et du placage. Il lui avait enseigné le travail du burin, de la lime, du brunissoir; la science des alliages et des soudures, la chimie des acides et la couleur des températures. Il en avait fait le réceptacle de tout son savoir, de toute son expérience. Et le petit Khalim était devenu Gomuch Ostad : le maître de l'argent !

Les vieux tomans khadjars, les monnaies islamiques de l'Inde et de l'Afghanistan, les roubles, les thalers, les marks et les dollars fondirent dans ses creusets, mêlant Nicolas II, François-Joseph, Napoléon III, le Lion de Perse et Sa Gracieuse Majesté Victoria, le Sabre de l'Islam et les rois de l'Europe, à condition que ces profils altiers et ces devises péremptoires soient frappés sur de l'argent bel et bon. On lui apportait même, plates et légères, les effigies d'Ardéchir, de Chapour et d'Ardavan, tirées de quelque *tépé* du Gorgan, échappées d'une poterie brisée par la pointe d'un pic, ramassées dans le limon d'un fleuve. Et les Sassanides disparurent dans la coulée commune où s'étaient déjà amalgamés l'aigle bicéphale des Romanov, les favoris des Habsbourg, les bajoues de la gand-mère de l'Europe et la barbiche du Prince-président !

Le vieux Ghélidj Ostad pouvait mourir tranquille. En regardant son fils sertir les agates sur le galbe parfait d'un bracelet ou ciseler le manche d'un fouet, il savait qu'en lui se prolongerait la lignée dont ils étaient issus.

Il est mort ! Dieu soit loué ! Il n'a pas vu chuter sa descendance. Il n'a pas vu l'or à bon marché envahir les bazars, ni briller des pierres roses, bleues, vertes, cristallines, vulgaires comme des morceaux de verre. Il n'a pas vu ces montres-bracelets dorées à l'électrolyse, ce clinquant agressif, cette pacotille s'étalant à profusion sous la lumière violente des néons dans des échoppes toutes en vitres. Il n'a pas vu les femmes turkmènes préférer ces bijoux de Téhéranis et de *Khâredjis*[1] à leurs lourdes parures. Et surtout, il n'a pas vu le Maître de l'Argent, son fils, accepter de rapiécer les samovars, de rééquilibrer les coupelles des écrémeuses, de ressouder les aiguières !

Plus personne ne venait lui apporter de l'or, de l'argent, des cornalines pour qu'il en fasse un pectoral articulé ou un pendentif de nattes: ces armures de noce ! Qui lui aurait passé commande d'une tiare cliquetante alors que les femmes soldaient leurs bracelets à trois rangs d'agates qu'elles trouvaient trop pesants ou les laissaient noircir au fond des coffres ?

De temps en temps on lui donnait quelque pièce à réparer. Il soudait alors à l'étain sur des damasquinages anciens, remplaçait l'agate tombée par un tesson coloré.

La misère vint et s'installa chez lui qui n'avait ni terres, ni troupeaux, ne possédait que ses mains d'artiste, ses outils, sa science et son art ancestral. Alors il s'endormit dans l'opium, y entraînant sa femme. Couple mort avant l'agonie, arbres stériles, hâves et diaphanes, subissant leur vie comme une maladie incurable et tenace.

— Quel âge as-tu, Gomuch Ostad ?

— J'aurai trente ans au Ramadan prochain !

Il s'est réveillé avec peine, enlisé dans ses rêves. La pièce autour de lui n'était qu'un capharnaüm de pouilleries entassées. Sa femme vacillante a préparé le thé, fantôme transparent et muet. Pour être lucide, devant nous, il s'est tourné contre le mur pendant que nous buvions et a

---

1. Etrangers, plus spécialement Occidentaux.

fumé sa première dose de poison de la journée. L'odeur écœurante de l'opium se mêla au relent suri qu'exhalaient les hardes pendues aux clous du mur, à l'arôme du thé, à l'odeur de terre qui chauffe dont les bouffées entraient par la fenêtre ouverte.

Yil Mohammad, le luthier, et Agholi Ostad, le fourreur, tout en parlant de leur métier, caressaient le bois soyeux du luth ou les boucles rousses d'une toison d'agneau. Leurs gestes portaient les paroles et leurs paroles s'appuyaient aux gestes. Leurs doigts montraient : « Là ! Là et là ! » ; expliquaient : « Comme ceci ! mais surtout pas comme cela ! ». Leurs yeux suivaient la forme sculptée, glissaient sur la moire des fourrures. Leurs narines palpitaient dans l'odeur familière, leur cœur se réjouissait devant l'objet fini, parfait. Leur tranquille fierté se nourrissait des éloges sincères, leur modeste orgueil trouvait son humus dans la notoriété qui les désignait comme Maîtres d'entre les *Ostads* !

... Mais lui, Gomuch Ostad, ne pouvait plus, en me parlant, faire reluire sur sa manche la rosace étoilée d'un bouton de col, ni rallumer à la chaleur de son haleine le miel ardent d'une cornaline. Où étaient ses outils ? Sa petite enclume, ses moules de bronze sur lesquels il emboutissait les plaquettes d'argent ? Où était égaré le flacon de mercure à dissoudre l'or râpé ? Ses ciseaux à froid, son maillet de buis, ses creusets ?... Ils étaient là, sans doute, éparpillés dans l'indescriptible désordre.

Alors, il mima ses gestes minutieux d'orfèvre. D'un doigt changé en ciseau, il leva avec précaution de délicats copeaux sur sa main devenue plaque précieuse. D'une paille de balai il fit une pipette pour recueillir l'or liquide. Son souffle attisa la flamme bleue d'un chalumeau invisible. Sa bouche fit « Tac ! Tac ! Tac ! » en imitant le bruit du poinçon et son index suivit, sur le feutre usé qui recouvrait le sol, les motifs de laine ébouriffée pour les damasquiner.

— Saurais-tu faire encore quelque chose ? Dis-moi, le pourrais-tu ?

— Ah ! Donne-moi de l'or, de l'argent, du bronze, du fer, et je ferai un homme à ton image, debout au sommet de la montagne. Le soleil en se levant le rendra si éblouissant qu'à Gonbad on ne pourra plus regarder vers ici sans en être aveuglé !... Donne-moi un vieux toman et une agate, rien qu'un toman et une agate, et demain tu auras une bague de plus à donner à celle que tu aimes !

... Dis… Crois-tu que nous puissions un jour, ma femme et moi, sortir de cette tombe ?...

*
* *

Angr Bay[1] a crié « A l'aube ! » comme on crie « Au feu ! ». Juste devant la yourte ! Je l'aurais bien envoyé au diable, le croyant sujet à de braillardes insomnies, si ne lui avait fait écho l'appel du muezzin. A côté de moi Raïdjab ronchonnait, protestant contre cette diane. Faisait-il nuit ? Faisait-il jour ?... Ni l'un, ni l'autre ! Dans une demi-nuit, dans un ersatz de jour, il pleuvait. Une pluie pâle remplissait sans entrain l'étroit espace de la vallée, estompant son enfilade.

Nous avons cependant pris congé d'Oteuz et nous sommes partis, espérant que le couvercle de nuées, qui nous enfermait entre les falaises comme dans une boîte oblongue, se lèverait bientôt.

Sur le plateau envahi de brouillard, les poulains se serraient contre les flancs tièdes des cavales immobiles. Le sentier, ocellé de traces, sortait du néant à mesure que nous avançions. Traces de chevaux, de bœufs, d'ânes, de chameaux : elles nous avaient conduit jusqu'à Qarnak. Cette fois, elles nous firent aborder aux rives du Roud-e Gorgan.

*
* *

Il est huit heures. La pluie n'est qu'un crachin frais sur les roseaux de la rivière. Le coton ouvert s'effiloche et s'imbibe, il bave hors des capsules ouvertes, les champs sont en lambeaux.

Route vide, route dure. C'est la piste de Moravé Tépé que nous remonterons jusqu'à la tombe du Saint où, il y a quelques mois, nous étions venus en pèlerinage. Demain nous serons à Behkadeh. Nous sommes sur le retour... Déjà !

Les fers de nos chevaux sonnent sur le gravier compact de la piste. Ils sonnent triste. Ils sonnent mouillé. La rivière immobile stagne, envahie de roseaux raides, hérissés au garde-à-vous. Les tortues qui y vivent, plates et gluantes, n'arrivent même pas à rider sa coulée bitumeuse. Sous les surplombs des falaises où l'escarpement reste sec, les pigeons s'engoncent dans leur jabot. Les fers de nos chevaux sonnent tristes sur le gravier de la route vide.

---

1. Nom dérisoire donné à l'âne. *Angr* étant une onomatopée imitant le brâme qui prélude au braiement, et *Bay* un titre semblable à celui de Khan : Prince Hi Han !

CHAPITRE XXXVI

Où les Topkhanis cherchent la bagarre

Agholi ayant noué la bride de son cheval au pare-choc de ma voiture, est entré sans saluer et s'est assis sur une des chaises en fer qui s'alignent le long du mur sous le tableau d'affichage. Botté, sanglé par sa cartouchière, le fusil entre les jambes et tripotant la lanière de son fouet, il attend, le visage impassible sous l'énorme monument de sa toque.

Il vient rarement dans mon bureau dont il n'aime pas l'environnement. Les classeurs rangés sur leur étagère, les paperasses étalées sur ma table, le fichier du personnel ou celui des stocks, et jusqu'à mon brouillon, sont les éléments d'un univers d'où il se sent totalement exclu. Même les cartes qui garnissent le mur n'arrivent pas à relier cet environnement à celui où il évolue toute la journée. Malgré les explications que j'ai essayé de lui donner maintes fois, elles sont restées pour lui un embrouillamini de lignes et de points, de hachures et de quadrillages, dont il s'étonne qu'on puisse tirer des renseignements aussi exacts.

— Tu vois, ici, c'est Behkadeh !... Là, ce trait : c'est la piste de Takhté Iran. Elle tourne vers Ilan Li — le ruisseau, c'est ce trait bleu — et longe le *qanat*, cette suite de petits points...

Il me dit : « Oui ! oui ! », en hochant la tête en toute confiance. Mais c'est dans son esprit qu'il suit ce chemin mille fois parcouru, incapable de le reporter sur l'abstraction épinglée à mon mur.

Pour qu'Agholi ait surmonté sa répugnance, il faut que ce qu'il a à me dire soit très important. Sinon il aurait confié la commission à l'un de ses fils. En attendant que j'en finisse avec l'organisation des charrois de fourrage, il contemple la pointe de ses bottes et malaxe son fouet.

Cette année, il nous faudra beaucoup de fourrage en réserve à côté des bergeries. Par bien des signes l'hiver s'annonce rude et précoce. Lorsque la neige — et surtout la boue — auront rendu les pistes impraticables aux tracteurs, il ne sera plus temps de songer à secourir les troupeaux. Bien que, de mémoire d'homme, on n'ait pas vu disparaître la végétation sous la neige plus de quatre jours de suite — et pour une durée totale de quinze jours pour tout l'hiver — je table sur trois semaines de mauvais temps, pendant lesquelles les troupeaux confinés devront être affouragés. C'est une façon pessimiste, mais prudente, d'envisager l'hivernage, d'autant que la sécheresse ne nous a pas laissé un pâturage bien fameux.

Le poids total de paille et de luzerne à transporter paraît faramineux à Ghader, mon adjoint azéri. Il pense que je me suis trompé dans mes calculs. Il faut lui prouver que, par bête, je n'ai pas prévu plus qu'il ne l'a fait lui-même pour les quinze brebis qu'il possède en propre. Rasséréné, il enregistre les consignes et s'en va.

Alors, Agholi se lève et calmement, sans qu'aucun sentiment se puisse lire sur sa figure et dans ses yeux, dit :

— Deux gardes, Ali Gol et Salar Soufi, qui étaient en poste à Kourbaba, ont été faits prisonniers par les Topkhanis !

*
* *

— C'est Raïdjab, qui vient de rentrer de Kourbaba, qui l'a appris d'un berger de Mollah Hossein. L'homme a tout vu et est venu aussitôt prévenir.

— Mais qu'ont-ils fait pour que les Kurdes les prennent ? Jamais on n'a vu cela !

— Toi, tu n'as jamais vu ça, mais moi, je ne suis pas étonné. Ce sont les Topkhanis qui ont fait cela, je les connais. Ils ne viennent pas tous les hivers. Parfois on reste six ans, sept ans sans les voir. D'habitude, ils campent dans la montagne derrière l'Atrak, au-dessus de Pich Khala. Autrefois, quand les Russes n'avaient pas mis leur grillage et leurs tours de guet, ils passaient de l'autre côté de la frontière et ils payaient là-bas les taxes de pâturage. Mais c'est fini à présent, on ne les laisse plus traverser. Pourtant ces pâturages d'hiver étaient à eux bien avant que les Russes ne viennent. Le Chah — pas celui de maintenant, ni son père : un autre — leur avait donné un *firman*[1]. Je le sais, un jour ils l'ont montré à Hadji Ghorban Chaadi. Maintenant ils n'ont plus la place qu'ils avaient autrefois. Alors, quand ils viennent par ici ils sont bien plus gênants que les autres Kurdes et causent toujours des ennuis. Ils ne respectent rien.

1. Edit royal.

Voilà plusieurs jours qu'ils entrent chez nous, je voulais justement t'en parler. Nous leur avons pris six brebis, mais ils ne paraissent pas pressés de venir les rechercher. Tu peux aller les voir si tu veux : elles ne sont pas belles et je leur ai donné de la paille sinon elles seraient mortes. Mais méfie-toi, ils pourraient venir une nuit, en cachette, et assommer le gardien pour les reprendre. Ils en sont capables !

A mon avis, pour que nous ne puissions pas leur en prendre d'autres quand nous les surprenons sur notre pâturage, ils ont dû mettre trois ou quatre bergers par troupeaux et ils se sont rebiffés quand Ali Gol et Salar Soufi les ont une fois encore trouvés chez nous.

Agholi attend que je prenne une décision. J'avoue ne savoir que faire. Si je l'écoutais, il serait déjà en selle, armé jusqu'aux dents, après avoir rameuté la garde au complet et marcherait, bon train, sur le camp des Topkhanis pour y porter ses représailles et délivrer nos otages.

Ces méthodes d'*alamantchi* ne me disent rien qui vaille. Mais, puisqu'il veut aller chez les Kurdes, je vais l'y envoyer avec ses fils, pour sommer la vieille barbe qui mène le clan de nous rendre les prisonniers, sinon... eh bien je préviendrai les gendarmes... ou le Service des Ressources naturelles !

Agholi se déclare prêt à partir, mais hausse les épaules. Ah les belles menaces que voilà ! Si elles impressionnent les Topkhanis, c'est qu'ils ont bien changé. Or ce qu'ils viennent de faire laisse à penser qu'il n'en est rien.

— Ils n'obéiront pas !

— Nous verrons bien... Mais surtout, Agholi, pas d'autres menaces que celle de faire intervenir le gouvernement, hein !... Pas de coups, compris ?

— Hum…! Compris ! Mais je te le dis : les Topkhanis sont de la même graine que leurs chiens. Il faut les battre, et les battre bien fort, pour qu'ils cessent de mordre.

*
* *

Ce coup-ci, nous y sommes : le désert est à nos portes. Les nomades qui longent nos limites tendent le cou vers nos pâturages. Ils rebuteraient un Caussenard, mais ils sont paradisiaques en comparaison des parcours épuisés sur lesquels rôdent leurs énormes troupeaux faméliques. Après la sécheresse, les pluies n'ont pas été suffisantes ni l'air assez clément pour que la steppe ait eu le temps de se régénérer avant l'hiver. Ses timides tentatives de repousse ont été réduites à néant par la brutalité d'un surpâturage avide. Autour de nous aujourd'hui la steppe meurt du mouton et le mouton meurt d'elle.

La nuit, le pâtre ôte la cloche de fer qui casserole au cou de son âne et bourre d'herbe sèche les clarines de ses menons. Malgré le froid, malgré l'humidité qui monte du sol où ses pieds s'engluent, il n'allume pas le feu de son bivouac de voleur et laisse couler son troupeau dans le noir des ravins interdits. Il scrute la nuit qui respire autour de lui. Il écoute le vent et sonde ses intermittences, croyant à chaque instant entendre rouler les cailloux sous les sabots de nos chevaux. Pauvre Kurde ! Homme qui se bat contre sa misère avec sa pauvre ruse. Berger !

Je me souviens, il y a longtemps...

La nuit était transparente, toute sonore de gel.

— Heeeeeeeeyyyyy... ! Ma yourte est pleine de trous ! Pleine de trous ! Hek-hek-hek-hek-hek... ! Pleine de trous, ma yourte... ! chantait Oraz, les yeux levés vers la voûte noire percée d'étoiles.

Cette nuit-là, son père et lui m'accompagnaient dans ma première inspection nocturne. Les collines arrondissaient leurs échines velues comme de grosses bêtes endormies les unes à la suite des autres. Nous suivions cette crête basse et les vallées chuchotaient autour de nous. Soudain Agholi immobilisa sa monture et Oraz cessa de chanter. Pendant un long moment, penchés sur l'encolure, appuyés du coude sur le pommeau, ils écoutèrent, tendus vers les mille bruits du silence qui rampaient en contrebas.

Longtemps ils restèrent ainsi. Puis, soudain redressé sur sa selle, tendu sur ses étriers, le père lança vers le grand lac d'obscurité palpitant à nos pieds, une modulation suraiguë, ondulante, interminable qui, née dans un sanglot, mourut en s'effaçant. Le vent emporta cette plainte de fauve jaillie d'un gosier d'homme et la nuit répondit par la voix lointaine des chiens. Un troupeau était là, quelque part devant nous, trahi par ses propres gardiens.

Quelle sourde joie, quel élan atavique me fit bondir le cœur ? Jamais, même à la chasse, quand la harde hirsute déboule en grognant de peur et de colère, je n'avais ressenti l'allégresse carnassière de cette nuit-là. Nous venions de débucher l'homme-brebis, l'homme herbivore et furtif, peureux et rusé.

Nous sommes arrivés au galop sur le pâtre dressé au milieu de ses bêtes rassemblées autour de lui. Nous avions la joie méchante et cruelle.

Devrais-je en avoir honte ? Cette nuit-là, je fus loup pour la première fois !

*
* *

Agholi est de retour. Il n'est pas allé très loin. Sur la piste de Kourbaba, il a trouvé les deux gardes rendus à la liberté, qui s'en revenaient piteusement.

Ils sont là, devant moi, assez déconfits. Salar Soufi a l'oreille droite encroûtée de sang, et Ali Gol, outre quelques ecchymoses au visage, se plaint d'une douleur au côté. Mais ces blessures et ces bleus ne sont rien comparés à ceux de leur amour-propre. Eux ! Des cavaliers turkmènes, se faire désarçonner et prendre par des bergers kurdes !

— Ah... ! Vous ne vouliez pas que nous la pâturions... ! Eh bien, broutez-la vous-mêmes ! leur disaient les bergers en leur bourrant la bouche avec des poignées d'armoise. Et les coups de pied pleuvaient... et les coups de bâton ! Ce matin ils avaient été relâchés, tout nus, sous les risées des femmes. Il leur avait fallu récolter leurs vêtements semés çà et là et courir après leurs chevaux.

Agholi se tait. Je sais à quoi il pense, car en cet instant nos idées vont de pair. Jamais la garde montée de Behkadeh n'a été bafouée de la sorte. Nous sommes ridiculisés. Si nous ne réagissons pas, non seulement les Topkhanis prendront encore plus d'assurance, mais les Routchanis, les Tchouranis, et pourquoi pas les Baloutchs, suivront leur exemple. Notre travail de régénération du pâturage risquera d'être compromis et nos troupeaux seront soumis à rude concurrence.

Je fais sortir les deux gardes.

— Alors, Agholi ? Les Topkhanis veulent nous faire la guerre ?

— Pas seulement à nous ! Les gens d'Inché Bala ont déjà porté plainte contre eux. Pendant la nuit, ils viennent pâturer les plantations de peupliers. Mais les gendarmes n'ont pas réagi, ils disent qu'il n'y a pas de preuve que ce soient les Topkhanis qui font ça.

— … Comment les dissuader de continuer sur cette lancée ?

— Je te l'ai déjà dit, mais ça ne te plaît pas !... Il faut aller dans leur camp, avec le plus de cavaliers possible et y mettre le désordre. Il faut leur cogner dessus, très fort !

Oh, ho ! Je le vois venir ! Il m'a souvent décrit — et avec quels accents de nostalgie — les mises à sac de campements auxquelles il a participé. J'imagine fort bien les images qui doivent, en cet instant, se bousculer dans sa mémoire : les tentes abattues sur leurs habitants surpris, les tendeurs tranchés à coup de sabre ou les piquets arrachés d'un coup de lance habile en plein galop ; tout le camp empêtré dans les toiles affaissées, incapable de réagir à l'attaque fulgurante ; les dromadaires chassés au loin ; les troupeaux mélangés ; les hommes récalcitrants assommés et les chiens fusillés ; le butin emporté… Je ne doute pas un instant de la facilité avec laquelle il retrouverait les vieux réflexes... ainsi que ses fils, je présume !

Non ! Quitte à le décevoir, je ne veux pas de ça ! Agholi se croit revenu à l'époque où Mehdi Khan faisait sa loi. Il faut, si nous voulons avoir le droit un tant soit peu de notre côté, agir contre les Topkhanis quand ils seront chez nous, en pleine infraction. Mais aller bouleverser un camp, il n'en est pas question !

Agholi en convient, avec un peu de regret cependant. Mais, puisqu'il me voit tout de même décidé à agir énergiquement, ce regret est vite effacé. Attraper les Topkhanis quand ils seront chez nous, ai-je dit ?

— Bon ! Ça, c'est facile ! Surtout à présent ! Laisse-les faire comme si nous avions peur d'eux. Leur tête enflera et pendant deux ou trois jours, même quatre, tu les laisses pâturer tranquillement chez nous. Tu n'envoies aucune patrouille entre Kourbaba et Chel-Tchar. Ce n'est pas parce qu'ils auront brouté l'armoise pendant trois jours que le pâturage sera perdu ! Non... ?

— Non ! Non !... Continue !

— Bien... ! Quatre jours plus tard, je réunis tous les gardes à Kourbaba et le soir, vers quatre heures quand il fait encore jour et quand les Topkhanis seront bien avancés, nous les surprendrons. Nous serons suffisamment nombreux pour qu'ils ne puissent pas se défendre, et nous leur prendrons autant de moutons que tu voudras. Tous leurs troupeaux si tu le désires ! Après, tu les verras venir pleurer ici et ils paieront l'amende.

— Tu crois ? (Que j'aie l'air d'en douter le vexe un peu.)

— ... Je suis le père de Raïdjab ! Je pourrais donc être le tien. Bien avant que vous naissiez tous les deux il y avait des Topkhanis et je me battais déjà contre eux ! Jamais il ne m'ont fait peur, même si on t'a dit que j'ai fui devant eux jusqu'à Dam Damé, ce qui est exact !... Mais ensuite, ils l'ont payé ! Je les connais, mais eux aussi me connaissent !

— Entendu ! Fais comme tu veux... ! Dans quatre jours, nous les surprendrons sur Behkadeh. Je viendrai avec vous. Dix gardes, tes trois fils et toi, cela fera quatorze... et avec moi, quinze. Ça suffira ?

— Ne te tracasse pas pour ça, tu verras.

CHAPITRE XXXVII

Tchapawoz

Qui peut, de nos jours, se vanter d'avoir vu une charge turkmène ? La chose, il faut le reconnaître, tend à se faire rare.

Ce peuple écartelé par l'histoire n'a plus à combattre. Dans leur exil afghan ou iranien, les tribus chassées par le collectivisme ont appris à cohabiter. Goclans et Yomouts ont mis un frein à leurs vieilles rivalités. Et l'on sait à quel brassage ont été soumises les nationalités de l'U.R.S.S.

Peut-être qu'au fond de l'Afghanistan, les méthodes ancestrales et expéditives sont encore utilisées pour régler — ou envenimer — les différends sans passer par les autorités ? Mais quel voyageur égaré hors des circuits d'Afghan Tour aura-t-il eu en face de lui, tout d'un coup, cette brève tourmente, résurgence d'un passé si lointain et si proche ? Le *bozkachi* peut en donner une idée. En Iran la fièvre d'une course de mariage peut lui ressembler. Mais ce ne sont que des jeux, même si les cavaliers y trouvent un exutoire à leurs humeurs guerrières.

Cet hiver-là, pour empêcher que n'entrent sur nos pâturages les nomades que la sécheresse avait poussés jusqu'à nous, la dernière charge des Goclans eut lieu sur le plateau de Chel-Tchar[1].

*
* *

Voici trois jours que les Topkhanis paissent impunément sur nos pâturages. Ghorban Mohammad, embusqué au sommet de la plus haute des collines qui ferment à l'Est le plateau de Chel-Tchar, assiste, dès que le soleil décline, à leur invasion quotidienne.

---

1. Ce texte a été écrit quelques années avant l'invasion de l'Afghanistan par l'Armée rouge. Depuis, les Turkmènes ont eu à nouveau l'occasion de se battre et de réactualiser leurs méthodes, sans pour autant délaisser leur cavalerie à l'occasion.

Ils s'enhardissent, sans se douter que le garçon, là-haut, les espionne. Il a caché son cheval dans le fond embroussaillé d'un ravin pierreux et, allongé au pied du cairn qui marque là la limite de nos parcours, il compte les troupeaux, les bergers, les chiens. Hier, un escadron de dromadaires fit son apparition et la nuit des feux s'allumèrent, preuves que les nomades considèraient ce terrain comme définitivement conquis.

Cet après-midi, nous agirons.

Agholi a donné des ordres : tous les gardes rassemblés à Kourbaba devront être prêts quand lui et moi arriverons. Deux gardes, venus ce matin au village, ont reçu ces instructions devant moi. Ils n'ont pas cillé, se contentant de hocher la tête d'une manière entendue. Cela m'a étonné.

— ... Mais... dis-moi Agholi... Ils n'ont pas l'air surpris ! Savent-ils pourquoi il faut que tous soient à Kourbaba tout à l'heure ? Es-tu sûr de n'avoir rien divulgué trop tôt ?

Agholi s'est dandiné :

— Mhhh... ! J'en ai parlé, un peu...

— C'est malin !... Et si quelqu'un a mis les Topkhanis au courant ! ... Quand nous arriverons à Chel-Tchar, il n'y aura plus personne, ou alors ils seront deux fois plus nombreux que nous !

— Ça ! Je peux t'assurer que les Topkhanis ne savent rien de ce que nous préparons ! Ni eux, ni même personne à Behkadeh ! Personne n'est au courant sauf quelques gardes en qui j'ai confiance. (Il sourit d'un air rusé)... N'aie pas peur, il y aura une belle *tamacha* au dessus de Kourbaba, et les Kurdes s'en souviendront longtemps !

Cette tranquillité ne m'a rassuré qu'à demi.

Un peu avant midi, alors que je traversais la place devant la mosquée, Oraz m'a accosté. Un jeune homme l'accompagnait, qui me salua.

— C'est le cousin de Nadjma, m'a renseigné Oraz. Il voulait le voir, mais, comme tous les gardes, Nadjma est à Kourbaba et il n'a pas pu le rencontrer. Puisque je vais là-bas, je pourrais peut-être l'y emmener ?

— C'est urgent ? Faut-il vraiment qu'il parle à son cousin aujourd'hui ?

— Oh... ! Il pourrait attendre demain mais comme il n'a rien d'autre à faire, il restera à la maison de Nadjma toute la journée et cette nuit, la femme de Nadjma y est seule, ça ne serait pas très convenable. Mais que faire d'autre, puisque chez nous il n'y aura personne non plus ?... Et puis il a un bon cheval !... On ne sait jamais... si les Topkhanis se faisaient méchants... !

— Hum... ! Ça va !... Accompagne-le à Kourbaba.

J'étais à peine arrivé devant ma porte qu'Oraz et son compagnon passèrent à l'amble rapide sur la route. Ils me saluèrent joyeusement. Le cousin de Nadjma me parut en bien alerte équipage : joli cheval, visiblement préparé pour quelque course... ou coup de main. Pour tout bagage, il n'avait qu'une paire de fontes presque vides et un feutre roulé derrière la selle, dissimulant assez mal la hampe noueuse d'un robuste bâton de berger.

*
* *

Dans le fond douillet d'un vallon qui s'étrangle plus loin, Kourbaba est une oasis qu'en tout temps j'ai plaisir à aborder. Là se rejoignent plusieurs pénéplaines qui arrivent du piedmont de Takhté Iran. Un *qanat* y alimente le jardin fou que planta là un mythique « grand-père aveugle » et lui donne l'apparence engageante d'un bosquet de saules énormes, de peupliers grêles et de vignes folâtres. L'eau y est assez abondante pour abreuver également deux bergeries et le poste de garde.

Un vieux jardinier, musulman scrupuleux et remarquablement moustachu, est le gardien en titre de ces lieux. Il y fait pousser concombres, melons et tomates pour sa consommation personnelle et pour le plaisir des visiteurs. Dans tous ses déplacements à l'intérieur de son petit domaine, il est suivi par une brebis familière à qui il promet le couteau pour chaque Aïd Ghorban à venir, sans en avoir jamais le courage.

En été, cerné par la steppe rôtie, le jardin ressemble à un reste de Paradis oublié sur la terre. L'eau y chante clair dans les petits canaux où les racines des saules lavent leurs chevelures rouges. L'ombre fraîche des grands arbres, les fruits mûrissants aux branches des abricotiers et des pêchers, les contorsions noueuses du vieux pistachier, incitent à rester là, assis sur le tapis grenat que le jardinier a déroulé au meilleur endroit. Pendant ce temps, le vieil homme apporte dans une corbeille les abricots ou les concombres lavés au ruisseau, ou fend en deux une pastèque craquante qui pleure sous son couteau.

Que d'heures délicieuses ai-je passées ainsi, adossé à un tronc enlacé de vigne, à demi allongé sur mon tapis au cœur du jardin, à regarder entre les branches souples et les feuillages tendres les ondes de chaleur métalliques faire vibrer l'horizon pétrifié des collines. «... Eux, font étendre un tapis au plus beau lieu d'un jardin pour s'asseoir dessus et contempler la verdure[1]. »

Devant le jardin, la maison du jardinier, le poste des gardes, les deux bergeries et leurs enclos font un petit hameau en rond, tout autour d'une placette où les chevaux sont au piquet le long des murs et que ferme au Sud la triple rangée des abreuvoirs. Au beau milieu s'érige le four qui sert à tous.

Si l'été qui nous accable fait une trêve à Kourbaba, l'hiver lui aussi y paraît moins mordant quand apparaissent, à travers les bourrasques de neige, les grands saules tordus par la tempête. Au bout de la piste c'est le refuge, la halte, le thé bouillant, la chaleur moite des troupeaux qui ruminent dans l'obscurité douce des bergeries. C'est le glouglou des pipes à eau et le plaisir de se serrer les uns contre les autres autour du poêle qu'on vient de recharger. C'est la sécurité et la quiétude quand passent les rafales en vagues d'assaut et qu'enfouis dans le sommeil bêtes et hommes semblablement accotés dorment en paix, mieux que des rois.

*
* *

La matinée, si claire dans ses premières heures, a vu doucement se ramifier l'arbre de la pluie. De grandes traînées diffuses, pareilles à de gigantesques doigts, ont jailli de la paume de l'Ouest et se sont étirées. Elles ont gagné vers le levant, comme un polype, un lichen de nuées pâles, envahissant et sournois. Il faisait beau, il faisait tiède. Et puis, tout d'un coup, on se rend compte que le soleil n'est plus là, ni le ciel. A leur place s'étend un voile gris uniforme qui se plombe au couchant. Sous ce ciel attentif, Agholi et moi arrivons à Kourbaba.

Que de monde... ! A notre vue les conversations se sont éteintes. Ceux qui buvaient leur thé, assis en rond sur leurs feutres de cheval, se sont levés et se rapprochent.

Ils sont tous là : Raïdjab et Oraz, qui nous ont devancés ; Seddiq le taciturne, auquel il faut faire cracher son *nasr*[2] si l'on veut obtenir de lui une parole intelligible ; Nadjma, flanqué de son soi-disant cousin ; Ali Gol et Salar Soufi, dont nous allons — Inch'Allah — laver l'honneur

1. Tavernier (1605-1689) *Les Six Voyages en Turquie et en Perse.* A propos de la façon que les Persans et les Orientaux ont d'apprécier les jardins en comparaison de la méthode péripatéticienne des Occidentaux.
2. Mélange de chaux (ou de cendre de bois) et de tabac en poudre que l'on place sous la langue.

aujourd'hui ; Artoq, coiffé de son *telpek* blanc ; Youssouf et son horrible, mais increvable, bidet yomout ; Omar, le demi-Kurde, fils d'un brigand pendu à Gorgan et de sa captive ; Amangueldi I et Amangueldi II, les homonymes inséparables ; Safar Cal dont le père défunt fut un des compagnons de Ghotteur...

Oui! Ils y sont tous ! Mais... ! Celui-ci... ? Et celui-là... ? Et ces deux autres... ceux-là encore... ! Qui sont-ils ?... Des cousins de Nadjma peut-être ?

Ah ce n'est pas difficile de deviner ce qui les a amenés à Kourbaba !

Comme les *sardars*[1] de jadis, Agholi a discrètement fait passer le mot. Un rien, une brise, une idée de souffle et voilà ravivées les braises qu'on aurait pu croire définitivement mortes. Et ils sont venus, le cousin, l'oncle, le frère, le beau-frère, l'ami. Il y a deux jours — peut-être même dans les heures qui suivirent mon entretien avec Agholi — ils ont reçu le message, et depuis ils ont entraîné leurs chevaux et se sont préparés.

Mais qu'espèrent-ils ?... Un beau carnage ? Des rapts ? Des femmes que l'on culbutera ? Un camp mis à sac ? Des troupeaux qu'on se partagera ?... Et Agholi ? A quelle idée a-t-il cédé ? Quel vieux démon l'a poussé à convoquer tous ces cavaliers en renfort ? J'ai soudain grand peur d'avoir attisé un brandon qui, si je ne l'éteins pas immédiatement, va provoquer un incendie qui ne pourra plus être contrôlé.

Il faut les voir, tous rassemblés autour de Ghorban qui vient d'arriver. Ils serrent notre guetteur dans un cercle étroit et boivent ses paroles :

— Les Topkhanis sont là ! Cinq troupeaux s'avancent sur nos pâturages. Il y a deux bergers par troupeau, sauf pour le plus gros où ils sont quatre. Les dromadaires passaient la crête quand je suis parti, il y a environ une heure. Non ! personne ne se méfie.

Une impatience mal maîtrisée fait frémir la voix de Ghorban. Il en tremble, là-haut sur sa selle, et tous le félicitent, se bourrent les côtes, se flanquent de grandes tapes dans le dos...

Mais qu'est-ce qui me retient ?... Qu'est-ce que j'attends pour les lâcher ? La bête est en vue... !

---

1. Titre militaire dans l'ancienne armée persane, donné par les Turkmènes à celui qui, connaissant bien les chemins et les passes, formait les troupes de razzieurs en faisant circuler discrètement l'information d'un prochain coup de main parmi ceux qu'il estimait aptes.

— Agholi... !

— Oui ?

— Pourquoi tous ces gens sont-ils ici ? Pourquoi leur as-tu dit de venir ?

— Moi ?... Mais je ne les ai pas appelés! Ils sont là par hasard !... Tiens, celui-là c'est le frère d'Amangueldi II, il est là depuis ce matin ; il passait par ici pour se rendre à Inché Bala. Comme il a vu que son frère était là il est resté. Celui-ci, c'est l'oncle de...

— ... Tu savais fort bien que nous les trouverions tous là en arrivant, ou je me trompe ?

— ... Tu as raison ! Mais ne renvoie personne ! Les Topkhanis ne sont pas des Kurdes comme les autres. Ils n'ont pas peur. Ils se battent souvent comme de vrais hommes... même leurs femmes ! Et puis, souviens-toi, tu craignais toi-même que nous ne soyons pas assez nombreux !... De toute façon tu n'auras pas à les payer !

— Ah! Justement ! Je ne veux pas courir le risque de les voir se payer sur le dos des Topkhanis, comme les brigands dont ils ont l'air ! ... Dont nous avons tous l'air! Les gardes de Behkadeh sont dans ta main et je les connais tous. Celui qui se conduira comme un *alamantchi* pourra aller chercher du travail ailleurs. Mais le neveu, le cousin, l'oncle, qui disparaîtront je ne sais où après la bataille, peux-tu me garantir qu'il ne vont pas se conduire comme de simples voleurs ? Te rends-tu compte des ennuis que nous aurions si, dans la bagarre, il arrivait quelque chose de grave, un blessé, un mort !... J'ai eu tort de te laisser faire... j'aurais sans doute mieux fait de prévenir les gendarmes !

— Non ! Tu as bien fait de ne rien leur dire ! Cette affaire, c'est nous qui devons la régler... sinon les Topkhanis diront que nous n'avons pas de force et que, dès qu'il nous arrive quelque chose, nous allons pleurnicher chez les gendarmes ! Eux ils n'ont pas peur des gendarmes ! Et puis je fais le serment qu'il n'y aura personne de tué ! C'est toi qui commandes. Tu n'as qu'à dire ce que tu veux que nous fassions et ceux qui sont venus en plus obéiront comme les autres. Je m'en porte garant comme de mes propres fils !

... Et puis regarde ! Nous n'avons que des bâtons ou des fouets, et les Kurdes savent courir ! Ce sera à toi de prendre garde aux frondes ! Seuls Raïdjab et moi avons un fusil. S'il faut tirer — on ne sait jamais... pour faire peur — ce sera sur ton ordre. Dis-moi seulement ce que nous devons faire.

— ... A mon avis, il faut prendre aux Topkhanis un lot de moutons suffisamment important pour que la perte soit plus grosse que l'amende s'il ne viennent pas les récupérer.

— Entendu... mais, encore une fois, n'aie pas trop de crainte pour les Kurdes, ce n'est qu'un faux *tchapawoz*, une *alamane* pour faire peur, pas plus!

*
* *

Sur le plateau où ils s'étalent, les nomades ont vu s'avancer vers eux deux cavaliers côte à côte.

— Ho! Fils de chiens ! Assurément vos mères et vos tantes n'ont jamais eu d'honneur ! Que faites-vous ici ? Ne savez-vous pas, fils de damnés, que ce pâturage vous est interdit ?... Allez ! Mangeurs de choses immondes ! Apportez-nous deux moutons... et des beaux ! Si vous voulez les revoir, il faudra venir payer l'amende à Behkadeh !

Là-bas, les bergers apostrophés de la sorte ont reconnu ceux qu'ils avaient tenus à leur merci quatre jours auparavant. A ces sommations, ils répondent par des ricanements et des gestes obscènes, renvoyant des insultes au moins aussi élaborées que celles dont on les a salués. Et pour mieux souligner leur intention de ne pas obtempérer, ils délient à leur poignet les lacets de leur fronde. Déjà certains cherchent au fond de leurs poches un de ces cailloux ronds dont ils ont toujours sur eux une petite provision.

Alors Agholi talonnant son cheval sort du vallon qui nous a permis d'arriver à couvert et prend pied sur le plateau. Les uns derrière les autres, nous le suivons.

Tout cela se passe sans hâte, calmement, sans un mot, dans le cliquetis des gourmettes et des mors. Agholi s'est immobilisé à quelques mètres de là. D'un geste sec, il m'intime l'ordre de me ranger à sa droite, laissant entre nous l'espace de trois bonnes toises. Les cavaliers qui apparaissent vont avec un calme ostentatoire se placer à notre droite ou à notre gauche, en maintenant l'écartement fixé par Agholi entre lui et moi.

J'ai Oraz à ma droite et Raïdjab flanque son père, lui-même étant côtoyé par Ghorban. Bientôt le front de notre cavalerie se trouve formé. Les chevaux encensent. Un silence tendu s'appesantit, comme ce ciel d'étain qui écrase l'horizon du plateau.

Loin devant nous, les bergers regroupés parlementent et gesticulent. Ils donnent tous les signes d'une grande inquiétude, déjà certains font mine de s'enfuir.

Entre eux et nous, Salar Soufi et Ali Gol attendent.

Qui a donné le signal ? Agholi, peut-être ? Par les ailes, d'abord, notre escadron s'est ébranlé. Je suis au creux de l'arc de cercle qui, au pas, s'est mis en marche. Les gourdins dégainés pendent, ballants, le long des étrivières.

Insensible changement d'allure, le pas devient amble et l'amble, trot. La terre gronde comme un tambour voilé.

Les bergers, ont détalé vers les collines, abandonnant troupeaux, ânes, chiens, bâtons et capes de feutre. Et le trot s'exaspère dans le sifflement du vent, dans ce silence insupportable.

Soudain le galop explose, en même temps qu'un hurlement inhumain.

Agholi, Raïdjab, Ghorban, et même Oraz ! Les autres ! Tous !... Ils hurlent !... Et moi ?... Ma gorge, ma bouche, ma poitrine se sont ouvertes pour cette clameur. Mais je suis sourd à ma propre voix. L'esprit vidé, le corps pris par cette force, cette sauvagerie qui me projette vers ces hommes en fuite et ce bétail qui s'affole. Je charge, je charge comme les autres.

La meute a ouvert sa tenaille et les bâtons tournoient !

Et tout d'un coup, brusquement, c'est fini.

Entre les jambes des chevaux les brebis rousses et noires grouillent, culbutent et se bousculent. Désemparés, les troupeaux girent en nébuleuse, se télescopent, cherchent à entrer en eux-mêmes. Sur leur masse informe notre charge s'est brisée, et les brebis des premières lignes ont roulé sous le choc. Cette piétaille laineuse et éperdue a bloqué le poitrail de nos chevaux, permettant à leurs bergers d'atteindre sains et saufs le refuge des collines. De là-haut, impuissants, ils assistent à notre victoire.

L'état second qui nous a tenus pendant la ruée a fait place à une euphorie que chacun traduit à sa manière. Omar et un autre dont j'ignore le nom, debout sur leurs étriers, lancent des chapelets d'insultes homériques aux bergers anéantis. Youssouf fait au galop le tour des troupeaux, fouaillant au hasard à grands coups de lanière puis, happant une brebis ou une chèvre brâmante, la relance à deux mains au beau milieu de la masse. Les deux Amangueldi pourchassent les chameaux pour les forcer à dévaler au fond du ravin et s'esclaffent de leur dégringolade ridicule.

Agholi, renversé sur sa selle, rit vers le ciel, à gorge déployée, tandis que Ghorban se claque les cuisses et envoie de grandes taloches sur l'encolure de son cheval. Raïdjab, quant à lui, reprend peu à peu des couleurs.

Pendant l'attaque, il devait être livide. Plus que jamais passe sur lui l'ombre de son terrible grand-père. Il s'aperçoit que je l'observe et me sourit avec une surprenante tendresse:

— Hé, Alain... ! Tu es tout blanc... !

*
* *

La récréation est terminée. Il faut finir le travail.

Tout d'abord, mélanger les troupeaux. Il faudra bien une semaine et beaucoup de patience pour trier ces sept à huit cents animaux appartenant à une bonne dizaine de propriétaires. Il faut ensuite mettre à part une bonne centaine de brebis, parmi les plus belles. Ce seront nos otages !

Après quoi, nous reprendrons tranquillement le chemin de Kourbaba. Le soir tombe, nous y serons à la nuit.

Ceux qui, au pas, évoluaient au milieu du troupeau pour en repérer les plus belles bêtes, ou qui surveillaient l'opération tout en discutant du haut de leur selle ; ceux qui, comme Agholi, avaient mis pied à terre pour resserrer une sangle, pisser, ôter un caillou coincé sous le sabot de leur cheval, contenir à l'écart le troupeau des otages, se sont figés tout soudain.

Comme eux, j'ai entendu, haché par le vent qui s'est levé, les curieux sanglots d'une tyrolienne. Le chant-appel nous arrive du mamelon derrière lequel se sont évanouis les bergers. Plus loin d'autres vocalises lui répondent.

Ça y est, la nouvelle est transmise, le camp est prévenu. Là-bas les Topkhanis se rassemblent, se préparent, arrivent. Dans cinq minutes, ils seront là. Je m'étonnais aussi d'une si facile victoire sur des gens qu'on m'avait dit si malcommodes !

— Allons ! Allons ! Dépêchons-nous !... Il n'est plus temps de s'attarder ici !

Prudent, Agholi sonne la retraite.

Dieu que ces moutons sont peu coopératifs ! On dirait qu'ils font exprès de nous retarder pour permettre à leurs bergers de nous tomber dessus. Ce que redoutait Agholi est en train de se produire. Au dessus de nous, sur les hauteurs des collines qui dominent le plateau où nous avons si facilement vaincu et où nous sommes à présent si exposés, voici qu'apparaissent le ban et l'arrière-ban de la tribu.

Ils ont l'air très en colère tous ces gens ! Ils brandissent des bâtons et font des gestes sans équivoque. A côté des longues sihouettes noires des hommes, s'agitent celles, plus rondes et rouges, des femmes. Leurs cris de corneilles qui pillent un milan nous parviennent sur l'aile du vent et ce dont elles nous abreuvent est à la mesure de leur furie. C'est sûr ! Nous avons donné du pied dans un sacré nid de frelons.

Cependant nous continuons à pousser nos prises vers le ravin, vers Kourbaba. Tant que les Topkhanis resteront à vociférer sur les crêtes, nous ne risquons pas grand chose et pouvons nous replier sans dommage.

— Hé... ! Attention... Ils tirent !... Ils nous tirent dessus !

A dix centimètres du sabot du cheval d'Oraz il y a eu comme un petit geyser de poussière, et le gravier a giclé sur la pente d'un talus, à la hauteur de la tête de Seddiq. Ah! Mais ! Il ne sera pas dit que les Topkhanis se laissent dépouiller sans réagir ! Agholi avait raison de se méfier, ce ne sont pas des gens à mésestimer !

— Ho ! Agholi ! Avec quoi nous arrosent-ils ? Je n'ai pas entendu de coup de feu !

Une balle est passée entre lui et moi, nous refluons en direction du petit vallon par lequel nous sommes arrivés.

— C'est une 22 long rifle. Le tireur n'est pas fameux ! Il est là-bas... tu le vois ?

— Oui !... Il n'y en a qu'un ?

— Je le pense, il est trop éloigné pour être vraiment dangereux, mais il faut éviter qu'il descende pour se rapprocher. Je vais envoyer Raïdjab et Ghorban pour le faire cesser... Je peux ? Ils tireront juste en-dessous !

Les deux frères sont partis au galop. Ils piquent droit sur la chaîne de collines couronnée de Kurdes gesticulants. Le tireur les ajuste-t-il ?... C'est assez difficile à voir, mais une dizaine de frondeurs se sont dressés contre le ciel jambes écartées et bras tournoyants.

Arrivés presque au pied des collines, ils ont basculé sur leur selle. Cachant leur corps derrière celui du cheval, ils défilent à fond de train sur le front de la ligne kurde et je mets un certain temps avant de réaliser que, par dessus l'encolure de leur chevaux, les deux garçons sont en train de tirer sur cette frise d'hommes et de femmes. Vue d'ici, la 22 de Raïdjab ne donne pas de résultats bien spectaculaires, mais les balles pour gros gibier crachées par le calibre 12 de Ghorban font, en touchant le sol, des impacts si impressionnants qu'en quelques secondes les crêtes se dégarnissent.

Je rêve! Je suis en plein Western !... On vient de me tirer dessus ! C'est formidable! Et Raïdjab et Ghorban qui reviennent vers nous au galop en brandissant leurs armes et en poussant des jappements d'Apaches ! Youpie !

La voie est libre ! *Yah Allah* ! En avant vers Kourbaba !

*
* *

La nuit s'est installée sur la steppe piétinée. Le cadavre d'un chien tué net par une ruade, met une tache claire sur le noir du plateau. Entre deux cavaliers, le troupeau captif, enfin résigné, trottine dans un bruit d'averse et, en fin de colonne, Youssef et Omar inspirés par l'escarmouche improvisent en duo alterné, sur un air plein d'envolées et haché de coups de glotte.

Ah ! La belle *tamacha* que ce fut là ! Par Dieu, l'Unique, on s'en souviendra.

HIVER

CHAPITRE XXXVIII

Où Wali prend sa place dans la société, non sans désagrément passager

Le calme est revenu sur nos frontières du nord et l'hiver s'est tout à fait installé. De plus en plus faméliques, les troupeaux nomades longent les limites, mais ne les traversent plus.

Dans nos bergeries, un quart des bêtes ne sort plus en pâture. Les agneaux et certaines vieilles mères, trop éprouvés par les affres de l'été, ne peuvent plus suivre. Ils s'épuisent à marcher pour ne pas rester en arrière de la troupe qui va, sans pouvoir donner de la dent sur les armoises trop coriaces. Les loups guettent ces attardés et il ne se passe pas de jours que nous ne perdions une bête ou deux. Il faut aider ces animaux à survivre, et nos réserves de fourrage baissent d'une façon qui m'inquiète.

Ghorban Siah, le Moudjini, a envoyé ses bergers à Behkadeh, espérant y trouver de la luzerne ou du grain. En montagne, la consternation règne. La neige qui, par deux fois déjà, a recouvert la plaine ne s'est pas retirée des reliefs. Les troupeaux des transhumants s'y enfoncent à mi-corps pour y tracer leurs parcours. Depuis dix jours ils n'ont pu se remplir la panse et les bergers massacrent les grands genévriers pour jeter leur âcre verdure aux moutons affamés.

Mais nous ne pouvons pas vendre de luzerne, nous n'avons pas non plus d'excédent d'orge : douze mille têtes de bétail paissent sur les terres de Behkadeh !

Ghorban Siah a acheté de la paille.

Puis c'est Hadji Mollah Hossein, le vieux chef des Tchouranis, qui est venu en personne.

Au printemps dernier, j'avais rencontré sa caravane sur la route de la transhumance d'été. Il marchait à son habitude sur le flanc de l'imposante colonne, à grands pas dont l'assurance démentait l'apparence décatie de Mathusalem aux portes de la mort. Depuis que je le connais, je lui ai toujours vu cette vitalité cachée sous un aspect des plus misérables, et rien n'est venu au cours des années modifier sa crasseuse silhouette de rossinante humaine. Rien non plus ne change dans sa vêture uniformément grise, d'un gris poussière, gris crotte de bique, gris beurre rance : une robe-pardessus flottante et chiffonnée, une chemise ocre fermée au ras de son cou de tortue centenaire et un turban de La Mecque pouilleux — mais saint — coffre-fort inviolable de tout le clan. Nous nous étions salués et embrassés, sur la bouche. Ses lèvres sur les miennes avaient laissé un goût de nicotine et d'opium. Avec mes mains sur ses épaules il m'avait semblé donner l'accolade à un squelette tant ses os pointaient sous ses loques imprégnées de tous les arômes nomades.

Toujours aussi quinteux, toujours aussi noirâtre, il est venu à son tour nous demander de l'aide.

Ses chameaux ont emporté, en ballots sarmenteux, cette broussaille mêlée de graminées ligneuses dont nous avions débarrassé les abords des canaux d'irrigation cet été, et que nous avions omis de brûler.

Quand je pense à ce que sera l'agnelage après de telles épreuves, je suis pris de crainte pour le devenir de tous ces gens. Leurs animaux arriveront-ils jusqu'au printemps ? Voici qu'après l'été l'hiver nous accable.

*
* *

Wali n'a que faire de cet état de choses. La neige, si longtemps maintenue par le froid, lui a permis, comme aux autres gamins du village, de s'essouffler dans de mémorables batailles et de rentrer chez lui, mouillé jusqu'aux fesses, après d'interminables glissades aux abords verglacés des fontaines.

Les paroles soucieuses qu'échangent les adultes ne le concernent pas. Petit sédentaire assuré de trouver chez lui, au retour de ses escapades, un poêle ami et un plat de riz appétissant, il se moque bien de ce qu'il se passe, là-bas, chez les hommes du vent.

Pourtant, à sa manière de traîner le pas au sortir de l'école, d'envoyer dinguer les cailloux d'un coup de pied rageur ; à voir ses sourcils froncés et sa jolie frimousse fermée, on sent bien que quelque chose le tracasse.

Si ce qu'ont dit ses camarades est exact, il a raison de s'en faire : Seïd Habib serait de retour ! Déjà, l'an dernier, en voyant ce personnage descendre de l'autobus d'Ach Khané, il avait failli prendre ses jambes à son cou.

Ce n'est pas que le *seïd* soit horrible à voir, pas du tout ! Sous le turban vert des descendants du Prophète, il promène un visage anodin, un peu mou, et aussi imberbe que celui d'une femme (ce qui fait douter plus d'un de sa prétendue ascendance). Il s'enveloppe dans l'*aba* rousse des mollahs et pourrait n'être qu'un de ces pieux gyrovagues en marge du clergé chiite, qui vont ici et là. Reçus chez l'un, dormant chez l'autre, ils paient en bénédictions et en saintes lectures les petites sommes dont on les gratifie quand ils reprennent la route. Il sait marmonner suffisamment de Coran et d'oraisons verbeuses pour être de ceux-là, mais sa profession est toute autre, et bien plus lucrative...

Tel un raccommodeur de faïence, un étameur ambulant, il passe à intervalles réguliers dans les villages et les bourgades d'un circuit dont il ne s'écarte guère. Pour peu qu'entre chacune de ses visites il ait laissé s'écouler quatre ou cinq mois, il est sûr de trouver à exercer son art : Seïd Habib s'est fait une spécialité de circoncire (cela aussi jette la suspicion sur ses origines[1]).

... Et voilà ce qui rend Wali soucieux, car il n'est pas encore circoncis ! Il est bien le seul de sa classe. Tous ses camarades l'ont été quand ils avaient à peine un an, voire quelques mois. Mais ce n'est pas la coutume chez les Turkmènes. Son cousin Aman, le fils d'Atna, n'a été circoncis qu'à douze ans ! C'était bien tard, Atna en a convenu, mais le fait n'est pas rare. C'est pourquoi, approchant de sa dixième année, Wali se sent particulièrement visé. L'an dernier, il avait échappé au tranchet de Seïd Habib, mais Agholi en avait exprimé le regret. Cette fois, si son père apprend que l'horrible bonhomme est là, c'est sûr, il ne laissera pas passer l'occasion.

Marchant un peu devant lui, sa sœur et Maryam, la fille du vacher, vont elles aussi en direction de la maison. Elles se tiennent par le cou et discutent en faisant des mines et des manières. Elles se chuchotent des secrets à l'oreille comme si on les épiait : façons de filles ! Et tout d'un coup, les voilà arrêtées sur le bord du chemin, tournées vers lui, à attendre qu'il arrive à leur hauteur.

---

1. La circoncision est en général l'affaire du barbier. Cette profession, sans être déshonorante, n'est cependant pas très bien considérée. Si Seïd Habib avait le moindre respect pour l'origine à laquelle il prétend, il n'aurait pas exercé cette spécialité.

Le danger est là ! Wali en a le pressentiment angoissant. Si Nourdjemal est au courant de la nouvelle, cette chipie se fera une joie maligne d'avertir son père ! ... Mais qu'ont-elles donc, toutes les deux, à le regarder arriver, en gloussant comme des dindes ?

— Eh... ! Wali Khan...! Ton ami… ton grand ami, est arrivé ! Tu le sais ?

Wali se sent blêmir.

— Quel ami ?

— Seïd Habib, bien sûr ! Seïd Habib ! Tu ne le savais pas... ?

Maryam, cette grosse vache, se dandine de joie à le voir si peu flambard.

— Ah ! Ah ! Ah ! ricane Nourdjemal. Ah ! Ah ! Ah !

C'est certain, elle va tout raconter ! Fichu ! Il est fichu !

— Ne dit rien à papa... !

— Et pourquoi donc ?... Tu as peur, hein ?... Mais je le dirai quand même, tout de suite en arrivant ! Et demain nous mangerons des *ghotaps*... justement, c'est vendredi, demain !... Et on tuera une chèvre ! Je le dirai-ai ! Je le dirai-ai ! Je le dirai-ai... !

Wali est au bord des larmes.

— Non ! Je t'en prie... ! Ne le dis pas !... Ecoute !... Qu'est-ce que tu veux en échange ?... Mon stylo à bille neuf ?

— Beh... ! Merci bien! Tu l'as tout rongé ! Non-non-non ! Je préfère manger des *ghotaps* demain !

Une fureur homicide est montée tout soudain dans le cœur de Wali. Et avant que Nourdjemal ait crié encore une fois son intention de prévenir leur père, elle reçoit sur la tête le cartable de son frère et s'en mord la langue de surprise. En un clin d'œil Wali est sur elle et le cartable-massue, à toute volée s'abat et s'abat encore avec une cadence vengeresse. Pan ! Pan ! Pan !

— Maman ! s'étrangle Nourdjemal qui bat en retraite. Maman !

Poursuivie par son frère hors de lui, elle achève sa course entre les genoux d'Edjé que ces hurlements ont attirée sur le pas de la porte.

— Maman ! C'est Wali qui me bat !... Il me bat parce qu'il ne veut pas que je dise que Seïd Habib est arrivé... !

— Wali! Veux-tu cesser d'ennuyer ta sœur ! gourmande la mère à qui la fin de la phrase semble avoir échappé.

Wali sent poindre un espoir insensé.

C'est alors que Maryam qui ramène le cartable de Nourdjemal, s'approche doucement :

— Tenez, madame, Nourdjemal l'a laissé tomber. Dites... c'est vrai qu'on va circoncire Wali demain... ?

— Bien sûr ! Il faut profiter de la venue du *seïd* !

L'arrêt est rendu !

Les genoux de Wali se mettent à trembler, et sa vue se brouille ; il va pleurer, c'est sûr! Mais dans les jupes de sa mère il y a Nourdjemal qui se mouche d'un air victorieux et à deux pas cette idiote de Maryam qui le regarde, toute guillerette. Qu'elle attrape la teigne celle-là !

— Et alors... quoi ?... Bien sûr... c'est normal ! essaie-t-il de crâner.

... Mais sa sortie ressemble bien à une fuite !

*
* *

Pour la première fois de sa vie, Wali observe d'un œil torve les préparatifs pâtissiers qui font courir les femmes de droite à gauche en agitant leurs mains enfarinées loin d'elles pour ne pas salir leur robe. Dans les chaudrons, l'huile gazouille et la chèvre que l'on abattra demain tire au piquet devant la maison.

Personne ne le plaisante, personne ne s'amuse de lui. Peut-être que son père et ses frères se souviennent du petit garçon inquiet qu'ils furent, un jour semblable à celui-là ?

La soirée est joyeuse, sans plus. La radio marche fort. Ghorban graisse son fusil. La seule allusion à ce qui se prépare est venue de Raïdjab qui a tiré comme une sonnette le petit zizi du fils de Ghorban qui traversait la pièce, les fesses à l'air.

— Ding ! Ding ! a-t-il fait. Djomé *djon*... quand couperons-nous ce petit bout de viande-là ?

Le bébé a gargouillé quelques cris de joie et l'assemblée a ri. Mais Wali, pendant quelques secondes, fut sur le point d'éclater en sanglots.

Pour le moment, dans son coin, il remue de vagues idées, échafaude d'absurdes échappatoires. Que faire... fuir, ou se cacher ? S'il s'enfuyait, où irait-il ?... Chez son oncle, Atna ?... Il se moquerait de lui et le ramènerait aussitôt. Et puis Ammand est loin, il fait nuit noire et très froid dehors !... Se cacher jusqu'à ce que cet abominable *seïd* s'en aille ?... Mais où ?... De toutes façon ça ne servirait à rien. Il y a deux ans, Ali s'était bien caché dans l'appentis, derrière les vieilles selles... On l'y a vite déniché !

Il se rappelle le geste rapide de l'officiant, ce même Seïd Habib de malheur. Ali avait pleuré... Ça doit faire mal !... Et puis ça saigne ! Ça l'avait amusé de voir ce fier-à-bras pleurnicher, maintenant que son tour est venu il trouve cela moins drôle...

Perdu dans ses sombres cogitations, Wali ne s'est pas rendu compte que sa tête est tombée sur le coussin et que le sommeil l'a pris. Edjé est venue doucement étendre sur lui la couverture de molleton. Il n'a pas senti la main de sa mère sur son front, plus tendre que d'habitude. Elle est restée à genoux un moment, à regarder son petit garçon dormir, son petit garçon qui demain commencera sa vie d'homme.

*
* *

Vendredi matin. Mine de rien chacun observe Wali. On va, on vient, mais personne ne le quitte des yeux. Lui, rôde, nerveux.

Maintenant que les *ghotaps* sont cuites, la chèvre dépecée ; maintenant que la bombance est prête, on dirait que Nourdjemal cherche à se faire pardonner sa conduite de la veille.

— N'aie pas peur !... Ce n'est rien !... Ce sera vite fait ! Après, tout le monde est content !... On m'a dit que ça ne faisait même pas mal !

Wali a envoyé promener cette vipère qu'il tient pour responsable de cette fête dont il va faire les frais. Elle en a de bonnes, elle ! Qu'est-ce qu'elle en sait ?... Elle est tranquille : ça ne risque pas de lui arriver un truc pareil !

Dans la pièce d'hôtes de la maison neuve, la nappe est mise pour les invités. Ils ne seront là qu'à midi, quand tout sera terminé... Et midi, c'est quand ?... C'est bientôt !... Seïd Habib ne devrait plus tarder !... Ah ! Justement ! Le voilà !

Tout s'est effondré chez Wali ! Les belles résolutions de courage et de stoïcisme qu'il avait prises se sont envolées à la vue de l'*aba* du *seïd*. Comme un rat, il s'est faufilé sous le nez de Kara Mach un peu éberlué et s'est enfui à toutes jambes. Il court ! Il court ! Eperdu, droit devant lui, en sanglotant !

— Non... non !... Je ne veux pas !

Il trébuche et tombe, se relève, piquant à travers la plaine nue qui s'ouvre derrière la maison.

— Ay ! Ay ! Ay !... Il se sauve !... Eh *Voï* ! Il se sauve mon petit chéri ! crie Edjé, mi-riant, mi-émue.

Raïdjab s'est précipité derrière son petit frère, à grandes enjambées. L'enfant est vite rejoint. Il griffe, mord, envoie des ruades. Nous l'entendons injurier son aîné et déverser sur lui un répertoire étonnant. C'est un vrai chat sauvage qui nous est ramené. Le *seïd*, qui en a vu bien d'autres, s'est rapproché, affable et souriant. Wali s'arc-boute de plus belle, écume de rage et de peur.

— Laissez-le ! Laissez-le !

C'est Golsenem hors d'elle qui intervient. Sa petite voix pointue est impérieuse et elle bouscule tout le monde, brandissant des mains pleines de gifles devant le *seïd* et Raïdjab interdits.

— Laissez-le tranquille !

Wali, découvrant tout d'un coup cette alliée providentielle, échappe aux bras de Raïdjab pour s'enfouir sous les voiles de sa belle-sœur.

— Wali *djon* ! Wali *djon* ! lui chante-t-elle en mouchant son nez, en essuyant ses yeux, en lui frottant la figure avec le coin de son voile,... n'aie pas peur, ce n'est pas pour aujourd'hui... pas pour aujourd'hui ... pour demain !

— Demain... ? renifle l'enfant incrédule.

— Oui ! Demain... !

— Ce n'est pas vrai !... Alors, dis-moi pourquoi le *seïd* est ici ?... Pourquoi on a tué la chèvre... ? Pourquoi tout est cuit... ?

— Parce qu'Agholi a voulu faire deux jours de fête pour toi. Parce que tu es son dernier fils. Aujourd'hui c'est pour voir si tout ira bien demain. Seïd Habib veut simplement voir comment il faudra couper... Il faut être raisonnable !

— C'est vrai ? Hein ?... C'est vrai ce que tu dis ? On ne me fera rien aujourd'hui ?

— Rien du tout !

Autour de Wali il n'y a plus que des visages rassurants qui disent : « Oui ! Oui ! » avec de bons sourires. Même cet affreux *seïd*, qui se frotte les mains en disant : « Oui ! Oui ! » gentiment. Ce qu'il n'a pas vu, c'est la taloche que vient de recevoir Nourdjemal qui ricanait stupidement.

Docile, il se laisse enlever la culotte et allonger à terre, assistant, à peine rassuré, à la manipulation et à l'étirement de son prépuce.

— Bon !... Bien ! Je pense que ça ira. Alors... demain... je couperai... à peu près... , explique à haute voix le *seïd* en approchant sa petite lame claire, demain... je couperai... là!

Et en disant « là ! », il tranche d'un coup preste, avant même que Wali se rende compte qu'il a été joué.

Il en reste l'œil rond et la bouche ouverte — qu'on s'empresse de remplir de bonbons. Et les femmes d'éclater en cris de joie haut perchés, qu'elles cassent dans leur glotte du tranchant de leur main.

*
* *

Wali suce ses bonbons, reniflant pour la forme, car la douleur qui le pince est bien supportable. Soigné, congratulé, empaqueté dans une grande chemise de son père qui lui fait une robe vague, il est devenu le roi de la fête. Il réalise que tout est dit, qu'il vient de franchir un cap important sur le chemin de sa vie. A présent ses frères se pousseront pour lui laisser sa place autour du plat des hommes.

Seïd Habib, un peu à l'écart, range dans un petit sac de cuir sa lame traîtresse. Plus jamais Wali n'aura peur de lui, ce n'est qu'un vulgaire mollah de campagne, un rien du tout !

CHAPITRE XXXIX

Où nous prenons un mauvais départ sur une nouvelle piste.

— Récapitulons : elle s'appelle... ?
— Ghorban Gol !
— Comme ta sœur, la femme de Niaz Mohammad ?
— Comme ma sœur !
— Bien !... C'est Nourollah qui l'a découverte, dis-tu ? Ah ! Si nous ne l'avions pas celui-là... ! Et elle est la fille de Nouri Ardi, ce gros qui nous a fait des difficultés quand nous voulions te marier à la sœur de Tchapmaq ?
— Oui !... Heu... c'est à dire qu'elle est la fille du frère de Nouri Ardi.
— Mais, j'avais cru comprendre que la mère de cette fille était la femme de Nouri Ardi !
— Exact ! C'est sa troisième épouse. Mais avant que Nouri Ardi la prenne, elle était celle de son frère qui est mort, il y a dix ans. Ghorban Gol est la nièce de Nouri Ardi, mais comme c'est lui qui l'élève et qui la nourrit, on dit qu'il est son père. Tu comprends ?
— Beaucoup mieux ! C'est ce qui explique sans doute pourquoi il semble indifférent à Nouri Ardi qu'elle ne devienne qu'une seconde épouse. Après tout, elle n'est pas sa fille !
— Certainement !... De plus, ce sac de graisse a pris une autre femme, il y a peu, pour remplacer la première qui est morte l'an dernier. Ça lui a coûté cher. Il faut être riche pour avoir quatre épouses !
— Mais, puisque la première est morte, il n'en a toujours que trois ! Et dans ce cas la mère de Ghorban Gol n'est pas la troisième comme tu le dis, mais la seconde.
— Ah non !... La première, même morte compte toujours quand on en achète une autre.

— Donc, toi, si tu étais veuf, on te compterait Ghorban Gol, ou une autre, au prix d'une seconde épouse !

— Bien entendu !... Mais laisse-moi continuer : Nourollah croit qu'en mariant sa nièce, Nouri Ardi cherche à récupérer une partie des frais de son récent remariage. C'est pour ça qu'il préfèrerait céder sa nièce à quelqu'un qui est déjà marié pour tirer de la vente le plus d'argent possible.

— Je comprends. En fait, ce n'est qu'une affaire d'argent, et non de principe comme avec Baba. Si nous arrivons à nous entendre avec lui sur le prix, nous avons toutes les chances d'avoir sa nièce.

— C'est ça !

— Bon ! Je sais ce qu'il me reste à faire : dire à Agholi de se préparer à aller rendre une autre visite !... A Nouri Ardi cette fois !

— Attends un peu, ce n'est pas la peine d'en parler tout de suite !... Je te le répète : Nouri Ardi va vouloir certainement faire payer le prix fort à celui qui lui demandera sa nièce. Pourtant, c'est un homme riche, il n'a pas besoin d'argent! Tu connais ce mûrier penché au-dessus de la rivière, à la moitié des gorges de Göz Bachi ?... Bon !... Et ensuite, tu vois les deux cabanes, sur le talus, à droite de la route, avant d'arriver à Inché Païn ?... Eh bien presque toutes les terres qui s'étendent au bord de la rivière entre cet arbre et ces cabanes sont à lui !... Et il en a d'autres à Eneghar ! Chez lui on mange bien. Il a une belle maison et il vient de changer de tracteur. Mais, tu peux me croire, s'il donne un rial, c'est qu'il espère que ça lui en rapportera deux ! Alors je me méfie d'une discussion directe avec lui: il serait capable de demander pour sa nièce le prix que lui a coûté sa quatrième femme.

— Que comptes-tu faire alors ?

— Enlever Ghorban Gol !

— Hein... ! Tu n'y penses pas ! C'est pour le coup que cela coûtera cher !

— Pas sûr !... Si j'enlève Ghorban Gol j'irai me réfugier chez Mehdi Khan. C'est lui qui parlera pour moi avec les barbes grises des Yanoqs.

— Pourquoi le conseil du clan se réunirait-il ?

— Mais parce que nous refuserons les conditions de Nouri Ardi. Il n'est pas assez puissant pour intimider Mehdi Khan et il sera obligé d'aller chercher de l'aide dans son clan. Il ira sûrement pleurer chez Hadji Rahman qui est en train de devenir le chef, tu l'as bien vu quand nous voulions la sœur de Tchapmaq, c'est chez lui qu'ils discutaient tous. Autrefois, c'est Hadji Dourdi Khan qui tranchait les questions de ce genre, mais il est bien trop vieux maintenant. Mais personne ne pourra plus être respecté comme Dourdi Khan : c'est fini ça ! Comme Hadji Rahman est trop malin pour se mêler de ces choses-là en risquant de mécontenter Nouri Ardi ou Mehdi Khan, il se retranchera derrière le conseil des anciens, comme l'autre fois ! C'est sûr !

— Et alors ? Je ne vois toujours pas où est l'avantage !

— Mais c'est bien simple ! Si le conseil des barbes grises se réunit, Nouri Ardi sera obligé d'écouter ses avis. Mais le conseil ne tiendra compte que des usages des Yanoqs. Ils diront que j'ai déjà une femme, que je suis étranger au clan, que j'ai enlevé la fille. Ils compteront tout cela selon leurs coutumes et moi je m'en tirerai beaucoup mieux que si Agholi s'entendait à l'amiable avec Nouri Ardi.

— Mais enfin ! Qu'est-ce qui pourrait obliger Agholi à accepter les exigences de Nouri Ardi ?

— Mon père est fatigué de courir en haut et en bas du pays, de se faire poliment renvoyer comme un derviche qui demande la charité. Il commence à avoir honte de paraître et sent que, dans son dos, on parle de lui. On dit que nous sommes trop difficiles dans le choix de ma seconde femme et que, si nous étions moins vaniteux, je serais déjà remarié depuis longtemps. Bien sûr, si nous étions allés à Gowendar, si j'avais voulu prendre la fille de l'ouvrier qui s'occupe des cotonniers que nous avons à Qamouchli, nous nous serions facilité la tâche. J'aurais pu aussi prendre une Kurde : en dix jours tout aurait été terminé !... Pour en finir, pour fermer la bouche à tous ceux qui ont la langue poissée de venin, Agholi est prêt à payer le prix fort. Je le sais !

... Et puis il y a aussi quelque chose qu'il faut que je te dise : Nourollah est passé avant-hier, envoyé par Hadji Rahman. Le *hadji* voudrait savoir si mon père consentirait à lui donner ma sœur Nour Beka, afin de la marier à son fils Yaghi. Tu comprends, Mehdi Khan est toujours assez fort, mais moins qu'avant, depuis l'assassinat de son frère. Il a aussi beaucoup trop d'ennemis. Les Tokhtamechs sont divisés, en plein désordre, et tout le monde chez eux veut commander. Si Nour Beka épouse Yaghi et si j'épouse la nièce de Nouri Ardi, nous serons en famille avec les Yanoqs et Hadji Rahman pourra nous aider s'il arrivait quelque chose de grave à Mehdi Khan.

— Bon, je commence à mieux comprendre ton idée d'enlèvement. Tiens !... Je pense à quelque chose qui va dans ton sens : si après l'enlèvement de Ghorban Gol, Nouri Ardi va chercher de l'aide auprès d'Hadji Rahman, le *hadji* sera certainement moins disposé à l'aider contre nous s'il espère, de son côté, obtenir d'Agholi la main de Nour Beka pour son propre fils... Mais, crois-tu pouvoir enlever Ghorban Gol facilement ?

— Je vais essayer... et puis tu m'aideras ! Nourollah a déjà dû en parler à la vieille Mazem. Il doit venir me dire ce qu'elle en pense demain. Si elle veut bien nous aider, nous multiplions par dix nos chances de réussite.

*
* *

Mes fauteuils ont l'air ridicule, à tendre leurs accoudoirs comme une invite refusée, alors que Nourollah, Raïdjab et moi sommes installés à leur pied. C'est sur le tapis que notre trinité conspiratrice s'est étalée pour savourer le thé de la conjuration.

Il vaut mieux qu'Agholi ne soit pas au courant de notre projet, voilà pourquoi c'est moi qui reçoit. Nourollah est au rapport :

— Mazem est très contente de notre idée ! Elle fera tout ce qui est en son pouvoir pour nous aider : figurez-vous que son fils avait lui aussi projeté d'enlever Ghorban Gol ! Mazem ne veut pas entendre parler de ça ! Son garçon est déjà marié et il a trois enfants. Elle pense qu'il n'a pas besoin d'une seconde épouse actuellement, celle qu'il a est encore jeune et il n'est pas assez riche pour entretenir un deuxième ménage.

Sous prétexte de mettre en garde Nouri Ardi contre les visées de son fils elle s'est rendue chez lui et en a profité pour toucher deux mots de nos idées à la mère de Ghorban Gol.

— Héhéhé !... Mazem apprendrait des malices au diable ! ricane Raïdjab. Et qu'a dit la mère de Ghorban Gol ?

— Elle serait assez satisfaite. Elle connait Agholi, mais elle voudrait bien voir comment tu es.

— Comment ! Elle ne le sait pas ?... Mais il n'y a pas mieux !

— Envoie-lui ta photo, plaisante Nourollah.

Une idée me vient :

— On pourrait peut-être aller chez Nouri Ardi, un après-midi, avec ma voiture, soi-disant pour lui acheter un feutre. Il doit bien en avoir quelques uns en surnombre, non ?

— Certainement ! Il possède au moins une centaine de moutons et il y a chez lui suffisamment de femmes et de filles pour fouler toute la laine qu'ils lui donnent.

— Très bien ! J'ai justement besoin d'un feutre pour ma chambre. S'il n'y en a pas tant pis ! Le principal c'est d'avoir un prétexte pour se présenter. Une fois dans la place, à vous de jouer !

*
* *

La piste d'Inché, si dure, si cahotante en été, se transforme en bourbier dès le début de l'hiver. Pluie, neige, gel et dégel, ajoutés au passage des quelques jeeps et tracteurs du secteur font de ce parcours une épreuve redoutable pour qui n'est pas accoutumé à conduire dans de telles conditions. Il faut, pour l'emprunter en cette saison, les quatre roues motrices d'une voiture puissante, une pelle et un jeu de chaînes, mais aussi une connaissance sérieuse des zones géologiques traversées, le tout renforcé par une bonne dose d'intuition. Bref ! Un assortiment de notions et de moyens que je ne possède qu'à des degrés divers. C'est donc avec un mélange de crainte et de fatalisme que je tempère les embardées de mon véhicule, en essayant de le maintenir à peu près dans la direction que nous souhaitons lui voir prendre.

Raïdjab, agrippé au tableau de bord, sonde de l'œil les mares et les ornières dans lesquelles je m'aventure, toujours prêt à rétrograder au moindre signe d'enlisement. Nous roulons mieux quand le chemin se colle au pied des falaises et consolide ses assises sur les éboulis. Je profite d'un de ces répits pour poser une question qui me tarabuste depuis un moment :

— Dis-moi, Raïdjab… tu la connais, cette fille ?

— Je l'ai vue, une fois ou deux.

— Tu es sûr de l'avoir vue… tu la reconnaîtrais ?

— Non... je ne m'en souviens plus !

— Hum !... C'est comme si tu ne l'avais jamais vue !... Je sais que pour toi, elle ou une autre ça n'a pas beaucoup d'importance (il se cabre un peu). Mais ce n'est pas de cela dont je voulais te parler. Je voulais te demander si Golsenem sait que tu cherches à nouveau à te remarier ?

— Oui, elle le sait !

La réponse, il me l'a donnée d'un ton naturel, tout à fait serein. Il reste un petit moment silencieux, le temps d'amortir le plongeon de la voiture dans un bourbier et de s'inquiéter des efforts nécessaires à notre arrachement au baiser de l'argile. Puis il reprend :

— Elle le sait ! C'est même elle qui m'a dit de chercher une seconde femme, depuis que... enfin… tu sais depuis quand !

C'est vrai, je sais depuis quand.

Quelques jours avant la poussée des Topkhanis, alors que nous rentrions tous les deux d'une visite de routine aux bergeries, Raïdjab m'avait révélé — extraordinaire confidence — qu'il croyait sa femme enceinte. Une semaine plus tard, après avoir aidé à décharger une remorque de bois qu'Agholi avait fait venir, Golsenem, fatiguée, avait vu cet espoir réduit à néant. Personne n'en sut rien, sauf Raïdjab et, peut-être, Edjé.

Malgré le tabou qui entoure la grossesse et ce qui, heureux ou malheureux, s'y rapporte, Raïdjab m'apprit également que cette sorte d'accident était déjà arrivé plusieurs fois à son épouse.

Ce dernier coup avait achevé de les persuader, tous les deux, qu'ils n'auraient jamais d'enfants. Résignée, Golsenem avait déposé ses pauvres armes, délivrant Raïdjab du veto non formulé qu'elle mettait à son remariage.

Je ne sais trop quoi dire, et les embûches du chemin qui réclament soudain toute mon attention m'épargnent un commentaire ou une réponse que Raïdjab ne semble pas particulièrement attendre. Il regarde — avec trop de fixité pour les voir réellement — les cotonniers noircis et les mûriers dénudés qui longent la piste. Il est retranché derrière ses réflexions dont il sort tout d'un coup, en secouant la tête, et murmure, à voix basse, comme s'il parlait plus à lui-même qu'à moi :

— Tu sais... le premier enfant que j'aurai de Ghorban Gol... eh bien ... s'il plaît à Dieu... eh bien, je le donnerai à Golsenem ! Je le lui ai promis ! Même si c'est un fils !... Ce sera le sien !

*
* *

Nous ramassons Nourollah sur le pas de sa porte. Deux ou trois maisons plus loin la vieille Mazem nous fait de grands gestes et, quand nous arrivons à sa hauteur, passe son museau de carabosse par la fenêtre de la voiture:

— Allez-y ! Vous ne pouviez pas mieux tomber : Nouri Ardi n'est pas chez lui ! Il n'y a que le domestique kurde et la mère de Ghorban Gol ; personne ne vous gênera !

Elle a un petit rire de crécelle, puis se retournant vers Raïdjab :

— Dire que je t'ai connu haut comme une outre à beurre. Tu étais joli !... Une lune de printemps ! Maintenant tu es aussi beau qu'une lune d'été et tu cherches une seconde épouse !... Ghorban Gol est pour toi !... Ou alors c'est que tu n'auras pas su t'y prendre !

La marieuse nous a regardés partir et, quelques instants plus tard, nous arrivions devant la maison de Nouri Ardi.

On dirait que le maître des lieux a voulu s'isoler en construisant sa grande et belle demeure de l'autre côté de la rivière. Le site est stratégique. Au coude de la vallée, du léger promontoire où sont plantées les assises de sa maison, il peut, d'un regard, faire le tour de son apanage. Sans s'éloigner de la véranda de son manoir, Nouri Ardi saura si les bouviers qu'il a envoyés préparer l'emblavure, là-bas, au bout de son domaine ne sont pas au repos ; si l'équipe des bineuses — toutes les femmes de la maisonnée — a avancé dans son travail.

Pour accéder au pied de sa maison, il faut passer le gué peu profond d'un ruisseau limpide qui, par-delà la steppe, arrive des neiges du Kholkhot.

En haut de l'escalier qui mène à la galerie, une femme immobile, drapée de grenat et de violet passé, semble nous attendre. Elle est belle, d'une beauté sévère que les épreuves et la maturité ont substituée à la grâce d'une jeunesse qui dut être resplendissante. Sans un mot elle nous introduit dans une salle froide, et le silence s'installe pendant qu'elle s'évertue à régler le goutte à goutte tenant lieu de carburateur à un poêle à mazout rudimentaire.

— Laisse, lui dit Nourollah, je m'en charge. Va plutôt préparer le thé.

Elle sort. D'un mouvement du menton dans la direction de la porte, Raïdjab interroge :

— Qui est cette femme ?

D'une mimique semblable, Nourollah répond :

— Elle ! La mère !

Les gouttes de pétrole tombent avec régularité dans le petit entonnoir et le temps semble s'écouler au rythme des élans de flamme que chaque larme fait rebondir dans le poêle. De la pièce voisine nous parvient un tintement de bols et de théières remués. Sur le mur en face de nous, rond et poupin, un Nouri Ardi bien léché, retouché avec art par un photographe au pinceau mièvre, darde sur nous des yeux de batracien repu.

Un grattement à la porte m'a fait croire que c'était la mère qui apportait le thé, mais c'est un petit homme râblé qui passe la moitié du corps par l'entrebâillement. Il disparaît aussitôt après avoir, d'un signe rapide, invité Nourollah à le rejoindre dehors. Avant de sortir à la suite de ce furtif personnage, Nourollah nous lance un clin d'œil canaille : « Ça mord ! »

A côté, le petit bruit de vaisselle s'est arrêté ; on parle. Le murmure ronronne comme une litanie débitée à plusieurs, mezzo voce. De temps en temps se distingue le timbre plus aigu d'une voix de femme, puis le ronron reprend.

La porte rudement heurtée s'ouvre à deux battants. J'en ai presque sursauté. C'est Nourollah qui revient, les bras encombrés de la nappe et d'une pile de petits pains pour le thé. Son œil pétille.

— Ça va ! Ça va très bien! nous souffle-t-il en disposant son chargement.

Derrière lui arrive l'homme qui tout à l'heure a fait une brève apparition. D'une main il tient quatre petits bols empilés, de l'autre une poignée de théières qu'il croche aux anses, à la façon d'une serveuse d'auberge bavaroise distribuant ses chopes. De toute évidence il fait partie du complot.

— C'est Hassan, l'ouvrier de Nouri Ardi, nous renseigne Nourollah, il est avec nous. Bon, je me suis entendu avec la mère de Ghorban Gol. Ce soir, vers neuf heures, sa fille sera au pied du peuplier au croisement de la route, de l'autre côté du gué. Son baluchon est noué depuis ce matin, Mazem l'avait prévenue. Vous voyez, cette vieille sait y faire ! Raïdjab n'a plus qu'à venir la prendre ce soir à la nuit !

Raïdjab écoute, enregistre, mais ne laisse rien paraître de ses sentiments, il ne pose aucune question. C'est que le plan d'action lui convient. Il ne me semble pas plus ému qu'au cours d'une préparation de battue. Pour moi, je n'en reviens pas. Tant de rapidité m'étonne. Voilà presque une année que nous courons pour rien et, aujourd'hui, en moins de vingt minutes, l'affaire se trouve réglée !... Enfin, presque ! J'ai peine à y croire. Je n'arrive pas non plus à réaliser que je suis bel et bien embarqué dans un projet d'enlèvement, tant la chose est envisagée par mes compagnons avec calme et méthode. On dirait qu'ils ont passé le plus gros de leurs loisirs à enlever des vierges ! Je m'attendais peut-être à quelque chose de plus romantique ? Il n'y a que Nourollah à exprimer un certain enthousiasme. Le domestique a, quant à lui, l'air d'être plus concerné par le remplissage de nos tasses que par cette affaire.

Le thé est bu, et tout est dit ! Pourquoi nous attarder davantage ? La mère de Ghorban Gol nous raccompagne, toujours muette et rigide comme une duègne espagnole. Qui se douterait en la voyant qu'elle vient d'organiser le rapt de sa propre fille ? Il y a cependant, au coin de son œil, comme un petit plissement qui ne s'y trouvait pas tout à l'heure. Peut-être n'est-ce qu'une impression ? Mais cette histoire l'enchante, c'est certain, sinon elle ne se serait pas compromise de la sorte. Je suis prêt à parier qu'elle se délecte du bon tour qu'elle est en train de jouer à son époux.

— Au fait, Monsieur Dobor... ! se souvient tout d'un coup Nourollah, si vous voulez vraiment un feutre pour mettre dans votre chambre, il y en a un ici, très bien fait !...

Et d'ajouter dans un aparté de théâtre qui fait rire tout le monde et accentue chez la mère l'ironie du regard :

— Si on nous voit repartir avec un feutre, ça sera bien pour le voisinage !

Les voisins ? Quelques maisons de l'autre côté de l'eau ! Mais sait-on jamais… tant pour mon confort personnel que pour tuer dans l'œuf d'éventuels soupçons, je repars avec le feutre sous mon bras, en évidence.

*
* *

Neuf heures. La tempête s'est levée. Elle brâme dans les peupliers et pourchasse dans la plaine des troupeaux de buissons erratiques qui fuient et bondissent dans le noir comme des bêtes traquées. Elle ébranle ma porte à grands coups de bélier et fait enrager mon poêle. Comme la poussée des eaux mauvaises contre un môle, la nuit brise aux murs qui me protègent ses vagues de vent lancinantes.

Pieds nus sur mon nouveau feutre, je pense en me déshabillant que Raïdjab, en cet instant, doit être bien près de toucher au but. A ma voiture, trop difficile à conduire sur la piste d'Inché, il a préféré son cheval. Je ne suis donc pas de l'affaire. Dans le fond, il vaut mieux qu'ils soient seuls. Maintenant que la tempête s'est déchaînée, je ne regrette rien, assez égoïstement satisfait d'être ici bien au chaud.

Sitôt arrivé à Behkadeh, Raïdjab a sellé son cheval et, sans attendre, est reparti pour Göz Bachi.

Cette fois, plus de cachotteries, toute la famille a été mise au courant. Et les enfants sont tout excités à l'idée que cette inconnue va bientôt arriver dans la maison. Il a fallu leur expliquer que ça n'était pas pour ce soir, mais qu'il fallait attendre une semaine ou deux, le temps que Mehdi Khan, chez qui Raïdjab et Ghorban Gol comptent se réfugier, apaise la fureur de Nouri Ardi.

Car le gros ne sera pas content, demain, quand il rentrera de Bodjnourd. La mère de Ghorban Gol ferait bien de se préparer à amortir certaines réactions violentes de son mari !

Mon Dieu, quel sale temps !

La tempête qui s'était un peu calmée dans la nuit (peut-être ne fut-ce qu'une impression ?) a repris dès l'*azan* de l'aube. Un tremble énorme, un des premiers arbres plantés à la fondation du village, s'est abattu sur le hammam, crevant la verrière. L'enseigne lumineuse Pepsi-Cola, orgueil de la grande épicerie, gît sur la place en mille morceaux et, plus grave, le toit d'un des entrepôts a été arraché d'un bloc. Les débris de sa couverture et de sa charpente métallique couvrent trois cents mètres carrés à un jet de pierre de ses murs.

Les ouvriers qui se rendent par petits groupes, pelles et pioches à l'épaule, en direction des hangars agricoles, marchent en poussant du front dans les bourrasques, cols remontés, bonnets enfoncés, larme à l'œil et goutte au nez.

Occupé comme je l'étais à disputer ma toque aux coups de vent, j'aurais pu passer devant la maison d'Agholi sans remarquer le cheval de Raïdjab, le museau dans son auge, mal fagoté, son feutre jeté sur lui à la diable.

Mais que fait-il ici ? Normalement il devrait être en train de croquer l'orge de Mehdi Khan à Ammand ! Intrigué, je m'approche pour palper l'animal, espérant trouver quelque indice susceptible de m'orienter vers une explication. Beaucoup de sueur séchée dénoncerait une longue course épuisante. Une ecchymose pourrait donner à penser qu'on s'est battu. Un pied douloureux, une boiterie, aurait pu contraindre Raïdjab à tourner bride pour repartir avec une autre monture. Je ne vois rien.

Golsenem, sortant de derrière la maison, me surprend pendant cette auscultation.

— *Salam Aleïkum*, Golsenem ! Dis-moi, Raïdjab est-il rentré ?

Elle me fait signe que oui.

— Et quand ?

Toujours par signe, elle me situe ce retour un peu avant la prière de l'aube.

J'ai un peu de vergogne à demander cela à Golsenem, mais ma curiosité est si grande :

— ... seul ?

Ce coup-ci, elle a dit oui à haute voix, l'accompagnant d'un petit rire moqueur qu'elle étouffe bien vite et, avant d'entrer dans l'habitation principale, elle m'indique de la main la porte de leur chambre dans la nouvelle maison.

La tête pleine de suppositions, je n'ai pas fait deux pas en direction de mon bureau qu'une moto s'arrête à ma hauteur. C'est Nourollah. Pour arriver si tôt à Behkadeh il lui a fallu se lever de bien bonne heure. Il est frigorifié, racorni sur sa selle, le visage bleui et ses lèvres de bois ont bien du mal à articuler un Salam surgelé.

— *Aleïkum es Salam*, Nourollah ! Qu'y a-t-il ? Que fais-tu ici de si bon matin ?

— Qu'est-ce qui est arrivé à Raïdjab ? Pourquoi n'est-il pas venu cette nuit au rendez-vous ?

Il a l'air très inquiet.

— Pas venu ?... Que me dis-tu là ? C'est tout juste s'il a pris le temps de boire un thé, hier après midi. Nous étions à peine de retour qu'il repartait pour Göz Bachi ! Il est rentré ce matin, avant l'*azan*. C'est Golsenem qui vient de me le dire. Il dort. Regarde, voilà son cheval! Mais je n'ai aucune idée de ce qui s'est passé et ce retour m'étonne. D'ailleurs, j'ai l'impression qu'il est rentré seul !

— Forcément ! Ça je m'en doute bien qu'il est rentré seul ! Figure-toi que Ghorban Gol l'a attendu jusqu'à minuit au pied du peuplier ! Par ce temps ! La pauvre ! Malgré toutes les couvertures qu'on lui met dessus, elle tousse et tremble comme si elle sortait de la rivière ! Heureusement que Nouri Ardi n'a pas compris ce qui s'est passé ! Mais où était donc Raïdjab pendant ce temps-là ?

— Ça ! Je n'en sais rien ! Attendons qu'il se réveille, il nous le dira lui-même.

— Moi je n'ai pas le temps d'attendre, je dois être à Bodjnourd à midi. J'ai fait ce détour par Behkadeh parce que le domestique de Nouri Ardi est venu me sortir du lit pour m'apprendre ce qui était arrivé. La mère de Ghorban Gol est furieuse ! Ça se comprend ! Elle pourrait en mourir cette petite ! Allez... ! Viens avec moi ! Raïdjab a toute la journée pour dormir et moi je ne vais pas attendre ce soir !

Nous faisons irruption dans la chambre de Raïdjab avec le tact et la discrétion de gendarmes qui perquisitionnent. Les rideaux sont tirés. Il y fait cependant suffisamment clair pour apercevoir, à côté de la couche de Golsenem — qu'elle n'a pas encore pliée — un tas de couettes et de plaids que surmonte une énorme poustine. Raïdjab doit être enfoui là-dessous.

Oui, il y est ! Nous l'exhumons de son *tépé* de couvertures sans qu'il donne le moindre signe de vie. Il dort, la bouche ouverte, et sa tête, que je soulève, roule sur mon bras comme celle d'un mort. Il ne s'est même pas déshabillé pour se coucher.

— Oh ! Oho ! lui corne aux oreilles Nourollah qui le secoue sans ménagement ni pitié. Oh ! Réveille-toi ! Debout ! Lève-toi !

Je n'ai encore jamais rencontré quelqu'un d'aussi difficile à réveiller que Raïdjab. En temps normal il offre au sortir du sommeil l'aspect hébété et ébouriffé d'un moineau qui serait tombé dans une gouttière un jour d'orage. Ce matin c'est un moineau noyé que Nourollah et moi cherchons en vain à ranimer. Il est si froissé, si comateux, que je ne m'attends pas à le voir retrouver sa physionomie et ses capacités habituelles avant deux heures de l'après-midi.

— Mmmmmmh !...Quoi ? bafouille-t-il, sans pour autant refaire surface.

— Debout ! Réveille-toi ! insiste Nourollah inflexible. Que faisais-tu cette nuit ? Vas-tu répondre, animal ?

Raïdjab se met sur son séant, se frotte les yeux, émet quelques onomatopées fumeuses et autres bruits de succion et dodeline du chef sans arriver à rassembler le puzzle de ses idées éparses. Pourtant, vigoureusement stimulé par les encouragements que lui assène Nourollah, il finit par prendre conscience de l'endroit où il se trouve et de qui nous sommes. Il n'est guère gracieux :

— *Marg*[1] ! Fichez-moi la paix ! Allez-vous en ! Je dors !

— *Marg* pour toi ! Tu dormiras tant que tu voudras, mais avant tu nous diras ce que tu as fait la nuit dernière !

Cette fois Raïdjab a bien entendu. Cette question, et surtout le ton qu'y a mis Nourollah, n'ont pas du tout l'air de lui plaire.

---

1. Mort !

— Dis-moi plutôt où était Ghorban Gol ? Hein ? Où était-elle ? Tu peux me le dire ? Crois-tu que j'aie pris plaisir à me geler en attendant sous cet arbre jusqu'à une heure du matin ? Ah, tu as raison de me traiter d'animal ! Mais tu en es un autre, car nous avons été bien bêtes de croire ce que nous a dit sa mère ! Elle nous a bien attrapés ! Bon ! Maintenant que vous savez ce que j'ai fait laissez-moi dormir ! Fichez le camp et fermez bien la porte !

Ceci dit, il se laisse retomber sur son oreiller, rabattant les couvertures sur sa tête. Il n'y a plus qu'un petit toupet de sa tignasse noire qui dépasse.

Là, Nourollah ne comprend plus. La fille était bien au pied de l'arbre, il n'y a pas de doute là-dessus. Raïdjab n'a pas l'air de mentir. Plus il réfléchit, moins il comprend.

Je risque un mot :

— Mais... es-tu sûr que Ghorban Gol l'a bien attendu sous le peuplier ?

— Naturellement !... Oh !... Mais !... Attends un peu ! Raïdjab ! Oh, Raïdjab ! Ecoute-moi !

— Quoi encore !... Allez-vous en !

— Dis-moi seulement, au pied de quel peuplier as-tu attendu Ghorban Gol ?

— Au pied du peuplier ! A l'embranchement du chemin qui va chez Nouri Ardi !

— A gauche ou à droite de l'embranchement ?

— A droite ! Pourquoi me poses-tu cette question ? C'est bien cet endroit-là qui avait été convenu… non ?

— Aïe ! L'imbécile ! Aïe ! L'idiot. Mais cet arbre-là, espèce d'âne, ce n'est pas un peuplier: c'est un tremble ! Ghorban Gol, la pauvrette, t'attendait sous le peuplier, à gauche de l'embranchement, à l'écart dans les premiers buissons ! Tu aurais dû réfléchir un peu ! Le tremble est bien trop près de la route, n'importe qui aurait pu la voir ! Vers neuf heures, il passe encore des gens !

*
**

Une bombe ou la foudre serait tombée là, devant lui, que Raïdjab n'aurait pas été plus assommé.

Ainsi, l'un et l'autre — lui sous son tremble, que la nuit lui avait fait prendre pour un peuplier, et elle dans le buisson de ronce proche de l'arbre du rendez-vous — à quarante mêtres de distance, séparés par l'obscurité, ils s'étaient attendus en grelottant jusqu'à la moitié de la nuit. Désespérés et pénétrés par le poison du doute, ils étaient rentrés chez eux persuadés d'avoir été trahis. C'était trop bête ! Trop ridicule !

Nous avons refermé la porte en sortant, laissant Raïdjab assis au milieu de ses couvertures.

Et tandis qu'Agholi et toute la famille, sortis de la maison, accourent aux nouvelles, Nourollah et moi, nous entre regardant, voyons monter chez l'autre la vague du rire incoercible qui tout d'un coup nous submerge.

— Alors ? Alors ? Pourquoi est-il rentré ? Que s'est-il passé ? Qu'a-t-il fait cette nuit ? nous demandent Agholi, Ghorban, Oraz.

— Qu'a t'il fait de Ghorban Gol ? s'enquiert Edjé.

Mais Nourollah ne peut pas répondre. Il hoquette, il suffoque, il se tient le ventre à deux mains. Et moi, je m'appuie au mur, tordu par le fou rire, regardant Ali partir à la poursuite de ma toque que le vent emporte, tandis qu'à mes oreilles soudain découvertes la bise susurre l'air cruel et narquois qu'elle a chanté toute la nuit à nos amoureux, ô combien transis.

CHAPITRE XL

L'Aïd-e Ghorban

Le mollah d'Ammand est sourd, ou aveugle, ou c'est un imbécile !

La lune est cependant formelle. Elle annonce bien que demain sera le grand jour, la grande fête. Demain, en renouvelant le geste d'Abraham, chaque homme se devra de renouer l'alliance avec Dieu.

Pauvres et riches ont depuis longtemps, au piquet devant leur porte ou dans l'ombre d'un appentis bien clos, l'animal qu'ils destinent au sacrifice de demain, à l'aube. Mais le mollah, un nabot de mollah, paré de ce titre par on ne sait quelle fantaisie, avec son front bas, son regard fuyant et surtout son obstination, ne participera pas à la liesse générale. Il n'égorgera ni chèvre, ni mouton et ceux qui l'en croiront feront comme lui. Car, pour fixer le jour de l'holocauste, il ne se fie qu'à lui-même et compte les jours à partir du moment où il a vu — lui, et non un autre ! — la lune à sa première apparition. Et tant pis si pendant une semaine les nuées ont empêché qu'on aperçoive son croissant renaissant.

La radio, cependant, propage ses avertissements avec une bonne semaine d'avance. Tous les ans, le jour venu, elle ne manque pas de faire participer le monde islamique aux manifestations religieuses qui ont lieu à La Mecque.

— La Mecque est loin d'ici, vers l'Ouest, déclare alors le mollah, et là-bas, la lune est visible bien plus tôt qu'à Ammand !

Il n'écoute donc pas la radio saoudienne quand, par la voix d'un des plus grands muftis, elle incite tous les musulmans du monde et les pèlerins du Hadj à se réjouir.

Les ondes, encore elles, viennent battre son oreille :

— Ce matin, selon la coutume, Sa Majesté Impériale Mohammad Reza Pahlavi, Roi des Rois, Soleil des Ariens, a reçu les vœux des autorités religieuses qui...

Mais Téhéran est chiite, et les informations issues d'une telle source sont sujettes à caution. Le mollah d'Ammand n'écoute pas non plus Radio Téhéran quand, par la voix ampoulée de son speaker, elle souhaite « *Aïd-e Ghorban Mobarak* ! » à l'Empereur de la part de son peuple, et inversement. On pourrait s'attendre qu'à l'appel et aux sollicitations de Gorgan ce clerc buté se laisse aller à la confiance. Il entend bien et comprend parfaitement l'annonce de la radio régionale.

Et bien non ! Le mollah d'Ammand n'a que faire de La Mecque, de Téhéran et de Gorgan réunies. Il rejette même les avis que peuvent lui donner ses collègues mollahs des alentours. Gorgan peut bien s'adresser aux populations turkmènes par l'intermédiaire de l'*akhund* de service et leur souhaiter « *Aïd Baïram kaboul bolsen* ! » il reste inébranlable comme un rocher d'Armorique. C'est ainsi depuis qu'il a pris la direction des affaires religieuses de la vallée. Ça a dû lui monter à la tête ! Voilà pourquoi sa « paroisse » n'a plus égorgé de mouton en communion avec le restant de l'Islam depuis belle lurette.

Certains, bien entendu, font fi de ces caprices, ne serait-ce que pour montrer leur indépendance d'esprit. Et puis ce mollah est favorable au parti de Mehdi Khan. Il n'en faut pas plus pour que ceux qui nourrissent quelques griefs contre celui-ci donnent du couteau dans la gorge de leur victime le jour officiellement sanctifié. Ainsi, à Ammand, voit-on les sacrifices s'étaler sur trois ou quatre jours. Au sang frais qui se coagule devant l'huis des maisons, on peut alors se faire une idée de la tendance politique du sacrificateur.

Quand on essaie de raisonner avec notre homme ; quand on lui dit qu'au moins il pourrait être en accord avec ses coréligionnaires de Gonbad, il rétorque par la sacro-sainte coutume en vigueur quand l'Islam n'était pas encore pollué :

— Comment cela se passait-il, autrefois, quand il n'y avait ni radio, ni télévision, ni téléphone ? On regardait le ciel et on comptait... comme je le fais ! C'est la seule bonne manière ! Car si Dieu t'empêche de voir la lune, c'est qu'il souhaite que tu sacrifies au jour qui lui plaît !

Résultat, à cause de cet intégriste, ce n'est pas à Ammand qu'il faut aller pour participer à la fête de l'Aïd-e Ghorban, à la joie simple et vraie de tout un village en liesse.

*
* *

Agholi quant à lui, s'en tient aux avis des *akhunds* réputés. Radio Gorgan et le calendrier lui dictent sa conduite. De plus, il a, toujours grâce à ses jumelles, déniché la lune au jour exact de sa renaissance.

Ce matin-là donc, de très bonne heure (il faisait encore nuit), je trouvais, en arrivant chez lui, toute la famille sur pied.

La veille, dans le courant de l'après-midi, j'avais ramené les trois belles-filles chez leurs parents. Sur leur hennin elles avaient épinglé leurs plus beaux voiles en les superposant. Le plus grand, pour toutes les trois, était taillé dans un tissu lamé d'une coruscante splendeur, dernier cri de la mode. Une fois arrivées à destination, avec leurs robes neuves aux plis craquants, leurs chaussures blanches et vernies, leurs mains surchargées de bagues, leurs bracelets, et leurs gros boutons de col à cabochons, elles s'extirpèrent de la voiture avec autant de majesté et de difficulté que des bourgeoises à crinolines au sortir d'un fiacre.

C'est qu'en ce jour de fête chacun doit être sous le toit qui l'a vu naître. Le militaire fera des prodiges, déploiera des trésors d'ingéniosité pour obtenir une permission. L'exilé, celui qu'un espoir de mieux gagner sa vie a poussé vers Ispahan et son aciérie ou Téhéran et ses fours à briques, revient au pays. Du haut en bas de L'Atrak, à travers le Kopet Dagh enneigé, malgré la boue de Gollidagh, il se fait un chassé-croisé de chevaux, de motos, de piétons et de véhicules bringuebalants.

*
* *

Nourdjon a refait surface. Il est revenu de Bodjnourd les bras chargés de cadeaux ; de vêtements surtout. Il a rhabillé de pied en cap tous ses cadets. Pour Ené, il a choisi un ensemble tunique pantalon, bleu pâle, avec des poches plaquées roses. Une ceinture de même couleur ferme la tunique sur le devant avec une boucle dorée. Sur le col à large revers, un petit Mickey conduit sa voiture. Ené ressemble ainsi à une petite écolière de la ville. Elle est très fière. Nourdjemal a reçu un manteau rouge en fourrure artificielle, orné de bandes de skaï noir : de quoi rendre jalouse la fille du vacher. Wali et Ali se pavanent dans des costumes prince-de-galles caca d'oie, un peu court pour Ali.

Quant à Nourdjon, il s'est mis en frais. Les dandys estudiantins, arbitres de l'élégance bodjnourdie, ne sauraient le désavouer ! Son pantalon, sans poches, en simili daim, le moule étroitement. Il a chaussé d'énormes choses rondes et luisantes comme des scarabées, rehaussées par quatre bons centimètres de semelle. Son veston, volontairement étriqué, aux épaules avantageusement rembourrées, reste ouvert malgré le froid sur une chemisette à fleurs. C'est un vrai minet de province qui nous est revenu, gentil, affectueux, content d'être parmi les siens, mais assez satisfait d'éblouir ses rustauds de frères.

Nour Beka, n'ayant jamais été en classe, est fidèle au costume traditionnel[1]. Sur la pointe d'argent de son bonnet, elle a posé le grand châle de soie légère que Nourdjon lui a rapporté. Sur sa gorge s'arrondit le *gol yakhé*[2], présent de sa mère. Elle étrenne aujourd'hui une robe neuve qu'Oraz Beka lui a faite dans un grand métrage de soie ponceau. Elle seule est vraiment belle, au milieu de tous ces petits perroquets qui l'entourent.

C'est ainsi que je les trouve en arrivant. On n'attendait plus que moi.

Au milieu de la cour, quatre sillons en anneau que Ghorban vient de creuser ont déjà reçu en leur centre une poignée de braises sur lesquelles se consume un peu de rue séchée. Quatre fumeroles bien distinctes s'en élèvent, répandant l'odeur âcre et résineuse de l'herbe qui brûle comme un encens.

A terre, les chèvres qu'Oraz vient de ligoter ont cessé de se débattre et roulent des yeux affolés. Agholi, tout en aiguisant son poignard sur un galet dûment humidifié par un jet de salive, passe de l'une à l'autre de ces pauvres bêtes comme un maquignon sur le foirail. Il lui revient d'inaugurer la cérémonie en immolant la plus belle.

Son choix est fait. Oraz traîne l'animal par les cornes jusqu'au premier anneau et son père s'agenouille. Le jour est en train d'éclore.

— *Bismillah al Rahman, al Rahim...*[3] !

De la gorge tranchée deux jets de sang s'échappent en bouillonnant. La victime n'a même pas eu le temps de brâmer. Le cercle de corail s'est refermé sur l'îlot d'où monte la fumée du sacrifice.

Chacun à leur tour, les fils accomplissent le rite : Raïdjab d'abord, puis Ghorban, puis Oraz.

---

1. Le costume traditionnel est interdit à l'école. Les filles qui sont scolarisées finissent par garder chez elles le costume qui leur est imposé en classe. A mesure que la scolarité fait des progrès, on voit s'effacer les habitudes vestimentaires traditionnelles au profit d'un uniforme occidental, tunique sur pantalon et fichu de kolkhozienne.

2. Gros bouton d'argent servant à fermer l'encolure, il peut avoir la taille d'une soucoupe et est en général orné de cabochons en pâte de verre ou d'agates.

3. Au nom de Dieu, le Compatissant, le Miséricordieux. Formule employée en prélude à tout acte important de la vie quotidienne : repas, ablution, mise au travail.

Quatre fumées bleues au parfum mystérieux, quatre cercles de sang dans les éclaboussures ; quatre têtes cornues jetées loin des corps où s'éteignent les derniers spasmes. Le silence.

Le jour se lève dans le chant des coqs, il fera beau.

Aujourd'hui à Mina[1] a lieu la grande hécatombe et, du Maghreb jusqu'au Sing Kiang, on se souviendra d'Abraham !

Marquées au front d'une touche de sang, les filles sont rentrées dans la maison. Oraz et Ghorban s'activent à écorcher les victimes. On recharge le poêle, on prépare le thé, on dispose la nappe, on apporte les *postoqs* et les galettes au sucre toutes feuilletées, ruisselantes de beurre. Et la ripaille commence.

Foies, rognons, cœurs sont mis en brochettes. En brochettes également les intestins qu'Edjé lave à grande eau dans une bassine, les manches de sa belle robe retroussées jusqu'aux coudes. En brochettes les filets. A même les braises, dans le poêle grand ouvert, grésillent, frottées de sel, les deux moitiés d'une cage thoracique et l'odeur des viandes qui grillent remplit toute la maison.

Les *coltchés* s'éparpillent au hasard sur la nappe, le *dough* nous fait des moustaches crémeuses et les théières bouillantes font danser leur couvercle. Il fait à peine jour, mais nos doigts dégouttent déjà de graisse. On se remplit le ventre de viandes juteuses, on ronge les os et on attise le feu pour cuire encore d'autres brochettes, et rissoler d'autres fressures !

*
**

Au village, pendant ce temps, on abat un bouvillon devant la mosquée. L'animal est gras, luisant et lourd. Il se défend dans ses liens, souffle et mugit. Sur son corps noir maîtrisé à grand-peine, notre *mollah* récite de sa voix aigrelette les formules sacrificatoires. Ils sont tous là, ceux qui se sont cotisés pour acheter cette victime royale. Ils aident à la maintenir, tirant aux cordes, pesant du genou sur le mufle baveux ou posant la main droite sur le pelage raide pour qu'un contact se fasse entre la bête et eux.

---

1. Vallée proche de La Mecque où Abraham aurait procédé à son sacrifice en descendant du mont Arafat. C'est dans cette vallée qu'ont lieu les égorgements au moment des pèlerinages.

Au fond du repli de steppe où grelotte son camp, Mollah Hossein assiste au dépeçage du chamelon que l'aîné de ses fils vient d'égorger en son nom. Là aussi le sacrifice a été collectif.

Les temps ont beau être durs et précaires, le vieil *hadji* n'a pas voulu faillir à l'usage qu'il a établi chez lui il y a douze ans, à son retour des lieux saints. En souvenir du jour où, dans la vallée consacrée, il ne put immoler qu'une maigre chèvre à demi morte importée du Soudan — lui, le possesseur d'un millier de moutons ! — il distrait de son troupeau l'animal précieux entre tous : un chamelon mâle d'un an.

Les Topkhanis ont tranché la gorge de deux béliers de réforme, trop vieux pour être vendus, et celle d'une vingtaine de biques définitivement taries. C'est à peine si le sol en a été rosi et les chiens eurent ensuite presque autant à manger que leurs maîtres.

Ghorban Sia et ses bergers, au pied de la grande falaise où la neige met ses encorbellements, oublient en cet instant l'hiver qui les assiège et la montagne hostile comme elle ne l'a jamais été. Ils oublient le vent qui a hurlé toute la nuit dernière, la porte qu'il a fallu débloquer de la congère et les gardes forestiers qui viendront, plus tard, leur demander des comptes pour avoir émondé les grands genévriers faute de pâturage. Ils oublient les brebis qui meurent la nuit et qu'on jette à l'écart pour les loups et les chiens.

Ces animaux qu'ils ont tués étaient maigres et anémiés. Les vers grouillaient dans leurs viscères. Mais leur peu de viande est plein de suc et la hutte est chaude.

*
* *

Après-midi. Ammand, comme d'habitude, ne sait sur quel pied danser. Son mollah n'a pas fléchi. Pour cet entêté, la fête c'est demain.

Par contre, à Inché Païn, le sang a coulé à flot ce matin et le village est en joie. La grande prière de l'Aïd vient d'être célébrée et les hommes détendus, en *telpek* des grands jours, sortent de la mosquée et s'attardent en discussions de parvis. Des femmes par petits groupes vont d'une maison à l'autre, se rendent visite, s'offrent des pains et des beignets.

— Tiens ! je t'ai apporté un gigot !

— Merci à toi ! mais tu emporteras cette épaule... !

Car la viande de l'animal abattu ne saurait être totalement consommée dans la maison. Il faut en faire profiter parents, amis, voyageurs, voisins et mendiants. Ce soir, pas un foyer, même des plus pauvres, où l'on ne fera bombance.

Elles sont belles ces femmes. Belles d'être à la fête, belles d'être heureuses, belles d'être belles, revêtues de leurs plus beaux atours, d'étoffes neuves, cliquetantes de *tchelpends*[1], alourdies de joyaux. Et les gamines aux longues tresses, le buste disparaissant sous un ruissellement de médailles d'argent, se pressent au pied des portiques qu'on a dressés un peu partout.

Là on se balance. Fillettes, adolescentes, jeunes femmes s'envolent au bout de longues cordes dans un déploiement de châles. Elles fendent l'air, comètes poursuivies par le claquement de leurs voiles. Ailes de soie, oriflammes, étendards vivants qui rient, s'élancent et retombent dans un grand froissement orange,vert, noir, jaune, rouge.

Oh ! Ces visages que le jeu dévoile : le rose est à leurs joues, le sourire, le rire et la joie à leurs lèvres.

La femme-victoire, la figure de proue, fuse vers le ciel, jeune, révélée par le vent dans l'ondoiement des tissus sur son corps tendu. Elle boit sa vitesse et ses dents mordent la lumière.

— Aïe! Aïe ! On te regarde ! crient ses compagnes au bas du portique.

Mais elle n'entend pas : ses oreilles chantent ! Elle ne veut pas entendre : son cœur chante !

— Regardez-moi ! Regardez-moi ! dit chacun de ses allers et retours.

Enfin, stoppée par une amie qui s'est accrochée à elle au passage, elle semble, en reprenant contact avec le sol, s'apercevoir du spectacle qu'elle a donné. Alors elle rougit, tire son voile et va cacher sa soudaine confusion derrière le dos de ses camarades qui lui font un paravent moqueur.

Mais déjà sur l'anneau de corde, une autre femme s'est mise debout, une autre fille s'élance. On oublie aussitôt la première pour suivre des yeux cette allégresse qui va et vient dans le ciel de l'Aïd-e Ghorban. Plus haut, encore plus haut, par dessus les toits plats des villages, par-dessus les trophées de chasse qui les couronnent, par dessus les jardins, leurs peupliers nus et leurs mûriers dégarnis, par dessus le

1. Petites pendeloques d'argent en forme de poisson qui frangent les bijoux turkmènes.

fleuve sinueux, la montagne neigeuse, par dessus tout un peuple en liesse.

*
* *

Refoulés sur les bords de la place les gamins ont laissé le champ libre à leurs aînés. Aujourd'hui, ce sont les « grands » qui s'ébattent dans une partie de ballon-chasseur dont l'aire est aussi vaste que mal définie.

La balle de cuir et de corde fait mal quand on la reçoit dans les côtes ou derrière la nuque. On s'enfuit le plus loin possible devant le chasseur qui s'est débarrassé de ses souliers pour mieux courir. On se bouscule, on se congratule, on s'engueule, on s'embrasse. Là-bas, dans leur enclos, les prisonniers hurlent et encouragent leurs libérateurs.

— Gop ! Tu es mort !

— Prends ça, toi aussi !

Perchés sur une véranda ou sur un talus, les anciens marquent les points, brandissent leur canne, trouvent que de leur temps on courait plus rapidement que ça.

Les visages ruissellent et les vestes, les belles vestes neuves, sont jetées en tas au pied des murs.

Et les filles qui passent, celles qui attroupées au pied d'un portique attendent leur tour pour se balancer, admirent ces jeunes hommes et ces garçons sveltes qui bondissent, s'égaillent, sautent, feintent, s'échappent et défient.

*
* *

Göz Bachi. Là aussi on se balance, là aussi on joue à la balle.

La fille qui pendule semble, à chaque élan, se précipiter vers nous. Autour de son visage clair, ses quatre nattes virevoltent et les grelots de sa ceinture d'argent carillonnent à chaque coup de ses reins. Sa robe écarlate flamboie dans le soleil et ses yeux étincellent sous l'arc de ses sourcils jointifs. Deux bracelets trop lourds pour ses poignets délicats glissent le long de ses bras au rythme de sa danse aérienne. Désespérément, une fillette essaie de l'arrêter mais elle, à chaque fois, se renvoie vers le ciel de plus belle et la petite manque à tous les coups de se faire emporter.

— Eh ! Regarde, Alain ! Regarde !... C'est Ghorban Gol ! Elle nous a vus ! C'est pour ça qu'elle n'écoute pas sa sœur !... Mais regarde ! Vois ! C'est pour nous qu'elle se balance !

ET A NOUVEAU LE PRINTEMPS !

CHAPITRE XLI

Où l'on touche enfin au bout de cette histoire

— Oraz *djon* ! Pourrais-tu m'apporter une aiguière ?
— Ghorban, mon ami ! Où est donc le fourrage ?
— Raïdjab *aziz* ! J'ai besoin d'un pieu pour attacher mon cheval !
— Oraz... ! Hadji Beg demande du thé !
— Ghorban ! Eh Ghorban ! Il faut du pétrole pour les lampes !
— Raïdjab ! Agholi t'appelle !
— Raïdjab ! Peut-on ouvrir la réserve d'orge ?
— Où sont les tamis ? Ce grain est plein de terre ! Oraz ! Où sont les tamis ?
— Dépêchez-vous ! Voilà Aman Dourdi Ichân qui arrive ! Reste-t-il du thé… et des biscuits ?

Et Oraz par ici !... Et Raïdjab par là !... Et Ghorban là-bas ! Il leur faudrait être à tous et partout. Nourdjon, heureusement pour lui, n'est pas encore rentré de Bodjnourd.

Cela dure depuis presque trois jours. Agholi accueille ses hôtes, leurs familles et leurs escortes apparentées. Il s'empresse, se démène et rend à chacun les civilités qui lui sont dues. En même temps il dirige, supervise, organise et s'agite comme un chef d'orchestre un peu dépassé par la cadence. Légèrement en retrait, Edjé l'aide dans son rôle d'amphitryon et reçoit dans ses quartiers la part féminine de ces arrivages encombrés de ballots et de marmots encore au sein.

Derrière la maison, une escouade de cuisinières s'active avec bonne humeur et célérité. Manches retroussées, voiles et pans de robe passés dans la ceinture, elles entretiennent une ambiance de lavoir municipal autour d'une batterie de chaudrons gargantuesques. Là, à grands coups de louches géantes et de cuillères-avirons, elles touillent des quintaux de riz au gras parsemé de prunes sèches qu'arrose le flot d'une épaisse sauce dorée.

Plus à l'écart, chèvres et moutons défilent sous le couteau pendant qu'une mêlée de petits charognards et de chiens faméliques se disputent la tripaille.

... On se congratule et se retrouve avec des exclamations joyeuses, on s'embrasse. Les gamins s'organisent en bandes de cousins pour aller chaparder aux cuisines. Les chevaux escarmouchent à petites ruades sèches et énervées. On s'installe. On s'enquiert de la famille. On prend des nouvelles du village...

Dans la maison investie sont casées les personnes les plus âgées et les plus respectables. La véranda est colonisée par des groupes de femmes accroupies grignotant des galettes et se faisant passer des nourrissons. La cour déborde sur le verger et le toit se peuple peu à peu. Ceci n'est rien, m'a prévenu Raïdjab, demain nous aurons deux fois, trois fois, peut-être quatre fois plus de monde !

La nuit venue, les va-et-vient, le brouhaha, et le chahut des gamins s'apaisent un peu. Mais sous la grande tente kurde qu'Agholi a empruntée à Hadji Mollah Hossein les jeunes gens prolongent les soirées à la lampe. On y discute tard, on y épuise les musiciens et on y rit fort en asséchant d'ultimes théières.

Raïdjab, Ghorban et Oraz, sans avoir pu, ne serait-ce que dix minutes, s'asseoir devant un plat de riz refroidi, ont couru de l'un à l'autre toute la journée. Seules les tasses de thé avalées à la sauvette leur permettent de tenir le coup jusqu'à la dernière prière. Après ça, ils laissent *akhunds*, *hadjis*, parents, amis et autres s'entasser et s'installer à leur guise. Ils viennent alors se réfugier chez moi, déroulent leur couchage au pied de mon lit, s'y écroulent sans même prendre le temps de se déshabiller et, en un rien de temps, ronflent de concert.

Je ne sais pas où dort Agholi. En sa qualité de maître de maison, il doit tenir compagnie à ses invités les plus honorables et j'imagine que, coincé entre deux notables ventripotents et barbichus, ses nuits ne doivent pas être très confortables !

Madame Edjé et ses brus ont certainement trouvé un petit recoin, peut-être dans l'un des appentis de l'arrière-cour, car j'ai aperçu le contenu hétéroclite de l'un d'entre eux empilé contre le mur des latrines. Quant aux enfants — je parle ici de ceux d'Agholi — ils se sont repliés chez Mirza Ali, le vacher. Sa brave femme ayant mis au monde sept fils, pour la plus grande satisfaction de son mari, et une fille, pour son petit plaisir à elle, n'en est plus à un gamin près. Elle les a mélangés avec les siens et, au soir, borde cette nichée turque panachée : blondes les têtes azéries, noires les tignasses turkmènes.

Ali de son côté a préféré, avec deux ou trois cousins de son âge, aménager, avec la dizaine de bottes qui restent de nos réserves de paille, une sorte de hutte-terrier qu'il craint fort de me voir découvrir.

Bref, qu'il soit membre de la famille ou invité, chacun s'est accommodé comme il a pu, dans une promiscuité joyeuse, bien décidé à ne voir que le bon côté des choses.

D'ailleurs tous ces gens ne sont pas venus les mains vides ! Bien entendu, sitôt débarqués de leur jeep, remorque de tracteur ou minibus, à peine descendus de selle, ils ont déposé entre les bras de Golsenem la boulange toute spéciale que l'on offre quand on rend visite. Mais la plupart ont été plus généreux encore et, au fur et à mesure de leur arrivée, Salar Soufi, un de nos gardes, perché sur le museau d'un tracteur ou sur le faîte du mur, se charge d'annoncer haut et fort ce qu'apportent les nouveaux invités. On l'entend de loin :

— Six chèvres et cinq brebis : un don d'Hadji Heydar, de Lowendar !... Quatre brebis : un don d'Ata Soufi, de Yamloq ! (Les pauvres bêtes ne sont pas bien grosses, mais après l'hiver dont nous sortons il ne faut pas faire la fine bouche)... Cinquante kilos de riz — et du bon ! — apportés par Baba et Abdol Rahman Qari, de Congor !

Outre cette voix tonitruante, Salar Soufi possède également suffisamment de science pour pouvoir lire et écrire. Aussi remplit-il en sus le rôle de greffier. Après avoir fait savoir à la cantonade ce en quoi ils consistent, il note soigneusement ces cadeaux et le nom des donateurs sur une liste détaillée qui s'allonge de jour en jour.

On offre de l'argent aussi : cinq cents rials, mille rials, et même cinq mille en petits billets froissés et verdâtres, annoncés avec la même fanfare... Le total sera fait en fin de journée.

Les heures passent. Ecarlate mais infatigable, Salar Soufi s'égosille sur son perchoir, justifiant amplement sa réputation de posséder le meilleur organe vocal de tout ce côté-ci de l'Atrak.

Mehdi Khan qui viendra demain, a fait porter son écot. Ses largesses sont à sa mesure :

— Eeeey ! Eeeeeeey ! s'époumone Salar Soufi, deux tonnes ! Deux tonnes ! Deux tonnes d'orge de la part de Mehdi Khan… de Mehdi Khan ! Pour la noce du fils d'Agholi, Raïdjab !

*
* *

L'Aïd-e Ghorban était passé depuis plus d'une quinzaine de jours. Devant les maisons et sur les places on avait abattu les portiques et il ne restait plus trace des anneaux de sang. L'hiver régnait en tyran implacable. L'Atrak charriait des glaçons, et son lent glissement de serpent boueux remplissait la vallée du froissement de ses écailles vitreuses.

Les villages s'étaient recroquevillés dans le silence. Garm Ab fumait au bord de la steppe givrée et l'haleine de ses eaux traînait sur les carrés de cotonniers brûlés par le gel. Les joncs et les roseaux, cristallisés, cliquetaient comme frissonnne un lustre, au passage prudent d'un foulque ou d'un canard sauvage.

Il gelait depuis six jours, sans vent, sans blizzard. Les nuits s'ouvraient, béantes, appelant sur la terre le grand froid sidéral tout tintinnabulant d'étoiles. La neige des sommets miroitait au soleil des jours trop courts. Les congères portaient sans faillir le pas des chevaux et les sources dormaient sous leurs carapaces endiamantées.

Cet hiver-là, les mouflons descendirent jusqu'aux derniers plissements des massifs. Les sangliers se baugèrent derrière les bergeries et les loups s'aventurèrent entre les maisons.

La radio annonçait des catastrophes en série : deux autobus noyés par les congères au col de Badranlou, près de Bodjnourd ; les passes de l'Alborz coupées ; la capitale isolée ; la troupe en alerte pour ravitailler les villages en péril dans le Zagros et en Azerbaïdjan ; moins quarante degrés à Tabriz et moins trente à Meched ; de la neige au Guilan ; les orangeraies du Mazandéran détruites... Ici, les semailles étaient à refaire, les vergers sabrés, les mûriers fendus et les pins roussis.

Les troupeaux mouraient, arrivés au bout d'une agonie qui avait commencé en juin. La faim, le froid achevaient ce que l'été avait laissé d'ouvrage. Minés par la pneumonie et le parasitisme, hérissés, flageolants, exsangues, ils erraient lamentablement parmi des collines et sur des plaines pétrifiées.

Chaque jour voyait venir à nous des éleveurs suppliant qu'on leur donne du fourrage alors que je rationnais à nos propres bestiaux le peu de luzerne qui nous restait encore. En moins d'une semaine nos surplus de paille disparurent et les caravaniers du septième jour, et ceux des jours qui suivirent, repartirent vers leurs campements, le cœur vide et les bras ballants.

*
* *

Ce fut pourtant au milieu de si sombres moments que, par une matinée limpide et cassante, les événements commencèrent à se précipiter.

Depuis quelques temps, Hadji Rahman avait pris option sur Nour Beka qu'il destinait à son fils. La fille d'Agholi était devenue plus que jolie (dames du temps présent, savez-vous encore ce qu'est un teint de lis). La gamine grassouillette avait fait place, sans que nous y ayons vraiment pris garde, à une adolescente gracieuse et éclatante. Insensiblement, le bouton s'était épanoui.

Ce matin-là, le *hadji* en personne était venu entériner auprès d'Agholi les accords que, peu de temps avant l'Aïd, ses représentants avaient conclus en son nom. La seconde épouse du *hadji*, mère du futur mari, pour sceller définitivement les fiançailles, s'en fut poser un grand foulard de soie sur les épaules d'une Nour Beka toute rougissante[1].

Quarante mille rials ! Le *hadji* pouvait être content, la dot demandée avait été raisonnable. En cela Agholi laissait poindre l'intérêt qu'il voyait à ce mariage qui l'introduisait chez les Yanoqs. D'un commun accord on fixa approximativement la date de la noce. Le fiancé, poursuivant ses études à Bodjnourd, ne pouvait pas être libre avant la fin de l'année scolaire. L'été, pris entre moissons et battages, n'est pas une saison favorable aux mariages. L'automne, par contre, est propice aux épousailles. A cette période l'air est plus frais, plus doux, les travaux des champs sont moins contraignants, les récoltes rentrées et les chevaux en forme. Septembre parut donc tout indiqué.

Après le repas, Agholi raccompagnait cette honorable compagnie et aidait son futur compère à remonter dans sa jeep, lorsque celui-ci, soulevant un de ses sourcils blancs d'un air mi-malin, mi-soupçonneux, lui dit à brûle-pourpoint :

— N'aurais-tu rien à dire à Nouri Ardi ? Je pense m'arrêter chez lui tout à l'heure, au passage.

— A Nouri Ardi ?... Non… je ne vois pas ce que j'aurais à lui dire !

Hadji Rahman parut sincèrement étonné.

— C'est curieux ! Il me semblait pourtant qu'il s'attendait à ce que tu lui rendes visite un de ces jours !

— Et pourquoi ça ?

1. Signe de fiançailles.

— Allons ! Allons ! Agholi ! Puisque nous voilà en famille, tu ne devrais pas me faire pareille cachotterie… à moins que Nouri Ardi ne se trompe ? Selon lui, ton fils Raïdjab rôderait autour de sa maison comme un renard autour d'un poulailler. Il estime cela vexant, pour lui comme pour toi. Si cela est exact, le jeu de ton fils pourrait faire croire que vous n'êtes pas capables de vous entendre comme deux pères normaux et respectables. Auriez-vous l'un contre l'autre un sujet de discorde ? Un grief ?... J'espère qu'il ne s'agit pas là d'une rancune causée par la malheureuse affaire de la sœur de Tchapmaq ?

Agholi s'est reculé d'un pas, la main sur le cœur.

— Non ! Non ! Je t'assure qu'il n'y a rien entre Nouri Ardi et moi ! Quant à la sœur de Tchapmaq elle est oubliée depuis longtemps, du moins en ce qui me concerne. Mais je ne comprends pas ce que Nouri Ardi sous-entend !

— Bon ! Bon ! Mais tu sais à présent que Nouri Ardi se prépare à te recevoir. Il est certain que tu ne saurais tarder à venir lui rendre visite dès que tu te seras rendu compte des agissements de ton fils. Mais peut-être Nouri Ardi se trompe-t-il ?

Quand Raïdjab apprit cela, il en resta déconfit. Nous étions justement, lui et moi, en train de mettre au point avec Niaz Mohammad une autre tentative d'enlèvement. Dans cette affaire, au volant de ma voiture, mon rôle aurait été celui du « cocher fidèle » (celui qui emporte les amants en se voilant la face dans sa cape noire, par discrétion). Niaz Mohammad avait celui du garde du corps (non moins fidèle que le cocher). Nourollah se serait acquitté, avec son efficacité coutumière, du rôle primordial de courrier-estafette. Avec la mère de Ghorban Gol et l'ouvrier bien campés dans la place, le coup ne pouvait pas manquer.

Las ! L'appel du pied que, par Hadji Rahman interposé, Nouri Ardi venait de faire à Agholi ramenait tout dans la normalité. C'est pour lors qu'il y aurait injure si l'enlèvement survenait au moment où l'offre de pourparlers était faite !

Le plan d'action « Juliette II » fut donc remis dans son dossier et classé avec un certain regret. L'heure n'était plus aux raids de commandos, mais aux négociations.

CHAPITRE XLII

Négociations

Dès les premiers contacts, les craintes de Raïdjab quant à la cupidité du tuteur de Ghorban Gol se trouvèrent justifiées.

Le madré savait bien ce qu'il faisait en nous forçant à traiter à l'amiable. Agholi ne pouvait plus reculer à présent. Comme il n'est rien qui finalement ne se sache, plus personne n'ignorait que Raïdjab guignait la fille et l'épisode rocambolesque du peuplier avait déjà fait trois fois le tour du canton. Il ne nous était plus possible de prétendre que la pupille de Nouri Ardi ne nous intéressait pas. Nouri Ardi était donc en mesure de nous attirer sur son terrain.

Je n'entrerai pas dans les détails des préliminaires qui nous firent, par quatre fois, geler, assis en rond, dans le grand salon du manoir de Nouri Ardi. Ces visites, remplies de sourires, de salamalecs, de mains sur le cœur et de protestations d'amitié, ne donnèrent pas grand chose de positif... ni de négatif. En en revenant, nous n'étions pas plus avancés qu'en nous y rendant.

A la cinquième, alors que nous espérions voir enfin le poussah dévoiler ses batteries, il nous sortit de son sac à malices un frère à lui, du nom de Ghafour, et *hadji* de surcroît. Celui-ci, bien qu'absent de notre assemblée, nous faisait savoir son opposition formelle et fulminante au mariage de celle qui, forcément, était aussi sa nièce. Nouri Ardi, cependant, apaisa un peu nos alarmes. Il nous assura qu'il se rendrait bientôt auprès de ce trublion de frère pour éclaircir la raison de son veto.

A la sixième visite, Nouri Ardi se désola sincèrement de nous avoir dérangés pour rien, car son frère n'avait pas séjourné chez lui de toute la semaine. Leur rencontre n'avait donc pas eu lieu.

La septième fois, nous apprîmes que le dit Ghafour avait souhaité marier Ghorban Gol à son propre fils. D'où son dépit quand il nous sut en lice.

— Mais ne craignez rien ! nous rassura Nouri Ardi. Vous êtes les premiers à avoir demandé ma fille. Je ne peux pas vous la refuser !

Et d'ajouter, très noblement :

— Plutôt me fâcher avec mon frère !

C'était à la fois encourageant et inquiétant. Pourquoi nous donner cette préférence ? Quel intérêt y avait-il, sinon celui de nous extorquer une dot qu'il n'oserait jamais demander à son frère ? En attendant, nous marquions toujours le pas !

La huitième fois, Nouri Ardi n'était pas là. Pourtant c'était lui qui nous avait fixé ce jour. Mais, voyez-vous, Ghafour Hadji, furieux de se voir évincé, était venu le matin-même exiger que, dans l'heure, soit procédé au partage des terres restées en indivis à la mort de leur père et que soient remboursées, sur le champ, les sommes dont Nouri Ardi lui était redevable. Bref, entre les deux frères, la séparation était en cours.

La neuvième visite faillit voir nos espoirs s'écrouler à grand fracas.

Agholi, faussement naïf, pressé de faire une offre avait fait avancer par Niaz Mohammad la somme de cinquante mille rials. Nouri Ardi manqua s'en étrangler !

— Cinquant mille rials ! Agholi veut certainement plaisanter ! Ah ! Ah ! Ah Ah !... Vraiment ? C'est sérieux ? Je vois qu'il me faut remette Agholi sur le chemin de la réalité ! Me suis-je plaint de Raïdjab quand celui-ci venait rôder autour de ma maison ? Agholi se rend-il compte que tirer sur son fils m'aurait été facile le soir où le frère de Golsenem et lui sont venus à moto avec des intentions évidentes ?... Ils se sont approchés si près que les chiens les ont fait déguerpir en s'accrochant à leurs basques (Tiens ! Tiens ! Raïdjab ne s'était pas vanté de cette action d'éclat !).

Sans prendre garde aux sourires que cette révélation provoqua chez nous, Nouri Ardi continua sur ce mode indigné qui lui convenait à merveille :

— Agholi a-t-il pris en considération les commérages de mes voisins !… sans compter le désagrément que me donne l'obligation de surveiller constamment ma femme et sa fille ! Je n'ose plus m'en aller sans craindre qu'aussitôt Nourollah ou Mazem ne viennent ici rendre des visites dont le but est aussi clair que le soleil à midi !

Il se tut, comme pour se reprendre et faire taire son emportement. Il se servit une tasse de thé, la porta à ses lèvres et se brûla. Il la reposa aussitôt pour se relancer dans son discours, mais avec le ton posé et entendu de qui s'adresse à ses pairs, à des personnes raisonnables tout à fait capables de partager son point de vue.

— Car enfin !... Il y a une chose qu'Agholi semble ne pas saisir: c'est que Ghorban Gol n'est pas véritablement ma fille ! Certes je l'aime comme telle, mais cependant... on n'ouvre pas sa maison à une enfant qui n'est pas la vôtre — même si c'est celle de son frère — sans se faire une certaine violence...

Or, cette enfant, il l'avait nourrie, habillée, soignée. Il n'avait pas ménagé son argent pour elle. Il espérait donc bien, en la mariant, récupérer un peu de ce qu'il lui avait consacré des années durant...!

... Et Hadji Ghafour ! Hein ? Hadji Ghafour ! Agholi l'oubliait lui aussi. Et pourtant, en toute justice, vous devez bien admettre que c'est votre intervention qui a provoqué notre rupture. Bien sûr, je vous ai promis que Ghorban Gol serait à vous (et tout le monde sait que Nouri Ardi tient toujours ses promesses !). Mais le fait est là, indéniable : si vous aviez renoncé à Ghorban Gol, je serais, à l'heure actuelle, uni avec mon frère comme les doigts d'une main. J'aurais encore à cultiver la totalité des terres que nous avait laissées mon père et en retirerait les trois quarts des revenus. Ce que vient de me reprendre Ghafour est une perte conséquente, vous en conviendrez !

Voilà ce dont Agholi devrait tenir compte !

Bien entendu il faut aussi considérer que Raïdjab est déjà marié et que vous n'êtes pas des Yanoqs. C'est pourquoi je ne crois pas être loin du prix normal et raisonnable en vous proposant une dot de trois cent vingt mille rials.

Nous en sommes restés sans voix tant la somme était exorbitante, aberrante. Notre retraite fut immédiate. Jamais, même à un Yomout cacochyme, n'avait été demandé un tel prix pour une fille goclane ! Nos « au revoir ! » furent des plus froids et mon démarrage brutal.

*
* *

Raïdjab venait de sortir des oubliettes le plan d'action « Juliette II » (ou plus exactement « Juliette III » depuis qu'il m'avait confirmé la tentative peu glorieuse à laquelle Nouri Ardi avait fait allusion) quand, par une autre matinée de gel noir, la voiture d'Hadji Rahman freina de nouveau devant la maison d'Agholi. Nourollah était au volant.

Le futur beau-père de Nour Beka nous l'avait dépêché pour nous annoncer que Nouri Ardi semblait être revenu à de plus raisonnables prétentions.

La réprobation avait été générale quand fut connu le montant de la dot demandée à Agholi. Certes, Nouri Ardi était libre de vendre sa fille au prix qu'il voulait, mais il y avait des usages qui jusqu'ici avaient été peu ou prou respectés et dont le clan s'était toujours bien trouvé. Il n'était pas bon de les bousculer en se montrant si gourmand, sinon la tribu ne tarderait pas à dire des Yanoqs qu'ils exagéraient et avaient perdu tout bon sens. Sans compter que si Agholi venait à accepter — ce à quoi, et avec juste raison, personne ne croyait — d'autres pourraient être tentés par une affaire semblable. Un mouvement inflationniste risquait alors de se faire sentir sur le cours normal de la belle à marier.

Hadji Rahman s'était donc rendu chez Nouri Ardi. Que s'étaient-ils dit ?... Peu importe ! A la suite de cette entrevue le conseil des barbes grise s'était emparé de l'affaire. Entre Nouri Ardi et nous il y avait à présent Hadji Rahman et le conseil du clan. Après tout, c'est ce que Raïdjab voulait !... Mais nous n'étions pas pour autant au bout de nos peines !

Toutes ces discussions, toutes ces palabres nous tinrent des demi-journées entières autour des théières et des petits pains rassis, tantôt chez Hadji Rahman, tantôt chez Nouri Ardi. Car les bonnes dispositions du gros s'étaient révélées très relatives.

Un jour, il fallut même passer en revue la série des affaires qui, de près ou de loin, pouvaient ressembler à la nôtre et avaient justifié une dotation conséquente. Furent évoquées la fille guerkèze achetée par Hadji Kamil et cette jeune ghézèle enlevée par un Ali Eli de Dachtek, ou encore, le second mariage de Mohammad Porsou... et bien d'autres précédents de la même farine.

Nous nous battîmes pied à pied. Reprenant chaque cas l'un après l'autre, nous le démontions pour le rendre inutilisable.

— Les Guerkezs sont les Guerkezs ! On sait leur orgueil et la répugnance qu'ils ont à céder leurs filles à qui n'est pas des leurs. Hadji Kamil n'avait qu'à choisir ailleurs. Chez les Yanoqs par exemple... comme nous l'avons fait ! Ceux-ci ont toujours eu, jusqu'à présent, la réputation de gens raisonnables.

Quant au prix d'une fille ghézèle enlevée, pourquoi en discuter ? Il serait ridicule de voir là un modèle ! Chacun sait que ces Goclans-là ne sont intéressés que par l'argent qu'ils tirent de leurs vierges en les mariant... Même entre eux ils ne rabattent pas d'un rial !... Alors pensez à ce qu'a dû verser ensuite ce malheureux Ali Eli !

Pour Mohammad Porsou, qu'on ne vienne pas en parler ici ! Ce n'est un secret pour personne qu'il ne peut rien faire à une femme !... Et encore moins à deux ! Quelle idée a-t-il eu de se remarier ? Espérait-il que ce qui n'allait pas avec la première irait mieux avec la seconde ? Celui qui lui a noué la cordelette l'a bien nouée et ce n'est pas en changeant d'épouse qu'il se dénouera !... Et puis, ce Mohammad n'est pas *Porsou*[1] pour rien ! Dans un pareil cas le père de la fille est bien à blâmer pour la lui avoir vendue !

Cette sorte de jurisprudence abandonnée, Nouri Ardi se rabattit sur des estimations aussi embrouillées qu'extravagantes à propos de l'équivalence en monnaie actuelle du *tella*, étalon des dots auquel se réfèrent encore les familles[2]. A l'écouter, cette antique monnaie des principautés d'Asie Centrale était digne d'orner le cou et les oreilles de la Chahbanou ou d'enjoliver son manteau de cour, à la façon des cupules d'argent qui cuirassent en plastron le costume des fillettes turkmènes. Des chiffres faramineux furent avancés, puis retirés. Il est communément admis, d'après son nom[3], que cette monnaie ne pouvait être qu'en or. Pour lui trouver un cours actuel, on se basa alors sur le *pahlavi*[4]. Comme il fallait s'y attendre, il fut impossible de nous accorder sur la pièce de la série qui servirait de base à ce calcul. Nouri Ardi, bien entendu, choisissait la plus grosse et nous la plus petite.

Renonçant aux monnaies d'or, nous nous rabattîmes sur le prix du bétail pouvant servir à constituer une dot. Mais là aussi l'accord fut impossible car ce qui se passait alors dans les troupeaux ne facilitait pas les estimations. Les animaux seraient peut-être morts le lendemain, ou vaudraient des fortunes s'ils survivaient jusqu'au printemps.

1. Qui sent mauvais.
2. Autrefois chaque clan avait plus ou moins établi son tarif. La monnaie de référence de l'époque (avant la conquête russe) était le *tella*, c'est dans cette monnaie que la tradition est demeurée d'estimer la dot. Mais qui peut actuellement se souvenir du pouvoir d'achat d'un *tella* en 1 800 ?
3. En persan le mot *tella* désigne l'or. Personne n'ayant jamais vu cette monnaie quasi-mythique tous la croient d'or. J'avoue être moi-même dans une semblable ignorance.
4. Pièces d'or de poids différents à l'effigie de Mohammah Reza Chah.

Tant et si bien que la dernière discussion de cette seconde série se solda par des propos aigres échangés avec le sourire des rages rentrées.

— Si Nouri Ardi entend nous faire payer l'épouse qu'il vient de prendre en cinquième noce, il ferait mieux de nous le dire clairement et à éviter ces circonlocutions qui ne nous trompent plus. Ainsi nous cesserons de venir, ce qui lui fera économiser et son thé et son pain !...

— Et si Agholi cherche une fille au rabais, il n'a qu'à s'adresser à d'autres. Les filles kurdes ne manquent pas à Inché Bala. Au reste, Raïdjab qui le sait bien semblait les apprécier il y a peu. Mais peut-être les trouvez-vous trop chères, elles aussi ?

Cette fois la mesure était comble. Nous signifiâmes à ce déplaisant personnage que nous ne reprendrions les pourparlers qu'à l'annonce claire et précise d'un sérieux rabais. Et ceci, exigea Niaz Mohammad, dans la quinzaine, sinon Nouri Ardi aurait le plaisir de se réconcilier avec son frère.

Deux jours plus tard, Nourollah venait nous prévenir que le prix était tombé à deux cent quarante mille rials. La somme était toujours conséquente, mais Nouri Ardi lâchait du lest.

Il en lâcha encore et, tant par lassitude que par peur de retomber dans les aléas d'une nouvelle prospection matrimoniale, nous acceptâmes finalement de verser une dot de deux cent mille rials[1].

*
* *

A partir de ce jour-là, nous n'eûmes plus en face de nous qu'un Nouri Ardi affable et souriant. Certes, il n'avait jamais cessé de sourire, mais ses risettes nouvelle formule lui servaient désormais à assaisonner des banalités et non à faire glisser ses attaques ou à cacher son âpreté.

Le jour où, en grande cérémonie, elle vint offrir le foulard, Edjé ne cachait pas sa satisfaction. Littéralement, elle jubilait.

Pendant qu'elle faisait connaissance de sa future bru, réunis entre hommes, nous fixions la date du mariage à la première quinzaine du printemps.

Le gynécée, bien entendu, entra en ébullition dès notre retour à la maison. Comme aucun de ses membres n'avait vu la nouvelle fiancée, leurs commentaires s'alimentèrent au bric-à-brac des informations

---

1. Dans les années I970, le rial valait approximativement 0,07 franc. Ce qui fait approcher la dot de Ghorban Gol des 14 000 francs !

recueillies ici ou là. Certains jours, Ghorban Gol (qu'on appelait déjà Ghorban Gol *coutchik*[1] par opposition à l'aînée d'Agholi, devenue du coup Ghorban Gol *bozorg*[2]) était dite boulotte avec un gros nez. Parfois, ce portrait peu avantageux laissait la place à celui d'une hourie blanche comme le lait, plus grande encore qu'Oraz Beka.

Edjé avait beau essayer de la décrire telle qu'elle lui était apparue — pas trop grande et jolie — cette normalité ne faisait pas l'affaire de la chronique. Elle fut donc comme ceci, ou comme cela, d'une semaine à l'autre.

Golsenem, loin de fuir ces conversations de plus en plus fréquentes à mesure que l'hiver passait, restait là, assise, occupée à quelques travaux d'aiguille. Elle écoutait, sans y prendre part, ces bavardages où ses compagnes laissaient libre cours à leur imagination. On la vit même sourire quand Nourdjemal déclara, d'un ton assuré, que Ghorban Gol *coutchik* était rouge comme un coquelicot et avait la bouche lippue.

Elle semblait s'être habituée à l'idée que bientôt elle partagerait son intimité. Ce fut elle qui entreprit de préparer la literie destinée à la seconde épouse. Elle mena cet ouvrage de bout en bout, n'en laissant le soin à personne d'autre. Elle piqua et molletonna le matelas et les couettes. Elle rajeunit deux vieux coussins après avoir recardé leur rembourrage. Et pour tout cela elle choisit des étoffes gaies et des coloris chantants.

On aurait dit, et c'était probablement le cas, qu'elle mettait son espoir dans cette jeune fille pour ramener son Raïdjab à un meilleur équilibre. Oui !... C'était certainement cela ! Elle pressentait en Ghorban Gol moins une rivale qu'une complice, une alliée, et elle s'était mise à l'attendre, comme les autres.

Lui, de son côté, depuis qu'il était assuré de toucher au port, avait perdu cette mauvaise humeur qui, pour un rien bien souvent, tendait l'atmosphère des veillées familiales. Il jouait plus volontiers avec ses petits neveux et câlinait sa dernière sœur comme il le faisait si souvent autrefois. Quand nous étions en course, tout comme Oraz dont c'est l'habitude, il se lançait de plus en plus fréquemment dans ces mélopées interminables qui sont le chant d'une âme paisible. Ou bien il improvisait des quatrains bancals sur tout ce qui frappait son œil et son

1. Petit (e).
2. Grand (e).

oreille : un aigle là-haut, un troupeau à mi-pente, ou mon cheval qui pétait dans un raidillon.

Un après-midi où il m'avait accompagné à Bodjnourd, je le vis rendre fou un boutiquier du bazar en lui faisant retourner tout son fond. Il avait eu soudain envie d'offrir quelque chose à Golsenem. Il acheta une paire de chaussures et deux châles dont l'un, superbe, importé d'U.R.S.S., s'ornait d'une frange dansante et d'une composition florale imprimée sur fond noir. C'était la première fois que je le voyais faire un cadeau à sa femme.

Remords ? Peut-être ! Mais j'y vis avant tout un regain de tendresse pour cette épouse si malmenée qui, avec courage et amour, non seulement le laissait libre, mais l'aidait à sa manière.

Une autre fois, se laissant aller, il me parla longuement d'elle. Il me fit l'étalage de ses qualités de ménagère, de cuisinière, de couturière. Il m'expliqua pourquoi les enfants venaient à elle qui savait si bien faire cesser un gros chagrin ou une dispute.

— Et aucune de mes sœurs, aucune de mes belles-sœurs, n'aide ma mère comme elle le fait. Aussi mon père la considère-t-il plus comme une de ses filles que comme ma femme. Et c'est bien !... Tu sais, quand je l'ai épousée, elle ne parlait pas un mot de persan. Maintenant, entends comme elle le parle… c'est en écoutant Wali, Ali et Nourdjemal qu'elle l'a appris. Elle est intelligente... c'est dommage qu'elle n'ait pas eu d'enfant !... Mais tu sais… ce que je t'ai dit l'autre jour, dans la voiture, en allant à Inché, c'est vrai !... Celui que j'aurai de Ghorban Gol, je le lui donnerai ! Je te le jure !

CHAPITRE XLIII

Où il est question du Jour Neuf, et où l'on compte neuf jours

Le printemps était au rendez-vous du *Dogghoz*[1].

L'hiver avait porté ailleurs son gel et ses tempêtes. L'herbe moirait jusqu'aux lointains la houle paisible des collines. Le regard se noyait dans le vert. Du vert ! Pour y étancher notre soif, pour s'y désaltérer les yeux et le cœur, pour renaître !

Jamais printemps n'avait été si beau. D'un jour à l'autre les vallées changeaient de teintes et de nuances avec la succession des floraisons menant du crocus à la centaurée. Il y eut la semaine des myosotis, celles des iris, des asphodèles, des coquelicots, des lys et la marée pourpre des tulipes. Les vergers embaumaient, les nuits avaient retrouvé la profondeur de leur voix et les haies de peupliers ou de trembles, le discours frisé des vents câlins.

Nomades et transhumants étaient partis, emmenant les restes de leur naufrage et le miracle ténu des rares agneaux nouveau-nés.

Avec le printemps arriva l'année nouvelle.

Dans les familles de tradition persane, on avait disposé sur de riches tissus, en bonne place, tous les éléments d'un décor immuable et ésotérique sans lequel *Nowrouz*[2] ne serait pas : des chandeliers, de belles pommes bien rouges dans un compotier de verre coloré, des condiments et du sucre en morceaux sur une coupelle, un poisson tout doré dans son bocal, un miroir, un pot de grès orné d'un ruban dans lequel levait un gazon de blé vert tendre, dru et serré comme une brosse émeraude... Et tout un tas d'autres choses dont le bénéfique dénominateur commun était d'avoir un nom commençant par la lettre S.

---

1. Chiffre neuf. En l'occurrence fête du neuvième jour avant le mariage.
2. Textuellement, « jour neuf.» Fête du premier de l'an dans le calendrier iranien.

Chez Agholi, rien de cela n'avait été préparé. La vieille fête aryenne n'a pas la même résonance chez les Turkmènes. Pourtant, en prévision du solstice, comme tous les ans à pareille époque, Edjé avait pris soin de faire germer un demi-kilo de blé, bien pesé, dans un bol de bonne dimension. Chaque matin, elle soulevait le morceau de voile léger qui protégeait la levée serrée de son semis et l'arrosait avec précaution. A la veille du Nowrouz, il avait atteint la hauteur désirée. Alors elle entreprit la préparation du *samanaq*.

Germes et grains furent pilés, hachés, lavés et pressurés. Au jus ainsi obtenu elle mêla une mesure de farine et fit mijoter le tout dans une marmite que toutes les femmes de la maison touillèrent en se relayant au manche de la cuillère pendant vingt-quatre heures d'affilée. Il n'y a rien de tel pour donner du goût au *samanaq* que les ragots, médisances et bavardages sans queue ni tête qu'échangent par dessus le chaudron les alchimistes de cette nuit blanche. Plus les langues ont marché pendant son élaboration, plus le *samanaq* sera goûteux ! C'est du moins ce que prétendait en riant le regretté Hadji Ghorban Chaadi qui — soit dit en passant — avait le *samanaq* en horreur !

Ainsi, au matin du jour de l'an, toute la famille se régala, dès le petit déjeuner, de ce met douceâtre qu'on ne goûte qu'en cette occasion et dont le seul mérite réel, selon Agholi, est de faire venir le lait aux nourrices ! Il en resta suffisamment pour les visiteurs.

Ce fut au lendemain de cette première journée du printemps officiel que toutes les dames de notre entourage s'en furent rendre visite à la fiancée : nous étions arrivés à neuf jours de la noce.

Le *Dogghoz* a ses règles, on y fait tout par neuf. Quel que soit le faste qu'on veut y mettre il faut qu'il soit marqué par ce chiffre. Neuf dames officielles apportèrent donc à Ghorban Gol Coutchik vêtements, chaussures, voiles, pantalons... à raison de neuf pièces de chaque. Pourquoi neuf ? Personne ne sut me le dire. La coutume le veut ainsi : neuf femmes doivent apporter neuf cadeaux neuf jours avant le mariage ! C'est tout ! C'est pour cela que ça s'appelle le *Dogghoz* !

Nous nous sommes donc rendus en caravane chez Nouri Ardi. Les familles apparentées, d'Ammand et de Gollidagh, avaient envoyé un échantillon assez représentatif de leurs portions féminines et nos huit voitures remplies de dames allègres et pavoisées préfiguraient assez bien ce que serait, neuf jours plus tard, le cortège nuptial.

Chez Nouri Ardi, ce fut très gai ! Du moins du côté femmes. Car si, dans le gynécée, les deux bords fusionnèrent dans la joie du moment et les retrouvailles de beaucoup d'invitées, chez les hommes l'atmosphère fut quelque peu embarrassée et les attitudes passablement gourmées. En d'autres circonstances tous ces hommes qui se connaissaient parfaitement auraient mis dans leur conversation la simplicité des rapports entre voisins ou cousins. Mais en ce jour où s'officialisait l'alliance des familles — Yanoqs d'un côté de la pièce, Cheikhs et Tokhtamechs de l'autre — il était de bon ton d'être cérémonieux. Autour du plat de riz luxueusement gras qu'on nous servit ne s'échangèrent donc que des propos insipides que des anges ne cessèrent de tronçonner par leurs allées et venues intimidantes. Les questions d'argent se trouvant réglées, de quoi d'autre aurions-nous pu parler avec Nouri Ardi ?

Dans les pièces intérieures l'ambiance était toute autre et, à l'évidence, on s'y amusait bien. Dans le coin de la chambre où elle était mise en exposition, Ghorban Gol Coutchik dut faire bonne contenance et présenter bonne figure à une compagnie exubérante et indiscrète. On la palpa, on la mesura, on lui regarda les nattes pour s'assurer qu'aucun artifice n'en exagérait la longueur, on la caressa, on l'embrassa, on lui prit les mains. On fit devant elle mille réflexions flatteuses ou désobligeantes comme devant une pouliche au foirail. Au début elle supporta cela bravement mais les heures et la fatigue s'accumulant elle finit par fondre en larmes d'émotion et d'énervement. Ce qui, en l'occurrence, était sacrifier au meillcur de la tradition.

Nourdjemal convint, à la suite de cet examen, que sa future belle-sœur n'était ni lippue ni rouge, que tous ceux qui l'avaient prétendue boulotte et affligée d'un gros nez avaient menti. Avaient menti également ceux qui, au contraire, en avaient fait une nymphe d'albâtre. Elle était bien telle qu'Edjé l'avait décrite. C'est à dire pas trop grande, dépassant Nour Béka d'un ou deux centimètres, ronde de figure et l'air gentil.

Golsenem garda pour elle ses impressions. Elles ne durent pas être mauvaises car, cinq minutes après qu'elle eut déposé devant Ghorban Gol les robes rouges du *Dogghoz*, je pouvais l'apercevoir dans l'encadrement d'une fenêtre grande ouverte, discuter avec des rires et des gestes vifs en compagnie de Noubi, la femme de Nourollah.

*
* *

Dès le lendemain, en fin de journée, les reliefs du dîner à peine emportés dans le *sofré*, commençait la longue, la sérieuse, mais aussi la délicieuse préparation des festivités.

Depuis qu'il est responsable de la garde de Behkadeh, Agholi s'efforce de faire oublier le personnage qu'il fut il y a une quinzaine d'années, et auquel il doit une notoriété certaine. Il n'aime guère évoquer ces temps turbulents où il « travaillait » pour Mehdi Khan. Ce que j'en ai appris — il me faut bien l'admettre — n'est pas sans porter ombrage à l'image qu'il entend donner de lui dans son âge mûr et dans sa proche vieillesse.

Sa petite aisance, sa position professionnelle, ses trois aînés beaux et bien plantés qui le secondent avec honneur, ses cadets prometteurs et instruits, son entourage de brus et de petits-enfants prospères, sa table et sa porte toujours ouvertes sans réserve à quiconque passe par Behkadeh, l'alliance conclue, au niveau le plus influent avec le clan yanoq et bientôt, peut-être, le resserrement des liens avec celui de Mehdi Khan et d'Hadji Ghorban Chaadi — car il semblerait que Mehdi Khan ait des vues sur Nourdjemal pour le troisième fils du Hadji : tout cela montre que le temps du brigandage et de sa jeunesse aventureuse est bel et bien fini. Son vœu le plus cher, celui dont il commence tout doucement à s'ouvrir à son entourage, c'est le Pélerinage, le Hadj !... Peut-être qu'un jour, si Dieu le permet...

Ce désir d'honorabilité et cette recherche de la considération générale, ne sont pas sans lui créer des obligations. C'est pourquoi, et sans même qu'il ait été besoin de l'énoncer clairement — nous étions tous tacitement d'accord là-dessus — la noce de Raïdjab ne pouvait se célébrer dans une intimité que beaucoup n'auraient pas comprise. Aussi, d'après nos prévisions approximatives, le nombre des participants, directement ou indirectement invités, devait-il se situer entre deux cent cinquante et cinq cents. La fourchette était suffisamment large pour nous permettre d'éviter, en nous rapprochant du chiffre supérieur, de commettre ces erreurs d'approvisionnement qui font que les invités mal rassasiés, une fois retournés chez eux, vous arrangent une réputation de pingre et de mesquin dont on a du mal ensuite à se débarrasser. Il fallait donc aviser en conséquence.

Premièrement, le thé !

Soyons réalistes ! Tout le monde sait qu'on ne saurait songer à très bien manger lors d'une noce. Hormis le gratin de l'assemblée, les membres importants de l'immédiate parenté et, bien entendu, les plus débrouillards qui réussiront toujours à se poster au bon endroit et au bon moment, la majorité ne s'attend pas à recevoir plus d'un repas chaud dans la journée. Surtout si la fête doit en durer trois, comme l'envisageait Agholi. Or on se passe plus volontiers de *polow*[1] que de thé.

Ensuite, le riz ! Quel qu'en soit le stock constitué, il fallait bien se mettre dans l'idée que nous n'en aurions jamais assez. L'important, pour que ce mariage laissât le souvenir d'une bombance somptueuse, était qu'au banquet de clôture chacun puisse manger à sa faim et ramener chez lui la vision de sacs vidés les uns après les autres avec une prodigalité désinvolte.

Et de même pour la viande, le sucre, le beurre fondu et la graisse végétale, la farine, les bonbons, le tissu pour pavoiser les véhicules et tailler les mouchoirs qu'on offrirait aux arrivants, les biscuits, les raisins secs, les pommes de terre, le concentré de tomate et les pois cassés pour les sauces, les dattes... Ne rien oublier ! Il fallait aussi prévoir du fourrage pour les chevaux et de l'orge en conséquence...

Chacun y allait de sa suggestion, apportait son idée, donnait son avis pendant que Niaz Mohammad, sérieux comme un greffier, notait tout cela sur un calepin.

Agholi refusait de compter ce que cela lui coûterait. Les trente brebis qu'il faisait garder derrière Takkal Kouh, il les versait sans remords au rayon boucherie et si cela ne suffisait pas envisageait d'acheter un bouvillon ou un jeune dromadaire.

Dans son coin favori, Edjé écoutait en opinant gravement et, parfois, en femme d'expérience, faisait ajouter à notre liste ce que sans elle nous aurions sans doute oublié : du sel, des allumettes, un sac d'oignons...

— ... Trouver des cartouches pour tirer en l'air, signalait Ghorban.

— ... Et faire de la petite monnaie pour la jeter aux enfants, rappelait Oraz.

— ... Du bois pour la cuisine ! insistait Edjé judicieusement préoccupée par l'insuffisance de notre réserve.

— Et puis... c'est tout... ? Quoi ? Que dis-tu Wali ?

— Du ... du pps... ola !

— Sors ta main de devant ta bouche et parle plus fort, je ne comprends rien !

---

1. Riz pilaf.

— Du Pepsi Cola !

— Mais bien sûr ! Tu as bien noté, Niaz Mohammad !... Et du Pepsi pour Wali !

*
* *

Tout au long de la semaine ces préparatifs devaient se prolonger, de plus en plus fébriles à mesure que le terme approchait.

Niaz Mohammad et Nourollah s'en allèrent à Bodjnourd faire les courses. Trois voyages furent nécessaires. Ils en revenaient, encombrant avec leurs achats tout l'arrière et la galerie du minibus d'Achkhané.

Une cuisine de campagne fut aménagée : douze foyers alignés, creusés dans un talus longeant la maison et rehaussés de supports-marmites en pisé. L'affaire prenait tournure.

Bien qu'Hossein Zaki, le mollah, se soit un peu fait prier, la mosquée de Behkadeh prêta son impressionnant jeux de chaudrons et de louches monstrueuses.

Deux remorques de bois arrivèrent de Gollidagh, aux chargement desquelles un autre vint s'ajouter, qu'on nous fit parvenir de Pouli. De ce côté là nous étions parés, Edjé s'en montra satisfaite.

Le gérant de la *tchaïkhané*, pour une somme raisonnable, accepta de fournir un régiment de théières et une armée de petits bols, ainsi qu'un samovar monumental au service duquel il attacha gratuitement son propre fils.

Autre détail (et non des moindres) : sachant ce que la pénurie de ces ustensiles indispensables à toutes les toilettes peut causer de problèmes dans une assemblée nombreuse, qu'elles soient en bronze, en fer blanc, ou en matière plastique, Agholi rafla toutes les aiguières en vente dans les trois boutiques du village. On lui fit un prix de gros.

Nous étions à cinq jours de la noce quand apparurent les premiers invités ; tout était prêt pour les recevoir.

*
* *

Nourdjon, à Bodjnourd, n'avait pas perdu son temps. Chez un artisan du bazar spécialisé dans ce genre d'ouvrage, il avait fait graver des cartes d'invitation, roses aux reflets de nacre, sur lesquelles on pouvait lire en caractères dorés :

AU NOM DE DIEU
LE COMPATISSANT, LE MISÉRICORDIEUX

Toute notre gratitude va à Dieu qui a permis que
deux cœurs ne fassent plus qu'un.
C'est le commencement de la vie de nos enfants chéris

GHORBAN GOL & RAÏDJAB

Si vous venez au repas de noce avec vos enfants,
nous en serons joyeux.
Nous ferons courir les chevaux et il y aura de la lutte
Adresse : BEHKADEH. Maison d'Agholi Cheikh.

C'était une très bonne idée, ça faisait riche, évolué et très moderne.

Que la date du mariage n'ai pas été spécifiée sur ce bristol ne dut pas gêner grand monde, car la plupart de ceux qui le reçurent étaient illettrés. D'ailleurs, tous savaient depuis longtemps ce qu'il fallait savoir, grâce au bouche à oreille. Mais ces petits bouts de carton eurent le succès de la nouveauté et, en parvenant jusqu'aux coins les plus reculés, ils confirmèrent une chose importante : les chevaux courraient. Aussi les premiers arrivants furent-ils ceux qui désiraient avant tout participer aux courses.

*
* *

Ils arrivèrent sur leurs montures aux caparaçons de feutre ballants, par petits groupes : champions connus dans tout le pays turcoman ou simples parents venus des environs. Vinrent quelques Noghorlis et des Tekkés aux *telpeks* hirsutes, descendus de Djergalan sur de grandes bêtes longilignes. Ils précédaient des Yomouts d'au-delà de Gollidagh et de Moravé Tépé, chevauchant des étalons trapus à forte membrure. Presque en même temps que ceux-là on vit venir les chevaux surmenés d'une délégation des habitués du champ de course de Gonbad ainsi qu'un célèbre *séïs* de Kélaleh avec son escadron de jeunes gens farauds : du beau linge. Il en arriva d'autres encore, seuls ou deux par deux.

Du haut de leurs selles, en traversant le village, ils promenaient sur l'animation bon enfant de la place ce regard vague et légèrement condescendant du cavalier qui passe, et piquaient directement vers la maison d'Agholi.

Le père les recevait debout sur le pas de la porte et eux le saluaient sans mettre pied à terre. Gestes avares et paroles brèves. Puis, faisant demi-tour, ils s'en allaient au petit trot, buste droit, reins cambrés, coudes au large du corps, vers le pan de steppe où Ghorban, masse et piquet en main, les avait précédés. Là ils installaient leurs bivouacs.

Très vite, ils furent plus d'une centaine. Leur cavalerie s'étalait chaque jour davantage sur la plaine.

En se regroupant par affinités, par village, clan ou tribu, ils disposaient leurs paquetages de feutres roulés, de fontes rebondies et de selles autour de petits feux où chantait en permanence une bouilloire cabossée ou un petit broc noirci. Cela finit par faire un camp qui n'était pas sans rappeler le champ de course de Gonbad, mais sans l'atmosphère suspicieuse qui y rôdait au printemps dernier.

Rien d'insidieux ne gâtait le plaisir qu'ils avaient à se retrouver. Ils savaient qu'en regard de ce qu'ils pouvaient espérer gagner dans les courses officielles les meilleurs d'entre eux n'auraient à se partager en récompense de leurs exploits que de modiques sommes. Mais ils savaient aussi que les ovations pèseraient ici, pour leur gloire et leur notoriété, bien plus qu'une poignée de billets plus ou moins régulièrement obtenue à Gonbad.

Lorsque, claudiquant sur ses jambes inégales éternellement gainées de *massis*[1] au cuir chiffonné, le *séïs* de Kelaleh vint se planter, pour l'apostropher, devant un groupe de Yomouts nouvellement arrivés, il donna du même coup le ton de la rencontre :

— Le salut soit sur vous, gens de Moravé ! Yomouts ! Ce sera pour l'honneur, et non pour gagner l'orge d'un petit mois que la terre et le gravier arrachés par vos galops iront grêler la face des Goclans ! Vous leur montrerez ce que nous sommes !

Alors, en dehors des instants qu'ils consacrèrent à leurs animaux, ces hommes que j'avais connus pour beaucoup à Gonbad si méfiants et

1. Sorte de botte composée d'une chaussette de cuir souple épousant étroitement le pied et montant jusqu'au genou, et d'une chaussure plate. Elle permet au cavalier de ne laisser que la partie munie d'une semelle sur le pas de la porte quand il entre dans une maison ou une mosquée.

inquiets, passèrent des heures en conversations détendues. A demi allongés sur les feutres de leurs chevaux jetés à même l'armoise, appuyés sur la panse rebondie d'un *khordjin*[1], ils parlèrent des courses passées et à venir en buvant leur thé clair à petites gorgées bouillantes. Le soir, ils écoutèrent les *barchis* qui n'avaient pas tardé à apparaître à leur tour.

S'ils n'avaient pas pu se laisser aller ainsi, en toute confiance, où donc aurait été le doux et le sucré de la fête ?

Au soir, de part et d'autre de la flûte s'affrontaient jeunes et vieux en joutes d'improvisation poétique et les chanteurs s'égosillaient si tard qu'à les écouter on y passait la nuit presque entière. A la lueur des lampes à pression, sous la grande tente — où la chaleur réveillait la sauvagerie des fumets nomades dont la toile brune était imprégnée — les osselets en roulant découronnaient les rois, ou élevaient les vizirs : « *Chah yâ dozd* [2]? »... Et trois coups de ceinture, bien fort sur la paume tendue des voleurs. Jeux de bagues, jeux de cartes. L'anneau furtif voyageait de mains jointes en mains jointes et l'on moissonnait les trèfles à un rial le point.

Dans l'ombre épaisse du verger, sous les peupliers circulaient les bouteilles crapuleuses, tandis que dans la cour on caressait au passage l'adolescent kurde aux belles joues, aux belles boucles qui, travesti en bayadère, ondulait avec une grâce appuyée sur fond de *kamanchés* en délire.

Ah ! ces veillées dans la fumée du tabac, bruyantes et confraternelles ! On s'y entassait, s'y serrait, en s'y prenant par le cou, par la main, afin de mieux communiquer sa joie, son amité, sa chaleur; pour partager la farce des grosses plaisanteries ou s'étreindre dans l'émotion fulgurante d'un quatrain, dans la virtuosité d'un luthiste visité par la grâce.

---

1. Bissac, fonte de selle.
2. Littéralement, « roi ou voleur ? ». Ce jeu, qui existe aussi dans le sud de la France sous le nom de « roi ceinturier », consiste à jeter devant soi un osselet dont la position détermine le rôle des participants : roi, vizir, gendarme, voleur. Sur ordre du roi, une sanction (coups de ceinture sur la main) est administrée au voleur en châtiment du délit dont le gendarme l'accuse. Ce délit peut être minimisé ou exagéré par le vizir. L'intérêt du jeu est dans la rancœur et l'esprit de revanche que peuvent accumuler les joueurs rudement châtiés et qui se vengent quand le sort les fait rois. Très efficace contre l'onglée.

Dehors dans le noir les chevaux déplaçaient leurs grandes ombres attentives, pareils aux barques qui tirent sur leurs amarres, à marée descendante, au large d'un quai caressé par les lumières et les rires d'une auberge.

Quelle qu'ait été l'heure à laquelle s'étaient tus les derniers fêtards, l'aube était à poindre quand la cavalerie s'éveillait. La fumée des bivouacs ravivés stagnait et rampait sur le camp où hommes et chevaux évoluaient mollement, plongés à mi-corps dans des limbes laiteux.

Le temps s'étirait, faisait retour sur ces boute-selles aux rites d'apprêts guerriers. Des fantômes mongols et des ombres tartares se levaient et passaient, fondus dans cette activité d'entre nuit et jour, mesurée et silencieuse.

A peine un mot, ici ou là, émis en resserrant une sangle, en vérifiant une étrivière jusqu'à ce que jaillisse soudain, et s'élève, la voix pistil du muezzin escaladant les paliers d'un ciel qui peu à peu s'ouvrait avec l'aurore.

Ensuite, et pour des heures, sur l'emplacement prévu pour la course, ce n'étaient plus qu'efforts, galops, sabots ferrés ou sabots nus frappant le sol éclaté. Ce n'étaient plus qu'allures folles ou allures sages, conseils, jurons et rires, des naseaux grands ouverts, de la sueur en flocons d'écume, des queues nattées et des croupes zébrées par le fouet, des feutres jetés à terre et des surfaix entassés, pour la célébration d'un culte immémorial devant un soleil naissant, bourgeonnant et enfin épanoui.

CHAPITRE XLIV

Où la noce commence

Il était huit heures ce matin quand nous sommes sortis du hammam. Récurés, frottés, massés, épilés, rasés, parfumés, peignés, un rien flapis. L'eau était bouillante et les soins que nous nous sommes prodigués mutuellement, agrémentés de grivoiseries et de plaisanteries de vestiaire, étaient plus qu'énergiques.

Raïdjab, un peu étranglé par le col de sa chemise, strictement boutonné, étrennait le costume que Nourdjon — décidément pourvoyeur en vêtements de gala — lui avait apporté. Cependant, pas plus ses frères que moi n'avions changé quoi que ce soit à notre mise habituelle. Et si nous présentions l'aspect pimpant et soigné qu'on s'attend à voir aux invités d'une noce, c'est parce que nous étions propres tous ensemble.

Le *hammami*, petit homme grassouillet à la peau blafarde et moite, nous raccompagna à la porte de son établissement, entretenant autour de nos personnes une rosée d'eau de senteur. Nous tournions l'angle de la rue qu'il agitait encore son pulvérisateur.

Mais déjà, devant la maison, on organisait le cortège qui devait s'en aller quérir la fiancée.

*
* *

Dans le courant des deux derniers jours, la cohue s'était intensifiée.

Si la famille avait vécu à Ammand, cette affluence se serait diluée dans les foyers avoisinants : la fête chez l'un, c'est la fête chez tous ! Seulement voilà, à Behkadeh où la population est si particulièrement composite, il ne faut pas compter sur une entraide régie par la solidarité clanique. Fort sagement, les habitants des villages proches ne se précipitèrent pas trop à l'avance, mais leurs renforts du dernier jour firent définitivement sombrer, sous une marée humaine joyeusement indisciplinée, ce qui restait d'ordre et d'organisation dans la maison.

Par une sorte de prodige permanent, le thé ne manqua jamais. Il y eut toujours quelqu'un pour se proposer de fendre du bois, pour écorcher les bêtes et approvisionner la cuisine où les femmes s'activaient sans faiblir. Une réserve d'orge propre et tamisée était disponible en permanence et le désordre, à mon avis, était plus apparent que réel.

On entrait, sortait, se bousculait. On se marchait dessus. Les bébés changeaient de bras toutes les cinq minutes. C'est à peine si les femmes faisaient mine de se voiler quand on les dévisageait.

Dans cette débâcle, la pièce d'hôte de la vieille maison était le seul bastion où les convenances tenaient encore bon. On avait entreposé dans cette enclave où régnait un calme relatif les anciens les plus chenus, les barbes les plus vénérables, les porteurs de turbans, les gens chargés d'ans et de science et toutes sortes de religieux cramponnés aux saints préceptes autant qu'à leurs béquilles. Bien pourvus de thé, de pain frais, de sucre candi et de raisins secs à équeuter, ils y passèrent des heures en propos modérés et paroles benoîtes, à demi somnolents et jouant du chapelet. Ils ne se risquaient hors de leur sanctuaire que pour satisfaire des besoins que l'état de leur prostate et le nombre de tasses de thé absorbées rendaient péremptoires.

Là, en grommelant par intermittences des bredouillis vaguement coraniques, ils attendirent le moment de leur entrée en scène. Certains esprits observateurs remarquèrent que la vision lénifiante de leur conglomérat avait la curieuse propriété de stopper net sur le seuil tout les joyeux drilles qui s'y présentaient étourdiment.

*
* *

Tous les véhicules disponibles avaient été rangés le long de l'allée menant à la maison. Allant d'une voiture à l'autre, une équipe de décorateurs s'activait à les enjoliver. Ils suspendaient aux pare-chocs, aux rétroviseurs, aux ridelles, un peu partout, des foulards et des coupons de tissus, afin qu'ils flottassent en bannière. C'est à peine s'ils eurent le temps de laisser parler leur sens artistique dans ces travaux, car la noce s'élança à l'abordage sans plus attendre... et avec quelle pugnacité !

Côté femmes, tous les coups furent bon pour conquérir une place, pour en évincer les concurrentes, déséquilibrer sa devancière en train d'escalader le marchepied. On vit de frêles jeunes filles jouer des coudes férocement, d'énormes dondons s'interposer avec une preste fluidité entre le siège et le fessier qui s'y posait déjà. Celles qui tiraient les autres en arrière par le pan de leur robe n'y gagnèrent que de vigoureuses ruades, d'autres cabossèrent leur hennin ou firent un accroc à leur atours. Si cette compétition garda malgré tout un ton de jeu, il n'en aurait pas fallu beaucoup plus pour que certains accrochages donnassent naissance à quelques crêpages de chignons !

Côté hommes, si la bousculade ne fut pas moindre, elle se fit sans criailleries et avec plus de bonhomie. Mais ces messieurs ne laissèrent au chauffeur qu'à peine de quoi se mouvoir en s'imbriquant sur les sièges à l'avant : question de dignité.

Bref, tout le monde avait tant de hâte et un désir si grand d'être du cortège, que pour un peu nous serions partis en oubliant Ghorban Mohammad et Golsenem sur le quai. C'eût été ennuyeux car la présence des frères du marié et de sa première épouse est protocolairement obligatoire en pareilles circonstances. Convaincre telle ou telle jeune femme de laisser sa place à Golsenem et faire descendre un parent au profit de Ghorban relevait d'une si haute diplomatie qu'en définitive on se tassa davantage. Puis le convoi s'ébranla.

Bien entendu, ni Agholi, ni Edjé, ni Raïdjab n'étaient du voyage.

*
* *

Les voitures roulaient écrasées sur leurs essieux, les ressorts à l'horizontale et les amortisseurs réduits à néant. Le moindre cahot se répercutait directement dans les jambes, les reins, le dos des passagers, mais qui y prêtait vraiment attention ?

Qui peut se soucier encore de son confort quand, pour ne pas être désarçonné au premier cassis, on cherche sa prise dans le plus infime rebord de la carrosserie ?... Quand votre sœur, tenant contre elle son dernier-né, utilise vos genoux comme strapontin et que la voisine fouille du coude dans votre foie à chaque virage ?

Et le chauffeur ? Peut-il prendre garde aux nids de poule et aux dos d'âne, aux cailloux, quand cinq gars bien découplés s'entassent à sa droite et qu'un sixième, à sa gauche, l'agrippe aux épaules pour ne pas trop peser sur une portière rafistolée ?

A l'arrière, les femmes avaient des rires en arpèges et les hommes des mains baladeuses en direction des jambes des passagères, sous prétexte de se raccrocher aux dossiers.

Et on fit la course !

A chaque tentative de dépassement, des gerbes serrées de quolibets et d'injures cordiales s'échangeaient d'un bord à l'autre et fusaient au milieu des tourbillons de poussière épaisse dont on aveuglait l'adversaire. Des corps se tendaient par dessus les bastingages et, au plein du duel de vitesse, des poignées de mains suicidaires se nouaient, saluées par des cris de cosaques. Il y eut même un casse-cou pour passer en voltige de la galerie d'un minibus aux ridelles d'une camionnette.

Baba et Abdol Rahman Qari, arrivés l'avant-veille avec le camion de leur voisin, fermaient la marche en bons derniers. Une incroyable grappe humaine flageolait comme un pâté en gelée sur le plateau du vieux Dodge. Mehdi Khan se défendait bien avec son pick-up Toyota encore neuf, mais les femmes qui vomissaient en chœur le retardèrent un long moment. Nourollah pilotant la jeep d'Hadji Rahman comme un kamikaze caracolait loin devant. Faisaient également partie du cortège la camionnette tout terrain d'Hadji Ghorban Chaadi que conduisait un de ses aînés et une antique Land Rover bâchée appartenant à un notable de Gollidagh. Cette dernière breloquait et ferraillait autant qu'une caravane kurde, mais menait un train honorable en remorquant son pot d'échappement.

Moi, je me situais tout de suite derrière la camionnette d'Hadji Ghorban, que je faisais mine de talonner. Je n'avais rien à craindre des entreprises du minibus qui me suivait. Son chauffeur, s'étant laissé détourner de l'itinéraire habituel, effectuait certainement cet extra pour son propre compte à l'insu de son patron, aussi évitait-il de prendre trop de risques. Cette prudence, cela va sans dire, ne satisfaisait pas ses passagers qui le houspillaient en le menaçant de mettre au volant, à sa place, la vieille Aq Soltan qui avait accouché Oraz Beka au printemps dernier.

L'essaim des motos nous enveloppait, avec trois, parfois quatre garçons par engin : « *Yah Allah* ! »

Ainsi nous avions maintenu à notre manière la tradition qui fait de cette ruée vers la fiancée une équipée cavalcadante où flotte un brin de folie au milieu des oriflammes

Autre coutume : la récolte des présages.

L'apparition sur la droite d'un animal réputé favorable doit être considérée comme une bonne affaire. Inversement, qu'un fâcheux vienne sur la gauche montrer son vilain museau ou un bec patibulaire, l'augure sera jugée mauvais. Heureusement qu'à quelques exceptions près, le loup, le chacal, le vautour, le corbeau et d'autres du même acabit ne se font pas trop remarquer. Par contre, le chameau, la vache, la gazelle, le mouton et la chèvre, le cheval sont autant d'heureuses rencontres. Croisez un troupeau de brebis — par le bon côté évidemment — et voyez le nombre de signes bénéfiques que l'on récolte d'un seul coup !

Allons ! Allons ! Nous n'avions pas beaucoup de soucis à nous faire pour le bonheur du nouveau couple !

Nourollah tint, malgré tout, à accumuler les chances, jugeant avec assez de bon sens qu'on n'en saurait amasser trop. Ne voulant rien laisser perdre et malgré les protestation de ses passagers secoués comme des noix en sac, il quitta la route brusquement pour contourner un troupeau d'ânes et le faire passer ainsi à main droite.

*
* *

Et la noce entra dans la vallée de Göz Bachi.

Il y avait beaucoup de monde qui nous attendait chez Nouri Ardi. Majestueusement, le gros descendit de sa véranda, entouré par tous les Yanoqs en comité d'accueil. Dans l'ombre d'Hadji Rahman j'aperçus Mollah Taghi, tout modeste.

Qu'elle me parut lointaine, alors, la sœur de Tchapmaq !... Et Maryam, dont le père et l'oncle s'époussetaient à côté de moi ! Presque oubliée celle, jamais vue, de la petite maison du bord de l'eau ! A peine discernables et toutes confondues, celles que nous avions lorgnées au passage, dont nous avions un instant rêvé parce que leurs yeux avaient eu pour nous quelque étincelle ! Il n'en resterait plus dans nos mémoires que l'éclat de jais de quatre nattes révélées par le glissement d'un châle, une moquerie, une rosée de pudeur ou la fleur mouvante de leur robe dans la neige des cotonniers.

Mais derrière ces barbes sévères, ces turbans respectables, ces *telpeks* ; derrière ces femmes répandues, ces jeunes gens fringants, ces paquets de gosses aux crânes rasés, elle, Ghorban Gol, notre demoiselle à la balançoire, notre Juliette des enlèvements ratés, notre nuit de tempête, notre espoir était présente, immanente !

Elle était là, quelque part, cachée à tous dans une dernière retraite autour de laquelle, si elle avait été découverte, les femmes se seraient agglutinées comme des abeilles autour de leur reine. Où ?

*
**

Il faisait beau, il faisait doux en cette matinée finissante. Les deux partis, détendus, fraternisaient et se mélangeaient. Nouri Ardi, heureux et suant d'aise, arrivait même à attirer la sympathie.

Il pouvait être satisfait. Dans le huis clos relatif de la pièce d'hôte, en présence du conseil des *aq sakkals*[1], Niaz Mohammad lui remit la somme énorme de la dot. Elle tenait dans le creux de sa main, sous la forme d'un rouleau de billets roussâtres bien sales. Ils furent comptés un à un et recomptés par deux acolytes méticuleux. La somme y était. Alors, superbe, prenant la liasse qu'il n'avait jusqu'ici pas touchée, Nouri Ardi en tira cinq coupures qu'il rendit à Niaz Mohammad dans un geste théâtral : dernier rabais ! Ah ça ! Il ne sera pas dit que le gros aura manqué de classe !

Ceci fait, autant pour le symbole que pour l'estomac, nous avons rompu le pain et mis la main au plat. Ce fut vite expédié et Dieu rapidement remercié. D'un seul élan tous les convives se retrouvèrent sous la véranda où le reste de la noce achevait de se lécher les doigts.

— Qu'on fasse avancer la voiture ! lança Niaz Mohammad du haut de la colonnade.

*
* *

Ma Land Rover carrossée, par extraordinaire nettoyée la veille, était de loin le moyen de locomotion le plus décoratif du cortège. Elle fut donc désignée pour le transport de la belle.

— Allons ! Ecartez-vous !... Faites de la place !... Par ici ! Par ici, Monsieur Dobor !... Reculez jusque là, jusqu'à cette petite maison !

— Mais c'est le logement de l'ouvrier !

— Oui ! C'est là qu'on a caché Ghorban Gol !

Comment en douter ? les femmes qui m'y avait précédé claquaient des mains en une cadence approximative et formaient un groupe compact que les enfants pouvaient seuls infiltrer en se glissant sous les jupes, comme des rats.

La maisonnette était construite sur le penchant de la colline, trop haut pour que je puisse faire reculer ma voiture jusqu'à elle.

— Ça ne fait rien, restez là !

Là-haut, la cellule tardait à s'ouvrir. Trois jeunes gens de la famille prétendaient en interdire l'accès à un lot de matronnes bien décidées à les piétiner pour arriver à leurs fins. Ce qu'elles firent après les avoir

1. Barbe blanche.

assommés de calottes et de coups de cuillères en bois. Cet ultime obstacle balayé dans les rires, le tabernacle fut envahi.

A quelque distance de là, les hommes, goguenards et amusés, considéraient cette agitation dont les soubresauts se prolongeaient à l'intérieur. L'antre était trop obscur pour que nous puissions voir ce qu'il s'y passait et deux longues minutes passèrent dans la contemplation de ce gourbi assez semblable, avec toutes ces femmes rougeoyantes comprimées entre ses murs fissurés, à une grenade mûre prête à éclater.

Il y eut comme une onde de reflux chez celles qui, n'ayant pu s'infiltrer à l'intérieur, obturaient l'entrée. Puis, comme un réservoir qu'on débonde, un jaillissement impétueux éclata en plein soleil, entraînant au beau milieu de la place un paquet de forme vaguement humaine qu'enlaçaient quatres solides vieillardes.

C'était elle ! C'était Ghorban Gol !

Enfin... il y avait de fortes chances que ce soit elle ! Car sous la grande pièce de soie rouge, passementée de blanc et d'orange, bien épaisse et bien raide, et qui la recouvrait du haut en bas, comment aurions-nous pu vérifier que le colis livré était bien celui que nous avions commandé ?

Sous une grêle de bouts de sucre, tenue aux coudes comme une convalescente par une de ses tantes et par la femme d'Atna, la fiancée traversa au pas de course les cinquante mètres qui la séparaient de ma voiture où elle fut enfournée sans précautions excessives. Et hop !

La noce tout entière l'y aurait suivie sans l'intervention d'un service d'ordre péremptoire. A grand-peine j'arrivai à m'installer entre Oraz et notre précieux chargement. Contre la portière de droite, les deux dames d'atours, l'une assise sur les genoux de l'autre, veillaient avec anxiété à ce qu'aucun incident malencontreux ne vienne révéler la moindre parcelle des charmes de leur pupille. Elles ne cessèrent durant tout le trajet du retour, de tapoter ici ou là, au hasard, comme on arrange un édredon sur un divan défait. Enfouie là-dessous, et très certainement suffocante, Ghorban Gol reniflait à petits coups comme une mariée bien apprise.

*
* *

Le petit berger à califourchon sur la crête érodée d'un pan de falaise terreuse, les trois fillettes sous les abricotiers en fleurs, la vieille qui balayait devant son four, le jeune homme appuyé sur le flanc de son bœuf moucheté, le *mirâb* pataugeant à pas de héron dans son canal et la grosse dame qui épluchait la provende de ses vers à soie, ont tous suspendu leurs occupations et leurs pensées quand, à l'aller, notre caravane est passée devant eux en trombe.

Au retour ils s'étaient tous rapprochés de la piste et avaient allumé, au beau milieu, des petits feux de brindilles pour y faire grésiller l'herbe encens, l'herbe qui chasse les démons et appelle la félicité : la rue aux graines noires. Fumées blanches pour le bonheur des époux ; jalons propitiatoires de notre marche ; écharpes de vapeurs heureuses effilochées dans la lumière des vergers.

De fumerolles en fumerolles la route serpentait entre les falaises bleues et la rivière et tous nos foulards, toutes nos piécettes furent lancés par poignée en remerciement de ces vœux et de ces sourires. Puis il n'y eut plus ni feux, ni villages, mais la steppe ouverte à notre allégresse, étalant ses fleurs et ses herbages pleins d'oiseaux, son beau tapis de printemps pour nous mener jusqu'à la porte de la maison enfiévrée où Raïdjab attendait.

*
**

Du plus loin qu'ils aperçurent la poussière que nous soulevions, les cavaliers du *mochtoloq* s'élancèrent de leur observatoire.

Ecumant, la bouche tordue et l'œil révulsé, le cheval vainqueur entra dans la foule comme un projectile. Dix poignes vigoureuses maîtrisèrent l'animal au souffle désordonné. Tendu sur ses étriers et le bras en avant pour mieux projeter son corps hors de sa selle et porter plus avant son message, le jeune Noghorli lança la formule attendue :

— Que ton œil soit clair, Raïdjab ! Bonne nouvelle ! Ta fiancée est en vue !

A pareille annonce, tout jeune marié s'éclipse et court se cacher dans un refuge où il espère ne pas être débusqué malgré les recherches. Il ne rejoindra son épouse qu'à la nuit noire, quand, la noce finie et les amis dispersés, il ne risquera plus rien de la rancœur, vraie ou fausse, d'un parent de son épouse ou des sarcasmes des camarades jaloux[1].

---

1. Peu de Turkmènes savent encore qu'il s'agit là du souvenir de l'exogamie qui fut la règle des hordes turco-mongoles. Le mariage ne pouvait être que la conclusion d'un rapt. C'est ce que rappelle le simulacre de combat à l'entrée de la pièce où est enfermée la fiancée, ainsi que le retour de la jeune mariée chez son père (pour un

Mais Raïdjab n'avait que faire de ces craintes de jouvenceau et j'aurais bien aimé voir quel accueil aurait reçu le Yanoq suffisamment mal avisé pour venir houspiller un demi-brigand de sa sorte. S'il se retira, néanmoins, ce fut avec un brin d'amusement agacé et au vu de tous. Roulant légèrement des épaules, il n'avait rien de l'adolescent qui se défile.

— Hou ! Le peureux ! Regardez-le s'enfuir ! crièrent cependant les cuisinières dans son dos.

— Que crois-tu, ma tante ? répliqua-t-il à la plus hardie de ces commères. Si j'ai bien une crainte, ce n'est pas celle que tu crois ! C'est celle de décevoir Ghorban Gol, ce soir, après avoir goûté à ce que tu prépares ! C'est pour ça que je laisse la place !

Il était entendu que ma chambre lui servirait de retraite. A peine en avait-il tiré les rideaux que, sous la fenêtre derrière laquelle il s'embusquait, la noce défila à grand fracas, enveloppée de cavaliers et de motos, dans la pétarade des coups de feu, le déchaînement des klaxons, survolée par tous les pigeons du village. Ce tourbillon dura quelques secondes et fut suivi d'un creux hébété, un trou de silence soudain dans lequel, lentement, se dissipa le poudroiement de la route et se posèrent les pigeons.

Alors, il envoya promener ses chaussures à l'autre bout de la pièce et, les mains sous la nuque, se laissa tomber sur le lit pour attendre dans l'ennui que la journée s'écoule.

---

temps variant selon les tribus) qui prend les symboles d'une réconciliation entre les familles : cadeaux, repas, armes enrubannées et fleuries.

CHAPITRE XLV

Où la noce se termine et où la vie continue

Cette journée fut celle des miracles !

J'en suis encore à me demander par quel prodige, par quelle attention toute spéciale du Très Haut rien de fâcheux n'arriva. La vigilance de l'escouade d'anges gardiens qu'Il affecta à la sécurité dut être rudement mise à l'épreuve! Et nous pouvons nous féliciter de ce qu'aucun des gamins qui couraient en tout sens n'ait renversé un chaudron de sauce bouillante sur les pieds d'un invité ou n'ait trébuché sous la botte d'un étalon. J'ai pourtant bien cru que les poignées de bonbons qui arrosèrent les véhicules à notre arrivée précipiteraient une bonne douzaine de ces galopins sous les roues de la caravane. Et je ne fais qu'évoquer là le comportement des plus jeunes...

Bon! Que la Providence en soit donc remerciée !... Mais quelle cohue lors de ce retour en fanfare.

Tiens ! A propos de fanfare, il fallait entendre celle dont nous assourdissaient les Kurdes. Perchés sur le toit de la maison, ils braquaient, tantôt vers le ciel, tantôt sur nous, le pavillon de leurs clarinettes et remplissaient l'espace en faisant vibrer l'air avec de grands brâmes stridents et un déferlement de tambour à faire s'ébouler Takkal Kouh.

A l'entrée de l'enclos familial, Ghorban Gol tomba littéralement sur la vaste et, ô combien, maternelle poitrine d'Edjé. La mère était heureuse, au comble de la joie. Elle s'empara de sa nouvelle bru avec avidité, engloutissant la pauvrette et l'étreignant entre ses gros bras. L'épouse d'Atna avait eu vite fait de lâcher prise, mais la tante de Ghorban Gol, au milieu de ces transports, ignorée et ballottée, ne sachant plus par quel bout tenir sa nièce, tentait désespérément de sauver les convenances en essayant de maintenir l'étanchéité du grand voile de soie. Mais qui se souciait de cette duègne ? Edjé en tout cas n'en avait cure et, sans attendre davantage, elle se fraya un passage à travers la cohue et entraîna vers Agholi une Ghorban Gol complètement abasourdie.

Le père, s'avançant dans la cour, avait ôté son *telpek* pour en coiffer quelques secondes la jeune fille qui entrait dans sa maison. Par ce geste, il lui signifiait son admission au sein de la famille et l'octroi de sa protection patriarcale. Mais Edjé semblait très pressée de mettre son trésor en lieu sûr, et c'est à peine si elle laissa à son mari le loisir d'affirmer noblement son autorité. Sans s'attarder sur le symbole, elle mit si prestement le cap sur la maison qu'Agholi n'eut même pas le temps de récupérer son couvre-chef. « Hé ! Hé !... Mon *telpek* ! » cria-t-il, perdant du coup toute sa dignité. Enlevée ! Disparue ! La lourde toque d'astrakan ! Emportée dans le gynécée, avec la fille ! Et lui, rejeté sans ménagement sur le bord par le flot des femmes qui emboitèrent le pas à Edjé, de rester en calotte brodée, comme à son petit lever, noyé dans les remous de l'assistance hilare.

Une fois à l'abri des regards masculins et débarrassée de son emballage, on installa Ghorban Gol sur son présentoir.

Sur un petit tapis bien rouge, elle fut nichée dans une encoignure rembourrée de coussins. Elle paraissait toute petite, engoncée dans les plis accumulés de sa robe trop neuve. D'énormes bracelets à quatre rangs d'agates emprisonnaient ses poignets. Son torse ruisselait d'or vieilli et de cornalines. Sur son bonnet de vierge on avait épinglé une tiare articulée dont la frange de chaînettes et de pendeloques aiguës venait encadrer d'un rideau d'argent mouvant son visage pâli et son front emperlé de sueur.

Devant elle attendaient des sucreries, des beignets, une théière en grosse faïence russe avec un petit bol, disposés en demi-cercle comme pour mettre une démarcation entre le restant de la pièce et son reposoir. Mais ses bras restaient inertes. Pas une fois elle n'avança la main vers cette collation. Statufiée dans sa niche, elle se laissait admirer, répondant d'un mot chuchoté ou d'un petit sourire sans énergie à ces amies, à ces cousines, à ces belles-sœurs, à ces voisines, tantes, grand-mères, à ces inconnues qui s'empressaient et s'extasiaient devant sa rigidité d'idole.

Au centre du sérail, sur trois ou quatre feutres empilés, des Ali-Elies, parentes d'Oraz Béka, s'empoignèrent par la ceinture. Leur lutte, pied à pied, épaule contre épaule, identique à celle que pratiquent les hommes, détourna un moment l'attention.

Là encore, bien que les meilleures lutteuses aient, comme à leur habitude, provoqué les spectatrices, aucune ne vint relancer la compétition. Pourtant, d'après ce que m'avait souvent raconté Edjé sur sa propre jeunesse, l'envie devait bien en tenailler une ou deux[1]. L'affaire en resta donc là, et lorsque les Ali-Elies eurent redressé leurs hennins, rajusté robes et bijoux, elles retournèrent toute leur attention babillarde vers la fiancée un instant délaissée.

*
* *

Or, pendant qu'en leurs quartiers les femmes se réjouissaient à leur manière, les fanfares s'interrompaient pour permettre aux crieurs d'annoncer le début des festivités.

En fait, sans attendre ce coup d'envoi officiel, beaucoup s'étaient déjà avancés en direction du champ de course, formant la tête d'une chenille de piétons et de cavaliers que remontait en grelottant une poignée de cyclistes dégingandés et ridiculement guillerets.

Plus intéressée par la course que par ce qui se passait chez Agholi, toute la population mâle de Behkadeh occupait les abords du terrain depuis presque une heure. On pouvait aussi voir quelques militaires venus de la base aérienne. Leur commandant était là également, avantageux et distant, installé comme dans une baignoire de théâtre à l'arrière de son command-car décapoté.

Sur le toit d'une Land-Rover, mes collègues avaient mis en place une véritable plate-forme de prise de vue et leurs épouses, assises en rang d'oignons sur le pare-choc de la voiture, étaient les seules femmes de toute cette assemblée.

Les Kurdes avaient déplacé là leurs tonitruances, ce qui remplaçait avantageusement l'orphéon des scouts de Gonbad et leur ritournelle.

Alors, quand avec componction, sur le vaste feutre bariolé jeté à même l'armoise devant la ligne d'arrivée, l'aréopage eut disposé ses turbans clairs, ses barbes et sa sapience, ses panses confortables et ses gestes de chanoines, les voix des crieurs se relayant jusqu'au bout du

---

1. La lutte féminine est pratiquée chez les Turkmènes par les seules Ali-Elies. Ces façons garçonnières sont admises, à condition de rester dans la sphère féminine. Les autres tribus s'y refusent. A ma connaissance, Edjé fut la seule à oser un jour relever le défi, elle se fit par la suite sérieusement gourmander par sa mère. Les femmes kurdes luttent également, selon les règles de la lutte turque.

champ de course voltigèrent en un instant par-dessus le tumulte pour appeler à la première épreuve :

— Heeey ! Heeey ! Heeeeeeeyyy ! Un tour ! Un tour pour les *Taïs*[1] ! Un tour pour les *Taaaaïïs* !

*
* *

Toutes les courses diffèrent, mais elles se ressemblent toutes. Les jours et les années passant, elles finissent par se fondre et tracer dans le champ de nos mémoires une seule traînée flamboyante de cavaliers au galop qui, surgie dans l'angle obscur de nos réminiscences, s'évanouit dans la brume de l'autre rivage. En quelques secondes fugitives, elle dévide dans la lumière étroite de l'avant-scène les séquences entremêlées de son film de montage.

La course de ce jour pourtant était destinée, jusqu'en ses moindres détails, à rester unique et vive, comparable à aucune autre, même mieux dotée, même plus grandiose. Car cette course, c'était la nôtre !

Nous assistions, tout d'un coup éblouis, à la transfiguration de notre quotidien, de nos montagnes, de notre prairie rugueuse. Ces visages de parents, de voisins, d'amis, de collaborateurs, de personnes côtoyées presque chaque jour dans l'indifférence et la routine rayonnaient de la joie que donnent les vraies fêtes. L'air que nous respirions surprenait, chargé d'épices rudes et de fragrances brutalement enivrantes.

Ce qui la veille n'était encore qu'espaces vides où les voix se perdaient retentissait de clameurs et de cris, de musiques farouches et de hennissements. Le ciel s'approfondissait en perspectives insoupçonnées et les escadrons s'élançaient vers des échappées aux verts-bleus jusqu'ici inconnus.

Quand s'acharnèrent dans leur poursuite, tout au fond de la steppe, un étalon rouge et un mince coursier blanc, l'horizon des collines — mille fois vu, plutôt que regardé — déploya en les accompagnant la majestueuse lenteur d'un déferlement de marnes violines, afin que le mouvement et les couleurs de leur duel puissent s'y détacher au mieux.

Combien de fois avions-nous joué, nous étions-nous pourchassés sur ces mêmes étendues ? Jamais, pourtant, ne s'était manifesté une telle mise en frais du paysage et des éléments !

---

1. Poulains d'un an. C'est par une course de Taïs que débutent toutes les courses.

Vague après vague, les concurrents s'arrachaient à la ligne de départ. Ils viraient, là-bas, à la courbure de la piste où, en borne équestre, s'était planté le *séïs*, cheval bai et *telpek* blanc. Ils revenaient alors, droit sur nous, en masse furieuse et menaçante. Les fouets tournoyaient, la terre grondait. Rage ! Rage ! Cavaliers en boule ; visages comme des poings fermés. Ils emportaient nos âmes dans leurs charges hargneuses et leurs galops cognaient dans nos poitrines.

... Et jamais, comme en ces instants où ils ne faisaient qu'un, Kara Mach et Oraz n'auront été plus beaux !

Campés face au groupe des juges, du haut de sa selle, le garçon éleva la main vers son menton qu'il effleura du bout des doigts. « Au nom de Dieu ! » murmura-t-il en laissant retomber son bras dans un geste superbe comme un salut de cour. Les arbitres hochèrent gravement la tête et approuvèrent ce serment de ne courir que pour la gloire. Puis, au pas, Kara Mach rejoignit la ligne.

A eux seuls ils étaient la course, tous les regardaient.

A eux seuls ils furent la course, souverainement !

Raïdjab, te souviens-tu du vieux Tatar sur ta route, au retour de Gonbad ? Te souviens-tu de ses paroles ? Pour cette course, c'était ton cœur libéré qui battait dans la poitrine de Kara Mach. Sa victoire, c'était la tienne !

Pourtant tu n'as pas vu le Noir rattraper son honneur et faire connaître son sang et son lignage. Tu n'as pas entendu exploser la fierté de ton clan et l'allégresse de ta tribu lorsque fut distancé tout ce qu'il y avait de vrais champions. Tu n'as pas eu ta part de l'hommage rendu au plus beau des Akhal Tekké.

Tu n'as pas vu Moughi voltiger à n'en plus pouvoir, ni applaudi au triomphe des Ala Telpeks quand Dourdi, ton cousin de Karnawo, a mis un terme à la suprématie d'Omar Pahlavan, le Guerkez.

Longtemps ils restèrent à s'observer, crochés l'un à l'autre, les poings noués dans la ceinture de l'adversaire, butés front contre épaule, reins ployés, à se dandiner sur leurs pieds nus, quadrupède étrange qui se balançait et virait lentement sur lui-même. Soudain, Dourdi lança son talon, fauchant Omar au mollet. Il y eut comme un pas de danse bref et fulgurant, un « Han ! » de bûcheron. Ton cousin, embrassant l'autre par la taille, venait de le soulever et, se laissant tomber sur lui dans la poussière, l'y maintenait écrasé.

Tu n'as rien vu de tout cela, rien su, rien entendu. Tu dormais dans ma chambre, ou du moins tu essayais...

*
* *

Treize heures. Chacun à notre tour, nous avons bu une louchée d'eau sucrée et nos paroles, nos pensées, en furent miellées. Sur la porte, des ciseaux claquaient avec frénésie pour que s'y tronçonnent les charmes mauvais et les sorts funestes qui auraient tenté de s'introduire. La pièce était comble. Au coude à coude, assis sur nos talons, les mains bien à plat sur les cuisses, nous formions un chapitre silencieux et recueilli, dans la contemplation du très prosaïque seau en matière plastique jaune contenant le reste de notre libation.

A la place d'honneur, un vénérable barbichu rajustait ses bésicles de fer.

Dans l'ensoleillement de la nappe poisseuse où s'éparpillait le désordre des petits bols, des théières vidées et des galettes entamées, les mouches allaient à la glanée. Personne ne disait mot et les ciseaux dressaient, entre le brouhaha extérieur et nous, le rempart de leur cliquetis dissuasif.

Sur son genou pointu, le vieillard défroissa une grande feuille de papier terne, au grain plein de fibres et de particules, couvert de gribouillis, de paraphes à grands jambages et de surcharges en interlignes. Il l'avait tiré d'un vieux Coran cartonné, passablement fatigué, qu'avec respect il avait placé devant lui, après l'avoir dévotement baisé et porté à son front.

— Au nom de Dieu, commença-t-il, le Compatissant, le Misé... (il retourna la feuille dans le bon sens)... ricordieux…

Quelle voix curieuse ! Elle montait, descendait en brusques décrochements, se cassait, sanglotait, et s'égarait dans les tonales d'un arabe inintelligible. Cette prestation bredouillante fut heureusement assez brève. Suivit un petit discours en langue vulgaire qui, malgré mon ignorance du turc, ne me parut pas mieux articulé. Néanmoins reconnaissables, j'y pus distinguer au passage les noms d'Agholi, de Nouri Ardi, de Raïdjab et de Ghorban Gol. Cela se termina par un mâchouillis en forme de question, répété trois fois, auquel nous répondîmes par un triple assentiment ferme et assuré.

Après quoi il fallut signer, ou faire semblant pour ceux qui avaient de la fierté et peu de lettres, sinon poser au bas du document l'empreinte de son index droit. On fit là-dessus une petite prière d'actions de grâce et tout le monde se déplia avec des fourmis plein les jambes. Nous venions de sceller le sort de Raïdjab !

Pour Ghorban Gol, la chose fut plus simple encore. Sans même entrer dans son refuge, le vieux *qazi* bafouilla son interrogatoire devant la porte ouverte. « Oui ! » lui fut-il également répondu de l'intérieur par dessus les ciseaux qui battaient là aussi.

Tout était dit !

*
* *

Ils ont mangé. Ils ont bu. Plus rien ne les retenait ici.

En désordre, les cavaliers d'abord, les voitures ensuite, tous les invités sont repartis. La maison d'Agholi, échouée tout d'un coup, presque morte, dérive sur un océan de silence.

L'après-midi s'endort dans la chaleur.

Il ne reste plus de ces jours de folie que la cendre des bivouacs refroidis, une orbe de poussière sur la steppe martelée par les galops.

Un bout de soie rouge et verte pend à l'aile de ma voiture, Kara Mach somnole sous ses feutres. La noce est finie.

Ce soir le gynécée fera bourdonner ses guimbardes et la porte de la chambre de Raïdjab sera close.

Ce soir Golsenem dormira aux côtés d'Edjé. Puisse Dieu l'apaiser !

OMIN !

Alain de Bures
Villeneuve de la Raho, Mai 1977
Djibouti, Mars 1982
Peshawar, Septembre 1991

UN PEU D'HISTOIRE

LES OGHOUZS

A la demande des Ilkhans mongols de Perse, l'historien Rachid ed Din, au XIVe siècle, cherchant à expliciter l'origine des Turcs les fit tout bonnement descendre de Japhet. Ce fils de Noé, à la sortie de l'Arche, reçut la mission de peupler l'est du Monde, devenant ainsi le père des Turcs et des Mongols.

La branche turque, toujours d'après cet historien, serait plus particulièrement née d'Oghouz Khan, descendant direct de Japhet. En officialisant cette légende, où Oghouz Khan apparaît comme un héros de l'Islam et un bâtisseur d'empire, Rachid ed Din ne faisait que reprendre en l'aménageant le mythe fondateur dont se réclamaient certaines des tribus turques primitives qui apparurent à l'est des royaumes arabo-persans entre le VIIIe et le Xe siècle.

De nos jours encore, n'est turkmène de noble lignage que celui dont la tribu peut se dire issue d'Oghouz Khan. Mais ne remontons pas au déluge !

Entre le VIe et le VIIe siècle — tribus turques et tribus mongoles imposant tour à tour leur hégémonie — plusieurs empires se succédèrent dans les steppes de la Mongolie et de la Chine du Nord : « empires » travaillés par les rivalités internes et la turbulence des clans, et dont les Chinois anéantirent le dernier — celui des T'ou Kiue — vers 741.

Se dégageant de la nébuleuse de tribus et de hordes rivales résultant de l'éclatement de la confédération T'ou Kiue, apparurent alors les Oghouzs. Etablis sur le cours moyen du Kéroulen, ils formaient un rassemblement de 24 clans unis par des liens assez lâches, chacun ayant tendance à tirer de son côté, assez semblables en cela à leurs descendants actuels. Aux approches du Xe siècle, après quelques tribulations nous les trouvons installés au bord du lac Balkhach. De là ils vont s'élancer sur la route de l'Occident et de l'Histoire où les avaient précédés d'autres hordes turques.

Les chroniqueurs russes les signalent pour la première fois en 1054 et les Byzantins écrasent ceux qu'ils appelaient « Ouzes » à Thessalonique en 1065.

Cependant un deuxième parti oghouz, mieux inspiré, piquait vers le Sud-Ouest avec plus de succès. Il s'agit des Seldjouquides qui en conquérant la Perse et l'Asie-Mineure allaient y établir une des plus prestigieuses dynasties du monde islamique.

En Transoxiane et en Bactriane s'était constitué le royaume arabo-persan des Samanides où l'autorité des Khalifes de Bagdad n'était plus que virtuelle. Au contact de la civilisation raffinée de cet état, les tribus turques qui avaient devancé les Oghouzs — un temps maintenues puis largement utilisées comme réservoir d'esclaves et de mercenaires — s'étaient islamisées. Devenus prépondérants au sein de leurs armées, ces Turcs avaient fini par évincer les Samanides et par fonder deux dynasties — Karakhanide et Ghaznévide — que les Oghouzs, en arrivant à leur tour dans ces contrées, trouvèrent en rivalité.

Ils surent à merveille utiliser les dissensions qui opposaient leurs frères turcs « réunis » dans l'Islam. Louant leurs lances et leurs archers aux uns pour se donner ensuite aux autres, ils finirent par dresser leurs camps de yourtes et de chariots aux portes de Boukhara.

Alors, adoptant à leur tour l'Islam, ils repoussèrent les Karakhanides dans leur Kachgharie presque chinoise et les Ghaznévides vers ce qui allait être un jour l'Afghanistan. Ils s'emparèrent du Khorassan et de la Transoxiane (1040), de Bagdad (1050), et s'en prirent à Byzance. En 1094 leur empire s'étendait de Kunduz à Nicée : de la Chine à la Méditerranée ! Fiers de leur Islam tout neuf et de leur orthodoxie rigoureuse ils bousculaient les dynasties chiites et s'érigeaient en protecteur des Khalifes.

Séduits par leur conquête et défenseurs zélés de la foi, les grands Seldjouquides s'attachèrent alors à préserver leur bel empire arabo-persan reconstitué. Devenus Chahs ou Sultans et gouvernant par vizirs persans interposés, ils restaurèrent une administration dans laquelle ils cherchèrent à discipliner ces Oghouzs dont ils étaient les chefs. Tâche ardue ! Il leur fallut bien souvent reprendre la tête de l'armée pour s'en aller, à l'Est comme à l'Ouest, châtier quelques parents trop ambitieux, mater des vassaux en révolte ou ramener dans la mouvance impériale les gouverneurs des provinces lointaines tentés par l'indépendance. Ils s'y épuisèrent !

L'énorme empire s'effrita, s'autodétruisant. Ce furent les Oghouzs du Khorassan, les ancêtres directs des Turkmènes, qui lui portèrent le coup de grâce en rejetant le mors trop civilisé que voulait leur passer Sanjar, le dernier des grands Seldjouquides (1153).

En définitive, l'Iran préservé par la volonté des Sultans devait garder son visage éternel, tandis qu'autour de lui s'élargissait l'onde anarchique de la poussée turque libérée. L'Anatolie devint le prolongement de la Haute-Asie et le pâtre turkmène y remplaça le paysan byzantin. A l'est, les vainqueurs de Sanjar s'établirent en masse depuis les steppes aralo-caspiennes jusqu'à l'Amou Daria inférieur, désiranisant complètement ces parages pour continuer, turkmènes comme devant, à y mener leur vie de liberté pastorale et guerrière.

C'est tout juste si ces derniers reconnaissaient l'autorité naissante des Chahs du Kwarezm (Khiwa) — lesquels étaient en passe de reprendre les rênes tombées des mains des Seldjouquides et d'amorcer un redressement persan — quand la tourmente mongole levée par Gengis Khan vint tout remettre en question.

Nous sommes au début du XIIIe siècle.

L'irruption de Gengis Khan dans cette partie de l'Asie inspire une terreur telle qu'on assiste à une véritable prostration des populations conquises. Rien ne sera fait, malgré la présence dans les armées mongoles de nombreuses divisions turques ralliées en Mongolie, pour tenter un rapprochement que le « cousinage » aurait peut-être permis. Jamais Gengis Khan ni ses descendants directs n'associeront leurs devanciers à leurs expéditions. Un clan d'Oghouzs occidentaux s'enfuira même devant eux jusqu'au petit sultanat de Qonya, ultime bastion de ce qui fut la puissance seldjouquide. C'est de lui que plus tard sortiront les Ottomans.

Mais, le temps des massacres passé, les provinces de l'empire mongol où la population turque était majoritaire ne tardèrent pas à absorber leurs maîtres, très vites séduits par l'Islam.

C'est ainsi qu'en Transoxiane put se dégager la personnalité de Teymour Lang (Tamerlan), issu de la tribu mongole turcisée des Barlas. Avec ce chef, pourtant descendant de Gengis Khan mais chez qui le sang turc dominait, commença l'éviction des Mongols des provinces qui contituaient le Khanat de Perse (Maison d'Houlagou).

Ce sont surtout les Turkmènes orientaux qui eurent leur part dans l'aventure timouride et dans le déferlement qui allait à nouveau se répandre d'est en ouest en cette fin du XIVe siècle. De nos jours ils font de l'impérial boiteux un héros magnifique et un paladin exemplaire.

Par contre, à l'ouest, d'autres Oghouzs eurent à l'affronter rudement et la puissance ottomane faillit bien ne pas éclore quand le sultan Bayazid (Bajazet) fut fait prisonnier et mourut en captivité.

Moins cohérent que l'empire mongol et plus instable que celui des Seldjouquides, l'empire de Tamerlan, morcelé dès la disparition de son fondateur (1405), ne permit que l'établissement de royaumes brillants mais éphémères.

Le XVIe siècle verra se stabiliser cette région du monde et c'est de la structure politique qu'elle acquiert alors que découle directement celle qui est la sienne de nos jours.

— En Azerbaïdjan le clan turkmène du Mouton Blanc, en écrasant son rival du Mouton Noir, met en place la prestigieuse dynastie des Safavides et fait basculer définitivement l'Iran dans le chiisme. L'empire ottoman trouve là sa limite orientale.

— En Asie centrale les Ouzbeks font leur apparition. Ils arrivent des steppes russes. Leur chef, Cheïbani Khan, petit-fils de Gengis Khan, évince les derniers Timourides de la Transoxiane mais l'avancée ouzbèque est stoppée à l'ouest par la puissance des Safavides.

— Chassés d'Asie centrale les Timourides en fuite s'emparent oportunément de l'émirat de Kaboul dont ils font un tremplin pour la conquête de l'Inde qui deviendra l'empire des Grands Moghols.

Jusqu'à la conquête russe, les dynasties ouzbèques devaient se maintenir dans les principautés de l'Asie centrale.

Véritables repaires de brigands, fermés au monde, repliés sur un Islam farouche à partir du XVIIIe siècle et jusqu'à la fin du XIXe siècle, les émirats de Boukhara et de Khokand, le khanat de Khiwa s'épuisèrent à se combattre. A plusieurs reprises la Perse eut à intervenir dans les affaires d'Asie centrale et les Turkmènes, en principe sujets des souverains ouzbeks, jouèrent de leur position intermédiaire pour n'être ni vraiment du côté persan, ni vraiment de celui de l'une ou l'autre des principautés (Khiwa et Boukhara). Par ce jeu qui tenait plus de leur tempérament naturel que d'un réel calcul politique, ils arrivèrent à se maintenir libres, maîtres d'immenses contrées s'étendant depuis les frontières instables des émirats jusqu'à celles mal définies de la Perse, rebelles à toute forme d'embrigadement, pillards et insaisissables.

Aussi les Russes apprirent-ils à les considérer comme des adversaires redoutables. Ils se heurtèrent à eux plus rudement qu'à aucun peuple de l'Asie centrale et durent briser une résistance acharnée. Il leur faudra plus de trente ans, après la reddition des princes ouzbeks de Khiwa et de Boukhara, pour mener à bien la conquête en matant définitivement les Tekkés à Gök Tépé (1881) et à Merv (1884).

En 1920, les derniers Gengiskhanides qui régnaient encore à Boukhara et à Khiwa sous protectorat russe sont détrônés par les Soviets.

Pendant 71 ans les peuples turcs d'Asie centrale auront à écrire communément leur histoire au sein de l'empire soviétique, apparemment bien rangés en silencieuses républiques sous le joug moscovite.

Mais est-ce en moins d'un siècle que se transforme l'âme des nations ? La rébellion afghane, la révolution iranienne ne firent qu'attiser les antiques aspirations qui n'avaient jamais cessé de brasiller : un Islam combattant et une turcicité revendiquée.

Août, septembre, octobre 1991 : les républiques du Kazakhstan, de l'Ouzbekistan, du Turkménistan proclament leur indépendance.

LES TURKMÈNES

Le nom « Turkmène » désignant indifféremment les Oghouz et d'autres peuples turcs de la mouvance Seldjouquide apparaît au Xe siècle. Il finit cependant par n'être plus qu'appliqué aux Oghouz d'Asie centrale et à quelques clans émigrés en Asie mineure. Actuellement certaines populations d'Anatolie et les Shasavans nomades d'Azerbaïdjan se disent encore turkmènes. Mais c'est au nord-est de l'Iran, au nord de l'Afghanistan, qu'ils sont restés les plus nombreux, au point que l'état créé chez eux par les Soviétiques a pris le nom de R.S.S. du Turkménistan.

Le Turkmène donne comme signification au nom de sa nation : « Je suis Turc » (Türk-men), ceci se référant à la pureté ethnique.

L'ensemble de cette nation ne saurait être considéré par l'historien comme un tout homogène. Si certains clans menés par des hommes de caractère eurent une destinée qui devait profondément marquer l'histoire, il serait illusoire de chercher une cohérence à la nébuleuse turkmène. Celui qui voudrait se faire une idée dés mouvements qui l'agitèrent durant les trois derniers siècles devra, comme jadis pour les Oghouzs, se reporter à des relations de voyages, à des comptes-rendus de campagnes émanant de généraux persans, de commerçants ouzbeks, d'espions russes ou d'agents anglais, d'orientalistes hongrois ; et ceci afin d'établir, pour chaque secteur de l'immense région concernée, la liste chronologique des tribus qui s'y succédèrent, y revinrent, en furent chassées de nouveau.

La concurrence permanente pour les pâturages et les points d'eau est à l'origine de ces éternels changements territoriaux. On peut citer, par exemple, le cas des Tekkés de Merv :

Ce dernier réduit de la résistance à l'envahisseur russe, les Tekkés l'avaient conquis sur les Salors au début du XIXe siècle, en profitant de l'affaiblissement de cette tribu, consécutif à plusieurs expéditions persanes dont les Salors avaient fait les frais.

D'une façon générale, ces mouvements eurent pour cause originelle la pression qu'exercèrent sur la steppe aralo-caspienne (péninsule de Mangyslar et Balkans) l'avance des Mangits au XVIe siècle et celle des Kalmouks au XVIIe siècle. Si bien qu'au XIXe siècle il n'y avait plus de Turkmènes dans ces régions-là.

Cette poussée du Nord vers le Sud provoqua une « descente » des tribus vers les oasis qu'arrosent le Tadjan et la Mourghab, ainsi que vers les flancs orientaux du Kopet Dagh en débordant sur le Khorassan iranien. En même temps elle accentuait la turcisation des bassins de l'Atrak et du Gorgan, sur la Caspienne. En bref, elle conduisit à un lent exode des Turkmènes de leurs zones d'origine vers la bordure fertile du Kara Koum.

Il y eut des flux et des reflux, dus aux réactions et aux attaques des puissances et principautés voisines. Ils durent se défendre et même contre-attaquer pour résister aux coups des khans de Khiwa, aux expéditions de Nader Chah Afchar au XVIIIe siècle, et à celles d'Abbas Mirza, fils de Fath Ali Chah Qadjar, au XIXe siècle.

Ainsi, sporadiquement, mais à intervalles assez rapprochés, les Turkmènes, sans pourtant jamais en prendre l'initiative, firent-ils parler d'eux dans le courant des deux derniers siècles.

Bien qu'éleveurs avant tout, les Turkmènes pratiquaient l'agriculture à l'occasion sur l'Atrak, le Gorgan et les oasis du Sud. Or les raids et les expéditions armées organisées par les puissances environnantes — surtout la Perse — favorisèrent aux dépens des semi-sédentaires les groupes les plus spécifiquement nomades qui, par leur mobilité même, pouvaient mieux esquiver les coups.

Les Tekkés évitèrent ainsi les pertes importantes que subirent les Karadachlis, les Ali-Elis, les Imrélis et d'autres lors de la campagne qui devait voir Nader Chah s'emparer de Khiwa (1740). Par un processus semblable on vit les Salors fortement éprouvés près de Saraqs en 1831 dans l'attaque menée contre eux par le prince Abbas Mirza.

Certaines tribus s'affaiblirent donc de plus en plus dans la mesure où elles étaient obligées de faire front contre d'autres restées indemnes. Ces dernières finirent par tendre à une sorte d'hégémonie dans les régions où se situaient leurs pâturages : Tekkés au Khorassan, Yomouts en bordure de la Caspienne. Ce qui eut pour effet de repousser vers des zones marginales les tribus évincées.

D'autres groupes, passés dans la soumission précoce à un état, seront épargnés par les disputes internes des Turkmènes et connaîtront un nouveau développement. C'est le cas des Goclans, ralliés à Nader Chah au XVIIIe siècle. Le voyageur hongrois Arminius Vambéry traverse ainsi en 1863 un peuplement d'Ersaris prospères, installés en bordure de l'Amou Daria et sujets de Boukhara.

La principale raison motivant les expéditions de la Perse contre les Turkmènes résidait dans leur pratique immodérée de la razzia.

Quand elles n'avaient pas pour but le pillage d'une tribu ennemie, les *alamanes* étaient dirigées vers les provinces orientales de la Perse et la région d'Hérat. Au XIXe siècle elles prirent figure de véritables fléaux, vidant de leurs habitants des contrées entières et rendant les voyages très aléatoires même pour des troupes armées.

Les visées conquérantes de la Perse contre les principautés d'Asie centrale avaient essentiellement pour but de mettre un frein à ces coups de mains incessants. Car les capitales de ces Etats Souverains n'étaient plus que nids de recéleurs et marchés aux esclaves ; bazars où s'écoulaient tous les produits de ces pillages. Ceci avec l'accord et la protection intéressée des autocrates locaux.

Même après la conquête russe, le Khorassan iranien eut encore à souffrir des *alamanes*. Ces razzias organisées dans un but

« domestique » n'avaient plus l'ampleur commerciale de jadis, mais elles furent suffisamment perturbatrices pour laisser des souvenirs encore vivaces chez beaucoup de personnes — pas aussi âgées qu'on pourrait le croire.

La dernière migration turkmène vers les régions iraniennes et afghanes eut lieu presque sans interruption depuis la main-mise totale des Russes sur l'Asie centrale jusqu'à la fermeture hermétique des frontières après le retrait des troupes soviétiques d'Iran en 1946.

Après la reddition et le massacre des Tekkés de Merv, le temps fort de cet exode fut sans conteste celui qui suivit la mise en place des soviets et la collectivisation des biens et des troupeaux. Le discrédit jeté sur l'Islam y eut sa part également.

Ce dernier repli jeta hors de l'empire soviétique les représentants de tous les groupes turkmènes. Ils furent accompagnés par bon nombre de réfugiés d'autres ethnies, issus de régions plus orientales : Ouzbeks, Qazaks, Tadjiks. Ce brassage fit que, mis à part les clans et les tribus qui avaient en Iran une bonne partie de leurs territoires traditionnels et qui purent recréer des blocs homogènes (Yomouts et Goclans en Iran), la majorité de ces Turkmènes exilés forcés de se côtoyer (Salors, Saryks et Ersaris dans le nord de l'Afghanistan, Tekkés aux abords de la ville d'Hérat et en Iran) ne se reconnurent plus dans l'articulation et dans l'organisation de leurs tribus coupées en deux par la frontière.

Les Turkmènes, partout où ils vivent, sont à présent sédentarisés et presque tous agriculteurs (coton et céréales, maraîchage) sans avoir renoncé à l'élevage (chevaux, moutons, chameaux et chèvres).

DISTRIBUTION GÉOGRAPHIQUE DES TURKMÈNES

Les seules sources dont nous disposons sont d'origine soviétique. La plus récente (1975 !) permet d'avancer les chiffres suivants, concernant le nombre des Turkmènes vivant en U.R.S.S.(rapport Kozlov, dans *l'Empire éclaté* d'Hélène Carrère d'Encausse).

R.S.S. du Turkménistan :	1 417 000
R.S.S. d'Ouzbékistan :	71 000
Autres R.S.S. Tadjikistan, Daghestan et Astrakan :	37 000
Soit un total de :	1 525 000

Quant aux Turkmènes de l'extérieur, l'estimation soviétique date de 1959.

Afghanistan (4/5 d'origine réfugiée, 1930) :	360 000
Iran :	330 000
Turquie :	190 000
Soit un total de :	880 000

Cette même estimation donnait pour l'U.R.S.S. une population totale de 997 100 Turkmènes. Les chiffres de 1975 font apparaître une croissance démographique de 65%.

L'évolution économique, sociale et sanitaire de l'Iran dans la période séparant ces deux recencements autorise l'application de ce taux de croissance à ses ressortissants. Les Turkmènes d'Iran devaient donc approcher les 550 000 à la veille de la révolution.

POPULATIONS ET ETHNIES AUTRES QUE TURKMÈNES VIVANT AU NORD-EST DE L'IRAN

Les **Tats** forment les plus anciennes des populations qui occupaient ce pays à l'origine, iraniennes de souche et de mœurs le plus probablement agricoles ; il n'en reste que quelques représentants dont les villages, situés au sud-est de la région qui nous intéresse, sont plus en relation avec Meched et le reste du Khorassan qu'avec Bodjnourd et le Gorgan.

Au cours des siècles et des différentes invasions, la turcisation des régions du Moyen-Atrak les a peu à peu refoulés vers l'Est et au-delà des versants de l'Alborz qui, en entrant dans le Khorassan, cesse d'être la formidable barrière qui se dresse face à la Caspienne.

Il semblerait que des établissements tats se soient maintenus jusqu'à ce que la tourmente de la révolution russe ait relancé la colonisation turkmène tout au long des affluents du Moyen-Atrak. Le souvenir de gens qui vivaient dans des habitations troglodytes et dont les traces sont encore très visibles s'est perpétué chez certaines vieilles personnes qui sont venues s'installer dans les vallées d'Amand et à Gollidagh, en même temps que les premiers immigrés des années 30.

Qu'elle concerne une population tat ou une autre, cette tradition indique cependant que le peuplement turcoman actuel du Moyen-Atrak est relativement récent. Il semble tout de même que les Turkmènes goclans aient entamé la lente colonisation de ce bassin en profitant de la protection de Nader Chah au XVIIIe siècle.

Après les Turkmènes, les **Kurdes** occupent la seconde place.

L'origine de leurs tribus est nettement occidentale : provinces assises sur la frontière entre la Turquie et l'Iran, aux environs du lac de Van. Ayant opté pour le chiisme, ils furent déplacés vers la fin du XVIe siècle par Chah Abbas Safavi dont l'idée la plus évidente était d'en faire un rempart contre les incursions ouzbèques, tout en vidant de sa population des territoires que les Ottomans disputaient à la Perse.

Les Chahs donnèrent aux principaux chefs de tribu les charges de gouverneurs des grandes villes, lesquelles charges se transmirent à titre héréditaire jusqu'à l'avènement des Pahlavi. Ceci donna naissance à de puissantes familles dont l'importance et l'influence étaient encore très fortes à la veille de la révolution.

On désigne cette population du nom général de « Kurdes Routchânis », de la ville de Routchân, centre approximatif de la zone où ils sont établis. Eux-mêmes font la distinction entre Routchâni et Bodjnourdi.

Comme précisé plus haut, les Kurdes du Khorassan sont chiites, alors que ceux qui sont restés à l'ouest sont sunnites. Costumes, musique, langue ne rappellent leur origine qu'à un observateur averti.

Ils tiennent les villes de Bodjnourd, Chirvan et Routchân, avec les villages épars situés de part et d'autre du large seuil que forment, en suivant des directions parallèles, la chaîne extrême-orientale de l'Alborz et le Kopet Dagh.

Les Kurdes sont en majorité sédentaires et ce depuis très longtemps. Pourtant quelques tribus ont maintenu une sorte de transhumance ressemblant fort à du nomadisme. L'été les retient à l'est sur les reliefs, l'hiver les pousse à se rapprocher des versants caspiens où ils côtoient alors les Turkmènes.

Ces éleveurs d'ovins et de dromadaires portent le nom de leurs pâturages d'été. Ils sont en régression comme tous les nomades du monde.

Sédentaire, le Kurde est un assez bon jardinier et maraîcher, un agriculteur médiocre et, dans les zones montagneuses, il n'a pas renoncé à l'élevage d'importants troupeaux d'ovins et de caprins. Nomade ou sédentaire, il tisse des *kilims* souvent intéressants, dont les motifs rappellent l'origine caucasienne de sa nation. C'est un commerçant habile, un bon musicien, un excellent danseur.

En prenant pied au Khorassan, au XVIe siècle, un fort parti de **Turcs** occidentaux refaisait en sens inverse le chemin de la migration effectuée quelques siècles plus tôt.

Comme avec les Kurdes, Chah Abbas protégeait ses frontières de l'est contre la montée en puissance des Ouzbeks avec des éléments dont la valeur guerrière était éprouvée mais qui risquaient fort, dans leur région d'origine et malgré leur adhésion au chiisme, de passer du côté des Ottomans.

C'est de Malayer, en Azerbaïdjan, que les Turcs du Khorassan seraient issus.

Les zones de montagne qui leur furent attribuées sont à présent coupées dans toute leur longueur par la frontière soviéto-iranienne. Si bien qu'une partie de cette population se trouve en U.R.S.S., dans la région d'Achkhabad.

On rencontre ces Turcs dans la partie est du Kopet Dagh, à la suite des établissements turkmènes au dessus de Bodjnourd. Ils sont nombreux dans les vallées de Darré Gaz, Gholaman et de Kalat-e Nadéri.

La dynastie Afchar, fondée par Nader Chah au XVIIIe siècle, en serait issue. Profitant des conquêtes en Orient de ce Napoléon iranien (Asie centrale, Afghanistan, Inde), ces Turcs essaimèrent en Afghanistan dans la région de Kaboul où, devenus persanophones, ils sont connus sous le nom de Ghizil Bachs.

Les Turcs du Khorassan sont comme les Kurdes agriculteurs-jardiniers. Mais la rudesse des régions où ils sont installés donne à l'élevage une part prépondérante dans leur économie. Ils sont tous sédentaires.

A Bodjnourd et dans ses alentours, le « turc bodjnourdi » est la seconde langue véhiculaire. Elle arrive en certains endroits à supplanter le kurde.

Les **Barbaris** sont chiites, sédentaires, et parlent le persan ; mais il faut voir chez ces hommes au poil rare, aux yeux bridés et aux pommettes saillantes (plus typés encore que les Turkmènes) les descendants des armées mongoles stationnées au Khorassan.

Assez peu nombreux dans la région du Moyen-Atrak (quelques hameaux et un gros village près d'Ach Khané), leurs effectifs vont en augmentant à mesure qu'on se rapproche de Meched et par là de la frontière afghane.

Tout comme leurs cousins Hazaras d'Afghanistan, ils sont au dernier rang de la société. Agriculteurs dans leurs villages, ils font office de porteurs dans les bazars ou s'attellent à des charrettes à bras. Ils se chargent des tâches peu enviées ou rebutantes comme la voirie ou les abattoirs.

Certain arrivent, grâce au négoce, à émerger de cette médiocrité car, travailleurs rudes et économes, ils sont également opiniâtres et très souvent d'une grande vivacité d'esprit.

Persans, montagnards des hautes vallées de l'Alborz (Damghan et ses environs) les **Moudjinis** transhument avec leurs troupeaux sur les reliefs en arrière de la plaine du Gorgan où ils ont leurs quartiers d'hiver (les *agholes*) et où les brebis agnellent.

Ils ne sont pas à proprement parler habitants de ces contrées car les femmes et les enfants, ainsi que les hommes ne participant pas à l'élevage, restent au village. Leur séjour sur le piedmont à cheval entre le Mazandéran et le Khorassan ne dure pas plus que les cinq mois de la saison froide. Cependant leur présence a fortement marqué le pâturage et la montagne. Les emplacements de leurs bergeries sont autant de noms et de points de repère pour qui circule hors des grandes pistes sur les sentiers muletiers qui vont d'une *aghole* à l'autre ou qui relient les hameaux isolés. Ces établissements pastoraux parfois très reculés sont aussi des abris sûrs et des refuges possibles par mauvais temps ou quand la nuit surprend le voyageur. On y est toujours reçu avec courtoisie. Les Moudjinis sont chiites.

D'ethnie baloutche et sunnites les **Zabolis** viennent de la région de Zabol (Séistan) au sud de Méched pour travailler comme ouvriers agricoles dans les exploitations de la plaine de Gorgan. Ils rentrent en général chez eux assez rapidement mais entretiennent un roulement de main-d'oeuvre assez semblable à ce que l'on connaît en Europe avec le personnel saisonnier — ici pour le coton.

Colonie commerçante, celle des **Azéris** (d'Azerbaïdjan) tient une bonne part des boutiques de Gorgan et de Gonbad-e Kavous. Bien que chiites ils entretiennent de bonnes relations avec les Turkmènes ne serait-ce qu'à cause de leur langue très proche.

Peu nombreux, les **Arméniens** sont issus d'un essai d'implantation de population arménienne dans le Gorgan au XVIe siècle. L'échec de cette tentative est probablement dû aux fièvres palustres qui rendaient cette région très insalubre. Depuis peu un renfort leur parvient de la capitale, attiré par le développement rapide de la région. Ils sont essentiellement installés dans la plaine caspienne. Chrétiens, ils occupent un peu tous les secteurs : gros et moyens propriétaires terriens, ils sont aussi artisans, boutiquiers et évidemment marchands de vins et de spiritueux.

LES TURKMÈNES EN IRAN

Politiquement, les Turkmènes occupent une bonne partie des provinces formant le Nord-Est de l'Iran — c'est à dire le Khorassan et le Mazandéran — tout le long de la frontière de la R.S.S. du Turkménistan. Géographiquement, cette zone comprend la moitié ouest du Kopet Dagh, les cours moyen et inférieur du fleuve Atrak, le bassin du fleuve Gorgan et la plaine côtière de la mer Caspienne, depuis la ville de Gorgan jusqu'à la frontière soviétique.

Deux tribus principales se partagent ce secteur :

Les **Yomouts** sont les plus nombreux et représentent approximativement 50% de la population turkmène d'Iran. Descendus du Mangyslar au XVIe siècle, ils occupèrent assez rapidement les cours inférieurs des fleuves Gorgan et Atrak, ainsi que la plaine côtière en s'établissant autour de la ville de Gonbad-e Kavous. Astarabad, l'actuelle Gorgan, vieille cité persane, ne leur appartint jamais. La présence yomoute sur la totalité de ces territoires devait varier au cours des siècles en fonction des aléas de l'histoire. Elle devait y devenir définitive quand les frontières irano-russes furent fixées.

Au XVIIIe et surtout au XIXe siècle, les Yomouts en majorité nomades et éleveurs furent particulièrements gênants pour les populations sédentaires voisines. Ils jouèrent dans cette région caspienne le même rôle dévastateur que les Tekkés dans le Khorassan et dans la plaine d'Hérat. Le village-camp de Gomuch Tépé (l'actuel bourg de Gomichan à l'embouchure du Gorgan) leur servait de tête de pont pour le trafic d'esclave important qu'ils entretenaient avec la principauté de Khiwa. A la razzia à cheval ils ajoutaient la piraterie, en cabotant parfois très loin sur les côtes du Mazandéran et du Guilan. Ces activités trouvèrent un frein sérieux avec la conquête russe de l'Asie centrale et ne cessèrent totalement qu'à l'avènement des Pahlavi.

Il aura fallu la poigne brutale de Reza Chah pour que le nomadisme des Yomouts disparaisse et que, devenant sédentaires, ils pratiquent l'agriculture d'un meilleur cœur. Ils sont restés cependant éleveurs et certains maintiennent une transhumance, comme un rappel de leur état antérieur. Le développement économique de la région, intervenu durant les dernières décennies précédant la révolution, leur a profité mieux qu'aux autres tribus situées plus en retrait de la grande plaine agricole. En ville ils sont volontiers commerçants.

A Gonbad-e Kavous, qui fait figure de capitale, ils sont majoritaires et leur prospérité entreprenante donne le ton à l'ensemble du pays turcoman. A Gorgan ils sont également nombreux mais, en face d'une population à grande majorité persane, ils sont équilibrés par une forte communauté de réfugiés kazakhs.

Les **Goclans** apparurent également dans cette région vers le XVIe siècle. Ils occupent la moitié nord-ouest du Kopet Dagh, le cours moyen de l'Atrak et le cours supérieur du Gorgan. Ils représentent approximativement 30% de la population turkmène iranienne.

Comme les Yomouts, ils tinrent ces régions avec plus ou moins de fermeté selon la conjoncture historique. L'acceptation de la suzeraineté de Nader Shah par les Goclans a vraisemblablement permis à ces presque sédentaires de se maintenir sur ces régions et, en y prospérant, d'acquérir une importance que leur tribu n'avait pas jusqu'alors. La fermeture de la frontière soviétique et l'arrivée des réfugiés des années 30 ont fini de les y fixer.

Eleveurs, mais moins belliqueux, les Goclans ont été plus tôt et plus volontiers attirés par les travaux agricoles. Vambéry les décrit ainsi en 1864 : «... J'ai le droit de les regarder et de les signaler comme les Turcomans les plus pacifiques et les plus civilisés... ».

Pourtant, mais il est vrai à un degré moindre que les Yomouts et surtout que les Tekkés, ces « Turcomans civilisés » n'ont jamais fait fi des ressources supplémentaires que pouvait leur apporter la razzia. Ils savaient entre autre rendre fructueux le rôle de « Portiers des alamanes » que leur position stratégique leur permettait de jouer. En effet, placés entre les Yomouts et les populations razziables du Khorassan, ils monnayèrent très vite auprès de ces dernières l'assurance de ne pas laisser passer les pillards venant du Gorgan. D'un autre côté, s'ils permettaient aux Yomouts de traverser leurs territoires, ils exigeaient en contrepartie de se joindre aux expéditions ou prélevaient des droits de passage sur le butin.

L'art consistait pour les gens de Bodjnourd, toujours en première ligne dans ces cas-là, à contrebalancer par des offres sérieuses les avantages qu'auraient pu tirer les Goclans de ces raids.

Les temps changeant, l'entente se fit de plus en plus souvent entre les Bodjnourdis et les Goclans. Il en résulta une haine mortelle entre les deux blocs turkmènes, inimitié qui ne s'estompe qu'actuellement.

Les Goclans ne tenant aucune ville colonisent de plus en plus certains quartiers de Bodjnourd.

Bien que se réclamant de la tribu des Goclans, les Turkmènes de la vallée d'Ammand portent comme nom de clan celui d'une des principales branches des Tekkés : les Tokhtamechs.

Ils l'expliquent ainsi :

Un jeune Goclan, compagnon de Nader Chah Afchar, se vit doté par le conquérant de douze épouses ou concubines, tirées de la tribu des Tekkés. Cette famille, singularisée par rapport au reste des Goclans par un tel apport de sang tokhtamech, en garda la mémoire et c'est elle qui devait peupler la vallée. Actuellement ce clan se divise encore en douze « tireh » parfaitement distincts, issus des douze épouses.

Les représentants iraniens de la tribu prestigieuse des **Tekkés** sont assez rares et dispersés en villages ou regroupés dans des portions d'agglomérations sur l'ensemble du territoire turkmène iranien, depuis les hautes vallées du Kopet Dagh jusqu'aux rives du Gorgan. Ils représentent environ 10% de la population turcomane.

Ces régions iraniennes ne faisaient pas partie de leur territoire traditionnel, c'est ce qui explique leur dispersion. Plus orientaux, c'est surtout vers la région de Hérat en Afghanistan que les réfugiés tekkés se dirigèrent au moment de l'exode. Il semble aussi que, plus particulièrement surveillée, leur immigration se soit passée dans des conditions particulièrement difficiles et que, dans bien des cas, ils durent tracer leur route par force en subissant de sérieuses pertes. Ce qui ne semble pas avoir été le cas pour les réfugiés des autres groupes.

Bien que sans poids social auprès de ceux qui les ont accueillis, ils gardent une réputation flatteuse qui les fait considérer par l'ensemble des autres tribus comme des Turkmènes du meilleur lignage.

Les autres groupes forment à eux tous les derniers 10%. On les trouve dans les vallées du Kopet Dagh et, comme les Tekkés, enclavés çà et là dans les territoires goclans du haut Gorgan ou dans la partie est du pays yomout, aux approches des grandes villes et des gros bourgs de la plaine caspienne. Ce sont des éléments de tribus de moindre importance, autochtones comme le sont probablement les Noghorlis de Djergalan, ou poussés par l'exode comme les Ali-Elis, les Cheikh Avavakers, les Mortchélis.

Dans une vallée du Kopet Dagh oriental, Darré Gaz, au-dessus de Routchân et très à l'écart de la région dont il est ici question, il existe une population turkmène goclane, ali-élie, mortchélie et noghorlie assez forte, enclavée en plein territoire turco-kurde. Ce noyau fut détaché de la masse de la population turkmène par le tracé de la frontière soviéto-iranienne.

Près de la frontière afghane, dans la région de Taybad et de Torbat-e Jam, on trouve aussi quelques familles de Salors Khizil Ayaq.

Toutes ces tribus ont leurs correspondantes de l'autre côté de la frontière.

Le territoire yomout remonte presque jusqu'au Kara Bogaz. Celui des Goclans touche avec le piedmont oriental du Kopet Dagh aux établissements tekkés qui eux, vont jusqu'au Kara Koum et englobent l'oasis de Marv.

CARTES ET DESSINS
d'Alain de Bures

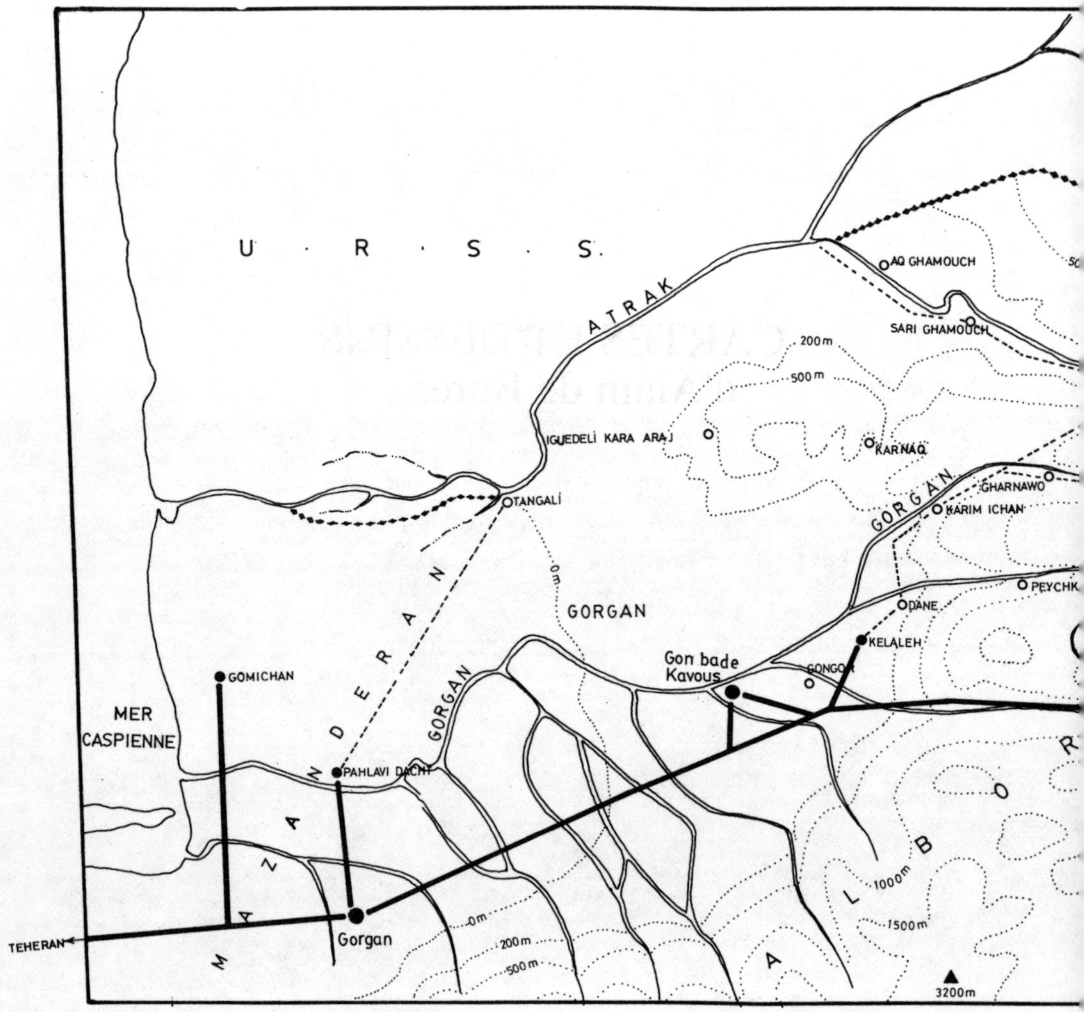

LE NORD-EST IRANIEN

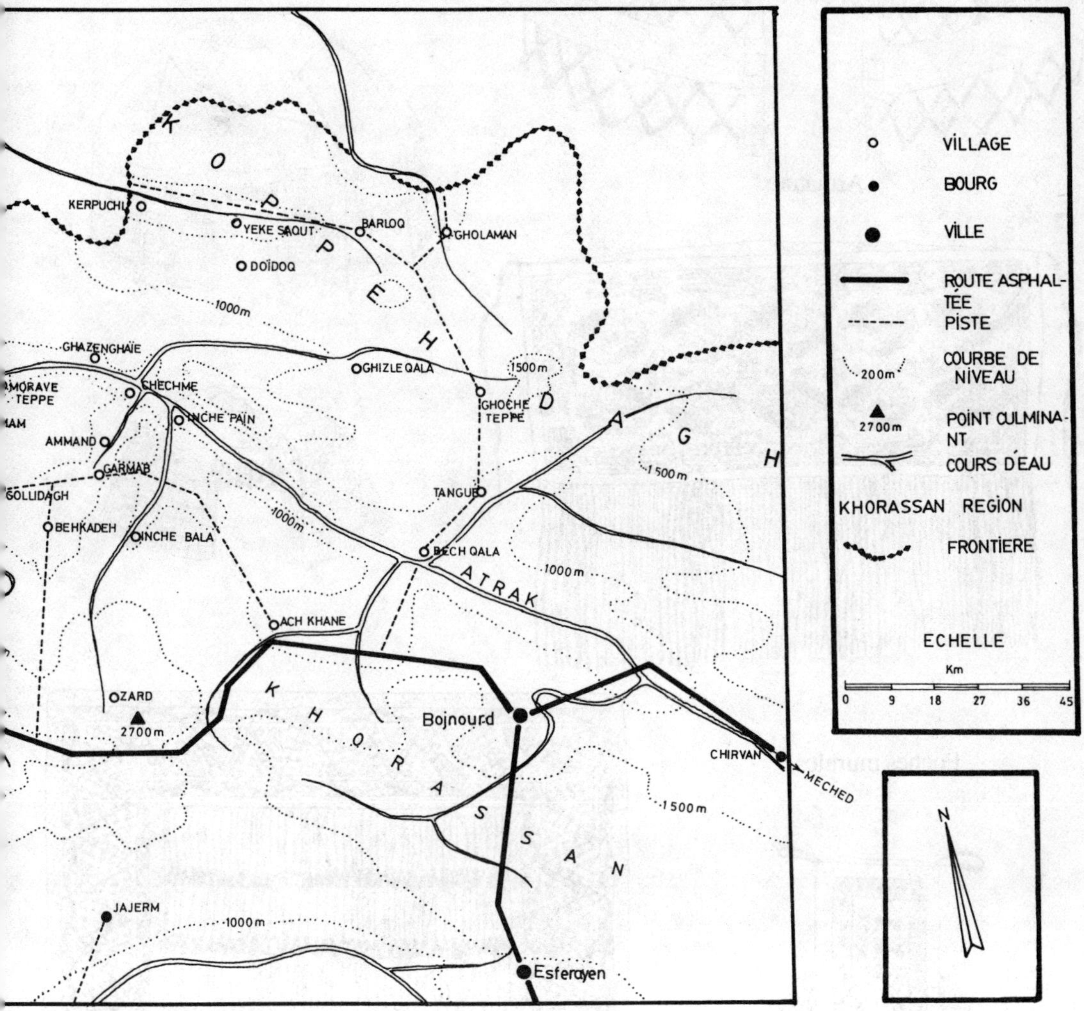
KOPPEH DAGH
KERPUCHL
YEKE SAQUT
BARLOQ
GHOLAMAN
DOÏDOQ
1000m
GHAZENGHAÏE
GHIZLE QALA
1500m
MORAVE TEPPE
CHECHME
GHOCHE TEPPE
INCHE PAÏN
AMMAND
GARMAB
TANGUE
GOLLIDAGH
BEHKADEH
INCHE BALA
BECH QALA
ATRAK
ACH KHANE
KHORASSAN
ZARD
2700m
Bojnourd
CHIRVAN
MECHED
JAJERM
Esferayen
VİLLAGE
BOURG
VİLLE
ROUTE ASPHALTÉE
PİSTE
COURBE DE NİVEAU
200m
POİNT CULMINANT
COURS D'EAU
KHORASSAN REGİON
FRONTİERE
ECHELLE
Km
0 9 18 27 36 45
N

L'habitat nomade : la yourte

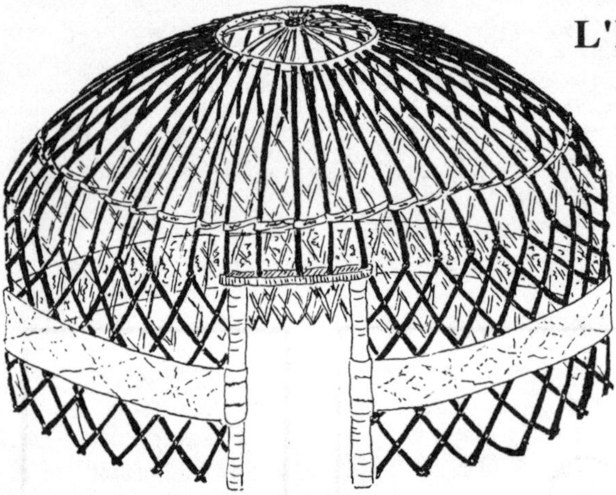

Armature

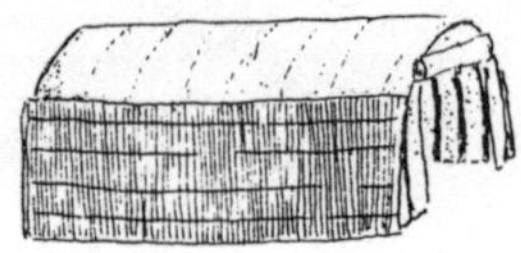

Formes de yourte

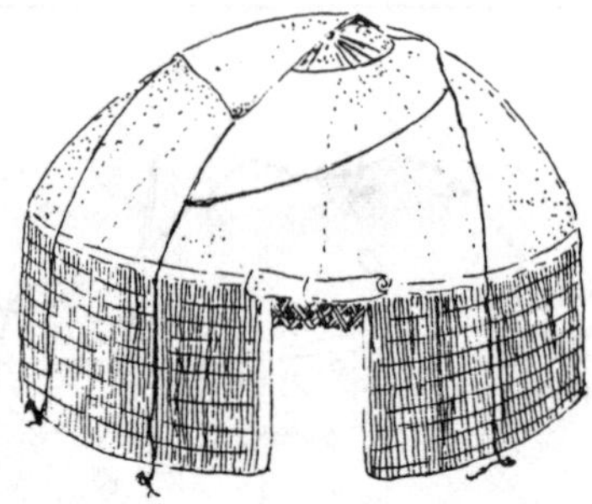

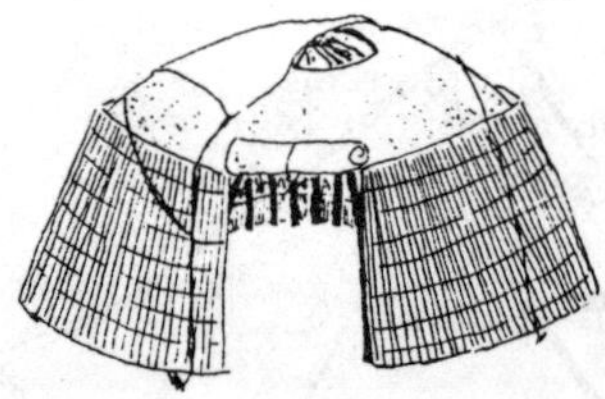

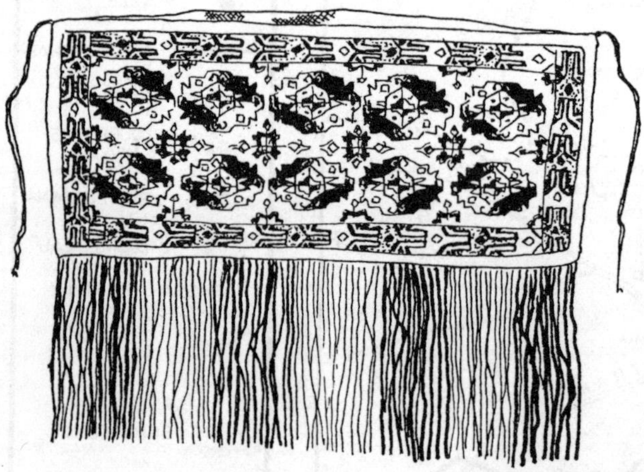

Poches murales

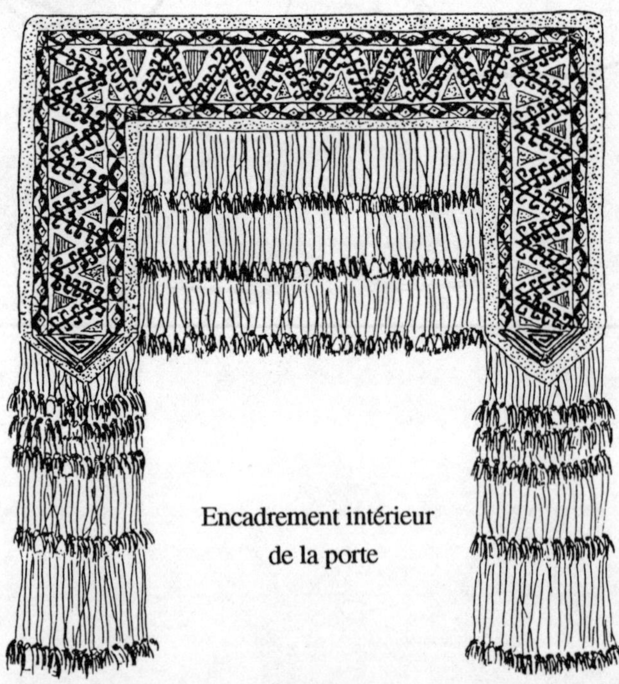

Encadrement intérieur de la porte

Mobilier de la yourte - tapisserie

Chaudron

Broc

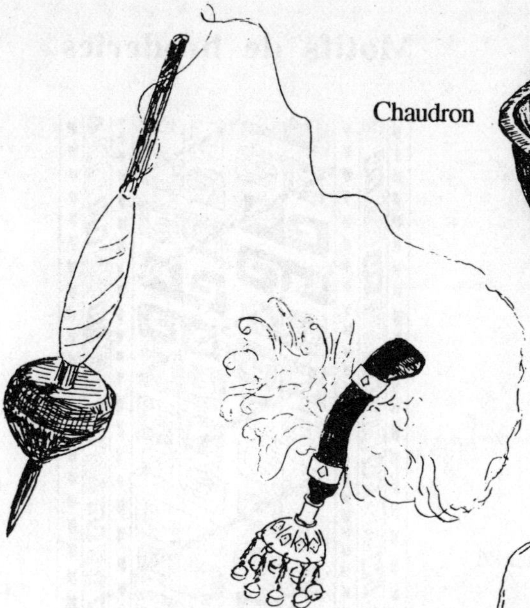

Fuseau et quenouille

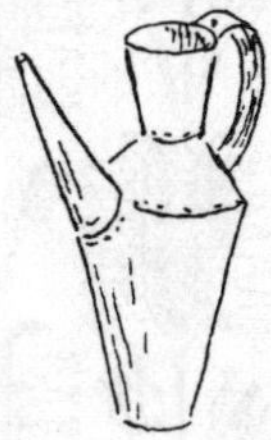

Aiguière

Poignées à feu

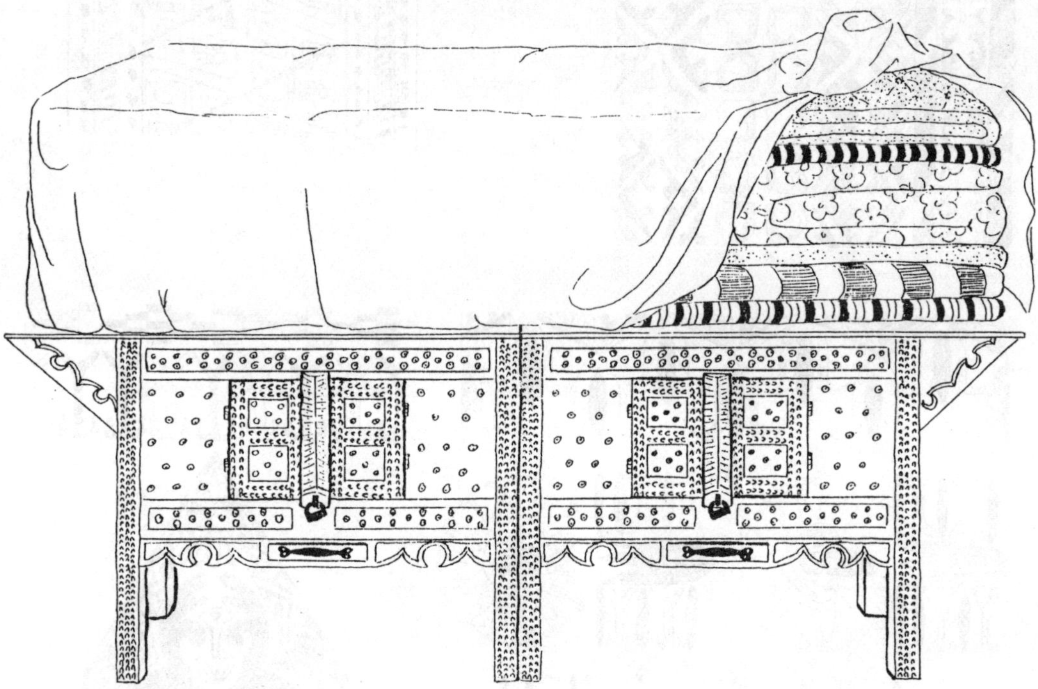

Double coffre et literie

Motifs de broderies

tekké

Motifs de tapis : « gol »

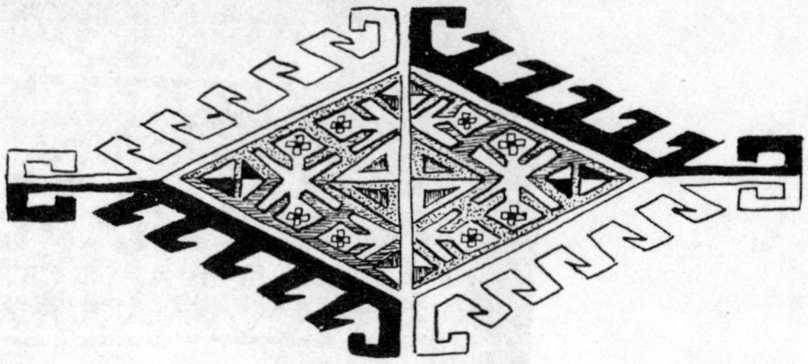

Yomout

Yomout

Salor

Ersari

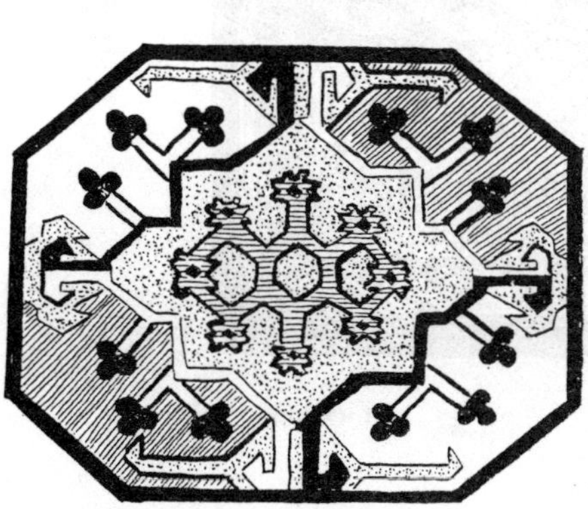

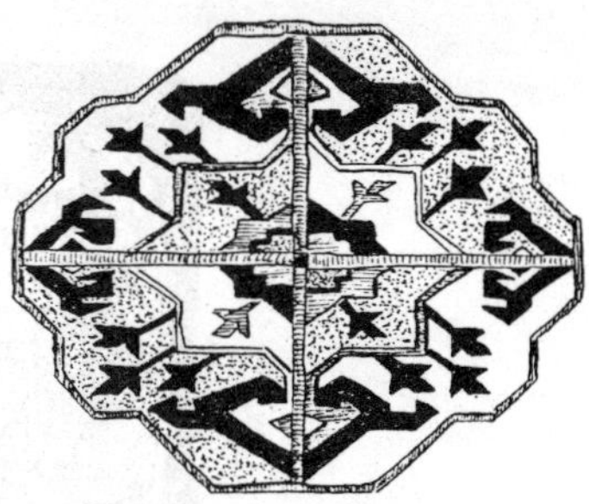

Tekké

Types de tapis en feutre

Goclan

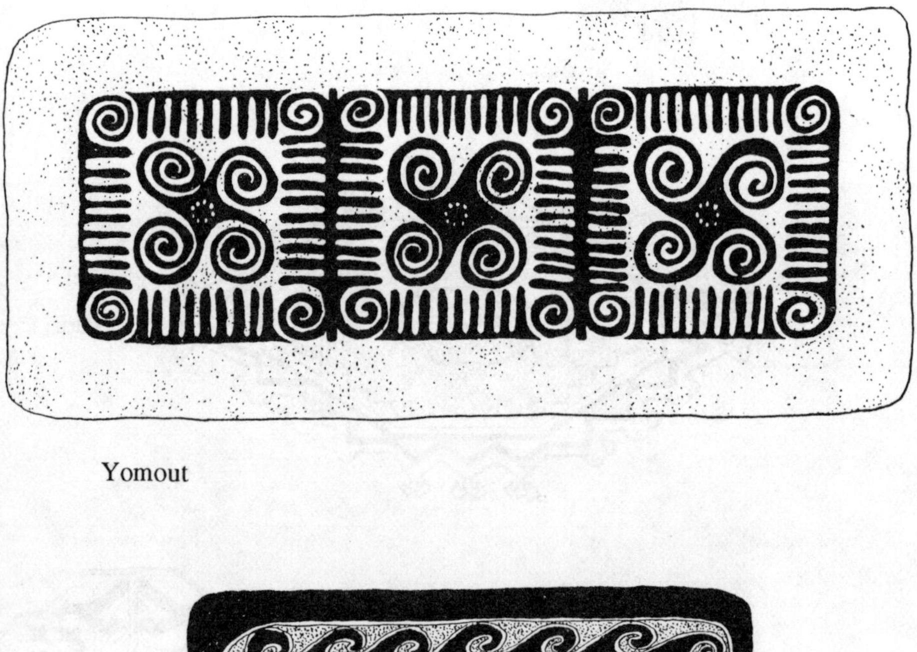

Yomout

Goclan

Parure de dromadaire (Yomout)

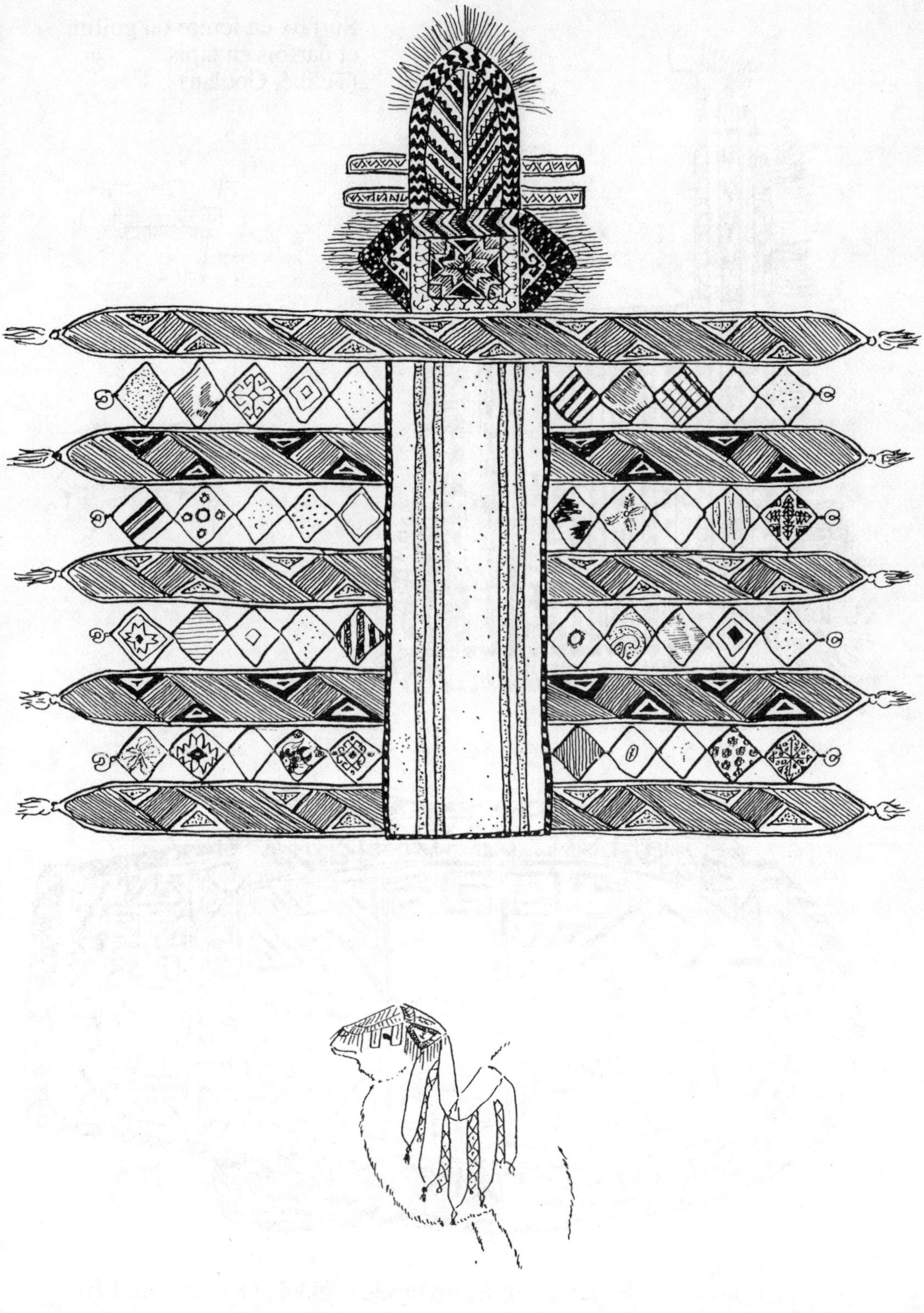

Parures de chevaux

Surfaix en feutre ou guilim
et parfois en tapis
(Tekké, Goclan)

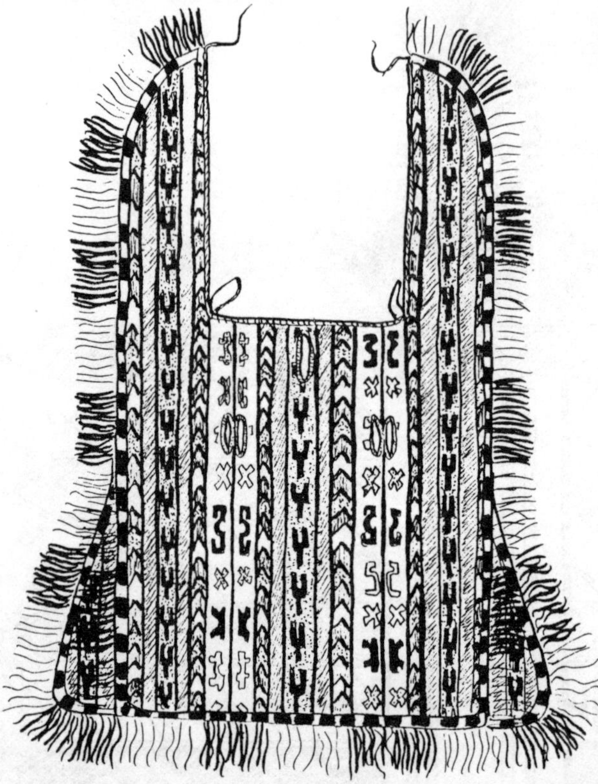

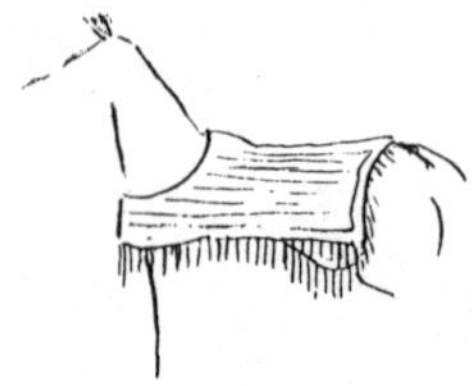

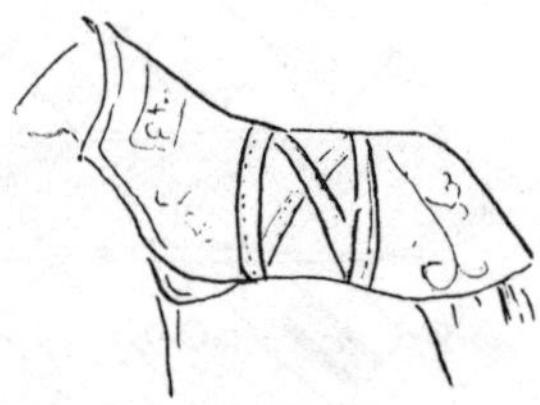

Couverture de parade en feutre brodé (Tekké ; Goclan ; Ali Eli)

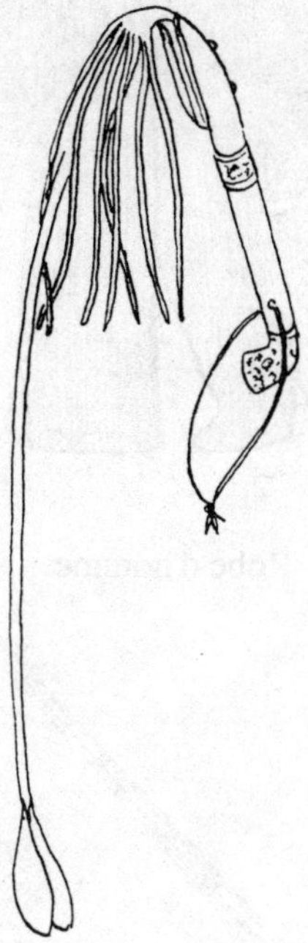

Fouet

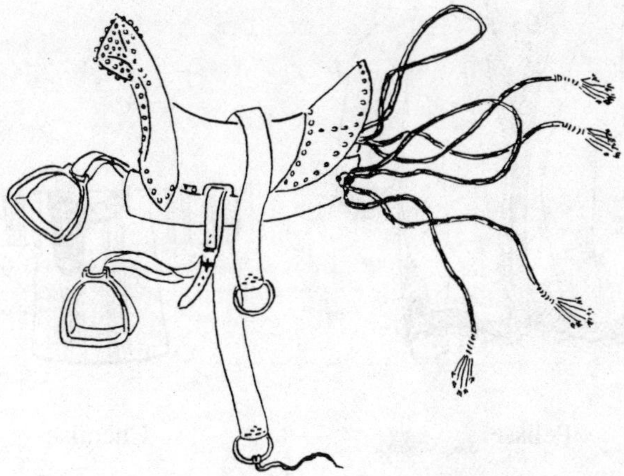

Selle

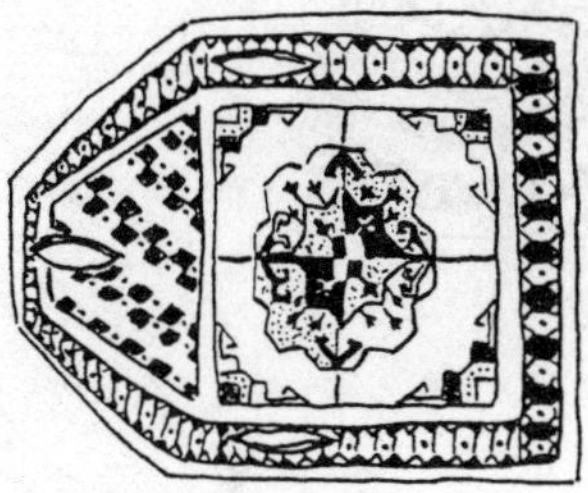

Dessus-de-selle

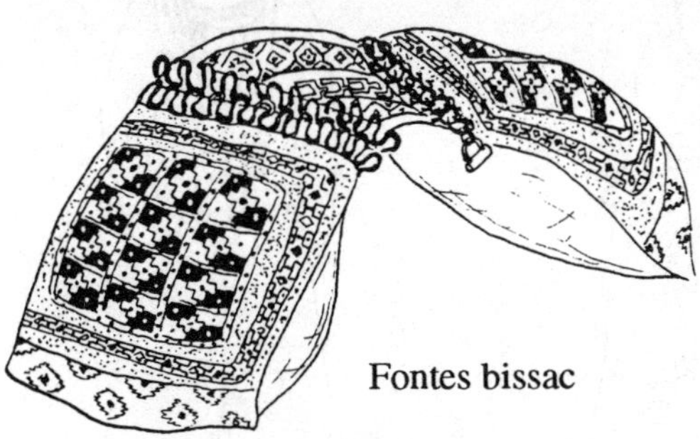

Fontes bissac

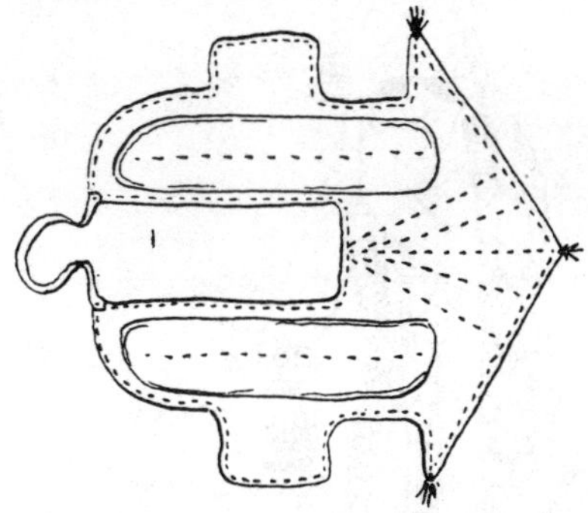

Dessous-de-selle

Costumes

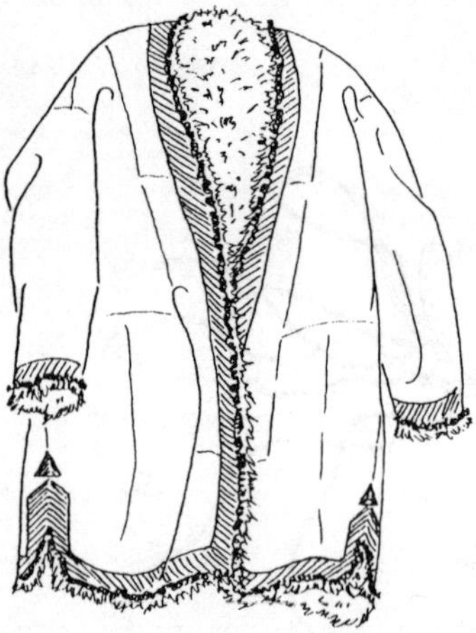

Pelisse

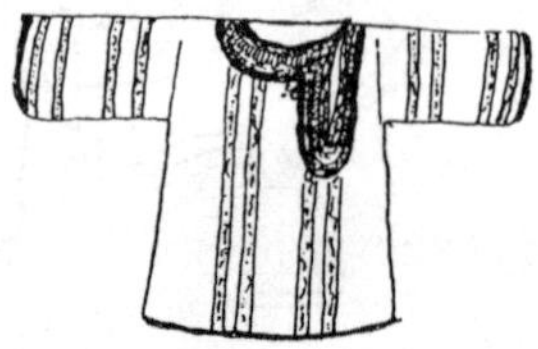

Chemise

Robe d'homme

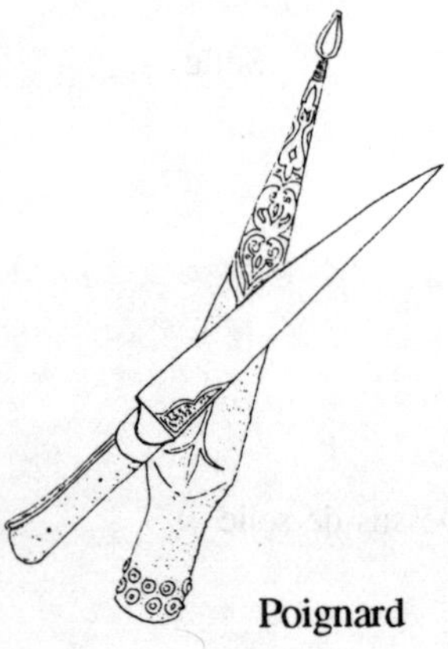

Poignard

Bonnet de fillette

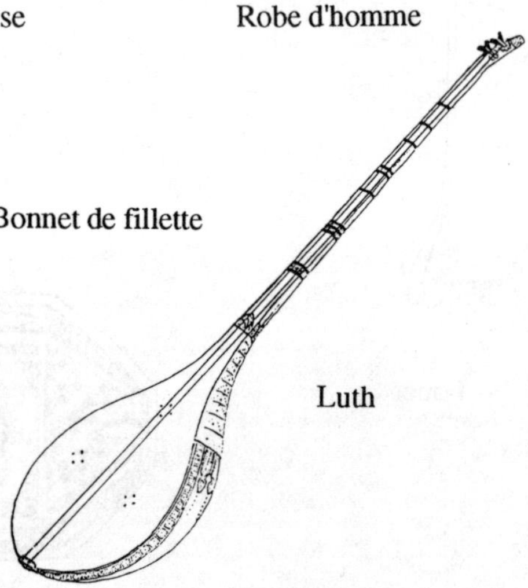

Luth

Tekké, Goclan, Ali Eli

Yomout

Bijoux

Bagues tekkées

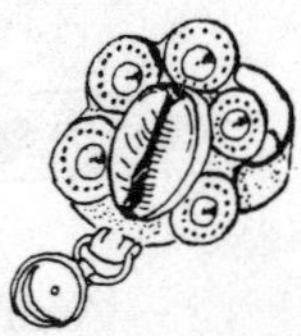

Bague «de fécondité» cauris au lieu d'agathe

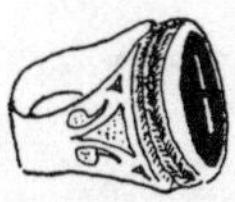

Bague d'homme

Boutons de col

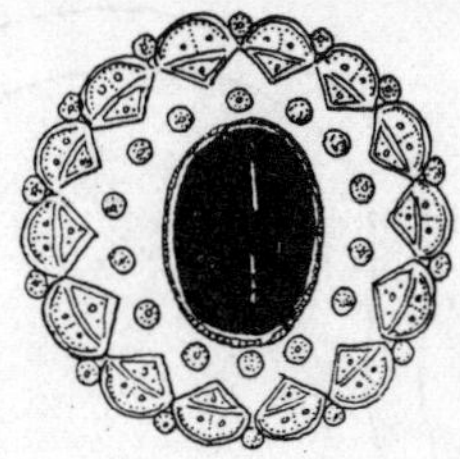

Yomout

Tekké

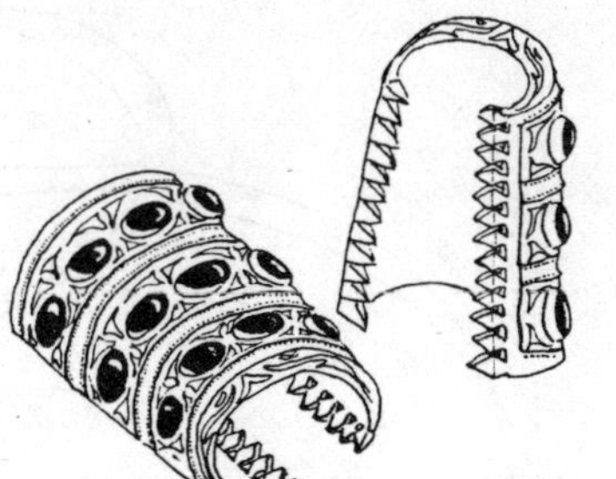

Bracelets

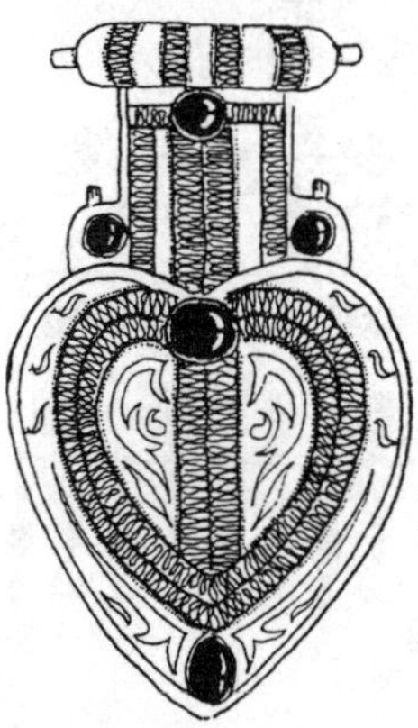

Pendentif dorsal de chevelure (22 cm)

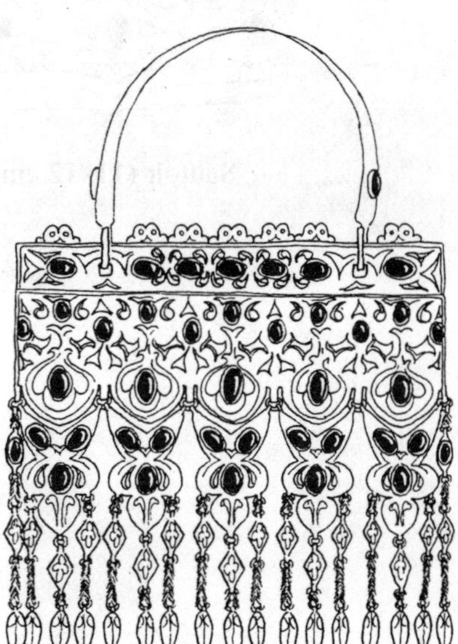

Pectoral tekké (37x20 cm)

Types de porte-amulettes (formules coraniques)
art tekké

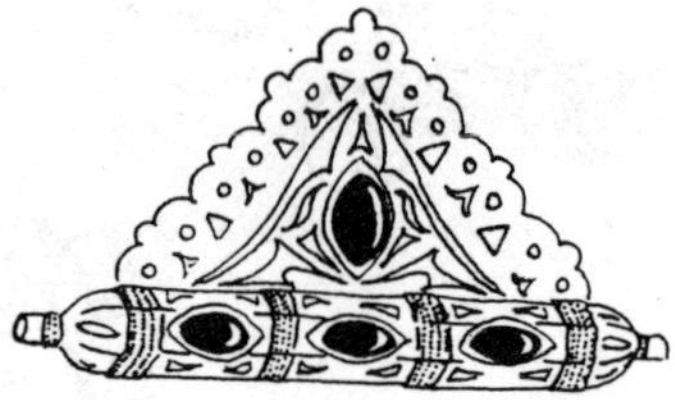

Amulette cousue (7 cm)

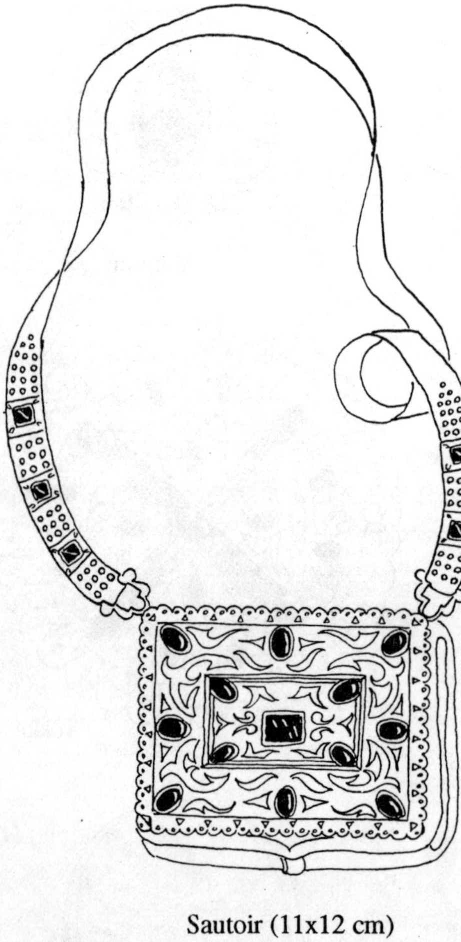

Sautoir (11x12 cm)

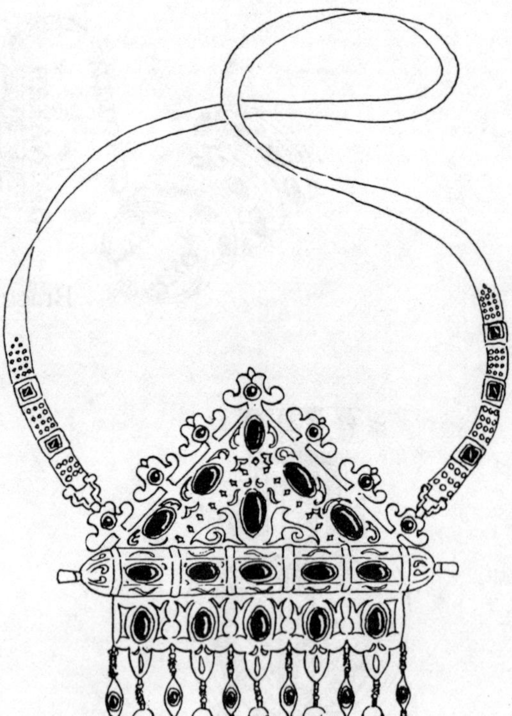

Sautoir (15x15 cm)

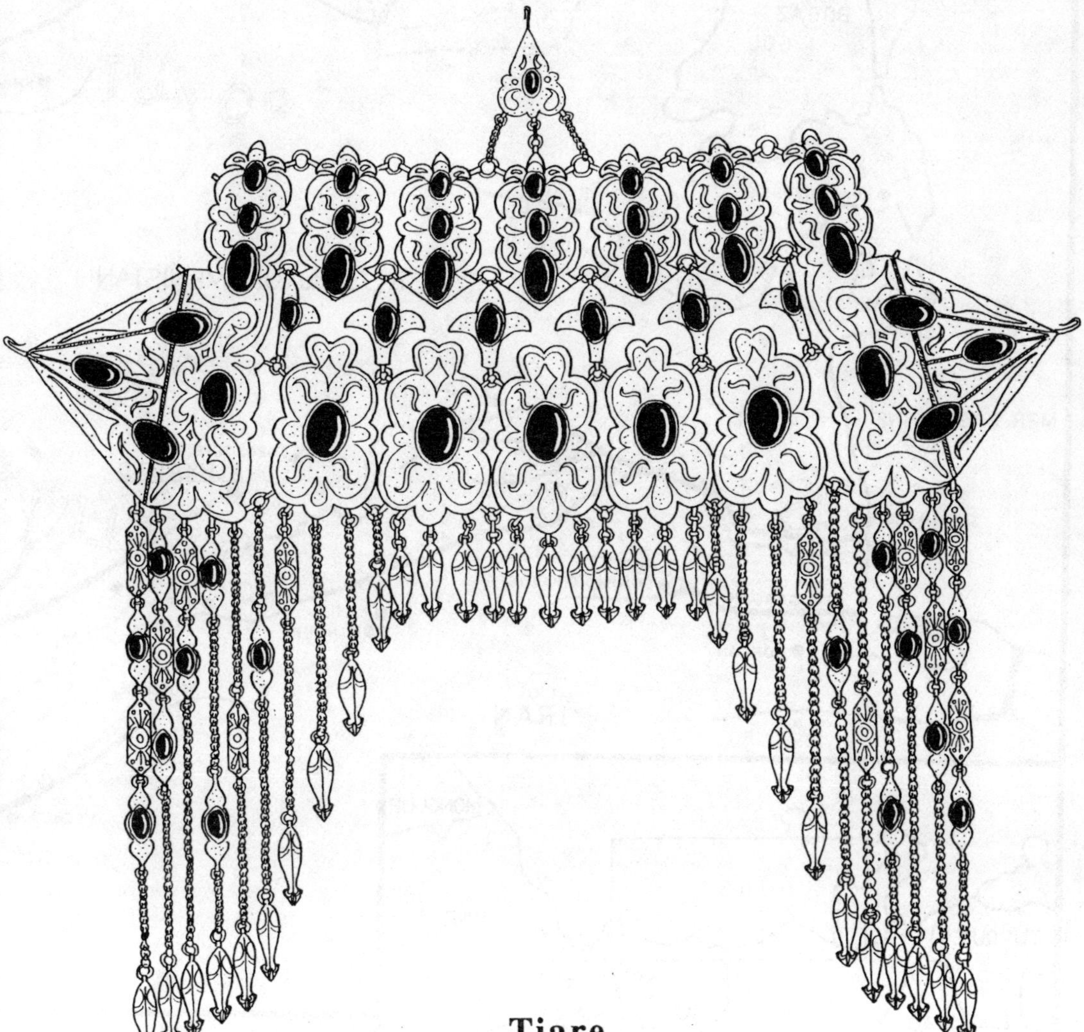

Tiare

Tekké

(35x25 cm)

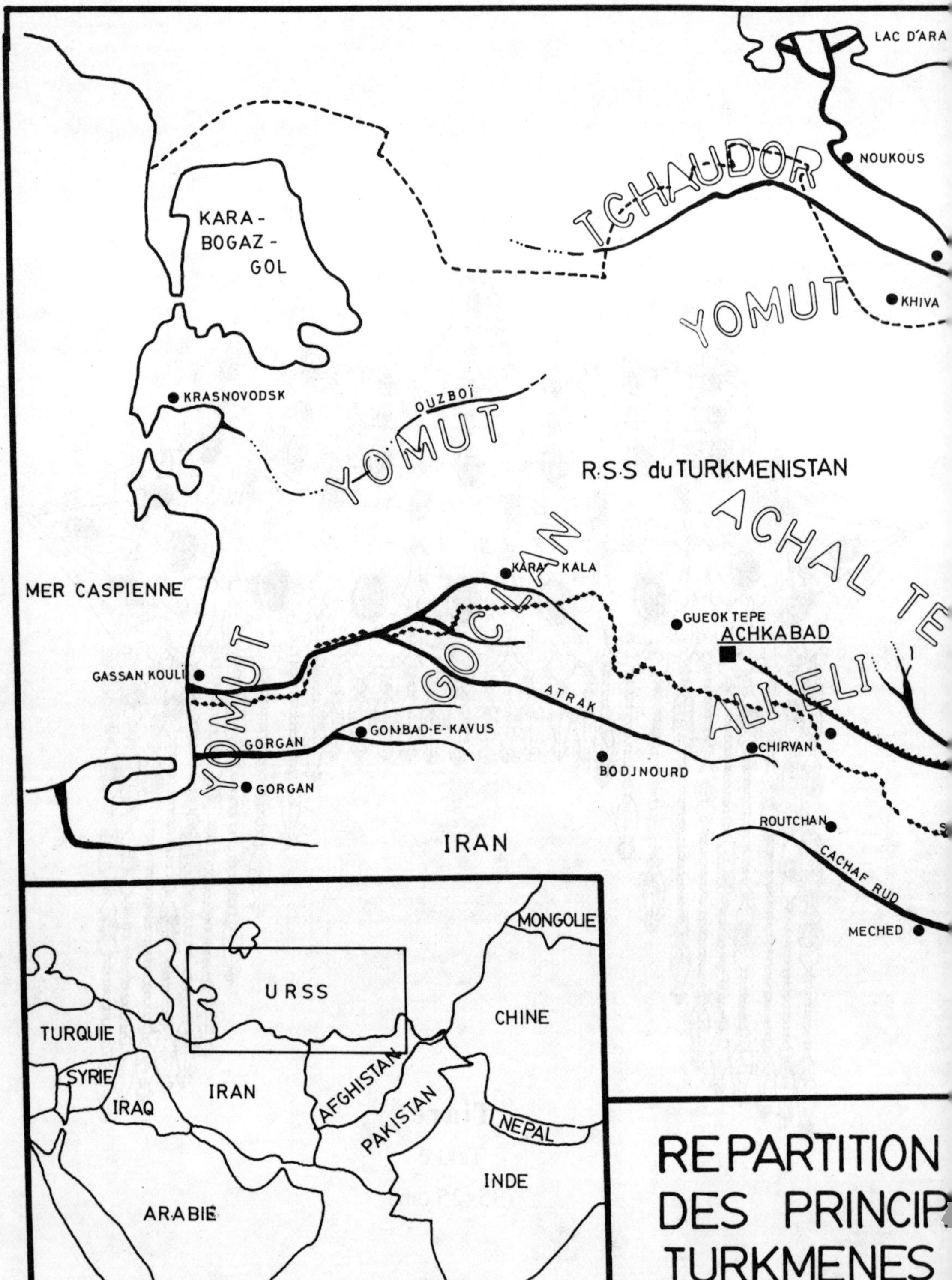

REPARTITION
DES PRINCIP
TURKMENES

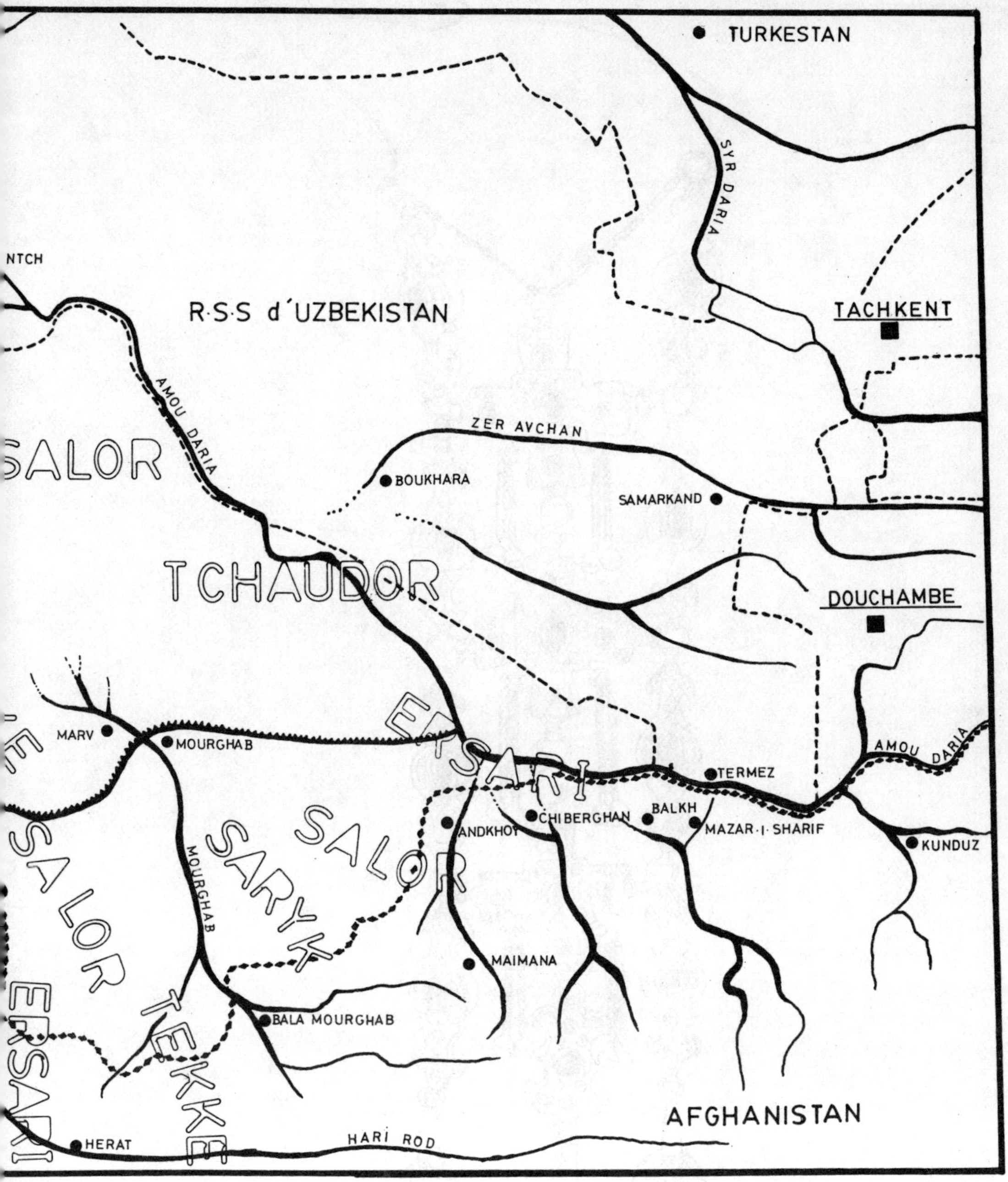

EOGRAPHIQUE
ES TRIBUS

Fin du xix^e et xx^e siecle)

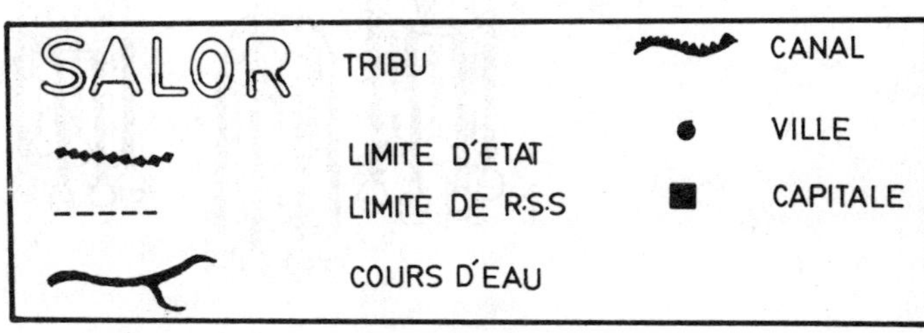

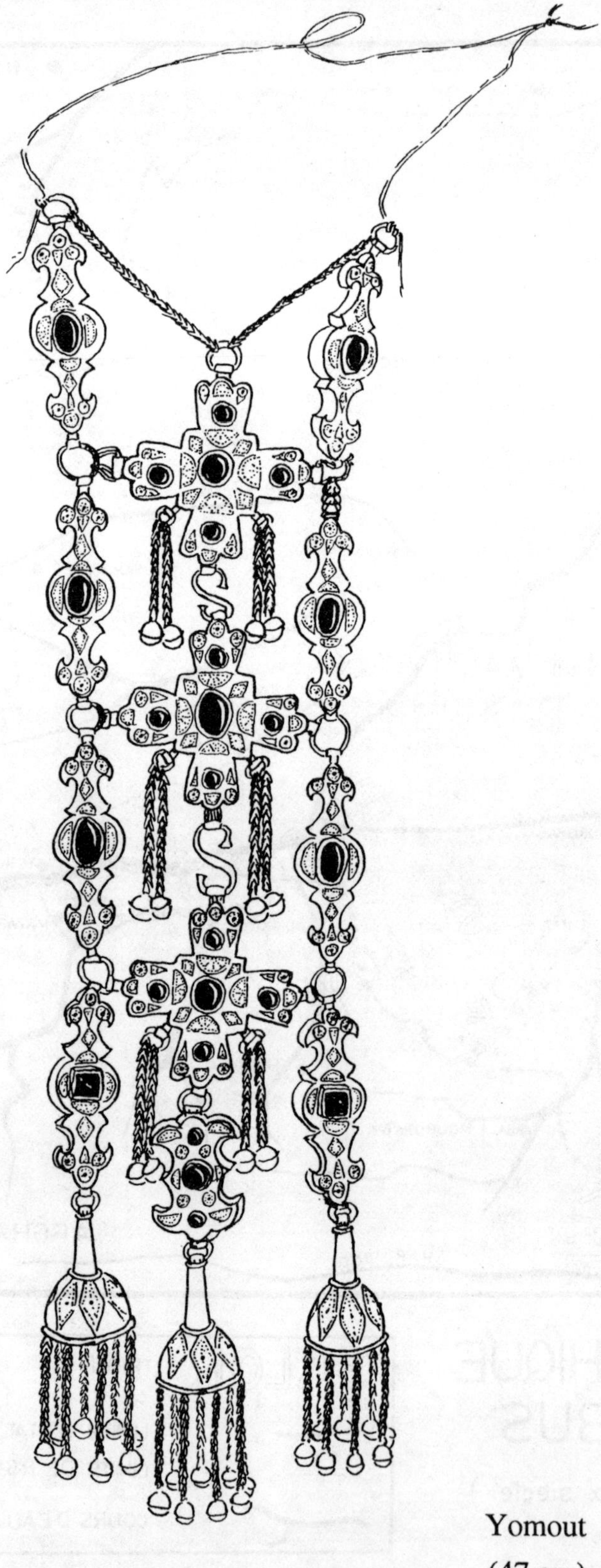

Yomout

(47 cm)

Pendentif dorsal de chevelure

TABLE DES MATIÈRES

Couverture réalisée par Anne Bouvier
Achevé d'imprimer en juillet 1992
par l'Imprimerie de la MANUTENTION à Mayenne
N° 205-92